李志军　尚增健 ◎ 主编

探索中国式现代化之路

TANSUO ZHONGGUOSHI XIANDAIHUA ZHILU

增订本

首都经济贸易大学出版社
Capital University of Economics and Business Press
· 北 京 ·

图书在版编目（CIP）数据

探索中国式现代化之路/李志军，尚增健主编．—北京：首都经济贸易大学出版社，2022.10

ISBN 978-7-5638-3401-3

Ⅰ.①探… Ⅱ.①李… ②尚… Ⅲ.①中国特色社会主义—社会主义建设模式—研究 Ⅳ.①D616

中国版本图书馆 CIP 数据核字（2022）第 172114 号

探索中国式现代化之路（增订本）
李志军　尚增健　主编

责任编辑　晓　地
封面设计　砚祥志远·激光照排 TEL: 010-65976003
出版发行　首都经济贸易大学出版社
地　　址　北京市朝阳区红庙（邮编 100026）
电　　话　（010）65976483　65065761　65071505（传真）
网　　址　http://www.sjmcb.com
E-mail　publish@cueb.edu.cn
经　　销　全国新华书店
照　　排　北京砚祥志远激光照排技术有限公司
印　　刷　北京九州迅驰传媒文化有限公司
成品尺寸　170 毫米×240 毫米　1/16
字　　数　804 千字
印　　张　44.75
版　　次　2022 年 10 月第 1 版　2023 年 3 月第 2 次印刷
书　　号　ISBN 978-7-5638-3401-3
定　　价　125.00 元

前　言

党的二十大提出，从现在起，中国共产党的中心任务是团结带领全国各族人民全面建成社会主义现代化强国，实现第二个百年奋斗目标，以中国式现代化全面推进中华民族伟大复兴。

中国式现代化是我们党领导全国各族人民在长期探索和实践中历经千辛万苦、付出巨大代价取得的重大成果。中国式现代化植根于中华优秀传统文化，体现科学社会主义的先进本质，借鉴吸收一切人类优秀文明成果，代表人类文明进步的发展方向，展现了不同于西方现代化模式的新图景，是一种全新的人类文明形态。中国式现代化打破了“现代化=西方化”的迷思，展现了现代化的另一幅图景，拓展了发展中国家走向现代化的路径选择，为人类探索更好的社会制度提供了中国方案。

推进中国式现代化，是一项前无古人的开创性事业。及时总结中国共产党领导中国人民不懈追求现代化强国建设的伟大实践、取得的伟大成就和成功经验，无疑是一项很有理论意义和现实意义的工作。

基于以上认识，我们围绕“探索中国式现代化之路”的主题，从《管理世界》近年来刊发的相关论文中精选出部分文章，汇编成册，结集出版，以飨读者。

本书分为三篇：“中国式现代化的思想历程与理论创新”“中国式现代化的历史性成就与路径选择”“中国式现代化的探索性实践”，从经济学和管理学的角度，全面梳理了中国共产党带领全国人民坚持革命、建设和改革开放，探索中国式现代化的艰难历程，总结了在这一过程中取得的理论成果和伟大成就，对读者全面、深刻认识中国式现代化的过往和未来美好前景并为之奋斗大有帮助。

目　录
Contents

中国式现代化的思想历程与理论创新

中国式现代化的历史性成就与路径选择

中国式现代化的探索性实践

中国式现代化的
思想历程与理论创新

以国家治理体系和治理能力现代化保证和推进中国社会主义现代化

张来明
国务院发展研究中心

摘要：推进国家治理体系和治理能力现代化是全面建设社会主义现代化国家的客观要求，也是高质量发展和高品质生活的重要保障，在我国社会主义现代化全局中具有重要地位。我国国家制度和国家治理体系是经过革命、建设、改革长期实践形成的，是理论创新、实践创新、制度创新相统一的成果，具有多方面显著优势。在全面建设社会主义现代化国家新征程上，要从13个方面突出坚持和完善中国特色社会主义的根本制度、基本制度、重要制度，构建系统完备、科学规范、运行有效的制度体系，把我国制度优势更好转化为国家治理效能，为实现“两个一百年”奋斗目标、实现中华民族伟大复兴的中国梦提供有力保证。

关键词：国家治理体系；治理能力；现代化；显著优势；国家治理效能

明确提出国家治理体系和治理能力现代化的重大命题，丰富社会主义现代化内涵，这是习近平总书记做出的重大原创性理论创新贡献。推进国家治理体系和治理能力现代化是全面建设社会主义现代化国家的客观要求，也是高质量发展和高品质生活的重要保障。完全可以说，没有国家治理体系和治理能力现代化，就没有社会主义现代化。

以全面建成小康社会为标志，我们党领导人民胜利实现了第一个百年奋斗目标，顺势而上开启了全面建设社会主义现代化国家新征程。这个新征程是实现第二个百年奋斗目标的伟大征程，是落实分两个阶段全面建成社会主义现代化强国战略安排的伟大征程，也是在新时代新阶段全面推进党和国家各项事业的伟大征程。面向未来，我们要坚持和完善中国特色社会主义制度，推进国家治理体系和治理能力现代化，为全面建成富强民主文明和谐美丽的社会主义现代化强国提供强有力的制度保障和治理效能。

注：本文原载《管理世界》2022年第5期。

一、国家治理体系与治理能力在建设社会主义现代化中的重要地位

深刻认识国家治理体系和治理能力现代化在社会主义现代化全局中的重要地位，推进国家治理体系和治理能力现代化的历史自觉。

国家治理是国家存在和发展的重要条件。结合马克思主义对国家本质与职能属性的界定看，国家具有“政治统治”和“社会治理”的双重职能，两者相辅相成，缺一不可。恩格斯认为“政治统治到处都是以执行某种社会职能为基础，而且政治统治只有在它执行了这种社会职能时才能持续下去。”① 从世界历史角度看，有国家就需要有国家治理，任何国家概莫能外。国家不管是利用政权维护统治，履行政治统治职能，还是维护经济社会发展基本秩序和处理社会公共事务，履行社会治理职能，都离不开行之有效的国家制度和国家治理体系与治理能力作为重要保障，否则国家机器将难以正常运行。正如习近平指出的，古往今来，大多数社会动荡、政权更迭，原因最终都可以归结为没有形成有效的国家治理体系和治理能力。

新中国成立以来，党领导人民荡涤旧社会留下的污泥浊水，社会面貌焕然一新，实现“一化三改”，建立起独立的比较完整的工业体系和国民经济体系，坚定不移推进改革开放和社会主义现代化建设，开创中国特色社会主义新时代，推动党和国家事业取得历史性成就、发生历史性变革，创造了世所罕见的经济快速发展奇迹和社会长期稳定奇迹。所有这些伟大成就的取得都离不开中国特色社会主义制度与国家治理体系和治理能力的保驾护航。就像习近平明确指出的：“在人类文明发展史上，除了中国特色社会主义制度和国家治理体系外，没有任何一种国家制度和国家治理体系能够在这样短的历史时期内创造出我国取得的经济快速发展、社会长期稳定这样的奇迹。”② 近几年，新冠疫情的国际大考再一次充分表明，中国国家治理体系和治理能力是强大而卓越的。实践证明，中国特色社会主义制度和国家治理体系是以马克思主义为指导，植根中国大地，具有深厚中华文化根基，深得人民拥护的制度和治理体系，是具有强大生命力和巨大优越性的制度和治理体系，是能够持续推动拥有 14 亿人口大国进步和发展、确保拥有五千多年文明史的中华民

---

① 马克思，恩格斯．马克思恩格斯选集：第 3 卷［M］．北京：人民出版社，1995：523.

② 习近平．习近平谈治国理政：第 3 卷［M］．北京：外文出版社，2020：124.

族实现“两个一百年”奋斗目标进而实现伟大复兴的制度和治理体系。

推进国家治理体系和治理能力现代化是全面建设社会主义现代化国家战略安排的重要目标要求。党的十九大报告在对从2020年到本世纪中叶做出分两个阶段的安排中提出，第一个阶段，从2020年到2035年，“人民平等参与、平等发展权利得到充分保障，法治国家、法治政府、法治社会基本建成，各方面制度更加完善，国家治理体系和治理能力现代化基本实现”；第二个阶段，从2035年到本世纪中叶，“实现国家治理体系和治理能力现代化”①。党的十九届四中全会决定确定：“坚持和完善中国特色社会主义制度、推进国家治理体系和治理能力现代化的总体目标是，到我们党成立一百年时，在各方面制度更加成熟更加定型上取得明显成效；到二〇三五年，各方面制度更加完善，基本实现国家治理体系和治理能力现代化；到新中国成立一百年时，全面实现国家治理体系和治理能力现代化，使中国特色社会主义制度更加巩固、优越性充分展现。”② 党的十九届五中全会议在描绘到2035年基本实现社会主义现代化远景目标时确定：“基本实现国家治理体系和治理能力现代化，人民平等参与、平等发展权利得到充分保障，基本建成法治国家、法治政府、法治社会。”③

推进国家治理体系和治理能力现代化，不仅是中国社会主义现代化建设的重要目标要求，也是全面深化改革的重要目标要求。党的十八届三中全会强调，全面深化改革的总目标是完善和发展中国特色社会主义制度，推进国家治理体系和治理能力现代化；要求到2020年，在重要领域和关键环节改革上取得决定性成果，形成系统完备、科学规范、运行有效的制度体系，使各方面制度更加成熟更加定型。

总之，对党和国家事业发展来讲，制度保证是根本保证。当今世界正经历百年未有之大变局，中国正处于实现中华民族伟大复兴关键时期。顺应时代潮流，适应中国社会主要矛盾变化，统揽伟大斗争、伟大工程、伟大事业、伟大梦想，不断满足人民对美好生活的新期待，战胜前进道路上的各种风险和挑战，走好全面建设社会主义现代化国家新征程，必须在坚持和完善中国特色社会主义制度、推进国家治理体系和治理能力现代化上下更大功夫。

---

① 习近平．习近平谈治国理政：第3卷［M］. 北京：外文出版社，2020：22-23.

② 中共中央关于坚持和完善中国特色社会主义制度　推进国家治理体系和治理能力现代化若干重大问题的决定［M］. 北京：人民出版社，2019：5-6.

③ 中共中央关于制定国民经济和社会发展第十四个五年规划和二〇三五年远景目标的建议［M］. 北京：人民出版社，2020：6.

二、深刻认识中国国家制度和国家治理体系的显著优势

一个国家选择什么样的国家制度和国家治理体系是国情决定的，更是由这个国家的实践检验的。习近平深刻指出："中国特色社会主义制度和国家治理体系不是从天上掉下来的，而是在中国的社会土壤中生长起来的，是经过革命、建设、改革长期实践形成的，是理论创新、实践创新、制度创新相统一的成果，凝结着党和人民的智慧，具有深刻的历史逻辑、理论逻辑、实践逻辑。"① 新中国成立70多年来，社会主义现代化建设能够取得如此伟大的成就，最根本的就是因为党领导人民建立和完善了中国特色社会主义制度，形成和发展了党的领导和经济、政治、文化、社会、生态文明、军事、外事等方面的制度，不断加强和完善国家治理。

我们在新时代、新阶段推进国家治理体系和治理能力现代化，是为了更好发挥社会主义制度优越性，进一步提高党领导人民治理国家的效能。我们要深刻认识中国国家制度和国家治理体系的显著优势，在推进国家治理体系和治理能力现代化的伟大实践中发扬光大：坚持党的集中统一领导，坚持党的科学理论，保持政治稳定，确保国家始终沿着社会主义方向前进的显著优势；坚持人民当家做主，发展人民民主，密切联系群众，紧紧依靠人民推动国家发展的显著优势；坚持全面依法治国，建设社会主义法治国家，切实保障社会公平正义和人民权利的显著优势；坚持全国一盘棋，调动各方面积极性，集中力量办大事的显著优势；坚持各民族一律平等，铸牢中华民族共同体意识，实现共同团结奋斗、共同繁荣发展的显著优势；坚持公有制为主体、多种所有制经济共同发展和按劳分配为主体、多种分配方式并存，把社会主义制度和市场经济有机结合起来，不断解放和发展社会生产力的显著优势；坚持共同的理想信念、价值理念、道德观念，弘扬中华优秀传统文化、革命文化、社会主义先进文化，促进全体人民在思想上精神上紧紧团结在一起的显著优势；坚持以人民为中心的发展思想，不断保障和改善民生、增进人民福祉，走共同富裕道路的显著优势；坚持改革创新、与时俱进，善于自我完善、自我发展，使社会始终充满生机活力的显著优势；坚持德才兼备、选贤任能，聚天下英才而用之，培养造就更多更优秀人才的显著优势；坚持党指挥枪，确保人民军队绝对忠诚于党和人民，有力保障国家主权、安全、发展

① 习近平．习近平谈治国理政：第3卷［M］．北京：外文出版社，2020：119.

利益的显著优势；坚持“一国两制”，保持香港、澳门长期繁荣稳定，促进祖国和平统一的显著优势；坚持独立自主和对外开放相统一，积极参与全球治理，为构建人类命运共同体不断做出贡献的显著优势。

这些显著优势，是我们坚定中国特色社会主义道路自信、理论自信、制度自信、文化自信的基本依据。我们要增强制度自信、推进制度建设，既要坚持好、巩固好经过长期实践检验的我国国家制度和国家治理体系，又要完善好、发展好我国国家制度和国家治理体系，不断把我国制度优势更好转化为国家治理效能，实现国家长治久安。

三、坚持和完善中国特色社会主义制度

突出坚持和完善中国特色社会主义的根本制度，基本制度、重要制度，构建系统完备、科学规范、运行有效的制度体系

党的十九届四中全会对坚持和完善中国特色社会主义制度、推进国家治理体系和治理能力现代化做出了战略部署，强调必须坚持以马克思列宁主义、毛泽东思想、邓小平理论、“三个代表”重要思想、科学发展观、习近平新时代中国特色社会主义思想为指导，增强“四个意识”，坚定“四个自信”，做到“两个维护”，坚持党的领导、人民当家做主、依法治国有机统一，坚持解放思想、实事求是，坚持改革创新，突出坚持和完善支撑中国特色社会主义的根本制度、基本制度、重要制度，着力固根基、扬优势、补短板、强弱项，构建系统完备、科学规范、运行有效的制度体系，加强系统治理、依法治理、综合治理、源头治理，把中国的制度优势更好地转化为国家治理效能，为实现“两个一百年”奋斗目标、实现中华民族伟大复兴的中国梦提供有力保证。我们要按照这个战略部署，抓好新时代、新阶段国家治理体系和治理能力现代化建设，不断提高各方面制度的科学性和执行力，不断提高国家治理效能。

（一）坚持和完善党的领导制度体系

中国共产党的领导是中国特色社会主义最本质的特征，是中国特色社会主义制度的最大优势，党是最高政治领导力量。必须坚持党政军民学、东西南北中，党是领导一切的，坚决维护党中央权威，健全总揽全局、协调各方的党的领导制度体系，把党的领导落实到国家治理的各领域，各方面、各环节。重点任务是：建立不忘初心、牢记使命的制度，完善坚定维护党中央权

威和集中统一领导的各项制度，健全党的全面领导制度，健全为人民执政、靠人民执政的各项制度，健全提高党的执政能力和领导水平制度，完善全面从严治党制度。

（二）坚持人民当家做主的制度体系

坚持人民当家做主的制度体系，提高人民依法通过各种途径和形式管理国家事务，管理经济文化事业，管理社会事务的能力。

中国是工人阶级领导的、以工农联盟为基础的人民民主专政的社会主义国家，国家的一切权力属于人民。必须坚持人民主体地位，坚定不移地走中国特色社会主义政治发展道路，健全民主制度，丰富民主形式，拓宽民主渠道，依法实行民主选举、民主协商、民主决策、民主管理、民主监督，使各方面制度和国家治理更好体现人民意志、保障人民权益、激发人民创造，确保人民依法通过各种途径和形式管理国家事务，管理经济文化事业，管理社会事务。重点任务是：坚持和完善人民代表大会制度的根本政治制度，坚持和完善中国共产党领导的多党合作和政治协商制度，巩固和发展最广泛的爱国统一战线，坚持和完善民族区域自治制度，健全充满活力的基层群众自治制度。

（三）坚持和完善中国特色社会主义法治体系

坚持和完善中国特色社会主义法治体系，提高党依法治国、依法执政的能力。建设中国特色社会主义法治体系、建设社会主义法治国家是坚持和发展中国特色社会主义的内在要求。必须坚定不移地走中国特色社会主义法治道路，全面推进依法治国，坚持依法治国、依法执政、依法行政共同推进，坚持法治国家、法治政府、法治社会一体建设，加快形成完备的法律规范体系，高效的法治实施体系，严密的法治监督体系，有力的法治保障体系，加快形成完善的党内法规体系，全面推进科学立法、严格执法、公正司法、全民守法，推进法治中国建设。重点任务是：健全保证宪法全面实施的体制机制，完善立法体制机制，健全社会公平正义法治保障制度，加强对法律实施的监督。

（四）坚持和完善中国特色社会主义行政体制

坚持和完善中国特色社会主义行政体制，提高行政效能。国家行政管理承担着按照党和国家决策部署推动经济社会发展、管理社会事务、服务人民群众的重大职责。必须坚持一切行政机关为人民服务、对人民负责、受人民监督，创新行政方式，提高行政效能，建设人民满意的服务型政府。重点任务是：完善国家行政体制，优化政府职责体系，优化政府组织结构，健全充分发挥中央和地方两个积极性的体制机制。

（五）坚持和完善社会主义基本经济制度

坚持和完善社会主义基本经济制度，提高发展社会主义市场经济的能力。公有制为主体、多种所有制经济共同发展，按劳分配为主体、多种分配方式并存，社会主义市场经济体制等社会主义基本经济制度，既体现了社会主义制度的优越性，又同中国社会主义初级阶段社会生产力发展水平相适应，是党和人民的伟大创造。必须坚持社会主义基本经济制度，充分发挥市场在资源配置中的决定性作用，更好地发挥政府作用，全面贯彻新发展理念，坚持以供给侧结构性改革为主线，加快建设现代化经济体系。重点任务是：毫不动摇地巩固和发展公有制经济，毫不动摇地鼓励、支持、引导非公有制经济发展，坚持按劳分配为主体、多种分配方式并存，加快完善社会主义市场经济体制，完善科技创新体制机制，建设更高水平的开放型经济新体制。

（六）坚持和完善繁荣发展社会主义先进文化的制度

坚持和完善繁荣发展社会主义先进文化的制度，提高建设社会主义精神文明的能力。发展社会主义先进文化、广泛凝聚人民精神力量，是国家治理体系和治理能力现代化的深厚支撑。必须坚定文化自信，牢牢把握社会主义先进文化前进的方向，围绕举旗帜、聚民心、育新人、兴文化、展形象的使命任务，坚持为人民服务、为社会主义服务，坚持百花齐放、百家争鸣，坚持创造性转化、创新性发展，激发全民族文化创造活力，更好地构筑中国精神、中国价值、中国力量。重点任务是：坚持马克思主义在意识形态领域指导地位的根本制度，坚持以社会主义核心价值观引领文化建设制度，健全人民文化权益保障制度，完善坚持正确导向的舆论引导工作机制，建立健全把社会效益放在首位、社会效益和经济效益相统一的文化创作生产体制机制。

（七）坚持和完善统筹城乡的民生保障制度

坚持和完善统筹城乡的民生保障制度，提高增强人民获得感、幸福感、安全感的能力。增进人民福祉、促进人的全面发展是我们党立党为公、执政为民的本质要求。必须健全幼有所育、学有所教、劳有所得、病有所医、老有所养、住有所居、弱有所扶等国家基本公共服务制度体系，尽力而为，量力而行，注重加强普惠性、基础性、兜底性民生建设，保障群众基本生活。创新公共服务提供方式，鼓励支持社会力量兴办公益事业，满足人民多层次多样化需求，使改革发展成果更多、更公平惠及全体人民。重点任务是：健全有利于更充分更高质量就业的促进机制，构建服务全民终身学习的教育体系，完善覆盖全民的社会保障体系，强化提高人民健康水平的制度保障。

（八）坚持和完善共建共治共享的社会治理制度

坚持和完善共建共治共享的社会治理制度，提高保持社会稳定、维护国家安全的能力。社会治理是国家治理的重要方面。必须加强和创新社会治理，完善党委领导、政府负责、民主协商、社会协同、公众参与、法治保障、科技支撑的社会治理体系，建设人人有责、人人尽责、人人享有的社会治理共同体，确保人民安居乐业、社会安定有序，建设更高水平的平安中国。重点任务是：完善正确处理新形势下人民内部矛盾的有效机制，完善社会治安防控体系，健全公共安全体制机制，构建基层社会治理新格局，完善国家安全体系。

（九）坚持和完善生态文明制度体系

坚持和完善生态文明制度体系，提高人与自然和谐共生的能力。生态文明建设是关系中华民族永续发展的千年大计。必须践行绿水青山就是金山银山的理念，坚持节约资源和保护环境的基本国策，坚持节约优先、保护优先、自然恢复为主的方针，坚定走生产发展、生活富裕、生态良好的文明发展道路，建设美丽中国。重点任务是：实行最严格的生态环境保护制度，全面建立资源高效利用制度，健全生态保护和修复制度，严明生态环境保护责任制度。

（十）坚持和完善党对人民军队的绝对领导制度

坚持和完善党对人民军队的绝对领导制度，提高国防能力。人民军队是中国特色社会主义的坚强柱石，党对人民军队的绝对领导是人民军队的建军之本、强军之魂。必须牢固确立习近平强军思想在国防和军队建设中的指导地位，巩固和拓展深化国防和军队改革成果，构建中国特色社会主义军事政策制度体系，全面推进国防和军队现代化，确保实现党在新时代的强军目标，把人民军队全面建成世界一流军队，永葆人民军队的性质、宗旨、本色。重点任务是：坚持人民军队最高领导权和指挥权属于党中央，健全人民军队党的建设制度体系，把党对人民军队的绝对领导贯彻到军队建设的各领域全过程。

（十一）坚持和完善“一国两制”制度体系

坚持和完善“一国两制”制度体系，提高推进祖国统一大业的能力。“一国两制”是党领导人民实现祖国和平统一的一项重要制度，是中国特色社会主义的一个伟大创举。必须坚持“一国”是实行“两制”的前提和基础，“两制”从属和派生于“一国”并统一于“一国”之内。严格依照宪法和基本法对香港特别行政区、澳门特别行政区实行管治，坚定维护国家主权、安全、发展利益，维护香港、澳门长期繁荣稳定，绝不容忍任何挑战“一国两制”底线的行为，绝不容忍任何分裂国家的行为。重点任务是：全面准确贯彻“一国两制”“港人治港”“澳人治澳”、高度自治的方针，健全中央依照宪法和基本法对特别行政区行使全面管治权的制度，坚定推进祖国和平统一进程。

（十二）坚持和完善独立自主的和平外交政策

坚持和完善独立自主的和平外交政策，提高外交能力。推动党和国家事业发展需要和平国际环境和良好外部条件。必须统筹国内国际两个大局，高举和平、发展、合作、共赢的旗帜，坚定不移地维护国家主权、安全、发展利益，坚定不移地维护世界和平、促进共同发展。重点任务是：健全党对外事工作领导的体制机制，完善全方位外交布局，推进合作共赢的开放体系建设，积极参与全球治理体系改革和建设。

（十三）坚持和完善党和国家监督体系

坚持和完善党和国家监督体系，提高对权力运行的制约和监督能力。党和国家监督体系是党在长期执政条件下实现自我净化、自我完善、自我革新、自我提高的重要制度保障。必须健全党统一领导、全面覆盖、权威高效的监督体系，增强监督严肃性、协同性、有效性，形成决策科学、执行坚决、监督有力的权力运行机制，确保党和人民赋予的权力始终用来为人民谋幸福。重点任务是：健全党和国家监督制度，完善权力配置和运行制约机制，构建一体推进不敢腐、不能腐、不想腐体制机制。

社会主义现代化是包括国家治理体系和治理能力现代化在内的全面现代化。国家治理体系和治理能力现代化必然贯穿全面建设社会主义现代化国家的全过程，必须在党中央统一领导下进行，科学谋划，精心组织，远近结合，整体推进。要适应全面建设社会主义现代化国家的历史进程，推进全面深化改革，既保持中国特色社会主义制度和国家治理体系的稳定性和延续性，又抓紧制定国家治理体系和治理能力现代化急需的制度，满足人民对美好生活新期待必备的制度，推动中国特色社会主义制度不断自我完善和发展，永葆生机活力。

中国共产党现代化思想历程

张来明　侯永志

国务院发展研究中心

摘要：中华人民共和国成立后，中国共产党团结带领全国各族人民展开了现代化建设实践，在实践中不断丰富和完善现代化的思想和理论。中华人民共和国成立到1978年的基本思想是：发挥社会主义制度集中力量办大事的优势，迅速建立国家现代化的物质技术人才基础。1978年到党的十八大的基本思想是：以深化改革、扩大开放、突破现代化建设各方面的制约，迅速提高国家的经济实力。十八大以来，党确立了以人民为中心的发展思想，加快推进社会主义现代化强国建设。未来，中国共产党将为发展中国家的现代化和人类文明进步贡献更丰富的思想菁华和实践真知。

关键词：中国共产党　现代化　理论　思想

一、导言

按照英国经济史学家麦迪森的估算，在很长的一段历史时期内，中国的生产总值都占到全球的1/3以上。然而，进入工业革命以来，由于封建王朝的闭关锁国和封建专制制度的腐朽没落，中国脱离了世界现代化的浪潮，逐步落伍了。1840年的鸦片战争，偌大中国被英国打败。从此，中国逐步成为半殖民地半封建的社会，国家蒙辱、人民蒙难、文明蒙尘，中华民族遭受了前所未有的劫难。面对如此情景，中国的先进分子逐步认识到，只有赶上世界发展的潮流，实现国家的现代化，中华民族才能摆脱任人宰割的命运。然后，对于如何实现现代化，中国人一直在探索，从第一个睁眼看世界的魏源提出的"师夷长技以制夷"，到以康有为为代表的资产阶级维新派提出的"工业立国"，再到以孙中山为代表的资产阶级革命派提出的"以'实业计划'为核心的'建国方略'"，等等。这些主张，在社会性质没有根本改变、中国

注：本文原载《管理世界》2021年第10期。

人不能掌握自己命运的条件下没有一个成功，也不可能成功。只有在中国共产党成立之后，中国人才逐步找到了正确的现代化道路。中国共产主义运动的先驱和中国共产党的早期领导人李大钊认为，中国要发展现代化经济必须具备四方面要素。他指出："今日在中国想发展实业，非由纯粹生产者组织政府，以铲除国内的掠夺阶级，抵抗此世界的资本主义，依社会主义的组织经营实业不可。"[1] 毛泽东在《新民主主义论》中，详细阐释了与中国现代化有关的一系列战略性问题，从中可以看出，毛泽东所认为的现代化不仅包括经济现代化，还包括政治现代化、文化现代化；中国现代化的根本途径是工业化，变农业国为工业国[2]。即使以今天的眼光看新民主主义革命时期中国共产党关于现代化的思想，也是富有远见的。只是那时没有在全国建立起共产党领导下的人民政权，这些思想没有在实践中得到充分的贯彻和落实。中华人民共和国的成立，为国家现代化创造了根本的社会条件。中华人民共和国成立后，中国共产党团结带领全国各族人民展开了轰轰烈烈的现代化建设实践，并根据实践的发展和国内外形势的变化，不断丰富和完善党关于现代化的思想和理论，推动国家现代化不断向前迈进，使中国人民迎来了由站起来、富起来到强起来的伟大飞跃，拓展了发展中国家走向现代化的路径。

二、中华人民共和国成立到 1978 年

发挥社会主义制度集中力量办大事的优势，迅速建立国家现代化的物质技术人才基础，是中华人民共和国成立到 1978 年的基本思想。

中华人民共和国的成立，实现了民族的独立、国家的统一和人民的解放，结束了中国 100 多年的战乱和动荡，现代化具备了最基本的条件，但其基础却相当薄弱，经济总量小，人均收入水平低，经济结构原始低下，基础设施十分落后，劳动力素质低，人力资本严重不足，区域发展极不平衡。1950 年，中国人口占世界人口的 22%，而中国国内生产总值只占世界的 5%，仅相当于美国的 16.5%；中国的人均国内生产总值仅相当于世界人均水平的 20.8%，美国人均国内生产总值的 4.6%。新中国建立初期，中国工业总产值占工农业生产总值的比例仅为 30.1%，农业劳动力占社会总劳动力的 83.5%，经济结构比同期的印度还要低下；全国 80%以上的人口是文盲，15 岁及以上人口人均受教育年限仅 1.6 年，远低于同期的韩国和日本；全国 70%的工业集中于占国土面积 12%的沿海地区，除少数内地沿江城市外，广大内地特别是边疆少数民族聚集地区，几乎没有近代工业。

面对极为落后的现代经济，面对与世界先进国家的巨大差距，党深切地认识到，中国的现代化必须实施赶超战略，不能跟在发达国家后面亦步亦趋。在20世纪50年代中国合作化运动高潮中，毛泽东集中思考了中国现代化发展的速度和规模问题。他指出："中国的工业化的规模和速度，科学、文化、教育、卫生等项事业的发展的规模和速度，已经不能完全按照原来所想的那个样子去做了，这些都应当适当地扩大和加快。"[3] 毛泽东的结论是：中国的现代化步伐要赶超资本主义强国。1956年8月，毛泽东在中国共产党第八次全国代表大会预备会上深刻而尖锐地指出："你有那么多人，你有那么一块大地方，资源那么丰富，又听说搞了社会主义，据说是有优越性，结果你搞了五六十年还不能超过美国，你像个什么样子呢？那就要从地球上开除你的球籍！"① 在中共八大二次会议上，中央提出了"七年超过英国，十五年超过美国"的设想。毛泽东同志在对1964年政府工作报告的修改中，再一次明确地强调："我们不能走世界各国技术发展的老路，跟在别人后面一步一步地爬行。我们必须打破常规，尽量采用先进技术，在一个不太长的历史时期内，把我国建设成为一个社会主义的现代化的强国。"[4]

随着实践的发展，党对现代化目标的认识也越来越全面。新中国建立初期，针对工业基础薄弱的问题，工业化被摆在了国家现代化建设的突出位置。1953年，"国家工业化"被写进了过渡时期总路线。随着国家建设的展开，毛泽东等认识到只有工业化是不够的，从20世纪50年代中期开始，以毛泽东为核心的第一代中央领导集体对中国建设目标的战略构想由实现工业化逐步向实现更加全面的现代化转变。1954年9月，周恩来在一届人大一次会议上提出，要"建设起强大的现代化的工业、现代化的农业、现代化的交通运输业和现代化的国防"[5]，这是对"四个现代化"的最初表述。1959年年底，毛泽东在读苏联《政治经济学教科书》时，对社会主义建设有了较为深入的思考，第一次完整地表述了"四个现代化"的思想，"建设社会主义，原来要求是工业现代化，农业现代化，科学文化现代化，现在要加上国防现代化"[6]。根据毛泽东的建议，周恩来在1964年《政府工作报告》中，向全党和全国人民正式提出了"全面实现农业、工业、国防和科学技术的现代化"的宏伟目标，并设想分两步实现这一目标："第一步，建立一个独立的比较完整的工业体系和国民经济体系；第二步，全国实现农业、工业、国防和科学

① 毛泽东在中国共产党第八次全国代表大会预备会上的讲话［EB/OL］. http：//dangshi. people. com. cn/gb/n1/2016/1018/c85037-28786711. html.

技术的现代化，使我国经济走在世界的前列。”[7]

战略和目标明确之后，需要为现代化创造必要的条件，采取正确的策略，实施有效的政策。大体看，在 1978 年实施改革开放国策之前，党推动现代化的顶层设计和基本思路主要体现在六个方面。

第一，把建立社会主义制度作为当代中国一切发展进步的根本政治前提和制度基础，自然而然地把它作为国家推进现代化的根本政治前提和制度基础。生产力决定生产关系，经济基础决定上层建筑，同时，上层建筑对经济基础、生产关系对生产力又具有巨大的反作用。旧中国之所以经济衰败、民生凋敝，就是因为那时的政治和经济制度严重束缚着生产力的发展。中华人民共和国成立后，社会主义的根本政治制度得以确立。在此基础上，很快进行了土地改革和对资本主义工商业的社会主义改造，确立了社会主义的基本经济制度。社会主义基本政治和经济制度的确立，有利于调动广大人民群众和社会各方面的积极性、主动性和创造性，有利于集中力量办大事，有利于有效应对建设社会主义道路上的各种风险和挑战，有利于维护民族团结、社会稳定、国家统一。一句话，既有助于动员全社会的发展资源启动现代化，也为现代化的持续推进提供了有力的制度保障。

第二，实施重工业优先发展战略，尽快构建独立的比较完整的工业体系和国民经济体系。实现工业化，是现代化最重要的方面，也是国民经济其他领域现代化的基础和支撑。然而，中国现代化的各个领域都需要发展。然而，中国的现代化缺乏必要的物资、技术和人才。千头万绪，现代化从哪里起步？是摆在中国共产党人面前的必须做出抉择的重大课题。借鉴苏联的经验，面对新中国工业特别是重工业极端落后的现实，在制订第一个五年计划时，党中央确定了优先发展重工业的方针。1951 年 2 月 18 日，在中央政治局扩大会议上讨论编制五年计划时，毛泽东主张以重工业为中心[8]。1952 年 12 月 22 日，在中共中央发出的《关于编制 1953 年计划及长期计划纲要若干问题的指示》中明确指出：“必须以发展重工业为建设的重点，集中有限的资金和建设力量（特别是地质勘探、设计和施工力量）首先保证重工业和国防工业的基本建设，特别是确保那些对国家起决定作用的、能迅速增强国家工业基础与国防力量的主要工程的完成”。① 1954 年 9 月，周恩来在第一届全国人民代表大会第一次会议

---

① 《关于编制 1953 年计划及长期计划纲要若干问题的指示》，载于《国民经济和社会发展“一五”至“七五”计划大事辑要》［EB/OL］. https：//www. ndrc. gov. cn/fggz/fzzlgh/gjfzgh/200506/t20050613_1196479. html？ code = &state = 123.

上，对这一方针做了充分的论证，他说："第一个五年计划所以要集中主要力量发展重工业，即冶金工业、燃料工业、动力工业、机械制造工业和化学工业，这是因为只有依靠重工业，才能保证整个工业的发展，才能保证现代化农业和现代化交通运输业的发展，才能保证现代化国防力量的发展，并且归根结底，也只有依靠重工业，才能保证人民的物质生活和文化生活的不断提高。"[9]

第三，制订和实施年度和五年计划，推动国民经济有计划、按比例发展。在现代化起步阶段，发展资源有限，而对发展资源的需求无限。历史表明，后发国家在现代化的起步阶段，把有限的发展资源用到"刀刃上"，用到对现代化最具基础意义，又能支撑和带动现代化各领域加快发展的方面，是一条普遍而重要的经验。仅依靠市场自发调节将资源配置到最该去的地方，虽然最终可以实现现代化，但这个过程会相当漫长。采取必要的计划手段推进现代化，是彼时彼地的必然选择。中华人民共和国成立后，中国逐步建立起计划经济体制，并从1953年开始制订实施第一个五年计划，除了1963—1965年的国民经济调整时期外，都编制实施了五年计划。编制五年计划的目的，是推动国民经济有计划、按比例发展。如"一五"计划确定了优先发展重工业的方针，但没有忽视农业、轻工业和其他事业的发展。相反，比较恰当地安排了工业和农业、重工业和轻工业、重工业各部门、工业与交通运输的比例关系，实现了大体平衡。如陈云指出的："我国因为经济落后，要在短时期内赶上去，因此，计划中的平衡是一种紧张的平衡。计划中要有带头的东西。就近期来说，就是工业，尤其是重工业。工业发展了，其他部门就一定得跟上。这样就不能不显得很吃力，很紧张。样样宽裕的平衡是不会有的，齐头并进是进不快的。但紧张决不能搞到平衡破裂的程度。"[10] 此后，针对五年计划实施过程中出现的问题，党中央不断总结调整，不断积累完善经济建设的经验，形成了要反对保守又要反对冒进，以农业为基础，以工业为主导，按农、轻、重的次序安排国民经济计划，建设规模必须同国力相适应，改善人民生活与经济建设应当兼顾，制订计划必须做好物资、财政、信贷平衡等思想。

第四，把发挥社会主义制度集中力量办大事的优势，作为迅速建立国家现代化物质技术人才基础的极为重要的手段。作为后发国家，必须迅速积累起现代化所需要的基本的物质技术和人才基础。而这些基础的建立，需要大量的物质资源和人力资源投入。为了迅速建立国家现代化的技术和人才基础，我们充分发挥了社会主义制度集中力量办大事的优势。在较短的时间内，建成了覆盖全国的交通基础设施网络，建立了一系列钢铁石化基地，组织开展了大规模扫盲运动，使掌握机械化生产技术的农民人数迅速增长。特别是通过发挥这一优势，对大专院校进行院系调整，将专门院系、专业作为重点发展对象，实施了一些著名高校西迁计划，改变了高校集中于沿海地区的旧有布局；通过发挥这一优势，集中全国各类型单位（高校、研究所、国企等）的科研力量进行科技攻关，快速地将新取得的科学技术（特别是工业生产技术、农业生产技术和医疗技术等）应用于全国各生产单位，把许多看似不可能的巨大工程构想（如“两弹一星”）变成了现实。

第五，实施区域均衡发展战略，尽快建立起国家安全发展的空间基础。现代工业集中于东南一隅的发展格局，既与社会主义要实现共同富裕的要求相悖，也不利于实现国家的安全发展。针对这一格局，中央采取了一系列措施，促进区域均衡发展。“一五”计划时期，中央将工业建设的重点转到了内地，并且在内地创建了新的基地，限额项目共设置了 694 个，其中 472 个在内地，其余的 222 个大部分放在了东北。通过实施“一五”计划，中国不合理的工业布局得到了明显的调整与改善。从 1964 年起，我们在中西部地区 13 个省、自治区又实施了以备战为战略导向的大规模国防、科技、工业和交通基础设施建设，即“三线建设”。三线建设的实施，是中国生产力布局由东向西转移的又一次战略大调整，为增强国防实力、改善生产力布局，以及推进中西部地区工业化做出了重要贡献，也为改革开放后内陆地区的经济发展奠定了必要基础。

第六，注重处理各方面的关系，统筹推进国家现代化。现代化是全方位的社会变迁，涉及的主体多元、领域广泛、利益复杂。顺利推进现代化，必须处理好多个方面的关系。1956 年，毛泽东同志先后在中央政治局扩大会议、最高国务会议上做了《论十大关系》的报告[11]。“十大关系”的第一至第三条讲重工业和轻工业、农业的关系，沿海工业和内地工业的关系，经济建设和国防建设的关系。报告肯定了我们在处理这些关系上没有犯大的错误，同时强调今后要更多地注意发展农业、轻工业，更多地利用和发展沿海工业，尽量降低军政费用的比重，多搞经济建设。从长远看，这样做能够更好地发展重工业、内地工业和加强国防。第四、第五条讲国家、生产单位和生产者个人的关系，中央和地方的关系，并开始涉及经济体制方面的改革。报告指出，建设社会主义必须依靠群众，充分调动群众的积极性。“十大关系”后五条主要讨论政治关系，涉及汉族和少数民族的关系，党和非党的关系，革命和反革命的关系，是非关系，中国和外国的关系。《论十大关系》是毛泽东关于社会主义建设的代表作。毛泽东在报告中总结中国经济建设经验提出的基本方针，反映了经济发展的客观规律和社会政治稳定的需要，对当时和以后的社会主义建设有很强的针对性和理论指导作用。

新中国头30年的现代化建设取得了巨大成就。通过大规模兴修水利，开展农田基本建设，培育推广良种，提倡科学种田，大幅度地提高了粮食生产水平，初步满足了占世界1/4人口的基本生活需求。在工业领域，实施了大规模投资和建设，逐步形成了门类比较齐全的工业体系。从1964年开始的三线建设进一步增强了国防力量，平衡了工业布局。到20世纪70年代，我们不仅能够自行设计和批量生产汽车、飞机、坦克、拖拉机等，而且成功爆炸了原子弹、氢弹，试制并成功发射了中远程导弹和人造卫星，这些进展震惊寰宇。这一时期，中国教育事业长足发展，学龄儿童入学率达到90%以上，劳动者整体素质实现了很大提高，居民平均预期寿命显著增长，中国人不再被讥笑为“东亚病夫”。当然，这一时期现代化建设也存在曲折：从机遇上看，“文化大革命”使中国错失了当时世界上正在进行的科技、产业革命的机会；从战略上看，“急于求成”造成了国民经济的一系列失调；从策略上看，“重工业优先发展”抑制了城乡居民生活水平的提高。

三、深化改革 扩大开放 现代化建设提高国家实力 1978年到党的十八大

经过近30年的建设，中国的现代化取得了举世瞩目的巨大成就，但是由于人口多、底子薄以及在经济发展中出现了一些失误，到改革开放之初，中国的发展依然落后。1978年，中国的国内生产总值只有1 495.4亿美元，仅相当于美国的6.4%，排在世界第12位；人均国内生产总值只有156.4美元，仅相当于美国的1.5%，排在世界第100位之后。尤其是，还存在大量贫困人口，仅在农村就有7亿人口处于绝对贫困状态。

毫无疑问，面对与发达国家存在的巨大差距，面对依然相当落后的城乡面貌，中国不仅要继续推进现代化，而且要更有效地推进现代化。1979年3月，中央政治局召开会议研究讨论调整国民经济事宜，邓小平在党的理论工作务虚会上指出：“社会主义现代化建设是我们当前最大的政治，因为它代表着人民的最大的利益、最根本的利益”“能否实现四个现代化，决定着我们国家的命运、民族的命运。”[12]

在前30年发展的基础上，面对人民日益迫切的改善生活的需要，面对不同于过去几十年的国际形势，必须在总结经验的基础上，与时俱进地对现代

化进行新的战略安排，选择新的战略路径，采取新的方针政策，培育新的动力。

回顾中国在党的十一届三中全会到党的十八大的发展进程，党在推动改革开放新时期现代化方面主要形成了九方面的思想。

第一，推进现代化既要有积极而远大的目标，又要立足实际、扎实稳妥推进。20 世纪 80 年代，根据邓小平的设想，党逐步明确了新时期现代化分三步走的战略安排，即：第一步，实现国民生产总值比 1980 年翻一番，解决人民的温饱问题，这个任务已经基本实现；第二步，到 20 世纪末，使国民生产总值再增长一倍，人民生活达到小康水平；第三步，到 21 世纪中叶，人均国民生产总值达到中等发达国家水平，人民生活比较富裕，基本实现现代化。这一战略安排，比之于 20 世纪六七十年代提出的到 2000 年实现“四个现代化”的设想，更符合中国的国情和在发展中国家推进现代化的基本规律。随着实践的发展，党的十五大提出了“两个一百年”的奋斗目标，党的十六大提出到 2020 年全面建设小康社会和“新三步走”的战略安排。总的来看，这些安排既体现了积极进取的精神，又体现了实事求是的要求。

第二，必须走中国式现代化道路。一个国家所走的现代化道路，既是时代的产物，又是由其基本国情决定的。中国是一个人口大国，城乡区域发展严重不平衡，不应也不可能照搬现代化先发国家的模式，必须走自己的路。1979 年 3 月 30 日，邓小平在党的理论工作务虚会上提出，“搞建设，也要适合中国的情况，走出一条中国式的现代化道路”[13]。1979 年 12 月 6 日，邓小平在与到访中国的日本首相大平正芳会谈时说：“我们要实现的四个现代化，是中国式的四个现代化。我们的四个现代化的概念，不是像你们那样的现代化的概念，而是‘小康之家’。到本世纪末，中国的四个现代化即使达到了某种目标，我们的国民生产总值人均水平也还是很低的。……要达到第三世界中比较富裕一点的国家的水平，比如国民生产总值人均一千美元，也还得付出很大的努力。中国到那时也还是一个小康的状态。”[14] “小康”是中国古代对理想社会初级形式的描述，邓小平把它运用到当代中国现代化发展战略目标设定上来，以描述介于温饱和富裕之间的状态，为全党和全国人民描绘了一个美好而又相对现实的前景。

第三，必须让人民得到更多实惠。改革开放前，中国经济以高储蓄、低消费为特征，以优先发展重工业为工业化战略。这一战略有优点，也有缺点，优点是有助于迅速建立起比较完整的工业体系和国民经济体系，缺点是人民物质生活的改善速度落后于工业发展的速度，长此以往，会动摇人民群众对党的信任和对社会主义的信念。1981 年 11 月的国务院政府工作报告，根据同年召开的中共中央政治局扩大会议精神，提出了要“真正从我国实际情况出发，走出一条速度比较实在、经济效益比较好、人民可以得到更多实惠的新路子”①。在经济实践中，从 1979 年开始，中国放弃了过于偏重发展重工业的战略思路，转而采取改善人民生活第一、工业全面发展的工业化战略，并实施了促进轻工业率先发展的“六个优先”政策。邓小平在 1992 年的南方讲话中进一步强调指出：“不坚持社会主义，不改革开放，不发展经济，不改善人民生活，只能是死路一条。”[15] 江泽民提出我们党要始终代表中国最广大人民根本利益。胡锦涛提出必须把实现好、维护好、发展好最广大人民根本利益作为一切工作的出发点和落脚点。

第四，充分利用国内国际两种资源、两个市场，发挥比较优势特别是人力资源丰富的优势，积极参与国际大循环。发展中国家推进现代化，既缺资金，又缺技术、人才和经验，关起门来，依靠自身在资金、技术等方面的逐步积累推进现代化，纵然最终可以实现现代化，却是十分遥远的未来。要加快现代化进程，尽快赶上时代的潮流，必须在自力更生的基础上，尽最大可能利用国际上的发展资源。十一届三中全会之后，党把对外开放作为基本国策，推出了设立特区、兴办中外合资合作和外商独资企业、吸引外资、引进先进技术等政策措施。参与国际大循环，必须依托自身的优势。中国是人口大国，劳动力资源丰富是最大的比较优势。江泽民在党的十五大报告中指出：“发挥我国巨大人力资源的优势，关系二十一世纪社会主义事业的全局。”[16] 改革开放以来，我们以丰富廉价的劳动要素为依托，通过吸引外商直接投资以及大力发展加工贸易等方式，积极融入全球要素分工体系，成为中国经济发展的主要动力源泉之一。

第五，实施区域非均衡发展战略，依托优势地区，打造强劲增长引擎，带动全国快速发展。对于一个空间大国来说，在区域发展上，是坚持效率优先、实施非均衡发展战略，还是坚持公平优先、实施均衡发展战略，在理论上有争论，在实践中有分歧。在特定的阶段，实施何种战略，以国内外各种条件为转移。1978 年之前，我们总体上实施的是区域均衡发展战略。这一战略的实施明显改变了区域发展格局，从长远看，为国家现代化奠定了更合理的空间基础，但是由于在一定程度上违背了比较优势的原则，也带来了国民经济在效率上的损失。改革开放以后，中央认识到，为加快中国的现代化步

① 1981 年国务院政府工作报告［EB/OL］. http：//www.gov.cn/test/2006-02/16/content_200802.htm.

伐，必须发挥好各地的优势，尤其是利用好沿海地区良好的发展基础和优越的对外开放条件。为此，在 20 世纪 90 年代末之前，中央实施了以沿海地区发展战略为主要内容的区域非均衡发展战略。1988 年，邓小平提出“两个大局”的战略构想，即“沿海地区要加快对外开放，使这个拥有两亿人口的广大地带较快地先发展起来，从而带动内地更好地发展”“发展到一定的时候，又要求沿海拿出更多力量来帮助内地发展”，最终达到共同富裕[17]。然而，随着沿海地区发展战略的实施，地区之间的发展差距日益突出起来。面对区域发展不平衡等问题，党中央于 1999 年提出了实施“西部大开发战略”，并于 2004 年提出了实施“中部崛起战略”和“振兴东北等老工业基地战略”。至此，形成了以东部地区率先发展、西部大开发、中部崛起和振兴东北等老工业基地为主体内容的区域协调发展总体战略。

第六，妥善处理体制转轨和经济转型中的各种关系。改革是中国的第二次革命。既然称之为“革命”，改革就必然伴随着深刻的利益格局调整，这个过程不可避免会出现矛盾、摩擦乃至冲突，必须处理好改革、发展、稳定的关系。邓小平指出“发展才是硬道理”“稳定压倒一切”，并多次强调，要一手抓改革开放，一手抓惩治腐败；一手抓建设，一手抓法治；一手抓物质文明，一手抓精神文明，做到两手抓、两手都要硬。此后，“两手抓、两手都要硬”成为我们党推进改革开放和社会主义现代化建设的根本方针。随着经济的发展、改革的深入和开放的扩大，中国现代化建设过程中出现了一系列涉及全局的新矛盾和新问题。针对这些新矛盾和新问题，江泽民在党的十四届五中全会闭幕会上发表了《正确处理社会主义现代化建设中的若干重大关系》的讲话[18]，进一步系统阐释了新时期现代化过程中需要妥善处理的十二大关系，包括改革、发展、稳定的关系，速度和效益的关系，经济建设和人口、资源、环境的关系，第一、二、三产业的关系，东部地区和中西部地区的关系，市场机制和宏观调控的关系，公有制经济和其他经济成分的关系，收入分配中国家、企业和个人的关系，扩大对外开放和坚持自力更生的关系，中央和地方的关系，国防建设和经济建设的关系，物质文明建设和精神文明建设的关系。

第七，坚持科学发展观，推动又好又快发展。发展是硬道理，是解决当代中国一切问题的关键和基础。但是，实现什么样的发展，如何推动发展，将关乎现代化的成败。在制订“九五”计划时，中央提出了关于推进“两个根本转变”的要求，其中一个转变就是“经济增长方式从粗放型向集约型转变”。2003 年春天，中国出现了严重的“非典”疫情，触发了全社会对实现什么样的发展、怎样发展的再思考。2003 年 7 月 28 日，胡锦涛在讲话中提出要“坚持全面发展、协调发展、可持续发展的发展观”“坚持在经济社会发展的基础上促进人的全面发展”[19]。这一思想被概括凝练为“科学发展观”。科学发展观强调“坚持以人为本，就是要以实现人的全面发展为目标，从人民群众的根本利益出发谋发展、促发展”[20]，强调要按照“统筹城乡发展、统筹区域发展、统筹经济社会发展、统筹人与自然和谐发展、统筹国内发展和对外开放”的原则推进各项事业的改革和发展，强调要“做到发展为了人民、发展依靠人民、发展成果由人民共享”[21]。

第八，建立法治化、国际化的市场经济体制。市场经济是法治经济，完备的市场经济体制必然有完备的法律体系做保障。党的十四届三中全会提出，在 20 世纪末初步建立适应社会主义市场经济的法律体系。党的十五大在立法方面进一步提出，要加强立法工作，提高立法质量，到 2010 年形成有中国特色的社会主义法律体系。八届、九届人大及其常委会先后制定了 104 部法律，对 57 部法律法规进行了修订，通过了 8 件法律解释，中国特色社会主义法律体系初步形成。市场经济也是充分国际化的经济，虽然各国在市场经济运行和管理的具体方式和方法上有所不同，但其所遵循的一般原则是相通的。为了更好地发展中国的市场经济，中央决定加入世界贸易组织，2001 年，中国成为世界贸易组织的正式成员。加入世界贸易组织之后，中国清理了 3 000 多部法律、法规和规章，对贸易体制和政策进行了全面的调整，使中国的贸易体制和环境更加稳定，更加国际化和可预见性。

第九，把改革旧体制、建立新体制作为根本动力和保障。改革是决定当代中国命运的关键一招，被作为党在社会主义初级阶段基本路线的两大基本点之一。改革的重点是构建新的经济体制以适应生产力发展的要求。党对建立何种新体制的认识有一个逐步发展的过程。在改革的起步阶段（1979—1984 年）形成以计划经济为主、市场调节为辅的认识，邓小平进一步阐释了这一认识，“我们是计划经济为主，也结合市场经济，但这是社会主义的市场经济”[22]。在第二阶段（1984—1992 年），中央提出了“在公有制基础上的有计划的商品经济”的理论。在第三阶段（1992—2002 年），中央明确了“我国经济体制改革的目标是建立社会主义市场经济体制”。在第四阶段（2002—2012 年），中央作出了《关于完善社会主义市场经济体制若干问题的决定》，为完善社会主义市场经济体制提出了全面而明确的任务目标。

这一时期，是中国现代化突飞猛进的时期，在经济高速增长的支持下，国内生产总值接近 50 万亿元，经济总量跃居世界第二，人民生活实现了从温饱不足到总体小康、奔向全面小康的历史性跨越，在国际经济格局中的地位明显提升。这一时期出现的最大挑战是，发展不平衡不充分问题突出，社会生态领域存在不少短板，城乡区域发展差距明显，收入分配不公平凸显等。

四、确立以人民为中心的发展思想　加快社会主义现代化强国建设　党的十八大以来

随着中国特色社会主义进入新时代，中国社会的主要矛盾转化为人民日益增长的美好生活需要和不平衡不充分发展之间的矛盾。社会主要矛盾的变化是关系全局的历史性变化，对现代化路径、方式、战略提出了新的要求。在这一背景下，以习近平同志为核心的党中央对社会主义现代化建设提出了一系列新论述，明确回答了新时代建设什么样的社会主义现代化和如何建设现代化的问题，丰富和深化了我们党对社会主义现代化建设规律的认识。

第一，建设具有中国特色、符合中国实际的现代化，坚持走中国式现代化新道路。现代化是涉及生产、生活方式等的深刻变革，也是涉及思想观念、社会组织、国家治理等的深刻变革。这种变革因时代不同而不同，因国情不同而不同，因国家的社会制度不同而不同。我们是在社会主义制度下，推进具有 5 000 多年文明的人口大国的现代化，现代化建设必然有，也必须有自身的特征、独特的道路。习近平明确指出："我们的任务是全面建设社会主义现代化国家，当然我们建设的现代化必须是具有中国特色、符合中国实际的""我国现代化是人口规模巨大的现代化，是全体人民共同富裕的现代化，是物质文明和精神文明相协调的现代化，是人与自然和谐共生的现代化，是走和平发展道路的现代化。这是我国现代化建设必须坚持的方向，要在我国发展的方针政策、战略战术、政策举措、工作部署中得到体现，推动全党全国各族人民共同为之努力。"[23] 习近平这一思想内涵丰富而深邃。这一思想明确了中国现代化的本质属性是社会主义的现代化，是全体人民共同富裕的现代化，与西方国家现代化只富裕少数人有着根本的不同。这一思想明确了中国的现代化是全面进步的现代化，不仅在物质层面要赶上时代的潮流，而且在精神层面要引领时代的发展，与西方国家现代化不可避免地伴随着"精神家园的失落"不同。这一思想明确了中国的现代化是着眼于人类永续发展的现代化，在实现物质财富不断增长的同时，为子孙万代留下充分的发展空间，与西方国家现代化留下了一连串生态灾难不同。这一思想明确了中国的现代化是与全人类共同发展相统一的现代化，在实现自身发展进步的同时，推动

构建人类命运共同体，与西方国家现代化同时也是殖民、剥夺、奴役他国的过程不同。建设社会主义现代化强国，实现中华民族伟大复兴，必须坚持走中国式现代化新道路。这一现代化建设的必然选择，会为人类社会开辟出新的发展空间，创造出新的文明形态。

第二，坚持以人民为中心的发展思想，不断实现人民对美好生活的向往。人的全面发展是现代化的根本目标，人民是一切社会财富的创造者，是推动发展的根本力量。从世界历史看，一个国家的现代化能否成功，取决于能否动员全体人民参与现代化建设。中国是共产党领导下的国家，坚持以人民为中心的发展思想是现代化建设的应有之义，这是党的性质和宗旨决定的。习近平在庆祝中国共产党成立100周年大会上明确指出："江山就是人民、人民就是江山，打江山、守江山，守的是人民的心。中国共产党根基在人民、血脉在人民、力量在人民。中国共产党始终代表最广大人民根本利益，与人民休戚与共、生死相依，没有任何自己特殊的利益，从来不代表任何利益集团、任何权势团体、任何特权阶层的利益""新的征程上，我们必须紧紧依靠人民创造历史，坚持全心全意为人民服务的根本宗旨，站稳人民立场，贯彻党的群众路线，尊重人民首创精神，践行以人民为中心的发展思想，发展全过程人民民主，维护社会公平正义，着力解决发展不平衡不充分问题和人民群众急难愁盼问题，推动人的全面发展、全体人民共同富裕取得更为明显的实质性进展！"[24] 坚持以人民为中心的发展思想，要求无论在任何风浪面前，都要坚持人民至上、生命至上。2020年春天，中国暴发严重的新冠肺炎疫情，党团结带领人民应对疫情体现了"人民至上、生命至上"的价值追求。习近平指出："要彻底战胜疫情，必须把人民生命安全和身体健康放在突出位置，以极大的政治担当和勇气，以非常之举应对非常之事，尽最大努力做到不遗漏一个感染者、不放弃一个病患者，切实尊重每个人的生命价值和尊严。"[25] 我们坚持了"人民至上、生命至上"，取得了战胜新冠肺炎疫情的伟大胜利。

第三，统筹推进"五位一体"总体布局，协调推进"四个全面"战略布局。现代化的内涵涉及人类发展各领域和各方面，这些领域和方面既相互依赖又相互制约，必须有重点地推进，也必须一体化推进。党的十八大以来，我们党统筹推进经济建设、政治建设、文化建设、社会建设、生态文明建设"五位一体"总体布局，协调推进全面建成小康社会、全面深化改革、全面依法治国、全面从严治党"四个全面"的战略布局。这样的布局有助于弥补发展短板，使现代化在各方面相互协调、相互支撑的基础上持续推进，顺利实现既定目标。习近平指出："'五位一体'和'四个全面'相互促进、统筹联动，要协调贯彻好，在推动经济发展的基础上，建设社会主义市场经济、民主政治、先进文化、生态文明、和谐社会，协同推进人民富裕、国家强盛、中国美丽。”[26]

第四，坚持创新、协调、绿色、开放、共享的新发展理念。习近平明确指出：“发展理念是发展行动的先导，是管全局、管根本、管方向、管长远的东西，是发展思路、发展方向、发展着力点的集中体现”[27]，“发展是一个不断变化的进程，发展环境不会一成不变，发展条件不会一成不变，发展理念自然也不会一成不变。”[28] 改革开放以来，在不同的历史时期，基于对中国将长期处于社会主义初级阶段的判断，基于对不断变化的形势和任务的认识，我们党先后提出了“发展是硬道理”“发展是党执政兴国的第一要务”和科学发展观等理念。党的十八大以来，根据新阶段发展条件和发展任务的重大变化，我们党进一步形成创新、协调、绿色、开放、共享的新发展理念。新发展理念是改革开放以来“我国发展经验的集中体现，反映出我们党对我国发展规律的新认识”[29]。坚持创新发展，就是要转变发展方式，以更少的资源占用创造更丰富的物质产品，提高经济运行效率。坚持协调发展，就是要平衡发展结构，增强城乡、区域发展的协同性，形成发展的合力。坚持绿色发展，就是要坚持“绿水青山就是金山银山”的理念，有效破解资源环境约束，不断提高发展的可持续性。坚持开放发展，就是要加强发展的内外联动，更充分地分享全球化红利，更主动地引领全球化进程。坚持共享发展，就是要坚持共同富裕的目标，让人民群众公平分享发展成果，不断提高发展的公平性和包容性。

第五，推动实现高水平自立自强。在现代化过程中，不少后发追赶型经济体由于忽视自主创新能力的培育，长期过度依赖发达国家的技术，最终落入“中等收入陷阱”乃至于落入“高收入陷阱”。其原因是，追赶前期，这些国家可以通过学习模仿很快提升技术水平，但经济增长更多依靠要素的低成本优势，一旦要素低成本优势失去，技术学习空间缩小，增长动力就会减弱。在新的发展阶段，中国的科技水平虽然已经大幅提升，但总体而言自主创新特别是原创力还不强，关键领域核心技术受制于人的格局尚未根本改变。面对百年未有之大变局，习近平指出：“科技立则民族立，科技强则国家强”“世界科技强国竞争，比拼的是国家战略科技力量”“科技创新成为国际战略博弈的主要战场，围绕科技制高点的竞争空前激烈。我们必须保持强烈的忧患意识，做好充分的思想准备和工作准备。”[30] 党的十九届五中全会明确要求，“坚持创新在我国现代化建设全局中的核心地位，把科技自立自强作为国家发展的战略支撑，面向世界科技前沿、面向经济主战场、面向国家重大需求、面向人民生命健康，深入实施科教兴国战略、人才强国战略、创新驱动发展战略，完善国家创新体系，加快建设科技强国”①。

第六，实施区域发展重大战略，在区域发展中注重大保护。统筹不同区域的发展是一国现代化的重要内容。在现代化过程中，不少后发追赶型经济体没有解决好这个问题，导致一国内部不同区域经济畸强与畸弱并存——少数地区现代化程度高，其他广大区域发展落后，地区差距问题十分严重——最终阻碍了现代化的持续推进。党的十八大以来，面对新发展阶段中国经济发展空间结构的深刻变化，以习近平同志为核心的党中央先后提出京津冀协同发展、长江经济带发展、粤港澳大湾区建设、长三角一体化发展、成渝经济圈建设、黄河流域生态保护和高质量发展等区域重大发展战略，构建能够带动全国高质量发展的动力源。习近平指出：“新形势下促进区域协调发展，总的思路是：按照客观经济规律调整完善区域政策体系，发挥各地区比较优势，促进各类要素合理流动和高效集聚，增强创新发展动力，加快构建高质量发展的动力系统，增强中心城市和城市群等经济发展优势区域的经济和人口承载能力，增强其他地区在保障粮食安全、生态安全、边疆安全等方面的功能，形成优势互补、高质量发展的区域经济布局。”[31] 要“正确把握生态环境保护和经济发展的关系，探索协同推进生态优先和绿色发展新路子”“发展经济不能对资源和生态环境竭泽而渔，生态环境保护也不是舍弃经济发展而缘木求鱼，要坚持在发展中保护，在保护中发展，实现经济社会发展与人口、资源、环境相协调，使绿水青山产生巨大生态效益、经济效益、社会效益”[32]。

第七，发挥市场在资源配置中的决定性作用，更好发挥政府作用。党的十八大以来，经济体制改革取得了重大进展。面对新时代经济社会发展新要求，习近平强调，改革开放“是我们党在新的历史时期最鲜明的旗帜”“是党和人民事业大踏步赶上时代的重要法宝”[33]。他指出：“经济体制改革仍然是全面深化改革的重点，经济体制改革的核心问题仍然是处理好政府和市场关系”“市场决定资源配置是市场经济的一般规律，市场经济本质上就是市场决定资源配置的经济。健全社会主义市场经济体制必须遵循这条规律，着力解决市场体系不完善、政府干预过多和监管不到位问题”“市场在资源配置中起

① 中国共产党第十九届中央委员会第五次全体会议公报［EB/OL］. http：//jhsjk. people. cn/article/31911510.

决定性作用，并不是起全部作用。发展社会主义市场经济，既要发挥市场作用，也要发挥政府作用。"[34] 习近平特别强调发挥新型举国体制作用。他指出："要健全社会主义市场经济条件下新型举国体制，充分发挥国家作为重大科技创新组织者的作用，支持周期长、风险大、难度高、前景好的战略性科学计划和科学工程，抓系统布局、系统组织、跨界集成，把政府、市场、社会等各方面力量拧成一股绳，形成未来的整体优势。要推动有效市场和有为政府更好结合，充分发挥市场在资源配置中的决定性作用，通过市场需求引导创新资源有效配置，形成推进科技创新的强大合力。"[35]

第八，推进国家治理体系和治理能力现代化。国家治理体系和治理能力的现代化是社会主义现代化的重要内容，也是社会主义现代化建设其他方面得以顺利推进的根本保障。作为全方位的社会变迁，现代化不仅涉及物质层面，也会涉及精神层面，还会涉及制度和治理层面。如果只有物质层面的现代化，没有精神和制度治理层面的现代化，现代化难以行稳致远。党的十八届三中全会把"完善和发展中国特色社会主义制度，推进国家治理体系和治理能力现代化"作为全面深化改革的总目标①。这是我们党对于社会主义现代化建设规律认识的一次飞跃，也是辩证唯物主义和历史唯物主义在中国现代化建设实践中的具体运用。在中国特色社会主义进入新时代，推进国家治理体系和治理能力现代化十分紧迫。习近平指出："当今世界正经历百年未有之大变局，国际形势复杂多变，改革发展稳定、内政外交国防、治党治国治军各方面任务之繁重前所未有，我们面临的风险挑战之严峻前所未有。这些风险挑战，有的来自国内，有的来自国际，有的来自经济社会领域，有的来自自然界。我们要打赢防范化解重大风险攻坚战，必须坚持和完善中国特色社会主义制度，推进国家治理体系和治理能力现代化，运用制度威力应对风险挑战的冲击。"[36] 推进国家治理体系和治理能力现代化是一项综合系统的工程。习近平指出："国家治理体系和治理能力是一个国家的制度和制度执行能力的集中体现，两者相辅相成，单靠哪一个治理国家都不行"[37]，"在国家治理体系的大棋局中，党中央是坐镇中军帐的'帅'，车马炮各展其长，一盘棋大局分明"[38]，"人民代表大会制度是中国特色社会主义制度的重要组成部分，也是支撑中国国家治理体系和治理能力的根本政治制度""发展社会主义民主政治，是推进国家治理体系和治理能力现代化的题中应有之义"[39]，"依

① 中共中央关于全面深化改革若干重大问题的决定［EB/OL］. http：//www. gov. cn/jrzg/2013-11/15/content_2528179. htm.

法治国是坚持和发展中国特色社会主义的本质要求和重要保障，是实现国家治理体系和治理能力现代化的必然要求。我们要实现经济发展、政治清明、文化昌盛、社会公正、生态良好，必须更好发挥法治引领和规范作用。”① 党的十八大以来，以习近平同志为核心的党中央高度重视国家治理体系和治理能力的现代化建设，并把它作为新时代全面深化改革的主轴。习近平指出：“相比过去，新时代改革开放具有许多新的内涵和特点，其中很重要的一点就是制度建设分量更重，改革更多面对的是深层次体制机制问题，对改革顶层设计的要求更高，对改革的系统性、整体性、协同性要求更强，相应地建章立制、构建体系的任务更重。新时代谋划全面深化改革，必须以坚持和完善中国特色社会主义制度，推进国家治理体系和治理能力现代化为主轴，深刻把握我国发展要求和时代潮流，把制度建设和治理能力建设摆到更加突出的位置，继续深化各领域各方面体制机制改革，推动各方面制度更加成熟更加定型，推进国家治理体系和治理能力现代化。”[40]

第九，坚持走和平发展道路，推动构建人类命运共同体。不同国家和地区的现代化彼此联系、相互影响。在日益开放的时代，各国之间的联系越来越紧密，各国之间的相互影响越来越大。经过第二次世界大战结束以来 70 多年的发展和演变，国际政治经济格局发生了深刻变化，世界迎来百年未有之大变局。一方面，新一轮科技革命和产业变革推动全球产业链、供应链、创新链、价值链深刻重组，国际分工格局深度调整；另一方面，经济全球化遭遇严重逆流，民粹主义、保护主义、单边主义明显抬头，世界秩序加快从旧秩序向新秩序转换。新冠肺炎疫情全球大流行加快了这一变局的演变，全球经济不确定性显著增强。在这一背景下，习近平明确提出打造人类命运共同体的重要思想和包括共建“一带一路”倡议在内的一系列合作构想，不断加深中国与世界其他国家的经济、社会和文化联系，不仅为世界各国发展提供更多的新的公共产品，也为中国的发展创造更加和平稳定的外部环境和比较有利的全球经济秩序。习近平指出：“在经济全球化时代，类似新冠肺炎疫情的突发公共卫生事件绝不会是最后一次，全球公共卫生治理亟待加强。地球是人类赖以生存的唯一家园，加大应对气候变化力度，推动可持续发展，关系人类前途和未来。人类面临的所有全球性问题，任何一国想单打独斗都无法解决，必须开展全球行动、全球应对、全球合作”“我们要秉持人类命运共

① 习近平谈依法治国［EB/OL］. http：//theory. people. com. cn/n1/2016/0817/c49150-28642089. html？ from=timeline&isappinstalled=0.

同体理念，坚守和平、发展、公平、正义、民主、自由的全人类共同价值，摆脱意识形态偏见，最大程度增强合作机制、理念、政策的开放性和包容性，共同维护世界和平稳定。”[41] 在庆祝中国共产党成立 100 周年大会上，习近平进一步强调：“新的征程上，我们必须高举和平、发展、合作、共赢旗帜，奉行独立自主的和平外交政策，坚持走和平发展道路，推动建设新型国际关系，推动构建人类命运共同体。”

这一时期，中国经济社会发展取得了举世瞩目的成就。2020 年，国内生产总值突破 100 万亿元，经济实力、科技实力、综合国力跃上新的台阶；研发经费投入总量稳居世界第二，研发经费投入强度达到中等发达国家水平，若干科技和产业领域实现从跟跑到并跑、领跑的跃升；全国居民人均收入比 2010 年增加一倍，人民生活不断改善；城乡居民收入差距进一步缩小，脱贫攻坚战取得了全面胜利，现行标准下农村贫困人口全部脱贫，贫困县全部摘帽，消除了绝对贫困和区域性整体贫困，创造了人类减贫史上的奇迹。在庆祝中国共产党成立 100 周年大会上，习近平总书记向全世界庄严宣告：“经过全党全国各族人民持续奋斗，我们实现了第一个百年奋斗目标，在中华大地上全面建成了小康社会，历史性地解决了绝对贫困问题，正在意气风发向着全面建成社会主义现代化强国的第二个百年奋斗目标迈进。”

五、结语：中国共产党的现代化思想将在现代化新征程中不断丰富和发展

回顾过去，中国共产党团结带领中国人民不懈奋斗，创造了中国式现代化新道路，拓展了发展中国家走向现代化的路径，给世界上那些希望加快发展又希望保持自身独立性的国家和民族提供了全新的选择，同时也形成了中国特色社会主义现代化建设的思想。中国取得伟大的实践和理论成果的原因有四点。

第一，在现代化过程中始终坚持党的全面领导。现代化是一个充满各类矛盾的过程。中国现代化起步晚、时间紧，各领域矛盾更集中，回旋余地更有限。推动我国的现代化，必须有坚强的领导。中国共产党是中国特色社会主义事业的领导核心，也是中国现代化建设的领导核心。党对现代化的领导，体现在思想指导上，也体现在行动组织上。党深刻把握世界现代化的普遍规律，密切结合中国实际，指明了中国现代化的前进方向，形成了推进中国现代化的思想和理念，制定了一系列指导和推动中国现代化的战略、方针和政

策。党始终坚持马克思主义的群众观点，坚定地相信“中国共产党根基在人民、血脉在人民、力量在人民”[42]。在现代化进程中，党坚持发展为了人民，发展依靠人民，发展成果由人民共享，尊重人民的首创精神，充分调动各方面积极性，团结带领全国各族人民共同奋斗。正是因为有党的坚强领导，中国人民才创造了世所罕见的经济快速发展奇迹和社会长期稳定奇迹，推动中国的现代化迈上一个又一个新台阶。

第二，将马克思主义基本原理同中国具体实际相结合、同中华优秀传统文化相结合，不断深化对现代化建设规律的认识。理论是行动的先导，没有科学理论指导的实践是盲目的实践，是不可能取得成功的。在现代化过程中，党始终注重以科学的理论指导实践，始终坚持以马克思主义为指导，运用马克思主义的基本立场、观点和方法，分析中国现代化面临的环境、条件、目标和任务。党同时注重把马克思主义基本原理和中国具体实际相结合，注重吸收中国优秀传统文化的精髓，构建中国式现代化的内涵、目的、导向等范畴体系，探索中国实现现代化的具体路径和方式方法。通过将马克思主义基本原理同中国具体实际相结合、同中华优秀传统文化相结合，党深化了对现代化普遍规律的认识，形成了对中国现代化道路特殊性的思想认识和政策主张。

第三，善于学习借鉴人类文明的优秀成果，博采众长，为我所用，深刻认识和全面把握现代化的规律。中国的现代化是后发的赶超型现代化，学习先发国家的经验，汲取先发国家的教训，可以避免走弯路，有助于加快现代化进程。党在推进国家现代化的进程中，非常注重学习借鉴他国的经验。1956 年，毛泽东在《论十大关系》中论述中国和外国的关系时，明确指出：“我们的方针是，一切民族、一切国家的长处都要学，政治、经济、科学、技术、文学、艺术的一切真正好的东西都要学。”[43] 1992 年，邓小平指出：“社会主义要赢得与资本主义相比较的优势，就必须大胆吸收和借鉴人类社会创造的一切文明成果。”[44] 在中国特色社会主义的新时代，习近平指出：“要立足我国实际，以我们正在做的事情为中心”“同时也要放宽视野，吸收人类文明一切有益成果。”[45] 当然，在学习借鉴他国现代化经验时，党强调要结合中国的实际，强调不能简单地照搬和模仿外国的经验和模式，强调中国的现代化不能成为国外现代化发展的“翻版”。党要高度重视汲取他国现代化进程中的教训，以使中国的现代化少走弯路，不走弯路。

第四，能够根据国内外发展条件的变化和社会主要矛盾的变化，实现现代化思想的与时俱进。在现代化的不同阶段，经济社会发展的内外环境不同，社会的主要矛盾及矛盾的主要方面存在差别，现代化的指导思想也有所不同。在不同的历史时期，党始终能够根据发展条件和外部环境的变化，因社会主要矛盾的变化，提出与各阶段发展实际相适应的战略思想。这些思想都本源于中国共产党的初心和使命，都着眼于中华民族的伟大复兴，前后关联、一脉相承。

站在现代化新起点上，面对世界百年未有之大变局，我们要积极响应习近平在庆祝建党 100 周年大会上代表党中央发出的号召，坚持以习近平新时代中国特色社会主义思想为指导，按照党的十九大描绘的分两个阶段把我国建成富强民主文明和谐美丽的社会主义现代化强国的宏伟蓝图，以更加坚定的步伐走好现代化建设新征程，为早日实现中华民族伟大复兴的中国梦奠定更为强大的物质技术基础，创造更为有力的制度保障。展望未来，现代化新征程，是党团结带领人民不断取得现代化建设新成就的过程，也是不断丰富中国共产党现代化思想的过程，中国共产党必将为人类文明进步贡献更丰富的思想菁华和实践真知。

参考文献：

[1] 李大钊．中国的社会主义与世界的资本主义．李大钊全集：第三卷［M］．北京：人民出版社，2006：360.

[2] 毛泽东．新民主主义论．毛泽东选集：第二卷［M］．北京：人民出版社，1991：662-711.

[3] 毛泽东．中国农村的社会主义高潮［M］．北京：人民出版社，1956：2.

[4] 毛泽东．建国以来毛泽东文稿：第十一册［M］．北京：中央文献出版社，1996：271.

[5] 周恩来．周恩来选集：下卷［M］．北京：人民出版社，1984：132.

[6] 毛泽东．毛泽东文集：第八卷［M］．北京：人民出版社，1999：116.

[7] 周恩来．周恩来选集：下卷［M］．北京：人民出版社，1984：439.

[8] 史真．第一个五年计划制定中的周恩来［J］．党史文汇，2019（1）.

[9] 周恩来．周恩来选集：下卷［M］．北京：人民出版社，1984：133.

[10] 陈云．陈云文选：第二卷［M］．北京：人民出版社，1995：241.

[11] 中共中央文献研究室．建国以来重要文献选编：第八册［M］．北京：中央文献出版社，1994：243-266.

[12] 邓小平．邓小平文选：第二卷［M］．北京：人民出版社，1994：162-163.

[13] 邓小平．邓小平文选：第二卷［M］．北京：人民出版社，1994：163.

［14］邓小平．邓小平文选：第二卷［M］．北京：人民出版社，1994：237.
［15］邓小平．邓小平文选：第三卷［M］．北京：人民出版社，1993：370.
［16］江泽民．江泽民文选：第二卷［M］．北京：人民出版社，2006：34.
［17］邓小平．邓小平文选：第三卷［M］．北京：人民出版社，1993：277-278.
［18］江泽民．江泽民文选：第一卷［M］．北京：人民出版社，2006：460-475.
［19］胡锦涛．胡锦涛文选：第二卷［M］．北京：人民出版社，2016：67.
［20］胡锦涛．胡锦涛文选：第二卷［M］．北京：人民出版社，2016：167-168.
［21］胡锦涛．胡锦涛文选：第二卷［M］．北京：人民出版社，2016：624.
［22］邓小平．邓小平文选：第二卷［M］．北京：人民出版社，1994：236.
［23］习近平．把握新发展阶段，贯彻新发展理念，构建新发展格局［J］．求是，2021（9）.
［24］习近平．在庆祝中国共产党成立100周年大会上的讲话［J］．求是，2021（14）.
［25］习近平．携手共建人类卫生健康共同体：在全球健康峰会上的讲话［N］．人民日报，2021-05-22.
［26］习近平．在庆祝中国共产党成立95周年大会上的讲话［J］．求是，2021（8）.
［27］习近平．关于《中共中央关于制定国民经济和社会发展第十三个五年规划的建议》的说明［N］．人民日报，2015-11-04.
［28］习近平．习近平谈治国理政：第二卷［M］．北京：外文出版社，2017：197.
［29］习近平．把握新发展阶段，贯彻新发展理念，构建新发展格局［J］．求是，2021（9）.
［30］习近平．在中国科学院第二十次院士大会、中国工程院第十五次院士大会和中国科学技术协会第十次全国代表大会上的讲话［N］．人民日报，2021-05-29.
［31］习近平．推动形成优势互补高质量发展的区域经济格局［J］．求是，2019（24）.
［32］习近平．在深入推动长江经济带发展座谈会上的讲话［J］．求是，2019（17）.
［33］习近平．在庆祝中国共产党成立95周年大会上的讲话［J］．求是，2021（8）.
［34］习近平．关于《中共中央关于全面深化改革若干重大问题的决定》的说明［N］．人民日报，2013-11-16.
［35］习近平．携手共建人类卫生健康共同体：在全球健康峰会上的讲话［N］．人民日报，2021-05-22.
［36］习近平．关于《中共中央关于坚持和完善中国特色社会主义制度　推进国家治理体系和治理能力现代化若干重大问题的决定》的说明［N］．人民日报，2019-11-06.
［37］习近平．习近平关于协调推进“四个全面”战略布局论述摘编［M］．北京：中央文献出版社，2015.
［38］习近平．中国共产党领导是中国特色社会主义最本质的特征［J］．求是，2020

(14).

[39] 习近平. 在庆祝全国人民代表大会成立六十周年大会上的讲话 [J]. 求是, 2019 (18).

[40] 习近平. 关于《中共中央关于坚持和完善中国特色社会主义制度　推进国家治理体系和治理能力现代化若干重大问题的决定》的说明 [N]. 人民日报, 2019-11-06.

[41] 习近平. 让多边主义的火炬照亮人类前行的路 [N]. 人民日报, 2021-01-26.

[42] 习近平. 在庆祝中国共产党成立 100 周年大会上的讲话 [J]. 求是, 2021 (14).

[43] 中共中央文献研究室. 建国以来重要文献选编：第八册 [M]. 北京：中央文献出版社, 1994：262.

[44] 邓小平. 邓小平文选：第三卷 [M]. 北京：人民出版社, 1993：373.

[45] 习近平. 深刻认识马克思主义时代意义和现实意义　继续推进马克思主义中国化时代化大众化 [N]. 人民日报, 2017-09-30.

中国经济发展的突出特征在于增长的稳定性

刘　伟[1]　蔡志洲[2]
1. 中国人民大学　2. 北京大学

摘要： 改革开放以来，中国在经济增长上取得了巨大的成就，以价格体系的改革为先导，探索市场化改革的道路，最终建立、发展和完善社会主义市场经济体制和宏观调控，实现并保持了长期、稳定的高速经济增长。价格总水平的上升和波动幅度不断减小，经济运行的稳定性在不断提高。中国无论在平抑经济周期还是抵御突发事件和外来冲击方面，都有更强的应对能力，表明中国特色社会主义市场经济制度具有实现由高速经济增长向高质量发展的转型能力，为中国实现社会主义现代化的长期目标提供了坚实的基础。

关键词： 经济增长　稳定性　通货膨胀　社会主义市场经济　国际比较

中国发展成为世界上有巨大经济影响力的大国经过了漫长的过程。新中国成立以前，由于列强宰割、内乱不断，中国经济增长长期停滞不前。新中国成立后，经济增长真正起步。经过近 30 年的努力，到改革开放时，国民经济已经有了很大的发展，建立和发展了自主的工业体系。但由于发展和体制、历史和现实、国内与国际等方面的原因，经济发展水平仍然较低，经济增长大起大落、波动性突出，效益不高。改革开放使中国经济增长有了新的生机和活力，并实现和保持了长期高速增长。中国特色社会主义市场经济体系的探索、建立、发展和完善，使中国在保持高速增长的同时，经济运行的稳定性在不断提高，价格总水平的上涨和波动幅度在显著降低。同时，政府对经济运行的管理更加科学，宏观调控更加有效，在尽可能避免或减缓国内经济循环带来的周期性波动的同时，在外部经济冲击或意外灾害来临时能够最大限度地保证经济活动的稳定。对比美国、日本、韩国和印度等国家的经济增长可以看出，中国特色社会主义市场经济体系使经济增长具有更好的稳定性，

注：本文原载《管理世界》2021 年第 5 期。

表明中国经济增长不仅具有强劲的可持续性，而且具有突出的淡化周期和抗危机冲击的能力，因而具有较高的宏观效益，能够在不同发展阶段发挥特定的优势和发展潜力。

一、改革开放前的中国经济增长

近代以来，尤其是辛亥革命之后，官僚或民族资本主义工商业在局部（如天津、江浙、广东等地）、在特定的历史时期（如洋务运动时期、第一次世界大战时期、20 世纪 30 年代初期）创造过一些短暂的繁荣，但是，由于外有帝国主义的侵略，内有军阀混战，在半殖民地半封建的中国没有进行经济建设的环境和条件，旧中国的经济千疮百孔、停滞不前。如果没有中国共产党领导全国人民建立新民主主义的新中国，中国后来的经济发展是不可想象的。新中国建立初期（1949—1952 年），主要在进行抗美援朝的同时，积极恢复经济，正常的经济增长是从 1952 年党提出过渡时期的总路线后起步的。也就是说伴随着从新民主主义革命胜利到建立社会主义制度，伴随着社会主义经济制度的建立和发展，并在此基础上形成了苏联式的自上而下的计划经济体制，把中国传统的农业经济、手工业和规模很小的现代工商业纳入集中统一的计划体制中，通过高积累、高投资、优先发展重工业等手段，加快推进中国的工业化进程。

表 1 是中国 1953—1977 年国内生产总值（GDP）指数的情况，可以看到，从三大改造至改革开放之前，中国的年均经济增长率为 5.9%（经济增长率=GDP 指数-100），从发展中国家的实际经验看，属于不低的经济增长率。分产业看，第一产业发展比较缓慢，年均增长率只有 2%，其重要原因在于合作化后实行的“工分制”等生产和分配方式脱离了中国农村的实际，不能充分调动劳动者的生产积极性，致使劳动生产率提高缓慢。直到党的十一届三中全会后全面推广家庭联产承包责任制，农业才得到充分的发展。第二产业属于当时发展最好的部门，年均增长率达到 10.9%，明显高于整个国民经济的增长速度。我们学习苏联，通过工农业产品剪刀差、农业税等手段增加积累，又在资源分配上优先向工业尤其是重工业倾斜，迅速提高了中国的装备能力、制造能力和国防工业的水平，但问题与苏联类似，即与人民生活密切相关的行业主要是轻工业发展不足，消费品供给短缺，居民生活长期得不到明显改善；第三产业的发展略低于平均水平，年均增长率为 5.1%，反映了当时经济发展重生产、轻生活的倾向。

表 1 1953—1977 年中国国内生产总值指数（上年=100）

年份	国内生产总值	第一产业	第二产业	第三产业
1953	115.6	101.9	135.8	124.9
1954	104.2	101.7	115.7	99.6
1955	106.8	107.9	107.6	104.8
1956	115.0	104.7	134.5	113.3
1957	105.1	103.1	108.0	104.7
1958	121.3	100.4	152.9	118.1
1959	108.8	84.1	125.8	115.6
1960	99.7	83.6	105.6	105.0
1961	72.7	101.4	57.9	74.2
1962	94.4	104.5	89.2	90.7
1963	110.2	111.3	114.5	104.4
1964	118.3	112.9	125.6	115.5
1965	117.0	109.7	124.2	115.8
1966	110.7	107.2	122.4	98.1
1967	94.3	101.9	85.7	100.5
1968	95.9	98.4	90.8	100.7
1969	116.9	100.8	133.1	113.4
1970	119.4	107.7	134.8	107.1
1971	107.0	101.9	112.3	105.8
1972	103.8	99.1	106.7	105.1
1973	107.9	109.0	108.3	105.5
1974	102.3	104.1	101.4	101.5
1975	108.7	102.0	115.8	104.9
1976	98.4	98.2	97.5	100.4
1977	107.6	97.8	113.3	109.6
年均	105.9	102.0	110.9	105.1

资料来源：国家统计局国民经济综合统计司，新中国 50 年统计资料［M］. 北京：中国统计出版社，1999.

从经济增长的稳定性看，这一时期的波动性很大（见图 1），增长率的峰值分别出现在 1958 年（“大跃进”时期）、1964 年（三年自然灾害后的经济恢复和发展期）和 1970 年（“文化大革命”初期动荡后的恢复和发展期，“三线”建设投资高峰期），当年的增长率都分别接近甚至超过 20%，而谷底分别出现在 1961 年、1967 年和 1976 年（经济增长率为负数）。峰值出现后往往紧接着较大幅度的增长率回落。这说明在中央计划经济条件下，政府通过行政力量有促使短期内实现加速的高速增长（从图 1 中可以看出，在 25 个年份中经济增长率超过 10%的年份有 9 个），但是往往不可持续。其中固然有非经济因素的影响（如“文化大革命”终结了 1963 年开始的新一轮景气），但从长期发展看，在计划经济条件下由于主观意志脱离实际形成的高指标，和短期高增长对后续发展带来的负面影响是经常性的现象。这种增长的波动性在中国这一时期尤显突出，据西方学者统计测算，1950 年至 1979 年，包括美国、英国、法国、日本、加拿大、北欧诸国在内的 21 个资本主义市场经济体的年均 GDP 增长速度的估计标准误差为 0.034 6；同期包括苏联、东欧诸国在内的传统社会主义计划经济体的年均 GDP 增长速度的估计标准误差为 0.031 3；市场经济体的波动性略高于计划经济体①[1]。中国 1953—1977 年的波动性要更突出，重要的发展性原因在两方面：一是结构性原因，在三大产业中，中国这一时期的农业生产总体平稳，服务业占比很低，主要是工业生产的大起

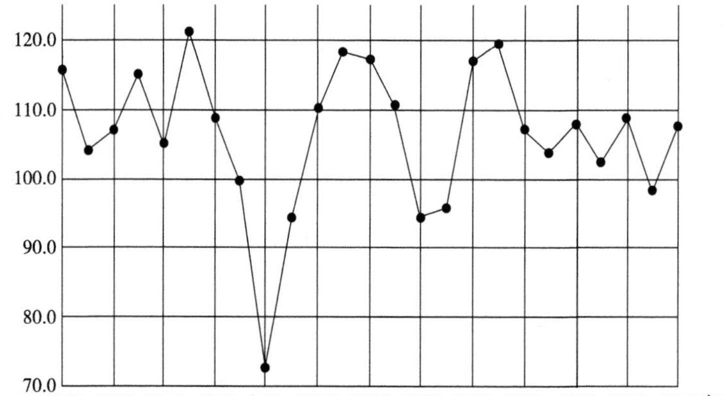

图 1　1953—1977 年中国 GDP 指数（上年=100）波动

---

① 弗雷德里克·L. 普瑞尔选取不同体制的 20 多个国家 20 世纪 50 年代至 70 年代的数据，进行经济增长率的回归检验，发现人均 GDP 相对于更发达国家水平每提高 10 个百分点，经济增长速度便下降 0. 3~0. 5 个百分点。

大落带动整个国民经济增长波动性提升。工业生产的各年标志值与总体工业平均增长速度之间的离散系数高达151.3%，表明离散度高，稳定性弱[2]。二是发展阶段性原因，在其他条件不变的情况下，经济增长速度与经济发展水平呈反方向变动，即所谓“基数效应”。同一国家在经济发展水平较低的阶段，增长速度较快，伴随发展水平的阶段性提升，经济增长速度则出现趋势性降低。与之相适应，增长的波动性程度也发生同向变化，即增长速度越高、发展水平越低的阶段，波动性可能越大。这种可能性若与集中计划体制和主观主义发展思想结合在一起，便很可能成为现实。

从整体看，新中国成立后，在经济增长上取得了很大的成绩。虽然犯过不少错误，走过一些弯路，但是工业化进程仍然在不断推进，实现了近代以来（尤其是洋务运动以来）最大的经济增长。社会主义改造以来，公有制企业尤其是全民所有制工业企业成为国民经济的主体，国家进行了很多基础建设投资，兴建了很多大型企业，如钢铁、机械、汽车、造船、军工企业，通过25年的时间，建立起了独立自主的国民经济体系。1977年，中国的GDP为1953年的4.22倍，比新中国建立初期翻了两番；第二产业达到13.25倍，超过整个国民经济的增长。第二产业的发展为改革开放后的经济增长奠定了重要的基础，如改革开放后中国出现的第一次消费升级（电视、冰箱、洗衣机）所需要的生产能力，主要由原有的公有制企业转型升级后提供。直到今天，当时建设和发展起来的一些支柱企业仍然在现代化建设中发挥着重要作用。应该说，中央计划体制的建立和发展在历史上对中国的经济增长具有十分积极的意义。

同时，我们应该看到，在中央计划经济体制下，中央和地方、企业以及劳动者之间的关系主要是通过行政关系连接起来的，中央集中决策在这一体制中起决定性作用，一旦中央决策对形势的判断、发展目标的要求等出现了偏差，市场和企业对中央的决策失误是缺乏修复力的，体制本身是缺乏纠错功能的。图1的三次峰值及其随后的经济增长回落，主要原因在中央而不是地方或者企业，第一次是因为对于经济发展前景判断过于乐观，高指标高增长破坏了经济增长的可持续性；后两次则是因为发展目标偏离了经济建设而导致经济波动。这与中央集中计划经济体制有深刻的联系。

二、改革开放后的中国经济增长

党的十一届三中全会以后，党和国家的工作重心转移到了经济建设上来，经济增长成为当时的首要发展目标。从新中国成立到改革开放前，中国的经济建设虽然取得了伟大的成就，但是在国内与人民群众在社会主义条件下改善生活的预期相比，在国际上与全球经济的繁荣发展（尤其是亚洲的日本、“亚洲四小龙”的发展）相比，我们的经济发展尤其是经济增长是不够的。邓小平明确使用世界各国普遍使用的经济指标（国民生产总值 GNP，国内生产总值 GDP）提出了“翻两番”和“三步走”的长期发展战略①，启动了中国的高速经济增长②。之后，党和国家又通过不断的经济体制改革和对外开放，持续激发并保持经济发展的活力，同时又不断通过各种调控手段防止经济增长失控，实现了持续稳定的高速增长。长期的高速经济增长从根本上改变了中国的综合国力、人民生活和国际地位。从这个意义上说，经济增长是中国经济和社会发展的火车头，带动了中国各项事业的发展，在中国现代化进程中的基础性作用及其贡献是巨大的。

（一）改革开放后的经济增长和波动

党的十一届三中全会之后，经济建设已经成为党和国家工作的重点。从图 2 可以看出，在 1978—1981 年，经济增长率是逐渐回落的，由 1978 年的 11.7%回落到 1981 年的 5.1%。其重要原因在于改革开放前形成的经济结构，尤其是产业结构不能满足新时期发展的需要，第二产业尤其是工业的发展脱离了实际需要，一方面满足不了人民改善消费的需求；另一方面存在着严重的产能过剩。1979 年，中央提出了“调整、改革、整顿、提高”的新“八字方针”，表面上看短期的速度是下来了，但却为产业结构转型尤其是第二产业内部轻重工业的结构转型打好了基础。1981 年后，随着农村经济体制改革全面推开，农业发展走上快车道，第一产业的增长率由上一年的负增长提升到了 7.0%，1982—1984 年的增长率则分别为 11.5%，8.3%，12.9%，是新中国成立以来最好的农业增长。第二产业的增长率也重新提速，1983 年则突破

---

① 1987 年党的十三大报告提出，第一步，1981 年到 1990 年实现国民生产总值比 1980 年翻一番，解决人民的温饱问题；第二步，1991 年到 20 世纪末国民生产总值再增长一倍，人民生活达到小康水平；第三步，到 21 世纪中叶人民生活比较富裕，人均国民生产总值达到中等发达国家水平，基本实现社会主义现代化。

② 1985 年 3 月 19 日，国家统计局向国务院提交了《关于建立第三产业统计的报告》，陈述了开展第三产业统计和国民生产总值核算的必要性。1993 年 10 月，国家统计局制定了《国内生产总值指标解释及测算方案》和相应的核算制度，该方案和制度取消了国民收入核算，标志着国民收入核算的正式废止和 GDP 在中国国民经济核算中核心指标地位的确立。自此，中国衡量经济增长有了和世界各国共同的标准[3]。

了 10%，以后连续保持多年。1982 年，中国的经济增长率达到 9%，从此进入了长期高速经济增长时期。

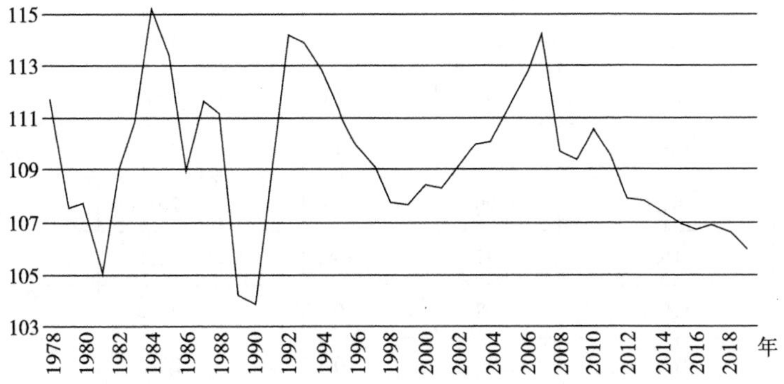

图 2　1978—2019 年中国 GDP 指数（上年 = 100）波动情况

从表 2 可以看到，从 20 世纪 70 年代末开始，中国的经济增长率虽然仍然有波动，但已经上了一个新的台阶。1978—2019 年，年均经济增长率为 9.4%，比改革开放前 25 年的 5.9%高出 3.5 个百分点，如果以定期指数（1978 = 100，消除价格因素的影响）计算，2019 年的经济总量为 1978 年的 39.3 倍。按照可比价格计算，2019 年，中国 GDP 增长一个百分点，相当于 1978 年 GDP 总量的 40%。换句话说，2019 年增长 2.5 个百分点相当于 1978 年全年 GDP 总量，如果以 2000 年为对比基数，现在每增长一个百分点相当于 2000 年 GDP 的 5%以上，也就是说现在增长 2%相当于 2000 年增长 10%以上。这一方面表明中国经济发展达到新的水平；另一方面也表明伴随规模的扩大，增长速度受“基数效应”的影响将出现放缓趋势。事实上在新的水平基础上，达到一定的追赶目标，实现可持续发展，更重要的是高质量发展，对于增长速度的要求会相应降低。比如中国在 2020 年全面建成小康社会基础上，提出到 2035 年基本实现社会主义现代化。其中人均国民收入水平要赶上中等发达国家水平，相应的 GDP 总量按可比价格比 2020 年翻一番，要达到这一目标，只要在未来 15 年里年均 GDP 增速达到 4.73%。实现这一增长会面临许多困难，因而要求贯彻新发展理念，构建新发展格局，实现经济由高速增长向高质量发展的转变。但相比而言，要比摆脱贫困实现初步小康发展阶段要求 10 年翻一番的年均 7.2%的增长率低许多，在现有基础上通过发展方式的根本转变完全可能实现。

表 2　1978—2019 年中国国内生产总值（GDP）指数（上年 = 100）

年份	GDP 指数	年份	GDP 指数	年份	GDP 指数
1978	111.7	1992	114.2	2006	112.7
1979	107.6	1993	113.9	2007	114.2
1980	107.8	1994	113.0	2008	109.7
1981	105.1	1995	111.0	2009	109.4
1982	109.0	1996	109.9	2010	110.6
1983	110.8	1997	109.2	2011	109.6
1984	115.2	1998	107.8	2012	107.9
1985	113.4	1999	107.7	2013	107.8
1986	108.9	2000	108.5	2014	107.4
1987	111.7	2001	108.3	2015	107.0
1988	111.2	2002	109.1	2016	106.8
1989	104.2	2003	110.0	2017	106.9
1990	103.9	2004	110.1	2018	106.7
1991	109.3	2005	111.4	2019	106.0

资料来源：国家统计局。中国统计年鉴（2020）[M]. 北京：中国统计出版社，2020.

注：2019 年的 GDP 指数为国家统计局调整修正后的数据。

经济增长的波动幅度比计划经济年代明显缩窄，增长率的峰值出现在 1984 年、1992 年和 2007 年，分别为 15.2%，14.2%，14.2%，比改革开放前 3 次 20%左右的峰值下降 5 个百分点，峰值后的谷底也出现过 3 次，分别为 1990 年的 3.9%、1999 年的 7.7%和 2019 年的 6.0%（2020 年经济增长率为 2.3%，虽是几十年来最低年份，但主要是受新冠肺炎疫情冲击所致），与改革开放以前的 25 年相比，首先是没有出现负增长（改革开放前有 3 次 4 个年份为负增长）；其次是波动的幅度在减弱。事实上，改革开放以来，伴随中国特色社会主义基本经济制度的建设和社会主义市场经济体制的培育，中国经济发展不仅保持持续高速增长势头，而且增长的稳定性不断增强，尤其是体现出较强的反周期和反危机的能力。1997—1998 年亚洲金融危机发生后，相关国家（地区）经济受到严重冲击，一些国家（地区）长期难以恢复，甚至由此形成“东亚泡沫”，陷入“中等收入陷阱”。中国经济则在承诺人民币不贬值的同时短期内迅速恢复，经历了1999年低谷后，出现了长期稳定增长并逐年加速的态势。2008年世界金融危机爆发。2009年全球经济出现20世纪60年代以后首次负增长。中国在2008年保持9.7%的增长率，2009年保持9.4%的增长率，到2010年达到10.6%，保持了强劲平稳增长。2020年受新冠肺炎疫情冲击，全球经济严重受挫（估算为-3%~-4%）。中国经济增长率虽然降至2.3%，是几十年来最低的年份，但与全球经济相比，是唯一保持正增长的主要经济体。可以说，在三次国际性的严重经济衰退中，中国经济表现出强劲的反危机能力。

（二）改革开放后的价格波动、市场化进程和经济增长

在市场机制作用下，经济增长的波动性在相当大的程度上体现在价格水平的波动中。在中国探索和推进改革的过程中，从计划经济向市场经济转轨重要的是推进价格市场化，从而不可避免地会带来一些阵痛，并引起经济增长的波动，但随着改革的深入和社会主义市场经济体系的建立、发展和完善，这种波动性在不断地减弱。从表3和图3可以看到，改革开放后，价格总水平波动（以全国居民消费价格指数CPI反映）分为两个大的阶段，1978—1999年为波动发展阶段，而2000年以后则进入了稳定发展阶段。

表3　1978—2019年全国居民消费价格指数（CPI，上年=100）

年份	CPI	年份	CPI	年份	CPI
1978	100.7	1992	106.4	2006	101.5
1979	101.9	1993	114.7	2007	104.8
1980	107.5	1994	124.1	2008	105.9
1981	102.5	1995	117.1	2009	99.3
1982	102.0	1996	108.3	2010	103.3
1983	102.0	1997	102.8	2011	105.4
1984	102.7	1998	99.2	2012	102.6
1985	109.3	1999	98.6	2013	102.6
1986	106.5	2000	100.4	2014	102.0
1987	107.3	2001	100.7	2015	101.4
1988	118.8	2002	99.2	2016	102.0

续表

年份	CPI	年份	CPI	年份	CPI
1989	118.0	2003	101.2	2017	101.6
1990	103.1	2004	103.9	2018	102.1
1991	103.4	2005	101.8	2019	102.9

资料来源：根据国家统计局历年《中国统计年鉴》中的数据整理，表中 1984 年以前数据为城市居民消费价格指数，1985 年后为全部居民消费价格指数。

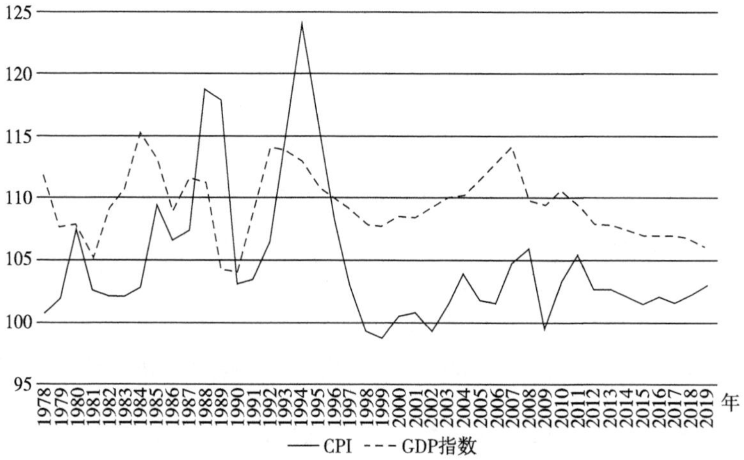

图 3　1978—2019 年中国 CPI 与 GDP 指数走势对比

1. 价格波动阶段（1978—1999 年）

从图 3 可以看出，改革开放后，价格总水平与经济增长率之间的波动是相互关联的，经济增长提升和下降通常领先于价格总水平的变化，但趋势是一致的。在 1999 年之前，价格总水平的波动幅度很大，而且峰值在不断拉高（1980 年 7.5%、1985 年 9.3%、1988 年 18.8%、1994 年 24.1%），是带动经济增长率波动的重要因素；而在 2000 年之后，中国基本上保持了高增长和低通胀，CPI 上涨幅度大的两个年份 2008 年和 2011 年也仅达到 5.9%和 5.4%，远低于前一阶段的峰值，标志着中国已经基本实现了由计划经济向中国特色社会主义市场经济的转变，并达到了预期的目标。

在这一阶段，价格体制改革的力度不断加大。1980 年，为了理顺价格关系，国家对小部分商品进行了调价，使当年的价格指数出现较大变化（上升 7.5%）。1985 年，在实现了高速增长的同时，中国开始更大程度地放松价格管制（首先是消费品价格），居民消费价格指数（CPI）由上一年的2.7%升到9.3%，1986年和1987年经过小幅回调后，接着又大幅上扬，1988年和1989年分别达到18.8%和18.0%，如果以1984年为100，1989年的定基指数则为175.1%，5年间上升了75%，年均上涨11.85%。这是改革开放以后第一次持续时间长、上涨幅度大的价格总水平上涨。第二次大的上涨发生在1992—1996年，1992年开始加速上涨（6.4%），至1995年（17.1%），1996年开始明显回落（8.3%），峰值比上一期更高，为1994年的24.1%，如果以1991年为100，1996年的定基指数为192.1%，年均上涨13.9%。如果以1984年为100，以1999年的最低点（98.6%）为这一价格波动阶段的末年，1999年CPI定基指数为360，即15年上升了2.6倍，年均上涨幅度为8.9%。以通常标准（3%左右）衡量，年均上涨幅度相当大。这两次大的价格总水平的上涨，和现在一般意义上所说的“通货膨胀”有相同的地方，即存在需求拉动和成本推进的通货膨胀，价格总水平的变化调节供需平衡。但也存在重要的区别，即传统的中央计划经济条件下严格的价格管制已经使众多的商品价格背离了它们的价值，或者说众多商品价格已经不能反映市场供需，理顺价格关系需要在价格总水平上升幅度比较大的背景下，通过各种商品和服务价格不同程度的上升实现，同时还要让居民的总收入超过价格总水平的程度，使人民生活水平不受大的冲击而且不断提高。这是一个艰苦的过程，但我们经受住了考验并取得了成功。高增长无疑为群众带来很多实惠，1978—1999年，经历了几次消费升级后，耐用消费品在居民家庭得到普及。但与此同时，消费物价上涨得也很大，每一波物价上涨都给居民家庭的日常生活带来冲击，国家通常会采取各种措施（如限制价格上涨、发放补贴等）进行补救，而后可能会出现增长率和价格指数的回落。市场稳定之后，再推动新一轮的增长和改革。因此，这一阶段的经济增长波动带有鲜明的改革烙印，每一次大的波动都与经济体制改革（首先是价格体制改革）引发的价格总水平波动有关。在这种情况下，中国仍然坚定地走改革和发展的道路，以改革促增长，再由增长保改革，充分显示了改革进程中的“中国智慧”。

2. 价格稳定阶段（2000年以后）

1992年，党的十四大明确提出了我国经济体制改革的目标是建立社会主义市场经济体制。这是经过多年的改革和探索之后，党中央根据中国的实际情况做出的历史性决定。从此，中国开始全面推进市场化改革，除了继续推进商品价格改革（如放开生产资料价格等）外，产权市场（尤其是国企改革）、资本市场（尤其是金融改革）、劳动力市场（合同制改革和社会保障制度的发展)、技术市场等市场化改革全面展开，从 1998 年开始又推动了住宅商品化的改革。至世纪之交，中国特色社会主义市场经济已经逐渐建立和发展起来，虽然市场经济和市场秩序还需要进一步发展和完善，但是市场已经逐渐代替政府成为经济增长和资源配置的主导力量。从图 3 可以看到，从 20 世纪末开始，中国的 CPI 波动幅度明显变窄，即使是 2008 年和 2011 年的 CPI 数值最高的年份，物价上涨也仅达到 5.9%和 5.4%，远低于改革开放初期到 1999 年 8.9%的平均水平。通货紧缩的年份只有两个，分别在 2002 年和 2009 年，CPI 下降了 0.8%和 0.7%，只有轻微的下跌。从总体看，2000—2019 年，CPI 总的上涨幅度为 55%，年均上涨 2.96%，通货膨胀率控制在合理的水平上①，且波动程度很小。但是与此同时，中国的年均增长率为 8.99%，实现了低通胀和高增长。市场化改革后的价格信号反映出来的结果，是供需双方在高速增长中实现了动态平衡，证明了中国特色社会主义市场经济已经逐渐走向成熟，并为稳定的可持续发展建立了更加定型的制度基础。

三、经济增长与波动性的国际比较

从动态比较看，中国在长期高速增长中的稳定性不断提高，而在与世界主要国家平行比较中也表现出这一点，尤其是 1998 年亚洲金融危机后，中国的增长率显著高于世界平均水平及主要国家，而波动性却明显较低。这使中国在世界经济中的份额稳定上升，成为近几十年经济地位上升最快的国家。这种趋势现在仍然在延续。

（一）中国与世界平均水平的比较

1. 世界 GDP 增长率波动

把 20 世纪 60 年代初到现在的增长分为两个阶段（见图 4）。

---

① 很多学者认为，房价也应该反映在价格总水平的波动中，这是讨论通货膨胀时绕不过去的问题。2000—2019 年，全国商品房的平均价格（建筑面积）从 2 112 元/平方米上涨到 9 310 元/平方米，年均上涨 8.12%。这一期间全国建筑安装工程价格指数的年均上涨率约为 3.4%，仅略高于年均通货膨胀程度。也就是说，不包含地价的商品房建设成本上涨的幅度与一般商品相近，影响商品房价格较大幅度上涨的主要因素是土地价格。土地作为重要的生产要素，其价格变动会影响经济活动，其市场化改革还需要进一步深化。同时应该说明的是，在国民经济核算尤其是支出法 GDP 核算中，固定资本形成中不包括土地购置费用，即在每年新创造的价值中不包括土地价值（与 GDP 不反映股票升值的道理一样）。所以在 GDP 增长率中，也没有反映地价变化所带来的直接影响。

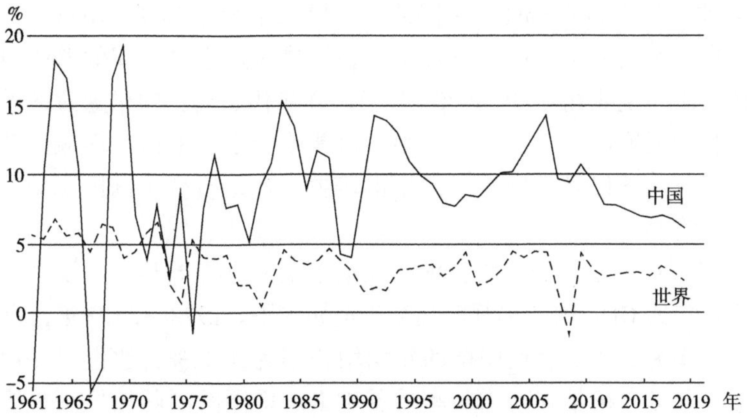

图 4 1962—2019 年中国和世界 GDP 年均增长率对比

注：1961 年中国的 GDP 增长率为-27.27%，世界为 4.30%，为了便于直观对比，图 4 中未列出 1961 年数据。

资料来源：世界银行数据库（参见 https：//data.worldbank.org/indicator/NY.GDP.MKTP.KD.ZG?end=2019&start=1978）。

第一阶段，1961—1973 年为石油危机之前高增长阶段。这一阶段西方发达国家的增长率普遍较高并带动了世界的经济增长，使世界 GDP 的年均增长率在 5.5%左右①。

第二阶段，石油危机后的中速增长阶段。1973 年的石油危机对西方发达国家的经济增长带来重创，此后它们的经济增长开始不断放缓，走出了发展的黄金时代。而发展中国家的经济逐渐发展起来，最终成为拉动世界经济增长的主体（中国在改革开放后尤其是在进入新世纪后对世界经济增长做出了突出的贡献）。但发展中国家及新兴工业化国家在世界中的体量仍然有限，因此它们的经济增长加速还是不能抵消发达国家经济放缓对经济增长的影响，这一阶段世界 GDP 的年均增长率在 3%左右，明显低于第一阶段。

2. 中国和世界 GDP 增长率的对比

1978 年以前，中国经济增长波动超过世界经济，由于中国的经济发展独立于世界其他国家，增长和波动之间没有明显关联。1961—1977 年，世界

① 世界银行经济增长国际比较数据库中的增长率数据起始于 1961 年（即 1961 年比 1960 年增长的百分比，1960 年为最初起始年份）。但在实际上，在 20 世纪 50 年代，西方市场经济国家的年均增长率也是比较高的。

GDP 的年均增长率为 4.83%，中国的年均增长率为 4.34%，略低于世界一般速度。从这个意义上说，这一阶段中国和世界先进水平之间的差距没有缩小反而有所扩大。说明在 20 世纪 70 年代和 80 年代之交，中国通过改革实现加速经济增长的紧迫性和必要性，否则不可能改变自己的落后面貌。改革开放推动经济增长，不仅是中国自身发展的需要，也是改变中国国际地位、实现民族振兴的需要。

1978 年以后，中国经济增长率的波动逐渐和世界同步，除了个别年份之外，中国各年的 GDP 增长率都明显高于世界水平。1978—2019 年，世界 GDP 的年均增长率为 2.91%，而中国的年均增长率为 9.41%，比世界一般速度高出 6.5 个百分点。正是在高增长率的基础上，中国的国际地位明显提高。按汇率法计算，1978 年，中国 GDP 占世界份额的 1.74%。2000 年，中国 GDP 的份额提升到 3.6%，比 1978 年翻了一番。2019 年提高到 16.33%，为 2000 年的 4 倍以上。中国人民经过 40 多年的埋头苦干，一步一个脚印地发展，在“赶超”道路上取得了举世瞩目的成就。如果以世界银行数据的共同起点（1960 年）为比较基础，60 年来（1961—2019 年）世界经济的年均增长率为 3.47%，而中国为 7.93%，比世界一般速度高出 4.46 个百分点。党的十一届三中全会后的高速经济增长使我们抢回了失去的时间。

随着社会主义市场经济的建立和发展，中国的经济增长开始趋于稳定。2000 年以后，随着国际化程度的提高，中国的经济增长和世界经济的关系更为密切，但由于国家合理地引导市场处理好内需和外需的关系，科学地实施了宏观调控，中国经济的波动幅度被控制在了尽可能低的水平上，低于世界的一般水平。从图 4 可以看出，2008 年全球金融危机爆发后，世界经济增长回调的幅度特别大，出现了自 20 世纪 60 年代以来的第一次负增长，但中国通过宏观调控和刺激投资，2008 年以后仍然连续 4 年保持了 9%以上的增长率。在错过金融危机冲击的高峰后，再回过头来调整自身的经济增长和经济发展，说明中国经济在抗风险和保持稳定性方面与世界各国相比仍然有着自己的优势。

（二）美国的增长及波动

美国是世界上最大的经济体，即使在经济发展已经达到世界领先水平后，仍然保持了持续的经济增长（见图 5）。1961—2019 年，美国 GDP 的年均增长率为 3.01%，从整体看，美国经济一直保持着持续增长。中国改革开放后的这一阶段（1978—2019 年），美国的年均增长率略有放缓（2.70%），比 1961—1977 年的年均增长率 3.80%下降了一个百分点，但仍然好于大多数发达市场经济国家（尤其是西欧国家、日本等经济增长已经陷入停滞的国家）。不断创新尤其是技术创新和持续的增长是美国持续保持世界强国地位（第二次世界大战以后）的重要保证。虽然60年来的年均增长率低于世界一般水平，但作为世界上最发达的大国，在很高的经济发展水平上还能保持持续增长，是不容易做到的。与此同时，我们也可以看到，美国的长期年均增长率在逐步放缓，低于世界一般水平，增长波动曲线的重心在逐渐下沉，因此美国在世界经济中的份额不断下降。1960年，美国的GDP占世界经济的比重是39.67%，而2019年下降到24.42%。从增长率的波动看，美国的波动幅度很大，负增长的年份较多，经济增长在繁荣和衰退中不断波动（10年左右就有一次大的波动），波动程度明显大于中国。近十年，美国的波动幅度有所缩小，但年均经济增长率也在下降。全球金融危机后，美国在2010年恢复了正增长，但2010—2019年的年均增长率仅为2.27%。从长期经验看，如果不出现新冠肺炎疫情，美国目前已经进入又一轮较大波动的时点，新冠肺炎疫情的冲击加重了美国的经济波动，但也在一定程度上掩盖了又一轮波动发生的原因。未来进入复苏后，美国如果能够维持2%左右的长期经济增长率，可以说就取得了不错的经济增长。

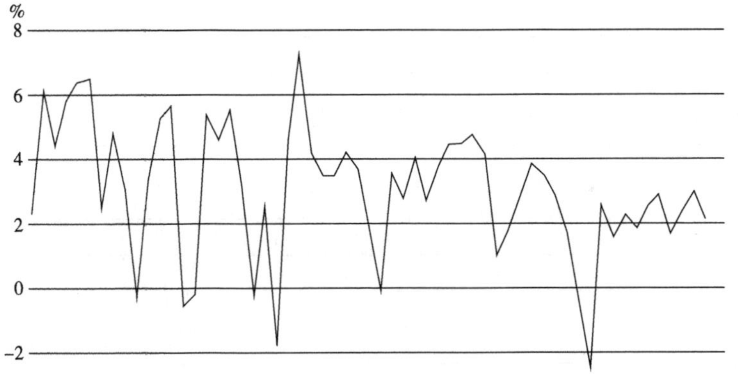

图5　1961—2019年美国GDP年均增长率情况

资料来源：世界银行数据库。

（三）日本的增长及波动

第二次世界大战后，在美国的扶持下，日本进入了一个高速经济增长阶段。从20世纪50年代至70年代初期，日本是全世界经济增长最快的国家。但从70年代起，经济增长开始放缓，1961—2019年，日本GDP的年均增长率为3.54%，虽然比美国同一时期的年均增长率高出0.5个百分点，但主要来自前期高速增长的贡献，后期的年均增长率则低于美国。这说明从长期看，美国经济增长的可持续性要强于日本（也强于欧洲主要国家）。从图6可以看到，从20世纪60年代初到2019年，日本的经济增长及其波动可以分为三个阶段：一是前期的高速增长阶段（1961—1969年），GDP年均增长率为10.42%，是日本自20世纪50年代中期启动的经济繁荣的继续[①]。二是中期的中速增长阶段，（1970—1993年），GDP年均增长率为3.91%，维持了24年。由于日本以外向型经济为主导，当时对美国和其他西方国家的市场依赖很大，1970年美国发生以通货膨胀、失业率上升为特征的经济衰退时，日本经济也深受影响（与图5中美国GDP增长率的回落相类似，从图4看1970年世界GDP增长率也有回落，但幅度没有这么大）。此后，日本经济受到外部因素持续的影响（1973年石油危机，后来的广场协议等），开始逐步走出景气年代。1988年，日本经济在出现少见的较高增长率（6.79%）后，经济增长

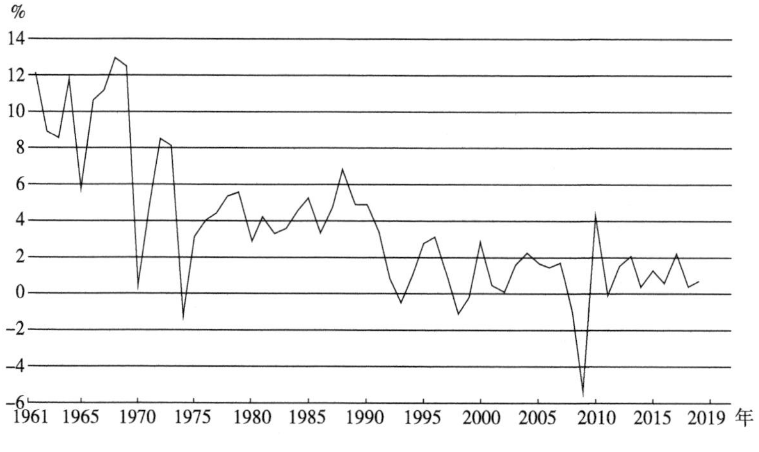

图6　1961—2019年日本GDP年均增长率情况

资料来源：世界银行数据库。

① 1955年，日本进入快速经济发展时期，日本政府制定了《经济自立五年计划》，1960年实现目标后，池田勇人内阁又提出了《国民收入倍增计划》，要在10年内将GDP翻一番，超额完成目标。按可比价格计算，1969年的GDP为1960年的2.44倍。

连续6年回落，1993年出现了负增长，是日本经济中速增长结束的标志年份。三是低增长或经济停滞阶段（1994—2019年），日本25年来GDP的年均增长率仅为0.93%，其中负增长出现了4次（6个年份），1998年的亚洲金融危机和2008年全球金融危机都对日本经济带来冲击，2008年的冲击更大。从稳定性看，由于日本以外向型经济为主，对国际市场的依赖性很大，世界经济的波动通常会对日本形成冲击，经济增长的波动很频繁。

（四）韩国的增长及波动

韩国是“亚洲四小龙”中经济规模最大的经济体，人口超过5 000万人，2019年人均国民总收入（GNI per capita，按汇率法计算）达到33 720美元，已经步入发达国家行列。从20世纪60年代初起，韩国进入高速增长阶段，从图7可以看到，这一时期韩国GDP增长率的重心经过了一个不断提高、又逐渐回落的过程。从长期看，1961—2019年的年均经济增长率为7.29%，是美国和日本同时期年均增长率的2倍多。但由于起点较低，人均GDP或GNI的水平现在仍然低于美国和日本。分阶段看，1961—2002年，是韩国高速增长阶段，年均增长率为8.84%。其中有两次大的波动，第一次是1980年的大波动，既有经济原因（连年高速增长带来的通货膨胀），更有政治原因（1980年的光州事件引起国内剧烈动荡）；第二次是1998年的亚洲金融危机，从图7可以看出，这次冲击对韩国的影响远大于2008年的全球金融危机。1996年，韩国的人均GNI达到13 320美元，成为高收入国家，后来亚洲金融危机期间有所回落，2002年重新回到12 850美元，以后一直在高收入国家的行列中。但2003年后①，韩国没有出现超过7%的增长率，2010年的增长率虽然超过了6%，是全球金融危机后的反弹，属于经济恢复性质，随后又回到了4%以下，2003—2019年的年均GDP增长率为3.55%，虽然明显低于2003年以前的增长率，但对于一个高收入国家而言，取得这个增长率已经不易。2019年，韩国的人均GNI比2003年翻了一番多。韩国经济也是高度依赖于外向型经济和国际市场，国际市场的波动不可避免地会影响韩国的经济，1973年石油危机时，韩国的经济规模还比较小，受到的冲击不明显，但到1998年时，韩国已经成为亚洲市场的重要经济力量，亚洲的经济衰退对韩国带来更大的冲击，而到2008年全球金融危机时，受益于韩国经济

① 2003年，韩国的人均GNI为12 030美元，已经跨过世界银行高收入国家分类标准的门槛，属于高收入国家。

与中国的密切关系，由于中国顶住了压力，相对而言也减轻了危机对韩国经济的冲击。

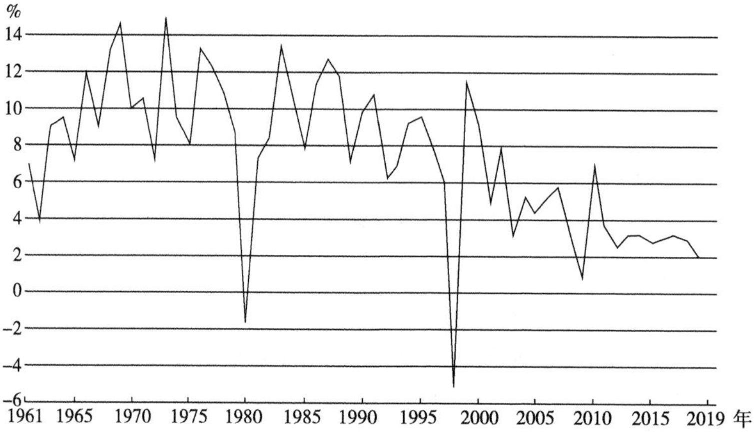

图 7　1961—2019 年韩国 GDP 年均增长率情况

资料来源：世界银行数据库。

（五）印度的增长及波动

印度是一个实行市场经济的发展中大国，人口与中国相近（2020 年超过 13 亿人）。1947 年独立后，推动经济增长以及工业化和现代化进程，同样是印度政府和人民的重要发展目标。图 8 列示的是印度 1961—2019 年 GDP 增长率变化的情况，可以看出印度近 60 年来 GDP 增长率的走势相对比较稳定，大起大伏的现象出现得比较少，GDP 年均增长率为 5. 18%，高于同期世界 GDP 年均增长率（3. 47%）。1980 年前曾出现过三次负增长（4 个年份），主要原因是当时农业占国民经济的比重很大，自然灾害对农业乃至整个经济增长形成冲击[4]，但是下跌幅度不大，最严重的 1979 年只下跌了 5. 23%。从增长率趋势的重心变化看，可以把这一时期的印度经济增长分成两个阶段：第一阶段为 1960—1979 年，GDP 增长率波动较大，年均增长率相对于后一时期较低，年均增长率为 3. 32%，低于同期的世界 GDP 增长率（4. 75%）；第二个阶段为 1980—2019 年，GDP 增长率波动收窄，没有出现负增长，年均增长率为 6. 08%，高于同期的世界 GDP 增长率（2. 86%），为世界增长率的 2 倍以上，属于不错的经济增长。

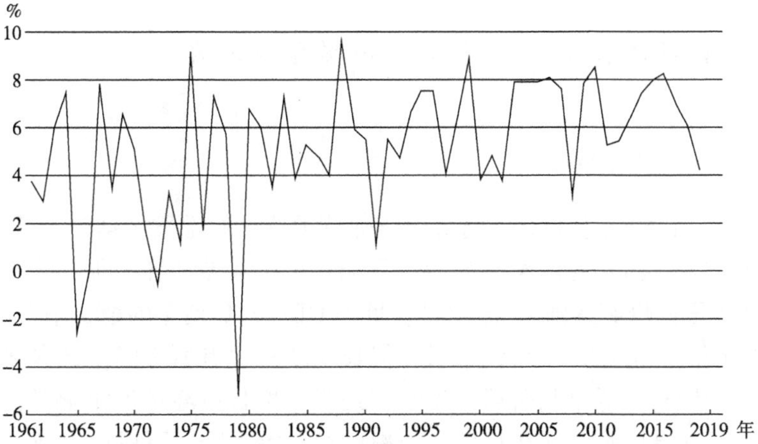

图 8 1961—2019 年印度 GDP 年均增长率情况

资料来源：世界银行数据库。

从长期趋势看，印度较快的年均增长率仍然可能保持比较长的一段时间，首先是它的经济发展水平仍然比较低，也进行了很多方面的经济改革，有后发比较优势；同时它是一个大国，内需的潜力大，各个地区、行业之间的增长有互补性，有助于保持其未来增长的稳定性。印度在经济发展或赶超过程中，一个比较大的问题是始终没有像日本、韩国和中国那样进入和经历过高速增长阶段（在一个比较长的时期里，年均经济增长率保持在10%左右），1980 年后虽然经济增长加速，但经济增长率超过 9%的年份仅有两个，而发展中国家如果没有经过高速发展阶段，就很难改变自己的落后面貌。这是世界上众多发展中国家所面临的共同问题，相对而言，印度在这些国家中还属于比较好的。2019 年，印度的 GDP 总额占世界份额为3.26%（略低于中国 2000 年前后的水平），为现在中国所占份额的 1/5。但中国在 2000 年之后又保持了 20 年的高增长，才达到现在这样的水平（人均 GDP 或 GNP 达到 1 万美元以上）。而印度如果不能实现高增长，即使把现在的年均 GDP 增长率再保持 20 年，人均发展水平在世界上仍然是比较低的。这是世界上大多数发展中国家的普遍现象。日本、后来的“亚洲四小龙”，以及现在中国的经济增长之所以会被世界各国称为“奇迹”，正因为它并不容易发生。

四、增长与波动中的中国与世界经济格局

（一）世界经济格局

自20世纪60年代以来，世界经济保持了持续的增长（见图4至图8①），但由于西方发达国家的增长率在不断下降，且在世界经济中所占的比重又大（1960年美国的份额达到40%左右），世界GDP的长期年均增长率有所降低。其间，美国的经济保持了持续增长，但长期增长率有所下降；日本则经历了高增长、中增长和低增长阶段，现在正处于低增长或经济停滞阶段；韩国则从中增长进入高增长，现在长期增长率已经开始下降，可以说重新进入了中增长时期；印度属于发展中大国，虽然从20世纪80年代起长期增长率有所加速，但现在还没有进入过发展中国家实现赶超所需要经历的高速增长期，所以仍然是经济发展水平较低的国家。从经济增长的波动性看，西方发达国家要通过全球化继续推动自己的经济增长，如美国向全世界出口科技产品和服务、金融服务、文化产品等，日本和韩国要出口汽车和电子产品等，这样在世界经济和市场发生波动时（如石油危机、亚洲金融危机、全球金融危机等），国际市场的购买力减弱，西方发达国家的经济也会发生波动。此外，西方发达国家国内市场的供需周期性失衡也是经济波动的重要原因。而印度则是另外一种情况，引起经济波动以及不能实现高增长主要是国内因素。发展中国家要实现赶超，首先要有一个稳定的政治和社会环境，政府、企业和劳动者要有发展生产的积极性，同时还要有一个好的经济体制，满足实现可持续高增长所需要的各种条件。虽然印度是市场经济国家，但市场经济如果没有好的市场制度、市场秩序、市场规则，以及合理的政府指导、政府干预和宏观市场，这个市场也不一定是有效率的。

中国的经济发展水平在20世纪60至70年代是相近的，总量和人均水平只略高于印度，因为有了改革开放和超常规发展（首先是超常规的持续高速经济增长），中国才能后者居上，成为世界上有巨大经济影响力的国家。从发展水平看，中国仍然低于美国、日本和韩国，而这些国家在中国目前水平上（人均GDP1万美元左右）的时候，仍然保持着较高的增长率，说明在这个水

---

① 图4为了直观比较的原因未列出中国和世界1961年的增长率，但是在计算年均增长率和分析时仍然包含了该年的数据。

平上继续保持较快和较好的增长完全是有可能做到的。从经济增长的稳定性看，改革开放40多年来，中国经济增长出现过波动，但是相对于其他国家而言，波动的次数少，波动的幅度相对较低，而且随着中国特色社会主义市场经济体制的建立和发展，经济增长越来越稳定。发展状态既优于以美国、日本、韩国等为代表的发达国家，也优于像印度这样发展比较好的发展中国家，使得中国的GDP在世界上的份额不断提高，这种趋势还会持续下去。

一个国家的GDP在世界上所占份额的变化，通常是用现行价格计算的GDP（按3年平均汇率再折算成美元）比较的[①]。因此，一个国家的份额变化主要取决于三个方面的因素，即GDP增长率、价格总水平的上升和汇率变化，在三个影响因素中，经济增长是最基本的。价格总水平（一般用GDP平减指数反映）会短期影响现价GDP的数量，从市场的长期影响看，通货膨胀会导致本币汇率上升，对冲掉因价格因素造成的GDP增加。汇率的变化更复杂一些，除了受本国的通货膨胀影响外，还与国家的发展水平、在国际市场上的地位有关。汇率较大幅度的升值在短期内会增加一个国家用国际货币衡量的GDP总量（如日本在广场协议后实行的日元升值，曾一度迅速提高了日本GDP在世界经济中的份额），但最终汇率还会跟随市场的要求回到合理的轨道。因此从长期看，仍然是经济增长决定着一个国家的GDP在世界上所占的份额。

图9列示了1960—2019年中国、美国、日本、韩国和印度（2019年各国份额的大小排列）GDP（美元，以3年平均汇率法计算）占世界份额的变化情况。可以看到，美国的份额经历了1960—1980年迅速下滑后，在1980—2000年有起伏，但仍然在30%上下浮动，2000年后则继续下滑，最低时接近20%，虽然2012年以后又有小幅回升稳定（说明这一期间的增长好于世界一般水平），但从长期趋势看已经下了一个台阶；日本经历了一个份额迅速提升（1994年达最高点17.7%），然后又重新下滑的过程，2019年的份额仅为5.8%；韩国的份额是稳定上升的，从60年前的0.3%上升到现在的1.8%，相当于当年的6倍，但由于人口和经济规模相对较小，占世界份额不可能太大；印度的份额则经历了一个先下降（在1992年前后到达最低点，约为1.1%），然后再逐渐上升，2019年份额已经达到了3.3%，约为最低点时的3倍，从发展趋势看，仍然处于上升过程中；中国所占份额的变化，从前期看

① 国际组织同时也通过购买力平价方法换算GDP，但更多运用人均发展水平（人均GDP或人均GNI）的国际比较。

与印度相似，即在相当长的一段时间里份额在逐渐降低，1990 年前后到达低点（1.6%左右[①]）。从 1992 年开始中国的份额稳定、持续和显著地上升，2019 年占比已达 16.3%，从另一方面说明了中国在赶超进程中实现的高速稳定增长，不仅改变了中国的综合实力和人民生活，对世界经济增长做出了贡献，同时也改变着世界的经济格局。

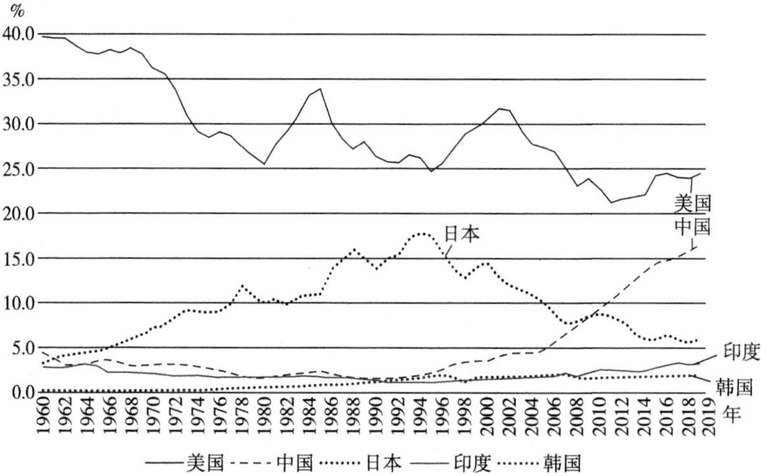

图 9　1960—2019 年中国、美国、日本、韩国和印度的 GDP 占世界份额的变化情况

资料来源：世界银行数据库。

（二）中国的经济格局

目前中国的总人口为 14 亿人，占世界人口的 18.2%，但是按 3 年平均汇率法计算的 GDP 总量仍然占 16.33%，GDP 占世界的份额低于人口所占的份额。或者说，中国的人均 GDP（11 570 美元）或人均 GNI（10 410 美元）仍然低于世界平均水平。虽然中国物价水平较低，但按照购买力平价法计算的人均 GNI（16 740 国际元）也低于世界平均水平（17 591 国际元）。可以看到，经过改革开放后多年的发展，我们离世界平均水平的差距已经很小，按

① 改革开放前期，中国的经济增长率很高，但对世界主要货币的汇率在下降，导致份额有所下降，但最终随着经济规模的扩大，份额还在提升，这进一步说明国际地位的提升从根本上说还是要靠发展。

现在的年均增长率（6%左右，高于世界年均增长率4%左右），再有两三年时间就可以赶上和超越这一水平，中国在抗疫斗争成功后取得的超出大多数国家的经济增长，会加快这一过程。

中国经济虽然已经有了很大的发展，但仍然处于中等收入水平，仍然还有学习、借鉴和赶超的比较优势，即使是 GDP 再翻一番，与以经济合作与发展组织（OECD）代表的西方发达国家 5 万美元左右的人均 GDP 或 GNI 相比还有很大差距，从这个意义看，用 15 年左右的时间把人均 GDP 提升到中等发达国家的平均水平，并不算很高的目标。但从另一方面看，由于中国的人口规模大，人均水平的较大幅度提升将明显改变经济总量在世界的份额。如果世界其他国家整体上保持目前的增长率，那么在 2035 年中国基本实现社会主义现代化，GDP 总量较 2020 年翻一番的情况下，份额约提升到 25%左右。中国的经济总量要在世界上达到这么高的份额，肯定会导致世界市场和资源布局发生很大的变化。这必然受到外部环境的各种制约，我们必须在发展的道路上很好应对各种来自外部的挑战。因此，把基本实现社会主义现代化的增长目标设定为中等发达国家的平均水平是合理慎重的，考虑到中国自身发展的潜力和需要，同时也考虑到发展中可能遇到的困难，这是一个留有余地的长期目标。

党的十九届五中全会提出 2035 年基本实现社会主义现代化，在经济增长方面则提出人均 GDP 要达到中等发达国家的平均水平，也就是说，首先要实现由上中等收入的发展中国家向高收入发展阶段国家的转变，然后继续提高以人均 GDP 或人均 GNI 反映的发展水平，以达到基本实现社会主义现代化的目标。

从发达国家的概念看，首先是人均收入水平要高，同时人均发展水平要高。从人均收入水平看，按照世界银行的数据，2019 年人均国民总收入（人均 GNI，数值与人均 GDP 接近）中属于高收入（大于 12 055 美元[①]）的国家和地区有 65 个[②]。其中，排在第一的瑞士的人均 GNI 为 85 500 美元；美国排在第 7 位，为 65 760 美元；日本排在第 27 位，为 41 690 美元；韩国排在第 30 位，为 33 720 美元；第 65 位为罗马尼亚，为 12 630 美元。中等发达国家

---

① 参见 WORLD BANK DATA TEAM，New country classifications by income level：2019-2020，JULY 01，2019. https：//blogs. worldbank. org/opendata/new-country-classifications-income-level-2019-2020#：~：text = The% 20following% 20countries% 20are% 20assigned% 20to% 20new% 20income，% 20% 20950% 20% 203% 20more% 20rows% 20.

② 参见 https：//databank. worldbank. org/data/download/GNIPC. pdf.

的人均收入水平在韩国的水平附近，为 30 000 美元左右。从包含内容更广泛的人均发展指标看，联合国开发计划署还有一个“人文发展指数”指标，是通过对受教育年限、人口预期寿命和按购买力平价法计算的人均 GNI 的综合处理计算相对指标，进而评价各国的发展水平，得到的排序结果与用人均 GNI 水平有差别，但具有明显的相关性（等级相关系数为 0. 75），说明较高的人均国民总收入从长期看有利于一个国家人均受教育水平和人均寿命的提升。

中国的人均 GNI 或人均 GDP 要提高到中等发达国家的平均水平，是有现实基础的。从我们已经达到的水平看，2019 年中国的人均 GNI 为 10 410 美元，在列入世界银行排序的 192 个国家或地区中列 71 位，目前正处于由上中等收入发展中国家向高收入国家发展的阶段。预计“十四五”期间能够实现从上中等收入向高收入阶段的跨越，然后在此基础上到 2035 年赶上中等发达国家。而从图 4 可以看出，中国经济增长近些年虽然有所下降，但世界 GDP 的增长率也在回调，从中长期（10 年左右）看，中国的经济增长率仍然比世界高 4 个百分点左右，这种趋势如果保持下去，中国的排名还会不断提升。在未来 15 年中，如果没有特别不可预见的、长期的意外灾难的冲击，中国仍然有可能保持比较好的经济增长，长期年均增长率应该达到 4. 8%以上（前一阶段的增长率可以快一些，年均 6%左右，后一阶段可以慢一些，年均 4%左右），最终实现 GDP 总量翻一番以上，再考虑汇率变动、价格总水平的上升等综合因素，用现行价格计算的人均 GDP 或 GNI 有可能进入世界前 40 位，即世界中等发达国家的水平。我们有继续保持稳定的长期增长的条件，具体看表现在四个方面。

第一，体制优势。随着中国特色社会主义市场经济的发展，通过建立国有经济为主导、公有制经济为主体和发展民营经济的制度，我们既改变了原先计划经济条件下企业缺乏活力的问题，又在相当程度上克服了在市场经济条件下各种风险尤其是金融风险周期性、系统性出现的矛盾。再加上政府对于市场秩序的规范和监督，使得经济活动在具有生机的同时又能有序发展。中国在长期改革开放中建立和发展起来的宏观管理和调控体系，进一步为减少和避免风险失控或升级为系统性风险提供了重要条件。中国特色社会主义市场经济体系，既避免了像发达市场经济国家不断因为经济周期带来市场大幅波动，也避免了像大多数发展中国家那样因社会和经济秩序缺失带来的发展缓慢或停滞，同时不断克服原有计划经济下的僵化弊端，是保持中国经济长期和稳定增长的基本保证。

第二，大国优势。中国是一个人口众多、地域辽阔、资源丰富的大国。从世界各国经济发展的经验看，人口大国要实现好的经济发展，首先要有一个相对稳定的政治环境，内部动乱不断的人口大国是很难取得好的经济发展的，而中国正是因为有了中国共产党的统一领导和全体人民的共同努力，才取得了新中国建立以来尤其是改革开放以来，经济建设尤其是经济增长的伟大成就。人口众多、地域辽阔，使中国具有得天独厚的内需市场和分工体系，即使在外部需求受到冲击而锐减的情况下，仍然可通过增加内部循环保持增长。这点已经被全球金融危机后的一系列事实证明。由于中国地域辽阔，各地发展仍然不平衡，有些地区实际上已经达到了中等发达国家的人均收入水平，但有很多地方的经济发展还有很大的潜力，大国经济发展上的区域间差异，既是作为发展中国家尚不发达的重要经济特征，也是可以保持更长期持续增长“梯度效应”的重要条件。同时，后发地区的发展会为解决先进地区某些矛盾提供解决方案，如人口过度稠密、房价过高、生产要素成本上涨等，都可以通过更多地区的发展得到解决或者明显改善。大国的资源优势还反映在重要的农产品和自然资源方面基本自给，这是我们发展的基础。但更重要的是广义的各种人力和物力的资源，国家可以高效率地组织和优化各种资源，应对各种经济的、自然的意外事件的冲击，由此保证经济社会的平稳发展，2020 年中国抗击疫情取得的成就充分说明了这一点。

第三，在世界经济中的竞争优势。改革开放后，中国利用国内国外两大市场、两种资源推动自身的发展，同时也对世界各国做出了贡献。中国的世界制造业中心的地位，是在长期的过程中形成的。中国通过在生产要素上的比较优势，向国际市场出口具有竞争力的产品，规模从小到大，质量不断提高，品种不断丰富，才取得目前的地位。但在另一方面，随着国内经济发展水平的提高，我们的一部分比较优势已经发生了变化，如劳动力价格方面的优势已经发生了一定的变化；而与此同时，我们的另一些优势正在形成，如随着科技水平的提高，高科技产品出口的比重在提升，随着装备制造水平的提高，大型设备和产品的出口在增加，等等。现在，中国在先进领域尤其是科技领域和西方发达国家仍然存在差距，但差距在不断缩小，在一些领域我们已经走到了前沿。这说明我们的优势开始逐渐由后发优势（对发达国家而言）转变为领先优势（对发展中国家和发达国家而言）。中国作为一个大国，具有长期积累起来的巨大的人力资本，每年毕业的大专院校学生达 800 万人，具有巨大的国内市场。投资需求和消费需求规模大且不断增长，具有完备的制造业体系，结构完整产业链齐全。我们的突出问题在于大而不强，根本原因在于创新力不足，在一些核心技术上存在短板，因而国民经济循环存在堵点、断点。这一切不仅深刻影响中国在全球经济中的竞争力提升，而且严重影响国民经济和国家总体安全，因此需要在充分发挥现有发展优势的基础上，进一步深化改革完善体制，发挥中国特色社会主义制度在创新上的优势，在构建新发展格局、重塑竞争新优势的过程中，切实使科技创新成为新发展格局的战略支撑。应当说，我们完全有可能实现这一点。

第四，发展阶段优势。中国目前正处于实现全面建成小康社会的目标后，进入全面实现社会主义现代化的建设阶段。从经济发展水平看，正处于由发展中国家向发达国家发展和转变阶段。从总量看，中国已经保持了 40 多年的高速增长，但是从产业结构上仍然保留有发展中国家的特征。2019 年，中国第一、第二和第三产业增加值占 GDP 的比重分别为 7.1%，39.0%，53.9%，已经呈现工业化国家产业结构的特征；但是从就业结构看，三次产业就业占全部就业的比重则分别为 25.1%，27.5%，47.4%，这种就业结构和增加值结构之间的差别或者说是发展滞后，实际上是城乡差距和收入分配结构在产业结构上的体现。而一般发达国家的第一产业的增加值比重多在 5%以下，第三产业占比在 60%以上，就业结构则与增加值结构相近。强调适度经济增长的一个重要标准是保证充分就业，而在中国，除了要保证新增就业人口的就业外，更重要的是要保证农业劳动力向非农产业，尤其是第三产业转移而增加的就业，所以，中国进一步经济增长的过程，也是包括增加值结构和就业结构在内的产业结构不断提升的现代化过程。随着产业结构的提升，收入分配结构会得到改善，城乡差距也会进一步缩小，由此会创造出新的需求。这种产业结构提升的要求从供给和需求两方面为中国进一步稳定增长创造了更好的条件。

参考文献：

[1] 弗雷德里克·L 普瑞尔．东西方经济体制比较：研究指南［M］．北京：中国经济出版社，1989.

[2] 刘伟，杨云龙．中国产业经济分析［M］．北京：中国国际广播出版社，1987.

[3] 许宪春．中国国民经济核算核心指标的变迁：从 MPS 的国民收入向 SNA 的国内生产总值的转变［J］．中国社会科学，2020（10）.

[4] NAGARAJ R. Growth rate of India's GDP，1950.51 to 1987.88 examination of alternative hypotheses［J］. Economic and political weekly，1990，June 30.

中国共产党领导建设新中国的经济发展思想演进

洪银兴
南京大学

摘要：本文分站起来、富起来和强起来三个时代，从六个维度研究经济发展思想演进。第一，不同发展阶段对社会主要矛盾的判断，从而明确各阶段的根本任务；第二，不同发展阶段的发展理念，从而产生不同的经济发展方式；第三，不同发展阶段提出的社会主义现代化目标的分析，从而产生不同的现代化路径；第四，不同发展阶段克服二元结构的路径分析，从而产生对农业的不同态度和不同的农业发展道路；第五，不同发展阶段经济发展的调节方向分析，从而产生对经济发展的供给侧和需求侧的不同调节思路；第六，不同发展阶段的发展格局分析，从而产生不同阶段国民经济的内循环和外循环的发展格局。

关键词：新中国　中国共产党　经济发展思想　演进

从 2010 年起，中国作为发展中大国一跃成为世界第二大经济体，尤其是在新冠病毒肆虐全球之时，中国不但有效控制了病毒传播，而且在 2020 年世界经济受此影响全面衰退时，成为唯一保持经济正增长的主要经济体。中国经济的奇迹可归结为经济发展的中国道路的成功，表明不走西方国家的发展道路，不采用西方经济模式，走中国特色社会主义发展道路，同样能取得经济上的成功。在庆祝中国共产党建党 100 周年之际，研究新中国党的经济发展思想随着时代的进步而演进的艰难历程，不仅可以发现习近平新时代中国特色社会主义经济思想产生的渊源，而且可以深刻理解进入新时代后，习近平新时代中国特色社会主义经济思想中包含的经济发展的新思想对新时代的中国乃至世界的重大贡献。

注：本文原载《管理世界》2021 年第 4 期。

一、社会主要矛盾提出的重大发展任务

新中国成立之初建立的新民主主义社会的经济任务是：发展新民主主义经济，稳步地变农业国为工业国；发展工农业生产，促进经济繁荣；多种经济成分分工合作，各得其所，以促进整个社会经济的发展。1952年年底，国民经济基本恢复，党中央提出，中国进入向社会主义社会过渡的时期，开始了国家工业化和社会主义改造的进程。在这个阶段服从于社会主义改造，建立社会主义经济制度的中心任务，社会主要矛盾毫无疑问是社会主义同资本主义的矛盾，工人阶级和资产阶级的阶级斗争成为当时的主要任务。1956年，社会主义改造任务基本完成，以国家工业化为主要内容的"一五"计划胜利完成，独立的工业体系也基本建立。当然，在当时党中央过高地估计了社会主义改造的形势，加速了社会主义改造的步伐，犯了要求过急、工作过粗、改变过快的错误，以致在过短时间内完成社会主义改造，遗留了一些有长期消极影响的问题。

1956年9月召开的党的八大基于对当时形势的正确分析明确提出：社会主义制度在我国已经基本上建立起来，国内主要矛盾已经不再是工人阶级和资产阶级的矛盾，而是先进的社会主义制度同落后的社会生产力之间的矛盾，是人民对于经济、文化迅速发展的需要同当前经济、文化不能满足人民需要的状况之间的矛盾；全国人民的主要任务是集中力量发展社会生产力[1]。在党的八大路线指引下，1956年和1957年是新中国成立以来经济发展好的年份。党的八大关于中国主要矛盾和主要任务的表述在党的经济思想史上具有开创性意义。

可惜的是党的八大关于社会主要矛盾的正确判断没有得到坚持和贯彻。1958年5月召开的党的八届二中全会正式通过了"鼓足干劲、力争上游、多快好省地建设社会主义"的总路线，并且改变了八大关于国内主要矛盾已经转变的正确分析，认为当前我国社会的主要矛盾仍然是无产阶级同资产阶级、社会主义道路同资本主义道路的矛盾。1962年召开的八届十中全会进一步指出，在无产阶级革命和无产阶级专政的整个历史时期，在由资本主义过渡到共产主义的整个历史时期（这个时期需要几十年，甚至更多的时间）存在着无产阶级和资产阶级之间的阶级斗争，存在着社会主义和资本主义两条道路的斗争。在这些情况下，阶级斗争是不可避免的。这样，八大路线被"以阶级斗争为纲"的"左"的错误路线彻底取代，阶级斗争和两条道路斗争被视

为加速经济发展的动力，发展生产力被曲解为无休止地追求生产关系升级的不断革命，从而使党的工作重心仍旧放在政治运动和阶级斗争上。尤其是1966年5月开始的持续十年之久的“文化大革命”，强调抓革命促生产，无休止地搞阶级斗争，致使国民经济濒于崩溃。

1978年召开的党的十一届三中全会毅然摒弃了“以阶级斗争为纲”的错误方针，真正开始了把党和国家的工作转向以经济建设为中心。1981年6月，党的十一届六中全会通过的《关于建国以来党的若干历史问题的决议》第一次明确指出“我国的社会主义制度还是处于初级的阶段”。1987年10月召开的党的十三大系统阐述了社会主义初级阶段理论。社会主义初级阶段，不是泛指任何国家进入社会主义都会经历的起始阶段，而是特指中国在生产力落后、商品经济不发达条件下，建设社会主义必然要经历的特定阶段。对社会主要矛盾的表述，党的十一届六中全会上明确指出：在社会主义初级阶段，我国社会的主要矛盾是人民日益增长的物质文化需要同落后的社会生产之间的矛盾。这个主要矛盾贯穿于我国社会主义初级阶段的整个过程和社会生活的各个方面，决定了这个阶段的根本任务是集中力量发展社会生产力。

基于社会主义初级阶段社会主要矛盾的科学判断，邓小平对社会主义初级阶段的根本任务提出了三个方面的重要思想：一是社会主义的本质是解放和发展生产力。邓小平强调不能只讲发展生产力，应该把解放生产力和发展生产力两个讲全了。邓小平的社会主义本质和发展阶段理论，既是对马克思主义科学社会主义的回归，又是对科学社会主义理论的发展与创新。二是1992年在南方讲话中提出“发展才是硬道理”的科学论断。同时提出“三个有利于”的评价标准，即“是否有利于发展社会主义社会的生产力，是否有利于增强社会主义国家的综合国力，是否有利于提高人民的生活水平”[2]。三是根据社会主义初级阶段的社会主义就是发展生产力的任务，要求在坚持社会主义基本制度的前提下采取各种有利于生产力发展的方式，包括利用多种所有制，利用市场经济，利用要素报酬，等等，创新充满活力富有效率的体制机制。这些是中国特色社会主义的具体体现。总的来说，依据社会主义初级阶段主要矛盾的科学判断，发展成为硬道理，经济建设成为中心，市场化取向的改革引领我国实现了30多年年均近10%的高速增长。

进入新时代，由于改革开放的推动，社会生产力水平明显提高，我国告别低收入阶段，进入了中等收入阶段。习近平在党的十九大报告中指出：“中国特色社会主义进入新时代，我国社会主要矛盾已经转化为人民日益增长的美好生活需要和不平衡不充分发展之间的矛盾。”[3] 其依据是，在人民需要方面，我国稳定解决了十几亿人的温饱问题，并将全面建成小康社会，人民美好生活需要日益广泛，不仅对物质文化生活提出了更高要求，而且在民主、法治、公平、正义、安全、环境等方面的要求日益增长。在社会生产力方面，我国社会生产力水平总体显著提高，社会生产能力在很多方面进入世界前列。

社会主要矛盾的转化表明：第一，发展目标是满足人民日益增长的美好生活需要，体现以人民为中心的发展观。第二，矛盾的主要方面是发展的不平衡和不充分。发展的不充分，最为突出的是由创新能力不足产生的核心技术供给不充分，由供给体系质量不高产生的有效供给不足。发展的不平衡，涉及生态环境不堪重负的短板，农业现代化的短板，地区发展不平衡的短板，等等。第三，我国社会主要矛盾的变化，没有改变对我国社会主义所处历史阶段的判断。我国仍然处于并将长期处于社会主义初级阶段，发展中大国的地位没有改变。只是表明我国进入了社会主义初级阶段的新阶段，需要解决新阶段的新矛盾。

基于新时代社会主要矛盾的科学判断，习近平提出发展是党执政兴国的第一要务的论断。这就是习近平强调的："以经济建设为中心是兴国之要，发展是党执政兴国的第一要务，是解决我国一切问题的基础和关键。"[4] 相比发展是硬道理，作为第一要务的发展有特别的要求，就是习近平说的："发展是硬道理的战略思想要坚定不移，同时必须坚持科学发展，加大结构性改革力度，坚持以提高发展质量和效益为中心，实现更高质量、更有效率、更加公平、更可持续的发展。"[5] 新时代发展的着力点是解决不能满足人民美好生活需要的发展的不平衡不充分问题。

二、发展理念及相应的经济发展方式转变

新中国成立之初，经过三年的国民经济恢复，于 1953 年开始实施发展国民经济的第一个五年计划（1953—1957 年）。这是新中国制订的第一个有计划开展国家经济建设、推进国家工业化的宏伟计划。当时百废待兴，面对一穷二白的落后的农业大国的经济基础，"一五" 时期的经济发展基本上是铺新摊子，以苏联援建的 156 个项目为中心，虽然属于外延型扩大再生产，但毕竟是从无到有建立现代工业。这是中国人民站起来的关键举措。经过全党、全国人民的努力，到 1957 年，第一个五年计划胜利实现，许多指标超额完成了任务，钢铁、煤炭、电力、石油、化工、军工等重要工业产品达到了苏联和日本 20 世纪 30 年代的水平，开始向若干尖端领域的迈进，为实现国家工

业化打下了初步基础，强健了已站立起来的中国人民的筋骨。中国共产党人在这一场伟大实践中，认真学习，掌握了许多领导现代化建设的知识，丰富了经济建设的思想和理论。

1956 年 4 月，毛泽东发表的《论十大关系》，在初步总结我国社会主义建设经验的基础上，吹响了探索适合我国国情的社会主义建设道路的号角。《论十大关系》中与经济直接相关的有五个，即：重工业和轻工业、农业的关系，沿海工业和内地工业的关系，经济建设和国防建设的关系，国家生产单位和生产者个人的关系，中央和地方的关系。文章实际上是针对苏联长期优先发展重工业，单纯追求速度的经济发展方式提出不同的理念，强调部门之间、地区之间协调发展和统筹兼顾各方面利益关系，试图在中国开辟一条同苏联道路有所不同的社会主义工业化道路。

“一五”计划的成功，三大改造的基本完成，促使党的领导层过分相信主观能动性，以及在经济上“超英赶美”的决心。八大后不久，犯了指导思想上“左”的错误，在 1958 年轻率地发动了“大跃进”和农村人民公社化运动，经济工作出现了不尊重经济规律，追求高指标、瞎指挥、刮浮夸风和“共产风”，最终受到经济规律的惩罚，给经济造成了重大损失。再加上三年自然灾害，以及苏联毁约、撤走专家，造成了国民经济的严重困难。

1960 年冬，党中央决定对国民经济实行“调整、巩固、充实、提高”的方针。针对“大跃进”时期刮共产风、否认商品货币关系等“左”倾思想及其产生的后果，在毛泽东的倡导下，中央领导同志学习斯大林的《苏联社会主义经济问题》和苏联《政治经济学》教科书社会主义部分，在此基础上思考中国的经济建设道路，提出了不仅对当时而且对中国的长远发展都产生重要影响的经济思想。首先是重视对社会主义经济规律的研究，强调价值规律的作用。其次是提出了国民经济综合平衡的思想。提出以农业为基础，以工业为主导的思想，建设规模必须同国力相适应，人民生活和国家建设必须兼顾，制订计划必须做好物资、财政、信贷综合平衡的观点。再次是萌发改革经济体制的思想。这几个方面在当时实际上涉及经济增长方式的调整，虽然还只是局限在速度和比例关系的调整上。其效应是国民经济从 1962 年到 1966 年得到了比较顺利的恢复和发展。“文化大革命”10 年，“左”的指导思想打断了中国经济正常发展。

中国改革开放初期更为重视解放生产力。依靠改革激发企业活力和要素投入，在增长方式上突出一个“快”字。经济发展速度明显加快，城市化、工业化取得明显进展，人民收入水平明显提高。与此同时也产生了环境污染、收入差距过分扩大、地区和部门之间发展不平衡等问题。党中央及时认识到增长不等于发展，只是靠市场化改革不能完全解决发展问题，增长的质量和效益问题涉及增长方式问题。1995 年，党的十四届五中全会明确提出实行两个根本性转变的要求：一是经济体制从传统的计划经济体制向社会主义市场经济体制转变；二是经济增长方式从粗放型向集约型转变。这是我们党第一次提出增长方式转变问题。此后，转变经济增长方式问题受到了各方面的关注。2002 年，党的十六大提出新型工业化道路，即以信息化带动工业化，以工业化促进信息化，走出一条科技含量高，经济效益好，资源消耗低，环境污染少，人力资源优势得到充分发挥的工业化道路。这是转变经济增长方式的体现。

对转变增长方式的思考必然要上升到发展观的转变。2003 年，党的十六届三中全会提出，坚持以人为本，树立全面、协调、可持续的发展观，促进经济社会和人的全面发展。这是党中央首次明确提出发展观的概念。2007 年，党的十七大对科学发展观做了明确的概括："科学发展观，第一要义是发展，核心是以人为本，基本要求是全面协调可持续，根本方法是统筹兼顾。"根据科学发展观，党的十七大报告将转变经济增长方式改为转变经济发展方式，强调走"生产发展，生活富裕，生态良好"的文明发展道路。十七届五中全会关于"十二五"规划的建议进一步明确了转变经济发展方式的内涵。一是将经济结构战略性调整作为主攻方向；二是将科技进步和创新作为重要支撑；三是将保障和改善民生作为根本出发点和落脚点；四是将建设资源节约型、环境友好型社会作为重要着力点。在经济发展的实践中由"快"字当头转变为"好"字当头，突出又好又快，突出发展的质量和效益，突出保护生态和环境，突出人民分享发展成果，突出可持续发展。这些转变，促使经济发展效果明显，到 2010 年我国的经济总量达到世界第二，2012 年人均 GDP 达 6 338 美元，进入中等收入国家行列。

进入新时代后，支持 30 多年高速增长的要素已经得到了充分释放，潜在经济增长率出现了下降的趋势，主要表现是：随着农业剩余劳动力转移放慢，剩余劳动力支持的低成本劳动力供给明显减少。随着人口红利明显减少，老龄化社会随之到来，支持高投资的高储蓄不可持续。随着物质要素供给的不可持续，能源、资源、环境的瓶颈约束正在成为增长的自然界限。在此背景下，持续 30 多年的高速增长不可持续，转向中高速增长不可避免。这种状况被习近平称为经济新常态。基于经济新常态及进入新时代后的发展任务，习近平在党的十八届五中全会上提出了创新、协调、绿色、开放、共享的新发展理念。新发展理念规定了由高速增长转向高质量发展的核心内容。

第一，创新是高质量发展的第一动力。中国进入新时代的重要标志就是从要素驱动、投资驱动转向创新驱动。作为驱动力的创新包含多方面，其核心是科技创新。科技创新的着力点是创新处于国际前沿的核心技术。核心技术是国之重器。既需要以研发核心高新技术为导向的基础研究，也需要推动占领产业制高点的产业创新。将科技创新与产业创新融合，建立有利于创新成果产业化的机制和通道。

第二，协调是高质量发展的形态。习近平指出："协调既是发展手段又是发展目标，同时还是评价发展的标准和尺度，再比如，协调是发展两点论和重点论的统一。"[6] 协调是经济持续健康发展的内在要求。协调的重要性在于有效解决发展的不平衡问题。

第三，绿色是高质量发展的内在要求。人与自然和谐共生是生态文明时代人民对美好生活的追求。在生态文明的时代，"绿水青山就是金山银山"。干净的水，清新的空气，多样性的生物，绿色的环境是宝贵的生态财富。经济发展不仅要谋求物质财富，还要谋求生态财富。保护生态环境就是保护生产力，改善生态环境就是发展生产力。

第四，开放是高质量发展的内外联动发展机制。改革开放初期对外开放利用国际国内两个资源两个市场获得了全球化的红利。新时代的开放发展要根据习近平建立人类命运共同体的思想，建立高质量的开放型经济体系，在更大范围、更宽领域、更深层次上提高开放型经济水平。

第五，共享是高质量发展的根本目的。习近平提出的共享发展理念是："必须坚持发展为了人民、发展依靠人民、发展成果由人民共享，作出更有效的制度安排，使全体人民在共建共享发展中有更多获得感。"[7] 全民共享是目标，全面共享是内容，共建共享是基础，渐进共享是途径。共享发展，首先是发展，即举全民之力不断把"蛋糕"做大；其次是把不断做大的"蛋糕"分好，让社会主义制度的优越性得到更充分的体现，让人民群众有更多获得感[8]。

根据新发展理念，从高速增长转向高质量发展，强调的是经济效益、社会效益和生态效益的结合，体现的是人与经济社会自然相协调的一种包容性的增长，是满足人民美好生活需要的发展，是人与自然和谐共生的发展。

三、社会主义现代化的目标和基本路径

现代化是中国人的百年梦想。新中国成立以后，历届中央领导集体都把实现社会主义现代化作为发展目标。对现代化的内涵在不同的发展阶段有不同的表述。

1954 年 9 月，周恩来在第一届全国人大第一次会议《政府工作报告》中首次提出“四个现代化”：“我国的经济原来是很落后的。如果我们不建设起强大的现代化的工业、现代化的农业、现代化的交通运输业和现代化的国防，我们就不能摆脱落后和贫穷，我们的革命就不能达到目的。”1956 年，党的八大通过的党章把“四个现代化”写进了总纲。1963 年 1 月，周恩来在上海提出：“我们要实现农业现代化、工业现代化、国防现代化、科学技术现代化，简称‘四个现代化’。把我国建设成为一个社会主义强国，关键在于实现科学技术现代化。”1975 年 1 月，周恩来在四届全国人大一次会议《政府工作报告》中，再次发出“在本世纪内，全面实现农业、工业、国防和科学技术的现代化，使我国国民经济走在世界的前列”的号召。我国“四个现代化”的提法一直延续至今。遗憾的是，由于长期的阶级斗争，党的工作重心一直没有转到经济建设，现代化没有成为行动。直至改革开放开始时，中国在世界上仍然处于低收入国家水平。1979 年，邓小平说：“现在中国仍然是世界上很贫穷的国家之一”；中国的“科学技术水平从总体上看要比世界先进国家落后二三十年”[9]。

改革开放以后，现代化不仅由目标转为行动，而且有了具体部署。1987 年，邓小平从我国人口多、底子薄的国情出发，设计了分“三步走”实现现代化的宏伟蓝图：第一步，从 1981 年到 1990 年国民生产总值翻一番，解决人民的温饱问题；第二步，从 1991 年到 20 世纪末使国民生产总值再增长一倍，人民生活达到小康水平；第三步，到 21 世纪中叶人均国民生产总值达到中等发达国家水平，人民生活比较富裕，基本实现现代化。然后，在这个基础上继续前进。邓小平用“温饱”“小康”“富裕”作为经济发展三步战略的目标，使人民能够生动地、直观地认识和切身感受到这个目标的实现过程。2002 年，党的十六大报告明确提出 21 世纪中叶基本实现现代化，其中头 20 年全面建设惠及十几亿人口的全面小康社会。将全面小康社会建设包含在现代化的进程中，并作为现代化的具体阶段推进，是中国特色现代化道路的重要组成部分。

由于改革开放的推动，我国提前解决了人民温饱问题，人民生活总体上达到小康水平。邓小平讲的“三步走”中的第一步已经实现。在这个基础上，以习近平同志为核心的党中央在党的十八大明确了“两个一百年”奋斗目标：到建党100年时建成经济更加发展，民主更加健全，科教更加进步，文化更加繁荣，社会更加和谐，人民生活更加殷实的小康社会。到新中国成立100年时，基本实现现代化，把我国建成社会主义现代化国家。党的十九大开启了全面建设社会主义现代化国家的新征程，并且绘就了两个阶段实现社会主义现代化的蓝图。第一个阶段，从2020年到2035年，基本实现社会主义现代化。第二个阶段，从2035年到21世纪中叶，把我国建成富强民主文明和谐美丽的社会主义现代化强国。现代化蓝图体现了高质量开启现代化进程的要求。基于小康社会全面建成，根据党的十九大绘就的蓝图，党的十九届五中全会对2035年基本实现社会主义现代化远景目标做了部署，基本实现现代化在经济上的目标可以概括为：进入创新型国家前列；基本实现新型工业化、信息化、城镇化、农业现代化，建成现代化经济体系；美丽中国建设目标基本实现；形成对外开放新格局；人均国内生产总值达到中等发达国家水平；中等收入群体显著扩大；全体人民共同富裕取得更为明显的实质性进展。

发展中国家的现代化有必要遵循现代化的一般规律，但必须结合本国的国情及新的国际国内经济社会政治环境，走出具有自己特色的现代化道路。进入新时代后，现代化理论所涉及的现代化目标及其内容有了新的发展和突破。

第一，现代化领域。过去讲的是工业、农业、科技和国防四个现代化，现在强调的是新型工业化、信息化、城镇化、农业现代化“四化同步”。这是经济领域现代化的主要内容，特别强调“同步”。

第二，现代化的社会主义特征。习近平强调：“消除贫困、改善民生、逐步实现共同富裕，是社会主义的本质要求，是我们党的重要使命。”[10] 在党的十九届五中全会上，习近平明确指出，共同富裕是社会主义的本质要求，是人民群众的共同期盼。我们必须把促进全体人民共同富裕摆在更加重要的位置，脚踏实地，久久为功，向着这个目标更加积极有为地努力。为此，党中央“十四五”规划建议在2035年基本实现社会主义现代化远景目标中，提出“全体人民共同富裕取得更为明显的实质性进展”，在改善人民生活品质部分突出强调了“扎实推动共同富裕”。

第三，现代化的中国道路。进入生态文明时代要建设的现代化是人与自然和谐共生的现代化，既要创造更多物质财富和精神财富以满足人民日益增长的美好生活需要，也要提供更多优质生态产品以满足人民日益增长的优美生态环境需要。现代化的中国道路是绿色发展和创新发展。创新成为现代化的第一动力，党的十九届五中全会进一步强调，坚持创新在现代化建设全局中的核心地位，把科技自立自强作为国家发展的战略支撑。2035 年跻身创新型国家前列成为基本实现现代化的重要标志。

第四，建设现代化经济体系。过去关于现代化的讨论过于关注 GDP 的指标，以 GDP 指标衡量现代化，以抓 GDP 推进现代化。现在高质量开启现代化是党的十九大提出的建设现代化经济体系。这是转变发展方式、优化经济结构、转换增长动力，跨越由全面小康转向现代化建设的“关口”行动。现代化经济体系根据习近平的讲话精神，涉及创新引领、协同发展的产业体系；彰显优势、协调联动的城乡区域发展体系；资源节约、环境友好的绿色发展体系；体现效率、促进公平的收入分配体系；多元平衡、安全高效的全面开放体系；统一开放、竞争有序的市场体系；充分发挥市场作用、更好发挥政府作用的经济体制。现代化经济体系是新时代发展理论中具有深刻内涵的崭新概念。

四、克服二元结构的农业现代化路径

新中国建立初期是落后的农业大国，工业尤其是现代工业比重很小，谈不上二元结构。毛泽东在党的七届二中全会上讲：“中国工业和农业在国民经济中的比重，就全国范围来说，在抗日战争以前，大约是现代性的工业占10%左右，农业和手工业占 90%左右。这是帝国主义制度和封建制度压迫中国的结果。这是旧中国半殖民地和半封建社会性质在经济上的表现，这也是在中国革命的时期内和在革命胜利以后一个相当长的时期内一切问题的基本出发点。”[11] 因此毛泽东十分忧虑地说：“现在我们能造什么？能造桌子椅子，能造茶碗茶壶，能种粮食，还能磨成面粉，还能造纸，但是，一辆汽车、一架飞机、一辆坦克、一辆拖拉机都不能造。”[12] 因此“一五”时期党的指导思想是推进国家工业化，优先发展重工业。这可以说是当时建立独立的现代工业体系的必然选择。其效果也是明显的，“一五”计划完成，现代工业体系建立起来了，现代工业和落后农业并存的二元结构就此形成。克服二元结构的基本路径是提升农业农村的发展水平。毛泽东在《论十大关系》中提出，工业化不单纯是工业问题，也不单纯是重工业问题，涉及重工业、轻工业和农业的发展关系问题。但是，1957 年年底开始的“大跃进”，全民大炼钢铁，轻视农业，结果出现连续三年的农业歉收和国民经济的困难。1962 年起进行国民经济调整，很大程度上是调整工业和农业的关系。中央认识到“以钢为纲”片面发展钢铁的结果是挤压了农业、轻工业，造成国民经济比例的严重失调，人民生活水平的大幅下降。毛泽东在庐山会议前期总结教训时指出：生产资料优先增长的规律是一切社会扩大再生产的共同规律。我们把这个规律具体化为在优先发展重工业的条件下，工农业同时并举。过去是重、轻、农、商、交，现在强调把农业搞好，次序改为农、轻、重、交、商。这样并不违反马克思主义。不久中央根据毛泽东的这一思想提出了“以农业为基础，以工业为主导”发展国民经济的总方针。问题是由于农业中人民公社制度压抑农民的劳动积极性，工农业产品价格的剪刀差剥夺农业等原因，即使明确了农业的基础地位，农业的落后、农民的贫困问题长期得不到解决，工农、城乡二元结构问题依然非常突出。

我国从农村开始的改革，开启了二元结构现代化的进程。在富起来的时代推动农业现代化进程的改革和发展路径主要在五个方面。一是以农民家庭承包责任制为内容的改革，结束人民公社制度，从家庭财产和经营制度上调动农民的生产和经营积极性。二是改革农产品流通体制，农产品进入市场，农产品价格放开，随行就市，不仅把农民推向了市场，而且增加了农产品的市场收益。三是农村发展乡镇企业，开始了在农村推进工业化和以城镇化推进城市化的进程。创造了在三农之外带动三农发展的道路：以非农化解决农业问题，以城市化解决农村问题，以劳动力转移解决农民问题。其效果非常明显，不仅加快了工业化进程，中国迅速由农业大国转变为新兴的工业国家；而且农业、农民和农村的发展水平得到提高。四是十届人大四次会议 2006 年 3 月 14 日通过决议，庄严宣布在全国范围内彻底取消除烟叶以外的农业特产税、全部免征牧业税，中国延续了 2 600 多年的“皇粮国税”走进了历史博物馆，由此农民负担减轻。五是党的十七大提出了在新的历史起点上“统筹城乡发展，推进社会主义新农村建设”的要求。由此提出中国特色的城乡统筹推进农业现代化道路。其主要路径是，建立以工促农、以城带乡的长效机制，形成城乡经济社会发展一体化新格局。

进入新时代，单纯突出工业化的现代化，不可避免会出现农业现代化相对滞后的状况，农业、农民和农村的发展状况成为“四化同步”的短板。对此习近平指出：即使将来城镇化达到 70% 以上，还有四五亿人在农村，农村绝不能成为荒芜的农村、留守的农村、记忆中的故园，城镇化要发展，农业现代化和新农村建设也要发展，同步发展才能相得益彰[13]。这意味着三农现代化需要由非农发展带动转向直面三农发展，即农业现代化（农业强）、农村现代化（农村美）、农民现代化（农民富）。

根据习近平关于三农现代化的思想，新时代推进的三农现代化可以归结为四个方面。一是农业供给侧改革。改变农业发展范式，提高农业质量效益和竞争力。已有的农业发展范式可归结为“剩余”范式，即追求农业剩余，剩余农业劳动力转移。农业发展新范式是：追求品质农业，转向“品质和附加值”范式。构建与居民消费快速升级相适应的高质高效的现代化农业产业体系。二是乡村振兴，以振兴乡村为抓手推动三农现代化。农村最基层的是乡村，没有乡村的现代化就没有农村的现代化。乡村振兴是包括产业振兴、人才振兴、文化振兴、生态振兴、组织振兴在内的全面振兴。三是城乡发展一体化。推动城市发展要素通过“化”到城镇而化到农村，从根本上改变农村的落后面貌。这是城市要素的城镇化，是城市生活方式向农村扩展。城乡发展一体化涉及城乡规划、就业服务、社会保障、公共服务、城市管理的一体化。四是新型城镇化，不仅指农民进城，核心是人的城镇化。一方面有序推进农业转移人口市民化，努力实现城镇基本公共服务常住人口全覆盖；另一方面推进农民市民化，使农民享受城市文明。这就要求将提供给市民的机会和设施安排到农村城镇，扩大城镇就业的机会，把高质量的教育、文化医疗设施办到农村城镇，增加农村特别是城镇的公共产品、公共设施和商业设施的供给，使农民不进城也能享受各种市民的待遇。

五、经济发展的供给侧和需求侧调节机制

习近平指出：“供给侧和需求侧是管理和调控宏观经济的两个基本手段。”在不同的发展阶段，“经济政策是以供给侧为重点还是以需求侧为重点，要依据一国宏观经济形势作出抉择”[14]。调控经济发展的机制和政策既需要给经济增长提供动力，又需要给经济增长提供方向。供给侧和需求侧的提法虽然是在进入新时代提出的，但在实践中在不同时期不同程度都存在两侧的调节政策，只是侧重点不同。

新中国建立初期在短缺经济背景下逐步建立的计划经济体制，对经济发展采取的是供给侧管理。表现为从上到下的指令性生产计划，统购统销的流通体制。基本的方式是，在“发展经济，保障供给”的思想指导下，以下达的数量指标调控发展，需要快速发展时调高生产和基建指标，经济出现问题需要调整时则调低指标。针对“大跃进”的教训，党中央在 1959 年的庐山会议上提出了综合平衡的要求。综合平衡涉及三个重要平衡：农业本身的农、

林、牧、副、渔之间的平衡；工业内部的平衡；工业和农业的平衡。国民经济的比例关系是在这些基础上的综合平衡。显然，综合平衡也是从供给侧入手的。这是在短缺经济背景下计划经济管理的方式。

富起来时代的市场化改革是需求侧的改革，建立由市场决定资源配置的体制机制是转向需求侧调节：在微观上，强化市场竞争机制，突出市场需求导向，取消指令性计划等。在宏观上，一方面从总需求入手建立宏观总量调控机制，明确消费、投资、出口三驾马车协同拉动经济增长，突出消费需求的拉动作用；另一方面，面向总需求的宏观调控转向财政和货币政策，相机采取紧缩性的、扩张性的或平衡性的财政和货币政策，宏观经济管理转向需求管理是在告别短缺经济转向剩余经济背景下市场经济的调节方式，目的是更多发挥市场的调节作用，以需求压力和导向提高效益和效率。

进入新时代，党中央发现，只是在需求侧进行改革和需求管理，并不能有效解决经济运行的效率和供给质量，不能满足人民美好生活的需要。这就涉及供给侧的结构性问题。在 2015 年年底的中央经济工作会议上，习近平发出了推进供给侧结构性改革的号令："在适度扩大总需求的同时，着力加强供给侧结构性改革，着力提高供给体系质量和效率，增强经济持续增长动力，推动我国社会生产力水平实现整体跃升。"[15] 在庆祝改革开放 40 周年大会上，习近平再次明确"我们要坚持以供给侧结构性改革为主线"。供给侧结构性改革是我国进入新时代后推动经济发展的主线。与计划经济年代的供给侧调节不同，供给侧结构性改革是在市场经济基础上剩余经济背景下的供给侧调控。

供给和需求是市场经济内在关系的两个基本方面，习近平从调节经济发展方式的角度指出："需求侧管理重在解决总量性问题，注重短期调控，主要是通过调节税收、财政支出、货币信贷等刺激或抑制需求，进而推动经济增长。供给侧管理，重在解决结构性问题，注重激发经济增长的动力。"[16] 显然，供给侧调节注重长期发展，是实现高质量发展的有效调控方式。与一般调整生产关系的改革不同，供给侧结构性改革是解决发展本身的问题。"供给侧结构性改革，说到底最终目的是满足需求，主攻方向是提高供给质量，根本途径是深化改革。"[17]

第一，着力振兴实体经济。实体经济是一国经济的立身之本、财富之源。现实中存在虚拟经济出现"脱实向虚"的现象，其原因，除了虚拟经济领域中存在的"一夜暴富"的诱人投机现象外，最重要的原因是实体经济企业因负担太重无利可图而投资不足。因此，供给侧结构性改革的目标是让实体经济发力，需要足够地对实体经济的支持，在实体经济领域培育发展的新动能，在高质量发展中增强实体经济企业的盈利能力。

第二，提高供给体系的质量和效率。供给体系质量和效率低的突出表现是有效供给不足和无效产能过剩并存。如习近平所说："我国供给体系产能十分强大，但大多数只能满足中低端、低质量、低价格的需求。"[18] 进入中等收入阶段后，解决了温饱问题后的居民消费需求开始转型，更为关注健康、安全、卫生、档次方面的需求。而生产和服务还停留在低收入阶段的供给，追求数量，不重视质量，为生产而生产，不能适应进入中等收入阶段以后消费需求的新变化，满足中高端消费的中高端产品和服务供给不足，不能满足多样化、个性化、高端化需求，势必产生有效供给不足，无效产能过剩，中低端产品过剩问题。这些结构性问题需要在供给侧结构性改革中得到解决。改革目标就是习近平指出的："优化现有生产要素配置和组合，提高生产要素利用水平，促进全要素生产率提高，不断增强经济内生增长动力。"[19] 习近平形象地用加减乘除法来说明结构调整的路径："加法就是发现和培育新增长点，减法就是压缩落后产能、化解产能过剩，乘法就是全面推进科技、管理、市场、商业模式创新，除法就是扩大分子、缩小分母，提高劳动生产率和资本回报率，这是调结构这个四则运算的最终目标。"[20] 质量变革、效率变革、动力变革成为提高全要素生产率的基本途径。

第三，克服供给侧的动力不足问题，培育发展新动能。首先是激发市场主体的活力。与需求侧突出的市场选择不同，供给侧则突出经济激励，提供发展的动力。已有的改革解决了产权制度的动力问题，但供给侧仍显动力不足。突出表现是企业的高税负，高利息，高社会负担。企业分享不到发展的成果，缺少发展的动力和活力。供给侧对市场主体的激励：一是降低企业税、费、利息和社会负担，降低企业成本，使企业轻装上阵；二是保护企业家财产，激励企业家精神[21]。其次是培育新动能。供给侧结构性改革与发展是硬道理一样，是需要长期实行的发展政策，有着长远的目标。在去产能、去库存、去杠杆取得明显进展的同时，需要进一步转向培育新动能。关于新动能，习近平指出："既要紧盯经济发展新阶段、科技发展新前沿，毫不动摇把发展新动能作为打造竞争新优势的重要抓手，又要坚定不移地把破除旧动能作为增添发展新动能、厚植整体实力的重要内容。"[22] 党的十九大明确在现阶段所要培育的新动能主要涉及中高端消费、创新引领、绿色低碳、共享经济、现代供应链和人力资本服务等领域。

习近平认为，供给侧与需求侧的调节，"二者不是非此即彼、一去一存的替代关系，而是要相互配合、协调推进"[23]。近年来，在中美贸易摩擦及新冠肺炎疫情在世界流行从而导致世界经济出现衰退的背景下，我国经济发展同样面临需求不足和经济下行的压力。党中央及时提出“六稳”（稳就业、稳金融、稳外贸、稳外资、稳投资、稳预期）和“六保”（保居民就业，保基本民生，保市场主体，保粮食能源安全，保产业链供应链稳定，保基层运转）的任务。因此刺激需求，在需求端激发活力显得非常重要。不仅如此，新发展格局所要求的以国民经济的内循环为主体也需要有足够的市场需求。因此，党的十九届五中全会提出深化需求侧改革与供给侧改革相配合的思路，两者的结合是调控发展的长期目标和短期目标的结合。

六、经济发展格局的演进

发展格局涉及国民经济内部循环与外部循环及相互关系的布局。

改革开放前30年除了“一五”期间引进苏联156个重大项目外，我国的经济基本上处于内循环状态，主要原因是国际上对新中国的经济封锁。

改革开放后，我们党把对外开放明确为一项长期的基本国策，由此打开了国门，1980年，党中央决定建立深圳经济特区，标志着中国开启了全面开放，参与经济全球化的进程。1997年，党的十五大进一步明确对外开放是更好地利用国内国外两个市场、两种资源，鼓励经济特区、上海浦东新区在体制创新、产业升级、扩大开放等方面继续走在前面，发挥对全国的示范、辐射、带动作用。特别是强调正确处理对外开放同独立自主、自力更生的关系，维护国家经济安全。党的十六大关于协调发展的五个统筹包括统筹对外开放和国内发展。党的十七大则明确提出了完善内外联动、互利共赢、安全高效的开放型经济体系，形成经济全球化条件下参与国际经济合作和竞争新优势的要求。这样，我国不仅能够利用国外资源和国际市场，同时也使我国经济在参与国际竞争中增强了国际竞争力。胡锦涛在党的十七大报告中，把坚持独立自主同参与经济全球化结合起来，作为我国巩固和发展社会主义的十大“宝贵经验”之一。

中国经济进入了新时代，对外开放也进入了新时代。2013年，习近平在博鳌亚洲论坛上指出：“中国将在更大范围、更宽领域、更深层次上提高开放型经济水平。”[24] 根据习近平开放发展的理念，新时代的开放发展具有如下特点：首先，建设人类命运共同体。与特朗普政府推行“美国优先”的逆全球化政策相反，习近平打起了继续推动全球化的大旗，明确提出建设人类命运共同体的科学论断。其内涵是：坚持对话协商，建设一个持久和平的世界；

坚持共建共享，建设一个普遍安全的世界；坚持合作共赢，建设一个共同繁荣的世界；坚持交流互鉴，建设一个开放包容的世界；坚持绿色低碳，建设一个清洁美丽的世界。根据建立人类命运共同体的思想，建设“丝绸之路经济带”和“21 世纪海上丝绸之路”的倡议，以政策沟通、设施联通、贸易畅通、资金融通、民心相通为主要内容，全方位推进与沿线国家合作，构建利益共同体、命运共同体和责任共同体，深化与沿线国家多层次经贸合作，带动我国沿边、内陆地区发展。其次，推动形成全面开放新格局。2018 年 4 月，习近平在博鳌亚洲论坛上提出：“坚持引进来和走出去并重，推动形成陆海内外联动、东西双向互济的开放格局，实行高水平的贸易和投资自由化便利化政策，探索建设中国特色自由贸易港。”[25] 对外开放新格局体现高质量的开放发展具体表现在：第一，在提升向东开放的同时，推进与“一带一路”沿线国家合作，加快向西开放步伐，推动内陆沿边地区成为开放前沿。第二，进口与出口并重。2018 年在上海举办第一届进博会，2020 年在北京举办中国国际服务贸易交易会。第三，扩大引进外资的领域和深度。不仅以负面清单保障外资进入中国的领域，而且进一步放开对外资进入的限制，尤其是金融领域的进一步开放。第四，建立对外开放的新载体。为推动资源和商品更为便利的国际流动，实行高水平的贸易和投资自由化便利化政策，设立自由贸易试验区、自由贸易港。

当今时代面临世界百年未有之大变局。某些发达国家推行反全球化政策，保护主义盛行，特别是美国特朗普政府挑起中美贸易摩擦，企图与中国在科技、产业等领域脱钩。再加上 2020 年在全球肆虐的新冠病毒导致世界经济衰退，使一系列全球产业链断裂。在此背景下，中国不仅要扛起继续推动全球化的大旗，还要根据自身发展的需要，推动形成以国内大循环为主体、国内国际双循环相互促进的新发展格局。正如习近平 2020 年 8 月 24 日在经济社会领域专家座谈会上指出的：“这个新发展格局是根据我国发展阶段、环境、条件变化提出来的，是重塑我国国际合作和竞争新优势的战略抉择。近年来，随着外部环境和我国发展所具有的要素禀赋的变化，市场和资源两头在外的国际大循环动能明显减弱，而我国内需潜力不断释放，国内大循环活力日益强劲，客观上有着此消彼长的态势。”[26] 实际上自 2008 年国际金融危机以来，我国经济已经在向以国内大循环为主体转变。依托规模处于世界前列的国内市场，抓住扩大内需的战略基点，使生产、分配、流通、消费更多依托国内市场，提升供给体系对国内需求的适配性，形成了需求牵引供给、供给创造需求的更高水平的动态平衡。

新发展格局是开放的国内国际双循环。适应开放发展的需要及新发展格局，我国的开放型经济发生战略性变化，最为突出的是出口导向的开放型经济转向需求导向的开放型经济。开放服务于产业结构的升级，特别是发展战略性新兴产业占领科技和产业的世界制高点。推动产业创新的核心技术是买不来讨不来的，需求导向的核心是以创新为导向发展开放型经济，体现增长的内生性。创新导向的开放型经济具有四个特征。第一，以出口高科技的绿色产品替代资源密集型产品，特别是要替代高能源消耗、高污染产品出口。第二，以进口核心技术的中间产品替代进口一般的最终产品。第三，升级外商直接投资。在有序放宽市场准入的同时，注重外资质量。引进的外资以创新为导向进行选择：进入的环节是高新技术研发环节，鼓励外资在中国本土创新研发新技术；进入的产业是国际先进的新兴产业。第四，着力引进创新资源，尤其着力引进高端科技和管理人才，进行开放式创新。

我国的产业参与国际国内双循环关键是在产业链上部署创新链，提升产业链现代化水平。面对我国多个产业的全球产业链中断，不仅需要疏通产业的上下游关系，保持产业链供应链的稳定性和竞争力，还要建立自主可控的现代产业体系。我国的产业现状如习近平总书记所说：我国关键核心技术受制于人的局面尚未根本改变，创造新产业、引领未来发展的科技储备远远不够，产业还处于全球价值链中低端。因此习近平提出：围绕产业链部署创新链，把科技创新落到产业发展上。在产业链上部署创新链有两个方向。首先，依托所拥有的高端技术布局以我为主导的全球价值链。拥有自主知识产权的核心技术的优势产业需要围绕创新链布局产业链。建立达到世界先进水平的产业链。其次，处于全球价值链中低端环节向中高端攀升也要布局创新链。其路径就是对处于高端环节的技术消化吸收再创新，边干边学，掌握中高端环节的核心技术。

新发展格局是开放的相互促进的国内国际双循环。如何实现内循环和外循环相互促进？习近平指出："站在国内国际两个大局相互联系的高度，审视我国和世界的发展。"[26] 具体要求：一是坚持出口和进口并重。较过去的出口导向，更为重视进口，利用超大规模的国内市场，以"进"促"出"。二是"引进来"和"走出去"并重。提高国际投资合作水平。较过去的突出引进来，更为关注走出去，尤其是以全球价值链的方式进入"一带一路"沿线国家和地区。三是引资引技引智并举。较过去突出引进外资，更为重视引进创新要素，包括升级外商直接投资。在有序放宽市场准入的同时，注重外资质量。引进的外资以创新为导向进行选择：进入的环节是高新技术研发环节，鼓励外资在中国本土创新研发新技术；进入的产业是国际先进的新兴产业。引技和引智尤其着力引进高端科技和管理人才，进行开放式创新。

七、结论

研究中国共产党作为执政党领导中国人民建设新中国的经济发展思想，不只是知道今日的经济成就是从哪里来的，更要知道进入新时代后中国经济发展要往哪里去，也就是回答好实现什么样的发展、怎样实现发展这个重大问题。

（1）恩格斯说过，“我们的理论是发展着的理论”“它在不同的时代具有完全不同的形式，同时具有完全不同的内容。”[27] 中国共产党在建设新中国的经济发展思想演进的历史证明了这一点。新中国成立以来的各个时期，每代人都有所处时代的历史使命。每一代中国共产党人都努力从中国实际出发，从人民群众的最大利益出发，依据经济规律探索适合自己的发展道路。在践行历史使命过程中有成功的经验，也有失败的教训；虽有曲折，但最终是前进的。经过几代中国共产党人的努力，创造了发展中农业大国在不太长的时间内成为新型工业化国家，并成为世界第二大经济体的奇迹。党的经济发展思想也日臻完善和成熟。研究不同发展阶段的经济发展思想，不仅可以知道今天的经济成就来之不易，还可以加深理解我国进入新发展阶段的重要意义，既明确新发展阶段所处的历史方位，又明确新发展阶段的经济发展任务。

（2）经济发展的中国道路及经济成就已为世人认可。研究中国共产党的经济发展思想，是要指出，每个阶段发展的实践都是由一定的发展理念和相应的经济发展思想引领的。党的经济发展思想非常丰富。本文择六个维度研究经济发展思想演进，从而明确进入新阶段后经济发展思想的核心内容。其中社会主要矛盾分析明确新阶段发展任务要根据人民美好生活的需要解决发展的不充分不平衡问题；发展理念分析明确转变经济发展方式实现高质量发展的内涵；现代化分析明确社会主义现代化的目标及各个领域现代化的内容；二元结构分析明确解决发展中国家共同的发展问题的中国路径，尤其是继解决农民绝对贫困现象后明确三农现代化问题；经济发展调节机制分析明确推动经济增长并有效提高经济增长的质量和效益的供给侧和需求侧的调节机制；发展格局的分析从畅通国民经济内循环和外循环的角度明确我国经济实现现代化的路径选择。六个方面的发展思想是中国共产党人的创新，是习近平新时代中国特色社会主义经济思想的重要组成部分，被成功的中国发展实践所证实。将六个方面创新的经济发展思想学理化、系统化，成为中国发展经济学的主干。

（3）正确的发展理念源于对客观规律的科学认识。习近平指出："发展必须是遵循经济规律的科学发展，必须是遵循自然规律的可持续发展"[28]，中国共产党领导新中国经济建设的进程是认识和研究经济规律的过程。在实践中什么时候遵循经济规律，经济就平稳健康发展，什么时候违背经济规律，经济就要受挫折。我国曾经为不符合经济规律的指导思想付出过沉重的代价，也因遵循经济规律而获得发展的红利。探索经济规律不能一蹴而就，需要不断研究新问题，探求新规律，尊重并遵循规律，以在实践中少犯错误，实现高质量发展。

参考文献：

［1］中共中央党史研究室．中国共产党历史：第2卷［M］．北京：中共党史出版社，2011：396.

［2］邓小平．邓小平文选：第3卷［M］．北京：人民出版社，1993：372.

［3］习近平．习近平谈治国理政：第3卷［M］．北京：外文出版社，2020：9.

［4］中共中央文献研究室．习近平关于社会主义经济建设论述摘编［M］．北京：中央文献出版社，2017：8.

［5］中共中央文献研究室．习近平关于社会主义经济建设论述摘编［M］．北京：中央文献出版社，2017：10.

［6］中共中央文献研究室．习近平关于社会主义经济建设论述摘编［M］．北京：中央文献出版社，2017：35.

［7］中共中央文献研究室．习近平关于社会主义经济建设论述摘编［M］．北京：中央文献出版社，2017：43.

［8］洪银兴．中国特色社会主义政治经济学的最新成果［J］．中国社会科学，2018（7）.

［9］邓小平．邓小平文选：第2卷［M］．北京：人民出版社，1983：163.

［10］中共中央文献研究室．习近平谈治国理政：第2卷［M］．北京：外文出版社，2017：83.

［11］毛泽东．毛泽东选集：第4卷［M］．北京：人民出版社，1991：1430.

［12］毛泽东．毛泽东文集：第6卷［M］．北京：人民出版社，1999：329.

［13］习近平．农村绝不能成为荒芜的农村［OL］．新华网，2013-07-22.

［14］中共中央文献研究室．习近平关于社会主义经济建设论述摘编［M］．北京：中央文献出版社，2017：99.

［15］中共中央文献研究室．习近平关于社会主义经济建设论述摘编［M］．北京：中央文献出版社，2017：87.

［16］中共中央文献研究室．习近平关于社会主义经济建设论述摘编［M］．北京：中央文献出版社，2017：99.

［17］中共中央文献研究室．习近平关于社会主义经济建设论述摘编［M］．北京：中央文献出版社，2017：115.

［18］中共中央文献研究室．习近平关于社会主义经济建设论述摘编［M］．北京：中央文献出版社，2017：113.

［19］中共中央文献研究室．习近平关于社会主义经济建设论述摘编［M］．北京：中央文献出版社，2017：108.

［20］中共中央文献研究室．习近平关于社会主义经济建设论述摘编［M］．北京：中央文献出版社，2017：82.

［21］洪银兴．准确认识供给侧结构性改革的目标和任务［J］．中国工业经济，2016（6）.

［22］习近平．在深入推进长江经济带发展座谈会上的讲话［J］．求是，2019（17）.

［23］中共中央文献研究室．习近平关于社会主义经济建设论述摘编［M］．北京：中央文献出版社，2017 年，第 287.

［24］中共中央文献研究室．习近平关于社会主义经济建设论述摘编［M］．北京：中央文献出版社，2017：294.

［25］习近平．开放共创繁荣　创新引领未来［N］．人民日报，2018-04-11.

［26］习近平．在经济社会领域专家座谈会上的讲话［N］．人民日报，2020-08-25.

［27］马克思，恩格斯．马克思恩格斯选集：第 4 卷［M］．北京：人民出版社，2012：681.

［28］习近平．习近平关于社会主义经济建设论述摘编［M］．北京：中央文献出版社，2017：320.

论中国式现代化的经济学维度

洪银兴

南京大学长三角经济社会发展研究中心，南京大学经济学院

摘要： 本文从经济维度考察中国式现代化思想的提出、目标、道路、新征程的开启和制度基础，系统总结中国共产党带领中国人民对中国式现代化新道路的探索经验与远景展望。中国式现代化的最终目标定位是赶超发达国家。高质量开启中国式现代化的基本路径是转变经济发展方式，指导原则是完整准确全面贯彻新发展理念，落脚点在于建设现代化经济体系。具体要求：一是建设现代化经济体系；二是以创新作为引领现代化的第一动力；三是加快构建新发展格局。中国式现代化以制度现代化为前提，需要推进市场现代化和政府现代化。

关键词： 中国共产党；中国式现代化；经济维度

党的十九届六中全会通过的《中共中央关于党的百年奋斗重大成就和历史经验的决议》，总结党的百年奋斗的重大成就之一是："党领导人民成功走出中国式现代化道路，创造了人类文明新形态，拓展了发展中国家走向现代化的途径，给世界上那些既希望加快发展又希望保持自身独立性的国家和民族提供了全新选择。"中国式现代化道路，不同于西方发达国家所走过的现代化道路，现代化形态体现现代文明。这是中国共产党带领中国人民的伟大创造。本文从经济学维度系统考察中国式现代化思想的形成、目标、道路、新征程的开启以及制度创新。关注现代化道路的中国创新，可以深刻把握中国发展道路的历史和世界意义。

一、中国式现代化思想的探索

现代化是近代以来中国人的梦想和期盼，以"为中国人民谋幸福，为中华民族谋复兴"为宗旨，实现现代化贯穿中国共产党人的初心和历史使命。

注：本文原载《管理世界》2022 年第 4 期。

在解放战争全面胜利前夕，我们党开始规划全国胜利以后的现代化建设。1945年党的七大明确指出："中国工人阶级的任务，不但是为着建立新民主主义的国家而斗争，而且是为着中国的工业化和农业近代化而斗争。"[①] 党的七届二中全会明确提出，在革命胜利以后，"使中国稳步地由农业国转变为工业国，把中国建设成一个伟大的社会主义国家"[②]。

新中国成立后，中国社会面临着从新民主主义革命向社会主义建设过渡的现实需要，社会主义现代化经济建设就此拉开帷幕，早期现代化以工业化为主要表征。1950年，中共中央正式确立了社会主义工业化的发展目标，在国民经济基本恢复后，中国共产党正式提出了现代化的发展目标。"一五计划"提出"集中主要力量发展重工业，不放松农业、轻工业""科学进行工业布局"等内容。1954年9月，毛泽东同志在全国人大一届一次会议上致开幕词时宣布："准备在几个五年计划之内，将我们现在这样一个经济上文化上落后的国家，建设成为一个工业化的具有高度现代文化程度的伟大的国家。"[③] 周恩来同志在会上做《政府工作报告》，首次提出工业、农业、交通运输业和国防的四个现代化，"如果我们不建设起强大的现代化的工业、现代化的农业、现代化的交通运输业和现代化的国防，我们就不能摆脱落后和贫困，我们的革命就不能达到目的"[④]。这四个现代化是中国式现代化的早期构想。

随着科学文化在现代化建设中作用的凸显，1957年3月，毛泽东同志提出"我们一定会建设一个具有现代工业、现代农业和现代科学文化的社会主义国家。"[⑤] 1963年1月，周恩来同志在上海一次讲话中明确提出："我们要实现农业现代化、工业现代化、国防现代化和科学技术现代化，简称'四个现代化'。把我国建设成为一个社会主义强国，关键在于实现科学技术的现代化。"[⑥] 这里所讲的四个现代化，把交通运输业的现代化改为科学技术现代化，并且特别强调科学技术现代化的关键作用。1964年12月，周恩来同志在第三届全国人大一次会议上做《政府工作报告》，提出"要在不太长的历史时期

---

① 毛泽东．毛泽东选集：第3卷［M］．北京：人民出版社，1991：1081.

② 毛泽东．毛泽东选集：第4卷［M］．北京：人民出版社，1991：9.

③ 毛泽东．毛泽东选集：第6卷［M］．北京：人民出版社，1999：350.

④ 中共中央文献研究室．关于建国以来党的若干历史问题的决议注释本（修订）［M］．北京：人民出版社，1985：639.

⑤ 中共中央文献研究室．毛泽东思想年编：1921—1975［M］．北京：中央文献出版社，2011：837.

⑥ 廖盖隆．新中国编年史（1949—1989）［M］．北京：人民出版社，1989：210.

内，把我国建设成为一个具有现代农业、现代工业、现代国防和现代科学技术的社会主义强国，赶上和超过世界先进水平”。为了实现这个伟大的历史任务，从第三个五年计划开始，我国的国民经济发展，可以按两步来考虑：“第一步，建立一个独立的比较完整的工业体系和国民经济体系；第二步，全面实现农业、工业、国防和科学技术的现代化，使我国经济走在世界的前列。”①在“四个现代化”的基础上，作出“两步走”战略的细化安排。可以说，新中国成立后，中国共产党领导中国人民对社会主义现代化的初步探索，推动了中国的工业化进程，这一时期建立起来的相对独立和完整的国民经济体系，为后续中国改革和建设奠定了坚实的物质和制度基础。显然，实现“四个现代化”是新中国第一代领导集体矢志不渝的宣示，“两步走”战略则是其具体行动指南。可惜这个现代化两步走的进程被“文革”打断。1975 年 1 月，周恩来同志在第四届全国人大一次会议的《政府工作报告》中重提：“在本世纪内，全面实现农业、工业、国防和科学技术的现代化，使我国国民经济走在世界的前列。”②

改革开放伊始，1979 年 3 月 21 日，邓小平同志明确提出“中国式的四个现代化”概念。“我们定的目标是在本世纪末实现四个现代化。我们的概念与西方不同，我姑且用个新说法，叫做中国式的四个现代化。”③ 邓小平同志强调：“中国式的现代化，必须从中国的特点出发。”④ 现代化的“中国式”主要有三个特点。

第一，现代化的起始条件受制于国情。1979 年 3 月 30 日，邓小平同志在党的理论工作务虚会上做《坚持四项基本原则》讲话时指出：“要使中国实现四个现代化，至少有两个重要特点是必须看到的：一个是底子薄……第二条是人口多，耕地少……在生产还不够发展的条件下，吃饭、教育和就业就都成为严重的问题……我们地大物博……但有很多资源还没有勘探清楚，没有开采和使用，所以还不是现实的生产资料。土地面积广大，但是耕地很少。耕地少，人口多特别是农民多，这种情况不是很容易改变的。这就成为中国现代化建设必须考虑的特点。……现代化的生产只需要较少的人就够了，而

---

① 周恩来．周恩来选集：下卷［M］．北京：人民出版社，1984：439.

② 中共中央文献研究室．文献和研究：一九八四年汇编本［M］．北京：人民出版社，1986：269.

③ 中共中央文献研究室．邓小平思想年编：1975—1997［M］．北京：中央文献出版社，2011：225.

④ 邓小平．邓小平文选：第 2 卷［M］．北京：人民出版社，1983：150.

我们人口这样多，怎样两方面兼顾？不统筹兼顾，我们就会长期面对着一个就业不充分的社会问题。”①

第二，中国式现代化是社会主义现代化。1987 年 4 月 30 日，邓小平同志在《吸取历史经验，防止错误倾向》的谈话中指出，中国要解决十亿人的贫困问题，十亿人的发展问题。如果搞资本主义，可能有少数人富裕起来，但大量的人会长期处于贫困状态，中国就会发生闹革命的问题。因此，“中国搞现代化，只能靠社会主义，不能靠资本主义”②。

第三，“三步走”的现代化进程。1987 年党的十三大根据邓小平同志绘就的现代化蓝图，制定了“三步走”发展战略。第一步，以 1980 年为基数，在 80 年代国民生产总值翻一番，解决人民的温饱问题；第二步，从 1991 年到 20 世纪末使国民生产总值再增长一倍，人民生活达到小康水平；第三步，到 21 世纪中叶人均国民生产总值达到中等发达国家水平，人民生活比较富裕，基本实现现代化。这里不仅明确了分步走实现现代化的进程，而且以人民切身感受的生活水平（温饱—小康—富裕）作为现代化的发展阶段。

进入 21 世纪，得益于改革开放和以经济建设为中心的发展导向，中国式现代化的第一个阶段任务，即人民温饱问题得到有效解决，第二个阶段任务也总体达成。2002 年召开的党的十六大适时提出：“到本世纪中叶基本实现现代化，……我们要在本世纪头二十年，集中力量，全面建设惠及十几亿人口的更高水平的小康社会。”将全面建设小康社会包含在现代化的进程中，并作为现代化的具体阶段来推进，是中国式现代化的重要创造。2007 年党的十七大进一步提出，“建设富强民主文明和谐的社会主义现代化国家。”

在中国 GDP 总量稳居世界第二大经济体的背景下召开了党的十八大。在以习近平同志为核心的党中央领导下，中国特色社会主义进入新时代。党的十八大明确提出两个“一百年”奋斗目标：到建党一百年时建成小康社会；到新中国成立一百年时，基本实现现代化，把我国建成社会主义现代化国家。2017 年，党的十九大绘就社会主义现代化的蓝图，把即将开启的现代化也分为两个阶段，“第一个阶段，从二〇二〇年到二〇三五年……基本实现社会主义现代化……第二个阶段，从二〇三五年到本世纪中叶……把我国建成富强

① 邓小平 . 邓小平文选：第 2 卷 [M]. 北京：人民出版社，1983：149-150.

② 中共中央文献研究室 . 改革开放三十年重要文献选编：上 [M]. 北京：中央文献出版社，2008：458.

民主文明和谐美丽的社会主义现代化强国”[①]。2020 年，党的十九届五中全会在我国即将全面建成小康社会，第一个百年目标顺利实现的前夕，吹响了开启现代化新征程的号角。

2021 年 7 月 1 日，习近平同志在庆祝中国共产党成立一百周年大会上庄严宣告：“经过全党全国各族人民持续奋斗，我们实现了第一个百年奋斗目标，在中华大地上全面建成了小康社会，历史性地解决了绝对贫困问题，正在意气风发向着全面建成社会主义现代化强国的第二个百年奋斗目标迈进。”中国式现代化新道路开启了新征程。

中国式现代化的研究从目标、道路、新征程开启和制度创新四个维度开展。

二、中国式现代化的经济目标

强调现代化的中国式，决不否认现代化的一般规律和国际标准，现代化目标状态的共同特征主要有两个方面。

首先是数量指标。现代化的数量目标主要是指人均 GDP 指标。邓小平同志提出基本实现现代化时，就把基本实现现代化的具体目标定在中等发达国家水平上[②]。党的十九届五中全会擘画的 2035 年基本实现现代化的目标，又进一步明确人均国内生产总值达到中等发达国家水平的要求。需要指出，中等发达国家水平是动态的。中国基本实现现代化所要达到的中等发达国家水平是 2035 年中等发达国家的水平。这说明中国的经济需要有较中等发达国家更快的增长，达到 2035 年的中等发达国家的 GDP 水准才能说基本实现现代化。

其次是阶段性目标。根据罗斯托的经济成长阶段论。经济实现起飞后有三个阶段，即向成熟推进阶段、高额群众消费阶段、追求生活质量阶段。向成熟推进阶段指的是社会能有效地把现代技术应用到各个经济领域；高额群众消费阶段指的是社会进入工业高度发达的时期，汽车、耐用消费品广泛推广使用；追求生活质量阶段涉及自然（居民生活环境的美化和净化）和社会

---

① 习近平．决胜全面建成小康社会 夺取新时代中国特色社会主义伟大胜利：在中国共产党第十九次全国代表大会上的报告［M］．北京：人民出版社，2017.

② 邓小平．邓小平文选：第 3 卷［M］．北京：人民出版社，1993：251.

(教育、卫生保健、交通、生活服务、社会风尚、社会秩序)两个方面①。中国全面小康社会建成就相当于实现了经济起飞。上述三个阶段性特征可以看作是开启基本实现现代化所要达到的阶段性目标。

进入新时代后,中国推进的现代化不仅要符合现代化的一般规律,更要体现进入新时代后中国特色社会主义要求,坚定不移走中国式现代化新道路。习近平同志指出,中国现代化有五个特点:人口规模巨大的现代化,全体人民共同富裕的现代化,物质文明和精神文明相协调的现代化,人与自然和谐共生的现代化,走和平发展道路的现代化。这五个方面中国式现代化特征的决定性因素概括起来,一是中国的大国国情;二是社会主义要求;三是新时代特征。这种中国式现代化,亘古未有,史无前例,需要中国共产党带领中国人民持续奋斗和创造。

(一)以人民为中心的目标定位

中国式现代化从人民生活达到小康水平起步,目标是人民生活富裕。邓小平同志关于"三步走"的战略中,基本实现现代化目标很明确,一是达到中等发达国家水平;二是人民生活由小康转向比较富裕。

进入新时代,习近平经济思想明确坚持以人民为中心,不断促进人的全面发展、全体人民共同富裕。根据习近平同志在十九大报告中所擘画的现代化蓝图,基本实现现代化时,人民生活更为宽裕;全面实现现代化时中国人民将享有更加幸福安康的生活。这样,中国式现代化的阶段性目标可以归结为:温饱—小康—宽裕—幸福安康。

中国式现代化所要求的人民富裕包含哪些内容?一是人民收入水平大幅度提高;二是居民家庭财产明显增加,居民的财产性收入随之增加;三是居民享有的公共财富明显增加,特别是社会保障覆盖面扩大,城乡基本公共服务均等化;四是居民消费水平和消费结构明显提升。这是人民富裕程度的集中表现。特别需要关注的是,进入新时代,虽然中国仍然处于社会主义初级阶段的基本国情没有变,但我国社会主要矛盾转化为人民日益增长的美好生活需要和不平衡不充分的发展之间的矛盾②。这就是说,现代化进程所要关注人民群众日益增长的美好生活需要,不仅是经济的,还有文化、精神、健康、生态等方面的。现代化就是要解决不能满足人民美好生活需要的发展的不平

---

① 罗斯托. 从起飞进入持续增长的经济学[M]. 北京:四川人民出版社,1988.

② 习近平. 习近平谈治国理政:第3卷[M]. 北京:外文出版社,2020:127.

衡和不充分问题。因此，中国式现代化是人民物质和精神富裕水平不断提高的过程。

世界上现有的现代化国家，都是资本主义发达国家。许多关于后现代化的文献都在批判这些国家在贫富分化等方面的现代化病。共同富裕本来就是社会主义的本质要求，理应成为中国式现代化的重要特征。以人民为中心的现代化要以人民群众的切身感受为前提。生活水平、环境质量、公共服务、法治环境相对比较直接地影响人民对现代化的评价和认可。习近平同志提出，“让广大人民群众共享改革发展成果，是社会主义的本质要求，是社会主义制度优越性的集中体现，是我们党坚持全心全意为人民服务根本宗旨的重要体现。”① 共同富裕程度是随着现代化进程循序渐进的。根据党的十九大关于现代化目标的蓝图，基本实现现代化时城乡区域发展差距和居民生活水平差距显著缩小，基本公共服务均等化基本实现，全体人民共同富裕迈出坚实步伐；全面实现现代化时，全体人民共同富裕基本实现。

当下，绝对贫困问题解决了，相对贫困问题还较为突出。相对贫困存在的原因，既有发展不充分不平衡问题，又有分配体制上的不完善问题，还有市场机制的不完善问题。相应的实现共同富裕有不同的路径，缩小城乡和区域差距主要涉及区域、城乡二元结构现代化；缩小行业间的收入差距主要靠结构调整和市场作用；克服收入分配体制产生的收入差距，需要解决好效率与公平的包容，构建初次分配、再分配、三次分配协调配套的基础性制度安排。显然，社会主义现代化是共同富裕逐步实现的过程，绝不能，也绝不会出现西方发达国家在现代化过程中出现的两极分化现象。因此，中国式现代化是现代化与共同富裕同步推进的现代化，是富裕程度差距逐步缩小的现代化。

（二）促进人的现代化

以人民为中心的现代化目标定位还包括促进人的现代化。人的现代化即人的全面发展，体现物质文明和精神文明相协调。人的现代化，不仅是现代化的目标，也是现代化的动力。主要涉及两个方面：一是人自身的发展，即人的身体、文化和道德素质达到现代化水准，人的文明程度和能力达到现代水平；二是人的生活方式达到现代水平，人民不仅在物质上富裕，还在精神

① 中共中央文献研究室．习近平关于社会主义经济建设论述摘编［M］．北京：中央文献出版社，2017：25.

上富有，包括受教育机会增多，政治民主、法治完备、文化繁荣、基本公共服务均等诸多方面。人的现代化是社会主义现代化特有的目标。作为现代化重要方面的城镇化，也被明确为以人为核心的城镇化。

人的现代化可以追溯到马克思关于人的全面发展理论。马克思的人的全面发展理论涉及两个方面：第一，马克思设想的未来社会是自由人联合体，其基本特征是人的自由的全面发展。涉及人的文化素质、道德素质和身体素质的现代化。如马克思所设想的未来社会，不仅需要社会生产力的高度发展，存在可以自由支配的时间，用于创造科学、艺术等活动，也需要生产劳动与智育和体育相结合，造就全面发展的人，还需要发展支持人的全面发展的文化、教育和科学。因此，在经济发展的基础上充分重视社会发展和精神文明，是中国式现代化的应有之义。第二，基于“现代工业的基础是革命的”科学判断，马克思提出了人的全面发展的要求。“现代工业通过机器、化学过程和其他方法，使工人的职能和劳动过程的社会结合不断地随着生产的技术基础发生变革。这样，它也同样不断地使社会内部的分工发生革命……大工业的本性决定了劳动的变换、职能的更动和工人的全面流动性。”① 由此，对工人提出的生死攸关的问题是，“用那种把不同社会职能当作互相交替的活动方式的全面发展的个人，来代替只是承担一种社会局部职能的局部个人”。因而，“工人阶级在不可避免地夺取政权之后，将使理论的和实践的工艺教育在工人学校中占据应有的位置”②。马克思设想未来社会生产力高度发展，旧的社会分工被消灭，教育和文化事业高度发达。基于教育在人的现代化中的地位和作用，教育现代化应先行。相应的，“教育与技术赛跑”，实现人的知识全面发展、人的能力全面发展和人的才能全面发挥，足够应对科技和产业变革导致的劳动职能的不断变革。

人的素质和能力现代化是人的现代化之基。相比物质资本，人才资源才是第一资源，人力资本是重要的现代化资源。高质量发展以高质量人才为支撑，不仅需要培育企业家人力资本，激发和保护企业家精神，还需要培育知识型、技能型、创新型劳动者。社会主义现代化所要求的人的现代化，可以用社会主义核心价值观来界定。包括：富强、民主、文明、和谐的价值目标，自由、平等、公正、法治的价值取向，爱国、敬业、诚信、友善的价值准则。

---

① 马克思．资本论：第1卷［M］．北京：人民出版社，2004：560.

② 马克思．资本论：第1卷［M］．北京：人民出版社，2004：562.

（三）由追赶型现代化逐步转向赶超型现代化

现代化并非新名词。长期以来，发达国家现代增长的历史进程被作为现代化的样板，与此相对应，现代化意指经济文化相对落后的发展中国家追赶先行现代化国家的过程，即追赶型现代化。如此，就有将中等发达国家和高等发达国家分别作为基本实现现代化和全面实现现代化的追赶目标之说。进入新时代的中国现代化不能停留在追赶意义上，最终目标定位是赶超发达国家。这是由中国式现代化进入新时代的特殊国情和社会主义目标决定的。首先，新时代社会生产力水平基础稳固。正如党的十九大报告所说，中国社会生产力水平总体上显著提高，社会生产能力在很多方面进入世界前列，在这种生产力基础上推进现代化，已不完全是在发达国家之后亦步亦趋，应该有由追赶到赶超的目标和战略。其次，虽然中国基本实现现代化阶段设定的目标是人均 GDP 达到中等发达国家水平，具有追赶性质；但全面实现现代化目标是建成富强民主文明和谐美丽的社会主义现代化强国，这个目标显然超过了发达资本主义国家的现代化水准。这就是邓小平同志在“三步走”现代化战略所说的：“要证明社会主义真正优越于资本主义，要看第三步。”① 这第三步就是赶超。

无论是追赶还是赶超，都是发展社会生产力问题。迄今为止进入现代化阶段的国家都是资本主义国家，还没有哪个社会主义国家达到现代化水平。在此背景下，社会主义国家要建立自己的物质基础，就需要着力发展社会生产力，使之达到并超过资本主义国家的水平。从现代化角度讲发展的生产力是先进社会生产力，也就是建立在现代科学技术基础上的现代生产力。其实，先进社会生产力是动态的概念。就像马克思所说，大工业的技术基础是革命的。现在中国达到的生产力水平已经超过马克思当年所处的资本主义国家的水平，但仍然不能说中国现代化的物质基础已经建立起来，原因是发达的资本主义国家依赖其先行优势，不断地创新技术，创新产业，由此其生产力达到了更高的水平。在这个条件下的中国式现代化，应该以现阶段发达国家所达到的生产力水平作为先进社会生产力的参照系。100 多年前讲先进社会生产力是机器大工业，现在是以信息化、数字化为代表的新兴的高科技产业和绿色产业。

由追赶型转向赶超型关键在科技现代化。改革开放开始以后，中国通过

---

① 邓小平．邓小平文选：第 3 卷［M］．北京：人民出版社，1993：227.

模仿和引进跟踪世界科技，明显缩短了与发达国家的科技差距。推进中国式现代化需要在更多领域并跑、领跑。并跑是指与国际接轨；领跑是指与未来接轨，直接瞄准国际最新技术取得突破性进展，成为某个领域的领跑者。由跟跑转向并跑和领跑，不仅要求中国科技的自立自强，而且体现科学技术现代化由追赶转向赶超。因此，十九届五中全会明确基本实现现代化的一个重要指标是进入创新型国家前列。进入前列就意味着赶超发达国家的科技。科技的赶超是最终实现现代化赶超的先导。只有这样，才能真正实现在本世纪中叶建成社会主义现代化强国的目标。

三、中国式现代化的道路

经济学家对现代化的研究更为关注其进程和战略，诺奖得主库兹涅茨的现代经济增长理论突出现代化进程的描述①。其中包括：需要经历工业化和城市化进程，科学在经济领域的广泛应用，农业比重的下降，收入差距缩小的趋势即著名的库兹涅茨倒 U 型曲线。这些过程对中国所要推进的现代化进程来说也是不可避免的，但其道路和进程则是中国式的，效果也非常明显。

（一）四化同步

如十九届六中全会《中共中央关于党的百年奋斗重大成就和历史经验的决议》所说，仅用几十年时间就走完发达国家几百年走过的工业化历程，创造了经济快速发展和社会长期稳定两大奇迹。其经验就是 2013 年习近平同志在主持中央政治局集体学习时的讲话中指出的，“我国现代化同西方发达国家有很大不同。西方发达国家是一个‘串联式’的发展过程，工业化、城镇化、农业现代化、信息化顺序发展，发展到目前水平用了二百多年时间。我们要后来居上，决定了我国发展必然是一个‘并联式’的过程，工业化、信息化、城镇化、农业现代化是叠加发展的。”② 将经济现代化归纳为四个领域，并突出并联式的四化同步，是中国式现代化的独特创造和经验。

1. 工业化与城镇化、农业现代化同步推进

西方发达国家的现代化是在 200 多年前由工业化起步的，其工业化以剥

---

① 迈耶，斯蒂格利茨．发展经济学前沿：未来展望［M］．北京：中国财政经济出版社，2003.

② 中共中央文献研究室．习近平关于社会主义经济建设论述摘编［M］．北京：中央文献出版社，2017：159.

夺农民为代价。如马克思所说的，使汇集在各大中心的城市人口越来越占优势，其后果是农业和农村的凋敝，“破坏着人和土地之间的物质变换”①。它们是在实现工业化以后再逐步解决农业农村问题，因而其整体的现代化需要漫长的过程。

中国原是农业大国，工业化和城市化是农业国实现现代化的必经过程，新中国建立后50年代的国家工业化，从无到有建立起了独立的工业体系。大规模的工业化则发端于20世纪80年代，通过发展乡镇企业推进农村工业化，一般的工业化过程都在城市进行。中国工业化则是在农村推进，工厂、企业办在农村城镇，或者以乡镇工业为基地新建城镇。从农业中转移出来的劳动力进入城镇的非农产业就业，创造了中国特色的城镇化道路。工业化同城镇化同步推进，反哺农业。没有出现西方国家当年工业化时产生的农业和农村凋敝的现象。同步发展农村小城镇，创造了农业剩余劳动力转移到城镇的城镇化道路。后来发展外向型经济，大举引进外商直接投资，企业与外商合资合作，工业化进入质的提升阶段。这一过程对城镇化的带动作用也非常明显，一方面吸引外资的开发区基本上都是建在当时的农村，是地域的城市化；另一方面开放地区及城市工业迅猛发展，离土不离乡的农业剩余劳动力开始离土又离乡进入沿海和发达地区，开始了城市化进程；再一方面在城镇的乡镇企业也在与外资合作合资及改制中脱去“乡镇”的外衣。显然，工业化、城镇化和农业现代化“并联”推进，不仅在较短时期内实现工业化，而且明显加快了城镇化进程，同时促进了农业发展。2011年，三次产业增加值占国内生产总值的比重，第一产业为10.1%，第二产业为46.8%，第三产业为43.1%，标志着从农业国变为工业国。与此同时，城镇化同步发展，2011年的城镇化率达到51.27%。工业化和城镇化促进了农村繁荣，农业剩余劳动力转移富裕了农民。

2. 工业化同信息化融合发展

西方发达国家是从第一次和第二次产业革命先后开始推进工业化的。从20世纪70年代初开始出现了以微电子技术、生物工程技术、新型材料技术为标志的新技术革命，简称为信息化。因此西方发达国家是在已经完成了工业化后进入信息化阶段的。许多发展中国家进入了工业化阶段，通常的逻辑是追随发达国家，也是先工业化，后信息化。结果是不但跟不上发达国家，距离还在进一步扩大。

---

① 马克思．资本论：第1卷［M］．北京：人民出版社，2004：579.

中国的工业化起步较晚，但在工业化还没有完成就赶上了信息化的浪潮。在此背景下，中国的现代化紧紧抓住了信息化的机会，不走西方国家先工业化、后信息化的老路。党的十五届五中全会明确提出："以信息化带动工业化，发挥后发优势，实现社会生产力的跨越式发展。"党的十六大提出："以信息化带动工业化，以工业化促进信息化。"党的十七大提出："大力推进信息化与工业化融合。"党的十八大提出："促进工业化、信息化、城镇化、农业现代化同步发展。"推动信息化和工业化深度融合，是党的十八大做出的一个重要战略部署。进入新时代后，工业现代化同信息化融合，以信息化推动工业化，使工业等产业的技术基础发生革命性变化，例如，一般的工业化都会经历重化工业阶段，此阶段具有高消耗、高污染的特征，信息化则可能跨越这个高消耗、高排放的阶段。现阶段的信息化已经发展到移动互联网化。移动互联网的广泛应用，"互联网+"平台不仅创新了新产业，而且使许多传统产业部门一跃进入现代产业体系。中国制造业水平的提升，与发达国家的距离明显缩短，很大程度上要归于信息化的带动。实践已经证明，"并联式"四化在中国大地上取得了成功。2020 年产业增加值占国内生产总值比重，第一、第二、第三产业的占比分别为 7.7%，37.8%，54.5%。城镇化率也达到 63%①，意味着中国以降低传统农业部门比重为标志的工业化，农民进城意义的城镇化都基本到位。党的十九大及十九届五中全会进一步要求，到 2035 年基本实现现代化时实现新型工业化、信息化、城镇化、农业现代化。新时代推进的现代化需要继续坚持走四化同步的道路，但必须准确把握工业化、信息化、城镇化、农业现代化在新时代的新内容，并且根据四化同步的要求，补齐现代化的短板。这是进入新时代中国式现代化道路的创新，主要表现在四个方面。

第一，工业化转向工业现代化。新时代工业化的任务不是进一步提高工业比重，而是更加突出工业现代化。党的十九大和十九届五中全会明确要求，在保持制造业比重基本稳定基础上推进新型工业化。新型突出在三个方面：一是制造业基础高级化：加快发展先进制造业，建设制造强国；二是推进低消耗、低排放的工业绿色化，如期实现国家的碳达峰、碳中和目标；三是围绕产业链部署创新链，推进产业链现代化。

第二，城镇化转向城镇城市化和城市现代化。党的十九届五中全会明确

---

① 国家统计局《中华人民共和国 2011 年国民经济和社会发展统计公报》及《中华人民共和国 2020 年国民经济和社会发展统计公报》。

提出，“推进以人为核心的新型城镇化。”其现实要求是由农业人口城镇化转为农业转移人口市民化，平等享受市民权利。以人为核心的城镇化引出两个方面的现代化问题。一是城镇城市化。以人为核心的城镇化不仅要求城镇转移人口市民化，也要求留在农村的农民不进城也能享受市民权利，实现农民市民化。现有城市无力承担如此大规模的转移人口全部转为市民，就像当年城镇消化农业剩余劳动力一样，当今城镇承担着农业转移人口和农民市民化的双重重任。为此，需要增强城镇的产业发展、公共和商业性服务、吸纳就业和人口集聚功能。特别需要在城镇均等提供基本公共服务，使转移人口和农民在城镇就能享受市民权利，满足包括农民在内的转移人口市民化的需求。二是城市现代化。城市是现代化的中心，现代化的策源地和动力源。城市现代化水平越高，周边农村区域的城镇和乡村的现代化水平也越高。因此城市现代化的要求：一是“使城市更健康、更安全、更宜居，成为人民群众高品质生活的空间”；二是“城市发展不能只考虑规模经济效益，必须把生态和安全放在更加突出的位置，统筹城市布局的经济需要、生活需要、生态需要、安全需要”①。这意味着城市现代化不是单纯的经济发展，而是产、城、文化、生态的融合发展。在城市现代化基础上，推动城市发展的势头和要素“化”到农村，相应的制度安排是建立健全城乡融合发展体制机制，实现城乡一体的现代化。

第三，补农业现代化的短板。相比工业化、信息化、城镇化，中国农业现代化仍然是四化同步的短板。“农村绝不能成为荒芜的农村、留守的农村、记忆中的故园。城镇化要发展，农业现代化和新农村建设也要发展，同步发展才能相得益彰。”② 已有的农村改革，无论是实行联产承包责任制、土地所有权与承包经营权分离，还是农业剩余劳动力转移，虽然提高了农业生产率，但没有改变农业的弱势地位，农民低收入根源在于农产品附加值低。农业现代化出路在改变农业发展范式，由目前地提供剩余农产品和剩余劳动力的剩余范式，转向品质和附加值范式。如此，不仅有助于满足人民对农产品品质的美好生活需要，也能提高农产品附加值，从根本上改变农业的弱势地位，增加务农农民的收入。其瓶颈是农业缺乏现代发展要素，包括现代农业科技和经营农业的高水平人力资本，为此，既要引入科技要素，又要解决好谁来种田的问题，关键是吸引和培育新型农业经营主体，不断推进的土地所要权、

---

① 习近平．国家中长期经济社会发展战略若干重大问题［J］．求是，2020（21）．

② 习近平．农村绝不能成为荒芜的农村［EB/OL］．新华网，2013-07-22．

承包权和经营权三权分置，鼓励土地经营权的流转是农业现代化的土地制度保证。农业现代化需要引入现代发展要素，尤其是新型农业经营主体。其基础是乡村振兴，涉及产业振兴、人才振兴、文化振兴、生态振兴、组织振兴，推动农业全面升级、农村全面进步、农民全面发展。乡村振兴与农业现代化是互动的，农业现代化为乡村振兴提供产业支撑，乡村振兴则为农业现代化吸引现代生产要素。

第四，信息化为各领域的现代化赋能。“没有信息化就没有现代化。”①新时代推进的现代化需要抓住信息化的发展机遇，信息是科技更新最快的领域。迄今为止，以信息化为代表的科技和产业革命仍在持续，智能化、大数据、云计算、物联网等新技术不断涌现。信息网络技术和服务正在成为经济发展的主要推动力，也使各产业的技术基础发生革命性变化。首先，中国式现代化要加快推进信息化的现代化，在信息化上进入世界前列，一是要加强信息网络等新基础设施建设；二是突出信息科技创新，为建设网络强国、数字中国、智慧社会提供有力支撑；三是推动互联网、大数据、人工智能和实体经济深度融合。信息化进入数字化阶段，涉及数字产业化和产业数字化两个方面。依靠信息化和数字技术，建设网络强国，指的是以现代信息网络为重要载体，以有效利用信息通信技术为提升效率和优化经济结构重要动力的广泛经济活动。其次，信息化为各领域各产业的现代化赋能。信息和数字化成为各产业高级化的基础。一是信息和大数据成为最关键的战略资源，将被转化为现代的智力工具。以人工智能为核心的新科技革命，是要实施生产的自动化、智能化。二是依靠信息技术推动高科技产业化。不仅要在现有产业中采用高科技，提高产业的高科技含量，更为重要的是直接发展一部分高科技产业，如微电子产业、信息产业、生物工程产业、新材料产业等。三是利用信息技术围绕工业产品研发设计、流程控制、企业管理、市场营销等环节，提升自动化、智能化和管理现代化水平。

（二）区域协调

在发展中大国推进现代化面对的是地区发展不平衡、不协调问题，现代化涉及区域协调，后发展地区经济的落后要都归结为上述四化的落后。四化同步成为后发展地区实现现代化跨越的路径。根据共同富裕要求，中

① 中共中央文献研究室．习近平关于社会主义经济建设论述摘编［M］．北京：中央文献出版社，2017：182.

国到 2035 年要求全国范围不同地区都要基本实现现代化。这意味着，不能只是关注城市和先发展地区现代化的先行，更要关注农村和后发展地区现代化的跨越。

中国是发展中大国，各地区的资源禀赋、文化传统、产业结构存在很大差异，各地区的现代化不可能千篇一律，现代化路径也应当因地制宜。具体而言，有些地区农业比重大，有些地区工业比重大，但不影响各自基本实现现代化。但是对一些刚刚摆脱绝对贫困的地区来说，要进入现代化的轨道并实现现代化的跨越，还是需要补上四化同步的短板，包括补工业化的短板，补城镇化的短板，补农业现代化的短板，补信息化的短板，以进入现代化的同一起跑线。

后发地区是现代化的“洼地”，缺乏内生的发展资源和动力，比如，创新、人才、基础设施等要素。后发地区实现现代化的跨越，不仅需要内生动力还需要外力推动。现代化的区域协调需要先发展地区的发展要素流向后发展地区，与市场环境下要素自由流动方向相悖，还面对着行政区域的分割。中国式现代化利用制度优势促进要素的一体化流动，就是建立彰显优势协调联动的现代化区域体系。协调联动要求先发展地区支持后发展地区同步迈向现代化，对双方都有需求和共同的利益，这是中国式现代化的优势所在。现代化的协调联动主要包括：产业一体化，创新一体化，交通信息设施的一体化；建双向的“飞地经济”，即先发展地区可以到后发展地区建各类工业园区，后发展地区也可到先发展地区建研发机构，利用先发展地区的科技力量和人才，研发自身所需要的可以实现产业化的新科技。这种现代化的区域协调，需要对各地政府的经济核算、税收分享、人才政策等方面做一体化制度安排，不仅要打破行政壁垒，还应具有激励导向作用。调整区域发展政策导向，将改革发展政策更多向后发展地区倾斜。根据后发展地区所处发展阶段的特征，为其提供一定的发展机会和条件。

（三）绿色发展

发达国家的现代化进程多是在工业文明时代推进的，当时资源和环境的约束相对宽松。地球上绝大部分地区还处于传统农业社会，因而先行国家可以无所顾忌、无障碍地掠夺国外物质和环境资源支持其高消耗、高排放的工业化。其后果就是习近平同志所说的，“人类社会在生产力落后、物质生活贫困的时期，由于对生态系统没有大的破坏，人类社会延续了几千年。而从工业文明开始到现在仅三百多年，人类社会巨大的生产力创造了少数发达国家的西方式现代化，但已威胁到人类的生存和地球生物的延续。”①

中国式现代化是由工业文明时代转向生态文明时代的现代化，一方面已经不具备早期发达国家现代化进程拥有的资源和环境；另一方面洁净的空气、干净的水和无污染的食品已经成为当前老百姓切身感受到的美好生活需要。中国式现代化不仅要克服长期粗放型增长方式遗留的环境和生态破坏问题，还要满足人民日益增长的生态财富需要。如党的十九大所说，中国式现代化是人与自然和谐共生的现代化，建设美丽中国成为现代化的重要目标。2020年9月22日，习近平同志在第七十五届联合国大会上宣布了中国力争于2030年前碳达峰、2060年前实现碳中和的时间表。无论是碳达峰，还是碳中和，其时间都显著快于西方发达国家同等条件下的时间表。这表明，中国式现代化不能仿效西方式现代化道路，一开始就要走绿色发展、低碳发展的道路。

上述在发展中大国创造的中国式现代化新道路，展示了人类文明新形态。

四、中国式现代化新征程的高质量开启

在全面建成小康社会、人均GDP进入中等收入国家水平的基础上，高质量开启现代化建设新征程实际上面临两大新课题。一是跨越中等收入陷阱；二是经济由大变强。拉美一些国家在20世纪60、70年代就进入中等收入国家行列，试图推进现代化，但迟迟进不了高收入国家行列，陷入了“中等收入陷阱”。中国式现代化则找到了跨越“中等收入陷阱”的路径，即习近平同志提出的“通过转变经济发展方式实现持续发展、更高水平发展，是中等收入国家跨越‘中等收入陷阱’必经的阶段”②。在党的十八届五中全会上，习近平同志提出了“创新、协调、绿色、开放、共享”的新发展理念。新发展理念是对经济发展规律性认识的理论升华，是中国式现代化的发展理念。通过转变发展方式高质量开启中国式现代化新征程主要涉及三个方面：一是建设现代化经济体系，二是转换发展动力，三是构建新发展格局。这三个方面可以说是转变经济发展方式、推动经济由大变强的创新性路径。

（一）建设现代化经济体系是基本实现现代化总体性布局

以贯彻新发展理念开启现代化新征程，建设现代化经济体系是重要体现。

---

① 习近平．之江新语［M］．杭州：浙江人民出版社，2013：119.

② 习近平．习近平谈治国理政：第2卷［M］．北京：外文出版社，2017：240.

党的十九大提出了建设现代化经济体系的新思路："我国经济已由高速增长阶段转向高质量发展阶段，正处在转变发展方式、优化经济结构、转换增长动力的攻关期，建设现代化经济体系是跨越关口的迫切要求和我国发展的战略目标。"建设现代化经济体系不仅是基本实现现代化的目标指向，也是由小康社会建设转向现代化建设新征程的总体性、基础性安排。

根据习近平同志的概括，现代化经济体系涉及开启现代化新征程的各方面。创新引领、协同发展的产业体系是要实现实体经济、科技创新、现代金融、人力资源协调发展。统一开放、竞争有序的市场体系是要形成市场准入畅通、市场开放有序、市场竞争充分、市场秩序规范的现代市场体系。体现效率、促进公平的收入分配体系是要实现收入分配合理、社会公平正义、全体人民共同富裕。彰显优势、协调联动的城乡区域发展体系是要实现区域良性互动、城乡融合发展的区域协调发展新格局。资源节约、环境友好的绿色发展体系是要实现绿色循环低碳发展，形成人与自然和谐发展现代化建设新格局。多元平衡、安全高效的全面开放体系是要发展更高层次开放型经济。充分发挥市场作用、更好发挥政府作用的经济体制是要实现市场机制有效、微观主体有活力、宏观调控有度①。这七大现代化经济体系可以归纳为高质量开启现代化新征程的三大系统：一是现代化的支撑系统，涉及产业体系、城乡区域发展体系和绿色发展体系；二是现代化的动力系统，涉及收入分配体系和全面开放体系；三是现代化的国家治理系统，涉及市场体系和经济体制，是转变发展方式、优化经济结构、转换增长动力的具体体现。现代化经济体系是对新时代中国式现代化道路的创新和丰富。

提出现代化经济体系的概念，并且以此全面开启现代化新征程，是中国式现代化的重要创新。建设现代化经济体系需要质量、效率、动力三大变革，重要举措主要包括：一是大力发展实体经济，筑牢现代化经济体系的坚实基础；二是加快实施创新驱动发展战略，强化现代化经济体系的战略支撑；三是积极推动城乡区域协调发展，优化现代化经济体系的空间布局；四是着力发展开放型经济，提高现代化经济体系的国际竞争力；五是深化经济体制改革，完善现代化经济体系的制度保障②。

① 习近平．习近平谈治国理政：第 3 卷［M］．北京：外文出版社，2020：241.
② 习近平．习近平谈治国理政：第 3 卷［M］．北京：外文出版社，2020：242.

（二）创新是建设现代化经济体系的战略支撑

创新是现代化的第一动力。从党的十八大起，我国就明确要求，全面建成小康社会时进入创新型国家行列；2035 年基本实现现代化时进入创新型国家前列；到 21 世纪中叶全面实现现代化时成为世界科技强国。党的十九届五中全会明确把创新同改革并列为发展的根本动力，强调坚持创新在现代化建设全局中的核心地位。中国式现代化要求建立创新引领的现代产业体系。其前提是科技先行，不仅需要原创性创新成果，而且要突破发达国家的围堵和遏制，科技自立自强是重要支撑。

第一，科技创新要顺应科技现代化的时代趋势。前两次现代化浪潮——机械化和电气化，基本上是由技术创新直接推动的，新科技从发现到应用相隔较长的时间。当前现代化与过去不同，科学发现到应用（尤其是产业创新）几乎同时。这意味着当今时代现代化的直接推动力是以新科学发现引领的科技创新，其效能远超技术创新，创新阶段上延到发现新知识的基础研究（即知识创新）阶段。关键核心技术是国之重器①，因此要求基础研究的核心技术导向，尤为关注国际前沿核心技术创新。

第二，实现科学成果迅速转化为新技术的跨越。目前我国是全世界唯一拥有联合国产业分类中所列全部工业门类的国家，但“我国关键核心技术受制于人的局面尚未根本改变，创造新产业、引领未来发展的科技储备远远不够，产业还处于全球价值链中低端”②。为此，需要打通从科技强到产业强、经济强的通道，解决好从“科学”到“技术”的及时顺畅转化，建立有利于创新成果产业化的机制和通道。科技现代化落实在产业现代化上，就是将自立自强的科技创新转化为自主可控的现代产业体系。自主就是关键技术和核心技术拥有自主知识产权，可控就是在关键环节不受制于人。

第三，产业链现代化。产业链现代化是围绕产业链部署创新链，围绕创新链布局产业链。当前的国际竞争主要表现为全球产业链的竞争，科技水准、成本和市场直接影响产业链环节的布局。一些发达国家为了阻碍中国的崛起，在高科技环节上对中国企业断供，造成多条以我国为主的产业链的国外高科技环节“断链”。要将这种压力和挑战转换为中国产业链现代化的机遇。“要

---

① 习近平．提高关键核心技术创新能力为我国发展提供有力科技保障［N］．人民日报，2018-07-14.

② 习近平．习近平谈治国理政：第 2 卷［M］．北京：外文出版社，2017：203.

以培养具有核心竞争力的主导产业为主攻方向，围绕产业链部署创新链，发展科技含量高、市场竞争力强、带动作用大、经济效益好的战略性新兴产业，把科技创新真正落到产业发展上。”① 面对有些零部件国际供应商对整条产业链可能的垄断和封杀，不仅要推动产业迈上全球价值链中高端，还要增强自身产业在各条产业链上的供给和配套能力，克服产业链上对国外供应商的技术依赖。在这类产业链环节上部署创新链，对关键技术进行科技攻关以实现国内替代。其路径就是“提升产业链供应链现代化水平，大力推动科技创新，加快关键核心技术攻关，打造未来发展新优势”②。

中国式现代化在创新引领方面具有举国一体的制度优势。“要充分发挥社会主义市场经济的独特作用，充分发挥我国社会主义制度优势，充分发挥科学家和企业家的创新主体作用，形成关键核心技术攻坚体制。”③ 这种制度优势的实现形式就是知识创新主体和技术创新主体的协同与合作。知识创新主体解决创新的前沿科学导向问题，技术创新主体解决创新的市场需求导向问题，使孵化新技术的环节和平台成为产学研协同创新的交汇点。

（三）新发展格局中推进中国式现代化

开放是国家繁荣发展的必由之路，也是发展中国家现代化的必由之路。在经济全球化深入发展的外部环境下，市场和资源两头在外曾经对我国经济快速发展发挥了重要作用。但是，中国式现代化路径是靠外还是靠内终究存在路径选择问题。拉美国家陷入“中等收入陷阱”，究其原因，除了国内贫富两极分化严重外，在发展格局上过分依赖国际市场和国外投资，说明现代化是买不来，也讨不来的。尤其是中国越是接近现代化，外部约束会越紧。

在新一轮科技和产业变革蓬勃兴起的同时，一方面是地区保护主义上升，世界经济低迷，全球市场萎缩，市场和资源两头在外的国际大循环动能明显减弱；另一方面是国内经济强势发展，内需潜力不断释放，形成了超大规模的国内市场优势。面对世界百年未有之大变局，习近平同志敏锐地提出了“加快构建以国内大循环为主体、国内国际双循环相互促进的新发展格局”，

① 中共中央文献研究室．习近平关于社会主义经济建设论述摘编［M］．北京：中央文献出版社，2017：133.

② 习近平在企业家座谈会上的讲话［N］．人民日报，2020-07-21.

③ 习近平．提高关键核心技术创新能力 为我国发展提供有力科技保障［N］．人民日报，2018-07-14.

并且明确这同时是我国经济现代化的路径选择①。新发展格局是中国进入新发展阶段后的现代化格局，涉及对内和对外两个方面以及二者的联通。

第一，培育和依靠现代化的内生动力。依托超大规模的国内市场，以国内大循环为主体，抓住扩大内需的战略基点，通过繁荣国内经济、畅通国内大循环可为我国现代化增添动力。生产、分配、流通、消费更多依托国内市场，提升供给体系对国内需求的适配性，就可形成需求牵引供给、供给创造需求的更高水平的动态平衡，由此产生现代化的内生动力。

第二，有效利用外部资源和市场。新发展格局体现开放发展的理念。参与国际循环的基础由资源禀赋的比较优势转变为新的比较优势，即竞争优势。服从于现代化的需要，出口导向的开放型经济转向内需导向的开放型经济，实质是现代化需要导向，注重产业升级，特别是发展战略性新兴产业，占领科技和产业的世界制高点的需要。内需导向的开放突出以创新需要为导向，着力引进创新资源（尤其是创新人才），进行开放式创新，以创新处于国际前沿引领产业创新的具有自主知识产权的核心技术和关键技术。

第三，新发展格局是开放的、相互促进的国内国际双循环。新时代的现代化需要“站在国内国际两个大局相互联系的高度，审视我国和世界的发展”②。具体要求：一是坚持出口和进口并重，利用超大规模的国内市场，以“进”促“出”；二是“引进来”和“走出去”并重，提高国际投资合作水平；三是引资、引技、引智并重，重视引进促进现代化的发展要素；四是全球产业链环节的国际国内布局并重，促进产业链现代化。

五、中国式现代化的制度保证

现代化需要制度创新先行③。对经济现代化来说，制度现代化是基础。党的十八届三中全会通过的《中共中央关于全面深化改革若干重大问题的决定》提出，把“完善和发展中国特色社会主义制度，推进国家治理体系和治理能

① 习近平同志2021年1月11日在省部级主要领导干部学习贯彻党的十九届五中全会精神专题研讨班上的讲话［EB/OL］. 新华网，2021-01-11.

② 中共中央文献研究室．习近平关于社会主义经济建设论述摘编［M］. 北京：中央文献出版社，2017：294.

③ 在罗斯托看来，经济起飞的三个特征之一便是“存在或迅速出现一个政治、社会和制度体系，这个体系能够发掘现代部门扩张的动力，以使起飞带来潜在的外部经济效果，并使增长具有连续性”。罗斯托．经济增长的阶段［M］. 北京：中国社会科学出版社，2001.

力现代化”作为全面深化改革的总目标。公有制为主体、多种所有制经济共同发展，按劳分配为主体、多种分配方式并存和社会主义市场经济体制组成的社会主义基本经济制度是中国独特的创造，也可以说是中国式现代化的制度保证。在此基础上，国家治理体系现代化的重要方面，是使市场在资源配置中起决定性作用和更好发挥政府作用。现代化经济体系中的两个体系：统一开放、竞争有序的市场体系；充分发挥市场作用、更好发挥政府作用的经济体制，是有效市场和有为政府的结合。习近平同志认为这种结合是需要在实践中破解的“经济学上的世界性难题”①。联系中国实际，破解这个难题成为中国式现代化制度创新的特色。其中，市场着力从效率方面推动现代化，政府则是从协调和共享方面实现现代化的社会主义目标。实现这个目标，既需要市场现代化，也需要政府现代化。

（一）以现代化的市场有效推动现代化

市场经济是从效益和效率方面推进现代化的制度基础。诺贝尔经济学奖得主斯蒂格利茨在谈及发展中国家现代化时指出，“在发展中国家没有可靠的市场价格体系，企业家的供应有限，需要进行大的结构变革。”② 在中国，这个大变革就是推进社会主义市场经济的改革。正如习近平同志所说：“理论和实践都证明，市场配置资源是最有效率的形式。市场决定资源配置是市场经济的一般规律，市场经济本质上就是市场决定资源配置的经济。”③ 起这种作用的市场是现代市场。

推动现代化要求调节资源配置的市场实现现代化，着力在有效市场建设上。市场经济在发达国家已经有着上百年的发展历史，无论是市场体系还是市场组织都趋于完善。而在中国，市场经济发展的历史还比较短，市场结构和功能都有待完善，市场秩序也需要进一步规范。虽然中国市场经济起步晚，但标准要高，需要采取有效的措施培育和规范，加快推进市场现代化。

在经过近40年市场化改革的基础上，党的十九大明确加快完善社会主义市场经济体制的两个改革重点：一是建立归属清晰、权责明确、保护严格、流转顺畅的现代产权制度；二是完善要素的市场化配置。党的十九届四中全

① 习近平．不断开拓当代中国马克思主义政治经济学新境界［N］．求是，2021（16）．

② 迈耶，斯蒂格利茨．发展经济学前沿：未来展望［M］．北京：中国财政经济出版社，2003．

③ 中共中央文献研究室．习近平关于社会主义经济建设论述摘编［M］．北京：中央文献出版社，2017：52．

会进一步提出，完善公平竞争制度，强化竞争政策基础地位的要求。这些可以说是促进市场现代化的重要制度安排，目标是构建更加系统完备、更加成熟定型的高水平社会主义市场经济体制①。具体要求是：首先，建设高标准市场体系是筑牢社会主义市场经济有效运行之基。市场体系是要素市场配置的载体和平台，高标准建设统一开放、竞争有序的市场体系，着力点在于推进要素市场建设，需要统筹金融、土地、技术、劳动力和数据等市场建设，实现要素价格市场决定，要素流动自主有序，要素配置高效公平。其次，维护市场经济公平、充分的竞争本质。要强化的竞争政策主要表现在：市场主体的培育以竞争为基础，产业组织政策以竞争为基础，市场秩序建设以规范竞争秩序为基础。特别需要建立和完善针对新经济业态的竞争秩序建设，如互联网平台经济竞争秩序建设，既要反垄断，又要反不正当竞争。

（二）现代化的政府推动现代化

针对发展中国家经济增长的研究发现，大多数经济增长的成功事例都涉及高度的政府干预②。因而，政府同市场并不完全是对立的替代关系，二者互为补充，都是构成经济体制的必要因素。“在处理市场失灵（如不完全信息、不完全市场、动荡的外部性、规模收益递增、多重均衡和路径依赖性），提供公共物品，满足教育、健康、减少贫困和改善收入分配等优化要求，提供物质和社会基础设施，以及保护自然环境等方面，政府仍然具有广泛的功能。”③根据发展中国家经验，现代经济增长，都需要政府推动发展。中国制度优势决定了我们具有集中力量办大事的能力，也是中国式现代化的重要制度表征，政府在推动现代化方面的有为除了培育市场和推动开放外，更为突出在三个方面，也是政府在推动中国式现代化中特有的。

其一，推动经济结构转型升级。在中国，制约长期发展的主要是经济结构问题，尤其是产业、城乡和区域结构，结构性问题不仅在于其失衡，尤为突出在处于低水准。针对经济结构问题，固然要充分发挥市场优胜劣汰和自由选择机制，但是对发展中的大国而言，经济结构调整显然不能完全靠市场自发调节。前瞻性培育战略性新兴产业、有重点地扶持主导产业和高新技术

---

① 中共中央国务院关于新时代加快完善社会主义市场经济体制的意见［M］. 北京：人民出版社，2020.

② 迈耶，斯蒂格利茨. 发展经济学前沿：未来展望［M］. 北京：中国财政经济出版社，2003.

③ 迈耶，斯蒂格利茨. 发展经济学前沿：未来展望［M］. 北京：中国财政经济出版社，2003.

产业，都需要国家的产业和科技政策的引导。面对城乡和区域结构失衡，也需要政府协调，如此才足以促使发展要素由先发展地区流向后发展地区，打破市场经济环境下后发展地区发展要素稀薄的魔咒。

其二，推动创新。一般说来，市场竞争能够提供创新动力，技术创新也需要市场导向。但是对科技创新而言，只是靠市场是不够的，原因在于“任何情况下，市场都不可能对创新提供最优的激励”，因此政府发挥更大作用的方面“是作为创新的推进器”①。原因有两方面：第一，创新的知识和技术具有外溢性，社会可以从中得益；具有公共性，其收益并不会只是收敛到某个个人。第二，标准的市场经济理论只是解决市场对已有资源的配置，而创新不是配置已有资源，而是创造新资源。重大科学创新计划，集成技术创新与知识创新，引导孵化新技术，为集聚创新要素而进行知识资本和人力资本投资，建设创新的新基建等基础设施，等等，都需要政府有为。

其三，促进共同富裕。中国式现代化绝不能出现习近平同志所指的“富者累巨万，而贫者食糟糠”的两极分化现象②。政府主导的再分配环节起着关键性作用，其主要路径有四个：第一，完善累进的所得税制度和累进的财富税制度，以缩小收入和财富差距。第二，促进优质公共服务资源如优质教育资源和医疗资源在城乡、区域配置均等化。第三，完善针对相对贫困群体的社会保障制度。不仅要进一步提升在脱贫攻坚中推进的义务教育、基本医疗、住房安全三保障的水平，还要进一步扩大社会保障的范围，特别是增加基本养老保险的内容。第四，加大转移支付力度，促进不同区域、城乡在发展中实现共同富裕。

政府推动现代化的职能要求政府调控机制现代化。推动现代化的有为政府应该是现代化的政府。习近平同志在党的十八届三中全会上的讲话中指出：“科学的宏观调控，有效的政府治理，是发挥社会主义市场经济体制优势的内在要求。”③ 宏观调控是政府的基本职能之一。正如党的十九大报告指出的：“创新和完善宏观调控，发挥国家发展规划的战略导向作用，健全财政、货币、产业、区域等经济政策协调机制。”首先是稳增长调结构调控机制创新。促增长的关键是保障市场对资源配置起决定性作用，更好发挥政府作用，实

---

① 迈耶，斯蒂格利茨．发展经济学前沿：未来展望［M］．北京：中国财政经济出版社，2003.

② 中共中央文献研究室．习近平关于社会主义经济建设论述摘编［M］．北京：中央文献出版社，2017：25.

③ 中共中央文献研究室．习近平关于社会主义经济建设论述摘编［M］．北京：中央文献出版社，2017：60.

现消费、投资、出口三驾马车协同拉动经济增长。明确宏观经济运行的合理区间，将其作为政府宏观调控的目标取向和运用依据，根据实际情况灵活、差别化地定向调控。其次是经济调控手段创新。“供给侧和需求侧是管理和调控宏观经济的两个基本手段。”① 需求侧管理重在解决总量问题，注重短期；供给侧调控重在解决结构问题，注重长期，二者都是实现高质量推进现代化的有效方式。最后是经济安全保障机制创新。现代化的进程不能被发生经济危机的风险所打断，统筹发展与安全是政府调控的着力点。强化经济安全风险预警、防控和能力建设，提升粮食、能源、金融等领域安全发展能力。

六、结束语

现代化不是只有西方现代化一种模式，中国作为世界上最大的社会主义发展中国家，正在坚定不移沿着中国共产党人开创的中国式现代化道路前行。中国式现代化道路在经济现代化方面的中国特色非常鲜明：一是社会主义特色，强调共同富裕；二是内容特色，强调新型工业化、信息化、城镇化、农业现代化“四化同步”；三是道路特色，突出人与自然和谐共生，强调创新在现代化建设全局中的核心地位；四是制度特色，着力从市场现代化和政府现代化方面推进国家治理体系和治理能力现代化。中国式现代化道路不仅是马克思主义经济学说同中国具体实际相结合的道路，也是现代化的一般理论与中国国情结合的道路。这是发展中大国特有的现代化之路。

中国式现代化道路已经得到实践的检验，并将在现代化的新征程中创造新的伟大实践。中国 2010 年在成为世界第二大经济体的同时人均 GDP 达到中等收入国家水平，2019 年以来连续两年人均 GDP 过 1 万美元。当前，全面建成了小康社会，开启了现代化建设新征程，并将在 2035 年实现人均国内生产总值达到中等发达国家水平，全体人民共同富裕取得更为明显的实质性进展。这是中国式现代化道路的成功。中国道路得到世界认可的同时，中国式现代化理论也将得到世人认同。坚定不移沿着中国式现代化道路前进，本世纪中叶必然建成富强民主文明和谐美丽的社会主义现代化强国。

---

① 中共中央文献研究室．习近平关于社会主义经济建设论述摘编［M］．北京：中央文献出版社，2017：99.

中国式现代化的特征、挑战与路径

韩保江　李志斌

中共中央党校（国家行政学院）经济学教研部

摘要：中国式现代化是中国共产党领导的社会主义现代化，既有各国现代化的共同特征，更有基于自己国情的中国特色。中国式现代化是人口规模巨大的现代化，是全体人民共同富裕的现代化，是物质文明和精神文明相协调的现代化，是人与自然和谐共生的现代化，是走和平发展道路的现代化。党的十八大以来在理论上和实践上的创新突破，我们党成功推进和拓展了中国式现代化，走出了中国式现代化新道路。要实现中国式现代化，必须坚持以经济建设为中心不动摇，把高质量发展作为全面建设社会主义现代化国家的首要任务；必须坚持党的全面领导，坚持建设现代化经济体系和构建新发展格局协同推进；必须坚持全面深化改革，推进国家治理体系和治理能力现代化；必须坚持全面依法治国，推进法治中国建设；必须坚持全面从严治党，以党的自我革命引领社会革命；必须统筹好发展和安全，推进国家安全体系和能力现代化。

关键词：中国式现代化；以经济建设为中心；高质量发展；实现路径

在马克思主义现代化理论的指导下，中国共产党团结带领中国人民开辟了中国式现代化新道路，不仅彻底改变了中华民族的前途命运，也深刻影响了世界发展的趋势和格局，为建设美好世界做出了中国贡献的同时，也为人类现代化路径探索提供了成功发展范式，为广大发展中国家跟上现代化发展潮流提供了全新选择。站在全面建设社会主义现代化国家开局起步的关键时点，认真学习领会党的二十大报告对中国式现代化的重要论述和深刻内涵，系统梳理总结中国式现代化的基本特征、历史探索、现实挑战、中心任务与实现路径，具有重要的理论和实践指导意义。

注：本文原载《管理世界》2022 年第 11 期。

一、中国式现代化的一般性与特殊性

现代化是工业革命后人类实现从传统经济向现代经济、传统社会向现代社会、传统政治向现代政治、传统文明向现代文明等方面深刻转变所经历的剧烈变革[1][2]。实现现代化，作为人类文明发展与进步的显著标志，近代以来成为各国孜孜以求的共同目标，并逐步引领世界发展潮流。长期以来，西方资本主义国家凭借其先发优势，制造并标榜以“私有制+自由市场+分权型现代化国家机构”为“方程式”的资本主义现代化发展模式作为实现现代化的必由之路[3][4]。但历史证明，西方现代化模式并不具备“普适性”且逐渐暴露“误导性”，照搬这一现代化模式所导致的“中等收入陷阱”“周期性经济危机”“全球生态危机”等诸多问题将较多的发展中国家卷入发展旋涡[5]。

中国式现代化中的“现代化”是一个宽泛而丰富的概念，既象征特定历史进程，又形容相对发展状态。一个多世纪以来，政治学、社会学、经济学、历史学、人类学等不同学科领域的学者，从不同立场和不同层面对现代化进行了深入的探讨，但都离不开对现代化目标的考量。从历史进程看，现代化特指人类社会完成从建立在自给自足的自然经济基础上的传统农业社会，向建立在发达市场经济基础上的现代工业社会的转变，是一种全球性的时代发展趋势，也是世界各国、各地区发展的必经之路。显而易见的是，这个标准已无法适应如今的发展阶段，不能用作目标指导当下和未来的现代化强国建设。正如亨廷顿所强调的，现代化是一个革命性、复杂、系统、全球化、长期、阶段性、同质化、不可逆、进步的过程，现代化的标准总是伴随经济社会的进步，特别是技术和产业革命的涌现而不断演进，具有鲜明的时代特征；从相对发展状态看，现代化是一个地区或国家社会经济全面进步的标志，表明该地区或国家的政治、经济、社会、文化等领域达到或接近世界先进水平是在特定时代背景下的相对发展水平，强调用发展的视角理解现代化的内涵，而实现现代化实质就是发展滞后国家赶超发展领先国家的过程[6]。正是由于现代化标准呈现动态演进且取决于相对发展水平的特点，再加上发达国家总是大概率能优先在产业变革中获益，且在一定程度上左右世界现代化进程意识形态的“道德制高点”，因此，目前世界上的现代化国家，都是资本主义发达国家[7]，直接导致长期以来资本主义现代化模式成为现代化的唯一选择。而中国式现代化的出现有效消解了西方资本主义现代化单一模式的话语霸权，从根本上创造了人类文明新形态[8]。

中国式现代化，是中国共产党领导的社会主义现代化，深刻阐明了建设什么样的社会主义现代化强国，怎样建设社会主义现代化强国的重大时代课题。它不仅是特定历史进程，是实现从小康社会出发建成富强民主文明和谐美丽的社会主义现代化强国的伟大飞跃；也是相对发展状态，是实现从世界最大的发展中国家迈向综合国力和国际影响力领先的社会主义现代化强国的精彩赶超；更是坚定的道路选择，是一条坚持中国共产党领导，坚持中国特色社会主义，通往实现中华民族伟大复兴的现代化道路。中国式现代化既有各国现代化的共同特征，更有基于自己国情的中国特色。

（一）中国式现代化具有各国现代化共同特征的一般性

从理论上说，根据唯物史观的基本观点，现代化是指包括生产力的现代化、生产关系的现代化、上层建筑的现代化和意识形态的现代化等多重现代化的总和，是由生产力的现代化驱动生产关系的现代化，上层建筑的现代化和意识形态的现代化的人类社会发展过程。从内部结构和相互关系看，一方面，包括科学技术在内的生产力的现代化是最能动、最积极的内生因素，是驱动现代化进程的根本动力，决定着生产关系的现代化。作为生产关系总和的经济基础的现代化也是上层建筑现代化和意识形态现代化的决定因素。另一方面，生产关系的现代化也反作用于生产力的现代化；上层建筑的现代化和意识形态的现代化也反作用于经济基础的现代化。生产关系、上层建筑和意识形态的现代化共同决定着一个国家（或地区）治理体系和治理能力的现代化。

从实践看，现代化是指由工业革命引起的工业化到城市化，再到信息化、农业现代化，乃至网络化、数字化、智能化的人类文明进步和发展过程，表现为目的与手段、目标与过程的内在统一。现代化不仅有多种解释，而且还呈现多种类型。一是认为现代化是指从传统农业社会向工业社会转型的过程，实质上就是工业化的过程。这个工业化过程不仅指的是 18 世纪后期肇始于欧洲的工业革命引起的工业化过程，那是初期或古典的工业化，而且更是指始于 19 世纪到 20 世纪中叶才进入成熟的高度工业化[①]。工业化过程不仅表现为社会生产力的巨大解放和发展，而且表现为生产关系、上层建筑和意识形态的深刻变革。因为“工业化一旦开始进行之后，必然会破坏传统的前工业社

---

① 罗荣渠．现代化新论：世界与中国的现代化进程［M］．北京：商务印书馆，2004：11.

会。"① 二是认为现代化是自科学技术革命以来人类急剧变动过程的统称，涉及社会各个层面的一种过程。因此，现代化就是"在科学和技术革命影响下，社会已经发生和正在发生的转变过程"②。因为人类社会在这一过程中所发生的史无前例的变化，不仅限于工业领域或经济领域，同时发生在知识增长、政治发展、社会动员、心理适应等方面。因此，认识现代化需"从国际背景、政治结构、经济结构及经济增长、社会整合、知识和教育这 5 个方面来考察各种变化，力求绘出一幅完整地描绘这种相互关联、多向转变的图景"③。三是认为现代化是一种"文明的形式"，是一种心理态度、价值观和生活方式的改变过程，是人类对自己的自然环境和社会环境的合理性控制的扩大，并实现全面的理性的发展过程。这主要是从社会学、文化人类学、心理学的角度考察现代化。因此，对于发展中国家来说，这个过程不是自然的社会演进，而是有目标、有计划，以较短的时间、最有效的图景，学习、借用和移植先进国家成果和经验的过程④。四是认为现代化是一种旨在实现工业化、富裕化、城市化、信息化、智能化（数字化）的发展目标和发展过程的内在统一。对大多数经济落后国家来讲，由于业已存在许多成功实现了现代化的发达国家"样板"，往往把这些发达国家的工业化、城市化、富裕化、信息化、智能化（数字化）"表现"作为自己追赶甚至模仿的目标，并理解为自己要实现的现代化。

（二）中国式现代化要基于中国特色的特殊性

作为现代化的后来者，中国的基本国情、经济结构、政治体制、文化基因和历史语境不同于西方国家，决定了通往现代化之路必然是一条独具特色的"长征之路"[9]。100 多年来的发展经验表明，中国的现代化道路并非西方现代化理论的简单复制，而是立足中国自身条件，结合中国实际情况，对马克思主义理论进行发展的产物，与西方资本主义现代化模式有着本质区别，具有一定的特殊性。对此，习近平在党的二十大报告中鲜明指出"中国式现代化，是中国共产党领导的社会主义现代化""中国式现代化是人口规模巨大的现代化""中国式现代化是全体人民共同富裕的现代化""中国式现代化是

① 罗荣渠．现代化新论：世界与中国的现代化进程［M］．北京：商务印书馆，2004：11.
② 布莱克．日本和俄国的现代化［M］．北京：商务印书馆，1984：18，7.
③ 吉尔伯特·罗兹曼．中国的现代化［M］．北京：江苏人民出版社，2010：7.
④ 罗荣渠．现代化新论：世界与中国的现代化进程［M］．北京：商务印书馆，2004：15.

物质文明和精神文明相协调的现代化”“中国式现代化是人与自然和谐共生的现代化”“中国式现代化是走和平发展道路的现代化”①，并具体体现在“五位一体”总布局和“四个全面”战略布局中的各方面。

1. 中国共产党领导的中国式社会主义现代化

中国式现代化的本质是中国共产党领导的社会主义现代化，本质要求是在政治建设中呈现坚持中国共产党领导，坚持中国特色社会主义道路，发展全过程人民民主的政治文明。区别于西方以资本为中心的发展逻辑，中国式现代化是中国共产党领导的社会主义现代化，是坚持以人民为中心发展思想的现代化。方向决定道路，道路决定命运，中国现代化的道路是社会主义现代化道路，不是西方资本主义现代化道路的翻版。不同于西方资本主义现代化，中国最特殊的政治国情是社会主义现代化，任务是解放生产力、发展生产力，消灭剥削、消除两极分化，最终达到共同富裕②；目标是实现全体人民共同参与、共同发展、共同富裕、共同分享的全民现代化，而不是社会严重对立、政党政治冲突的现代化[10]。中国共产党领导是中国特色社会主义最本质的特征，是中国特色社会主义制度的最大优势，是党和国家的根本所在，是全国各族人民的命运所系。中国共产党一经诞生，就把为中国人民谋幸福、为中华民族谋复兴确立为自己的初心使命。因此，中国式现代化是坚持以人民为中心发展思想的现代化，把增进人民福祉，促进人的全面发展，朝着共同富裕方向稳步前进作为经济发展的出发点和落脚点，不断增强人民群众的获得感、幸福感、安全感。中国式现代化道路是中国共产党在百年征程的不懈追求和持续探索中领导中国人民成功走出来的，之所以能开辟实现中华民族伟大复兴的正确道路，关键在于我们党坚持把马克思主义基本原理同中国具体实际相结合，同中国优秀传统文化相结合，深化了中国共产党对执政规律、社会主义建设规律和人类社会发展规律的认识理解，以其取得的伟大历史成就坚定了推进中华民族伟大复兴的历史自信[11]。

因此，中国式现代化在政治文明建设中的本质要求得以明确：坚持中国共产党领导，坚持中国特色社会主义，发展全过程人民民主。中国近代以来历史充分证明，没有中国共产党，就没有新中国，只有社会主义才能救中国，

---

① 习近平．高举中国特色社会主义伟大旗帜　为全面建设社会主义现代化国家而团结奋斗：在中国共产党第二十次全国代表大会上的报告［EB/OL］. 新华网，2022-10-25.

② 江泽民．江泽民文选：第 1 卷［M］. 北京：人民出版社，2006：219.

只有中国特色社会主义才能发展中国。坚持中国共产党领导是全面建设社会主义现代化国家的根本保证，“新的征程上，我们必须坚持党的全面领导，不断完善党的领导，增强‘四个意识’、坚定‘四个自信’、做到‘两个维护’，牢记‘国之大者’，不断提高党科学执政、民主执政、依法执政水平，充分发挥党总揽全局、协调各方的领导核心作用！”① 坚持中国特色社会主义是全面建设社会主义现代化国家的根本遵循，“以史为鉴、开创未来，必须坚持和发展中国特色社会主义。走自己的路，是党的全部理论和实践立足点，更是党百年奋斗得出的历史结论。中国特色社会主义是党和人民历经千辛万苦、付出巨大代价取得的根本成就，是实现中华民族伟大复兴的正确道路”②。全过程人民民主是社会主义民主政治的本质属性，是最广泛、最真实、最管用的民主，同时也是我们党坚持全心全意为人民服务的根本宗旨，站稳人民立场，贯彻党的群众路线，尊重人民首创精神，践行以人民为中心的发展思想等在政治领域的生动体现，发展全过程人民民主是全面建设社会主义现代化国家的应有之义。

2. 人口规模巨大的中国式现代化

中国式现代化是人口规模巨大的现代化，本质要求是经济建设中呈现“高质量发展”的“物质文明”。人口规模巨大的现代化是中国式现代化的首要特征，中国式现代化的各方面均离不开这个客观现实，其特殊性体现在四个方面。第一，人口规模巨大是中国式现代化的逻辑前提。基于人口规模巨大的特点考虑中国现代化道路，意味着必须要始终将人置于现代化的核心位置。“现代化的本质是人的现代化。”③ 人的现代化是中国式现代化的逻辑起点与实践主线，而这也与“人为物质”的西方现代化存在本质区别。第二，人口规模巨大是中国式现代化的支撑和优势。巨大人口规模也为中国式现代化注入蓬勃动力，中国已经形成世界上最庞大的高素质人才队伍，超大规模市场和消费潜力为现代化建设创造巨大空间，超大规模工业产出和世界门类最完整齐全且独立的工业生产体系，为推进现代化进程奠定了牢固的产业基础。第三，人口规模巨大是中国式现代化的约束和挑战。一方面，人口基数大、人口众多是中国现代化建设必须要考虑的客观重要挑战，随着“人口红利”的逐渐减弱，如何辩证处理巨大人口规模与有限资源环境的矛盾，如何

---

① 习近平．习近平谈治国理政：第 4 卷［M］．北京：外文出版社，2022：11.

② 习近平．在庆祝中国共产党成立 100 周年大会上的讲话［J］．求是，2021（14）.

③ 中央文献研究室．十八大以来重要文献选编：上［M］．北京：中央文献出版社，2014：594.

打造惠及十几亿人口的普惠性现代化道路等问题亟须中国式现代化用实践去解答。然而，超大规模人口的国家实现现代化，目前国际上并没有先例可循，没有现成经验可搬，没有现成道路可走，由此决定了中国式现代化注定是一条独立自主、自力更生、艰苦卓绝的道路，艰巨性和复杂性前所未有。另一方面，在现代化发展的初期，中国共产党带领人民在短短数十年时间内实现了现代化的跨越式积累，用70多年时间走完了西方资本主义国家两三百年的现代化历程[12]，但人口规模巨大加上现代化时间的高度压缩，导致各地区、各领域发展不平衡不充分问题凸显，为持续推进中国式现代化进程带来了新挑战，设计中国现代化之路必须立足这个基本国情，才能有效调动各方面积极性把现代化之路走好。因此，中国式现代化注定是各领域齐头并进，并联式发展的过程。站在新的历史起点上，“我们要后来居上，把失去的‘二百年’找回来，决定了我国发展必然是一个‘并联式’的过程，工业化、信息化、城镇化、农业现代化是叠加发展的”①。而这种“并联式”发展过程正是中国现代化相对西方资本主义国家现代化过程，最为突出的特性。第四，人口规模巨大是中国式现代化的世界意义所在。中国实现现代化将彻底改写现代化的世界版图，“我们这个世界上最大的发展中国家实现了现代化，意味着比现在所有发达国家人口总和还要多的中国人民将进入现代化行列，其影响将是世界性的”。中国式现代化无论是对发展中国家、世界社会主义，还是对全球和平发展事业等都具有格外重大的意义。

因此，从人口规模巨大的现代化特征看，实现高质量发展是中国式现代化在物质文明建设进程中的本质要求。发展是硬道理，物质文明建设是全面建设社会主义现代化强国的基础和前提，高质量发展是全面建设社会主义现代化国家的首要任务。一方面，实现高质量发展实质是从以“物质”生产体系为主转向“以人民为中心”的创新、高效、包容的可持续发展轨道，是对“以人民为中心的发展思想，把增进人民福祉、促进人的全面发展作为一切工作的出发点和落脚点”② 的深入践行，离开高质量发展，增进民生福祉和促进人的全面发展就会成为无源之水、无本之木。因此，要紧紧抓住经济建设这个“牛鼻子”，在推动高质量发展中进一步把“蛋糕”做大，从而为增进民生福祉和促进人的全面发展奠定坚实的物质基础。另一方面，实现高质量发

① 中央宣传部．习近平新时代中国特色社会主义思想学习纲要［M］．北京：学习出版社，人民出版社，2019：60.

② 中央文献研究室．十八大以来重要文献选编：中［M］．北京：中央文献出版社，2016：789.

展是克服人口规模约束和发挥人口规模优势的唯一解。党的十九大明确提出，我国经济已由高速增长阶段转向高质量发展阶段，我国社会主要矛盾已经转化为人民日益增长的美好生活需要和不平衡不充分发展之间的矛盾。发展不平衡不充分、资源环境约束的加剧以及“并联式”现代化内生矛盾的挑战，本质上都是发展质量不高的体现，而高质量发展是体现创新、协调、绿色、开放、共享新发展理念的新发展模式，能够有效推动经济社会发展的质量变革、效率变革、动力变革；同时，高质量发展能充分利用巨大人口规模所具备的国内市场基础和潜力优势，在新发展格局的引领下，有效促进内需体系对中国供给侧结构性改革的支撑作用，实现供给侧与需求侧的相互匹配和相互适应，获得更加强劲可持续的发展动力，从而更好满足人民日益增长的美好生活需要的发展。

3. 全体人民共同富裕的中国式现代化

区别于西方两极分化的现代化，中国式现代化是全体人民共同富裕的现代化，坚持全体人民共同富裕而不是少数人富裕。西方资本主义现代化以追求资本无限繁殖与剩余价值绝对化为根本逻辑，追求生产力的现代化，而忽略了对生产关系现代化的重视，从而导致全球收入不平等、国家贫富分化、中产阶层塌陷、社会撕裂、政治极化、民粹主义泛滥等问题的出现[13]。实际上，现代化的价值归宿是借助现代化载体提高人民生活水平、实现人的自由全面发展，而并非单纯为了发展生产力。基于对西方资本主义现代化道路的评判性反思，中国式现代化道路以资本的内在否定性为反思对象，把资本批判作为前提而非目标，按照辩证法的本性，从资本逻辑的内在矛盾入手，提出在社会主义条件下驾驭资本何以可能[14]。新中国成立后，党在建设社会主义现代化国家的进程中，一直把共同富裕作为社会主义的本质要求，并将对共同富裕的执着追求，贯穿于中国社会主义现代化建设的全过程[5]。党的十八大以来，中国式现代化建设更是进入“逐步实现全体人民共同富裕的时代”，充分体现了“共同富裕是社会主义的本质要求，是中国式现代化的重要特征”。实现全体人民的共同富裕是中国式现代化在社会文明建设中的本质要求，是以社会主义为价值导向的中国式现代化道路的价值旨归。具体而言，党的十八大以来，以习近平同志为核心的党中央把逐步实现全体人民共同富裕摆在更加重要的位置上，举全国之力，做出战略安排，实施有效举措，不断缩小城乡间发展差距、地区间发展差距和居民收入差距，让发展成果更多更公平地惠及全体人民，持续推进共同富裕，坚决防止西方资本主义现代化过程中两极分化问题的重演，并旨在以共建共享的方式实现共同富裕、社会和谐和人的全面发展。但实现共同富裕是一个错综复杂的辩证发展过程，是一项艰巨而长期的任务，正如习近平强调："促进全体人民共同富裕是一项长期任务，但随着我国全面建成小康社会、开启全面建设社会主义现代化国家新征程，我们必须把促进全体人民共同富裕摆在更加重要的位置，脚踏实地，久久为功，向着这个目标更加积极有为地进行努力。"①

4. 物质文明和精神文明相协调的中国式现代化

中国式现代化是物质文明和精神文明相协调的现代化，本质要求是在文化建设中呈现"丰富人民精神世界"的"精神文明"。以资本为中心逻辑主导下的西方资本主义现代化极力凸显物质财富的显著地位，为了追逐经济发展和利益增长，罔顾精神文明建设，忽视人的全面发展[15]，从而必然导致物质文明与精神文明的失衡乃至撕裂，进一步引起人们精神世界的缺陷、道德的滑坡和社会价值的失序。区别于西方物质主义膨胀的现代化，中国式现代化不仅要求物质生活水平提高、家家仓廪实衣食足，而且要求精神文化生活丰富，人人知礼节明荣辱，是物质文明和精神文明相协调的现代化。特别是党的十八大以来，中国共产党对现代化建设的目标与方向更加明确。习近平强调"要坚持'两手抓、两手都要硬'，以辩证的、全面的、平衡的观点正确处理物质文明和精神文明的关系"②，为推动"两个文明"协调发展指明了前进方向，不追求极端的唯一性与片面性，更倾向于以"全面性"的原则化解矛盾，推动物质文明建设和精神文明建设要统筹规划、齐头并进。

丰富人民精神世界是中国式现代化在精神文明建设中的本质要求。物质文明的发展进步是精神文明快速取得成果的前提基础，是实现人民美好物质生活的坚实保障[16]。然而，物质文明发展进步是中国式现代化道路的基础维度，是彰显中国式现代化符合人类现代化一般规律的本质规定。中国式现代化的特殊性还体现在对精神文明建设的本质要求——丰富人民精神世界。一方面，丰富人民精神世界能够为物质文明发展提供动力支持。精神文明是为现代化建设凝心聚力的精神力量，先进的精神对物质文明建设有积极促进作

---

① 《中共中央关于制定国民经济和社会发展第十四个五年规划和二〇三五年远景目标的建议》辅导读本［M］. 北京：人民出版社，2020：55.

② 习近平．习近平谈治国理政：第2卷［M］. 北京：外文出版社，2017：324.

用，正所谓“没有社会主义文化繁荣发展，就没有社会主义现代化”①。因此，我们党在推动经济快速发展的同时，大力加强社会主义精神文明建设，促进社会主义先进文化繁荣发展。另一方面，以中国式现代化全面推进中华民族伟大复兴需要强大的精神力量，没有先进文化的积极引领，没有人民精神世界的极大丰富，没有民族精神力量的不断增强，一个国家、一个民族不可能屹立于世界民族之林。因此，中国式现代化必须充分激发人民群众的精神动力，把理想信念教育作为重要任务，在全社会树立起共产主义远大理想和中国特色社会主义共同理想，传承中国共产党人在社会主义革命、建设和改革进程中创造的伟大精神，弘扬社会主义核心价值观，赓续中华民族的传统美德，提升全体公民的德行修养。

5. 人与自然和谐共生的中国式现代化

中国式现代化是人与自然和谐共生的现代化，本质要求是在生态建设中呈现“促进人与自然和谐共生”的“生态文明”。区别于西方资本主义国家“先污染，后治理”的现代化理念，中国式现代化是人与自然和谐共生的现代化。在向现代工业社会转型的过程中，西方资本主义国家追求以资本为中心，以资本增值为内在动力，以经济理性为绝对主导，以牺牲环境为代价换取一时发展的现代化道路，不但造成本国环境的污染和生态的破坏，严重限制了本国自然资源蕴含的生产力潜质，乃至给全世界和全人类带来了至今都无法消解的生态危机[17][15]。以此为鉴，习近平强调：“我国建设社会主义现代化具有许多重要特征，其中之一就是我国现代化是人与自然和谐共生的现代化，注重同步推进物质文明建设和生态文明建设。”②我们党领导下的中国式现代化遵循马克思主义生态观、践行绿色发展理念与科学发展观，走既守护好绿水青山又发展好金山银山的可持续高质量发展道路，辩证把握释放生产能力的同时保护发展潜力，注重同步推进物质文明建设和生态文明建设。实践证明，中国式现代化道路实现了对传统现代化“征服自然”道路的超越，以“人与自然和谐共生”为价值追求，走出了一条能够对求解世界现代化进程中，人与自然关系问题起到示范引领作用的现代化道路。

促进人与自然和谐共生是中国式现代化在生态文明建设中的本质要求。

---

① 习近平在教育文化卫生体育领域专家代表座谈会上的讲话［M］. 北京：人民出版社，2020：4.

② 习近平．决胜全面建成小康社会　夺取新时代中国特色社会主义伟大胜利：在中国共产党第十九次全国代表大会上的报告［M］. 北京：人民出版社，2017：50-51.

发展好中国式现代化，必须处理好人与自然的关系：一方面，西方资本主义国家现代化进程中无节制占有索取的单向发展模式所引发的惨痛教训历历在目、发人深省，地球资源的有限性与发展需要的无限性存在明显矛盾，如果不能处理好人与自然之间的关系，不仅不能带来可持续高质量的发展，更会导致自然界的报复，危害人类自身健康和安全。另一方面，促进人与自然和谐共生是“既要创造更多物质财富和精神财富以满足人民日益增长的美好生活需要，也要提供更多优质生态产品以满足人民日益增长的优美生态环境需要”① 的必然选择。党的十八大以来，以习近平同志为核心的党中央将建设人与自然和谐共生摆在生态文明建设和社会主义现代化建设的重要位置，“在‘五位一体’总体布局中，生态文明建设是其中一位；在新时代坚持和发展中国特色社会主义的基本方略中，坚持人与自然和谐共生是其中一条；在新发展理念中，绿色是其中一项；在三大攻坚战中，污染防治是其中一战；在到本世纪中叶建成社会主义现代化强国目标中，美丽中国是其中一个”②。这些重大战略决策，无不深刻彰显了促进人与自然和谐共生对全面建设社会主义现代化强国的重要意义。

6. 走和平发展道路的中国式现代化

中国式现代化是走和平发展道路的现代化，本质要求是在国际交往中呈现“推动构建人类命运共同体”的“大同文明”。习近平指出：“中国共产党是为中国人民谋幸福、为中华民族谋复兴的党，也是为人类谋进步、为世界谋大同的党。”③ 因此，中国共产党领导的中国式现代化，区别于西方资本主义现代化的对外扩张掠夺特征，是走和平发展道路的现代化。西方资本主义国家的现代化是以资本逻辑为中心，以少数资产阶级利益为核心，放纵资本逐利为特征的现代化，充满了强烈的殖民主义色彩。资本主义的发展史是一部赤裸裸的写满殖民扩张、暴力掠夺和对外侵略的历史。直至今日，西方资本主义现代化国家仍然信奉“国强必霸”的政治逻辑，对内掠夺、压榨无产阶级的资源和权利，对外不断利用转嫁经济危机、干涉别国内政、挑起局部战争等手段捍卫“资本至上”的逻辑，强行制造有利于自身的经济秩序和政

---

① 习近平．决胜全面建成小康社会　夺取新时代中国特色社会主义伟大胜利：在中国共产党第十九次全国代表大会上的报告［M］．北京：人民出版社，2017：50-51.

② 习近平．论把握新发展阶段、贯彻新发展理念、构建新发展格局［M］．北京：中央文献出版社，2021：536-537.

③ 习近平．高举中国特色社会主义伟大旗帜　为全面建设社会主义现代化国家而团结奋斗：在中国共产党第二十次全国代表大会上的报告［EB/OL］．新华网，2022-10-25.

治规则。不同于西方资本主义现代化强烈的排外性、霸权性，中国式现代化道路坚持马克思主义对人类整体未来的关怀，遵循和平的文明发展观，秉持和平理念，坚持走和平发展道路[17]。习近平强调："中国人民要建设社会主义现代化强国，但我们坚持走和平发展道路，不会走扩张主义和殖民主义道路，更不会给世界造成混乱。"① 中国式现代化主张各国人民共同享受发展成果，并积极为构建人类命运共同体注入重要力量，在谋求本国自身发展的同时，为世界和平稳定和共同繁荣积极贡献中国方案、中国智慧、中国力量。

党的十九大报告明确提出，中国特色大国外交要推动构建新型国际关系，推动构建人类命运共同体②。一方面，推动构建人类命运共同体是中国式现代化的重要外部支撑，世界是一个休戚与共、命运相连的有机整体，只有树立各国共同发展的时代思维，注重国与国之间的交流和借鉴，妥善解决各类分歧，才能共同促进人类社会的发展与进步，各国方能共同享受发展成果；另一方面，推动构建人类命运共同体是中国式现代化道路的必要外部保障。当前，面对世界百年未有之大变局，国际社会的不确定性不稳定性加剧，国际关系格局与利益关系发生深刻变革和调整，国际和平发展形势面临巨大挑战，中国只有更加坚定地走和平发展道路，努力与各国寻找破解治理赤字、信任赤字、和平赤字、发展赤字的方案，树立起同舟共济、互利共赢的价值导向，才能"既通过维护世界和平发展自己，又通过自身发展维护世界和平"，进而为实现世界大同贡献中国力量。

二、中国式现代化的历史探索与现实挑战

（一）中国式现代化的历史探索

中国现代化的历史，可以追溯到 1861—1895 年，清朝政府内的洋务派在全国各地掀起的"师夷之长技以自强"的改良运动，史称"洋务运动"，即经过两次鸦片战争后，清政府为了维持其日益衰败的统治，由拥有实权的洋务派发起并推动的从西方引进机器设备、科学技术和军事装备，并采用官办、

① 习近平会见美国国防部长马蒂斯［N］. 人民日报，2018-06-28.

② 习近平. 决胜全面建成小康社会　夺取新时代中国特色社会主义伟大胜利：在中国共产党第十九次全国代表大会上的报告［M］. 北京：人民出版社，2017：51.

官督商办、官商合办等方式发展新型工业、创办近代工矿交通企业、创建海军，以及兴办一些教育事业的“自强运动”。这些运动虽然最终由于腐败统治而告失败，但也启蒙了中国人的“现代化”意识。因为“改革是在‘中学为体，西学为用’的思想指导下，御侮图强。这是现代化的局部的慢启动。”①

19 世纪下半叶，科学技术的飞速发展引起了第二次工业革命，促使资本主义迅速发展。美、德、英、法等早已建立起资本主义制度的国家位居世界前列，原本相对落后的俄国、日本等也在发展了资本主义之后迅速强大起来。甲午战争的惨败，再次唤起了中国知识分子变法图强的现代化热情。康有为、梁启超等维新派通过光绪帝发起“戊戌变法”运动，再次倡导学习西方，提倡科学文化，改革政治、教育制度，强调必须以工商立国，发展民办农业、工业、商业等。但终因变法损害到封建统治者和保守派的根本利益而遭到强烈抵制与反对。结果是光绪帝被囚，康有为、梁启超分别逃往法国、日本，谭嗣同等“戊戌六君子”被杀，历时 103 天的变法失败。戊戌变法虽然失败了，但它再次唤起了中国人的现代化意识，进而有力推动了当时中国的思想解放和社会进步。

1911 年，孙中山领导的辛亥革命推翻了两千多年的封建帝制，并建立了“共和制度”。“这是一次大的国家结构模式转换。但辛亥革命并不是西方模式的资产阶级革命，因为软弱的资产阶级并未取得政权。辛亥革命也不同于明治维新。明治维新开创了天皇制度中央集权的新局面，而辛亥革命迎来的却是权威失落、地方割据与社会失序的局面。”② 因此，尽管孙中山提出了要把半殖民地半封建社会的旧中国改造为独立富强国家的“实业计划”③ 和现代化思想，但终因地方割据和军阀混战而无法如愿推行。因此，从 1911 年辛亥革命到 1949 年新中国成立的从民主主义到新民主主义的“革命时期”，是“中国内忧外患同时加深、半边缘化与革命化同步发展的时期。国家的实效统治断裂，现代化处于自发的游离状态，被挤压在一条窄缝中断续地进行”④。

1949 年 10 月 1 日，新中国宣告成立，结束了中国近百年来的内部衰败化和半边缘化，第一次实现了国家的高度政治统一与社会稳定，标志着中国现代化运动进入了一个新的历史时期。从此，中国共产党领导人民开始了旨在

---

① 罗荣渠．现代化新论：世界与中国的现代化进程［M］. 北京：商务印书馆，2004：498.
② 罗荣渠．现代化新论：世界与中国的现代化进程［M］. 北京：商务印书馆，2004：498-499.
③ 蒋先进，肖飞．孙中山思想与中山现代化［M］. 昆明：云南大学出版社，2010：36-37.
④ 罗荣渠．现代化新论：世界与中国的现代化进程［M］. 北京：商务印书馆，2004：498-499.

“为人民谋幸福、为民族谋复兴”的社会主义现代化建设的伟大征程。

1954年6月，毛泽东针对“一穷二白”和积贫积弱的国民经济感叹：“现在我们能造什么？能造桌子椅子，能造茶碗茶壶，能种粮食，还能磨成面粉，还能造纸，但是，一辆汽车、一架飞机、一辆坦克、一辆拖拉机都不能制造。”因此，“我们的总目标，是为建设一个伟大的社会主义国家而奋斗。我们是一个六亿人口的大国，要实现社会主义工业化，要实现农业的社会主义化、机械化”①。之后，毛泽东在第一届人民代表大会第一次会议的开幕词中进一步提出：“将我们现在这样一个经济上文化上落后的国家，建设成一个工业化的具有高度现代文化程度的伟大国家。”② 因此，周恩来在《政府工作报告》中进一步提出：“如果我们不建设起强大的现代化的工业、现代化的农业、现代化的交通运输业和现代化的国防，我们就不能摆脱落后和贫困，我们的革命就不能达到目的。”这是我们党首次提出的“四个现代化”概念。1957年3月12日，毛泽东在中国共产党全国宣传工作会议上的讲话中进一步指出：“要使几亿人口的中国人生活得好，要把我们这个经济落后、文化落后的国家，建设成为富裕的、强盛的、具有高度文化的国家，这是一个很艰巨的任务。”③“我们一定会建设一个具有现代工业、现代农业和现代科学文化的社会主义国家。”④ 1959年12月到1960年2月，毛泽东在读苏联《政治经济学教科书》时更加明确地指出：“建设社会主义，原来要求是工业现代化，农业现代化，科学文化现代化，现在要加上国防现代化。”⑤ 1963年1月29日，周恩来在上海市科学技术工作会议上说：“我国过去的科学基础很差。我们要实现农业现代化、工业现代化、国防现代化和科学技术现代化，把我们祖国建设成为一个社会主义强国，关键在于实现科学技术的现代化。”⑥ 1964年12月，根据毛泽东同志的提议，周恩来总理在第三届人民代表大会第一次会议上提出，从第三个五年计划开始，分两步发展国民经济的设想，即第一步，建立一个独立的比较完整的工业体系和国民经济体系；第二步，全面实现四个现代化。

改革开放之后的1979年3月，邓小平指出：“现在搞建设，也要适合中

---

① 毛泽东．毛泽东文集：第6卷［M］．北京：人民出版社，1999：第329.

② 毛泽东．毛泽东文集：第6卷［M］．北京：人民出版社，1999：350.

③ 毛泽东．毛泽东文集：第7卷［M］．北京：人民出版社，1999：275.

④ 毛泽东．毛泽东文集：第7卷［M］．北京：人民出版社，1999：268.

⑤ 毛泽东．毛泽东文集：第8卷［M］．北京：人民出版社，1999：106.

⑥ 周恩来．周恩来选集：下卷［M］．北京：人民出版社，1984：412-413.

国情况，走一条中国式的现代化道路。”[①] 同年10月，他在中共省、市、自治区委员会第一书记座谈会上的讲话中再次指出：“所谓政治，就是实现四个现代化。我们开了大口，本世纪末实现四个现代化。后来改了个口，叫中国式的现代化，就是把标准放低一点。”[②] 同年12月，他在会见时任日本首相的大平正芳时进一步明确了“中国式的四个现代化”的内涵。他说：“我们要实现的四个现代化，是中国式的四个现代化。我们的四个现代化的概念不像你们那样的现代化的概念，而是‘小康之家’。到本世纪末，中国的四个现代化即使达到了某种目标，我们的国民生产总值人均水平也是很低的。要达到第三世界中比较富裕一点的国家的水平，比如国民生产总值人均一千美元，也还得付出很大努力。就算达到那样的水平，同西方来比，也还是落后的。所以，我只能说，中国到那时也还是一个小康的状态。”[③] 1982年8月21日，邓小平在会见时任联合国秘书长德奎利亚尔时进一步指出：“我们摆在第一位的任务是在本世纪末实现现代化的一个初步目标，就是达到小康的水平，如果能够实现这个目标，我们的情况就比较好了。更重要的是我们取得了一个新起点，再花三十年到五十年时间，接近发达国家的水平。我们不是说赶上，更不是说超过，而是接近。”[④] 这成为我国现代化建设“三步走”战略构想的“雏形”。1987年4月30日，邓小平在会见西班牙政府副首相格拉时的谈话中进一步明确指出：“我们原定的目标是，第一步在八十年代翻一番。以一九八〇年为基数，当时国民生产总值人均只有二百五十美元，翻一番，达到五百美元。第二步是到本世纪末再翻一番，人均达到一千美元。实现这个目标意味着我们进入小康社会，把贫困的中国变成小康的中国。那时国民生产总值超过一万亿美元，虽然人均数还很低，但是国家的力量有很大增加。我们制定的目标更重要的还是第三步，在下世纪用三十年到五十年再翻两番，大体上达到人均四千美元。做到这一步，中国就达到中等发达的水平。这是我们的雄心壮志。”[⑤]

根据邓小平现代化建设战略构想，1987年10月，党的十三大正式通过了社会主义现代化建设“三步走”的经济发展战略并明确指出：“党的十一届三中全会以后，中国经济建设的战略部署大体分三步走。第一步，实现国民生

---

① 邓小平．邓小平文选：第2卷［M］．北京：人民出版社，1994：163.
② 邓小平．邓小平文选：第2卷［M］．北京：人民出版社，1994：194.
③ 邓小平．邓小平文选：第2卷［M］．北京：人民出版社，1994：237.
④ 邓小平．邓小平文选：第2卷［M］．北京：人民出版社，1994：417.
⑤ 邓小平．邓小平文选：第3卷［M］．北京：人民出版社，1994：226.

产总值比 1980 年翻一番，解决人民的温饱问题。第二步，到 20 世纪末，使国民生产总值再增长一倍，人民生活达到小康水平。第三步，到 21 世纪中叶，人均国民生产总值达到中等发达国家水平，人民生活比较富裕，基本实现现代化。”①

经过 20 多年的改革开放和全国人民的努力奋斗，我们如期实现了“三步走”战略的“第二步”战略目标。因此，2000 年 10 月，党的十五届五中全会通过的《中共中央关于制定国民经济和社会发展第十个五年计划的建议》认为：“二十多年的改革开放，使我国的生产力水平迈上了一个大台阶，商品短缺状况基本结束……人民生活总体上达到了小康水平。”②

为了进一步增强小康社会建设的“含金量”并为实现“第三步战略目标”奠定更坚实的基础，党的十六大明确提出“全面建设小康社会”的奋斗目标。党的十六大报告鲜明指出：“现在达到的小康还是低水平的、不全面的、发展很不平衡的小康。”进而提出：“我们要在本世纪头二十年，集中力量，全面建设惠及十几亿人口的更高水平的小康社会，使经济更加发展、民主更加健全、科教更加进步、文化更加繁荣、社会更加和谐、人民生活更加殷实。”③

党的十八大发出“为全面建成小康社会而奋斗”的号召。党的十九大又发出“决胜全面建成小康社会”的“收官令”，并对实现“第三步战略目标”，即全面建成社会主义现代化国家，实现中华民族伟大复兴做出“两阶段”战略安排。第一个阶段，从 2020 年到 2035 年，在全面建成小康社会的基础上，再奋斗 15 年，基本实现社会主义现代化。党的十九届五中全会通过的《中共中央关于制定国民经济和社会发展第十四个五年规划和二〇三五年远景目标的建议》，更具体地确定了这一阶段经济发展的远景目标和战略任务，提出到 2035 年，我国经济实力、科技实力、综合国力将大幅跃升，经济总量和城乡居民人均收入将再迈上新的大台阶，关键核心技术实现重大突破，进入创新型国家前列；基本实现新型工业化、信息化、城镇化、农业现代化，建成现代化经济体系；形成对外开放新格局，参与国际经济合作和竞争新优势明显增强；人均国内生产总值达到中等发达国家水平，中等收入群体显著

---

① 中央文献研究室．改革开放三十年重要文献选编［M］．北京：中央文献出版社，2017：478.

② 中共中央关于制定“十五”计划的建议［EB/OL］. https：//www.cctv.com/news/china/20001019/484.html，2000-10-19.

③ 中央文献研究室．改革开放三十年重要文献选编［M］．北京：中央文献出版社，2017：1249.

扩大，基本公共服务实现均等化，城乡区域发展差距和居民生活水平差距显著缩小；人民生活更加美好，人的全面发展、全体人民共同富裕取得更为明显的实质性进展，进入高收入国家行列。第二个阶段，从2035年到本世纪中叶，在基本实现现代化的基础上，再奋斗15年，把我国建成富强民主文明和谐美丽的社会主义现代化强国。即到2050年，我国物质文明、政治文明、精神文明、社会文明、生态文明将全面提升，实现国家治理体系和治理能力现代化，成为综合国力和国际影响力领先的国家，全体人民共同富裕基本实现，我国人民将享有更加幸福安康的生活并实现全面发展，进入中等发达国家行列。从此，中国共产党人开启了进一步探索中国式现代化新道路的新时代。经过近十年全党和全国人民的奋力拼搏，我国在2021年7月1日中国共产党成立100周年的时候如愿全面建成了小康社会，历史性解决了长期困扰中国的绝对贫困问题，中国式现代化建设取得了具有里程碑意义的巨大胜利。因此，习近平在庆祝中国共产党成立100周年大会上指出："我们坚持和发展中国特色社会主义，推动物质文明、政治文明、精神文明、社会文明、生态文明协调发展，创造了中国式现代化新道路，创造了人类文明新形态。"① 党的二十大报告指出："在新中国成立特别是改革开放以来的长期探索和实践基础上，经过党的十八大以来在理论和实践上的创新突破，我们成功推进和拓展了中国式现代化。"②

（二）实现中国式现代化的现实挑战

当前，世界百年未有之大变局加速演进，国际力量对比深刻调整。同时，疫情影响深远，逆全球化思潮抬头，单边主义、保护主义明显上升，世界经济复苏乏力，局部冲突和动荡频发，全球性问题加剧，世界进入新的动荡变革期。中国国内社会主要矛盾深刻变化，改革发展稳定面临不少躲不开、绕不过的深层次矛盾，将给国家安全和实现中国式现代化带来多重挑战。

中国经济增长速度下降，不仅可能增加跨越"中等收入陷阱"的难度，而且可能因其"水落石出"效应诱致财政、金融和房地产风险"扎堆儿"爆发。这是因为中国式现代化是人口规模巨大的现代化，也是全体人民共同富

---

① 习近平．习近平谈治国理政：第4卷［M］．北京：外文出版社，2022：10.

② 习近平．高举中国特色社会主义伟大旗帜　为全面建设社会主义现代化国家而团结奋斗：在中国共产党第二十次全国代表大会上的报告［EB/OL］．新华网，2022-10-25.

裕的现代化，二者加在一起意味着中国经济总量要分别在 2035 年和 2050 年各“翻一番”以上，否则就不可能达到中等发达国家的收入水平，进而也没有实现全体人民共同富裕的物质基础。因此，实现中国式现代化需要高质量发展，也需要中高速增长。但是，由于中国经济体量越来越大，高质量发展的要求越来越高，尤其是新增人口的“剧烈下降”，中国人口潜在增长率进入下降通道。因此，中国经济能否处理好“质的有效提升和量的合理增长”的关系，进而维持较长时间的中高速增长，直接关系到中国能否真正跨越“中等收入陷阱”并稳定进入高收入国家行列。尤其需要警惕的是经济降速所带来的“水落石出”效应而诱发的财政、金融房地产等风险。对此，习近平指出：“从国内看，经济发展面临‘四降一升’，即经济增速下降、工业品价格下降、实体企业盈利下降、财政收入下降、经济风险发生概率上升。”

中国科技创新力不强的“阿喀琉斯之踵”效应，不仅直接影响经济高质量发展的“成色”，而且会拖累现代化进程。2022 年 1 月，国内科学家列出遭到西方国家卡脖子的 35 个领域的清单，不仅有芯片 EDA 软件、光刻机、操作系统、触觉传感器，而且包括高端轴承钢、重型燃气轮机、航空发动机，等等。这些都是影响中国经济高质量发展和国家安全的关键核心技术。这些发展“卡脖子”和“软肋”问题解决的进度，不仅决定着中国经济高质量发展的水平，而且深刻影响着国家安全和中国式现代化进程。

城乡区域收入分配差距仍然较大并可能导致“马太效应”，不仅会直接影响全体人民共同富裕的进程，而且会影响社会稳定和经济发展后劲。2021 年，我国东部、东北、中部与西部地区居民人均可支配收入之比仍有 1.63 倍、1.11 倍和 1.07 倍，城乡居民人均可支配收入之比为 2.50 倍，居民收入基尼系数还高达 0.466，远高于 0.3 至 0.35 的合理区间。尤其是在社会总收入中，20%的高收入家庭占比 45.8%，20%的低收入家庭仅占 4.3%。如此大的收入差距，不仅意味着实现全体人民共同富裕的难度很大，而且直接影响着人民群众的获得感和幸福感，影响中等收入人群的扩大，进而动摇社会稳定的基础。

中国碳达峰和碳中和过程加快，不仅可能产生“高质量悖论”，即由于在“双碳”过程和“智能化、数字化”过程叠加，可能导致中国“去工业化”进程加快，使传统制造业、煤炭石化钢铁等产业“早衰”，进而引发“失业加剧”、低收入群体收入下降和生活困难而导致的“费力不讨好”和“好心办坏事”的现象，而且可能诱发“合成的谬误”和“绿天鹅”风险。因为我们传统经济结构“高碳化”由来已久，并成为中国这个人口巨大、实体经济比重较高的发展中大国的突出特征，在此基础上自然形成了“高碳化”的投资结构和信贷结构。如果不分时分地分产业“差别化、渐进性”推进，不坚持“先立后破”，必然会形成“合成的谬误”，进而诱发因追求绿色低碳发展而产生的新能源危机和投资金融风险。正是由于国际国内风险挑战复杂叠加，习近平在党的二十大报告中要求我们：“必须增强忧患意识，坚持底线思维，做到居安思危、未雨绸缪，准备经受风高浪急甚至惊涛骇浪的重大考验。”①

三、中国式现代化的中心工作与实现路径

（一）实现中国式现代化的中心工作

党的二十大报告指出：“从现在起，中国共产党的中心任务就是团结带领全国各族人民全面建成社会主义现代化强国、实现第二个百年奋斗目标，以中国式现代化全面推进中华民族伟大复兴。”② 要如期完成这个中心任务和宏伟目标，全党仍要继续“牢牢把握社会主义初级阶段这个基本国情，牢牢立足社会主义初级阶段这个最大实际，牢牢坚持党的基本路线这个党和国家的生命线、人民的幸福线”③，进而始终抓牢“以经济建设为中心”这个“兴国之要”，始终抓好发展这个党执政兴国的第一要务，把高质量发展作为全面建设社会主义现代化国家的首要任务④，集中精力办好自己的事情。习近平指出：“以经济建设为中心是兴国之要，发展仍是解决我国所有问题的关键。只有推动经济持续健康发展，才能筑牢国家繁荣富强、人民幸福安康、社会和谐稳定的物质基础。”⑤

全面建设社会主义现代化国家，必须坚持“五位一体”总布局，“全面推进经济建设、政治建设、文化建设、社会建设、生态文明建设，促进现代化

① 习近平．高举中国特色社会主义伟大旗帜　为全面建设社会主义现代化国家而团结奋斗：在中国共产党第二十次全国代表大会上的报告［EB/OL］．新华网，2022-10-25.

② 习近平．高举中国特色社会主义伟大旗帜　为全面建设社会主义现代化国家而团结奋斗：在中国共产党第二十次全国代表大会上的报告［EB/OL］．新华网，2022-10-25.

③ 习近平谈治国理政：第三卷［M］．北京：人民出版社，2020：10.

④ 习近平．高举中国特色社会主义伟大旗帜　为全面建设社会主义现代化国家而团结奋斗：在中国共产党第二十次全国代表大会上的报告［EB/OL］．新华网，2022-10-25.

⑤ 中央文献研究室．习近平关于社会主义经济建设论述摘编［M］．北京：中央文献出版社，2017：3.

建设各个方面、各个环节相协调”①。但是，坚持“五位一体”总布局，不是不分基础与条件、主要矛盾与次要矛盾、矛盾的主要方面与次要方面的平均发力。根据马克思主义揭示的“生产力决定生产关系，经济基础决定上层建筑”的基本原理和客观规律，坚持以经济建设为中心始终不能动摇，经济建设是根本，是政治、文化、社会与生态文明建设，乃至实施“四个全面”战略布局的前提或基础。政治建设、文化建设、社会建设、生态文明建设、党的建设等要主动服从和服务于经济建设这个中心。只有始终抓好经济建设这个中心工作，其他工作才能更好地开展。习近平指出：“发展是基础，经济不发展，一切都无从谈起。”②“党是总揽全局、协调各方的，经济工作是中心工作，党的领导当然要在中心工作中得到充分体现，抓住了中心工作这个牛鼻子，其他工作就可以更好展开。”③

坚持以经济建设为中心，就必须把高质量发展作为全面建设社会主义现代化国家的首要任务。因为“没有坚实的物质技术基础，就不可能全面建成社会主义现代化国家”④。必须完整、准确、全面贯彻新发展理念，坚持社会主义市场经济改革方向，坚持对外开放，加快构建以国内大循环为主体、国内国际双循环相互促进的新发展格局，把实施扩大内需战略同深化供给侧结构性改革有机结合起来，增强国内循环的内生动力和可靠性，提升国际循环的质量和水平，加快建设现代化经济体系，着力提高全要素生产率，着力提升产业链、供应链韧性和安全水平，着力推进城乡融合和区域协调发展，推动经济实现质的有效提升和量的合理增长。

（二）中国式现代化的实现路径

中国式现代化是对中国特色社会主义道路的高度概括和系统总结，是坚持中国共产党领导，坚持中国特色社会主义，实现高质量发展，发展全过程人民民主，丰富人民精神世界，实现全体人民共同富裕，促进人与自然和谐

① 中央文献研究室．习近平关于社会主义经济建设论述摘编［M］．北京：中央文献出版社，2017：4.

② 中央文献研究室．习近平关于社会主义经济建设论述摘编［M］．北京：中央文献出版社，2017：9.

③ 中央文献研究室．习近平关于社会主义经济建设论述摘编［M］．北京：中央文献出版社，2017：318.

④ 习近平．高举中国特色社会主义伟大旗帜　为全面建设社会主义现代化国家而团结奋斗：在中国共产党第二十次全国代表大会上的报告［EB/OL］．新华网，2022-10-25.

共生，推动构建人类命运共同体的内在统一，进而创造人类文明新形态。这是一条人类未曾有过的现代化新路，要走好这条中国式现代化新路，必须统筹好“四个全面”战略布局，科学理性地选择实现路径。

1. 坚持和加强党的全面领导

坚持和加强党的全面领导是实现中国式现代化的政治保障。习近平指出：“全面建设社会主义现代化国家、全面推进中华民族伟大复兴，关键在党。”① 党的理论感召力、政治执行力、市场经济驾驭力、组织动员力等，直接关乎全面建设社会主义现代化国家的各项工作能否有效推进。

首先，用习近平新时代中国特色社会主义思想，尤其是习近平经济思想武装干部群众“拥有马克思主义科学理论指导是我们党鲜明的政治品格和强大的政治优势”②。“实践告诉我们，中国共产党为什么能，中国特色社会主义为什么好，归根到底是马克思主义行，是中国化时代化的马克思主义行。”③ 习近平新时代中国特色社会主义思想是中华文化和中国精神的时代精华，实现了马克思主义中国化新的飞跃，是以中国式现代化推进中华民族伟大复兴的行动指南。坚持人民至上、坚持自信自立、坚持守正创新、坚持问题导向、坚持系统观念、坚持胸怀天下是习近平新时代中国特色社会主义思想的世界观和方法论，坚持以人民为中心的发展思想，完整、准确、全面贯彻新发展理念是习近平经济思想的根本立场和理论要义。唯有用这些党的创新理论武装干部群众，并转变成广大干部群众的自觉行动，最终才能凝聚起全面建设社会主义现代化国家的磅礴力量。

其次，要坚决维护党中央权威和集中统一领导，自觉增强“四个意识”，坚定“四个自信”，做到“两个维护”。有效推进中国式现代化，必须强化“两个维护”的制度保障，健全党总揽全局、协调各方的领导制度体系，深化党和国家机构改革，建立健全党中央对重大工作的领导体制，完善推动党中央重大决策落实机制。必须加强党的政治建设，严明政治纪律和政治规矩，提高各级党组织和领导干部的政治判断力、政治领悟力、

① 习近平．高举中国特色社会主义伟大旗帜　为全面建设社会主义现代化国家而团结奋斗：在中国共产党第二十次全国代表大会上的报告［EB/OL］. 新华网，2022-10-25.

② 习近平在省部级主要领导干部“学习习近平总书记重要讲话精神，迎接党的二十大”专题研讨班上发表重要讲话，《高举中国特色社会主义伟大旗帜　奋力谱写全面建设社会主义现代化国家崭新篇章》。新华网，2022-07-27.

③ 习近平．高举中国特色社会主义伟大旗帜　为全面建设社会主义现代化国家而团结奋斗：在中国共产党第二十次全国代表大会上的报告［EB/OL］. 新华网，2022-10-25.

政治执行力。

再次，要不断提高党驾驭市场经济和领导高质量发展的能力，习近平指出："能不能驾驭好世界第二大经济体，能不能保持经济社会持续健康发展，从根本上讲取决于党在经济社会发展中的领导核心作用发挥得好不好。"① 因此，我们党必须自觉研究和遵循现代市场经济规律和高质量发展规律，有效防范资本主义市场经济的弊端，确保中国经济实现"创新成为第一动力、协调成为内生特点、绿色成为普遍形态、开放成为必由之路、共享成为根本目的的发展"②。

最后，不断提高领导干部的工作能力和领导水平。政治路线确定之后，干部就成为关键因素，要实现中国式现代化，各级领导干部特别是高级领导干部要围绕现代化建设中的重点难点问题加强学习和调研，提高把握和运用市场经济规律、自然规律、社会发展规律的能力，成为领导各方面工作的行家里手。

2. 坚持建设现代化经济体系和构建新发展格局协同推进

坚持建设现代化经济体系和构建新发展格局协同推进，是实现中国式现代化的主要路径。建设现代化经济体系和构建新发展格局，二者互为表里，内在统一于"新发展理念"，都是实现高质量发展的必然路径。习近平指出："高质量发展就是体现新发展理念的发展。"③ 因此，"推动高质量发展，就要建设现代化经济体系"④。建设现代化经济体系，一是必须突出"创新发展"要求，加快建设"创新引领、协同发展"的现代产业体系，实现实体经济、科技创新、现代金融、人力资源协调发展，使科技创新在实体经济发展中的贡献份额不断提高；二是必须突出"对内开放发展"要求，加快建设"统一开放、竞争有序"的现代市场体系，建设全国统一大市场，加快形成企业自主经营公平竞争，消费者自由选择自主消费，商品和要素自由流动平等交换的制度环境；三是必须突出"共享发展"要求，加快建设"体现效率、促进公平"的收入分配体系，实现收入分配合理，社会公平正义，基本公共服务均等化，全体人民共同富裕；四是必须突出"协调发展"要求，加快建立

---

① 中央文献研究室．习近平关于社会主义经济建设论述摘编［M］．北京：中央文献出版社，2017：325.

② 习近平．习近平谈治国理政：第3卷［M］．北京：外文出版社，2020：238.

③ 坚持新发展理念打好"三大攻坚战" 奋力谱写新时代湖北发展新篇章［N］．人民日报，2018-04-29.

④ 习近平．习近平谈治国理政：第3卷［M］．北京：外文出版社，2020：238-239.

“彰显优势、协调联动”的城乡区域发展体系，实现区域良性互动，城乡融合发展，陆海统筹整体优化，充分发挥区域禀赋优势；五是必须突出“绿色发展”要求，加快建设“资源节约、环境友好”的绿色发展体系，实现绿色循环低碳发展，人与自然和谐共生；六是必须突出“对外开放”和“安全发展”要求，加快建设“多元平衡、安全高效”的全面开放体系，发展更高层次开放型经济，构建高水平对外开放新格局；七是必须突出“市场机制有效”要求，加快构建“使市场在资源配置中起决定性作用，更好发挥政府作用”的高水平社会主义市场经济体制。

习近平指出：“贯彻新发展理念，必然要求构建新发展格局，这是历史逻辑和现实逻辑共同作用使然。”① 因此，像建设现代化经济体系一样，构建新发展格局，必须完整、准确、全面贯彻新发展理念，最终实现“经济循环的畅通无阻”和“高水平的自立自强”。为此，一要把扩大内需战略基点和坚持供给侧结构性改革战略方向有机统一起来，通过“建设全国统一大市场”和构建“制度型”高水平对外开放新格局，“打通”国内、国际供给与需求，真正形成“需求牵引供给、供给创造需求的高水平动态平衡”；二要统筹实施科教兴国和创新驱动发展战略，着力破解“卡脖子”问题。要全面加强对科技创新的部署，充分发挥新型举国体制和“揭榜挂帅”机制的“双重作用”，充分调动政府、企业、社会、科研机构和科研人才等多重积极性和创造性，形成国家创新合力，加快解决重要领域“卡脖子”技术难题，确保产业链供应链优化安全可控；三要深入实施区域城乡协调发展战略，全面推进乡村振兴。建立更加有效的区域协调发展新机制，强化举措推进西部大开发形成新格局，深化改革加快东北等老工业基地振兴，发挥优势推动中部地区崛起，创新引领率先实现东部地区优化发展。要以城市群为主体构建大中小城市和小城镇协调发展的城镇格局，加快农业转移人口市民化。要以共抓大保护、不搞大开发为导向，推动长江经济带和黄河流域高质量发展。尤其要支持资源型地区经济转型发展，加快边疆发展，确保边疆巩固、边境安全。尤其要下好乡村振兴这盘大棋，加快推进农业农村现代化，确保国家粮食安全。

3. 推进国家治理体系和治理能力现代化

坚持全面深化改革，推进国家治理体系和治理能力现代化是实现中国式现代化的内在要求。制度现代化，即推进国家治理体系和治理能力现代化，

① 习近平．论把握新发展阶段、贯彻新发展理念、构建新发展格局［M］. 北京：中央文献出版社，2021：13.

既是中国式现代化的内在要素与基本内容，也是加快推进中国式现代化进程的有力保障。改革开放以来，我们党通过发挥社会主义制度优势，借鉴市场经济等人类制度文明成果，创造了人类历史上规模最大、速度最快、持续时间最久的经济快速增长和社会保持长期稳定“两大奇迹”。这得益于我们不断深化改革开放，不断完善中国特色社会主义制度，不断完善社会主义市场经济体制和不断推进国家治理体系和治理能力现代化。因此，要最终实现全面建成社会主义现代化强国的奋斗目标，必须继续坚持全面深化改革，不断提高国家治理体系和治理能力现代化水平，为进一步解放和发展社会生产力，加快建设现代化经济体系和构建新发展格局，提供有力的制度支撑。

继续完善社会主义基本经济制度。一方面，要毫不动摇巩固和发展公有制经济，深化国有企业改革，加快国有经济布局优化和结构调整，推动国有资本和国有企业做强做优做大，提高企业核心竞争力。要毫不动摇鼓励、支持、引导非公有制经济发展，依法保护民营企业产权和企业家权益，优化民营企业发展环境，促进民营经济发展壮大；另一方面，要更充分地发挥市场在资源配置中的决定性作用，更好发挥政府作用。为此，要构建全国统一大市场，深化要素市场改革，建设高标准市场体系。

继续深化科技体制改革。一方面，要健全新型举国体制，强化国家战略科技力量，加强科技基础能力建设，优化配置创新资源；另一方面，深化科技评价体系改革，加大多元化科技投入，加强知识产权法制保障，形成支持全面创新的基础制度。

继续深化政治体制改革，发展全过程人民民主，加强人民当家做主制度保障。习近平指出：“全过程人民民主是社会主义民主政治的本质属性，是最广泛、最真实、最管用的民主。”① 因此，我们要健全人民当家做主制度体系，扩大人民有序政治参与，保障人民依法实行民主选举、民主协商、民主决策、民主管理、民主监督等基本权利。尤其要支持和保证人民通过人民代表大会行使国家权力，保证各级人大都是由民主选举产生，对人民负责，受人民监督。

继续深化文化体制改革，增强文化自信。一方面，要牢牢掌握党对意识形态工作领导权，全面落实意识形态工作责任制，广泛践行社会主义核心价值观，把社会主义核心价值观融入法治建设；另一方面，要繁荣发展文化事

---

① 习近平．高举中国特色社会主义伟大旗帜　为全面建设社会主义现代化国家而团结奋斗：在中国共产党第二十次全国代表大会上的报告［EB/OL］．新华网，2022-10-25.

业和文化产业，健全现代文化产业体系和市场体系。

继续深化社会体制改革。一方面，分配制度是促进共同富裕的基础性制度。要坚持按劳分配为主体、多种分配方式并存，构建初次分配、再分配、第三次分配协调配套的制度体系。另一方面，要健全覆盖全民、统筹城乡、公平统一、安全规范、可持续的多层次的社会保障体系，尤其要健全国家安全体系，提高公共安全治理水平，健全共建共治共享的社会治理制度。

要深化生态体制改革，积极稳妥推进碳达峰、碳中和的政策体系和标准制度建设，进而推动绿色发展，促进人与自然和谐共生。

4. 推进法治中国建设

坚持全面依法治国，推进法治中国建设。习近平指出：“全面依法治国是国家治理的一场深刻革命，关系党执政兴国，关系人民幸福安康，关系党和国家长治久安。必须发挥好法治固根本、稳预期、利长远的保障作用，在法治轨道上全面建设社会主义现代化国家。”① 因此，要完善以宪法为核心的中国特色社会主义法律体系；要扎实推进依法行政，加快法治政府建设，这是依法治国的重点任务和主体工程；要深化司法体制综合配套改革，全面准确落实司法责任制，确保严格公正司法；要加快法治社会建设，形成覆盖城乡的现代公共法律服务体系，推进多层次、多领域依法治理，提升社会治理法治化水平。

5. 以党的自我革命引领社会革命

坚持全面从严治党，以党的自我革命引领社会革命。经过党的十八大以来全面从严治党，我们解决了党内许多突出问题，但在全面建设社会主义现代化国家过程中，不仅党面临的执政考验、改革开放考验、市场经济考验、外部环境考验将长期存在，而且精神懈怠危险、能力不足危险、脱离群众危险、消极腐败危险也将长期存在。因此，必须加快完善党的自我革命制度规范体系。一要坚持制度治党、依规治党，以党章为根本，以民主集中制为核心，完善党内法规体系，形成坚持真理、修正错误、发现问题、纠正偏差的机制；二要健全党统一领导、全面覆盖、权威高效的监督体系，完善权力监督机制；三要落实全面从严治党政治责任，用好问责利器。

6. 推进国家安全体系和能力现代化

必须统筹好发展和安全，推进国家安全体系和能力现代化。习近平指出：

① 习近平．高举中国特色社会主义伟大旗帜　为全面建设社会主义现代化国家而团结奋斗：在中国共产党第二十次全国代表大会上的报告［EB/OL］．新华网，2022-10-25.

“国家安全是民族复兴的根基，社会稳定是国家强盛的前提。”① 因此，为了确保实现中国式现代化奋斗目标，一方面，必须坚持党中央对国家安全工作的集中统一领导，强化经济、重大基础设施、金融、网络、数据、生物、资源、核、太空、海洋等安全保障体系建设，健全反制裁、反干涉、反“长臂管辖”机制；另一方面，必须增强维护国家安全能力，提高公共安全治理水平，尤其要健全共建共治共享的社会治理制度，提升社会治理效能。

参考文献

[1] 何传启．什么是现代化 [J]．中外科技信息，2001 (1)．

[2] 罗荣渠．现代化新论：世界与中国的现代化进程 [M]．北京：商务印书馆，2004．

[3] 杜玉华．新动力、新道路、新形态：中国改革开放的世界意义 [J]．马克思主义与现实，2019 (1)．

[4] 高晓林，周克浩．中国式现代化新道路的建构及其世界意义 [J]．厦门大学学报 (哲学社会科学版)，2022 (2)．

[5] 杨章文．论中国式现代化道路的整体性逻辑 [J]．探索，2022 (1)．

[6] HUNTINGTON S P. The change to change：modernization development and politics [J]. Comparative Politics. 1971，3 (3)：283-322.

[7] 洪银兴．论中国式现代化的经济学维度 [J]．管理世界，2022 (4)．

[8] 徐坤．中国式现代化道路的科学内涵、基本特征与时代价值 [J]．求索，2022 (1)．

[9] 韩保江，邹一南．中国小康社会建设 40 年：历程、经验与展望 [J]．管理世界，2020 (1)．

[10] 胡鞍钢．中国式现代化道路的特征和意义分析 [J]．山东大学学报 (哲学社会科学版)，2022 (1)．

[11] 林进平．中国式现代化是推进中华民族伟大复兴的必由之路 [J]．中山大学学报 (社会科学版)，2022 (3)．

[12] 王灵桂．全面建成小康社会与中国式现代化新道路 [J]．中国社会科学，2022 (3)．

[13] 习近平．论把握新发展阶段、贯彻新发展理念、构建新发展格局 [M]．北京：中央文献出版社，2021．

[14] 周丹．社会主义市场经济条件下的资本价值 [J]．中国社会科学，2021 (4)．

---

① 习近平．高举中国特色社会主义伟大旗帜 为全面建设社会主义现代化国家而团结奋斗：在中国共产党第二十次全国代表大会上的报告 [EB/OL]．新华网，2022-10-25．

[15] 罗红杰．中国式现代化的百年实践、超越逻辑及其世界意义 [J]. 经济学家，2021 (12).

[16] 韩喜平．郝婧智．人类文明形态变革与中国式现代化道路 [J]. 当代世界与社会主义，2021 (4).

[17] 韩保江．论习近平新时代中国特色社会主义经济思想 [J]. 管理世界，2018 (1).

中国共产党“国强民富”思想的理论嬗变与实践探索

黄茂兴　叶　琪
福建师范大学

摘要：中国共产党带领中国人民在追求“国强民富”的奋斗历程中，形成了较为丰富的“国强民富”思想，成为中国特色社会主义理论体系的重要组成部分。在这一思想指导下，中国共产党带领中国人民经过革命、工业化、改革、发展市场经济、高质量发展等艰苦卓绝的探索实践，实现综合国力显著提升、人民生活从贫困到总体小康的历史性跨越的“国强民富”的伟大成就，彰显了“国强民富”思想在中国共产党执政理念、理论创新、目标追求中表现出的重要特征。100 年来，中国共产党践行“国强民富”思想形成了坚持马克思主义为思想指南，坚持中国共产党领导为根本保证，坚持改革开放为必由之路，坚持以人为本为坚强基石，坚持和平稳定为重要支撑等宝贵经验。

关键词：建党百年　中国共产党　“国强民富”思想　理论嬗变　实践探索

近代以来，中华民族历经磨难，承载着中华民族要发展、要强盛的历史责任和期望，中国共产党带领全国各族人民，以彻底的革命精神和蓬勃的创造力量，积极投身革命、建设、改革的时代洪流，为实现民族独立、人民解放、国家富强和人民幸福做出了不可磨灭的贡献。历史雄辩地证明，中国共产党是推动我国实现“国强民富”的根本力量，是中国特色社会主义伟大事业的胜利之本。在波澜壮阔的 100 年成长历程中，中国共产党无论是在枪林弹雨的革命战争年代，还是挫折起伏的社会主义道路探索阶段，抑或是关系中国前途命运的改革开放新形势下，始终坚守着为中国人民谋幸福，为中华民族谋复兴的“国强民富”的初心本意，并在历经千锤百炼的成长中更加坚定这一政策主张。本文回顾了 100 年来中国共产党“国强民富”的治国思维和执政理念，以及在这一思想主导下我国综合国力和人民生活水平取得的巨

注：本文原载《管理世界》2021 年第 11 期。

大成就，总结了“国强民富”思想的重要特征和经验启示，彰显了中国共产党人对近代以来我国经济社会发展所处的历史方位的清晰认识和历史使命的科学把握。

一、中国共产党“国强民富”思想的理论渊源

国家产生以来，“国强民富”思想相伴而生，虽然不同时代和不同阶级对“国强民富”思想的内涵与实现途径的阐释不尽相同，但都代表着某一阶级的意愿和目标。纵观人类历史发展，特别是在阶级统治社会里，“国强”而“民不富”的例子比比皆是，巨大的贫富差距成为国家从兴盛走向衰亡的加速器。在一些资源、能源丰富的国家和地区，“民富”而“国不强”的例子也不在少数，它们反而成为霸权国家争夺的焦点。可见，“国强”和“民富”是不可分割的有机统一体，“国强”是“民富”的前提和保障，“民富”是“国强”的基础和体现。然而，在经济发展的不同阶段，“国强”与“民富”的重心有所不同，一般而言，在经济发展水平较低阶段，先集中有限资源提升综合国力，积累丰富的物质资源，打造安全稳定的发展环境，在经济发展和国家实力达到一定程度后，转向更加关注人民生活水平的普遍提高。“国强民富”是一个相互促进、协同提升的过程，要把这样的发展理念和规律转化为现实行动，关键取决于执政者对国与民关系的认识程度，取决于是否将其融入执政理念。中国共产党是拥有崇高理想追求的马克思主义政党，始终把人民利益摆在至高无上的地位，中国共产党带领中国人民实现了从站起来、富起来到强起来的伟大飞跃，创造了“国强民富”的历史奇迹和时代奇迹，彰显了中国共产党领导的独特优势。中国共产党擅于从历史中汲取智慧，古代“要强国，先富民”的思想，近代“求强国，为富民”的思想，以及马克思主义的“靠人民，谋民利，建强国”的思想，都奠定了中国共产党“国强民富”思想的深厚根基，也为中国共产党科学地借鉴和继承这些思想提供了强大的思想武器。

（一）古代“要强国，先富民”的思想

自古以来，“国”与“民”是不可分割的统一体，“国强”与“民富”的思想相伴而生，在充满王权和私欲的阶级社会里，“国强”被置于核心地位，但“民富”被认为是实现“国强”的重要途径。在2000多年前，一些政治家、思想家就阐述了治国必须先富民的思想和富民与强国的关系。春秋时期，

孔子提出“足食、足兵”等治国方略，主张“均无贫，和无寡，安无倾”；荀子也提出“下贫则上贫，下富则上富”的思想；战国时期，《管子·治国》篇提道：“凡治国之道，必先富民。民富则易治也，民贫则难治也。……是以善为国者，必先富民，然后治之。”东汉赵晔在《吴越春秋·勾践归国外传》中最早使用了民富国强的提法：“越王内实府库，垦其田畴，民富国强，众安道泰。”南宋时期的思想家陈亮认为，政府的一大职责在于富民，只有民富，才能实现国富，这一思想在明清进步思想家唐甄所提出的“富民养民”思想中也得到体现。古代的“要强国，先富民”的思想对巩固当时的阶级统治起到了积极的作用，如两汉初期的休养生息政策及由此出现的“文景之治”“光武中兴”，唐朝前期的开明政策及随之出现的“贞观之治”“开元盛世”，等等。但在封建阶级统治下，“富民”只是“强国”的手段，是统治阶级为了调和矛盾以便能剥削得更多，所以，历史上的“鼎盛时代”往往难以持续。

（二）近代“求强国，为富民”的思想

中国近代史是中华民族饱受列强屈辱的历史，在饱尝“落后就要挨打”的苦痛之后，中国人开始抛弃“夜郎自大”和“闭关锁国”的错误思想，在民族危难关头，尖锐的民族矛盾激起无数有识之士开始探寻救国救民之路，而强国成为他们首要的目标。林则徐和魏源是近代中国“开眼看世界”的倡导者，主张“师夷长技以制夷”，即学习西方的先进技术实现富国强兵，抵御列强入侵。在这一思想的影响下，以曾国藩、李鸿章、左宗棠、张之洞等为代表的当权统治集团开始把西方科技与新式工业引入中国，开创了近代第一轮求强求富的洋务运动，同时还提出了为政要先利民的主张，主张政府应更多关注经济领域。洋务运动以后，以严复为首的早期维新派人士逐步意识到振兴工商业是国家富强之道、立国之本，郑观应提出同列强要“决胜于商战”，马建忠认为“民富，商务为首”，康有为主张“吾欲恢张利源，整顿商务”，通过发展商业，促进民富，进而推动国强。甲午战争的失败昭示了洋务运动的失败，资产阶级改良派开始主张自上而下的改革，以进化论为哲学基础，主张“君民同体”，设计了一个大同世界，资产阶级改良派将“强国富民”和“开明智”结合在一起，反对愚民政策，实业家张謇还主张“富民强国之本，实在于工”。“百日维新”失败后，资产阶级从改良转向革命，孙中山先生“三民主义”的政治主张充分体现了民富的思想，“三民主义是为人民而设的，是为人民求幸福的”[1]。特别是民生主义理论把提高人民富有程度列为革命纲领。1911 年爆发的辛亥革命，其目的就是实现资本主义工业化。

1924年，《中国国民党第一次全国代表大会宣言》在回顾辛亥革命时写道：“革命之目的……得从事于改造中国……政治方面，由专制制度过渡于民权制度；经济方面，由手工业的生产过渡于资本制度的生产。”总而言之，近代有识之士在反帝反封建、寻求民族独立中萌生了“国强民富”思想，虽然产生于民族主义矛盾异常尖锐的时代，带有强烈的民族主义色彩，但充分表达了追求国家富强和人民富裕的强烈愿望，并在汲取资本主义发展经验基础上，对如何实现这一愿望进行了探索。在求强之路的探索中，“强国”更多表示政治上的独立，而“富民”也被赋予了物质之外的政治含义。由于这一时代主张走资本主义道路，因此，这一时期的“国强民富”是以资产阶级利益为出发点的。

（三）马克思主义“靠人民，谋民利，建强国”的思想

创立于19世纪工人运动基础之上的马克思主义理论体系，是无产阶级及其政党认识世界和改造世界的锐利思想武器。早期的马克思主义在对未来共产主义社会的设想中，虽然没有直接提及“国强民富”，但强调在无产阶级专政的国家里，人民利益摆在首位，民富与人民利益在本质上是一致的。马克思主义一诞生就阐明了只有依靠由广大人民结成的无产阶级才能真正地为人民谋福利，实现人民当家做主，无产阶级从社会最底层被提升至最高的地位。《共产党宣言》明确指出：“过去的一切运动都是少数人的或者为少数人谋利益的运动。无产阶级的运动是绝大多数人的、为绝大多数人谋利益的独立的运动。”共产党人“没有任何同整个无产阶级的利益不同的利益”[2]。列宁在领导俄国革命和建设的过程中，坚持把共产党为工人阶级和广大人民群众谋利益的思想作为俄国共产党的唯一宗旨，“承认反对专制制度、争取政治自由的斗争是工人政党的首要政治任务，这是非常必要的，但是我们认为要说清楚这项任务，首先应该说明目前俄国专制制度的阶级性质，说明推翻这个制度之所以必要，不仅是为了工人阶级的利益，也是为了整个社会发展的利益”[3]。马克思主义的“国强民富”思想是最无私、最大众化的，真正体现了最广大人民的根本利益，并且明确提出实现“国强民富”的途径是依靠广大人民组成的无产阶级。这也注定了在马克思主义与中国工人运动相结合中诞生的中国共产党，必须肩负起实现最广大人民根本利益的重大责任。

此外，中国共产党从诞生之日起亲眼看到工业革命虽然使资本主义国家成为强大的工业国，巩固了资产阶级的统治，但是并没有改变其对他国侵略和掠夺的本性，无法克服资本主义的基本矛盾，无法摆脱周期性经济危机的

困扰，反而加深了无产阶级的贫困化。西方的所谓强国富民思想与中国共产党的宗旨和社会主义制度的本质格格不入，改良的资本主义道路在中国也走不通，中国共产党更加坚信，只有坚持以马克思主义为指导，汲取先哲们的智慧，走社会主义道路才能真正实现“国强民富”。

二、100年来中国共产党“国强民富”思想的战略演变

100年来，中国共产党带领中国人民改变了中国历史发展的航向，缔造了新中国，开辟出中国特色社会主义道路。中华人民共和国成立以后，从弱到强的发展过程就是中国共产党追求“国强民富”的奋斗过程，每一次理论的突破和创新，每一次政策的实施和完善都会带来对“国强民富”认识的新飞跃。

（一）革命求强求富（1921—1949年）

建党之初，中国共产党就认识到，在半殖民地半封建的旧中国，人民幸福、民族复兴根本无从谈起。1922年1月，中国社会主义青年团中央的第一个机关报《先驱》发刊词指出：必须把“努力研究中国的客观的实际情形，而求得一最合宜的实际的解决中国问题的方案”当作“第一任务”。只有通过革命的手段带领人民推翻帝国主义、封建主义、官僚资本主义的统治，才能建立起一个独立、自由、民主、统一的新中国，才能实现现代化。1922年，党的二大第一次明确提出了彻底地反帝反封建的民主革命纲领，并明确提出采取发动和依靠群众的方法，构建起革命坚实的基础。大革命失败后，中国共产党确定了实行土地革命和武装起义的方针，创造性地开辟了一条以农村包围城市，最后夺取全国政权的革命道路。虽然这一时期是以革命为主，但是，毛泽东等共产党人已经关注经济建设问题，如对于如何推动生产力发展的问题，毛泽东认为，在农村和战争条件下，根据地首先应重视发展生产力，一定要采取适当的步骤和方法，帮助人民发展农业、畜牧业、手工业、盐业和商业，使人民在有所失的同时又有所得，并且所得大于所失，这样人民才能支持长期的革命斗争[4]。对于根据地的经济建设，要以“争取国营经济对私人经济的领导，造成将来发展到社会主义的前提”为原则；整个“国民经济，是由国营事业、合作社事业和私人事业这三方面组成的”[5]。对于工业化问题，1945年4月，在延安召开的中共七大上，毛泽东提出了“没有工业，便没有巩固的国防，便没有人民的福利，便没有国家的富强”，毛泽东还论述

了工业化与民主革命、资本主义经济的关系[6]。这些经济理论的提出不仅为制定中国共产党的政策、红军战略和建设根据地政权提供了依据，也为建立新民主主义经济理论打下了基础。虽然这一时期的思想主张主要是为革命服务，但却始终立足于广大人民群众，立足于整个国家经济的建设与发展，反映出中国共产党领导的民主革命的最终目的，是建立起独立、民主、富强的国家，实现人民当家做主，使劳苦大众过上幸福的生活。

（二）工业求强求富（1949—1978 年）

中华人民共和国成立后，根据马克思主义和苏联的建国模式，中国共产党意识到要将工作的重心从革命转移到经济建设中来，“落后就要挨打”的教训，西方国家通过工业化迅速强大的事实，资产阶级改良派和革命派对工业化探索的基础，苏联工业化发展的借鉴，等等，使得中国共产党毅然决然地选择了走工业化道路，寄希望于通过工业化迅速改变落后的面貌，使国家能在短期内强大起来。1951 年 12 月，毛泽东指出：“从一九五三年起，我们就要进入大规模的经济建设了，准备以二十年时间完成中国的工业化。完成工业化当然不只是重工业和国防工业……但是首先重要并能带动轻工业和农业向前发展的是建设重工业和国防工业。”[7] 1953 年 8 月，毛泽东在修改中央财经会议结论时，正式提出了党在过渡时期的总路线，其核心就是实行社会主义工业化。1953 年，我国进入“一五”计划时期，在此期间“社会主义工业化是我们国家在过渡时期的中心任务，而社会主义工业化的中心环节，则是优先发展重工业”[8]。这种快速追求工业化的战略就是试图在较短时间内建立拥有强大国防力量的社会主义强国，并最终进入共产主义，但这一思想偏离了中国经济基础较弱和资源不足的实际，“大跃进”时期轰轰烈烈的“赶英超美”“大炼钢铁”等运动导致浪费巨大，国民经济陷入危机。三年经济调整之后，党中央总结了中华人民共和国成立以来工业化的经验教训，1964 年 12 月，周恩来在三届全国人大一次会议上的《政府工作报告》中第一次提出了对后来影响颇大的“四个现代化”目标和任务：“今后发展国民经济的主要任务，总的说来，就是要在不太长的历史时期内，把我国建设成为一个具有现代农业、现代工业、现代国防和现代科学技术的社会主义强国，赶上和超过世界先进水平。”然而，由于对战争形势的高估以及受“文化大革命”错误路线的干扰，原有的经济发展思路并没有得到有效贯彻，经济建设由于要服从政治运动而遭到严重破坏，甚至出现倒退。

这一阶段的“国强民富”思想主要体现了追求工业化的迫切愿望，更加突出国家的建设。1955 年 7 月，毛泽东在《关于农业合作化问题》的报告中指出："逐步地实现对整个农业的社会主义改造，即实现合作化，在农村消灭富农经济制度和个体经济制度，使全体农村人民共同富裕起来。"[9] 这是党内第一次明确提出"共同富裕"的思想主张，但是却片面地强调了农村发展而忽视了城市建设。这一阶段在社会主义探索道路上的波折和反复基本没有给人民生活带来多大的改善，但也赋予了人民当家做主的权力，执政党第一次真正代表人民的根本利益，为后来的工业化建设奠定了基础。

（三）改革求强求富（1978—1992 年）

1978 年十一届三中全会以后，中国共产党确立了解放思想、实事求是的思想路线。在中国共产党的领导下，发展经济成为最紧迫的任务，邓小平再三强调："我们坚持社会主义，要建设对资本主义具有优越性的社会主义，首先必须摆脱贫穷。"1979 年，邓小平会见日本首相大平正芳，首次提出了"小康"的概念，这一思想经过完善，中共十三大正式确立了"三步走"战略，提出基本实现现代化的战略目标和步骤。中国共产党立足中国发展的国情，总结社会主义探索过程中的经验教训，开创了具有中国特色的"国强民富"之路，其中改革开放成为最大的动力。"要发展生产力，经济体制改革是必由之路。"1992 年，邓小平在南方谈话中明确指出："社会主义基本制度确立以后，还要从根本上改变束缚生产力发展的经济体制，建立起充满生机和活力的社会主义经济体制，促进生产力的发展。"[10] 始于农村的经济体制改革，以及随后带动的城市经济体制改革，直到党的十四大确立了建立社会主义市场经济的改革方向。这一系列的改革举措都体现了中国共产党要通过不断解放和发展生产力实现"国强民富"的坚定决心。与中华人民共和国成立后的前 30 年相比，这一时期人民的生活水平得到了明显提高，邓小平继承和发展了毛泽东的共同富裕思想，提出了有中国特色的共同富裕理论。他多次指出："社会主义的目的就是要全国人民共同富裕，不是两极分化。""我们奋斗了几十年，就是为了消灭贫困""使人民生活比较富裕"[11]。为了实现这一目标，邓小平审时度势，选择了合理拉开差距，摆脱贫困，非均衡发展的"先富带动后富"，最终达到共同富裕的发展道路。

这一时期中国共产党领导经济建设始终围绕"国强民富"的目标，这是中国共产党成立以来真正找到了适合中国发展的道路，也推动了共产党人关于"国强民富"思想的发展和升华，尤其是 1992 年，邓小平在南方谈话中，对社会主义本质的著名论断——“解放生产力，发展生产力，消灭剥削，消除两极分化，最终达到共同富裕”，是这一时期“国强民富”思想最直接最深刻的总结。虽然这一时期“国强民富”的思路和实现路径突破了传统马克思主义所设想的方式，但却是适合中国国情的，中国真正开始走上“国强民富”之路。虽然其中的不均衡发展思路引发了后来发展中出现的贫富差距和地区差距等问题，但这是我国特有国情下不可避免的，是社会主义现代化建设所必须经历的阵痛，需要将差距控制在一定范围内。

（四）市场求强求富（1992—2012年）

我国初步建立了社会主义市场经济体制之后，特别是随着改革开放的不断深入，经济发展和制度变革遇到了许多新问题和新挑战，客观要求中国共产党必须本着科学发展的理念不断进行思想理论创新，无论是“三个代表”重要思想还是科学发展观，都是结合新的经济社会发展形势，以动态和联系的眼光从内涵和外延上进一步深化拓展对“国强民富”思想的认识，也是在国家经济发展到一定阶段、人民温饱问题得到基本解决后，中国共产党在“国强民富”问题上进行的重新思考：中国共产党不单要从经济层面，还要从政治、社会、文化等层面对“国强民富”战略进行综合性调整，使其实现路径更加多样化、协调化。1995年5月6日，国务院颁布的《中共中央国务院关于加速科学技术进步的决定》，提出了科教兴国的战略构想，此后，科技、教育、自主创新等战略被反复提及。面对人类社会发展的新走向和国际竞争的新趋势，党中央在十五大报告中制定了新“三步走”战略，更加明确了到21世纪中叶建国100周年时，基本实现现代化，建成富强民主文明的社会主义国家。2002年11月8日，中国共产党召开了第十六次全国代表大会，提出了新世纪头20年全面建设小康社会的宏伟目标，同时还提出了要走科技含量高、经济效益好、资源消耗低、环境污染少、人力资源优势得到充分发挥的新型工业化道路。2003年，中共十六届三中全会提出了“以人为本”的科学发展观，提出要以“五个统筹”全面协调中国社会经济发展；2004年，中共十六届四中全会又提出了构建社会主义和谐社会的构想。2007年，党的十七大强调，要更好实施科教兴国战略、人才强国战略、可持续发展战略，着力把握发展规律、创新发展理念、转变发展方式、破解发展难题，提高发展质量和效益，实现又好又快发展，为发展中国特色社会主义打下坚实基础。2010年，党的十七届五中全会特别强调“坚持把保障和改善民生作为加快转变经济发展方式的根本出发点和落脚点”，要“坚定不移地走共同富裕道路，使发展成果惠及全体人民”，保障和改善民生成为经济发展的重中之重，也意味着要让民众能够分享经济发展带来的成果，这才是实现真正意义上的“国强民富”。

（五）发展求强求富（2012 年至今）

随着改革进入攻坚期和深水区，传统经济发展动能不断弱化，对中国共产党领导经济发展能力形成了巨大考验。党的十八大以来，以习近平同志为核心的党中央开展一系列理论创新、制度创新和实践创新，党的十九大更是做出了我国经济已由高速增长阶段转向高质量发展阶段的重要论断。高质量发展意味着“国强民富”有了更高层次的追求，发展动力从依靠资源要素投入转向更多依靠科技创新，人民日益增长的美好生活需要不仅包括物质层面，也包括文化、生态、安全等更广泛的幸福感和获得感。中国共产党积极推动认真落实五大发展理念，部署三大攻坚战。习近平提出，实现中华民族伟大复兴，如期实现“两个一百年”奋斗目标，就是中华民族近代以来最大的梦想。而实现中华民族伟大复兴的“中国梦”归根结底也是人民的梦。人民是中国梦的主体，是中国梦的创造者和享有者。党的十八大以来，以习近平同志为核心的党中央坚持以人民为中心的发展思想，认真落实五大发展理念，创造性地开展工作，“人民有所呼、改革有所应”的全面深化改革，“不让一个人掉队”的精准扶贫，“向群众身边不正之风和腐败问题亮剑”的反腐败斗争，“给子孙后代留下天蓝、地绿、水净的美好家园”的生态文明建设……始终强调“把人民放在心中最高位置”，始终坚持“人民对美好生活的向往，就是我们的奋斗目标”，我们才能在 960 多万平方公里的大地上，书写下温暖人心的中国故事。我国经济社会各项事业取得了骄人的成绩，广大人民群众有了更多获得感。以脱贫攻坚为例，党的十八大以来，以习近平同志为核心的党中央，从全面建成小康社会要求出发，领导脱贫攻坚战取得了全面胜利，现行标准下 9 899 万农村贫困人口全部脱贫，提前 10 年实现联合国 2030 年可持续发展议程的减贫目标，创造了世界减贫史上的奇迹，世界上没有哪个国家能在这么短的时间内帮助这么多的人脱贫。中国共产党以巨大的政治勇气和强烈的责任担当完成了第一个百年奋斗目标，接续开启了全面建设社会主义现代化国家的新征程，带领广大人民从脱贫奔向致富，进入以高质量发展引领实现更高水平“国强民富”的新时代。

中国共产党成立百年来，由小到大、从弱到强，团结带领人民攻克了一个又一个看似不可攻克的难关，取得了一个又一个伟大的胜利。根本原因在于，中国共产党始终与人民心心相印，与人民同甘共苦，与人民一道团结奋斗。顺应人民求幸福、民族求复兴的潮流，站在最广大人民一边，站在历史正确的一边，就能始终拥有面向未来、面对挑战、永立潮头的不竭动力。

可以说，经过改革开放40多年的财富积累，我国实现“民富”的条件基本成熟，民生问题得到前所未有的关注，长期以来的不平衡发展战略造成的区域差距、城乡差距、贫富差距等是制约“国强民富”目标实现的障碍，也是经济发展到一定阶段必然要进行的调整。但这是在经济发展水平处于较高阶段的战略调整，中国共产党坚定地选择了加快转变发展方式，加快推动高质量发展，站在新的起点上开启了由大国通向强国的大门，吹响了广大人民从温饱迈向富裕的康庄大道的行动号角。

三、100年来中国共产党“国强民富”思想的实践成效

中国共产党在100年的艰难探索中，有过彷徨和迷失，也经历了无数的困境和阻挠，但一刻也没有停止对“国强民富”目标的执着追求，一刻也没有失去必达目标的信念。100年来，中国共产党在艰难实践中探寻了一条适合中国国情、顺应世界发展潮流的“国强民富”的实现之路，积累了独具中国特色的丰富经验，形成了具有中国特色的“国强民富”思想理论体系，在这一思想的指导下，我国综合实力明显增强，国际地位和影响力显著提高，人民生活发生了翻天覆地的变化，中国共产党带领广大人民践行“国强民富”思想在历程上铭刻在历史的丰碑上。

（一）经济综合实力实现由弱到强　国际影响力显著提高

新中国在成立初期开始着手进行经济恢复与建设，生产力水平不断提高，经济增长迅速，经济实力不断增强。从1952年开始制订经济发展“五年计划”算起，目前已经制订并实施了10个“五年计划”和四个“五年规划”，从表1可以看出我国各个五年计（规）划时期工农业总产值和国内生产总值总量，改革开放前经历的5个五年计划，GDP总量和工农业总产值都实现翻两番；改革开放后，经济增长速度更快，“十三五”时期GDP总量是“十五”时期的6.26倍，是改革开放初期（“五五”时期）的242倍。如今，我国的GDP总量已经位居世界第二位，为建设成为现代化强国奠定了坚实的经济基础。

表 1 新中国各计（规）划时期 GDP 总量和工农业总产值

计（规）划时期	GDP 总量（亿元）	工农业总产值（亿元）
“一五”（1953—1957）	4 697. 9	3 118. 9
“二五”（1958—1962）	6 624. 4	4 312. 9
“三五”（1966—1970）	9 668. 9	6 879. 9
“四五”（1971—1975）	13 632. 7	9 887. 6
“五五”（1976—1980）	18 605. 4	13 619. 7
“六五”（1981—1985）	32 707. 5	23 139
“七五”（1986—1990）	73 783. 8	47 080. 1
“八五”（1991—1995）	194 850. 7	117 174. 6
“九五”（1996—2000）	427 568. 6	245 942. 5
“十五”（2001—2005）	719 161. 6	384 247. 8
“十一五”（2006—2010）	1 569 412. 4	799 093. 2
“十二五”（2011—2015）	2 951 904. 7	136 3261
“十三五”（2016—2020）	4 504 563. 2	140 6961（2016—2019）

资料来源：国家统计局数据库。

与 GDP 总量增长相对应，我国人均 GDP 也呈现逐年增长的趋势（见图 1），1949 年，我国人均 GDP 约为 76. 5 元，两年之后超过 100 元，1958 年达到 201 元，但是由于社会主义经济探索阶段的挫折和反复，人均 GDP 增长较慢，波动较大，直到 1973 年才超过 300 元。改革开放后，人均 GDP 显著增长，2003 年突破万元大关以后，2007 年突破 2 万元大关，2015 年突破 5 万元大关，至 2019 年已突破 7 万元大关。受制于我国人口众多的约束，我国人均 GDP 指标在国际上排位还比较靠后，但是目前仍处于增长加速阶段，与发达国家间的差距不断缩小，表明国家总体经济实力不断增强。

国家财政收入增长迅速，政府对经济和社会发展的调控能力日益增强（见图 2）。1950 年，我国财政收入只有 62 亿元，1951 年上升到 125 亿元，此后经过 27 年的缓慢增长，1978 年财政收入上升到 1 132 亿元。改革开放以后，随着经济总量的迅速扩张，我国财政收入加速增长，到 1999 年，财政收入增加了 10 多倍，达到 11 444 亿元。进入新世纪，财政收入连续跨越新台阶，2010 年，国家财政收入超过 8 万亿元，达到 83 101. 51 亿元；2019 年，国家财政收入为 190 390 万亿元，即将突破 20 万亿元大关，2019 年比 1950 年增长了 3 070 倍；2020 年由于受新冠肺炎疫情的突发影响，财政收入有所下降，但这只是偶然和暂时的，财政收入长期仍呈上升趋势。国家财政收入的迅速增加，有效提高了政府的宏观调控能力，社会主义集中力量办大事的优势得到充分发挥。

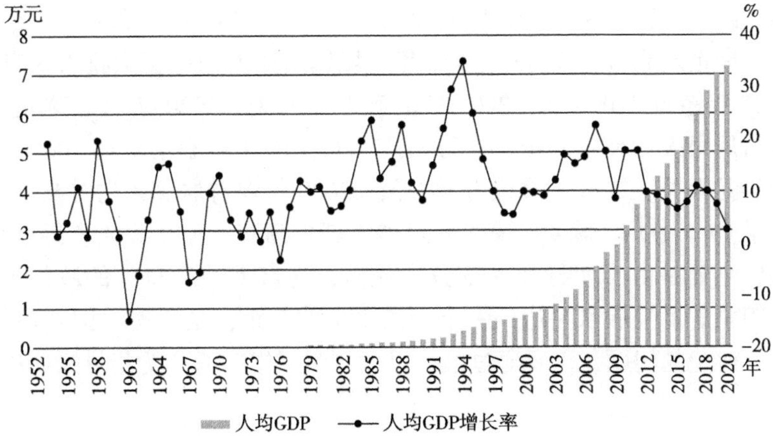

图 1 1952—2020 年各年人均 GDP 及增长率

资料来源：国家统计局数据库。

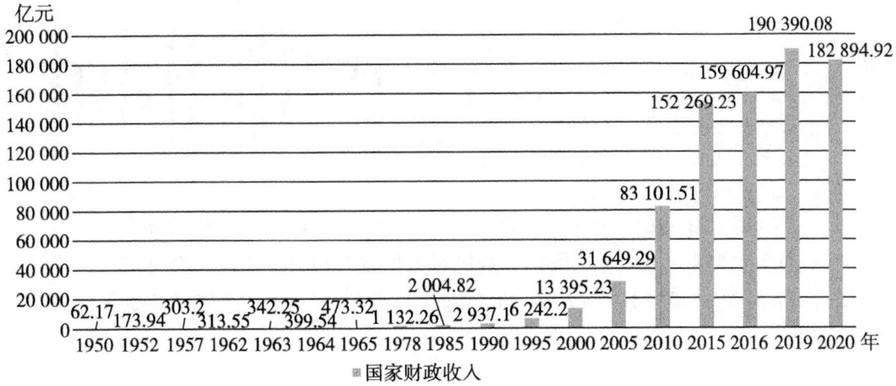

图 2 1950—2020 年主要年份国家财政收入

资料来源：国家统计局数据库。

（二）人民生活实现由贫困到全面小康的历史性跨越

在改革开放前的计划经济时代，工资由国家统一制定，并且在长期内保持稳定，城镇居民收入增长缓慢，农村实行公社集体制，农民生产积极性不高，同时为了支持工业的发展，长期以牺牲农业生产为代价，农民收入水平始终处在较低水平。改革开放后，随着经济体制改革的推进，中国共产党“国强民富”的思想逐步冲破体制束缚，经济效应得到充分释放，城乡居民人均收入不断创新高（见图3）。1978 年，城镇居民人均可支配收入只有 343.4 元，1987 年超过 1 000 元，2005 年突破万元大关，2020 年已经达到 43 834 元；农村居民人均纯收入 1957 年只有 73 元，1964 年刚刚超过 100 元，1994 年突破千元大关，2014 年突破万元大关，2020 年农村居民人均可支配收入已经达到了 17 131 元。城乡居民收入虽然不断创新高，但是收入差距也呈扩大的趋势，主要是由于实行“一部分人先富，先富带动后富”的政策导致的。这种差距是居民生活水平达到一个较高水平的差距，是实现“国强民富”道路上不可避免的问题，需要通过继续以“国强民富”思想为指导来解决。

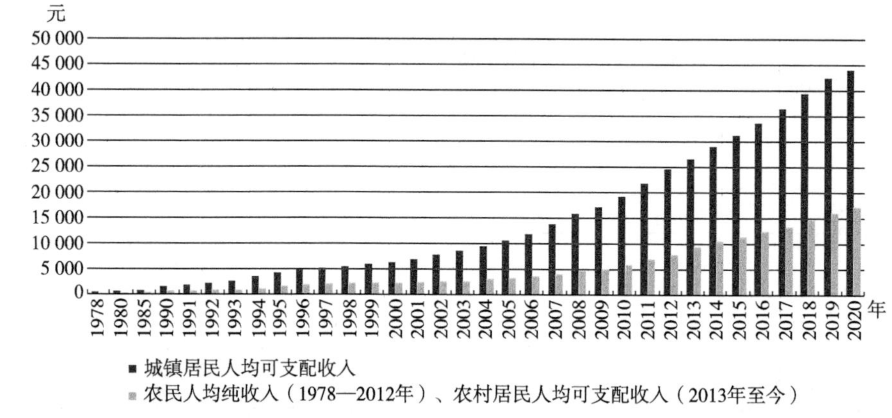

图 3　1978—2020 年我国城乡居民可支配收入和农村居民人均纯收入

资料来源：历年《中国统计年鉴》，从 2013 年起由于国家统计局统计范围和统计方法改变，统计口径有所变化。

居民收入的快速增长也带动了居民储蓄存款总额不断提高，而居民储蓄存款的快速增长又为经济发展提供了充足的资金来源（见图 4）。2019 年年末，居民人民币储蓄存款余额 813 017 亿元，比 1952 年增长了 9 万多倍。居民储蓄存款庞大的规模反映了居民的财富力量不断积聚。

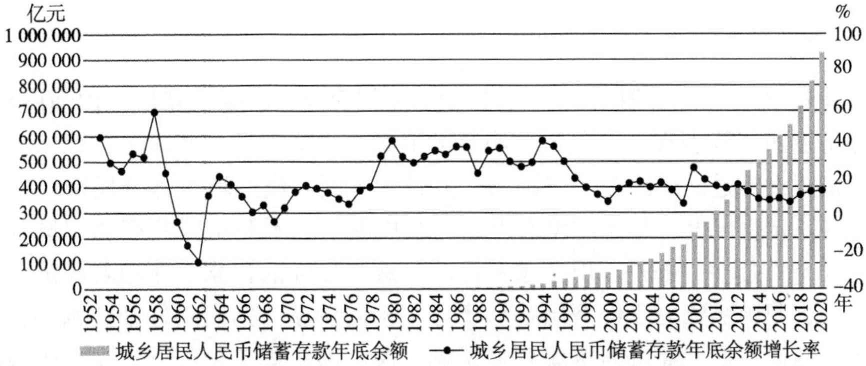

图 4　1952—2020 年居民储蓄存款总额及增长趋势

资料来源：国家统计局数据库，历年国民经济和社会发展统计公报。

随着居民收入水平的提高，人们的消费水平也不断提高，城乡商品交易市场繁荣活跃，商业经济保持良好发展态势，人民生活质量持续改善（见图 5）。2020 年，全年社会消费品零售总额 391 981 亿元，比 1952 年增长了 1 470 多倍。2019 年，城镇居民人均消费支出比 1952 年增长了 231 倍，年均增长 8.75%；农村居民人均消费支出比 1952 年增长了 233 倍，年均增长 8.75%。消费水平提高的同时，居民的消费结构也不断完善，从恩格尔系数看，2019 年城镇居民恩格尔系数为 27.6%，比 1978 年下降了 29.9 个百分点，农村居民恩格尔系数为 30.0%，比 1978 年下降了 37.7 个百分点，广大人民的物质需求已经基本得到满足，开始步入追求生活质量的消费时代。

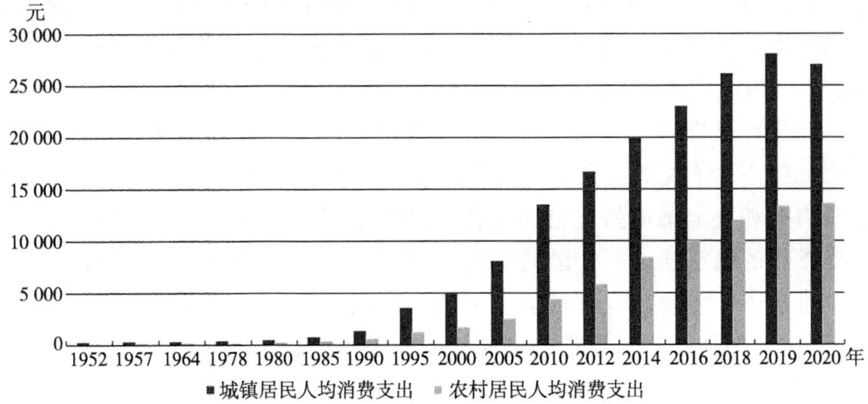

图 5　1952—2020 年城乡人均生活消费支出和农村人均消费支出

资料来源：国家统计局数据库。

（三）小结

建党100年来，我国经济总量以及城乡居民收入不断提高是“国强民富”在经济上的直接表现，也是最为明显的成效，中华人民共和国成立以来，我国经济建设走过的道路正是中国共产党带领中国人民追求“国强民富”的道路，在一定程度上，经济建设取得的每个成就都离不开中国共产党“国强民富”思想的指导，都是实现“国强民富”最终目标的积累。伴随着经济总量的增长，我国还致力于经济结构和产业结构的调整，提高对外开放水平，积极扩大内需，促进经济与资源环境协调发展，加快城市化进程，注重改善民生，等等，这些方面的成效是有目共睹的，也是中国共产党领导下经济建设科学性和正确性的最好证明。不可否认，我国在经济建设中也出现了一些问题，如地区差距、收入差距、环境破坏等，但这些是在经济发展过程中必然会伴随出现的问题，也必然会在经济进一步发展中得到有效解决。特别是近年来，中国共产党提出的经济高质量发展、新发展理念、新发展格局、新发展阶段、建设社会主义现代化国家等，正是为了未来使我国从“大国”转向“强国”，实现更普遍的人民富裕。

四、100年来中国共产党“国强民富”思想的主要特征

100年来，中国共产党带领中国人民发展经济、摆脱贫困，以坚定的决心和意志把一个积贫积弱的国家发展成为世界第二大经济体，国际影响力不断增强，并跻身世界大国行列，从全球治理的跟随者到全球治理的参与者，并不断贡献中国智慧和中国方案，得到世界上绝大多数国家的认可和尊重。“嫦娥奔月”、C919大客机试飞、北斗卫星、“蛟龙下海”、航母下水、高铁走向世界、量子计算机问世……一系列大国重器彰显中国科技的实力担当，是国家富强的核心竞争优势所在。广大人民群众实现了“两不愁，三保障”，幸福感、获得感和安全感增强，更加信任和拥护中国共产党的领导，夯实了中国共产党领导的民意基础。中国共产党“国强民富”思想实践在中华民族伟大复兴的进程中，体现在经济社会发展的各方面，是中华民族伟大精神的重要组成部分，“国强民富”思想的主要特征表现在六个方面。

（一）“国强民富”是中国共产党执政理念的集中体现

马克思主义政党的执政理论包括执政理念、执政基础、执政方略、执政

体制、执政方式、执政资源等内容。其中，执政理念是执政理论的核心内容，是中国共产党在执政过程中体现出的目标定位和价值追求，集中解答了执政党为谁执政、靠谁执政、如何执政等根本问题。中国共产党在长期执政过程中，执政理念不断发展和创新，而“国强民富”的思想集中体现了这一理念。中国共产党执政就是为了建设富强的国家，实现全体人民的共同利益；中国共产党的执政地位又是根植于广大的人民群众之中的，其权力是人民赋予的，只有得到广大人民群众的拥护，才能确保各项政策的实施，不断开拓国家强盛、人民生活幸福的新局面。“国强”与“民富”同时又是中国共产党在执政过程中要妥善处理的关系，是对中国共产党执政能力的巨大考验。长期以来，虽然两者的发展有先有后，但最终的目标是一致的，就是实现两者更高层次的统一，中国共产党执政理念的每次创新，都会推动“国强民富”实现之路的新飞跃。

（二）“国强民富”是顺应时代发展进步的最强音

“国强民富”中蕴含着“国强”与“民富”两个方面，是互为前提、互相依赖、互相促进的，历史的发展和社会经济运行规律表明了民富是国强的基础，国强是民富的保障。这是一对看似矛盾，实则统一的共同体。虽然在不同的阶级统治和不同的发展时代里，有时注重国强，有时又关注民富。如在封建社会里，统治阶级为了巩固政权，往往采取休养生息的富民政策积蓄国力；在面对帝国主义列强入侵时，求国强的愿望比任何时代都更加强烈；在社会主义生产力水平落后的情况下，主要着力于增强综合国力，提高国家的国际地位，而当生产力水平发展到一定程度时，又将重点放在改善民生方面，重视人民生活水平的提高。但是这些都只是不同时代依照轻重缓急实现“国强民富”的不同策略和路径而已，两者的不平衡只是暂时的，最终目标都是要在更高层次上实现“国强民富”的协调统一。

（三）“国强民富”是建设社会主义现代化强国的最好诠释

中国共产党所描绘的未来社会蓝图是一个经济发展、政治民主、文化繁荣、社会和谐、生活殷实、人民安居乐业和综合国力强盛的经济、政治、文化全面协调发展的社会，概括而言，就是“国强民富”。中国共产党提出的建设社会主义现代化强国就是要致力于改变人口多、底子薄、区域城乡发展不平衡、生产力不发达的现状，致力于将社会主义建设推向更高的阶段，这些实质也是“国强民富”总目标分解的阶段性目标。“国强民富”正是中国共产党和广大人民群众所渴望实现的愿景，是人与自然、人与社会、人与人和谐相处的至佳境界，所以“国强民富”是对社会主义现代化强国最形象的诠释。

（四）“国强民富”是中国共产党不懈追求的崇高目标

中国共产党一成立就确立了自己的奋斗目标，其终极目标是实现共产主义。这一目标是分阶段实现的。因此，“国强民富”要在每阶段目标的实现中不断深化内涵，不断迈向更高的要求。当前经济社会发展面临的国内外环境已经赋予国强民富更为深刻的含义，“国强”不仅代表经济实力强盛，还代表国际地位的提升和国际话语权的掌握，从“国富”到“国强”还有一段较长的路；“民富”也不仅代表人民普遍过上富裕的生活，而且要从精神上明显感觉幸福指数的提升，能得到社会的尊重和认可，实现个人的价值。不论内容如何变化，也不论在实现的道路上如何艰难，“国强民富”始终是中国共产党长期不懈的追求，中国共产党会根据基本国情和时代要求进行理论创新和实践创新，在追求“国强民富”的目标中不断发展中国特色社会主义事业。

（五）“国强民富”是中华民族伟大复兴的重要标志

实现中华民族的伟大复兴，是从林则徐到孙中山及其以后的共产党人、革命家、实业家、教育家和整个中华民族的伟大夙愿。中国共产党经过长期的实践探索，终于找到一条实现中华民族伟大复兴之路。复兴之路的第一步是经过新民主主义革命求得民族独立和人民解放；第二步是进行社会主义现代化建设实现国家富强和人民共同富裕。如今，第一步的任务已胜利完成，第二步的任务在努力实现之中。第二步任务归结而言就是“国强民富”，这是中华民族伟大复兴集中的体现和核心的内容，两者在本质上是一致的。中国共产党如此执着地为中华民族繁荣和中国人民的幸福而不懈奋斗，正是通过实现“国强民富”，并最终实现中华民族的伟大复兴。

（六）“国强民富”是中国特色社会主义理论体系的重要组成部分

实现“国强民富”是一代代中国共产党人接力奋斗的目标，从革命到改革到发展市场经济再到高质量发展，中国共产党不断推进理论和实践创新，在深刻揭示阶级社会本质特征，并充分发挥社会主义制度优越性中阐释了为什么要实现“国强民富”，在深入探索和实践中深刻地回答了怎样实现“国强民富”，在创造中国经济发展奇迹中生动地展示了什么是“国强民富”，凝练成中国共产党带领中国人民从“站起来”到“富起来”，再到“强起来”的特色优势和宝贵经验。这是中国共产党和广大人民实践经验与智慧的结晶，是马克思主义中国化的历史性飞跃，丰富了中国特色社会主义理论内涵，构成了中国特色社会主义理论体系的重要组成部分。

五、100 年来中国共产党践行“国强民富”思想的经验总结

中国所走的社会主义现代化建设道路，没有先例可以遵循，没有经验可供借鉴，但是却在全世界面前走出了“中国模式”。中国特色社会主义成为世人关注的典范，关键在于拥有一支敢于创新、卓有远见的无产阶级政党，带领广大人民群众在时代发展的前沿开拓进取，着眼于历史发展的继承性和延续性。梳理 100 年来中国共产党为实现“国强民富”的思想演变和奋斗历程，总结经验顺应不断变化的新形势和新要求，对从理论上深化“国强民富”的内涵，实践中更好地推动社会主义现代化强国建设具有重要意义。

（一）坚持和发展马克思主义是实现“国强民富”的思想指南

马克思主义是对人类社会发展规律及其趋势的科学把握，具有普遍指导意义。时代不断进步，实践深入发展，对当今时代的发展变化和中国特色社会主义实践的客观要求做出准确判断和科学回应，是当代中国马克思主义具有生命力、创造力、感召力的根本所在。习近平在党的十八届中央政治局第四十三次集体学习时指出：“对马克思主义的信仰，对社会主义和共产主义的信念，是共产党人的政治灵魂，是共产党人经受住任何考验的精神支柱。”习近平在党的十九届中央政治局第十五次集体学习时生动地指出了中国共产党的产生是以马克思主义为指导的必然产物，“在这个历史大潮中，一个以马克思主义为指导、一个勇担民族复兴历史大任、一个必将带领中国人民创造人间奇迹的马克思主义政党——中国共产党应运而生”。中华人民共和国成立以来，当代中国马克思主义有力地推动了我国社会主义现代化建设，使古老的中华民族发生了历史性变化，充分展示了自身的科学性、真理性和改造世界的强大威力。100 年来，中国共产党始终坚持以马克思主义为指导，并在实践中不断丰富和发展。“国强民富”是中国共产党为之不断奋斗的长远目标，既符合时代特征，又是马克思主义政党的实践要求，将在建设社会主义现代化强国征程中，继续发挥价值导向和思想支柱作用。

（二）坚持中国共产党的领导是实现“国强民富”的根本保证

中国共产党的领导是中国特色社会主义制度的最大优势，是坚持和发展中国特色社会主义事业的根本政治保证，是经受了长期历史考验的深刻总结。在漫长的中国发展道路的探索中，历史和时代选择了中国共产党担当实现中华民族伟大复兴的重任。100 年来，中国共产党不辱使命，完成了新民主主义革命，建立了新中国，开启了改革开放的大幕，用行动证明了自己的凝聚力和战斗力。经过 100 年的发展，中国共产党已经成为世界上人数最多，最具活力，最为先进、经得起考验的组织。办好中国的事情，关键在党，坚持四项基本原则，核心是坚持党的领导。在一个有十几亿人口的大国，社会安定、民主发展、民生改善、人民团结、现代化建设等“国强民富”的具体目标实现都要靠党的领导，中国共产党是唯一能担此大任、唯一值得信赖的政党。不断加强和改善党的领导必将在应对国内外各种风险考验中，在实现“国强民富”的目标进程中发挥最为根本的保证作用。

（三）坚持改革开放是实现“国强民富”的必由之路

中国共产党是具有广阔胸襟和开放眼光的政党，敢于向束缚经济社会发展的僵化的体制机制发起挑战，不断深化改革，创新发展思路，为经济社会发展源源不断地注入动力和活力。坚持以包容的胸怀把中国经济社会发展与世界的发展联系起来，利用丰富的国际资源和广阔的国际市场开拓中国经济社会发展的空间。改革开放是中国共产党人带领亿万人民真正走上强国富民长征之路的开始，是中国特色社会主义最核心的内容之一，正是改革开放演绎了 40 多年来中国经济持续高增长的“世界奇迹”。正是改革开放，使中国在“国强民富”的道路上迈出了坚实的第一步；在新的发展历史时期里，需要站在更高的起点上继续推进改革开放。这始终是共产党在社会主义现代化建设过程中解放和发展社会生产力，不断创新充满活力的体制机制的必然要求。坚定不移地走改革开放之路，是时代的要求、人民的意愿、历史的必然。

（四）坚持以人为本是实现“国强民富”的坚强基石

“人的全面自由发展”是人类社会发展的最终归宿，一直以来，这也是中国共产党奋斗的目标。坚持以人民为根本是中国共产党人对历史赋予的神圣使命做出的价值选择，“马克思主义执政党的最大危险，就是脱离群众。人民群众是我们党的力量源泉和胜利之本。失去了人民群众的拥护和支持，党的事业和一切工作就无从谈起”[12]。中国共产党带领广大中国人民在实现“国强民富”道路上取得的伟大成就，既是充分发挥广大人民群众的积极性和创造性，又是为了广大人民群众的根本利益。中国共产党时刻秉承“全心全意为人民服务”的宗旨，最广泛地依托人民群众的力量，让社会主义现代化建设道路上的基石更牢，为“国强民富”目标的实现营造更加和谐稳定的环境。

(五) 坚持与时俱进是实现“国强民富”的理论源泉

从中国共产党成立，到取得新民主主义革命的胜利，成为执政党的革命时期；从党领导人民选择了社会主义制度，到进行全面建设社会主义的探索时期；从改革开放到进入建设中国特色社会主义新征程，为全面建设小康社会奋斗的发展时期；从科学发展观引领发展方式转变到更加注重保障和改善民生的共享时期，虽然不同阶段中国共产党政策的着力点不同，但是其奋斗目标却是一致的，每次理论的重大突破，每个阶段性成果的取得，都彰显了中国共产党以发展的眼光看问题和解决问题，顺应时代的变化适时调整政策。正是这种与时俱进的本色使得中国特色社会主义理论体系不断创新，内容更加丰富，源源不断地为实现“国强民富”增添思想动力。未来“国强民富”道路上将面临更加复杂的国内外环境和挑战，而与时俱进会一直都是中国共产党化解困境的强大推动力。

(六) 坚持和平稳定是实现“国强民富”的重要支撑

中国共产党成立之初，国家正处于战乱的年代，人民的生活处于水深火热之中，此时“国强民富”的蓝图即使再美好，没有政权，任何计划都无法实施，所以，中国共产党的首要任务就是通过革命夺取政权，为经济建设创造一个稳定的环境。和平稳定包括外部环境和内部环境的稳定。外部环境稳定指：国家的国际地位不断提升，国际影响力不断增强，能赢得其他国家的信赖和尊重；内部环境稳定指：随着中国共产党执政能力不断增强，深受广大人民群众的拥护，政治、经济、文化、社会等方面发展相互协调，和谐共进。中国共产党成为执政党后，力图通过营造和平稳定的内外部环境，为“国强民富”各阶段性目标的顺利实现提供了坚实的基础。未来，我国面临的国际竞争将更加激烈，改革深入后的各项内部矛盾也会逐渐浮现，但是中国共产党始终以和平共处为原则，有能力妥善解决各种问题，在和平稳定的环境下持续追求“国强民富”的更高目标。

参考文献：

［1］孙中山．孙中山选集：下册［M］．北京：人民出版社，1981：611.

［2］马克思，恩格斯．马克思恩格斯选集：第1卷［M］．北京：人民出版社，1995：283，285.

［3］列宁．列宁全集：第4卷［M］．北京：人民出版社，1984：192.

［4］廖名春，邹新明．荀子·富国［M］．北京：教育出版社，1997.

［5］虞和平．20世纪的中国：走向现代化的历程：经济卷1900-1949［M］．北京：人民出版社，2010：663.

［6］毛泽东．毛泽东选集：第3卷［M］．北京：人民出版社，1991：137.

［7］毛泽东．毛泽东文集：第6卷［M］．北京：人民出版社，1999：207.

［8］国家计委《当代中国的计划工作》办公室．中华人民共和国国民经济和社会发展计划大事辑要［M］．北京：红旗出版社，1987：29.

［9］毛泽东．毛泽东文集：第5卷［M］．北京：人民出版社，1977：187.

［10］邓小平．邓小平文选：第3卷［M］．北京：人民出版社，1993：138，225，370.

［11］邓小平．邓小平文选：第3卷［M］．北京：人民出版社，1993：109.

［12］中共中央关于加强和改进党的作风建设的决定［J］．求是，2001（19）.

中国共产党劳动思想和实践

宋 湛 文 魁
首都经济贸易大学

摘要：本文分六个阶段梳理了中国共产党建党以来，为回应不同时期所提出的时代主题，将马克思主义基本原理和中国实践相结合，对劳动思想的发展过程和劳动政策实践的调整过程。党的劳动思想和实践的百年演进史是以人的全面发展为主题，以解放和发展生产力为主线，多维度激励劳动者，不断提升劳动者素质，改善劳动者生活，提高劳动生产率水平，优化劳动力配置。目前，我国已经全面建成小康社会，正在乘势而上开启现代化建设新征程。新时代我国的劳动领域仍然面临一些突出的问题和挑战，未来需要继续秉持以人民为中心的发展思想，在实践中不断求索。

关键词：中国共产党　劳动思想体系　劳动政策　人的全面发展

一、引言

中国共产党自建立以来，始终坚持把马克思主义基本原理与中国实践相结合，创造了具有强大生命力的思想体系，领导劳动人民进行了新民主主义革命，建立了社会主义国家，发展了齐备的产业体系，创造了改革开放和经济持续高速增长的奇迹。

劳动思想作为党的思想体系有机组成部分，同党的其他思想一道，经历了马克思主义中国化的过程。中国化的马克思主义劳动思想，是党领导中国解放生产力，发展生产力的思想和理论源泉。与以批评现代社会和进行理论争论为主的西方马克思主义劳动思想不同，党的劳动思想有着丰厚的实践基础。

百年历程中，特别是新中国成立后，我国的劳动学科日益成熟起来。几代劳动经济学科研究者接续努力，不断总结党的劳动政策实践经验。在已有研究基础上，本文以归纳法[1] 对党的劳动思想和实践百年史进行回顾。因为

注：本文原载《管理世界》2021 年第 12 期。

跨越的时间较长，时代主题也随之发生变化，所以为研究方便，本文采用宽泛的劳动定义，不仅限于经济意义上的生产劳动，还包括党领导下的军事战争物资补给和生活改善；不仅限于分析党领导劳动的经济价值，还包括党的劳动思想和政策所赋予的劳动哲学内涵和精神价值等方面；不仅限于分析党对工人劳动者的管理政策，还包括源于宽泛定义而来的“劳动的人”作为劳动者的概念。为使研究主题不因历史材料繁多而被淹没，本文辨析不同阶段党的劳动概念指向的变化，并以此作为史料选择的标准。内容安排如下：第二部分收集整理了建党 100 年来与劳动和劳动者相关的百件法律、政策、领导人讲话以及口述史等内容（见《管理世界》网络发行版附录附表 1），分六个阶段梳理时代主题，分析党在回应这些时代主题的过程中劳动思想和实践的演进。第三部分归纳党的劳动思想和实践演进的主要特点。第四部分是总结和展望。

二、党的劳动思想和实践的百年演进

百年以来，面对变化的时代主题，党在思想上和实践中加以系统的回应。本部分将其分为六个阶段进行回顾和梳理。

（一）为劳动人民谋幸福的初心形成（1919—1927 年）

党成立前后的旧中国百病丛生、四分五裂，处在半殖民地半封建状态中。广大劳动者处在被剥削、被压迫、被奴役、无人权、无尊严、无自由的状态[2]。社会上有各种各样救亡图存的主张和实践，新生党派林立，观点庞杂。中国大地上的早期马克思主义者认识到，情感上的悲悯和行动上的社会救助不能解决问题，立足于解决个别“问题”也难以见效，“在（当时）没有组织、没有生机的社会，一切机能，都已闭止，任你有什么工具，都没有你使用他作工的机会。这个时候，恐怕必须有一个根本解决，才有把一个一个的具体问题都解决了的希望”[3]。寻找根本的解决之道是中国早期马克思主义者面对的时代主题。

面对这样的时代主题，新生的中国共产党认为，包括劳动问题在内，全部社会问题需要一个系统性解决方案：依靠劳动阶级通过革命推翻旧的制度，并在中共一大通过的党的纲领中提出“由劳动阶级重建国家”①。这是党的初

① 该时期党的主要成员经历了此种思想认识上的转变。例如，青年毛泽东多次就劳动者的不公遭遇提出伦理层面的抗议和呐喊，在接受马克思主义以后，才真正厘清了劳动问题的实质。

心，也是不同于其他政党的初始变量。而要实现这样的初心，首先需要动员广大劳动阶级。当时，数百万工人在全国劳动者中所占比例较小，而且为旧的帮会、改良主义者及后续的国民党的“黄色工会”等把持和竞争①。占人口大多数的农民在封建制度下是松散的，难以组织。在这种局面下，党通过三方面的探索和实践组织工农革命直至建立自己的政权。

1. 向劳动者和全社会宣传革命思想

在建党前后的革命思想传播过程中，各地共产主义小组纷纷创建了面向工人的通俗读物，如《劳动界》《劳动音》《劳动者》等，揭示了广大劳动者苦难的被剥削、被压迫的生产生活状况。陈独秀在《劳动界》创刊演说《两个工人的疑问》中指出了工人和工作的重要意义，紧随其后提出了启蒙之问：“既然人工是如此重要，为什么大家都说做工的人是下等社会，不做工的人反是上等社会呢？”对劳动者的宣传和思想启蒙，是党鲜明地独立于其他政党和社会组织的第一个印记。针对劳动者识字率低的情况，马克思主义知识分子开展各种夜校和讲习等活动，将思想和文化融为一体，以工农劳动者容易接受的形式，让劳动者明确认识自身状况，进而信任和拥护党。劳动者感受到了尊重，喊出了以人的尊严为目标的口号：“从前是牛马，现在要做人！”②这标志着劳动者自主意识开始觉醒，超越了短期利益需求，形成了基于阶级意识的对新世界的期盼，从而自觉拥护和接受党的领导。

2. 在劳动者中建立自己的组织

对劳动者的组织主要表现在因势利导地参与和引领罢工，主动组建工人组织和农民组织，以及在革命浪潮中领导工农运动，并且始终保持对工会和农会的直接领导等方面。

在早期的工人自发运动中，党派遣成员去支持帮助进而引领这些运动；在工人运动高涨期间领导工人举行罢工和斗争，争取经济利益和改善工作条件[4]。与此相适应，党在1922年拟定了《劳动立法原则》和《劳动法案大纲》等工人斗争的革命纲领，号召工人进行劳动立法斗争，要求军阀颁布劳动法，实行劳动保险。到五卅运动后形成的一整套党领导的多方参与协同的运作机制，有力地支持了大革命[5]。

建党初期即在工人中持续深入建立基层党组织和发展党员，组建工会和农会。1925年，党的四大认识到组织问题的重要性，在《中国共产党第二次

---

① 参见周恩来在中共六大做的组织问题报告《目前中国党的组织问题》。

② 这是在党领导工人运动第一个高潮中，安源路矿工人大罢工提出的口号。

修正章程》中规定："凡是工厂、农村、学校、兵营等单位，只要党员人数达到三人，均要建立党支部。"在后续的关于工农入党的规定中，简化了入党手续，缩短了候补期，党员在劳动者中迅速扩大①。1929 年在党的六大代表的组成中，工人党员代表达到 10%。在工人运动形成的工会组织的基础上，1922 年建立中国劳动组合书记部（中华全国总工会的前身）。这些组织的形成、发展和前述宣传上的措施一起促进了工人的觉醒，促进了工人运动从经济利益目标向政治革命目标的转变。

建党之初，党将农民作为革命的支持力量建立农民协会并进行武装。1926 年，党的执委会上通过了土地大纲和土地决议，举起了反对封建土地制度的旗帜。同年毛泽东发表《国民革命与农民运动》[6]，开创性地指出"农民问题乃国民革命的中心问题"。毛泽东在 1927 年的《湖南农民运动考察报告》中表现出对农会的热情赞美和支持："贫农，因为最革命，所以他们取得了农会的领导权……贫农领袖中，从前虽有些确是有缺点的，但是现在多数都变好了。""必须建立农民的绝对权力。必须不准人恶意地批评农会。"[7]党通过重新分配土地、信任和依靠农会、吸收农会成员和参军的农民入党等方式，成功组织和激励了教条理论中认为不可能成为革命主要力量的农民。这是中国革命史上的创举。

另外，无论在革命的高潮期还是低谷期，党始终坚持对劳动组织的直接领导。即使在第一次国共合作时期，在共产国际认为共产主义革命不可能在中国取得胜利和必须首先帮助国民党取得资产阶级革命胜利为前提条件的思想影响下，党始终坚持对工会和农会的领导和尽可能的武装[8]。对工农的持续领导成为党的组织基础和力量来源。

3. 将马克思主义普遍真理和我国实际相结合

将马克思主义普遍原理和我国实际情况相结合，通过深入调查研究探索在中国进行社会革命的道路。

毛泽东在 20 世纪二三十年代做了一系列深入细致的农村调查和各阶级阶层的利益分析，在分析了一个典型佃农的生活后指出："中国的佃农比世界上无论何国之佃农为苦""我在兴国调查中……百分之六的人口占有土地百分之八十，另方面以百分之八十的人口则仅占有土地百分之二十。因此得出的结

---

① 第四届中央执行委员会第一次扩大会议提出，在极短的时间内将党"从小团体过渡到集中的群众政党""对于革命的工人学生农民免除入党手续上的繁杂形式"；并缩短了党员的候补期，规定工人、农民为一个月，知识分子为三个月。

论，只有两个字：革命。”[7] 这些对农民的调查研究发现，我国当时的土地兼并严重，无地少地的贫农和佃农比重占大多数。他们革命彻底而且易于团结。因而这一时期至为重要的是，党立足于中国的劳动者状况，提出了解决占劳动者大多数的贫农和佃农需求的革命纲领和建立农村革命根据地的现实路径，从共产国际的教条和控制中走出来，从依靠国民党革命的幻想中走出来，保存和发展了革命组织和武装，因而能在大革命失败、国民党实行“白色恐怖”政策的不利局面下，保存了革命的火种。

综上，这一时期具有马克思主义思想的知识分子，形成了通过革命建立劳动阶级政权为劳动群众谋利益的初心，他们以信仰和热情唤醒劳动群众，赋予劳动者尊严和对新世界的期盼；以直接组织、领导工农运动和坚持对劳动群众的组织领导发展自身；以对工农劳动者的深入调查研究与马克思主义理论相结合，作为党制定政策的基础和依据。

（二）代表劳动者执政的初步探索（1928—1955 年）

大革命失败后，党领导创建了红军和农村革命根据地，在一定的地域开始执政。如何获得革命政权区域内人民的拥护，组织和激励劳动者支持和投入革命；如何在更大范围内争取和动员革命力量，生产军用民用物资以支撑抗日战争和解放战争，直至在全国范围内取得并巩固政权，是党在该阶段面临的主要任务。围绕这些任务，党在劳动思想和实践方面进行了探索。

1. 对革命军队进行组织建设和改造

党领导下的军队成为党面向劳动群众的组织者和具有示范效应的宣传者，因而将“党、政、民”有机整合在一起。党的军队来自旧制度中的工人、农民、小资产者，经过了党组织的思想教育、制度培训和纪律约束，成为新制度的捍卫者和宣传组织者。较为著名的军队建设事例，如 1927 年底的三湾改编，1928 年的“三大纪律、六项注意”，1929 年的古田会议等。在三湾改编中建立了政治平等的官兵关系，党的支部建在连上，各级组织的党代表制度等，建立了党政军一体的组织形式。至此，革命军队不仅是军队，其复合职能实现了党与劳动人民群众的一体化联系，是包括劳动政策在内的各类政策付诸实施的组织保障。在古田会议决议中提出军队的任务是“打仗、筹款和做群众工作三位一体”。抗战时期军队逐步发展成为具有军事、经济和宣传党的政策、组织训练民兵等复合职能的队伍。另外，除长征时期的极度困难情况以外，军队内部均实行供给制，作战部队标准较高而后方部队较低，始终执行指挥员和战斗员之间大体相同或略有差异的物质待遇，从而组建了一支从劳动者中来，组织纪律严格，官兵政治经济关系平等，直接受党领导，面向劳动群众开展工作的队伍。在抗日战争和解放战争时期，面向战争的特殊需求，形成了以军队为主体，“军、政、党、民有机结合的组织”[9]。这是党的群众路线在这一时期的表现形式。

军队的复合功能不仅建构了党政军民关系的底层逻辑，也保障了战时的人力节约和人民战争中信息快速搜集与劳动力号召。抗日战争时期多种形式的运动战和解放战争时期“小推车推动的中国革命的胜利”，都是党在劳动群众动员、组织方面能力的具体写照。

2. 动员革命和建设力量并促进生产发展

党将经济成分组成复杂多样的劳动者通过共同劳动组织起来，实现了壮大自身组织和发展生产的多重目标。主要体现在：在实际政策中，没有因工农差异而区别对待；抗战时期开始大量吸收知识分子参军入党；建立了多种形态的军队生产、农业互助合作、兼具信息联络和物资供应功能的合作网点等为特色的经济体系。

在实际政策中，工人与贫农的界限是模糊的，无论在入党、参军还是其他方面，工人农民的身份并没有差异。在苏维埃时期，由于处于经济不发达的地区，典型的马克思主义的大机器生产下的无产阶级并不存在。工会遇到的工人多是贫困的农民，他们拥有简单的生产工具，其中一部分还有少量土地，主要的谋生方式是闲暇时间沿街卖工。他们因受剥削的生产关系，仍然成为被工会争取和组织的对象。1939 年，党做出了《大量吸收知识分子的决定》，“只要是愿意抗日的比较忠实的、比较能吃苦耐劳的知识分子，都应该多方吸收，加以教育，使他们在战争中在工作中去磨练，使他们为军队、为政府、为群众服务”。这是党在政策中首次提出大量吸收知识分子入党参军。党的政策吸引了各类人才从国统区流入，这些知识分子家庭出身各异，但都有相同的理想和信念，在党的“来去自由”的政策号召下打消了顾虑。建立信任和精神激励对这一时期的知识分子作用的发挥是决定性的，同时政府也拿出大比例的财政经费保障他们的生活，因而经济上的礼遇意义远大于提供的实际享受。对知识分子的吸收和激励，实现了中国革命和建设的四种主要力量的汇集。在马克思主义著作中，这些参加革命的农民和知识分子并未被描述为革命的核心力量。然而党通过劳动实践探索，依靠和信任他们，同时不断教育、培养、锻炼他们，最终将他们塑造成革命的重要力量。

在经济上如何协调分散的个体农户和各类小生产者发展生产和支持革命和建设？党自抗战时期开始实行了灵活兼顾各方利益又有利于将分散者联合

起来的经济政策。在抗战时期的大生产运动中，施行“公私兼顾”“军民兼顾”的方针；在上下关系上，实行统一领导、分散经营的方针。大生产运动中，军队开荒、中央机关纺线、党的领导人种菜，减轻了农民的负担。1943年以后，边区开始实施有组织的劳动互助①，在保护个体农户积极性的同时，以集体的力量对抗风险，因而受到广泛的欢迎。新中国成立后的1953年，党进一步发布了《关于农业生产互助合作的决议》，开始有步骤地走互助合作的道路。这些创新是党依据马克思主义在中国战时背景下在实践摸索中形成的经验，在抗战的经济困难时期持续地提供了支持，在解放战争和新中国成立初期也发挥了重要的政治联盟和经济支撑作用。

3. 调动农民平等参与生产劳动的积极性

1946年，党的《关于土地问题的指示》（五四指示），1947年颁布的《中国土地法大纲》和1950年的《土地改革法》是土地制度改革（简称“土改”）的标志性文件。一般认为，党是通过土改的方式分配土地而调动了占人口绝大多数农民的积极性，而实际上分配土地对农民的经济激励只起到部分作用。历史上农民起义也有烧毁地契、重新分配土地的做法。孙中山领导的国民政府也提出了“平均地权”的施政纲领和耕者有其田的联合农民的策略。党的政策与这些重新分配土地的做法的根本区别在于：扎根基层的准备和推进工作；坚持按村人口平均分配土地的基本原则，并在具体引导群众、划分和对待地主等方面及时依据反馈而调整；农民话事权的建立等。这些措施使农民在党的宣传和工作下组织起来，获得了历史上从未有过的平等和尊严。也就是说，土地革命的目标不仅是土地，还包括附着其上的生产关系，以及封建宗族、尊卑、迷信等控制下形成的社会形态。

其一，深入基层建立支部组织和动员群众。在抗战时期的根据地，“地主减租减息”的政策下，党组织已经开始深入开展工作，明显遏制了土地兼并的同时发展了农业生产。在解放战争初期，非根据地地区采取非公开的活动方式既保存力量，又为后续土地革命的快速展开提供了组织基础和前期准备。土改运动中更是组织了大批工作队深入农村。其二，党在推行土改过程中坚持基本原则的同时，充分组织和发动群众；并且通过人民法庭及时纠正在发

① 在《晋察冀边区的劳动互助》（晋察冀边区行政委员会实业处编印）中记载了劳动互助的多种形式，如“拨工”“包工和把子找工”“参忙”等，经过几年的发展，在1943年以后，劳动互助从农户自发的小范围活动变成了有计划、有组织的活动，且增加了农户共同抵御风险的措施，如对抗水灾，既保护了个体积极性，又以集体的力量减少了不确定性带来的损失。

动群众的过程中出现的乱打乱杀的错误。其三，组织了农会和贫农团并逐步演化为村级组织，农民真正有了话事权并得到制度化保障。正如大量研究指出的那样，土地改革赢得了广大农民的巨大的人力、物力支持，是解放战争快速胜利的重要原因。

4. 兼具激励和保障劳动者权益的劳动纲领和法律政策体系

1931 年，中华苏维埃共和国建立并颁布了《宪法大纲》，实行工农兵代表大会制度，开展农民的互助合作运动。同期颁布了《中华苏维埃共和国劳动法》等法律，对工时、女工保护、劳动争议处理等进行规范，开展劳动竞赛等。这些法律中的有些规定在现在看来仍具有先进意义①。不过由于党领导的苏维埃政权存在时间较短，真正从事工厂劳动的工人人数很少②。这些纲领和法律作为党代表劳动者执政初期的诉求表达意义强于实践意义，党的目标不同于农民起义政权和割据军阀，乃是为了建成劳动者具有政治经济权力的工业国。

在抗日战争和解放战争时期，各根据地依据自身情况制定和颁布了一系列对劳动者兼具激励和保障功能的方针和政策，积累了劳动经济管理的前期经验，保障了生产的发展和根据地经济的自给自足。如抗日战争时期，陕甘宁边区人民政府颁布了《陕甘宁边区劳动保护条例（草案）》和《边区战时工厂集体合同暂行准则》；晋察冀边区的《边区公营工厂劳动纪律及奖惩办法暂行条例》等劳动法规。抗日战争时期的法律法规，一方面保护了劳动者尤其是特殊劳动群体在八小时工作制、安全卫生、劳动保险、女职工保护、劳动争议处理等方面的基本权益。与原中央苏区对劳动者权益理想化的保护政策法规相比较，抗战时期的政策体系更适应生产力发展的需要。另一方面也对劳动者的劳动态度、纪律、奖惩等做了较为全面的规定。纪律奖惩以行为规范、纪律约束、荣誉奖惩为主，以物质奖惩为辅，体现了与苏区的以劳动竞赛和革命动员感召式的情感激励为主的管理方式的不同。此外，还通过评选劳动英雄、召开劳动英雄奖励大会等精神激励方式，让劳动者感受到后方的工作同前线一样重要，同样可以成为英雄。

解放战争后期和新中国成立初期，除延续根据地政策外，因为解放了较

---

① 如在 1933 年修改后，增加的社会保险等内容，在实施范围上规定，凡受雇的劳动者，甚至包括在商店和家庭内服务的伙计和保姆，都可享受。从保险来源上，仅向企业、机关、商店和私人雇工者征收，不向劳动者征收。这些过于理想化的规定在当时难以真正执行。

② 根据 1934 年 3 月的统计，苏区有以军工行业为主的公营工厂 33 个，工人 2 000 余人，加上小的私营企业若干，共有工厂工人不足万人。

大的城市，面对集中分布的工商业，需要建立和规范工会组织和动员工人群众，协调劳资关系，培训和选拔专业人员和管理人员，救济城镇失业者，因而也出台了相应的工会、集体协商、培训和救济的法律政策。在解放战争时期，提出“发展生产、繁荣经济、公私兼顾、劳资两利”的方针。随着战局的推进，进一步颁布了东北华北解放区《关于中国职工运动当前任务的决议》(1948 年)、《东北公营企业战时劳动保险条例》(1949 年）等，这些法律和政策首次覆盖到数量较大的工业劳动者。

新中国成立初期，在周恩来的提议下，劳动部发布《关于在私营企业中设立劳资协商会议的指示》(1950 年)，为社会主义中劳动者与私营经济如何共存和发展提供了路径。同年颁布的《工会法》规定了以工资收入为主的劳动者都有组建工会的权力，还规定了劳动者的集体劳权。随后，工会在全国各类企业中广泛建立，在促进工业发展和保障劳动者权益方面发挥了巨大作用。同年实行的《救济失业工人暂行办法》，对救济人员采取以工代赈、培训学习、酌量发给救济金等办法，较好地解决了暂时的失业困难。1951 年颁布《劳动保险条例》。全国第一次劳动保护工作会议上通过的《工厂安全卫生暂行条例草案》《限制工厂矿场加班加点暂行办法草案》《保护女工暂行条例草案》，是第一次全国性的集体劳动权益和劳动保险保护集中立法，体现了党维护劳动者权益的基本原则，保护弱势群体和危险工种操作人员，塑造公平的生产环境和平等的社会环境。

这一阶段对公营企业[①]（包括自建企业和接管原官僚资本的企业）和民营企业工人劳动者的管理有明显区别。对公营企业的劳动管理，采取了激励、保障和纪律约束同步的方式。依据经济条件按经济规律转变管理模式：随着经济条件逐步好转，由供给制转为外来人才和当地招募人员实行工资制，军政部门转来者实行供给制的混合制，再逐步转为以工资制为主；行为规范和纪律奖惩更为制度化；劳动竞赛纳入核算体系、加入集体评比项目，从而更具实效等。同时也具有自己的管理特色：奖惩以精神激励为主，以物质激励为辅；管理中强调阶级友爱，管理者与工人之间关系平等，党政领导带头劳动；注重基层党组织的宣传组织与工人培训相结合等。新中国成立初期完成了全国由各种实物工资、概念工资和供给制工资向统一工资制的转化，通过 1950 年全国第一次工资改革，建立了统一的定期升级的结构工资制度，调动

---

① 当时有公营和国营两种称呼，新中国成立后统称国营。

了工人和干部的生产积极性。对民营企业，在政策上采取特别的保护①和“公私兼顾，劳资两利”的方针；通过工会组织劳动者采用劳资协商会议的方式解决劳资利益争议；以制定实施劳动法律保障劳动者权益。这些政策措施使公营企业和民营企业都得到发展。

综上，这一阶段党在总体战略上，以强大的组织能力带领广大劳动群众追求自身根本利益——民族独立和人民解放，在具体政策上注重劳动者各个群体的不同利益和短期利益，结合各个时期不同的需要，通过颁布和调整法律政策，激励、保障和约束手段并行，赋予劳动者平等和尊重，创造性地建立了一整套塑造劳动者成为革命者和党政军民有机结合的体系。党通过组织和协调各类劳动者共同劳动和带头参与生产劳动，推动了在政治上统一战线的形成和在经济上自给自足的基本实现，并且以共同劳动培养和塑造了革命和建设依靠的主体。

（三）相对平均化的弱物质激励体系（1956—1977 年）

从 1956 年社会主义改造基本完成为起点，我国进入计划经济时期。这一阶段党作为一个大国的治理者，将目标转向社会主义国家建设。社会主义制度应该如何运行，如何在人均资源禀赋和资本匮乏的情况下启动工业化进程，建成比较齐备的工业和国民经济体系，壮大综合国力，是党面临的时代主题。围绕这一主题，党从劳动思想和实践方面进行了曲折探索。

1. 城镇职工实行平均主义，缺乏经济激励的制度体系

1955 年通过的《关于资本主义工商业改造问题的决议》，把私营工商业的社会主义改造推广到全行业公私合营。1956 年全国绝大部分地区基本上完成了对生产资料私有制的社会主义改造，以公有制为基础建立起高度集中的计划经济体制。以此为基础，在城镇建立了低工资、高就业、以固定工为主的劳动人事体系。1956 年关于工人和职员工资、退休、探亲假、义务兵退伍安置等规定，首次细化了劳动人事工作制度，初步形成了与计划经济相匹配的工资等级制度。同时期推行的全国统一招收和调配制度（即“统招统配”）和以固定工为主的用工制度（即工作岗位“终身制”），与低水平的等级工资制共同组成了计划经济体制内的劳动人事管理制度。

（1）实行了低水平的等级工资制度。在企业实行等级工资制，工人实行

---

① 最重要的保护是在土改期间提出了“保护工商业”的方针，不没收工商业主的土地（见文献［9］）。

八级工资制，干部实行职务等级工资制，将全国按物价和生活水平分为 11 类工资区。从而建立了符合按劳分配原则的工资制度，调动了劳动者生产和提升技能的积极性，支援重点区域和重点产业的建设。同时，这种工资制度不可能考虑影响工资的其他因素，带来了较多局部不公平的问题。为解决城市就业问题，此阶段一直实行“三个人的饭，五个人吃”的有计划的低工资制。“大跃进”后到“文化大革命”开始前，工资进行了全国性调整，改善了劳动者的生活，但其中较大部分地区行业的工资增长不是基于技术考核而是基于群众评议，助长了人浮于事、重“关系”轻实效的风气。随后是工资较长期冻结，工人利益受损。

（2）实行“统招统配”和以固定工为主的用工制度，但基于计划的编制往往不能符合实际需要。如在 1954 年和 1956 年出现了新增职工过多，导致窝工浪费；而 1955 年又因为产品需求超出预期而造成了人员不足的普遍状况。为了使人员与需求匹配，党在这一阶段进行了多次劳动整顿[①]，重新编制定员，以便减员增效。富余人员通过单位之间和岗位之间的人员调配、发展副业等方法安置。在 20 世纪 60 年代为减少需求波动带来的人员需求的变化，尝试采取“亦工亦农”的劳动制度，增加了临时工和季节工；采取大规模的每年调整编制定员方案，在精简人数较多时也采取安排回乡的办法。但人员的“富余—精简”的循环贯穿于整个阶段。以固定工为主的用工制度对消除失业，劳动者建立平等的人与人之间的关系，维护劳动者权利和劳动保护起到重要作用，但随着时间推移也逐步引发了人浮于事、人岗不匹配和大锅饭等问题。

2. 城镇职工较高的福利，缺少成本控制方案

实行城镇职工较高的福利和快速扩张的培训政策，缺少有效的成本控制和贴合实际的方案。新中国成立初期，基于对劳动者的保障，国家用上百亿资金建立集体福利设施和福利补贴制度。随着《劳动保险条例》的贯彻落实，全国各企业职工都享受到了不同程度的保险待遇。保险福利和医疗费用超过百亿元。这些福利保障制度是建党以来党持续对劳动者福祉追求的重要结果和体现，是对劳动者国家主人翁地位的物质保障。同时也因缺乏经验，在实践过程中出现了问题。1957 年，周恩来指出，我国劳动保险和福利制度“主要的缺点是走得快了一些，办得多了一些，与我国人口多、底子薄，广大农民生活水平还比较低的现状不相适应”“另一严重缺点是，项目混乱，有些制

---

① 较大的编制整顿有 1958—1960 年和 1961—1963 年的整顿。

度不合理，管理不善，因而造成苦乐不均和严重浪费现象”①。随后虽进行了数次改革，国家机关、企事业单位的工作人员和劳动者，享受相对较高的福利水平和福利设施，但同时成本难以控制、部分福利项目不合理的问题一直存续。

职工职业技术培训在此阶段直到“文化大革命”前，也经历了健康发展、“大跃进”式发展和大精简三个阶段。在第一个五年计划时期就建立了培训后备技术工人的目标，建立制度化的技术学校和培训班，在企业中推行学徒制②。“大跃进”时期的盲目扩张和经济困难时期的大幅消减，技术学校减到“一五”时期的水平，而学徒制不再执行。在农业歉收不能供给城市的情况下，1963 年召开了城市精简职工和青年学生安置工作会议：计划每年有计划地安置百万青年下乡，参加农业生产。知识青年下乡接受贫下中农再教育；干部下放农村和厂矿劳动。在青年的锻炼和培养上以农为师的思路，虽然有助于青年磨炼意志，提升劳动能力，但也导致他们错过了学习知识和先进技能的时间。

3. 农民群体的经济利益受到损害

为优先发展工业，建立了城乡隔离、粮食统购统销等制度，压低农产品价格，形成工农业产品的“剪刀差”。工农产品的“剪刀差”为工业部门的建立和前期积累提供了制度支持，但也导致了工人和农民劳动者之间巨大的经济利益差别。1958 年开始在农村建立以“一大二公”为特点的人民公社，限制了农民的自主权，影响了农民的生产积极性。

4. 对劳动者的强精神激励起到积极的作用

新中国的建立，使劳动者获得了几千年来前所未有的政治地位和社会地位，计划经济时期将这种劳动者当家做主的思想内化于制度中。制度政策向基层劳动者倾斜：延续革命战争时期的传统，评选劳动模范并赋予他们崇高的荣誉和尊重；基层劳动者在干部选拔任用、培训和正规教育等方面都享有更多机会；持续坚持深入工农的宣传和组织工作。在物质匮乏、生产力水平较低的时期，精神激励对调动劳动者积极性发挥了巨大作用。但出身成分的划分和阶级斗争扩大化，不利于最大限度地团结劳动者，对社会主义现代化建设产生了负面影响。

---

① 在党的八届三中全会上《关于劳动工资和劳动福利问题的报告》，1957 年。

② 1959 年，工、建、交招收培训技术工人 837 万人，其中技校培养 40 万人，其余近 800 万人通过学徒方式培养[2]。

5. “文化大革命”期间劳动的积极性被压抑

虽然“文化大革命”的出发点是“为了防止资本主义复辟”，但缺乏党对基层的组织和领导，仅依靠“群众自己教育自己，自己解放自己”，造成秩序混乱和严重内耗。平均主义大锅饭盛行，劳动制度被废弃，社会生产力遭到破坏，给党带来了沉痛教训。1977 年，中央召开工业学大庆、农业学大寨的“双学”会议，各地纷纷制定了严重脱离实际的计划。

综上，这一阶段建立了完全公有制下的优先发展重工业和军事工业的计划经济体系；建立劳动者精神激励体系和职业技术培训体系，激励和培养了一大批又红又专的社会主义建设者。但在经济利益方面，虽然采取了一系列保障劳动者公共权利及就业福利保险的制度，但通过工农业产品的“剪刀差”和建立推行人民公社制度削减了农民整体和个体利益；通过低水平的等级工资制压低了工人和机关事业单位的工资；实行平均主义，缺乏对劳动者的经济激励。再加上几个时段内制定了不切实际的计划，带来经济状况、编制需求、培训需求和福利等大起大落的变化，使劳动者的经济利益普遍受损；在追求普通劳动者政治利益方面，一度采取了无纪律约束的、缺乏统一组织的群众运动的方式，引发了群众之间的内耗争斗。

（四）通过微观放活调动劳动者积极性（1978—1991 年）

经过新中国成立近 30 年的奋斗，我国初步形成了独立的比较完整的工业体系和国民经济体系，人民的识字率、健康状况和预期寿命明显提升，但是仍处于低收入国家行列，没有摆脱短缺经济的困境，国民经济严重缺乏活力，技术和产业严重落后于国际先进水平。解放和发展生产力，加快经济发展，成为时代主题。围绕这一主题，党开创性地走出了一条有效激励劳动者、发展生产力的道路。

1. 解放和发展生产力，调动劳动者积极性

解放思想，承认大多数劳动者是自利的，积极性的动力来源于对自身和家庭经济利益的追求。邓小平在改革开放之初指出：“不讲多劳多得，不重视物质利益，对少数先进分子可以，对广大群众不行，一段时间可以，长期不行……革命是在物质利益的基础上产生的，如果只讲牺牲精神，不讲物质利益，那就是唯心论。”[10] 经过充分的真理标准大讨论，在“解放思想，实事求是”的思想方针指引下，党的十一届三中全会做出了把全党的工作重点和全国人民的注意力转移到社会主义现代化建设上来的战略决策。党的十三大以来，党做出我国正处于并将长期处于社会主义初级阶段的重大判断，并据此提出了党的基本路线。社会主义初级阶段下，劳动关系作为生产关系的表现形式，要适应较低的生产力水平和生产力发展的需要，为党的劳动政策提供了理论空间。

1978 年举行全国科学大会，邓小平指出，“科学技术是生产力”“为社会主义服务的脑力劳动者是劳动人民的一部分。”首次正式提出知识分子是脑力劳动者，从而也是劳动者。这是落实知识分子政策和信任、使用知识分子，提高知识分子待遇的开端。

开始承认市场调节的作用。1979 年，陈云提出，将市场调节作为社会主义制度的必需内容和计划经济的从属部分[11]。在当时的短缺经济情况下，这对于调动劳动者积极性具有重要意义。

2. 联产承包责任制，调动农民积极性

在农村经济体制改革方面，推行家庭联产承包责任制，发展乡镇企业，允许进城务工经商等，激发调动了农民的积极性。

从调动几亿农民的生产积极性的指导思想出发，1977—1979 年，安徽省委逐步探索农村改革。从活跃农村经济的政策，推行“包产到组”直到推行“包产到户”，每一步都得到广大农民的热情支持和积极响应，并在 1980 年及以后的政策支持下快速推行至全国。在“放手发展多种经营”的政策引导下，农村中“能人”的积极性被调动起来。他们尝试从事养殖、工贸业等，并逐步发展起乡镇企业。另外，为解决农村富余劳动力就业和城市的劳动力需求，从 1984 年起国家允许农村劳动力跨地区流动和劳务输出，劳务市场开始形成。

3. 强调按劳分配，开启城市经济体制改革

邓小平指出，我们一定要坚持按劳分配的社会主义原则，按劳分配是按劳动的数量和质量进行分配[12]。国家首先对“文化大革命”时期的工资冻结状况进行纠正，在 1979 年给全国 40%的职工提升工资级别。随后实行了工资制度改革，消除平均主义，实行工资总额与企业经济效益按比例浮动的办法，即“工效挂钩”，给企业调整职工职级的权力等，调动了企业和职工的积极性。1981 年颁布了《关于城镇非农业个体经济若干政策性规定》，启动了城镇个体经济发展；同年颁布了职工管理和国营企业民主等政策法规。

这一阶段党在处理就业问题时显现了显著的制度创新能力。在处理知识青年返城问题的探索过程中，摸索出了行之有效的“三结合”的就业方针，扶持集体经济，创办劳动服务公司，支持和鼓励待业人员从事个体经营。1979—1981 年共新增城镇就业 2 622.6 万人，达到新中国成立以来的历史就业高峰。不仅解决了就业问题，还带动了集体经济和个体经济的迅速发展。

4. 重视对收入差距问题在理论和政策上的回应

针对20世纪80年代中期改革开放产生的收入差距拉大问题，1984年，邓小平明确指出："贫穷不是社会主义""如果走资本主义道路……绝对解决不了百分之九十几的人生活富裕的问题。而坚持社会主义，实行按劳分配的原则，就不会产生贫富过大的差距。""社会主义的目的就是要全国人民共同富裕，不是两极分化。"[13] 同年，《中共中央关于经济体制改革的决定》将当前的改革目标定为"一部分人通过诚实劳动和合法经营先富起来""建立多种形式的经济责任制""做到责权利相结合，国家、集体、个人利益相统一，职工劳动所得同劳动成果相联系"。同时，在实践中加强了对党的干部的纪律要求。1984—1985年先后发出《关于党政机关在职干部不要与群众合办企业的通知》《关于严禁党政机关和党政干部经商、办企业的决定》《关于禁止领导干部的子女、配偶经商的决定》。关于社会主义本质的思想妥善解释了社会主义群众中各群体之间发展的差异问题，相应的政策对干部与群众之间、先富劳动者与其他劳动者之间的关系进行了规范。

20世纪80年代后期到90年代初，党的劳动政策中激励与保障并举。在突破教条主义关于社会主义的理论禁锢之后，党的十三大提出："在以按劳分配为主体的前提下实行多种分配方式，在共同富裕的目标下鼓励一部分人通过诚实劳动和合法经营先富起来。"因而允许劳动者通过劳动致富，也可以以其他分配方式合法致富。同期，加快对国营企业劳动者激励与保障政策的出台，1986年颁布了《国营企业实行劳动合同制暂行规定》及其配套的一系列招聘、辞退、待业相关规定，开始国营企业的人事制度改革。1987—1991年，颁布了关于职业病和职工伤亡事故、女职工劳动保护、劳动就业服务等法律法规。制度变革使得劳动作为生产要素具有了更大的灵活性，对劳动者的激励空间扩大到非劳动领域。

综上，这一阶段的改革是渐进式的，学者将其与其他转型国家相比取得的成功解释为沿着产业发展的顺序逐步升级[14]，或者认为是工业化、市场化和宪法制度之间平衡协调的结果[15]。而从改革领导者、亲历者的角度讲，更多是顺应人民群众的要求。万里在解释邓小平的"摸着石头过河"时说："石头是什么？就是实践，就是群众"，谈到领导方法时指出："不强制，不压服，而是让大家从实践中受教育，逐步提高自己的思想认识……是领导方法的一种改革。”① 这些领导方法的改革与劳动群众自身的创造力相结合，产生出富有强适应性的制度，充分激发了全体劳动者的积极性。

（五）完善劳动力市场，优化劳动力配置（1992—2011 年）

经过前期改革探索，我国经济体制特别是广大农村和原来的城市公有制企业活力明显增强，国民经济快速增长，人民的温饱问题得到了解决。在这个背景下，如何进一步深化改革，激发全社会的活力，调动全体社会成员的能动性[16]，加快经济发展，成为时代主题。围绕这一主题，党的劳动思想和实践进一步向前发展。

1. 确立社会主义市场经济体制的改革目标

1992 年，党的十四大报告确立社会主义市场经济体制的改革目标之后，党的十四届三中全会通过的《中共中央关于建立社会主义市场经济体制若干问题的决定》，对经济体制改革进行了系统的部署，推动了劳动力市场和配套的社会保障体系建设，为改善劳动力在城乡、区域和行业间流动和优化配置打下了基础。

2. 建立社会主义市场经济体制，推进劳动力市场化建设

这一时期最为重要的市场化改革是国有企业转制和部分国企职工下岗再就业。1997—2003 年，为了实现国有企业脱困实施了“抓大放小”，大量中小型国有企业转制为民营企业。国有企业中的隐性失业向显性失业转变，3 000 余万国有企业职工下岗。党和政府通过促进再就业政策、培育劳动力市场等手段，逐步使其中的绝大部分实现了再就业。劳动力市场化改革后形成了以劳动合同制为主，多种灵活用工形式为辅的劳动制度，工资水平的确定也更加市场化。同时，原有的企业福利体系解体，劳动者之间的市场竞争成为激励劳动者的主要机制。这些改革使我国的劳动力市场具有了充分的灵活性[17]。随着改革的深入，劳动力在城乡间和地域间流动规模增大，人力资源在全国范围优化配置。与此相适应，再就业服务中心和中介组织快速发展，公共就业服务体系在此阶段建立。

3. 将新社会阶层纳入社会主义事业建设者行列

随着社会主义市场经济的发展，公有制经济之外的其他所有制经济快速

---

① 万里：《农村改革是怎么搞起来的》，载于欧阳淞、高永中（2014），第 10~23 页。作为该阶段农村改革总负责人的万里多次提到，在推行家庭联产承包责任制时（1979 年），是明知违反宪法和党的决议的。

发展。2001 年 7 月 1 日，江泽民在庆祝建党 80 周年纪念大会的讲话中指出，民营科技企业的创业人员和技术人员、受聘于外资企业的管理技术人员、个体户、私营企业主等新社会阶层的广大人员“也是中国特色社会主义事业的建设者”。2002 年，党的十六大修改《党章》，明确“年满十八岁的中国工人、农民、军人、知识分子和其他社会阶层的先进分子……可以申请加入中国共产党”。社会主义事业建设者概念的提出，是党凝聚各方力量搞建设、谋发展的基本路线的具体体现。

4. 规划各类劳动者提升素质

20 世纪 90 年代，国际间产业和技术竞争加剧，党提出要自觉地把经济建设转移到依靠科技进步和提高劳动者素质的轨道上，设立了多种职业资格标准和录用标准，实行职业资格证书制度和劳动预备制度。2003 年人才工作会议明确了人才强国战略。同年党做出“进城就业的农民工已经成为产业工人的重要组成部分”的判断，2006 年正式将农民工特别是农村劳动力培训问题纳入国家发展战略。

5. 通过政策指引和立法等手段规范劳动关系

在强调效率优先的同时，更加注重保护劳动者权益，加强对就业弱势群体的权益保护，构建了广覆盖的社会保障体系。继 1994 年颁布《劳动法》，在 2008 年前后颁布了《劳动合同法》等规范劳动关系、就业促进和劳动争议处理的法律法规，完善了与市场经济相适应的劳动法律体系。在法律语境下，劳动者的概念被明确界定为在劳动关系中与用人单位相对应的一方，从法律规范上加强了劳动核心群体的权益维护与保障。随着国家劳动力市场监测体系的完善和研究的深入，国家宏观调控对劳动力市场状况的响应也更为及时。例如，2004 年“民工荒”现象的出现，要求各地及时调整最低工资，并覆盖到农民工群体。

6. 更加注重促进劳动者的全面发展

2002 年，党的十六大提出“把坚持党的先进性和发挥社会主义制度的优越性，落实到发展先进生产力、发展先进文化、实现最广大人民的根本利益上来，推动社会全面进步，促进人的全面发展。”2003 年，党的十六届三中全会进一步提出“坚持以人为本，树立全面、协调、可持续的发展观，促进经济社会和人的全面发展”的目标。在企业内部仍注重效率的同时，社会层面更重视公平。2010 年，胡锦涛在全国劳动模范和先进工作者表彰大会中，再次对国际劳工组织提出的“体面劳动”进行了阐述。维护和保障劳动者权益，促进和谐的劳动关系，实现“体面劳动”逐渐成为这个阶段的主题。

综上，此阶段劳动力市场很快发展起来，一方面以短期的、局部的尤其是转制国有企业职工的利益损失和制度变迁带来的不协调为代价，换取了全体人民的整体利益、经济持续快速增长；另一方面建立市场经济的制度，以市场机制充分激励劳动者并建立了与之相适应的制度体系保障劳动者权益。劳动者权益更多地与民生政策、社会政策结合在一起，并在立法上规范了劳动关系。此阶段后期逐步对之前的各劳动群体的分类改革进行整合，更加强调社会公平。

（六）体现以人民为中心的发展思想的新劳动观和政策（2012年至今）

经过经济快速增长，我国由改革开放之初的低收入国家，先后于1998年和2010年跨入世界银行定义的下中等收入国家和上中等收入国家，科技和产业水平与发达国家差距明显缩小，产业配套能力和基础设施水平空前提升，人民生活水平明显改善。党的十八大以来，如何在更高生产力水平下实现共享发展、以人民为中心的全面发展，进一步提升人民群众的获得感、幸福感，成为新的时代主题。围绕这一主题，党在劳动思想和实践方面有了新的发展。

1. 升华了对马克思主义劳动哲学的认识

劳动是马克思主义哲学和政治经济学的核心概念[18]。党在实践中对马克思主义劳动的理论取得了更为全面的认识。从哲学层面上，习近平指出，劳动是人类的本质活动①，并提出劳动是党带领人民群众获得幸福的根本途径，也是党自身“淬炼作风、联系群众的重要法宝”[19]。在马克思主义理论的基础上，党的劳动理论强调了政党在组织和引领劳动群众劳动中的作用和通过劳动完善自身、密切党群关系的重要意义。在习近平新时代中国特色社会主义思想中，劳动具有宽泛的哲学意涵，目标价值和工具价值兼具，涵盖了党带领人民群众实践的各方面，具有党的理论体系和劳动政策体系的统领作用。

2. 明确“按劳分配为主体”为社会主义基本经济制度

党的十九届四中全会通过的决议中，“按劳分配为主体、多种分配方式并存”的分配制度被纳入国家基本经济制度，强调“坚持多劳多得，着重保护劳动所得，增加劳动者特别是一线劳动者劳动报酬，提高劳动报酬在初次分配中的比重”。同时指出要“健全劳动、资本、土地、知识、技术、管理、数据等生产要素由市场评价贡献、按贡献决定报酬的机制”。在多劳多得作为按劳分配的基本意涵不变的基础上，党在理论上承认并纳入更为宽泛的劳动范

---

① 习近平在同全国劳动模范代表座谈时的讲话，2013年4月28日。

畴：科学家的复杂劳动和企业家劳动，强调了创新劳动的重要意义。习近平指出“更加注重发挥企业家才能，更加注重加强产权和知识产权保护”[20]；在与科学家座谈时，习近平将科学家的劳动称作“复杂劳动”，因而提出“尊重劳动、尊重知识、尊重人才、尊重创造”。党将“按劳分配”写入基本经济制度，是实现“全体人民共同富裕”目标的重要手段。积极创造机会和通道，鼓励劳动者勤劳致富①。

3. 赋予劳动更高的价值

西方主流经济学理论中将劳动作为成本、付出和投入，而将闲暇看作收益。在我国确立市场经济的阶段，向西方主流经济学学习，一定程度上产生了对劳动的认识偏差。此阶段党以马克思主义理论，强调劳动的目标价值和作为通往幸福的路径价值，提出“劳动是幸福之源”“幸福生活是奋斗出来的”。2018 年，习近平在给中国劳动关系学院劳模本科班学员的回信中说：“劳动最光荣、劳动最崇高、劳动最伟大、劳动最美丽”，“社会主义是干出来的，新时代也是干出来的。……激励广大劳动群众争做新时代的奋斗者。”[21]突出劳动的精神价值和审美意涵，给劳动者强烈的社会认同和精神奖励，是对百年来党的劳动思想的总结，也是对劳动和劳动者的最高评价。

4. 培养与未来产业发展相适应的新型劳动者

2019 年，国务院办公厅印发《职业技能提升行动方案（2019—2021 年）》，把职业技能培训作为保持就业稳定、缓解结构性就业矛盾的关键举措，作为经济转型升级和高质量发展的重要支撑，补贴千亿元用于职工技能提升和转岗转业培训，目标是补贴性培训 5 000 万人次以上。这是我国历史上政府补贴强度最大、范围最广、补贴人数最多的职业技能培训。2020 年，《中共中央　国务院关于全面加强新时代大中小学劳动教育的意见》，提出要构建德智体美劳全面发展的教育体系，并明确学校劳动教育的重要意义和实施途径。这是党在劳动哲学层面上的创新认知在政策层面上的体现。这些新举措也标志着我国人力资源治理体系从粗放的市场型和被动解决问题型向有目标和规划的管理型转变。

5. 明确政府部门对劳动者所承担的具体职责

2012 年，《国家基本公共服务体系“十二五”规划》明确，国家有义务为全体劳动者提供基本劳动就业、社会保险等公共服务。这是国家首次在文件中将劳动作为公民一生中的重要一环，即每个公民是劳动者或潜在的或过

---

① 中央财经委员会第十次会议上习近平的讲话，2021 年 8 月 17 日。

去的劳动者，明确了劳动就业和社会保障方面的公民权利和政府责任。2016年颁布的《人力资源社会保障领域基本公共服务项目清单》廓清了政府部门对劳动者的具体职责。这些政策赋予了劳动者向政府问责的权利。

6. 更加重视构建和谐劳动关系

2015年，《中共中央 国务院关于构建和谐劳动关系的意见》提出，建立规范有序、公正合理、互利共赢、和谐稳定的劳动关系。这是改革开放以来党首次在劳动关系方面提出系统的设想，与新中国成立初期的“公私兼顾，劳资两利”的原则有精神上的传承，又有时代赋予的新的内涵和创新。以公正合理的法律制度规范为保障，促进形成和谐稳定的劳动关系，进而实现劳动关系各主体的长期互利共赢。对于严重影响劳动关系和谐的问题，如拖欠农民工工资等，采取多重手段加大力度进行根治。

另外，党较以往更加重视促进就业。党的十九大报告提出“就业是最大的民生”。党的十八大以来，尤其是在抗击新冠肺炎疫情期间，党将“保居民就业”“稳就业”作为主要调控政策之首。通过各种灵活的制度减少隔离带来的劳动力需求缺口。在扶贫工作中也着重率先帮扶有劳动能力的贫困者通过就业脱贫。

综上，在“劳动是人的本质特征”的论断下，党围绕以人民为中心的发展理念，出台了系统性的政策。党在更高层面上对劳动价值的再确认，为劳动赋予更高的精神价值和社会价值，是对全体劳动者在价值观层面上的精神激励；在延续前段劳动政策的基础上，加大力度治理与劳动相关的民生问题，加强了对劳动者权益的维护和保障；强化按劳分配为主体的分配方式，采取更为积极主动的劳动力市场政策。这一系列举措对提升劳动的市场价值具有极为重要的意义，客观上也为劳动者的物质激励提供了持续动力。

三、党的劳动思想和实践演进的特点

回顾百年历程可见，顺应生产力发展要求，回应时代提出的主题，党的劳动思想和实践呈现以下基本的特点。

（一）以促进人的全面发展为依归

促进人的全面发展，是马克思主义的终极人文关怀。劳动是马克思主义核心概念之一。马克思在《1844年经济学哲学手稿》中指出，劳动是“人的类本质”。但是，资本主义制度下劳动者与生产资料、过程和结果相分离，导致一系列异化[22]，使劳动仅成为个人维持生存的手段，工人在被迫的强制劳动过程中感受不到幸福，不能自由地发挥自己的体力与智力，不能进行自由的有意识的活动。

要解决异化问题，实现人的全面发展，必须先建立人民的政权。党动员和团结广大劳动人民夺取了政权，建立了社会主义制度之后，根据生产力发展水平的提升，相应重视改善人民生活，通过采取有效措施消灭或控制了许多传染病，大面积提高人民群众识字率和文化水平、职业技能。改革开放以来，随着物质生产的快速丰富，劳动群众的物质和精神生活水平和全面素质进一步快速提高，人口预期寿命、人类发展指数大幅度提高。进入新时代，习近平提出了以人民为中心的发展思想和人人参与、人人尽力、人人享有的共享发展理念，强调发展为了人民、发展依靠人民、发展成果由人民共享，强调要实现共同富裕，将促进人的全面发展提到新的高度。

改善劳动者福祉是党不断追求的目标，也是党调动劳动者积极性、保持党的强大力量的群众基础。党的劳动思想和实践在改善劳动者福祉方面呈现三个特点。第一，从实际出发，兼顾必要性和可能性，以长期整体利益为主，兼顾短期群体利益。劳动者福利保障水平的提高在根本上源于发展，前者要和后者相适应。第二，积极的劳动扶持政策与保障安全网的建立并行。一方面，党从解放战争时期就重视失业者岗位的提供和劳动能力的培养，新中国成立后更是投入大量的资金培训专业技术劳动者；改革开放以来尤其是新时期以来，党通过培训和开发等积极的劳动力市场政策及发展经济促进就业，促使劳动者以劳动获得更幸福的生活。另一方面，党从成立伊始就十分关心劳动者的健康和安全保护，在组织的历次罢工中都将劳动保护作为重要的谈判项目，在建立革命根据地和抗日战争时期颁布和实施了很多劳动法律法规，并在实践过程中不断变革。新中国成立后，在城市工业部门建立了基于公有经济下全面的劳动福利保障制度和劳动保护制度。改革开放后，针对私营经济部门成为劳动保护的薄弱环节，党和政府通过劳动和社会保障法律体系的构建和完善以及劳动监察执法、劳动争议仲裁诉讼等环节的充实加强，改善了对劳动者的权益维护。第三，赋予劳动者尊严和社会价值。劳动不仅被视为谋生手段，还是受社会尊重、获取自身社会价值和幸福的途径。劳动人民群众在党的领导下，投身革命和建设，实现了从站起来、富起来到强起来的转变。

（二）对“劳动者”的认识逐步拓宽

在马克思主义的经典著作中，劳动者主要指在雇佣状况下从事商品生产的人。我国从生产力低的半殖民地半封建社会而来，资本主义不发达，产业工人人数较少。因此，从模仿学习到理论和实践的创新，“劳动者”的范畴经历了从模糊到明确、从狭隘到扩展的过程。在早期共产主义者的理念中，劳动者的概念与其字面意思是一致的。共产党早期刊物《劳动界》的发刊词写道：“劳动是什么？劳动就是做工。劳动者是什么？劳动者就是做工的人。”然后列举了农民、采矿工人、伐木工人以及建筑工人等证明做工的重要性。大革命失败后，党将农民作为革命的主力，党工作的重心也从城市的工人起义向农村转移，建立农村根据地进行土地革命。在抗战时期，党在陕甘宁地区建立了相对稳固的革命根据地，认识到知识分子的重要作用，所以做出了《大量吸收知识分子的决定》（1939）。此后，除“文化大革命”时期外，在党的理论和路线中，工人、农民、知识分子、（军人）成为劳动者的中坚力量和主体，一直延续至今。改革开放后，劳动者范畴有所变化。随着城镇农村个体经济的发展，个体劳动者纳入其中。党的十八大以来，更是将科技工作者的复杂劳动和企业家的管理活动都纳入劳动的范畴，并着重强调了创新劳动的重要意义。对劳动者认识的变化也成为了解党各个时期劳动政策变迁路径的前提条件。

对“劳动者”涵盖范围的拓宽，也反映了对“劳动”涵盖范围的拓宽。凭借自有生产资料进行生产的小生产者，大中型私营企业的所有者和管理者的经营管理活动，也都被纳入“劳动”的涵盖范围。这是基于实践发展的需要而对马克思主义经典著作有关生产商品的“劳动”界定的超越。另一个重要的拓宽表现为，拓宽国民经济核算的定义，改变了计划经济时期国民经济核算中认为流通性服务不创造价值的看法，将流通等服务活动视为和工农业生产一样创造价值的“劳动”。

（三）重视对劳动者的物质和精神的多维度激励

无论是革命战争时期还是和平建设时期，调动广大劳动者的积极性和能动性，是党始终面临的任务。百年奋斗史是一部党对劳动者的激励史。第一，重视经济激励的工具作用。新中国成立前对公营工人的物质供给保障，土地革命对农民分配土地，对知识分子的额外经济礼遇等政策，都体现了党对劳动者的物质激励。改革开放以来，党总结了正反两方面的经验，摒弃了教条的理念，在“解放思想，实事求是”的思想方针指引下，积极探索通过物质激励调动劳动者积极性的政策和措施，劳动者可以劳动致富，也可以通过其他多种合法方式取得收入，通过发展生产及经济增长，带来了从长期而言对劳动就业的持续吸纳和劳动者收入的不断增长，进而使社会稳定繁荣并惠及广大劳动群众。第二，始终高度重视精神层面的激励。党带领群众劳动，从大生产运动以来，党组织和党员率先劳动、身先士卒，是激励劳动者的前提和基础。而战争时期一贯而来的劳动模范表彰活动是重要的价值观激励。新中国成立之后，党更加重视对各行各业优秀劳动者代表的多层次的表彰和奖励，激发广大劳动者的责任感和主人翁精神。进入新时代，习近平更加强调对劳动的尊崇和赞美，指出：“要在全社会大力弘扬我国工人阶级的优秀品质，大力宣传劳动模范和其他典型的先进事迹，加强对广大青少年的教育，让劳动最光荣、劳动最崇高、劳动最伟大、劳动最美丽的观念蔚然成风，让全体人民进一步焕发劳动热情、释放创造潜能，通过劳动创造更加美好的生活。”① 这种精神层面的激励与资本主义国家偏重物质刺激的做法，形成鲜明对比。

（四）重视对劳动者的组织、宣传和动员

习近平指出，党的根基在人民，血脉在人民，力量在人民。中国共产党是中国工人阶级的先锋队，同时是中国人民和中华民族的先锋队。可以说，从诞生之日起，党就深深扎根在劳动群众中。党在劳动思想和实践演进过程中，始终注重加强对劳动群众的领导、组织、宣传和动员。具体有三个鲜明特点：第一，以深入群众的调查研究为组织和实践的前提。第二，不同于其他政党和组织，中国共产党始终保持深入基层的组织和宣传能力，从而能整合社会力量，回应时代召唤。在如何发动群众方面正的、反的经验都有，正的如土地革命，调动了农民的积极性；反面经验如“文化大革命”，在缺乏党的统一组织的情况下，秩序混乱，制度被破坏。第三，对劳动群众的组织、宣传与培养教育同步。组织和宣传的过程也是党培养劳动者的过程和劳动者在党领导下自组织的过程。党以少数有马克思主义思想的知识分子作为初始变量，在组织和宣传中不断扩充迭代，大量的劳动者在此过程中转变为革命者和建设者。

---

① 习近平在庆祝“五一”国际劳动节暨表彰全国劳动模范和先进工作者大会上的讲话，2015 年 4 月 28 日。

综上，党以百年实践拓展了马克思主义理论中社会主义初级阶段劳动者概念的外延，丰富了马克思主义的人本主义价值层面和唯物史观科学层面在政策操作上的经验，深入劳动群众，组织动员与激励保障互相促进，回应各个阶段的时代主题。

四、总结和展望

回顾百年历程，党在领导中国革命、建设和改革开放的过程中，把马克思主义基本原理和中国实践相结合，并不断加以丰富和发展。劳动思想和实践是其中重要的组成部分。通过前文的回顾可见，不同的历史时期，党对包括劳动思想和政策在内的思想体系和政策体系加以调整，回应不同的时代主题和任务。党的劳动思想和实践的百年演进史，归结起来，就是以人的全面发展为主题，以解放和发展生产力为主线，以总体发展水平和劳动者结构与各劳动者群体现实需求相结合，多维度激励劳动者，扶持和保障兼顾，不断提升劳动者素质、改善劳动者生活，提高劳动生产率水平，优化劳动力配置。

目前，我国已经全面建成小康社会，正在乘势而上开启现代化建设新征程。习近平指出："今天我们所处的新发展阶段，就是社会主义初级阶段中的一个阶段，同时是其中经过几十年积累、站到了新的起点上的一个阶段。""社会主义初级阶段不是一个静态、一成不变、停滞不前的阶段，也不是一个自发、被动、不用费多大气力自然而然就可以跨过的阶段，而是一个动态、积极有为、始终洋溢着蓬勃生机活力的过程，是一个阶梯式递进、不断发展进步、日益接近质的飞跃的量的积累和发展变化的过程。"① 在新发展阶段，我国的劳动领域也面临一些突出的问题和挑战。比如，如何进一步提高劳动生产率，并相应提高劳动者总体报酬水平？如何更好落实基本经济制度，特别是如何落实以按劳分配为主体、多种分配方式并存的分配制度？如何提高初次分配中劳动者报酬占比，促进收入差距缩小？城镇劳动者和农民两个主要劳动者群体之间的分配差距如何缩小？如何平衡快速科技进步，特别是机器人、人工智能等技术快速发展对人工的替代，和创造就业机会之间的关系？新就业形态下劳动保护和社会保障权益如何落实？如何持续提高劳动者素质，适应不断迭代的技术和产业结构？如何推动共同富裕和人的全面发展？这些

---

① 2021 年 1 月 11 日，习近平在省部级主要领导干部学习贯彻党的十九届五中全会精神专题研讨班上的讲话。

问题，牵涉劳动人民的切身利益。习近平还强调，“实现共同富裕不仅是经济问题，而且是关系党的执政基础的重大政治问题”。这些问题和挑战，现有的理论中没有现成的答案，需要党秉持以人民为中心的发展思想，在实践中寻找解决对策。

参考文献：

[1] EISENHARDT K M. Building theories form case study research [J]. Academy of management review, 1989, 14 (4): 532-550.

[2] 袁伦渠．中国劳动经济史 [M]. 北京：北京经济学院出版社，1990.

[3] 李大钊．再论问题与主义 [J]. 每周评论，1919.

[4] 邓中夏．中国职工运动简史（1919—1926）[M]. 郑州：河南人民出版社，2016.

[5] 张仰亮．中共早期动员上海工人的机制 [J]. 经济社会史评论，2021 (2).

[6] 毛泽东．国民革命与农民运动 [J]. 农民运动，1926 (8).

[7] 毛泽东．毛泽东农村调查文集 [M]. 北京：人民出版社，1982.

[8] 史华慈．中国的共产主义与毛泽东的崛起 [M]. 陈玮，译．北京：中国人民大学出版社，2013.

[9] 罗平汉，卢毅，赵鹏．中共党史重大争议问题研究 [M]. 北京：人民出版社，2013.

[10] 邓小平．邓小平文选：第 2 卷 [M]. 北京：人民出版社，1978.

[11] 新华月报社．中华人民共和国大事记（1949—2004）：上 [M]. 北京：人民出版社，2004.

[12] 邓小平．邓小平文选：第 2 卷 [M]. 北京：人民出版社，1978.

[13] 邓小平．社会主义必须摆脱贫穷 [M].//邓小平文选：第 3 卷．北京：人民出版社，1978.

[14] 林毅夫．论中国经济：挑战、底气与后劲 [M]. 北京：中信出版集团，2021.

[15] 张宇．论中国渐进式改革的实质和经验 [J]. 中国特色社会主义研究，1999 (2).

[16] 江泽民．江泽民文选：第 1 卷 [M]. 北京：人民出版社，2006.

[17] 蔡昉．劳动力市场改革 [M].//王梦奎．1978—2008 中国改革 30 年．北京：中国发展出版社，2009.

[18] HABERMAS J. The structural transformation of the public sphere: an inquiry into a category of bourgeois society [M]. Cambridge: Polity Press, 1989.

[19]《梁家河》编写组．梁家河 [M]. 西安：陕西人民出版社，2018.

[20] 中共中央文献研究室．习近平关于社会主义经济建设论述摘编 [M]. 北京：中

央文献出版社，2017.

［21］习近平．习近平给中国劳动关系学院劳模本科班学员的回信［N］. 人民日报，2018-04-30.

［22］谢新．论马克思的人本主义和唯物史观的关系［D］. 长沙：中南大学，2012.

中国共产党的领导力与领导优势

蔡礼强
中国社会科学院大学

摘要：中国共产党领导力研究以组织视角为基础，综合运用领导者等多维视角进行研究。中国共产党主要有四类领导力行为主体，拥有一个覆盖党内所有主体、影响所有领域的领导力体系，在其领导的众多领域中展现出强大的领导力。从中国共产党的领导行为主体、领导力体系类型以及领导力作用领域三个不同维度进行区分，构建一个综合性的中国共产党领导力分析框架，有助于厘清中国共产党各领域、各类型领导力之间的复杂关系。中国共产党领导力研究有助于拓展中国共产党研究的理论视角，深化对中国共产党的认识，并打破西方固有的意识形态偏见。深入推进中国共产党领导力研究既要运用新视角打开新途径、构建新平台，也要注意避免影响研究成效的三种不良倾向。

关键词：中国共产党　领导力　领导力体系　领导力分析框架

2021 年是中国共产党建党百年。作为一个风华正茂的百年大党，中国共产党在革命、建设和改革的不同发展阶段，均取得了彪炳史册的辉煌成就。100 年前，中国共产党成立时只有 50 多名党员，今天已经成为拥有 9 500 多万名党员，领导着 14 多亿人口大国，具有重大全球影响力的世界第一大执政党[1]。中国共产党历经百年成为具有重大全球影响力的世界第一大执政党以及取得的伟大成就，无可辩驳地说明中国共产党具有强大领导力。

中国共产党的领导优势和领导力研究正逐步成为学界关注的新热点。从研究领域和研究重点看，可以分为三类：第一类是从国家能力、国家治理和制度优势等视角对中国共产党领导力的研究。祝灵君认为，中国在 1949 年之后构建的党领导国家体制，以党的领导力铸就国家能力，中国共产党的领导力是国家成功关键之关键[2]。汪仕凯提出，研究中国共产党领

注：本文原载《管理世界》2021 年第 8 期。

导不能剥离中国共产党领导的政治性质，单纯局限到领导科学的范畴中进行解释，而要从历史政治学的研究路径来认识中国共产党领导。只有完整准确地把握中国共产党领导的内涵，才能科学地解释中国政治制度以及由中国政治制度规范的国家治理活动[3]。陈文泽认为，中国共产党在国家治理体系中发挥着决定性作用，中国共产党的价值塑造力、政治领导力、改革驱动力、组织动员力、社会整合力、制度执行力使其拥有强大的国家治理能力[4]。唐亚林认为，中国共产党领导力的制度优势集中体现在以组织力为核心，以生产力为导向，以创造力为中心，以执行力为保障，以发展力为基石五个方面[5]。

第二类是对中国共产党某一类或某一领域领导力的研究。学者们对中国共产党的政治领导力、思想领导力、组织领导力、使命领导力、愿景领导力、价值领导力、制度领导力、外交领导力、危机领导力、舆论领导力等专题都已有深入的研究[6,7]。

第三类是对中国共产党领导力理论体系和相互关系的研究。邵春保认为，党的全面领导在横向上是政治领导、思想领导、组织领导，在纵向上是中央领导、地方领导、基层领导，在过程中是政治领导力、思想引领力、群众组织力、社会号召力[8]。胡月星和李茜提出，中国共产党之所以拥有强大领导力是因为建立了一个“四梁八柱”的强大领导力体系，党的政治领导力、思想引领力、群众组织力、社会号召力作为“四梁”从横向上实现了党的领导的全覆盖，由学习实践力、战略思维力、统筹协调力、选人用人力、政策执行力、创新变革力、监督约束力和自身建设力构成的纵向上的“八柱”，支撑起党的领导力的广阔空间[9]。除了上述突出从横向、纵向维度的划分之外，奚洁人提出，要构建中国共产党领导力范畴体系，研究党的领导力的内涵特征与理论框架[10]。

从目前看，以上三类研究中，关于中国共产党领导力理论体系和相互关系的研究是最薄弱和欠缺的，而恰恰是这类整体性的研究，制约着中国共产党领导力研究的深入拓展。中国共产党多个领域和类型的众多领导力，相互之间是什么样的关系，在中国共产党领导力体系框架中处于什么样的地位，发挥着什么样的不同作用，都需要从整体上进行梳理和分析。

中国共产党领导力研究是一个由多类型领导力研究构成的庞大复合体。本文在全面分析领导力研究主要视角的基础上，构建了包括三个维度的中国共产党领导力研究分析框架。从中国共产党领导力行为主体、领导力体系构成、领导力作用领域三个方面，对中国共产党不同领域和类型的领导力进行清晰划分，并初步讨论领导力行为主体、体系构成与作用领域之间的相互关系。

一、中国共产党领导力研究的理论基础与分析视角

（一）领导力研究的五种主要视角与代表性理论

准确界定和深入推进中国共产党领导力研究，首先要了解领导力的内涵以及相关研究的主要视角和代表性理论。领导力是一个日益引起广泛关注和深入研究的重要主题，也是一个复杂多元和充满歧义的主题。领导力在实践中容易辨别和理解，但目前没有一个被普遍接受的领导力定义，缺乏统一的领导力概念或理论。正因为领导力界定上的极其复杂和充满分歧，所以沃伦·本尼斯把领导力比喻为爱情和美，认为领导力既说不清楚也很难定义，但大家都能知道和感受到它的存在[11]。

领导力难以被准确定义是因为领导力是个动态的、具有丰富内涵的概念。有学者把领导力的本质看作是领导者与追随者之间的关系[12]。也有学者提出鉴于领导力的本质十分复杂，至少要从两个方面把握其内涵：一是领导者与追随者的相互影响过程，以及产生的结果；二是领导者的能力、行为，以及外部情境的影响[13]。这种对领导力内涵的理解是多层面的，从主体上既包括领导者也包括追随者，从过程上强调领导者和追随者的互动影响过程，从关键要素上包括领导者能力、外部情境等。对于领导力的动态性、多层面以及丰富内涵，可以从五种代表性研究视角进一步了解和认识。

1. 以领导者为视角的领导力研究

领导者一直是领导力研究关注的重点，领导者的性格特征、道德品质、行为习惯、领导风格和领导技能等相关因素成为领导力的重点研究对象。领导力特质理论、领导力行为理论、领导力技能理论、领导力风格理论关注的主体都是领导者，主要关注领导者个人的特质、行为、技能、风格等方面，是以领导者为视角的领导力研究[14]。在以领导者为视角的领导力研究中，关注领导者相关能力的领导力技能理论成为关注度最高的领导力研究，大量领导力模型是以决策能力、执行能力、沟通能力等重要领导技能为基础而构建出来的。

2. 以追随者为视角的领导力研究

以追随者为视角的领导力研究是从领导者外部观察领导力，相较领导者

视角的内部观察，突破了传统的以领导者为中心的研究局限。追随者是领导力研究中最难以理解和疏于考察的角色，但不少学者认为如果没有追随者，就根本不存在领导者[15]。从追随者角度，把领导力界定为领导者与追随者的关系，认为领导力是领导者与追随者在互动过程中所展示的能力[12]。

3. 以领导关系、领导过程和外部情境为视角的领导力研究

在领导者和追随者两种研究视角的基础上，很多学者发现领导者和追随者双方关系性质、互动过程，以及外部环境会影响领导力效果，从而结合领导者、追随者以及双方关系、互动过程、外部情境形成了新的领导力研究方向。交易型理论、变革型理论、领导者—成员交换理论重点关注领导者和追随者之间的关系[16]。共享型领导力理论、领导力情境理论、领导力权变理论重点关注领导者和追随者的互动过程与外部情境之间的匹配性[14,13]。基于对领导者、追随者和外部情境三者之间动态互动和相互作用的认识，很多学者认为，要理解领导力需要考虑领导过程中的领导者、追随者以及内外部环境等影响因素[17]。

4. 以组织为视角的领导力研究

随着领导力研究的深入，领导者和追随者所在的组织又成为领导力研究的重要关注点。不同组织具有不同的领导力，组织自身的领导力同样受到组织环境、组织氛围、组织资源、组织愿景、组织价值观等多种组织因素的影响[11]。不同领导者的领导力受到其所处组织和体制的影响[18]。组织的愿景、使命、价值观对组织领导力具有重大的影响，赋予组织愿景并把愿景转化为现实的能力是愿景领导力[19]。当然，不同种类的组织，尤其是商业组织和公共组织的领导力也存在微妙而重要的区别[20]。

5. 多维视角领导力研究

由于领导者和领导力的广泛存在，以及领导工作的包罗万象，在领导力形成和发挥作用的过程中，领导力的构成要素和影响因素极多，加上不同研究对象、不同侧重的主题，在领导力研究领域除以上四种主要视角外，还涌现出重点关注领导者或领导力的某种要素、因素或某方面的领导力研究。例如，强调领导者和组织需要不断学习和创新的学习领导力、创新领导力等研究；强调道德、伦理、使命、价值观等因素重要性的积极领导力、道德领导力、真诚领导力、价值领导力、使命领导力等研究；强调性别、全球化等因素的女性领导力、柔性领导力、全球领导力、跨文化领导力等研究；强调参与、团队、协作等因素的参与领导力、团队领导力、聚合领导力、整合领导力等研究；强调领导成效好坏的卓越领导力、优秀领导力、糟糕领导力等研究；强调研究对象和层级的大国领导力、总统领导力、校长领导力、高层领导力、中层领导力等研究；强调成长和培养的激励领导力、支持领导力、责任领导力等研究[21~23]。鉴于领导力构成要素、相关因素和相关内容的多样性和丰富性，可以将这些类型的研究概称为多维视角的领导力研究。

以上五种视角的领导力研究划分是因不同视角存在相当大的差异，而且即便是同一种视角内部也存在较大的不同，尤其是多维视角涵盖了多种多样的领导力研究。五种领导力研究视角并非界限分明，而是存在很多的重叠和交叉。

（二）中国共产党领导力研究的分析视角

中国共产党领导力研究不同于一般性的领导力研究，也不同于普通组织的领导力研究，是关于中国共产党政党组织的领导力研究。目前五种代表性视角的领导力研究，虽然从内涵上重视领导者与追随者的相互影响，以及追随者和外部环境的重要作用，但仍然主要是以领导者为中心的领导力研究。而中国共产党领导力研究，应该以中国共产党政党组织作为研究和关注的中心。对于中国共产党领导力的内涵，应该从两方面把握：一是中国共产党对人民群众和国家的领导，中国共产党与人民群众和国家是领导与被领导的关系；二是中国共产党的领导规律、领导方法、领导制度、领导经验和领导成就等。虽然中国共产党领导力研究同样需要研究党内领导者的领导力，但对于党内领导者的领导力研究应该建立在对中国共产党政党组织及其领导力内涵充分理解和研究的基础上。由此可见，以组织为视角的研究应成为中国共产党领导力最基础以及最重要的研究，其他视角的中国共产党领导力研究需要在组织视角研究的基础上进一步深化和拓展。脱离了组织视角的中国共产党领导力研究，将很难展现中国共产党领导力的根本特点和整体面貌。

1. 组织视角的中国共产党领导力研究

中国共产党是根据自己的纲领和章程，按照民主集中制原则组织起来的统一整体，本质上是一个政党组织。要深入推进中国共产党领导力研究，首先需要从组织视角对中国共产党领导力进行研究。中国共产党由党的基层组织、地方组织、中央组织以及党员和党的干部共同构成。组织视角的中国共产党领导力研究不能笼统宽泛地谈论组织，而是需要明确中国共产党政党组织的不同范畴、不同层次和不同类型。

中国共产党的组织视角研究涉及三个不同的范畴。第一，指作为政党整体的中国共产党，作为整体的组织包含中国共产党所有党员和全部党组织。

这个层次上的中国共产党组织领导力研究相当于整体上的中国共产党领导力研究。第二，指作为中国共产党组成部分的组织，中国共产党内部有基层组织、地方组织或中央组织。这个层次上的中国共产党组织领导力研究是指党的内部组织的领导力，可以是单个党组织、多个党组织或者是同类党组织以及不同层级的党组织。第三，指把中国共产党组织起来的组织结构、组织框架、组织体系、组织制度和组织载体等组织建设的内容。这个层次上的中国共产党组织领导力研究主要关注组织建设在中国共产党领导力体系构成中所发挥的作用，是领导力体系中的重要组成部分。一般情况下所说的组织力就是指这个层次意义上的组织领导力。

中国共产党的组织主体不仅涉及三个不同的范畴，在内部还有三个层次和一个重要的类型。中国共产党包括党的基层组织、地方组织和中央组织三个层次，以及在各类党组织中发挥领导核心作用的集体领导组织。中国共产党的基层组织、地方组织和中央组织是中国共产党领导力的行为主体。党的中央组织是全党的中枢和大脑，决定着全党的发展方向和战略，在党的组织体系中居于决定性地位。党的地方组织是党依据地域设立的党组织，在本地域发挥着总揽全局、协调各方的领导作用。党的基层组织是党在企业、农村、机关、学校等基层单位设立的党组织，是党在社会基层组织中的战斗堡垒。党的基层组织、地方组织和中央组织全部采用集体领导，承担集体领导职责的领导集体由党的多名领导干部共同组成，多以党的常务委员会、委员会、党组、领导小组等名义运行，可以称之为党的领导集体、领导团队或领导群体。党的集体领导组织发挥总揽全局、协调各方的领导核心作用，采取集体领导、分工负责的领导方式。

与一般性的组织视角领导力主要研究单一组织有很大的不同，中国共产党是一个多范畴、多层次、多类型的复合型组织。组织视角的中国共产党领导力研究不仅要研究作为组织整体的中国共产党，还要研究党内不同范畴、不同层次的党组织，以及领导集体独特类型的党组织。

2. 领导者视角的中国共产党领导力研究

中国共产党是由党的组织以及党员共同组成的统一整体，而党的所有组织又是由党员组成的。在党的各级各类组织以及党领导的其他各类组织中，担负领导职责和发挥领导作用的党员是党员领导干部，属于党组织的领导者。对中国共产党领导力的研究，需要在组织视角研究的基础上，进一步从领导者的视角研究党员领导干部的领导力。

党员领导干部属于中国共产党的微观主体，针对党员领导干部的领导力研究，是作为领导者个人的个体领导力研究。如果是针对同类或者是大量党员领导干部的领导力研究，则属于综合性的个体领导力研究。党内各个层级、各个类型的领导集体都是由一定数量的党员领导干部构成的，针对党内领导集体的研究可以称为集体领导力研究。党内领导集体发挥领导核心作用的集体领导力，以及党内担负领导职责的党员领导干部的个体领导力，会对所在党组织的组织领导力发挥着重要甚至是决定性的影响。党内所有个体领导力、集体领导力、组织领导力的合力形成了中国共产党的整体领导力，而中国共产党的整体领导力反过来又成为党内个体领导力、集体领导力和组织领导力的力量源泉。

领导者视角的中国共产党领导力研究尤其要关注党的领袖。对党的领袖的领导力研究，一方面属于针对领袖个人的个体领导力研究，与一般个体领导力研究有诸多共同之处；另一方面因为党的领袖是党的中央组织以及全党的核心，对全党所有个体、所有组织都发挥着重要的塑造和影响作用，显然超越了一般的个体领导力和组织领导力研究。对于领袖领导力的研究既不能等同于一般性的个体领导力研究，也不能等同于一般性的集体领导力研究和组织领导力研究，而是与个体领导力、集体领导力、组织领导力相交织、相关联，因此需要特别予以重视。领袖领导力依托于党的组织体系和组织载体，同时也直接影响着党的各类组织和所有党员领导干部，对个体领导力、集体领导力、组织领导力以及党的整体领导力都发挥着重要的影响。鉴于领袖领导力的独特性和重要性，在研究领袖领导力时，需关注其与个体领导力、集体领导力、组织领导力之间的关系，尤其是与中国共产党整体领导力之间的关系。

正是因为党的领袖和领袖领导力在党内所具有的独特重要作用，需要把党的领袖和党员领导干部、党的领导集体、党的各类组织视为党内的四大行为主体，把领袖领导力和个体领导力、集体领导力、组织领导力作为四大行为主体的四种领导力类型。

以领导者为视角的中国共产党领导力研究需要与以组织为视角的中国共产党领导力研究结合起来。因为党的领袖和党员领导干部都是利用党的组织提供的工作平台和组织载体开展领导活动，得益于中国共产党的整体领导力，并利用党的组织体系发挥领导作用。也就是说，针对党员领导干部的个体领导力研究，针对领袖的领袖领导力研究，针对领导集体的集体领导力研究，都离不开党的组织领导力研究。党的个体领导力、集体领导力既离不开党的组织领导力和党的整体领导力，同时党的个体领导力、集体领导力、领袖领导力作用发挥的大小和效果的好坏，也对党的组织领导力和党的整体领导合力的形成发挥着各自不同的作用。中国共产党的整体领导力来自党员领导干部的个体领导力、集体领导力、领袖领导力、组织领导力所形成的共同合力。

概括而言，领导者视角的中国共产党领导力研究，主要包含党员领导干部的个体领导力、领导集体的集体领导力，以及领袖的领袖领导力。

3. 多维视角的中国共产党领导力研究

全心全意为人民服务的思想和宗旨使中国共产党的领导内在地具有以追随者为中心的特征，并高度重视领导关系、领导过程和外部情境在领导中的重要影响。要对党的性质和宗旨、群众路线、实事求是、调查研究、民主集中制进行深入研究，必然会用到追随者视角，以及领导关系、领导过程和外部情境的视角。中国共产党以人民为中心，把全心全意为人民服务作为自己一切工作的出发点和落脚点，并将其明确为全党必须遵循的根本宗旨。中国共产党把群众路线作为根本的工作路线，强调一切为了群众、一切依靠群众，从群众中来、到群众中去。中国共产党把实事求是作为思想路线，强调根据实际情况决定工作方针。这些重要的思想和方法充分说明中国共产党把服务人民作为领导的目的，重视领导关系、领导过程和外部情境对领导效果的影响。

中国共产党组织规模庞大，拥有党员领导干部人数众多，具有多范畴、多层次、多类型的复合型组织特点，这些特点意味着中国共产党领导力的构成要素、影响因素和相关内容众多。对这些构成要素、影响因素、相关内容在中国共产党领导力作用方面的研究，会进一步丰富和深化中国共产党领导力研究。

考虑到中国共产党内部行为主体的多样性，以及领导行为、领导类型和领导领域的广泛性和复杂性，需要对中国共产党领导力开展多维度、多视角、多层次、多方面的研究。但无论采用什么视角、哪个维度研究中国共产党领导力，都需要以组织视角为基础，离不开对中国共产党领导力的整体性理解。

二、中国共产党领导力研究的三个不同维度和分析框架

中国共产党是一个超大型的复合型组织，是由大量党员和广大党组织共同构成的，意味着作为整体组织的中国共产党内部包含多个不同的领导力行为主体。中国共产党在领导过程中，采用了多种领导行为和领导方式进行领导，有多种类型的领导力一起发挥作用。中国共产党在多个领导领域展现出

强大的领导能力并取得巨大领导成就。在研究分析中国共产党的领导力时，需要明确究竟是在研究哪个范畴和哪种类型的领导力，对于中国共产党领导力研究的精细化和深入化具有重要的意义。鉴于中国共产党领导力的多范畴、多类型，对中国共产党领导力按照不同范畴和类型进行辨别和分析，从中国共产党的领导力行为主体、领导力体系类型以及领导力作用领域三个不同维度进行区分，构建一个综合性的中国共产党领导力分析框架（见图1），将有助于厘清中国共产党各类领导力之间的复杂关系。

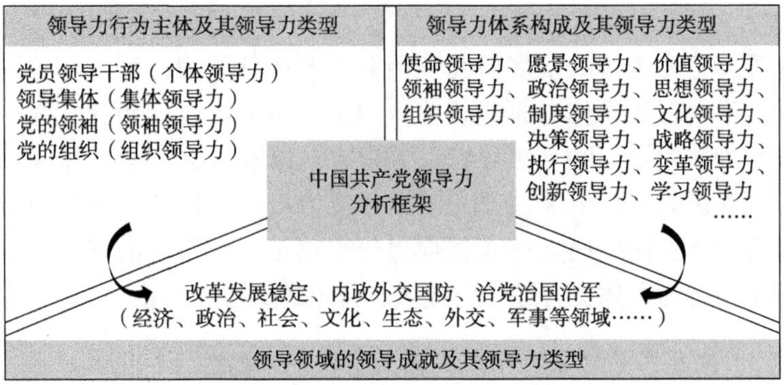

图1　中国共产党领导力分析框架

（一）中国共产党领导力的行为主体及其领导力类型

明确中国共产党领导力的行为主体有助于深化中国共产党领导力研究。中国共产党包含所有党员领导干部、党的各类组织、党的各类领导集体和党的领袖。党员领导干部、党的组织、领导集体和党的领袖是中国共产党内行使领导力的四类主要行为主体，从领导力行为主体的维度进行研究，中国共产党整体性的领导力来自四类行为主体的共同合力。

中国共产党内的四类领导力行为主体，根据其拥有的领导技能或实施的领导行为，每类行为主体都有其各自独特的领导力类型。党员领导干部的个体领导力，党组织的组织领导力，领导集体的集体领导力，领袖的领袖领导力，是中国共产党四类行为主体的四种领导力类型。党员领导干部的个体领导力、领导集体的集体领导力、领袖的领袖领导力，与其所在党组织中所扮演的角色、承担的职责和拥有的决策权限等方面高度相关。组织中的角色会赋予组织成员巨大的影响力，角色力量是组织成员所能拥有的最强大的力量源泉之一。角色定义了某个职位在组织中所拥有的责任、权力和义务[24]。由此可见，不同党员领导干部的个体领导力，不同领导集体的集体领导力，不同领袖的领袖领导力，既有各自的领导力来源和领导力特点，也有组织角色所赋予的来自党组织的力量源泉。

中国共产党内部四类领导力行为主体中尤其需要注意党的组织和组织领导力。党的组织指作为中国共产党组成部分的党组织，不是作为整体的中国共产党。党的组织既是其内部的党员领导干部和领导集体的力量源泉，同时，其组织领导力也来自党员领导干部的个体领导力和领导集体的集体领导力的共同合力。

从领导力行为主体的维度研究中国共产党的领导力，可以对中国共产党内部的四类不同行为主体分别进行深入研究，研究各自的领导技能、领导风格、领导行为、领导方法、领导特征等内容，以及各类行为主体领导力之间的异同和相互影响。对中国共产党四类领导力行为主体及其领导力类型的研究，可以为整体性的中国共产党领导力研究奠定一个坚实的基础，也有助于为四类领导力行为主体提升领导力提供有价值的参考和借鉴。

（二）中国共产党领导力体系及其主要领导力类型

与领导力行为主体的研究维度不同，中国共产党领导力体系的研究维度聚焦于中国共产党领导力的具体领导能力与领导行为，以及在中国共产党领导力中发挥不可或缺作用的关键要素。

某种领导能力、领导行为或要素的领导力类型能否纳入中国共产党领导力体系主要看两个衡量标准：一是这种领导能力、领导行为或要素的领导力对中国共产党的所有行为主体、各个发展阶段、所有领域工作是否产生直接而重要的影响；二是如果增加或提高这种领导能力、领导行为或要素的领导力类型能否增强中国共产党的整体领导力，如果缺少这种领导力类型是否会削弱中国共产党的整体领导力。根据这两个衡量标准，纳入中国共产党领导力体系中的各项领导力都有各自独特的重要作用，领导力体系中的各项领导力共同发挥的作用合力构成了整体性的中国共产党领导力。

在中国共产党领导力体系构成中，因为党的使命、愿景、价值观体现了党的本质属性，所以使命领导力、愿景领导力、价值领导力一起构成中国共产党领导力体系的基石。中国共产党因使命而生并始终受使命驱动，伟大使命是中国共产党发挥领导力优势的重要基础和内在要求[25]。中国共产党的愿景领导力发挥着指引全党发展航向、凝聚全党共同奋斗、激励全党应对挑战的作用和功能，是中国共产党领导优势的鲜明体现[26]。中国共产党是一个拥有鲜明价值追求和一整套价值体系的价值型政党组织，价值领导力成为中国共产党领导力中发挥核心和基础作用的决定性力量[27]。

从中国共产党在革命、建设和改革各个阶段的发展历程看，党的领袖对党的事业发展发挥着关键性的影响。是否能涌现出全党拥护的党的领袖是党在各个发展阶段成熟与否的重要标志，也是中国共产党整体领导力水平高低的鲜明体现。领袖领导力既是党内重要行为主体的领导力类型，直接影响着党内的个体领导力、集体领导力、组织领导力，同时还是中国共产党领导力体系的重要组成部分。鉴于党的领袖在党的组织体系中所承担的角色和发挥的作用，在某种程度上领袖领导力代表甚至决定着全党的整体领导力。

中国共产党是一个政治组织，党的领导主要体现为政治领导、思想领导、组织领导。政治建设是党的根本性建设，政治领导力是决定根本政治道路和政治发展方向的领导力[28]。政治领导力内涵丰富，从内容上看可以把思想引领力、群众组织力和社会号召力纳入政治领导力的分析框架[29]。思想领导力体现出党对自身建设规律和社会发展规律的认识水平，是党发挥统一思想、凝聚力量、振奋精神、鼓舞斗志的重要领导方式[30]。组织领导力体现出党的组织体系能否发挥党的组织优势[31,32]。组织领导力是党的组织结构、组织网络、组织体系、组织运行等组织要素所发挥的组织力量，是不同于四类行为主体的组织领导力[34]。政治领导力、思想领导力、组织领导力共同构成中国共产党领导力体系的基本内容。

制度领导力、文化领导力对所有领导力主体和领导力形态发挥着重要的保障和支撑作用，没有健全完善的制度保障和高水平组织文化的浸润影响，中国共产党领导力体系中的各项领导力很难达到高水平。

决策领导力、战略领导力、执行领导力、变革领导力、创新领导力、学习领导力等，在中国共产党领导力体系中分别发挥着独特而极其重要的作用，是中国共产党领导力体系中不可或缺的构成部分。

总之，在中国共产党领导力体系构成中，包含着以领导力关键要素和领导力技能为代表的多种领导力类型。有领导力主体遵守的领导原则和共同规则，如使命领导力、愿景领导力、价值领导力等；有领导力主体采用的领导行为和领导方式，如政治领导力、思想领导力、组织领导力等；有领导力主体拥有的领导技能和实施的领导行为，如决策领导力、变革领导力、学习领导力等。

中国共产党领导力体系中的多种领导力类型，在作用发挥上并不是完全处于同一个层次。中国共产党自诞生以来就把为中国人民谋幸福、为中华民族谋复兴确立为自己的初心使命，在百年发展中形成了伟大的建党精神，在长期奋斗中构建起中国共产党人的精神谱系[1]。这充分说明中国共产党领导力体系中使命、信仰、价值和精神等方面的“领导之道”是决定性的力量，而领导方法和领导技能则从属于“领导之道”。也就是说，马克思主义的世界观、价值观决定并统领着方法论。中国共产党为什么能，社会主义为什么好，归根结底是因为马克思主义行。

（三）中国共产党领导领域的领导成就与领导力类型

除了领导行为主体和领导力体系构成两大维度之外，还有一个维度是中国共产党在取得重大领导成就的领导领域，同样展现出强大的领导力。这些领导领域的领导力类型，与领导行为主体和领导力体系构成的两个维度的领导力存在显著的区别。中国共产党作为执政党，在经济、政治、社会、文化、生态、国防、外交、军事等领域发挥着领导的作用，并体现出强大的领导力。如在外交领域，中国共产党具有强大的外交领导力[33]。只要中国共产党在某一领域、某项工作上取得突出领导成就并展现领导能力，就有必要从领导力视角对该领域进行分析。

中国共产党领导领域的领导力研究，主要强调中国共产党在这些领域所取得的领导成就以及在该领域展现出来的领导能力，从逻辑上与领导行为主体和领导力体系中的领导力类型并不一样。领导力体系中的领导力类型是构成中国共产党整体领导力的有机组成部分，影响所有党内行为主体和领导领域。中国共产党领导领域的领导力类型的影响范围主要以该领域为主，参与的领导力行为主体也主要是党内在这一领域的组织或者从事相关领域工作的党员领导干部。中国共产党领导力体系中的一些领导力类型与领导作用领域的一些领导力类型在名称表述上会出现一些重合，但内涵和范围有巨大的差异。例如，政治领导力、文化领导力虽然可分别列为领导力构成体系以及领导力作用领域的领导力类型，但需要特别注意的是，作为中国共产党领导力体系构成部分的政治领导力、文化领导力，完全不同于作为政治工作领域的政治领导力、文化工作领域的文化领导力。

中国共产党在所有领导领域取得的成就，是中国共产党四类领导力行为主体运用领导力体系构成多种领导力类型共同作用的领导结果，是中国共产党领导力水平高低和能力大小的外在体现。针对中国共产党的领导领域进行领导力研究，必须要了解中国共产党领导力的四类领导行为主体与领导力构成体系，离开对领导力行为主体和领导力构成体系的了解，对相关领域的领导力研究也很难深入。

中国共产党在各个发展阶段、各类重大事件应对中展现的领导能力和工作成就，可以从领导力的角度进行研究分析。例如，在应对各类危机事件中，中国共产党展现了强大的危机领导力[34]；在新冠肺炎疫情应对中，中国共产党向全世界展示了卓越的危机领导能力[35]。概括而言，中国共产党在各个发展阶段，各项领导工作、多个领导领域以及重大事件应对中所取得的成就和展现的能力，主要属于中国共产党领导力的成效展示与领导结果，不能简单混同于中国共产党领导力构成体系中的领导力。

三、中国共产党领导力研究的理论价值与需要避免的三种倾向

（一）中国共产党领导力研究的理论价值

1. 领导力研究有助于拓展对中国共产党研究的理论视角

中国共产党领导中国人民建立了中华人民共和国，塑造了整个国家制度。正确认识中国共产党，是理解当代中国政治乃至近代中国历史的钥匙；离开对中国共产党的研究，我们很难准确理解中国近百年的发展历史和政治现实。以往对中国共产党的研究主要是党建、党史、马克思主义理论等专业的研究，而党建研究长期以来并没有进入中国政治研究的主流，不少人没有真正认识到党建在中国发展中的重要政治作用，没有从中国的政治逻辑中把握中国共产党、把握党建[36]。

对中国共产党领导力的研究不但有助于从中国政治逻辑出发理解和把握中国共产党，还聚焦于中国共产党作为政治建设领导力量的能力及其效果，认为中国共产党领导的本质特征和最大优势需要从不同学科深入开展研究。

2. 领导力研究有助于打破西方固有意识形态偏见并促进中西平等对话

领导力研究在西方不仅是管理学领域的研究热点，也是政治学、心理学、教育学等学科的研究热点，还是企业、政府等不同部门共同关注并热烈讨论的理论和实务重点。在西方领导力研究热潮的影响下，很多西方学者用领导力的视角研究中国共产党，认为中国共产党展现了强大的政治领导力、卓越的战略决策力、优秀的政策执行力[37]。伯恩斯提出交易型领导力理论和变革型领导力理论，对其推崇备至的变革型领导力理论的阐述，是以毛泽东和中国共产党作为主要代表和具体论证的典型依据。伯恩斯认为，中国共产党的

道德和价值观念是驱动和塑造中国共产党卓越领导的源泉，中国共产党在组织结构的所有层次上都是由毕生以领导为最大目的的领导者组成的，提出中国共产党的群众路线是领导和追随者相互作用的过程，称之为有史以来最强大的一种领导体制[16]。

在西方学界中，伯恩斯能把中国共产党作为变革型领导力的典型代表，能把中国共产党的群众路线称为有史以来最强大的一种领导体制，能认识到中国共产党在组织结构的所有层次上都是毕生的领导者。这一方面充分说明中国共产党的确具有无可置疑的强大领导力，另一方面也说明领导力研究视角的确具有穿透认知迷雾和打破固有偏见的理论穿透力。西方学者从领导力视角对中国和中国共产党的研究，与充满偏见的意识形态视角的研究形成了鲜明对照。领导力视角的研究有其自身的话语体系和评判标准，能够超越意识形态的先入为主和固有偏见。即便是充满意识形态偏见的西方学者，如果是从领导力视角研究分析中国，只要运用公认的领导力评判标准，就会对中国共产党得出更加客观、更为务实、更加理性的评判和结论。

在全球抗击新冠肺炎疫情中，不管是从哪个方面与西方国家及其政党相比，中国共产党都展现出了卓越领导力。领导力是最具有共同标准和最能超越意识形态偏见的国际通用话语体系，对中国共产党领导力的研究，有助于让世界更好地认识中国，也有助于促进中国与西方更平等的对话与交流。

（二）中国共产党领导力研究要注意避免三种倾向

目前中国共产党领导力研究刚刚起步，还没有深厚的研究积累和成熟的话语体系，高质量推进中国共产党领导力研究，要特别注意避免可能出现的三种倾向。

1. 避免盲从和简单套用西方领导力理论

西方领导力研究起步较早，相对成熟，已经形成了多种研究视角的大量领导力理论，目前国内企业界和学术界信奉和运用的多是西方领导力理论。中国共产党领导力研究要走向深入，必须避免脱离中国共产党的领导实际和本土经验而盲从或简单套用西方领导力理论的倾向。从中国共产党的辉煌领导成就和丰富领导经验看，盲从西方领导力理论会在中国共产党领导力研究中削足适履，遮蔽掉中国共产党大量独特而又十分有效的领导方法和领导智慧。对待西方领导力理论成果，既要认真学习和广泛借鉴，又要避免简单盲从与机械套用其理论、概念、模型和话语的不良倾向，尤其不能用西方概念和理论简单剪裁中国共产党领导力现实，从而陷入盲从盲信西方理论的泥淖。

研究中国共产党的领导力必须跳出西方领导力研究的一般范式，而要从中国共产党的独特领导经验出发，研究中国共产党的理想信念和宗旨，研究中国共产党的群众路线、调查研究、优良作风对领导力的影响。离开中国共产党独特领导经验的研究，就不能抓住和领悟中国共产党领导力的精髓与核心要义。

2. 避免脱离实际空谈概念和理论

中国共产党波澜壮阔的领导实践和恢宏巨大的发展成就，为中国共产党领导力研究提供了大量的鲜活资料和无比丰富的实例。中国共产党领导力研究必须避免脱离中国共产党的伟大领导实践和巨大领导成就，而只是进行空洞的理论研究和泛泛的概念讨论。中国共产党领导力研究提出的观点、概念和理论，只能从中国共产党领导的历史经验和具体实践中得出。与此同时，对中国共产党领导经验和领导成就进行系统总结和全面梳理的研究成果，也应该能够运用于加强和提高中国共产党领导力的领导实践，助力于进一步提高党的执政能力和领导水平，助力于党更好地发挥总揽全局、协调各方的领导核心作用。

3. 避免视野狭窄、学科单一

考虑到领导主体的多样性、领导对象的复杂性、领导过程的挑战性，中国共产党领导力研究显然比其他领导力研究都更为复杂和艰巨。中国共产党领导力在研究中涉及党员领导干部、党的组织、党的指导思想、党的领袖等问题，需要关注个人领导力、集体领导力、组织领导力、领袖领导力等领导力行为主体的领导力，需要关注领导力体系中的多种领导力类型，因此任何狭窄的研究视角和单一的学科背景都无法对中国共产党领导力进行全面客观的深度研究，很容易陷入“盲人摸象”的境地。由此而言，从管理学、政治学、经济学、历史学、心理学等学科入手，运用多学科的知识、理论、思维对中国共产党领导力开展立体式、全方位研究，是非常必要的，因为任何单一学科和单一视角都很难厘清中国共产党领导力的全貌。

四、结语

中国共产党已经成为中国历史上事业最成功、成就最伟大的现代政党组织。对中国共产党领导力的系统深入研究，具有重要的历史意义、理论意义和实践意义。

中国共产党具有强大领导力。从历史意义看，中国共产党在中华人民共和国成立前从弱小走向强大、从苦难走向辉煌，在中华人民共和国成立后仅用了 70 余年时间就把中国建设成为雄居世界经济第二位的经济强国。中国共产党领导力研究有助于从历史视角回答中国共产党为什么能，在建党百年之际的中国共产党领导力研究尤其具有重要的历史意义。从理论意义看，对中国共产党领导力进行系统的深入研究，将从理论上阐释为什么中国共产党领导是本质特征和最大优势，有助于从理论视角回答中国共产党为什么能。从实践意义看，中国共产党领导力研究基于承继与发扬中国共产党在加强和改进党的领导中形成的优良传统，立足于总结与梳理中国共产党在革命、建设和改革过程中积累的丰富领导经验，着眼于学术提炼与传播推广中国共产党行之有效的领导规律和领导方法。中国共产党领导力研究对领导规律、领导经验、领导方法和领导传统的总结和弘扬，有助于从实践视角回答中国共产党为什么能，并能在具体实践中提高党员领导干部以及各级党组织的领导力。

我们在看到中国共产党领导力研究具有重要的历史意义、理论意义和实践意义的同时，还必须认识到中国共产党领导力研究是一项十分艰巨复杂的庞大研究工程。

中国共产党内部包含多类领导行为主体且各具特点，既需要从个体、团队和组织等不同层次分别研究每一类行为主体的领导力，又必须从组织整体和国家层面研究中国共产党作为领导核心的综合领导效能。中国共产党领导力体系中包含大量领导力类型，每种领导力类型的特点和作用以及不同领导力类型之间的逻辑关系还需要进一步研究探讨。中国共产党在领导的诸多重要领域都取得了十分辉煌的领导成就，亟须研究其在不同领导领域展现的领导力具有哪些异同。本文提出的中国共产党领导力分析框架，只是对中国共产党领导力进行三个维度的基本分析，提供了一个进一步深入研究的逻辑思路和分析框架。而从三个维度对中国共产党领导行为主体、领导力体系以及领导领域类型的领导力研究，都需要大量更为丰富和深入的探索。

我们既要看到中国共产党领导力研究已经取得了一定的初步成果，同时还必须清醒地认识到中国共产党领导力研究刚刚起步，其研究范围、研究重点、基本内涵等都需要进一步挖掘和讨论。已有的不少观点和看法会存在一定争议，研究中的一些论证也难免不够深入和充分，但这些问题大致属于重大课题研究刚起步时面临的共性问题。存在这些问题并不可怕，可怕的是面对这些问题而不进行深入思考和认真回答。虽然相关研究刚刚起步，但中国共产党在革命、建设和改革过程中的伟大实践和丰富领导力经验，为中国共产党的领导力研究提供了非常丰厚的理论资源与鲜活实例，中国共产党领导力研究具有无比光明的前景。

参考文献:

[1] 习近平. 在庆祝中国共产党成立100周年大会上的讲话 [M]. 北京: 人民出版社, 2021.

[2] 祝灵君. 党的领导力与国家能力: 兼论中国改革开放40年的成就与经验 [J]. 当代世界与社会主义, 2018 (5).

[3] 汪仕凯. 中国共产党领导制度的历史政治学分析 [J]. 中国人民大学学报, 2020 (1).

[4] 陈文泽. 治理的中国语境: "党的领导" 是中国特色社会主义制度的最大优势 [J]. 河南社会科学, 2020 (12).

[5] 唐亚林. 新中国成立以来中国共产党领导的制度优势与成功之道 [J]. 复旦学报, 2019 (5).

[6] 丁辉侠. 制度视角下中国共产党领导力的基本内涵与关键要素 [J]. 学习论坛, 2021 (1).

[7] 庞宇. 中国共产党舆论领导力的内涵与发展 [J]. 领导科学, 2020 (11) (下).

[8] 邵春保. 准确把握党的全面领导的深刻内涵 [J]. 中国井冈山干部学院学报, 2019 (5).

[9] 胡月星, 李茜. 中国共产党领导力的 "四梁八柱" 体系及其可视化呈现 [J]. 领导科学, 2019 (10) (下).

[10] 奚洁人. 中国共产党领导力研究与中国特色领导科学建构 [J]. 中国领导科学, 2018 (4).

[11] 沃伦·本尼斯. 成为领导者: 纪念版 [M]. 徐中, 姜义波, 译. 杭州: 浙江人民出版社, 2016.

[12] 詹姆斯·M 库泽斯, 巴里·Z 波斯纳. 领导力: 如何在组织中成就卓越 [M]. 6版. 徐中, 沈小滨, 译. 北京: 电子工业出版社, 2018.

[13] 大卫·V 戴, 约翰·安东纳基斯. 领导力的本质 [M]. 北京: 北京大学出版社, 2015.

[14] 彼得·G 诺斯豪斯. 领导术: 卓越领导者14项修炼 [M]. 吴爱明, 陈爱明, 陈晓明, 译. 北京: 中国人民大学出版社, 2014.

[15] 基思·格林特. 领导力 [M]. 马睿, 译. 南京: 译林出版社, 2018.

[16] 詹姆斯·麦格雷戈·伯恩斯. 领导学 [M]. 常健, 孙海云, 等, 译. 北京: 中国人民大学出版社, 2013.

[17] 安德鲁·杜布林. 领导力 [M]. 7版. 冯云霞, 范锐, 译. 北京: 中国人民大学出版社, 2017.

［18］赖因哈德·施普伦格．领导力的五项修炼［M］．张凌萱，译．北京：北京时代华文书局，2016.

［19］沃伦·本尼斯，伯特·纳努斯．领导者：纪念版［M］．赵岑，徐琨，译．杭州：浙江人民出版社，2016.

［20］南纳尔·O 基欧汉．思考领导力［M］．北京：中央编译出版社，2019.

［21］约翰·P 科特．领导力要素［M］．北京：中信出版集团，2019.

［22］约翰·C马克斯维尔．中层领导力［M］．北京：文汇出版社，2017.

［23］斯科特·A 思努克，尼汀·诺瑞亚，拉克什·库拉纳．领导力教学手册：知识、技能和品格［M］．徐中，等，译．北京：北京大学出版社，2015.

［24］特里·R 培根．权力的要素：领导力和影响力的经验教训［M］．北京：机械工业出版社，2013.

［25］蔡礼强．中国共产党的使命定位和追求［J］．中国井冈山干部学院学报，2019（3）.

［26］蔡礼强．论中国共产党的愿景领导力［J］．甘肃社会科学，2019（4）.

［27］蔡礼强．论中国共产党的价值领导力［J］．党政研究，2020（3）.

［28］樊鹏．中国共产党的政治领导力：从"摸着石头过河"到"系统整体设计推动改革"［J］．云南社会科学，2021（1）.

［29］吴波，朱霁．论增强党的政治领导力［J］．中国特色社会主义研究，2019（4）.

［30］余树林．论中国共产党的思想领导力［J］．领导科学，2012（12）（中）.

［31］刘红凛．党的组织力的内外向度与政治意蕴［J］．当代世界与社会主义，2019（4）.

［32］田改伟．如何提升基层党组织领导力和组织力［J］．中国党政干部论坛，2021（2）.

［33］王存刚．百年未有之大变局与中国共产党外交领导力［J］．世界经济与政治，2020（5）.

［34］张建．论新时代加强党的危机领导力［J］．中国应急管理科学，2021（3）.

［35］郭庆松．中国共产党的领导力：抗击疫情的核心密码［J］．毛泽东邓小平理论研究，2021（1）.

［36］林尚立．当代中国政治：基础与发展［M］．北京：中国大百科全书出版社，2017.

［37］周文华．海外视角下中国共产党的政治领导力［J］．国外社会科学，2021（2）.

中国共产党领导力的理论观察

柴宝勇　李梓琳
中国社会科学院大学

摘要："领导力"的相关研究与理论主要以社会心理学为理论支撑，将其引入其他领域，需要根据不同学科研究范式进行调整。在跨文化语境下，"领导力"概念的应用需进行本土化调整。在中国的领导力研究中，中国共产党的领导力天然占据特殊地位。然而想要使中国共产党的领导力真正成为一个具有解释力的概念，还需要将政治实践中"党的领导"与"党的领导力"进行比较分析，从历史基础、资源禀赋与党的结构特点三个维度对"党的领导力"的来源进行梳理，锚定"党的领导力"的内涵。只有以规范的政治学学科范式解释中国共产党的领导力，才能将领导力概念政治学化，将党的领导力概念规范化、研究实践化，使这一概念立足中国、面向世界。

关键词：领导力　本土化　中国共产党　党的领导

一、领导力概念的诞生和演进

"领导力"是一切领导关系中的关键要素，因而在东西方漫长的历史中均产生了大量涉及领导力的相关自发性论述。此类自发性论述不将领导力视作一种严谨的概念，未意识到领导力内涵相对于具体领导实践的独立性，将领导力与领导关系中的其他要素不做明确区分。传统领导力论述可分为四类（见表 1）。第一类理性导向的领导力强调应当立足经验，将领导力置于群体视角内，认同应当以理性整合经验，将理性的群体和理性的领导者同时视作提升领导力不可或缺的要素，如 18 世纪启蒙思想家对其理想社会的相关论述；第二类宗教导向的领导力主张某一群体对神明的信仰，既是领导力的来源又是领导力的目的，领导力的基础是群体的信仰，领导力的实现条件是某

注：本文原载《管理世界》2021 年第 8 期。

一个体更虔诚的信仰；第三类权术导向的领导力要求在充分把握现实经验的基础上，将领导力的实现集中于领导者个体，权术是领导力的根本和唯一内容，通过使用权术实现领导力，如马基雅维利、韩非子等对君主行为的相关论述；第四类伦理导向的领导力认为伦理是领导力的重要来源，伦理对个人的约束是普遍性的，但是只有完美实现伦理要求的个人才能最好实现领导力，被领导者对伦理规范的实现程度不具有主动性，在领导关系中处于被支配地位，不影响领导关系的根本性质，如儒家学派的相关论述。

表 1　传统领导力论述类型

视角来源	立足经验	立足先验
关注群体	理性导向的领导力	宗教导向的领导力
关注个体	权术导向的领导力	伦理导向的领导力

而作为学术概念的“领导力”，通常而言被认为来自西方学界。“领导力”的概念从英文词源看，与“领导”同为“leadership”，然而两者之间并非单纯并列的关系，而是包含与被包含、从属与被从属的关系——作为行为范畴的“领导”的实现，天然需要作为能力范畴的“领导力”，“领导力”发挥效力的过程归属于领导行为的一部分或一环节；而将“领导”视为一种关系时，“领导力”是领导关系维系不可或缺的能力①。因而可以说，“领导力”是领导研究的重要部分。

在以往的英文文献中，领导力和领导均以“leadership”概而称之，缺乏明显的区分标志，在中文翻译的过程中，往往依据语境进行区分。“领导”和“领导力”虽然同属于行为主义范式下的概念，但领导作为一种关系时，显然是偏静态的概念；按照偏动态的行为方向理解，动态的领导行为必然受到具体的领导力的调节。“领导力”虽可以概括为作为领导者的个体、群体或组织对客体的影响力，但更多在具体的行为中得到实现、增强或减弱，因而具有动态特征，可以用高、低等表示程度的词语进行刻画。据此，可以对“领导”和“领导力”做出相对明确的区分。

然而，无论是作为领导还是作为领导力的“leadership”一词，均非纯然的管理学概念，科特（Kotter）在 20 世纪 90 年代将“领导”与“管理”区

① 此处并不将领导看作一种关系，因为在英语中“leader”一词更适于描述作为关系的“领导”概念。

分开来，使对领导的研究进一步从管理学中剥离[1]；领导力的内涵和外延紧密关涉个体、群体或组织的行为、工作情境和绩效，无疑更偏向组织行为学的范畴①。但是，作为组织行为学中“最模糊、最混沌”的理论[2]，“领导力”处于一个“丛林”中②，本尼斯（Bennis）将其定义为“赋予组织以愿景，以及将愿景转化为现实的能力”[3]；约翰·麦克斯韦尔（John C. Maxwell）则认为领导力的本质就是影响力[4]；科特作为领导力理论的集大成者，则将领导力直接等同于变革力。然而，综合这些概念可以得出，领导力是领导者（可以是个体、群体或组织）指向组织目标、愿景和变革的一种影响力③。

除了诸多对领导力内涵的定义，众多领导力理论构成了庞大的外延。追溯“领导力”发展的历程，领导力理论可以以来源为依据，辅以历史发展线索进行划分。

显而易见，领导力的主体是作为领导者的个体、群体或组织，想要拥有对组织未来的影响力，领导者的客观条件和主观能力共同构成领导力的来源，换言之，领导力取决于领导者的正式条件和非正式条件。正式条件指领导者的正式职位，职位天然赋予领导者领导地位与领导者行为的合理性，规定了领导者与被领导者的关系与领导者施行领导力的情境，使领导者获得相应的信息资源与处理条件。在正式条件下，领导者可以选择不同的领导行为、作风，行为是区分有效领导与无效领导的关键；领导者选取、利用情境因素，如领导—成员关系、职位权力、任务结构等，其不同组合带来不同的绩效结果，也展现了领导力的强弱程度。换言之，领导行为理论和领导权变理论主要基于正式条件，对领导力进行分析与刻画。非正式条件则相对简单，主要强调领导者的个人品质和特征，对应的理论则是领导特质理论。该理论认为，区分领导者与被领导者的关键是性格特质，强大的领导力也来源于此——外倾性、随和性、经验开放性、情绪稳定性与责任心，意味着领导者应擅长社交、自信果断，善于合作并具有利他、信任等特性，长于创新，能抗重压，责任心强。领导者满足的特质越多，领导力也就越强。类似的还有对变革型

---

① 罗宾斯（Robbins）在《组织行为学》中直接将“领导（leadership）”定义为“影响一个群体实现愿景或目标的能力”，此处虽并非翻译失误，但足以看出在组织行为学中领导和领导力的紧密关系，甚至可以说，在组织行为学中，领导与领导力是基本等同的。

② 孔茨提出，管理思想可分为六大学派，他以“丛林”来形容这些学派及其理论的复杂性，“每一个方面都有助于管理人员在完成自己工作时产生更深刻的理解，得到不同的方法，因此宁可将其视为工具，而不是学派”，显然，驳杂的概念界定也使“领导力”处于理论丛林中。

③ 换言之，领导力指向的是组织的未来，这是领导与管理相区别的重要方面。

领导与魅力型领导的区分，对伦理型领导的研究，等等。

根据主要内容区分，领导力理论主要从正式条件与非正式条件对来源做出解释，不同的来源影响着领导力的强度和作用方式。

除了上述理论外，还有探讨领导力起源与存在的领导力怀疑理论、生物与进化理论。这些理论在预设上不同于其他理论，在此笔者不将其归于“领导力”的外延。

从领导力理论的历史发展进程看，20 世纪初心理科学的进步、领导危机的出现推动了领导科学的形成和发展，对领导力的研究也应运而生。传统的研究集中于领导行为、领导特质、情境因素与领导力的关系，而新型领导理论则更强调“价值”，如领导—成员交换理论将领导与下属的关系看作交换关系，领导者的领导力与下属的绩效、成就、晋升机遇皆源于这种交换关系，这是一种物质性的价值，能够在交换中实现；变革型领导、魅力型领导与伦理型领导主要通过精神上的价值激励，展现领导者的领导力[5]。

近年来，领导力研究也出现了许多新思路，尤其是研究对象方面的创新：对负性领导的研究一反过去研究积极行为对领导力的提升作用，转而研究可能削弱领导力的消极行为，从反向为领导力研究提供思路；日益重视追随者在领导力研究中的作用，许多研究者将领导力视为社会建构过程，认为领导力来源于追随者的认同、服从等方面，将领导视角与被领导视角整合起来；涓滴模式则将研究重点转向领导力对组织中不同层级的渗透，不同于过去领导—下属的单一关系研究，更强调领导力作用的系统性与关联性[6]。

考察领导力理论的历史发展可以发现，领导力理论经历了由聚焦于领导自身到关注领导—下属关系，再到以被领导者相关因素对领导进行补充的演进过程。传统领导理论关注领导自身的行为、特质等因素与领导力的关系；新型领导理论的外延相比传统领导理论得到了扩大，领导—下属关系得到了更广泛的关注。而最新的研究成果多为补充作用，在过去的领导力理论基础上探讨了更多变量与领导力的相关关系，尤其注重考察被领导者的相关因素对领导力的作用，可以说，领导力理论的历史发展经历了一个不断外扩的过程，这一过程也是该理论不断实现要素整合、不断系统化的过程。

上述研究与理论主要以社会心理学为研究基础和支撑，大类属于组织行为学的范畴，当把“领导力”概念引入其他领域时，其解释力无疑受到挑战，需要根据不同学科具体发展情况进行延伸和调整。此外，在跨文化语境下，“领导力”概念的应用更需要经历本土化过程——领导效能必然且已然受到文化背景的影响和制约。

二、跨学科发展与本土化历程

作为概念的领导力具有较强的总结性，因而其内在诸要素的关系必然在现实中展开为具体的、实际的领导行为，既是建构意义上的逻辑需要，也是理论见诸实践意义上的实然性需要。因此，这一特征直接体现为领导力与具体、实际的领导行为密不可分，换言之，“领导力”具有宽泛的概括性与适用性。然而，不同学科视域下，“领导力”的侧重有所不同，意味着想要维护这一概念的解释力，还需依据具体的学科语境加以调整。

在不同学科中，领导力来源、展现形式及其强弱程度的判断依据都存在着差异。本文选取与领导力紧密联系的管理学、经济学、政治学，探究领导力在不同学科中的侧重。

管理学虽与组织行为学有着学术进路与理论内涵的紧密联系，共享有关研究对象的若干重要观点与结论，但管理学关注的“领导力”概念依然存在自身的鲜明特点，尤以对领袖特质与组织文化的关注著称。管理学对于领导和领导力并没有十分严格的区分，其语境下的“领导力”更偏向“有效领导的可能性”，因而管理学视域下的领导力来源及展现偏向“要素论”，尤其关注有利于实现有效领导的各类要素：领导者的性格特质、环境因素，如组织文化、组织纪律、组织目标等，高领导力来自领导人的魅力、责任心等特质，经由强有力的组织文化、纪律得到强化和展现，而组织文化和纪律受到广泛认同、组织目标的实现又是领导力的产物。这一过程即领导力在组织中的社会化过程。

经济学则采取截然不同的学术进路，对领导力的研究多以理性选择理论与博弈论中的激励相容约束机制为理论基础。在经济学理性选择预设的约束下，领导力的实现需要克服显著存在的矛盾、创造激励相容约束机制。理性人理论将组织中的人都视为寻求自身利益最大化的理性经济人，在同为理性人的条件下，领导者决策与被领导者实现自身利益最大化的决策之间往往存在距离，此种情况下如何处理集体利益与个人利益的关系，恰恰是领导力的展现。当领导者有足够的能力建立一套激励相容机制时，作为理性人的被领导者将主动奔赴组织的既定目标。

政治学视域下的领导力相对复杂，主要体现在“权力”“权威”概念与“领导力”概念的区别与联系上。“领导力”在政治学领域的使用频率远不及“权力”，当然与其诞生历史较短、研究术语的使用习惯有关，但更关键的在于“权力”与“权威”的使用足以包容“领导力”概念。比较三者之间的定义，一般认为领导者既拥有权力，又具备权威，在此语境下，领导力强调的是具备合法性的政治影响力。

政治领导力研究是政治学视域下领导力研究的集中体现，然而这一概念具有显然独特的发生学逻辑。就范式内在结构而言，领导力在组织行为学中的相应逻辑位置显然在政治学范式内被“权力”“权威”等概念取代，适应其理论框架的研究对象也难以充分内嵌于作为独立学科的政治学范式，因而“领导力”作为政治学范式下独立概念的适用性是显然成疑的。因此，基于组织行为学概念的相关研究多将组织行为学研究范式直接植于政治学的研究对象，以研究对象为纽带实现研究的跨学科性。对于领导力研究而言，其内在逻辑要求只有将政治活动视为特定组织在特定资源的支持下通过特定方法实现特定目的，才能将作为学术概念的领导力引入政治学范式。

但是，“政治领导力”作为独立概念，不来源于政治学和组织行为学，而来源于话语实践，并进而可分为两种类型，两类话语实践均呈现一定的自发性。第一种类型的话语实践是语言的自然组合，即在对“领导力”进行多种组合以求建立新概念、扩大概念适用范围的过程中，通过将“政治”与“领导力”两个复合词相结合形成可供跨学科研究的概念名称，然而这种概念建构过程与领导力概念在政治学框架下面临的尴尬一样，存在适用性不足的问题。第二种类型的话语实践以官方话语体系为起点，由文件、讲话等提出并随后通过政治宣传途径进入日常话语体系。在话语实践中，“政治领导力”因实践差异与话语内在的宽泛性呈现若干不同面向，进而“政治领导力”的多元话语在学术研究与政治宣传中至少实现了表面的耦合。因此，政治领导力既容纳于政治学范式内，又必然与政治学范式存在距离。其发生学逻辑要求“政治领导力”只能通过政治权威得以确认，或在学术话语实践中达成默认的共识，因此“政治领导力”在与作为学术概念的“政治”和“领导力”保持距离的同时，又集中体现了“党的领导力”的核心特征。

学科之间的分野对领导力概念具有拓展性的意义，是理解领导力的“刻意为之”，而领导力引入中国后的本土化过程，受制于特殊政治、文化背景的“不得不为之”。不同的文化土壤下，领导力发挥作用的逻辑和路径自然不同。中国文化背景下存在家长式领导、CPM 模型等独特的领导理论。家长式领导在中国十分盛行，其植根于儒家思想，融威权与仁慈为一体，其作用路径可以简化为“恩威并施”，利用权力使被领导者畏服，施加恩惠使其感恩、报答，其中隐含的逻辑置换至不同的文化背景下可能难以理解，既有的领导理论并不能充分解释具有深厚文化背景的风格类型理论。同样的还有凌文辁提出的 CPM 模型，在该模型中，中国人的领导行为包括：C（character and moral）因素代表个人品德，P（performance）因素作用于目标达成，M（maintenance）因素则作用于团体维系，三者相辅相成，分别指向领导者本身、工作与被领导者（他人）。在中国，领导者想要最大限度地发挥领导力，必须正确处理工作、他人与自己的关系，充分发挥 C，P，M 三种因素的作用[7]。在后续研究中，凌文辁指出，C 因素即道德因素对下属行为态度的影响最大，更重要的是，C 因素对目标达成和团体维系有着增强型调节作用[8]。而西方关于领导者道德对领导力影响的研究是在 CPM 理论提出 20 年后才展开的。这些中国情境下的领导力研究都在证明，由于独特的文化土壤、制度背景，本土化对于提升领导力理论适用性和理论创新有着重要作用。

对于中国的政治学研究来说，“领导力”的本土化显得更为重要，因为在中国政治学研究中必须要考虑中国共产党的特殊地位，因而在领导力研究的本土化过程中，党的领导力天然占据特殊地位。“党政体制”长期存续且稳定，中国共产党长期处于国家治理体系的中轴，“党的领导”成为中国党政关系研究中的核心要素，因而党的领导力在政治学领域领导力研究中占据主导地位。党的领导力研究，既具重要性，又存在特殊性。历史与现实两个维度决定了党的领导不同于一般组织的领导，甚至不同于政府领导。党的领导是中国国家建构的核心要素，破解了近代中国国家建构的困局；党的领导亦是当下中国国家治理的内在逻辑，其领导力实现的责任兜底为治理合力的形成奠定了基础。

此外，中国共产党是中国的执政党，但绝非单纯的政治组织，其领导力并不止于决策、管理等组织层面，历史与实践使得党部分成为“领袖”的集合名词，从而使党同时具有强大的社会领导力。换言之，中国共产党不仅具有正式条件下、合法性赋予的组织领导力，更因其自身特点而具有领袖领导力①。可以说，党的组织领导力来源于党的执政地位和党政体制，并通过党政体制实现了对党内各层级和各级政府的领导；党的领袖领导力则使党在社会动员、思想引领等方面具有无可替代的作用。

然而，既有的领导理论或缺乏本土化视野而难以分析我国的新型政党制度，或以学校、企业等非政府组织为理论研究对象，其理论完备性与针对性

① 此处区分组织领导力与领袖领导力的依据为前文所述“正式条件”与“非正式条件”。在组织行为学中，正式条件指的是职位所赋予领导者的条件，非正式条件则指领导者自身的魅力等特质。

尚待进一步考察，难以直接应用于中国共产党的领导力研究。这迫切要求对党的领导力进行谨慎研究与科学界定，构建符合中国政治实践的理论框架。

三、中国共产党领导力的源与流：概念锚定与理论建构

上文已经表明，党的领导之所以重要，是因为其背后蕴含着深刻的历史逻辑、现实逻辑与理论逻辑，是实现中国国家建构、国家治理的关键因素，亦是党政关系中的主导性因素。从拟制到落地的过程需要行为上的“党的领导”，但仅有领导行为是不够的，还需要强有力的领导力作为中继器与调节变量。将领导力概而论之，作为指向愿景实现、目标达成的影响力，其将促使领导意志不断向下渗透，成为各层级共同的目标与行动指引，从而使得“领导”得以实现。

如果说，党的领导意味着党总揽全局、协调各方，那么党的领导力就是“总揽全局，协调各方”的外在表现形式，这一外在表现形式是可视化的，在一定程度上也是可测定的，换言之，党的领导力意味着党的权力的运行水平以及管辖的全方位程度，意味着党在政治、经济、文化、组织等方面的高效统筹。这种统筹不仅是权力的嵌入，更包括利用权力合理分配各类资源，保证权力运行的合法性（legitimacy）、透明性（transparency）、责任性（accountability）、法治（rule of law）、回应性（responsiveness）、有效性（effectiveness）①；此外，“东西南北中，党政军民学，党是领导一切的”。党的权力纵向到底，横向到边，而全方位领导意味着以党的领导统筹经济建设、政治建设、文化建设、社会建设、生态文明建设“五位一体”的总体布局，协调全面建设社会主义现代化国家、全面深化改革、全面依法治国、全面从严治党的战略布局。这显然不同于组织行为学、经济学或管理学意义上的领导力，这些学科中所说的领导力无论基于何种理论，主要强调人对人的影响力是如何实现绩效目标的；而党的领导力在政治意义上更进一步，不仅指向人对人的影响关系，更强调作为一个政治组织，党是如何对各方力量、各个领域进行统筹、整合与协调，从而发挥自身影响力以实现国家建设等宏观上的目标。概而言之，中国共产党的领导力实际上是党总揽全局的支配力、协调各方的掌控力。

---

① 俞可平在《治理和善治：一种新的政治分析框架》中认为善治有六个基本要素，笔者认为，上述六个基本要素也是权力高水平运行的重要特征。

党的领导有历史渊源、现实要求和理论支撑，党的领导力亦非无源之水，而是植根于中国共产党深厚的历史基础、资源禀赋与党自身的结构特点。

一般来说，现代国家的形成要经历政治拟制、民族建构、国家建构和国家建设四个过程，四者在逻辑上存在相对严格的顺序，并在实践中得到表达[9]。近代中国曾出现多种政治拟制，但多因无力解决政治、军事、意识形态、民族独立等方面的困境而止步于拟制阶段；照搬既有的现代民族国家政治制度则忽略了民族建构与国家建构之间的张力，在没有完成两者的建构之前便尝试进行国家建设与治理，其结果同样是失败。然而，中国共产党最终成为破局者，通过话语上的建构（马克思主义中国化）与事实上的成功（领导新民主主义革命取得胜利），弥合了民族建构和国家建构之间的张力，获得了执政的合法性与事实上的领导地位，而在历史中成长起来的领导能力合理且必然地成为最高政治领导力。

如果说历史进程赋予党的领导力以正当性，那么党的领导力的强大则主要来源于党掌握的关键资源，来源于党自身的结构与党政体制。作为执政党，首先掌握军队指挥权与意识形态的解释权，无论是在战争时期，还是和平时期，两者无疑都是实现政治目标的基础资源，也是政治动员必需的条件；在国家建设阶段，按照规划，党逐步掌握了经济命脉、教育资源等，并通过自身的政治地位吸引了大量优秀人才，以党员、团员身份进行维系，实现了人力资源的筛选、集中与迭代。党集中掌握着这些关键资源，因而党实现政治目标的能力无疑得到了显著的提升，换言之，党的领导力得到了增强。党自身结构特点与党政体制同样也是提升党的领导力重要的加速器。党首先由具有相当政治觉悟与政治意识的“先进分子”构成，需要注意的是，“党员”作为一种身份，与“职业”在个体层面可以实现两分，而这种两分为党的领导力平行嵌入各类工作单位提供了可能；更显而易见的是，中央党组织对基层党组织的强力领导使党的领导力在党组织内部实现了从上而下的嵌入。这种集中统一的组织制度，上下贯通、执行有力的严密体系，是中国共产党推动党的领导真正落地的重要措施[10]。党政体制的运作机制使党的领导力得到了外显性的增强。党政体制中，作为规范或者说默契的党委（党组）领导、归口管理、党管干部、意识形态斗争、政治协商、统一战线和群众路线[11]，将党置于权力轴心，党的领导力在其中发挥着统摄作用，实现了党的领导力从内向外的覆盖，使之全面影响着国家与社会。

从来源看，党的领导力显然不足以用既有的理论进行锚定。相比于企业等组织，党的领导力难以用正式条件与非正式条件进行分析解释：党领导力的正当性来源于切实的历史，并不存在先验的规范使领导资格可以被授予，即使存在约定俗成的默契，也并非物质性的约束，而是一种应然的设计；非正式条件的不适用则体现在党的非人格化，党的领袖诚然展现出超凡的领导力，但正如党的领袖并不等同于党，领袖领导力并不是党的领导力的全部。应该说，考察党的领导力来源，可以借鉴既有理论的分析框架，但不能将其作为界定来源的准确依据，将党的领导力源头问题置于中国语境、中国背景之下考察，在历史基础、现实条件、制度要求的约束下全面观察党的领导力的合法性、资源禀赋、制度环境问题。

除了党的领导力的来源问题，“党的领导力”的概念也需进一步锚定。在前文探讨的过程中，沿用“党具有的实现政治目标与愿景的影响力”的定义刻画党的领导力。然而，这一概念虽与“党领导一切”的应然要求与实然条件相契合，但存在大而化之与过分模糊化的嫌疑，与应用范围更广、同样表示影响力的“权力”概念之间缺乏区分度，在面对为何不选取“权力”，而使用“领导力”概念的问题时，并不能得出让人信服的答案。这与具体实践中党的领导力不断展现与增强的现实相矛盾，因而进一步锚定党的领导力的概念有着必要性与紧迫性。

在比较研究视域下，对比其他类型领导力，党的领导力的特性是十分明显的。与经管领域的企业领导力相比，党的领导力首先不依赖于“理性经济人”假设，党本身掌握着对一套完整且不断发展的意识形态的解释权，党的领导力部分来源于此，而在解释权的条件下释放出的解释力也恰恰是党的领导力的体现。换言之，党的领导力与理论上的预设条件不是简单的谁先谁后的问题，而是相互作用的关系，由此决定了党的领导力更为复杂的理论逻辑与运行机制。其次，企业领导力依赖作为个人的领导，尤其是在正式职位之外，企业领导力的强弱主要取决于领导者自身条件与特质；但正如前文所讨论的，党的领导力不仅在于领袖领导力，更在于对国家、社会、民主党派的整合，整合使党的领导力长期保持相当的强度。而相对于政治领域的“权力”概念，党的领导力首先有合法性的保证，除此之外，二者的扩散路径也存在不同。同为影响力，权力强调“强制”的性质，通常内嵌于由上至下的扩散路径；领导力的重点则在“领导”上，不仅指代职级、职位差异造成的人对人的影响，先进理念、目标理想的归属同样也可以划定至领导的范围。基于中国政治实践、政治制度的特殊性，可以说党的领导力并不局限于从上至下的扩散，还包括平级嵌入。当然，“权力”在语意的包容性上是大于“领导力”的，其差别也较细微，因而在许多场合两者混用的情况时常发生。

无疑，党的领导力在整合（integrate）、控制（control）与扩散（diffuse）方面都具有十分鲜明的特征，并且形成了整合—控制—扩散的逻辑链。这条逻辑链展示了“党的领导力”所包含的内容，也展现了党的领导力发挥作用的机制。

在“总揽全局，协调各方”的要求下，党的领导力首先要做到的是整合“各方”，使“全局”的状态得以建立与稳固。新中国建立前“统一战线”的战略使党扩大了自身的社会基础，但由于当时还没有取得执政地位，此时的整合主要体现为革命同盟军，尚不能完全算作党的领导力的一个层次，直到新中国建立后，民族区域自治制度、中国共产党领导的多党合作和政治协商制度等制度确定与稳固后，党的领导力的整合功能才真正展现。国家机关、军队、人民团体和企事业单位内部党委（党组）的存在即发挥着整合作用。在这些单位工作的党员都要在党委（党组）的领导下过组织生活，并在党内民主集中制的约束下行使职权。由党对党员的领导实现了党对不同单位的领导，使政治、军事、经济、文化等相关单位统摄于党的领导之下，完成了对多方力量的整合。

整合首先以对党员的领导为核心，由于成为党员要经过相对严格的选拔与长期考察，党员队伍总体素质水平始终保持在相对较高的位置。毋庸置疑的是，党员队伍中包含大量各行各业的杰出人才，使得党在人才与组织层面具有了相当程度的影响力。不止于此，“党管干部”机制的存在，使察人、选人、用人的权力归于党。同时，党员自觉认同和自觉接受党的领导，使党的纪律可以有效发挥作用，保障了党的先进性与纯洁性，进一步放大了党的领导力在“控制”维度的作用[12]。

除了人事与组织层面的领导，党的领导力还深刻体现在对国家与社会事务和对意识形态的领导。从新中国建立初期延续至今的“归口管理”实现了对财经、政法、外事、科学、文教的全面领导，由党的领导小组分管各“口”干部和具体行政事务，党的领导力由此覆盖不同的工作领域，实现了对国家与社会事务的全面领导。党对于人事、政治事务的领导可以通过具体化、实在化的领导行为展现出来，而党对意识形态的领导则是更根本、更抽象的领导力内容。党对意识形态的领导主要体现在强大的话语权与解释力，首先依托于马克思主义的真理性，伴随着中国政治、经济等方面的实践不断深入，马克思主义中国化也不断得到推进，即使在市场经济发展、多元价值共存的背景下，党有力领导着主流意识形态，并通过思想宣传和舆论阵地，使承载着主流意识形态的“社会主义核心价值观”渗透到社会生活的各方面。

在对面的整合与对点的控制之外，党的领导力的另一重要内容是将面与点、横向与纵向相关联，这也就是党的领导力的第三个层面——扩散。扩散意味着党的领导力不仅限于政治领域的整合与领导，还实现了纵向的嵌入与横向的覆盖。党的领导力的扩散层面主要通过政治协商与社会动员得到展现。

中国的具体政治实践证明，“领导”并不意味着地位上的尊卑或权力上的绝对，在强制力受到严格限制的领域施加影响恰是领导力强度的展现，政治协商鲜明地体现了这一点。政治协商指的是中国共产党协同各民主党派、各族各界人士对国家大政方针、重要事务进行协商的过程，通过人民政协的制度化组织实现政治协商、民主监督与参政议政，实现了以中国共产党为中心的沟通，在党把握总体方向的同时，使党的领导力更具弹性与活力。

作为坚持“群众路线”的党，党的领导力既来源于人民的认同，也通过人民的认同得以施展，党的领导“不是高踞于群众之上，而是深入于群众之中”，同时，党也“根据群众的觉悟程度，去启发和提高群众的觉悟，在群众出于内心自愿的原则之下，帮助群众逐步地组织起来，逐步地展开为当时当地内外环境所许可的一切必要的斗争”①，使得群众自发自愿地为共同的目标而努力，完成社会动员、达成共同目标，即实现党的领导力，使之扩散到群众中。

整合—控制—扩散的逻辑链条使得党的领导力实现了全方位的释放，而在释放的过程中，党的领导力通过具体的领导行为得到了增强，换言之，这一链条既是党的领导力的内在层次，又展现了领导力发挥效力、不断增强的逻辑进路。

四、追溯与展望：党的领导力的历史与未来

“党的领导力”的具体内涵虽与组织行为学中的原初概念相去甚远，但就其泛化意义说，仍是一种实现愿景与目标的影响力，其主体并非企业而是作

---

① 1945 年 4 月 24 日，毛泽东在中国共产党第七次全国代表大会上做了题为《论联合政府》的政治报告，其中提出：“我们共产党人区别于其他任何政党的又一个显著的标志，就是和最广大的人民群众取得最密切的联系……教育每一个同志热爱人民群众，细心地倾听群众的呼声；每到一地，就和那里的群众打成一片，不是高踞于群众之上，而是深入于群众之中；根据群众的觉悟程度，去启发和提高群众的觉悟，在群众出于内心自愿的原则之下，帮助群众逐步地组织起来，逐步地展开为当时当地内外环境所许可的一切必要的斗争。”参见《论联合政府》，载《毛泽东选集》第三卷，人民出版社，1991 年版。

为中国政治中轴的中国共产党。因此，传统党的领导力研究多秉承简单范式转换的研究思路，以中国共产党取代组织行为学意义上领导力分析中作为主体的企业，将传统领导力研究移植为党的领导力研究。就现实需要而言，这一转换较好适应了迅速构建党的领导力理论的现实需要，短时间内在该领域搭建起较为完备的学术框架并提供了若干研究成果，为相关研究提供了充足的材料和较为坚实的基础。然而，由此产生的问题也相对明显，即“领导力”概念范式转换的适用问题，以及“党的领导”与“党的领导力”作为近似概念的混用问题。

领导力概念产生较晚，且概念原初内嵌于组织行为学范式内，因此领导力虽成为跨学科的热点概念，但相关研究仍主要沿用组织行为学相关概念及方法，在跨学科研究中缺少不同学科对这一概念进行具有学科差异性的规范。从已有的对党的领导力的研究结果看，多数研究仍仅沿用组织行为学的研究进路，如重视“绩效”“领袖”等元素与领导力之间的关联。党的领导力研究作为领导力理论的跨学科研究，在迅速引入并范式转换中缺乏政治学的学科化和中国实践的本土化，其导致的必然结果是割裂。这一割裂在抽象规范中呈现组织行为学微观范式与宏观研究对象的割裂，在具体研究中呈现为作为理论基础的领导力概念与作为论证材料的党的历史之间的割裂。

将“党的领导”与“党的领导力”相混淆，同样是领导力概念研究之初未清晰锚定概念所导致的不良后果。党的领导是一个全局性问题，党的领导力是党的领导范畴中内在固有的一部分。然而，党的领导力是相对狭窄的概念，可以通过党的领导行为得以展现与增强，但并不以一个能力范畴的定义取代事实范畴的“党的领导”。混淆“党的领导”与“党的领导力”，既会导致学术研究的话语错位，也会导致政治实践中对党的领导问题认识不清等问题。

因而，利用规范的政治学学科范式对党的领导力进行研究，还需要解决以下问题。

首先，厘清共产党领导力的本质与内涵的问题。这是避免党的领导力研究缺陷的必然要求，也是进一步考察共产党领导力作用机制的要求。前文中将党的领导力定义为“党总揽全局、协调各方的外在表现形式”，按照此定义，党的领导力应天然包含政治领导力、经济领导力、文化领导力与组织领导力，然而诚如中国共产党与其他政治经济组织在性质与特点上存在天然分野，如何展现共产党领导力的独特性，无疑是明确共产党领导力的本质与内涵所需要承担的任务。在完成这一任务后，共产党领导力理论在解释政党认同与政治认同、文化认同、组织认同之间的相关关系，与作用机理方面能展现其不可替代性，方能为这一问题的解答提供新的理论视角。

其次，对党的领导力的解释要跳出循环论证的“结构—功能”定式。结构功能主义的前提是功能主义，其后才是结合功能的结构主义，其中的适应功能特指社会自发性活动，目标实现功能、整合功能和模式维持功能是更高层级的非自发性活动，因而结构功能主义的应用并不仅是与政治、经济、文化、意识形态等范畴的对应。放到党的领导力研究领域中，列举中国特色社会主义体系的结构特征，再将其与共产党领导力进行一一对应的过程，仅是表面上完成了结构功能主义的理论解释过程，实际上与结构功能主义的原理相悖，而党的领导力发生作用的中介变量的研究不足，使这一理论的解释力进一步下降。因而在进一步研究中，需要结合中国现实的政治实践，界定能够解释党的领导力作用过程的中间变量①，结合制度主义、政治社会学的理论供给，是进一步提升党的领导力的理论解释力的应有之义。此外，由于党的领导力与党的领导的内在联系，党的领导力与党的领导所指向的目标、内容理应具有同构性，换言之，党的领导力理应为党的领导的目标服务，理应为国家治理现代化、国家现代化的目标服务。在实现国家治理效能提升，国家向现代化不断迈进的过程中，党的领导力需要确定明确的内容维度与指标体系，以此锚定党的领导力的作用方向与效力。

最后，中国共产党的领导力理论必然是立足中国、面向世界的。在中国广泛的政治实践中、深厚的文化土壤中，探索天下为公、兼容并包的文化传统，与多元一体、和合共存的政党制度、政治实践在中国文化语境下有机融合的作用方式，从特色的中国问题、中国经验中抽象出具有普遍意义的中国理论、中国话语，是党的领导力理论的责任，也是中国政治学的责任；而让概念源自中国实际，让理论来自本土概念，让制度接受历史和实践检验并在理论的指导下不断完善，成为中国学者的重要责任。

而今正值建党 100 周年之际，100 年来，中国共产党团结带领中国人民开辟伟大道路，创造伟大事业，取得伟大成就，尤其是新中国建立至今中国的发展，是党的领导的有效性、中国政治制度的有效性的明证，因而关于中国共产党何以领导、以何领导的问题更加受到关注，因此，党的领导力研究在当下具有极其突出的重要性。党的十九大报告提出，要“不断增强党的政治

---

① 在中国，具有中国特色的各项制度、文化背景与领导人特质等都是党的领导力能够发挥效力的中间变量，也是可以进一步结构化的分析视角。

领导力、思想引领力、群众组织力、社会号召力”。政治领导力无疑是其中提纲挈领的存在，增强政治领导力，意味着要明确政治立场，坚定政治方向，整合政治力量，坚定政治领导力是为思想引领、发动群众、号召社会锚定方向的关键因素，分配资源的必要力量。

一个研究热点的出现往往受到历史背景的牵引，而历史背景通常也为此类研究提供研究土壤。当下聚焦于党的领导力的研究多以党史为抓手，配合当下政治实践的事实与经验，换言之，此类研究就其范式而言应属于历史研究或马克思主义研究的范畴，政治学规范则较少呈现于具体研究中。这既与相关学者的学术背景有关，更与“领导力”概念本身的局限有关。领导力最初是应用于企业等经济组织以考察其绩效的一个因素，在中观以下的组织或主体可以得到较好的运用，但在中观以上的组织中，绩效往往只是其组织目标的一小部分；此外，“领导力”的跨领域、跨学科运用，使其必须以符合学科范式要求的面貌出现。因而“领导力”无论在内涵还是外延方面，都要重新被衡量，才能使其重新获得作为一个“概念”应有的解释力。在“党的领导力”方面尤为关键，否则，党的领导力研究将成为纯粹对党史或对马克思主义中国化的研究，或依然是以组织行为学的视角试图解释政治学问题的研究。这是过去的研究理应反思，当下的研究理应切入，未来的研究理应拓展的关键，也是“党的领导力”持续保持解释力与生命力的关键。如何将领导力概念政治学化，如何将党的领导力概念规范化，如何将党的领导力研究实践化，是未来党的领导力研究必须解答的问题。厘清这些问题，是解决中国新型政党政治的话语体系存在“失语”问题的一个面向，“党的领导力”的概念及其来源、影响路径始终贯穿在中国新型政党制度之中，以这一概念为线索，对中国新型政党制度的历史脉络、理论基础、基本架构、运行机制、主要特征、发展前景进行梳理，对于拓展“党的领导力”的解释力无疑是一种有益的探索。

参考文献：

[1] 约翰·科特．变革的力量：领导与管理的差异［M］．北京：华夏出版社，1998.

[2] 大卫·V 戴，约翰·安东纳吉斯．领导力的本质［M］．北京：北京大学出版社，2015.

[3] 沃伦·本尼斯．领导者［M］．杭州：浙江人民出版社，2016.

[4] 约翰·麦克斯韦尔．领导力 21 法则［M］．北京：中国青年出版社，2012.

[5] 简文祥，王革．西方领导力理论演进与展望［J］．科学学与科学技术管理，2014（2）．

[6] 李明，毛军权．领导力研究的理论评述［J］．上海行政学院学报，2015（6）．

[7] 凌文辁，陈龙，王登．CPM 领导行为评价量表的建构［J］．心理学报，1987（2）．

[8] 李明，凌文辁，柳士顺．CPM 领导行为模式对和谐组织的影响作用［J］．暨南学报（哲学社会科学版），2012（2）．

[9] 任剑涛．民族国家时代的帝国依赖［J］．中国法律评论，2019（4）．

[10] 王炳权，彭冲．形式主义的组织学考察［J］．广西师范大学学报（哲学社会科学版），2021（1）．

[11] 景跃进，陈明明，肖滨．当代中国政府与政治［M］．北京：中国人民大学出版社，2016.

[12] 蔡礼强．论中国共产党的愿景领导力［J］．甘肃社会科学，2019（4）．

中国共产党组织领导力与治理成就的制度逻辑

贠　杰
中国社会科学院

摘要：本文探讨分析了中国共产党国家治理历史性成就背后的制度性逻辑，并通过中国共产党组织领导力的思想力、决策力、人事力、执行力和监督力的结构功能分析，提出卓越的组织领导力是一个政党最应具备的能力，也是中国共产党治理成就的内在动因和制度逻辑，由此得出“组织常在、制度常在，但高效的组织领导力不常在”的实践总结。本文从新视角揭示了中国发展成就背后的政党制度优势，为深化党的建设内在规律和国家治理现代化研究提供了新的组织学分析途径。

关键词：组织领导力　中国共产党　治理成就　制度逻辑

组织建设是党的建设的重要基础，党的全面领导、党的全部工作要靠党的坚强组织体系去实现[1]。中国共产党成立百年以来，经历了无数艰难曲折，最终取得了新民主主义革命的伟大胜利和社会主义建设的辉煌成就，在这个过程中，始终坚持正确的组织路线是其不断取得成功的重要保证。习近平指出，我们党要长期执政、永葆活力，团结带领全国各族人民沿着中国特色社会主义道路实现中华民族伟大复兴，最重要的是把党建设得更加坚强有力[2]。中国共产党的组织建设经验是区别其他政党的重要特质，也是取得中国特色社会主义建设伟大成就的基本保证。因此，深入研究党的组织建设规律具有重要的理论意义和实践价值。

一、中国共产党国家治理的历史性成就

中华人民共和国成立以来，特别是改革开放以后，在中国共产党的坚强领导下，中国特色社会主义建设不断创造新的历史性成就，经济社会发展取得明显进

注：本文原载《管理世界》2021 年第 8 期。

步，各领域发生了翻天覆地的变化，党和国家以全方位、深层次体制变革和发展，推动中华民族伟大复兴迈入了新征程，取得了一系列令世界瞩目的历史性成就。

（一）经济发展取得举世瞩目的成就

中国取得了有史以来最惊人的工业革命成果和经济增长。2020 年，中国国内生产总值（GDP）首破 101.59 万亿元人民币（见图 1），以不变价计算较 1952 年增长了 192 倍，以现值美元计算中国 GDP 已经超过了美国的 70%，而 1996 年仅为美国的 10%。人均 GDP 从 119 元提高到 7.24 万元①。目前，中国经济已成为世界经济增长的主要动力，连续 8 年对世界经济增长的贡献率保持在 30%左右，位居世界第一。2020 年，按购买力平价调整后的标准计算，中国实际上已经超过了美国。

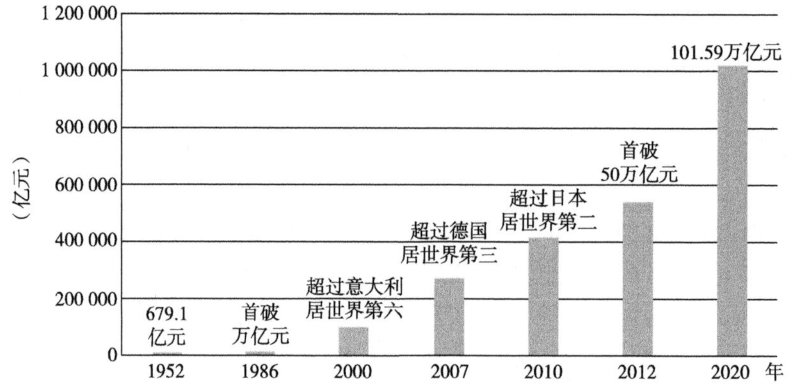

图 1　1952 年以来中国国内生产总值（GDP）增长趋势图

数据来源：根据国家统计局《中国统计年鉴》历年数据加工整理。

中国对外贸易规模显著增长，货物贸易跃升为第一大国。1950 年，中国货物进出口总额仅为 11.3 亿美元，1978 年为 206 亿美元，居世界第 29 位。2020 年，中国货物进出口总额达 4.7 万亿美元，比 1978 年增长 226 倍，连续 3 年居世界首位。服务进出口总额 6 617 亿美元②，比 1982 年增长 141 倍，目

① 数据来源于国家统计局：《中华人民共和国 2020 年国民经济和社会发展统计公报》。

② 《中华人民共和国 2020 年国民经济和社会发展统计公报》数据显示，2020 年中国货物进出口总额 32 1557 亿元，服务进出口总额 45 643 亿元，人民币平均汇率为 1 美元兑 6.897 元人民币，根据以上数据测算得出。

前已稳居世界前列。2020 年末中国外汇储备余额为 3.22 万亿美元①，连续 15 年稳居世界第一，占当年 GDP 比重的 21.86%。

（二）城镇化率显著提高 民生改善成效明显

中国城镇化水平不断提高，城镇化率从改革开放初期的不到 10.6%，提高到 2020 年的 63.89%②，已超过发展中国家普遍水平（50%左右），比 1978 年年末上升 42.7%。人民生活水平明显提升，脱贫攻坚取得历史性成就。1949 年，中国居民人均可支配收入仅为 49.7 元，2020 年居民人均可支配收入达到 32 189 元，扣除物价因素实际增长 67.2 倍。2020 年居民人均消费支出达到 21 210 元，扣除物价因素实际增长 31.1 倍③。按现行贫困标准，1978 年中国农村贫困人口 7.7 亿人，农村贫困发生率 97.5%。2020 年年末中国农村贫困人口全部实现脱贫，贫困县全部摘帽，绝对贫困历史性消除，党的十八大以来脱贫攻坚工作成效显著，全国农村贫困人口和贫困发生率情况如图 2 所示。中国成为首个实现联合国减贫目标的发展中国家，对全球减贫贡献超过 70%。

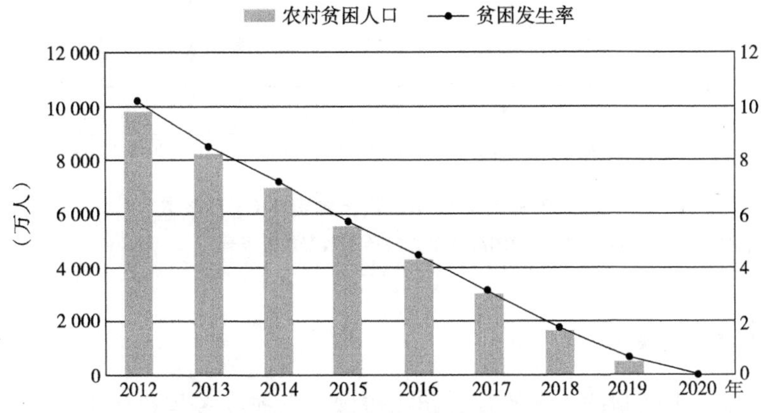

图 2 2012—2020 年全国农村贫困人口和贫困发生率

数据来源：根据国家统计局《中国统计年鉴》历年数据加工整理。

---

① 《中华人民共和国 2020 年国民经济和社会发展统计公报》；国家外汇管理局统计数据 [EB/OL]. http://www.safe.gov.cn/safe/2021/0202/18180.html.

② 《第七次全国人口普查公报》数据显示，10 年间城镇常住人口增加了 2.36 亿人，常住人口城镇化率提高了 14.21 个百分点。

③ 数据来源于国家统计局《中华人民共和国 2020 年国民经济和社会发展统计公报》。

（三）科技实力大幅提升　研发投入显著增加

2020 年，我国研发经费投入总量达 24 426 亿元，为史上最高（见图 3），总量稳居世界第二①。2013 年以来，中国一直是仅次于美国的世界第二大研发经费投入国。研发经费占 GDP 比重在 2020 年达到 2.4%，超过欧盟 15 国平均水平（2.13%）。2018 年，按折合全时工作量计算的全国研发人员总量为 419 万人年，是 1991 年的 6.2 倍。我国研发人员总量在 2013 年超过美国，连续 6 年稳居世界第一位。世界知识产权组织报告显示，2019 年中国的创新能力在全球 129 个经济体中的排名达到第 14 位，是唯一进入全球前 20 的中等收入国家。

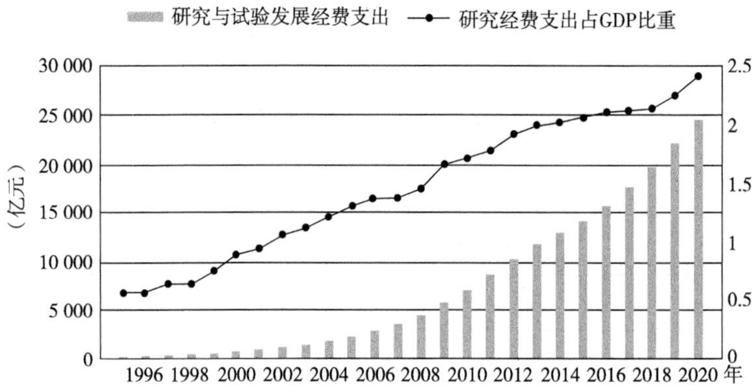

图 3　1996—2020 年中国研发经费占 GDP 比重

数据来源：根据国家统计局《中国统计年鉴》历年数据加工整理。

（四）其他领域

2010 年，中国制造业产值首次超越美国，已连续多年稳居世界第一。目前，中国钢铁、水泥、汽车等 200 多种工业品产量居世界首位。截至 2020 年年末，高铁营业里程数达到 3.8 万公里，超过世界的 2/3；高速公路从无到有，总里程达 16.10 万公里，居世界第一。中国民航业完成旅客运输量 4.2

① 数据来源于国家发展改革委副主任胡祖才在 2021 年 3 月 8 日国务院新闻办举行的新闻发布会上的情况介绍。

亿人次，民航旅客运输量连续15年稳居世界第二①。2020年，中国的世界500强公司数量再创新高。中国大陆（含香港）世界500强公司数量达到124家，历史上第一次超过美国（121家）。加上中国台湾地区的企业，中国共有133家公司上榜②。

二、中国共产党成功的原因

中国共产党领导下的国家变化是深刻而广泛的。长期以来，不论是在中国国内，还是在世界范围，大家都非常关注中国的发展，但是很少有学术理论能够有效解释中国发展成就的制度成因，现有研究多从经济学角度进行分析。林毅夫等从“比较优势”理论[3]到新结构经济学的最新研究[4]，尝试对中国经济增长的分析由古典经济学扩展到制度和治理层面，但带有明显的新古典经济学和结构主义的调和色彩，仍具有一定的理论局限性。张五常的“县际竞争”理论突破了主流经济学经典的经济增长模型桎梏，但研究方法的局限使其对中国经济增长背后的制度原因分析也是不彻底的[5]。经济学者对中国经济增长原因的探索是值得钦佩和尊重的，但缺乏政治制度视角的分析，限制了他们理论的解释空间和影响力。事实上，这是中国发展成就之谜。按照经典的西方经济和政治理论，中国是一个“集权国家”，经济增长应该是缺乏活力和可持续性的，社会公共事业发展也应该是落后于西方国家的。但事实恰好相反，中国取得了世界上有历史记载以来最惊人的工业革命成果和经济增长奇迹。中国发展的原因是什么，目前还缺乏一套令人信服的制度分析工具，对中国成就的理论解释也是不充分的，需要在学术研究上寻求理论突破。

在中国共产党的领导下，我国取得了一系列举世瞩目的发展成就。在这个过程中，中国和西方国家之间始终存在着意识形态之争。按照西方的政治理论，中国不可能取得这样的成就，也无法解释中国的发展道路。长期以来，以欧美为代表的西方国家不仅保持着强大的经济优势，而且发展出一套完整的政治理论解释体系，如自由民主、三权分立、人权宪政等，与其经济社会发展相配合，共同构成了西方国家的制度优势和话语霸权，而中国的新崛起则对西方的制度优势和意识形态霸权形成了直接的挑战。

---

① 数据来源于《2020年交通运输行业发展统计公报》。

② 数据来源于美国《财富》杂志2020年世界500强企业名录。

首先，在西方的意识形态和价值观下，中国经济社会成就的制度基础始终面临着一个“政治合法性”问题。政治合法性是对统治者与被统治者关系的评价，一般用来表示统治者或管理者被被统治者或被管理者接受与认可的程度。西方以竞争性选举为核心的民主制度就是通过这种民主形式实现政治合法性的。因此，在意识形态领域，西方国家一直攻击中国政权不具有选举意义上的“合法性”。但统治者被被统治者接受与认可的这种合法性概念，并不是通过选举一种途径实现的，还可以通过绩效合法性实现，即统治者通过良好的治理绩效赢得民众的广泛接受和认可。中国制度的政治合法性不仅来源于选举合法性，也来源于“以人民为中心”发展理念驱动的绩效合法性。所以，为了充分实现这种合法性，中国要以良好的治理绩效赢得民众的支持，必须建立一个有利于经济社会发展的制度结构，必须不断优化完善自己的治理体系，以增加其运行的有效性。中国改革开放的历程，是中国共产党不断探索有效制度体系的过程。最终，形成了中国特色社会主义制度。但是，这种制度体系的内在运行机制是什么，又是如何发挥作用的，始终没有得到很好的解释。本文就是从这个角度探讨中国发展成就背后的制度逻辑的。

其次，讨论中国的制度模式必须首先厘清“集权”的概念，否则很难深入理解中国的制度运行。集权，即权力的集中，是与“分权”相对而言的一个中性的概念，本身并无好坏之分。但集权往往与专制和独裁相联系，事实上它们之间存在明显的区别。集权是与现代法治相联系的一个政治学概念，集权与分权在各国经济发展中各有优势和弊端。集权如果缺乏必要的监督和制约，必然会带来腐败和滥权等现象；但集权体制如果是在规范、有序、透明的环境下运行，那么集权的决策高效、执行有效和广泛的资源动员能力就会得到充分展现。在对集权的认识方面，中国与西方国家存在意识形态方面的分歧和差异。自由主义理论认为，权力是用来限制的；而中国的制度形态和国家治理成就则表明，权力是拿来使用的，但必须在法律和制度约束下，达致务实、高效和管用。世界经济发展规律也证明，后发赶超型国家在一定程度上都具有集权的特征，例如，朴正熙时代的韩国、李光耀时期的新加坡等。其实，集权和分权并不必然带有意识形态色彩，是实现良好治理的工具，只需根据国家不同发展阶段的实际需要而定，但必须建立在法治基础之上。这是本文进一步研究构建中国共产党组织领导力理论的基础。中国的发展成就和治理成效，无疑与中国共产党的领导地位有密切的关系，与中国特色社会主义制度优势有密切的关系。但是，中国目前的理论体系和话语体系构建相对于实践发展还较为滞后，需要走出制度优势与理论孱弱的学术困境。本文从组织领导力视角解码中国共产党的制度优势，尝试揭示中国共产党治理成就的内在规律和发展动因。

三、组织领导力是解码中国共产党制度优势的新视角

中华人民共和国成立以来，特别是改革开放以后，中国在各个领域发生了翻天覆地的变化，在经济社会建设方面取得了明显的进步。其中，中国共产党的坚强领导发挥了核心作用，是中国特色社会主义制度优势的根本保证。在中国的经济社会发展成就背后，中国共产党是如何发挥制度优势的，以及具体机制是什么，一直是学术界研究的薄弱点。本文从组织领导力的新视角，尝试构建中国共产党制度优势的理论分析框架，揭示中国共产党治理成就的内在规律和发展动因。

（一）中国共产党组织领导力的历史图景

无论古代还是近现代，无论国内还是国外，组织领导力的作用都无处不在，对各类组织和领导者的成败都至关重要。如果将历史画面投射到中国共产党的百年发展历史，特别是共产党和国民党在中国革命进程中力量的此消彼长，就会发现组织领导力的影响更为突出。组织领导力强，可以使组织由小变大、由弱变强；组织领导力弱，可以使组织由大变小、由强变弱。毛泽东领导的共产党和蒋介石领导的国民党，就是这种位势转换的典型代表。

中国共产党的组织力可以由小到大、由弱变强，但不是所有的组织都可以做到这一点。张学良在晚年回忆中，曾赞叹中国共产党带领红军长征的非凡伟大，他说："我们都是带兵的人，如果换做国民党，队伍早就垮了或散了，只有共产党才能这样。"① 换句话说，并不是所有的星星之火都可以燎原，能燎原的星星之火是组织力强的组织。组织力弱的组织最终只会在艰苦条件和逆境中走向消亡。事实上，中国共产党的组织力就是在不断的革命斗争和艰难险阻中逐渐磨砺增强的。

中国国民党的成立早于中国共产党，是中国历史上第一个资产阶级政党，其前身为成立于 1894 年 11 月 24 日的兴中会，1919 年 10 月 10 日经孙中山改组后改为现名。中国国民党从 1928 年北伐成功、以"东北易帜"为标志国民政府形式上统一中国起，到 1949 年在国共内战中失利，经历了由盛到衰的过

① 选自于《世纪行过：张学良口述历史特辑（二）》，凤凰网视频，2017 年 12 月 5 日。

程。当中国共产党于1921年诞生时，国民党作为政党已经建立了完善的思想体系和组织系统，孙中山的三民主义是国民党建党的重要思想基础，此后逐渐建立起一套独立的行政体系和军事力量。但是由于军阀割据，国民党的决策力和执行力一直较弱。北伐成功只是表面上结束了中国四分五裂的局面，国民党政权完成了对中国形式上的统一，但各地军阀依然存在，包括广西李宗仁、西北冯玉祥、东北张作霖、山西阎锡山等。因此，国民党政权的决策力和执行力始终存在问题，组织领导力虽然与建党早期相比有了明显提升，但还是比较弱的，也影响了作为国民党领袖的蒋介石个人领导力的发挥。

中国共产党刚成立时，组织规模很小。但是由于马克思主义政党的特殊性质，其组织力很强。如果从思想力、决策力、人事力和执行力、监督力角度考察，其由小变大、由弱变强会得到很好的解释。事实上，近代中国社会是一个弱组织化的社会。中国共产党之所以能够成功，在于以坚强有力的组织体系和严密的组织纪律，将近代中国一盘散沙的局面成功组织起来，通过强大的组织领导力凝聚人心、组织社会、发展经济、开展斗争。其中，思想力建设是中国共产党组织领导力的突出特征。五四运动后马克思主义在中国的传播，加快了共产党在中国的诞生。但在建党初期，始终面临着马克思主义和中国实际相结合的问题，怎么革命、怎么发展存在着较大分歧，产生了毛泽东同志提出的中共历史上的多次“路线斗争”，直到具有历史意义的遵义会议召开，确立了以毛泽东为代表的马克思列宁主义正确路线在中共中央的领导地位，中国革命才步入顺利发展的轨道。

在中华人民共和国成立后的建设时期，这种组织力特征依然在延续，如在中华人民共和国成立初期，在中国共产党的领导下，中国快速从战争创伤中恢复，国家建设迅速步入正轨，这都是党的强大组织力发挥作用的结果。在抗美援朝战争中，中国能在一穷二白的条件下战胜以美国为首的“联合国军”，不是经济条件、工业基础、武器装备等因素能解释的，是中国共产党的组织领导力发挥了至关重要的作用。与此相应，如果存在决策失误、方向偏差，强大的组织力也会引领政党步入歧途。例如，“大跃进”运动是党在探索建设社会主义道路过程中的一次严重挫折，但“大跃进”运动的发起靠什么？就是强大的组织动员能力，这场运动把整个国家和社会都动员起来了，当然也带来了巨大的负面作用，但说明中国共产党的组织力是相当强大的。为了避免重大失误，改革开放后做出的一系列党和国家制度改革，本质上是确保党的组织领导力沿着正确的方向前行。改革开放后的个别阶段，由于各种因素影响，党的组织力建设也存在弱化倾向，甚至出现政令不通达的政策梗阻现象。因此，只有充分重视组织力的独特作用，正确把握组织力的运行规律，将领导者个人特质与组织领导力形成良好的互动，充分发挥组织力内在要素的能动作用，才能将党的建设科学化和国家治理现代化推向更高水平。

（二）组织领导力的内涵与分析框架

组织领导力（organizational leadership）简称组织力，是指基于一定的组织体系，通过思想力、决策力、人事力、执行力和监督力等构成要素的打造，经过思想动员、制度构建、结构优化、人才凝聚、流程再造等方式或措施，合理有效配置组织资源形成实现自身战略目标和意图的组织化能力。

目前，国内外学术界关于领导力的研究文献较为丰富，但是，从组织力视角研究领导力的文献还处于起步阶段。美国管理学家理查德·达夫特对已有学者关于领导力的研究状况进行了再研究，发现关于领导力的概念有 300 多种[6]，说明领导力研究已成为学术热点问题。国内学者也从不同维度对领导力开展了研究，如中国科学院“科技领导力研究”课题组从技术层面提出“领导力五力模型”[7]。祝灵君从党的领导力和国家能力的关系视角，分析了中国改革开放 40 年的成就与经验[8]。丁辉侠从制度视角研究中国共产党领导力的基本内涵与关键要素[9]。陈文泽从治理视角提出“党的领导”是中国特色社会主义制度的最大优势[10]。但是，这些研究多从传统视角研究领导力的内涵、特征和作用，未完全脱离传统的分析框架，从组织领导力视角深入研究党建内在规律的成果还较为匮乏。王久高虽然对组织力、政党组织力和中国共产党组织力的内涵进行了初步探讨，但缺乏对组织力结构和功能的实践分析，创新性较为局限[11]。基于当前研究现状，本文从个人和组织关系层面探讨领导力与组织力的关系，以中国共产党组织领导力为研究对象，从组织力实践特质和制度运行角度，提出了中国共产党组织领导力的理论分析框架，对于解释中国经济发展之谜和中国共产党治理成就的制度逻辑具有一定的针对性和理论创新意义。

从组织学角度看，一个领导者的成功，与组织管理和组织绩效密切相关。对领导力的界定，无疑需要从领导者个体与组织关系的层面探讨其内涵。领导力是指在一定权力基础上，由具备特殊个人素质、能够培育和运用强大组织力的领导者有效实现组织战略目标的能力。简单说，领导力是特定的权力基础、领导者的个体特质、组织领导力等要素的有机整合，要素共同形成了领导力的基本结构。图 4 是领导力要素结构示意图。图中领导力被明确划分为权力基础、领导者素质和组织领导力，三者之间有优先顺序和排列前提，不是并列关系。一定的权力基础是能够发挥领导力的前提，领导者的素质是领导力的个体能力基础，个人素质与组织力要素相结合，构成了领导力的全部。

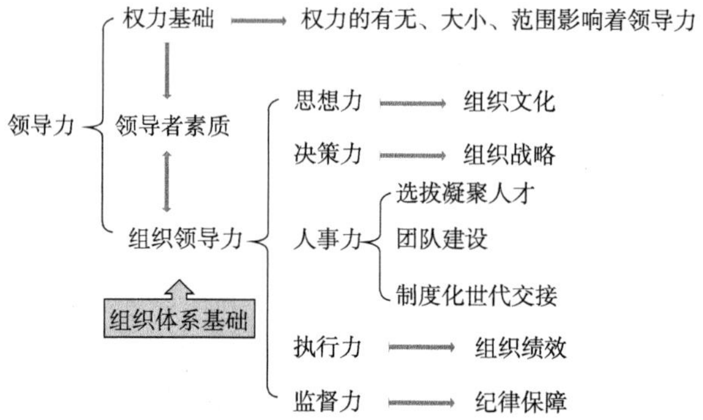

图 4　领导力与组织力的要素关系

从领导力模型看，在其他要素不变的条件下，权力基础、领导者素质、组织力与领导力作用的发挥呈正相关关系。从权力的基础看，有没有权力、权力的大小和权力的范围都影响着领导力。权力大小和领导力呈正相关关系。一个人的权力基础越大，领导力就越强。同样，一个领导者的素质越高，领导力越强。组织力越强，领导力越强。三者之间是相互影响的关系，领导者的素质是内部条件，是领导力的重要基础。绝大多数优秀领导者的个人素质都是高的，都具有一定的相似性，差别主要体现在外部条件，即权力基础和组织力状况。但内外部因素是可以相互发生作用的，个人素质高的领导人会争取权力基础，培育和改造组织力状况，从而提升领导力。当一个具有权力基础、个人素质高的领导者忽视组织力因素建设时，会面临失败的风险。在这种情况下，组织力对组织的发展和战略目标的实现至关重要。

对领导力而言，领导者个人素质可以靠自身修炼形成，而组织力必须靠培育、构建或改造才能完成。那么，什么是组织力，以及组织力的构成要素，就决定着领导力的有效发挥。简单地说，组织力是由思想力、决策力、人事力、执行力、监督力等要素组成的。它们的有机组合和相互作用，共同决定了组织力的强弱。如果一个组织具有较强的思想力、决策力、人事力、执行力和监督力，这个组织的组织力就非常强。

中国共产党的组织领导力研究，是中国政治学和党建研究的重要内容。而提高党的组织领导力是推进国家治理能力和治理体系现代化的核心和基础。

传统上，国内学术界对党的建设研究主要集中在党的思想建设、政治建设、组织建设、制度建设和反腐倡廉建设五大方面。这些领域的研究成果，对丰富和加强党的建设研究、推动国家治理现代化具有重要的启迪和借鉴意义。但是，当前的政治学和党建研究也存在一定问题，如一些研究过于宏观，过于注重理论宣传，缺乏政治理论和实践分析的有效契合；有的研究只注重从思想建设、作风建设、组织建设、制度建设和反腐倡廉建设等领域探讨具体问题，忽视了党建研究的整合性和对中国共产党组织领导力研究的针对性。因此，深入研究党的建设本质规律，加强政治学、管理学、经济学和党建研究的整合性，从组织领导力角度提出具有实践解释力的研究分析框架，具有重要的理论意义和现实必要性。

四、中国共产党组织领导力的基本构成要素

从党的发展历史，以及国外政党和国家治理运行看，组织常在、制度常在，但是高效的组织领导力不常在。组织领导力是判断领导者能力和领导者成功的最终标准。组织力是领导力的核心载体，由思想力、决策力、人事力、执行力和监督力五个基本要素构成。党的十八大后推行了一系列改革，党和国家发生了广泛而深刻的变化，与中国共产党的组织领导力的重塑有着直接的关系。以习近平同志为核心的新一代中央领导集体，正是通过打造和重塑党的组织领导力，才使中国在新时代取得了一系列新的伟大成就。

（一）思想力是组织领导力的精神之核

思想力是将政党的纲领、信仰、品格扩展到组织全体成员的能力，即能否产生激励人心、凝聚共识、具有鲜明内涵和引领众人前行的思想认同的能力。一个伟大的领导，一定是有思想的领导；一个伟大的组织，一定是有思想力的组织。一个政党，如果缺乏思想力，就会完全丧失思想动员能力，就没有了目标和方向感。塑造思想力，首先表现在政治信仰方面，如共产党组织的思想力，表现为坚定的马克思主义信仰。信仰可以凝聚不同时期的精英和大众，为这种信仰而奋斗，从而产生很强的政治动力。在一段时期内，如果一个组织内部的思想是混乱的，即使具有庞大严密的组织体系，有着很好的人才储备，有着良好的决策体制和监督机制，也无法有效发挥作用。所以，凝聚共识，实现思想整合，然后引领众人前行的思想力是非常重要的。

从组织行为学角度分析，思想力的塑造就是促进组织目标和个人目标相

一致。具体到共产党组织的思想力，是通过政治信仰，进行广泛有效的思想动员实现的。其功能在于通过坚持共同的信仰，寻找共同的目标，描绘共同的理想，阐释重要和伟大的意义，从而不断地保持和激发组织成员的工作意愿和激情，克服前进中的困难和挫折带来的一系列的心理变异，同时树立成功的坚定信心，形成促进前进的巨大动力。只有这种思想力才能够克服困难、战胜困难，因此这种思想力对形成强大的组织力是非常重要的。所以，思想力对任何政党都是非常重要的，思想力是组织领导力的精神之核，要建立起强大的组织领导力，一定是从思想力开始做起的。

马克思主义是中国共产党组织体系的思想力核心。在不同历史时期，马克思主义还要和中国实践相结合，才具有强大的思想生命力。毛泽东思想是在毛泽东同志领导中国共产党时期一步一步形成的。在大革命时期，发表《星星之火，可以燎原》，是因为要在当时极端困难的情况下，告诉大家中国革命是可以胜利的，以及为什么可以胜利，从而使大家树立坚定的信心，保持革命的热情。这是毛泽东领导的中国共产党在土地革命时期重视塑造思想力的典型例证。抗日战争时期，在日军非常强大的时候，国民党对共产党持戒备、遏制、打压的态势，毛泽东提出了《论持久战》，系统论述了在艰苦抗战条件下，中国一定会胜利、为什么会胜利以及怎么取得胜利，从而统一全党、全军的思想，塑造了坚强的思想力，使中国共产党领导下的革命力量始终保持了高度的凝聚力、向心力和战斗力。进入改革开放时期，邓小平始终重视党的思想力建设，提出了适应中国发展的一系列新思想、新战略，特别是以中国特色社会主义理论描绘了改革开放的美好前景，统一了全党全国推进改革开放的思想认识，有效破除了旧的思想禁锢，推动了经济社会的快速发展。在改革开放的不同阶段，江泽民提出的“三个代表”重要思想，胡锦涛提出的科学发展观等，都是为了塑造不同时期党的思想力，从而凝聚广泛共识、锻造强大的组织领导力，引领全党和全国人民沿着改革开放的道路不断前行。

党的十八大之后，改革开放事业迈入新时代。党的思想力塑造也进入一个更加全面、系统和深化的阶段。如习近平提出的中华民族伟大复兴，“两个一百年”奋斗目标等，都是为了塑造新的强大的思想力，而且实施了一系列有效的措施。如 2013 年 6 月推出了群众路线教育实践活动，2014 年 3 月开展“三严三实”专题教育，2016 年开展“两学一做”学习教育。之后，又相继提出增强“四个意识”、坚定“四个自信”、做到“两个维护”等政治要求。开展一系列思想教育活动，目标就是要统一思想、塑造党的思想力，其作用就是增强将领导人的信仰、知识、品格，以及治国理政思路扩展到全体组织的能力，在复杂多变的环境中形成广泛的激励人心、凝聚共识、带领众人前行的思想和战略认同能力，形成全体组织成员公认的观点和一致的行动。所以，思想力的塑造是中国共产党具有强大组织力，并不断取得伟大治理成就的重要精神基础。

（二）决策力是组织领导力的体系之基

决策力是组织领导力结构体系的基础，是影响组织力作用发挥的重要因素。党的十八大之后，增强党的组织力的重点就是强化决策力，主要表现为正确判断形势、认知环境，强化党的集中统一领导，充分动员各方资源，不断选择最优行动方案实现组织目标的能力。强大决策力的目的在于，要使各级党组织有能力做出决策，做正确的决策，做普遍接受的正确决策，以及有效率地做出正确决策。这是强化组织领导力的重要内容。

回顾党的百年发展历程，并非所有时期决策力都是有效的。强调遵义会议在党史中的重要意义，是因为它对战争时期强化党的决策力产生了重要影响。由于毛泽东在遵义会议上重新进入了党的核心领导层，其决策权和决策力得到了极大的提升，从而改变了党和国家的命运。在新中国建设时期，集中统一的决策体制也是很重要的。中国的制度优势在于集中统一，可以集中力量办大事，前提是与高效决策力有直接的关系。但是，决策力的集中统一并不意味着一个人说了算，需要在一定的民主程序上，制定一系列的制度，安排推进决策的集中化，是民主和集中的有机结合。党的十八大后，为了提升决策力，中央明确提出要建立健全党对重要工作的领导体制机制，推进党和国家机构改革。如针对原来在党风廉政建设和反腐败斗争方面存在的权力分散问题，提出了改革纪检监察体制，建立国家监察委员会。另外，成立了中央全面深化改革委员会、中央财经委员会以及其他机构。这些专责机构成立的目的在于构建相对集中的决策权，强化党组织的决策力，从而形成强大的组织领导力。

（三）执行力是组织领导力的实现之径

执行力是指在既定的战略决策和管理体制下，组织对内外部可利用的资源进行综合协调，并通过有效的执行策略，将组织目标顺畅转化为实践成果的能力。执行力是组织领导力的直接反映，是贯彻思想力、实现决策力、测评人事力、检验监督力的途径和工具。一般而言，中国共产党通过思想动员、集中决策、反腐震慑、纪检监督、关键岗位人事布局等措施保证高效执行力。

制度的生命力在于执行，执行力是党的组织领导力的重要构成要素。中国共产党作为世界上最大的政党，担负着重要的执政使命，其组织体系在横向和纵向深度延伸，形成一个庞大而复杂的组织结构。从组织学角度看，组织规模和组织结构分级精细程度与组织效率成反比，庞大的组织架构不仅会因为信息传递效率低而影响政令的落实，也会因为规模庞大而影响执行效率。因此，不断强化执行力对于党的建设具有重要意义。提升执行力的前提是构建权威高效的制度执行机制，主要是以加强和完善制度建设为基础，通过目标明确、权责一致、科学考核、激励约束、有效监督等途径实现的。其中，建立科学有效的考核评估和激励约束机制是关键环节，是实现权责一致、压力传导、奖罚分明，引领、激励、约束的治理效能的重要手段。

提升执行力的重点是党的基层组织。习近平指出，加强基层组织建设，关键是从严抓好落实。要以提升组织力为重点，突出政治功能，健全基层组织，优化组织设置，理顺隶属关系，创新活动方式，扩大基层组织覆盖和工作覆盖。事实上，中国共产党地方组织的根本任务是确保中央决策部署贯彻落实，有令即行、有禁即止。这是组织力强的重要体现。其解决方式，就是通过执行系统的权责一致、压力传导和监督评估来支撑。

（四）人事力是组织领导力的动力之源

人事力是组织领导力的人才资源基础，决定干部队伍和党员素质的高低，影响和制约着决策力、执行力和监督力的运行。只有具备强大的人事力，党组织才具有可持续发展的人才基础，组织目标才能有效实现。构建人事力是切实贯彻落实新时代党的组织路线，围绕干部培育、选拔、管理、使用工作的重点，抓好干部队伍建设，主要内容包括：选拔凝聚人才、加强团队建设、实现制度化世代交替等。中国共产党的人才选拔机制不同于西方的选举制度，通过特有的途径吸引和吸收各方面、各领域的优秀分子，因此，有学者把中国的治理称为贤能政治。以党员的吸收为例，真正能够入党的都是社会中的优秀分子，而且经过层层的选拔，最终成为各领域、各行业的骨干力量。任何一名党员干部的晋升，都要经过多重有形的或无形的工作竞争，要经过实践的历练和检验。在党的干部人事制度体制下，真正能够承担重要责任的干部，往往是经过长期考验的优秀分子。客观而言，精英吸纳和使用机制在中国共产党的组织体系里体现得比较充分。同时，充分调动现有人才的积极性和吸引外来人才同样重要。不能只吸引人才，还要调动现有人才的积极性，在这方面，目前还存在一些问题，需要在人才考核激励制度方面加以改进。这是构建人事力的重要任务。

另外，构建人事力还包括形成制度化的世代交替。任何组织如果没有形成制度化的世代交替，这个组织的持续性都是有问题的。特别是对于一个政治组织，不论是对政府还是政党都是这样的。强化人事力，除了选拔凝聚人才、进行团队建设之外，还要实现制度化的世代交替。中国共产党的干部选拔原则是忠诚、干净、担当，而且党的十八大后出台了一系列的新制度，如2014年出台了《党政领导干部选拔任用工作条例》，2018年7月又通过了《关于适应新时代要求大力发现培养选拔优秀年轻干部的意见》等，就是为了大力培养发现优秀的年轻干部。这是实现制度化的世代交替的基本制度保证，是我们强化组织力的重要方面。

（五）监督力是组织领导力的保障之器

监督力是指各级各类监督主体依据党内法规制度和组织纪律，对组织体系运行和党员行为规范实施检查、督导和惩戒活动的能力。监督力是强化组织领导力的基本保障，是落实思想力、保障决策力、净化人事力、提升执行力的重要纪律约束活动。组织严密和纪律严明是中国共产党的优良传统和独特优势[①]。建党百年来，在长期的革命、建设和改革进程中，严格的组织纪律规定，对保证党的集中统一领导和全党的行动一致，不断强化组织领导力，发挥了不可替代的重要作用。

中国共产党的监督力在社会发展实践的不同时期经受了多种考验，取得了举世瞩目的成绩，充分证明了它的有效性。党的监督力一方面是针对不同社会发展时期的不同任务目标表现出来的纪律约束力；另一方面也表现为适应不同发展阶段转型而展现出来的保障组织战略目标实现的能力。从总的发展趋势看，党的组织领导力呈现了持续性的强大，作为重要保障的监督力与此保持一致性特征，但是从不同发展阶段看，存在党的监督力相对弱化的时候，原因在于监督理念、纪律意识、制约手段和执行力度出现偏差和失误。一段时期以来，在一些地区和部门，党的组织领导力有所弱化，政令不通现象较为突出，党风廉政建设和反腐败斗争面临着复杂的形势和繁重的任务，这些都是监督力弱化的典型表现。

---

① 参见《习近平关于严明党的纪律和规矩论述摘编》，中央文献出版社，中国方正出版社，2016年版。

党组织鲜明的特征之一就是严格的纪律，不仅有严明的纪律要求，更有严格的纪律执行。党的十八大之后，组织力建设的重要变化之一就是强化了党内监督，重塑了党的监督力。其目的就是要通过严明的纪律保障党的方针政策的有效执行和组织成员的廉洁性。未来工作重点是以提升监督力为目标，在日常监督、专项监督、长期监督上探索创新、实现突破，做实做细监督职责，工作定位向监督聚焦，责任向监督压实，力量向监督倾斜，积极探索监督的有效途径，努力使监督更加聚焦、更加精准、更加有力。随着政治纪律、组织纪律、廉洁纪律、群众纪律、工作纪律、生活纪律等制度体系的完善和执行，以监督力为载体的组织约束力越来越强，党组织领导力建设也将取得新的明显进展。

五、新时代党的组织领导力的优化与完善

党的十八大以来的实践表明，新时代党的组织路线为加强党的组织建设提供了科学遵循，为增强党的创造力、凝聚力、战斗力提供了重要保证。只要毫不动摇地坚持和完善党的领导，继续推进党的建设新的伟大工程，不断把党建设得更加坚强有力，中国全面建设社会主义现代化国家，实现第二个百年奋斗目标就能不断取得新的伟大成就。

（一）强化基础：以组织体系建设强化组织领导力的构建

中国共产党具有强大的组织领导力，前提和基础在于自身严密的组织体系建设。在全面建设社会主义现代化国家的新征程中，中国共产党还将面临国内外各种风险挑战，党要更加坚韧、更加强大、更有力量，迫切需要进一步加强组织体系建设。习近平指出，只有党的各级组织都健全、都过硬，形成上下贯通、执行有力的严密组织体系，党的领导才能“如身使臂，如臂使指”。事实上，严密的组织体系是马克思主义政党的优势所在、力量所在。中国共产党的百年历程，是党组织由小到大、由弱变强的历程，也是党领导中国革命和建设事业不断取得辉煌成就的历程。在这个过程中，中国共产党的组织体系不断完善，形成了包括党的中央组织、地方组织、基层组织在内的严密组织体系。截至目前，中国共产党有地方党委 3 199 个，基层党组织 486.4 万个，党员 9 514.8 万名[①]。这是世界上任何其他政党都不具有的强大

① 数据来源于中共中央组织部．中国共产党党内统计公报［N］．人民日报，2021-07-01.

优势，也是党的组织领导力充分发挥作用的基础。新时代强化组织领导力，应以进一步加强组织体系建设为重点，优化党员结构，提高发展党员质量，筑牢党的阶级和群众基础，推进组织体系建设不断完善和优化，切实做到纵向到底和横向到边，有效实现党的组织和党的工作全覆盖，特别是着力推进组织建设贯通各个层级、覆盖各个领域、抓实各个环节，突出增强政治功能和加强组织力建设，充分激活党的肌体的“神经末梢”，使各级党组织的运行更加规范、务实、高效。

（二）系统集成：实现组织领导力构成要素的有效互动

中国共产党严密的组织体系，既体现在健全的组织架构、宏大的组织队伍上，也体现在科学的组织功能和有效的组织运行上，是组织结构和功能良性互动的体现。组织建设的前提是基于严密的组织体系，而高效的组织领导力则是增强党的创造力、凝聚力、战斗力的重要保证。中国共产党的组织优势不仅在于组织规模的庞大和党员数量的众多，而且在于由其组织特性所决定的，通过特定组织制度与机制形成的实现战略目标的强大的组织化能力，而党的组织体系则是组织领导力的重要载体。如前所述，组织领导力是由思想力、决策力、人事力、执行力、监督力五大要素组成的。其中，思想力是组织领导力之“魂”，决策力是组织领导力体系之基，人事力是组织领导力的动力之源，执行力是组织领导力的直接体现，监督力是组织领导力的重要保障。它们的有机组合和相互作用，共同决定了组织力的强弱，也是组织领导力能否充分发挥作用的关键。组织领导力的内在构成要素是既相对独立又相互依存、相互制约的有机体系。组织领导力作用的发挥，不仅取决于内在构成要素的健全和完善，更取决于构成要素之间的相互协调和配合的程度。只有实现构成要素的有效互动，组织领导力才能有效发挥作用。进入新时代以来，党的组织领导力得到明显提升，但在不同地区、不同部门党的建设和发展中还很不平衡，思想力、决策力、人事力、执行力、监督力建设的部门化、分散化问题较为突出，需要进一步加强组织领导力构成要素的系统集成和有效互动，充分激发组织领导力的内在潜力和整体效应，以高质量党建推动高质量发展，全面提升党的建设科学化水平。

（三）协同高效：以党的组织领导力推进国家治理现代化

党的建设既是自我完善的需要，也是为国家发展大局服务的。当前，我国正处在实现“两个一百年”奋斗目标的历史交汇期，面对新时代新使命和更加艰巨繁重的改革发展稳定任务，必须始终坚持党的集中统一领导，着力打造思想力、决策力、人事力、执行力、监督力，以党的组织领导力引领和推进国家治理体系和治理能力现代化，将制度优势更好地转化为国家治理效能。应该深刻认识到，高质量党建是高质量发展的引领和保障。在这个过程中，要以强化党的组织领导力为依托，充分发挥各级党委、各领域基层党组织的政治功能和组织功能，把党的创新理论转化为推进新时代中国特色社会主义伟大事业的实践力量，把广大党员、干部和各方面人才有效组织起来，把广大人民群众广泛凝聚起来，注重解决国家治理体制性的深层次障碍和结构性矛盾，统筹体制改革和制度运行的关系，注重各领域、各层级改革的整体配套和协调推进，全面推动政府转变治理理念、依法行使权力、创新行政方式、优化行政流程的内在统一和相互衔接，增强改革的系统性、整体性、协同性，切实通过提高政府施政能力和水平把制度优势转化为国家治理效能，为实现新时代党的历史使命提供坚强组织保证，形成夺取新时代中国特色社会主义新胜利而团结奋斗的强大力量。

进入新时代以来，以习近平同志为核心的党中央通过重塑党的组织力改变了十八大后的中国。组织领导力是中国共产党治理成就的内在动因和制度逻辑。组织常在、制度常在，但是高效的组织领导力不常在。卓越的组织领导力是一个现代政党应具备的能力，也是中国共产党成功的关键所在。

参考文献：

[1] 习近平．习近平谈治国理政：第三卷［M］．北京：外文出版社，2020.

[2] 习近平．贯彻落实新时代党的组织路线　不断把党建设得更加坚强有力［J］．求是，2020（15）.

[3] 林毅夫，蔡昉，李周．中国的奇迹：发展战略与经济改革［M］．增订版．上海：上海人民出版社，1999.

[4] 林毅夫．新结构经济学的理论基础和发展方向［J］．经济评论，2017（3）.

[5] 张五常．中国经济制度［M］．北京：中信出版社，2016.

[6] 理查德·L达夫特．领导学［M］．第6版．苏保忠，译．北京：清华大学出版社，2018.

[7] 中国科学院“科技领导力研究”课题组．领导力五力模型研究［J］．领导科学，2006（9）.

[8] 祝灵君．党的领导力与国家能力：兼论中国改革开放40年的成就与经验［J］．当代世界与社会主义，2018（5）.

[9] 丁辉侠．制度视角下中国共产党领导力的基本内涵与关键要素 [J]．学习论坛，2021 (1).

[10] 陈文泽．治理的中国语境："党的领导"是中国特色社会主义制度的最大优势 [J]．河南社会科学，2020 (12).

[11] 王久高．组织力、政党组织力与中国共产党组织力内涵考辨 [J]．中国特色社会主义研究，2020 (2).

中国式现代化的
历史性成就与路径选择

从动员到统合：
中国共产党百年基层治理的回顾与前瞻

李春根　罗家为
江西财经大学

摘要：中国共产党建党100年来，推动了基层治理制度的多次变革，呈现了从“动员”到“统合”的鲜明特征。从民主革命时期扎根基层社会、建立党政权力与基层社会的互动机制，到社会主义革命和建设时期建设现代民族国家、构建以支配和管控为内核的“城乡分治”单位制和人民公社；从改革开放新时期探索开放流动的基层群众自治制度、塑造“城乡一体”的治理新格局，到新时代坚持和加强党对基层治理的全面领导、提升党的多维整合功能。中国共产党基于不同时期治理目标的转换和经济社会条件的变化，以非凡的治国谋略主动作为，推动了基层治理制度的有效变迁，超越了西方政党和治理现代化的预设理论。展望未来，中国共产党“统合型”治理模式正在悄然孕育，必将加快塑造具有中国特色的政党建设话语体系，彰显“中国之治”的强大魅力。

关键词：中国共产党　建党100年　基层治理　“统合型”治理

基层治理位于纵向行政体系与横向社会网络的交接部，是国家治理的末梢，在国家治理体系中具有基础性地位，其治理效果直接关系国家秩序的稳定和社会建设的活力。中国共产党始终高度重视基层治理，坚持以人民为中心的价值取向，不断加强基层治理制度建设，创新基层治理工具，科学调适党—政—社—企关系，在百年历程中接续推进基层治理现代化发展，取得了令人瞩目的光荣成绩，实现了国家和社会的长治久安。建党100年来，伴随着政治、经济、社会的多维变革，政党、政府、社会、市场相互形塑，形成了多样的互动样态与理论范式，表现出鲜明的“政党扎根动员”和“政党统合主义”的特征，为新时代全面深化改革，推进基层治理体系和治理能力现代化提供了历史经验与理论启示。

注：本文原载《管理世界》2021年第10期。

一、扎根与动员：新民主主义革命时期的基层治理

新民主主义革命时期，中国尚处于半殖民地半封建社会（以下简称“双半社会”），中国共产党主要在革命根据地开展基层治理实践。其主要目的在于通过工农武装割据、农村包围城市、武装夺取政权，完成反帝反封建的民主革命任务，实现民族独立和人民解放。为了弥合“革命话语—社会现实”之间的矛盾，实现资源汲取和树立革命合法性，中国共产党在社会现实的逻辑之外构建了一套全新的话语体系，完成了对革命行为的合法性建构[1]。在这一时期，中国共产党领导基层治理的典型特征为扎根基层社会和动员人民群众进行武装斗争，在党政权力和乡村社会的互动中广泛传播马克思主义思想，以实现其革命目标。

（一）“双半社会”状况下建设红色政权

在“双半社会”状况下，中国各类政治和军事力量相互角逐，国民党名义上统一了全中国，但对全国局势的控制显得力不从心，特别是在基层社会，国家政权存在一定的治理“真空”，为中国共产党开辟革命根据地并建立红色政权提供了良好的条件。大革命失败后，中国共产党在国民党统治力量薄弱的边区和山区开辟了一系列革命根据地，建立红色政权，领导和创新了革命时期的基层社会治理。

自 1927 年始，中国共产党在根据地开始了红色政权建设的探索。1931 年 11 月，中华苏维埃共和国临时中央政府在江西瑞金建立之后，城乡基层苏维埃政权在根据地广泛建立起来[2]。具体而言，乡苏维埃是工农民主政权的基层政权，由选民选举的代表组成，设主席和副主席各 1 人，同时设立主席团，在代表会议闭会期间具有最高履职权限[3]。毛泽东在《乡苏怎样工作》中指出，“乡苏维埃代表会议每星期应开会一次”，带回并讨论群众的要求和意见，其形成的决议应向群众报告，并“动员群众来执行”。显然，无论从机构设置还是运行机制看，苏维埃基层政权具有鲜明的民主性，能够有效克服官僚主义和形式主义，更好地深入了解群众需求，扎根基层社会，从而有效地动员群众加入革命运动。在土地革命时期，中国共产党在全国建立了 13 块较大规模的根据地，开始了局部执政的探索，治理领域涉及政治、经济、社会、文化等方面[4]，为今天“五位一体”总体布局和“以人民为中心”的治理思想奠定了深厚的基础。

抗日战争时期，中国共产党领导广大军民创新基层政权组织方式，按照“三三制”原则对旧的基层政权进行了全方位改造。“三三制”的基层政权组织方式表现为人员分配的多样和多元，包括中国共产党党员（代表工人阶级和贫农）、进步分子（代表小资产阶级）、中间分子（代表中产阶级和开明绅士），来自三个阶级的代表各占1/3。“三三制”的政权组织方式有助于调节各抗日阶级的政治利益，凝聚全体抗日积极分子的力量；在这一制度激励下，基层群众积极参与抗战，扩大了党的社会号召力，加强了党对抗日民主政权的领导，为中华人民共和国成立后建立政治协商制度奠定了历史和理论基础。

同时，中国共产党在政权建设时高度重视乡村自治，将农民组织起来推进自我管理和自我服务[5]。第一次国内革命战争期间，在中国共产党的领导组织下，成立了众多农民协会和乡村自治组织。彭湃领导建立了海丰和陆丰县级苏维埃政权，并提出了“谋农村之自治”的口号，毛泽东指导草拟了《乡村自治问题决议案》，提出了从乡民会议产生乡村自治机关的民选政权具体办法，成为中国共产党推进乡村自治的第一个纲领性文件。到土地革命时期，中国共产党又创新了代表主任制和代表与居民固定联系方法，形成了县、区、乡、村的基层管理体系，构筑起了自上而下、民主管理、行政与自治双重属性的农民组织网络。抗日战争时期，中国共产党先后建立起近20块革命根据地，在相对独立的情况下，形成了不同类型的基层政权和村级管理模式，具有代表性的有村民大会和村公所制度。到了解放战争时期，由于阶级关系和党的政策变化，在新老解放区逐渐形成了贫农团、农会和人民代表会议制[6]，有效地促进了乡村社会的自治。

（二）依托武装斗争和土地革命全面改造基层社会

加强红色政权建设，是新民主主义革命时期中国共产党领导基层治理的政治资本和组织基础，充分利用组织、宣传、革命、服务等方式，推进基层社会全面变革是这一时期基层治理取得成功的关键。革命时期，基层治理与革命的主线目标具有高度关联性，要理解这一时期的基层治理特征，需要从政治、经济、军事、社会、文化等角度，透视中国共产党对推进基层社会变革的影响。中国共产党在革命时期对基层社会的全面改造，突出解决了乡村社会固有的组织动员缺陷，为赢得革命胜利奠定了坚实的组织基础[7]，为今天的“五位一体”总体布局提供了历史经验。

在政治上和军事上，坚持党的建设和武装斗争，保持党的先进性和纯洁性，确保了党对军队的绝对领导（党指挥枪）。1927 年 9 月，毛泽东领导了著名的“三湾改编”，创造性地确立了“支部建在连上”“官兵平等”等一整套崭新的治军方略，为把农民和旧军人为主要成分的革命军队建设成为一支新型人民军队奠定了思想基础和组织基础，有效地解决了革命队伍的组织纪律涣散问题，拓展了中国共产党革命动员的深度和广度。

在经济和社会方面，中国共产党抓住了“土地所有权”这个中国革命的命根子，在革命根据地和解放区开展土地革命运动。大革命失败后，中共中央在 1927 年召开的八七会议上指出：“土地革命问题是中国的资产阶级民权革命中的中心问题”，是“中国革命新阶段的主要的社会经济之内容”。此后，中国共产党领导人民军队和群众开展了轰轰烈烈的打土豪、分田地的土地革命运动，从经济基础和社会网络上动摇了封建秩序的根基，有效地动员了广大农民群众参与革命和基层治理。

在文化和法治方面，充分发挥了文化潜移默化的影响以及法律的刚性约束作用。在这一时期，中国共产党组织了规模空前的扫盲运动，创设了大量的干部学校，兴办义务小学教育，广泛开展民众教育，组织各种补习学校、识字运动、戏剧运动、歌咏运动、体育运动，在扫盲工作、学校教育、报纸刊物出版、文学艺术研究、创办印刷厂等方面进行了广泛的探索。与此同时，制定和颁布了《中华苏维埃共和国宪法大纲》《井冈山土地法》《中华苏维埃共和国婚姻法》等法律法规[8]，为根据地的基层治理提供了有力的法制保障。

（三）建立党政权力和乡村社会互动机制

民主革命时期，各种政治思潮此起彼伏，中国共产党还未实现全面执政，但仍然能扎根于基层社会，并赢得基层群众的广泛追随和拥护。究其原因，中国共产党拥有科学的指导思想，能够将马克思主义普遍真理与中国革命的具体实际相结合，开辟了一条工农武装割据、农村包围城市、武装夺取政权的革命道路。在加强党政和军队力量建设的同时，建立起与基层社会的互动机制，源源不断地从基层社会汲取革命所需的养分，并改变基层群众的生存环境和生活水平。正是由于这种互动机制，中国共产党才能打破传统基层社会秩序的坚壁，建立以党组织为中心的基层社会新秩序。

一方面，将思想宣传与武装斗争结合起来，在基层治理中刚柔并济。作为非执政党，中国共产党起初只能依靠武装斗争获取政治地位。在武装斗争建立红色政权的同时，开展土地革命，积极宣传马克思主义，从思想上和经济上让广大农民群众翻身做主人，保障了农民切身利益。以利益通情感，借情感论政治，把个体利益、群体情感与政治选择杂糅到一起，是中共革命进入基层社会的基本路径[9]。更为重要的是，中国共产党在进入基层社会后，能够保持良好的军队纪律，始终维护基层社会占绝大多数的农民利益，与其他武装力量掠夺乡里的行为形成了鲜明对比，扩大了中国共产党局部执政的社会基础。

另一方面，中国共产党依托自身的政治优势和组织优势，发动基层群众形成了各类群团组织和社会团体。在马克思主义的指导下，对行会、帮会、游民、二流子、土匪、宗族、士绅、地主等势力进行了改造和吸纳，瓦解了传统基层社会网络。在此基础上，建立健全工、农、青、妇、文、儿等社会团体，把分散的民众分门别类地整合到特定团体中[10]。农运干部在军队的保护下深入基层千家万户，建立各种委员会，党的基层组织网络不断扩展，层层下移，根据地的每个村庄都有党小组，乡里有中心党支部[11]，建立了以中国共产党为中心、“一竿子插到底”的基层治理体系。

此外，利用行政和自治混合的乡村政权，与基层社会开展广泛的互动。无论在井冈山、中央苏区、陕甘宁边区，中国共产党建立的基层政权具有较强的民主性，并在村级管理上表现出鲜明的自治性。这种民主自治的基层政权有助于广泛了解和吸纳基层群众的需求，并将群众意志转化成各类基层治理政策。这种开放的治理方式，有助于克服科层制的弊端，实现原则性和灵活性的统一，更好地吸纳民意，实现党政意志和基层社会自治的良性衔接。

不难看出，中国共产党在进入基层社会并取得主动权后，运用政治、军事、组织、经济、宣传等方式，改变了基层社会原本以地主、士绅、宗族等为枢纽的社会结构，并建立了新的以中国共产党为核心的社会结构。正如费正清所说：“中国共产党把阶级和阶级斗争等概念嵌入传统村落中，打破了原有的乡村秩序，重构了乡村价值观念，通过激化阶级斗争，实现了对基层社会的有效动员。”[12] 就动员方式而言，具有武装斗争、政治动员、行政管理、社会自治等方式，呈现出党政权力和乡村社会的多维互动样态，为在全国范围内执政后，推进现代民族国家建设提供了丰富的实践经验。

二、支配与管控：社会主义革命和建设时期的基层治理

中华人民共和国成立后，中国共产党从局部执政转向全国执政，开启了波澜壮阔的社会主义革命和建设新征程。在这一时期，基层治理的主要任务

是肃清国民党残余势力，按照社会主义的原则重建基层政权，推进国家力量向基层延伸，以完成民族国家的建构，建设现代国家，将“一盘散沙”的基层社会重新组织起来。在这个过程中，中国学习苏联建立了高度集中的经济和政治体制，在城市形成了单位制为主、街居制为辅的基层治理制度，在农村形成了政社同构的人民公社制度，构筑了以支配和管控为主要色彩的总体性社会管理制度[13]，并表现出鲜明的“城乡分治”治理特征。

（一）现代民族国家建构和城乡分治格局的形成

民族国家的建构是现代化的前提和基础。近现代以来，无论是北洋政府还是国民党政权，始终没能完成这一国家建设目标，以致无法完成反帝反封建的革命任务。换言之，“皇权不下县”的“二层架构”没有得到根本改变，“在光谱的一端是血亲基础关系，另一端是中央政府，在二者之间我们看不到有什么中介组织具有重要的政治输入功能”[14]。中国共产党在全国执政后，迫切需要将根据地建设的经验进行推广并改造，从而建立现代民族国家，对内加强社会管控能力，对外防御强敌入侵。马克思、恩格斯认为：“现代民族国家的形成，消除了国家内部的割裂，实现了各方面的整合。”[15] 查尔斯·蒂利强调：“民族国家是在传统国家向现代国家转型进程中形成的，能够有效汲取和动员国家内部的一切资源，从而保证在激烈的国际竞争中立于不败之地。”[16] 现代民族国家对内具有嵌入、整合、汲取、动员等国家能力，能够实现对基层社会直接有效的治理，对外能够集中国家力量参与国际竞争。20世纪50年代初期，面对国民党留下的烂摊子，中国百废待兴，中国共产党积极推进社会主义革命，打碎旧的国家机器，摧毁旧的社会网络，建立社会主义制度和公有制经济基础，沿用和改造战争年代的一套“公家人”管理体制，形成了单位制、街居制、人民公社等基层管理制度，实现了基层社会超大规模的重组，完成了民族国家的建构，并向现代国家迈进。

需要强调的是，这一时期基层治理的典型特征为“城乡分治”，即通过户籍、社保、住房、分配、就业、教育等全方位管控，将城市居民和农村居民分而治之，这种单位吸纳和管控的基层治理模式具有较强的封闭性。城乡分治体制的形成具有其历史原因和现实合理性，一方面，参照苏联形成了高度集中的计划经济体制，为了便于管理，传统城乡之间的相对封闭性被延续下来；另一方面，为了集中力量推进工业化建设，保卫新生政权，只能将农民限制在农村，并建立农村支持城市、农业支持工业的制度化渠道，从而源源不断地为工业化建设提供原始积累[17]。城乡分治是特定历史条件下不得已而为之的，随着经济社会的发展，二元治理体制最终被打破。

（二）单位制和街居制互补的城市基层治理

晚清以降，中国的大门被西方用武力打开，逐渐被卷入世界市场大潮中，由此开启了近代化的序幕。随着国内外各种政治、经济、军事力量的角逐，中国基层社会发生了悄然变革，传统的城市社会组织网络逐渐消解，而新的城市社会治理体系尚未建立起来，加之战乱的影响，新中国成立初期城市基层社会处于“一袋马铃薯”的状态。基于此，中国共产党在接管各大城市后，通过一系列政治运动对基层治理体系进行改革和重建。一方面，延续了战争年代的一套“公家体制”，将“党的革命队伍”管理体制向全社会予以推广，重建政府、国企、事业单位、学校、医院等公家单位，将分散的社会个体纳入单位之中，从而实现了城市基层社会的重组和整合，以便于更加高效地管理。另一方面，为把那些不属于“公家单位”的闲散居民组织起来，中国共产党又探索建立了街居制，通过街道和居委会实现对单位之外人员的组织和整合，并提供相应的社会服务。1954 年，第一届全国人大第四次会议制定并通过了《城市街道办事处组织条例》和《城市居民委员会组织条例》。两个条例明确了街道办事处和居委会的主要任务，确定了其法律地位[18]。需要强调的是，随着“大跃进”和人民公社化运动的发展，区和街道一级逐渐演变成人民公社，出现了大量社办企业，组织居民参与生产和提供社会福利，使街道和居民也跻身于单位之中，社区单位化和单位社区化成为普遍现象。至此，城市社区中残存于单位体系外的死角也被消灭，城市社会彻底实现了单位化[19]，街居制名存实亡。

单位制的形成受多种因素影响，既是革命年代特殊管理体制的延续和拓展，也是当时将基层社会迅速组织起来的最佳方式。并且，马克思主义指导下的中国革命要求建立公有制的社会主义国家，单位制的形成也是社会主义革命的必然产物，顺应了时代发展趋势。单位制集政治动员、社会控制、经济发展、社会保障、社会整合于一体，将社会个体以单位化的方式组织起来，成为国家统治和资源分配的一种组织化工具。这种管理体制将碎片化的社会个体置于蜂窝似的单位之中，生老病死、衣食住行和社会交往都与单位息息相关，被纳入国家权力的直接管制之下，形成了全国“一盘棋”的格局。单位制为主、街居制为辅的城市基层管理制度，适应了当时的社会现实和国际环境，对稳定社会秩序，促进经济的恢复和发展，凝聚和提高国家综合国力起到了关键作用。

(三)农村人民公社全面管控制度的建立

中国革命走的是农村包围城市的道路，在当时的社会条件下，工业化和城市化发展水平较低，农村人口占国内人口的绝大多数，国民党丧失执政地位的重要原因就是没有做好农村工作。中国共产党深知农村工作的重要性，中华人民共和国成立后，积极改变“皇权不下县”的传统，将革命根据地行之有效的治理方式向全国推广，通过政党下乡、土地革命、三大改造、农业合作化运动等方式，加强基层政权建设，在全国范围内建成社会主义制度。政党下乡确立了中国共产党在基层社会的合法性地位和政治权威，加强了基层政权建设和社会整合[20]；土地革命实现了几千年来农民耕者有其田的梦想，激发了广大贫下中农的生产积极性，扩大了中国共产党执政的社会基础；三大改造和农业合作化运动克服了农业、手工业、工商业的资本主义倾向，将碎片化的农业生产重新组织起来，加强了对资本的节制，筑牢了社会主义制度的经济基础。随后，由于农业合作化运动热情高涨，受“大跃进”思潮的影响，由初级社和中级社演变为高级社，最后形成了党政合一、高度集中的人民公社管理体制。

人民公社是一种集生产、分配、管理、社会建设、政治动员于一体的基层管理制度。经济上施行的是“统一生产”“一平二调”“一大二公”，管理上表现为“政社合一”与行政命令，外加政治动员与社会保障功能，生产资料和资源分配高度集中。今天看，人民公社管理体制具有诸多弊端，强势的国家支配和管控丧失了社会的自主性，平均主义的分配更是挫伤了个人的积极性，公社的封闭性削弱了社会发展的活力。但不可否认的是，人民公社制度在当时发挥了重要作用。一是促进了传统乡村向现代乡村的转型，实现了乡村社会的组织化，在经济落后的情况下有效地保障了群众的福利，维护了社会的总体稳定；二是有效地保障了“工占农利”制度的运行，为国家工业化和现代化建设提供了源源不断的资本积累和原料；三是改善了农业生产条件，一定程度上促进了农业的发展。据统计，1951—1980 年，中国农业产值年均递增 3.2%，其增幅是美国的一倍，比苏联和同是农业大国的印度也高出许多[21]。可以说，人民公社制度的形成、发展和解体具有一定的历史必然性和合理性。

总体而言，社会主义革命和建设时期形成的高度集中的基层治理体制有必然性和重要历史意义，是中国由“双半社会”转向现代民族国家的必然趋势，是社会主义后发国家推进现代化建设、保卫国家主权安全的有力武器。

这一时期以支配与管控为核心特征的基层治理制度，实现了三个层面的突破：一是推动了国家“二层框架”的治理格局转向集中统一、纵向到底、横向到边的总体性治理模式，塑造了全新的基层治理组织体系，实现了组织载体的突破；二是将人民从半殖民和半封建的社会带入新中国，塑造了全新的国民人格，广大党员干部和农民群众接受了前所未有的思想改造和素质提升，推动了人的解放和突破；三是通过意识形态的领导和社会主义文化的浸润，强化了国家认同和民族认同，塑造了强烈的集体主义意识和氛围，实现了政治和思想大团结的突破。这一时期的基层治理是中国共产党改造旧中国、建立基层社会新秩序的有益尝试，为改革开放开创基层治理新发展局面打下了坚实的基础。

三、流动与自治：改革开放新时期的基层治理

改革开放以来，中国共产党解放思想、实事求是，开始探索中国特色社会主义发展道路，做出了把党和国家工作重心转移到经济建设上来的伟大决策。随着改革开放的不断深入，计划经济体制遭到了前所未有的挑战，到 20 世纪 90 年代提出了建立社会主义市场经济体制。经济领域的改革推动了社会领域的改革，随着党政权力从社会微观领域的逐渐退出，各类社会力量开始快速发育，单位制式微，人民公社解体，城市基层治理向社区制转变，农村基层治理向村民自治转型，城乡分治治理体制开始动摇，“城乡一体化”治理趋势逐渐增强[22]。同时，基层治理表现出鲜明的流动与自治特征，在党政权力的主导下，建立了开放流动、多元共治、相互形塑的治理格局。

（一）市场孕育和开放自治的城乡基层治理

由“民族国家”向“民主国家”转型是所有国家现代化进程的必然趋势。马克思认为，民主政治是一切国家形式的最终归宿，要实现无国家的共产主义理想社会，民主制是必经的最后环节[23]。托克维尔强调，民主是历史发展的必然潮流，是普遍和持久的，能不断摆脱人力阻挠，所有的事和所有的人都在帮助它前进[24]。在中国，基层群众自治是建设民主国家的重要突破口，也是中国基层民主的重要特色。如果说公有制和计划经济是单位制和人民公社赖以存在的基础，那么，正是多种经济成分和市场经济的发展瓦解了封闭僵化的旧治理体制，并逐渐孕育了开放流动的新治理体制，形成了“城乡一体化”的社区制和村民自治制度。社会主义初级阶段基本经济制度改革

的方向和目标，是以公有制为主体、多种所有制经济共同发展，由此赋予了私营经济、个体经济、自由职业者等合法的经济身份。经济成分的异质性增强了社会阶层的异质性，大量非公有制经济的成长促进了社会的多元化发展。基层群众的利益分化、思想多元、需求个性和开放流动，对封闭静止的单位制和人民公社制产生了挑战。为了适应市场经济条件下的社会现实，将分化的社会重新组织起来，社区制和村民自治应运而生。

基层治理从封闭僵化走向开放自治、从高度集中走向民主化并不是一帆风顺的，而是经历了长时间的探索和创新。众所周知，社区制由单位制和街居制演化而来，村民自治脱胎于人民公社制度，因此具有较强的行政惯习和路径依赖[25]，这就造成基层群众自治的行政主导性[26] 和国家建构性[27]。同时，由于我国市场经济起步较晚，以社会组织为载体的各类社会力量发育不足，社会自组织能力和社会自主性较弱，基层自治在实践中表现出显著的“大众化”治理特征①。换言之，基层群众自治的参与目标、主体、深度、范围、形态、方式与制度初衷存在一定的差距。此外，尽管“城乡一体化”取得了较大的成绩，但由于城乡二元经济社会体制的残存，在基本公共服务均等化方面仍有较大提升空间。可以说，这一时期的基层治理制度适应了市场经济下的社会现实，初步具备了开放流动和群众自治的特征，但是仍然存在诸多制度藩篱亟待打破。同时，没有处理好国家与社会的关系，强行政主导、弱社会自治的基层治理模式遭到转型社会的冲击，加之党的政治功能弱化和组织力的涣散，影响了基层治理绩效的提高。

（二）城市社区制的兴起与演变

社区制的兴起具有特定的历史背景，并随着经济社会的转型而不断发展。20 世纪 80 年代以来，随着经济体制改革的启动，非公经济迅速成长，大量“单位人”开始变成“社会人”，单位制已经无法有效覆盖全体社会成员，“单位办社会”不能适应新的社会样态。为了将单位之外的社会个体重新组织起来，便于社会管理和提供公共服务，1982 年以宪法的形式确定了居民委员会自治的性质与地位。1986 年，民政部提出要争取社会力量兴办社会福利事业，由此提出了社区的概念。1991 年，提出了社区建设的政策构想，并在上

---

① “大众化”治理是用来解释民众参与基层治理的实践样态，具体表现为参与目标的自利性而非公共性，参与群体的老龄化而非均衡化，参与深度的浅表化而非深层次，参与形态的碎片化而非组织化，参与范围的过窄化而非全域化，参与方式的单一化而非多样化。

海、武汉、北京等地进行社区建设实验。为了从更高层次力推社区建设，在1998年的政府机构改革中，整合成立了民政部基层政权与社区建设司，统筹推进社区建设和社区治理工作，到90年代末期，基本完成了社区制的建章立制。在这一阶段，社区建设和社区治理表现出鲜明的强行政推动，即通过党政权力强势介入，为社区建立制度框架，提供人员、经费和办公场所，带有很强的国家建构主义色彩。

2000年，中共中央办公厅、国务院办公厅转发了《民政部关于在全国推进城市社区建设的意见》，提出要在全国范围内全面推进社区建设，从此开始进入系统化、规范化和全面化时代。经过探索，形成了沈阳模式（社会自治型）、上海模式（行政主导型）和江汉模式（合作型）等社区建设和治理模式，积累了丰富的发展经验。这一时期，社区建设和社区治理进入了政府主导和社会互动的发展阶段，虽然党政权力依然占据主导地位，但是随着市场经济的发展，以社会组织为代表的各类社会力量快速孕育。特别是随着住房制度和户籍制度的改革，小区业主成为社区治理的重要民间力量[28]，社区居民的需求分化更为明显，社区治理的事务更为复杂，行政化的治理模式已经无法满足居民的多样化需求。与此同时，由于社区建设时间尚短，我国社会组织先天不足，后天不良，社区居民民主意识较弱，社区治理表现出了鲜明的“大众化”治理色彩，社区居民的参与目的具有自利性，参与范围较小，参与深度不足，参与群体非均衡，参与形态碎片化，参与方式单一。概言之，行政化治理和“大众化”治理，成为制约社区治理效能的重要因素，为新时代推进社区治理现代化提供了鲜明的问题导向。

（三）农村村民自治的产生和发展

中国农村蕴藏着丰富的治理资源，农民具有很强的首创精神，改革开放首先在农村取得突破。1978年11月，安徽省凤阳县小岗村18户农民以敢为天下先的胆识，按下了18个手印，搞起生产责任制，揭开了中国农村改革的序幕。随着家庭联产承包责任制在农村的全面实行，人民公社制度赖以生存的经济基础，在包产到户的大潮下迅速瓦解，农村社会在一段时期内出现了“治理真空”，影响了基层治理秩序。为了建立适应新经济形态下的农村基层治理制度，1980年，广西罗城、宜山等地率先开始了村民自治的探索，随着影响力的不断扩大，得到了中央的高度关注，最终被确定为农村基层治理的基本制度。随着村民自治的不断发展，相关的法律制度也不断完善，1982年第一次以宪法的形式明确规定村委会的性质、地位和作用；1987年第六届全国人大常委会第二十三次会议审议通过了《中华人民共和国村民委员会组织法（试行）》，对村民自治的组织形式和基本原则做了规定；1998 年第九届全国人民代表大会常务委员会第五次会议通过了修订后的《中华人民共和国村民委员会组织法》，明确规定了村民自治的一些操作性程序以及民主管理、民主决策、民主监督的参与办法[29]。此后，随着自治实践的深入开展，村民自治的制度章程和法治保障不断完善。

村民自治在实践中逐渐形成了多样化的创新，村委会干部从开始的乡镇直接任命和选任结合，到自上而下和自下而上相结合的授权，形成了“直选”“海选”“独立提名”“两票制”等民主机制。不过，与社区制一样，村民自治也绕不开行政化的影响，而乡镇政府在干预村民自治的时候会造成国家权力和乡村社会权力的内在紧张，从而演变为权力和利益之间的博弈。除此之外，村“两委”矛盾也成为学术界和官方关注的焦点问题。在实践中，村委会一方面要做好乡镇下派的行政性事务；另一方面要积极回应群众自治的需求，还需要服从于党的领导，做好党建和临时性事务，具有多重组织属性，承担了多项工作任务。由于党和政府掌握着绝大多数公共资源，在经费、场所、人员等方面严格控制村级组织，因此村民自治逐渐演化为“乡政”的延伸，表现出显著的“乡政村治”特征[30]。

进入 21 世纪，随着市场化、工业化和城镇化的提速，城乡之间的流动性空前增强，特别是农村社会日益开放、流动、多元，传统的以地域和产权为边界的村级组织已经难以适应社会结构的深刻变革，农村社区建设开始提上日程。从 2001 年开始，农村社区进入地方自发试点阶段；2006 年，《中共中央关于构建社会主义和谐社会若干重大问题的决定》首次完整地提出了农村社区建设的概念。从 2007 年到 2011 年，民政部先后印发了《全国农村社区建设实验县（市、区）工作实施方案》《关于开展“农村社区建设实验全覆盖”创建活动的通知》，对农村社区建设进行了全面推进和周密部署。在实践中，农村社区建设逐渐形成了“一村一社”（村社一体或者村社分开）、“一村多社”（村社分离或者村社一体）和“多村一社”（村社分离或者社区整合）等多样化的发展态势[31]。农村社区建设在一定程度上改变了广大农民居住分散、村庄基础设施薄弱和公共服务缺乏的现状，重构了新的乡村社会共同体。

改革开放是党在新的历史条件下领导人民进行的新的伟大革命，这一时期基层治理的典型特征为开放流动和群众自治。如果说高度集中的计划经济体制是单位制和人民公社的经济基础，那么，正是计划经济向社会主义市场经济的转轨，造就了基层群众自治制度。为了适应市场经济的开放一体、竞争有序、平等参与的内逻辑，中国共产党积极推动基层治理的制度变革，通过建立基层群众制度和破除城乡二元体制机制，将农民从土地上解放出来，用社区把城市居民重新组织起来，实现了基层社会的再组织化。纵观这一时期基层群众自治演变历程，可以清晰地看到，改革开放初期表现为强烈的国家建构色彩，具有鲜明的行政主导性。随着工业化、市场化、信息化和农业现代化的发展，市场和社会力量迅速孕育，城乡流动加速发展，基层社会自主性不断增强，群众自治能力有了大幅提升，同时也推动了基层自治组织体系的适应性变革。

四、强化与整合：新时代的基层治理现代化改革

进入新时代，以习近平同志为核心的党中央高度重视基层治理工作，党的十八届三中全会提出，全面深化改革的总目标是完善和发展中国特色社会主义制度，推进国家治理体系和治理能力现代化。习近平多次强调要加强和创新基层社会治理，社会治理的重心要落到城乡社区，把加强基层党的建设、巩固党的执政基础作为贯穿社会治理和基层建设的一条红线。经过多年的探索和发展，党的十九届四中全会第一次以中央全会的形式研究和部署国家制度和国家治理问题，并强调坚持党的集中统一领导，确保国家始终沿着社会主义方向前进，是我国国家治理的显著优势，要把党的领导落实到国家治理各领域、各方面、各环节。党的十九届五中全会强调，要坚持党的全面领导，坚持和完善党领导经济社会发展的体制机制。这意味着加强党的建设引领基层治理现代化，成为新时代基层治理的重要方向，在实践中表现出鲜明的社会化整合特征[32]，拓展了基层治理的发展空间。

（一）党的全面领导和社会化整合

改革开放以来，随着党政分开、政社分开、政经分离改革的进行，党的领导地位在各领域都有所弱化，基层党组织弱化、虚化、边缘化倾向较为严重；市场交换规则对政治和行政系统侵蚀加剧，腐败现象多发，基层乱象频出，党的执政合法性遭到了削弱。同时，市场化、工业化、城镇化的飞速发展，推动了基层社会的剧烈转型，基层社会的多元化、异质性和原子化倾向日益明显，仅通过引导和培育社会力量参与基层治理还远远不够。换句话说，通过社会自组织的方式，无法实现基层治理的组织化。因此，党的十八大以

来，中国共产党将党的建设摆在突出位置，推进全面从严治党，以此净化党内政治生态，夯实基层治理的社会群众基础；着力健全党的领导制度体系，加强党的全面领导，重塑党的治理权威，强化党的政治领导和社会整合功能，更好地将基层社会组织起来，以此化解多元开放社会的治理挑战。

基础不牢，地动山摇。以习近平同志为核心的党中央深知基层治理的重要性，对加强基层党建、创新基层社会治理做出了一系列决策部署，强化党在基层治理中的核心地位，推进基层治理现代化。中共中央办公厅先后印发了《关于加强和完善城乡社区治理的意见》《关于加强和改进城市基层党的建设工作的意见》《关于加强和改进乡村治理的指导意见》《中国共产党农村工作条例》，等等，强调要发挥基层党组织在基层治理中的重要作用。党的十九大报告指出，要以提升组织力为重点，突出政治功能，把基层党组织建设成为宣传党的主张、贯彻党的决定、领导基层治理、团结动员群众、推动改革发展的坚强战斗堡垒。党的十九届四中全会提出，要健全党组织领导的自治、法治、德治相结合的城乡基层治理体系。显然，在制度设计层面，中国共产党更加注重加强党的建设，试图通过党的自我革命带动社会革命，通过彰显党的政治认同优势、思想引领优势和组织凝聚优势，以期促进基层治理现代化。

从实践看，基层党组织在政治、思想、组织等方面具有独特的治理功能，通过一定的制度设计可以转化为基层治理优势，实现对基层社会的有效整合。就村（社区）领导班子的配备而言，在换届中积极推进书记和主任“一肩挑”，村（社区）“两委”干部交叉任职，改善了党的领导方式，强化了基层党组织的政治权威和治理能力；在城市基层治理中，大力推进区域化党建、党建联席会议，利用党的组织优势，充分挖掘驻区单位参与社区治理，吸引新兴阶层、积极分子参与治理，实现了资源的有效整合；在农村基层治理中，通过把致富能手、村庄能人、退伍军人、大学生村官等“新乡贤”吸纳进党的队伍中，给予一定的政治待遇，有效地实现了基层党组织的更新换代，加强了党对基层社会的领导。在非公组织领域，通过派驻党建指导员，给予党建经费，提供活动场所，以非公基层党组织为纽带，扩大党对非公组织、新兴领域和新社会阶层的号召力，将分散化、个性化、原子化的社会个体纳入基层治理框架之中。

可以说，通过加强党的建设，科学调适党组织和社会各类组织的关系，积极推进执政党的社会化，并发挥党的政治优势和组织优势，成为当前基层治理的重要趋势。实际上，已有诸多学者对我国的国家制度和国家治理体制进行了分析阐释，比较典型的有“政党中心主义”[33],[34]，认为中国走的是一条政党组织和主导的现代化治理模式。此外，林尚立强调，“政党主导”是中国现代化发展的基本政治逻辑[35]；房宁指出，中国共产党的领导是当代中国政治制度的核心要素和根本特征[36]。就基层治理而言，涌现了党建引领论[37]、权威塑造论[38]、党政整合论[39]、问题驱动论[40] 等。

显然，将政党带进基层社会治理的结构中，强化党政关系和党社关系，提升党的政治整合、行政整合与社会整合能力，突破传统科层制行政化的弊端，克服转型期社会自组织孱弱的缺陷，成为新时代推进基层治理现代化的重要着力点。加强党的全面领导，建立以执政党为中心的基层治理体系，是我国经济社会发展的必然要求，能够发挥国家和社会的双重自主性，实现基层治理活力与秩序的有机平衡。随着社会主义市场经济的不断发展，市场逻辑在较短时间内蔓延到社会生产和生活的诸多领域，导致个体主义泛滥。中国共产党具有强大的政治领导力、思想引领力、群众组织力和社会号召力，能够在国家与社会个体之间形成紧密的桥梁和纽带，有效抑制极端个体主义思想的蔓延，保证社会团结不被瓦解[41]，从而有效增强基层治理的韧性。

（二）基层治理的社会化和专业化嬗变

新时代，中国共产党不仅强调要强化党的政治功能和治理功能，提升基层党组织的组织力，还意识到要积极培育社会力量和专业力量，克服基层治理行政化和“大众化”的缺陷。因此，各级党委、政府开始大力培育和发展社会组织，明晰政社关系，制定权力清单，加强社会工作者队伍建设，扶持专业社工机构发展，推进基层治理社会化和专业化改革[42]。基层治理社会化强调对分化的权力进行整合，强调国家与社会的制度化合作，以达到社会群体利益的整合性均衡，主要实现机制有：民营化、特许经营、PPP 模式、政府购买服务[43] 等。基层治理专业化是指加强社会工作专业队伍建设，通过对社区社工（基层社区政务工作者、“两委”成员、志愿者）和机构社工（职业社工）进行社会工作专业知识的培训，建立专业化和职业化体系，提升基层治理的专业化水准，在社会工作者的介入下，实现基层治理的常态化、组织化、均衡化和协同化。

在基层治理社会化和专业化方面，党中央和国务院相关部门印发出台了一系列支持培育社会组织，推进基层治理专业人才建设，加强基层治理社会化制度建设的文件。为培育专业化的治理人才，促进各类民办社工机构、社区社会组织、志愿者组织、行业协会良性发展提供了政策支持。从实践看，社工人才队伍建设和政府购买服务成为社区治理和服务创新的重要内容，地方政府，特别是一些发达地区大力培育社会工作者，实施政府购买服务。到2020年年底，我国社工人才总量达150万人，持证社工突破66万人，社会组织超过89万个，志愿服务组织1.4万多个①。社会力量在居家养老、社区矫治、青少年教育、法律援助、疫情防控、精准扶贫、妇女儿童、残疾人服务等领域发挥了不可替代的作用，改善了基层治理结构，提升了服务效能。在社会化治理方面，构建了多样化的实践机制，在城市基层形成了“三社联动”“三方联动”“三工联动”“一核多元”等治理创新，在农村产生了“三委并行”“乡贤理事会”“三治融合”“村民议事会”“三社融合”等乡村治理新探索。实践证明，社会工作与基层治理具有高度契合性，社会工作服务型治理的特点有助于打造共建共治共享的社会治理格局[44]，促进了基层治理的专业化；基层治理社会化能够充分激发政府和社会的双重积极性，实现政府和社会的有效分工，发挥比较优势和实现资源整合，推进政府行政管理和基层自治的有效衔接和良性互动。

（三）基层治理的城乡融合与重心下移

随着经济社会的进一步转型，基层群众迫切要求破除城乡二元经济社会体制。为了满足人民群众对美好生活的向往，从更深层次加快全面深化改革，推进国家治理现代化，以习近平同志为核心的党中央做出了城乡融合的战略部署；加强新型城镇化的顶层设计，大力推进农业转移人口市民化，推进基本公共服务均等化，积极构建城乡一体化的基层治理格局。城乡融合治理的核心要义是：打破城乡之间要素流动的制度性壁垒，构建城乡统一、平等交换、自由流动的基层治理新格局；破除户籍制度的藩篱，发展以人为核心的新型城镇化，剥离附着在户籍上面的教育、医疗、社保等基本公共服务；建立城乡统一规划、统一标准、统一管护的基础设施，补齐农村基础设施发展短板。为此，党的十九大报告强调要建立健全城乡融合发展体制机制和政策体系，党的十九届五中全会提出要建立新型工农城乡关系，中共中央、国务院先后印发了《国家新型城镇化规划（2014—2020年）》《关于建立健全城乡融合发展体制机制和政策体系的意见》等文件，对城乡融合做了具体部署。从实践看，近年来，我国户籍城镇化率稳步提高，2020年达到了45.4%②，

---

① 民政部：《数说“十三五”时期民政事业改革发展成就》，2021年2月24日。

② 数据来自中华人民共和国公安部新闻发布会，2021年5月10日。

同时加速公共服务与户籍脱钩，异地就学、异地就医和异地高考促进了农民工的社会融入；稳步推进农村土地“三权分置”制度改革，盘活了农村“沉睡资产”，加速了城乡要素的自由流动；基本公共服务均等化程度不断提高，农村基础设施大幅改善。到 2020 年，基本医疗保险覆盖人数已经超过 13.6 亿人，基本养老、失业、工伤保险参保人数分别约为 9.99 亿人、2.17 亿人、2.68 亿人，构建了世界上最大的社会保障体系①。这些改革举措无疑摆脱了历史习惯的不良影响，加强了城乡之间的社会整合，对塑造开放、自治、融合的城乡基层治理秩序起了积极作用。

同时，在快速的社会转型过程中，基层社会出现了新的问题，亟须加以解决。在农村，税费改革后，国家和农民的关系由汲取型变为“悬浮型”[45]，表现出明显的疏离化倾向，乡村组织一度陷入了财政危机，项目制和一事一议成为国家向农村资源输入的重要方式[46]，但不可避免地遭遇了资源耗散的困境[47]，农村资源分配乱象丛生。在城市，随着城市规模不断扩大，基层事务日趋复杂化，基层治理的人力、物力和财力开始捉襟见肘，产生了事权和财权、人员配备不匹配的问题，影响了基层治理的效能。为了破解以上治理难题，以习近平同志为核心的党中央提出了治理资源下沉、重心下移的社会治理思想，并采取了一系列措施。在进一步增加国家资源输入的同时，将村干部纳入职业化管理体系，并推进监督检查下乡，加强对基层干部的标准化考核和监督；引导基层行政干部下沉，充实一线治理力量；增加党建经费和党务工作人员，加强党对基层治理的领导和服务，严格约束上级行政机关向基层不合理摊派任务，力戒形式主义和官僚主义。新时代资源下沉和重心下移的基层治理策略，强化了基层党组织和政府的力量，在加强对基层干部约束的同时，赋予了基层更多的治理资源，提升了国家自主性以及党对基层社会的整合能力。

毋庸置疑，新时代加强党对基层治理的全面领导，发挥执政党的社会整合功能，成为基层治理最鲜明的特征。以强化领导和社会整合为典型特征的基层治理制度，是转型中提升党的政治整合功能、组织整合功能和社会整合功能，以党的建设引领国家建设和基层治理现代化的“中国之治”。这一治理模式的形成，是为了应对我国现代化转型进程中基层治理的行政化、原子化和悬浮化，平抑个体主义和市场化对基层治理共同体的过度消解，有助于协调多元社会利益矛盾，凝聚基层民众思想共识，全面增进国家认同。中国共

---

① 国家统计局：《中华人民共和国 2020 年国民经济和社会发展统计公报》，2021 年 2 月 28 日。

产党是使命型、治理型和创新型执政党，能够根据经济社会结构的调整适应性地吸纳或整合社会中的特定群体，始终保持自身“整体性政党”的特性[48]，从而实现基层合作治理和城乡协调。

五、统合与突破：百年基层治理的启示与趋势

基层治理是国家治理的基础，纵观基层治理的百年历程，中国共产党始终将基层治理作为中心工作的重要一环，并且根据革命形势和经济社会发展状况，与时俱进地加以调整重构。在新民主主义革命时期，中国共产党的重要目标是深入基层社会，以经济革命和社会革命实现其政治革命和军事革命的目标，完成了新民主主义革命的任务；其主要路径为建设红色政权、全面改造基层社会、建立党政权力与乡村社会的互动机制，表现出鲜明的扎根和动员的治理特征。在社会主义革命和建设时期，中国共产党的基层治理目标开始转化为推动现代民族国家建构，稳定国内秩序，保卫新生政权；其主要路径为党政下乡、政权下乡和社会改造，建立了以单位为载体的总体性社会，具有明显的支配和管控色彩，在空间上表现为城乡分治。改革开放以后，中国共产党开始探索中国特色社会主义道路，基层治理的目标是探索与市场经济体制相适应的基层治理制度，优化秩序供给和服务供给，为经济建设提供良好环境；其主要路径为，构建以社区制和村民自治为载体的民主治理制度，具有开放流动和互动自治的基本特征，在空间上表现为城乡一体。进入新时代，中国共产党提出人民对美好生活的向往就是党的奋斗目标，要把党的领导落实到国家治理各领域、各方面、各环节；其主要路径为，以党的全面领导强化党的社会整合能力，促进基层治理社会化和专业化，推进城乡融合与重心下移，具有鲜明的组织整合、城乡整合与社会整合的特征。

回望中国共产党领导基层治理的百年历程不难看出，党在不同阶段的奋斗目标和经济社会基础，是决定基层治理制度变迁和转型的两条主线。在新民主主义革命时期，我国正处于“双半社会”，党的奋斗目标为取得革命的胜利，因此必须扎根基层社会，通过多样化的方式动员基层群众参加革命，基层治理具有鲜明的扎根与动员的特征。中华人民共和国成立后，党的中心任务转变为社会主义革命和建设，建设现代民族国家，其经济基础为社会主义公有制，由此形成了支配、管控和城乡分治的基层治理制度。改革开放以后，党的中心任务为经济建设，经济基础逐渐由公有制的计划经济向公私并存的社会主义市场经济转型；为了适应新时期的奋斗目标和经济社会基础，以流

动和自治为基本特征的基层群众自治制度应运而生。进入新时代，统筹推进“五位一体”总体布局，协调推进“四个全面”战略布局，实现中华民族伟大复兴，成为党的中心任务，国际环境和国内形势也发生了深刻变化，对党的执政能力和治理能力提出了更高的要求，由此形成了以执政党为中心的社会化整合治理制度。可以说，中国共产党自身角色和政府权力的不断调适，以及经济社会体制的变革，是基层治理制度变迁的主要驱动力量。

总结历史是为了更好地把握现在、赢得未来。在全面建设社会主义现代化国家新征程上，我们要从百年基层治理发展史中汲取有益经验和前进动力，在接续奋斗中推进基层治理现代化。

一是加强党对基层治理的全面领导，将基层党组织塑造成为多元共治的关键主体。基层治理的百年历程表明，中国共产党具有鲜明的“治理型”政党特点，是基层治理现代化的领导者、参与者和推动者；要健全和完善党的领导制度，科学处理好党政关系和党社关系，打造党组织领导下共建共治共享的基层治理格局，将党的领导优势转化为基层治理效能。

二是坚定不移贯彻“以人民为中心”的基层治理思想，以党的自我革命推动社会革命。中国共产党具有科学的指导思想、坚定的人民立场和自我革命的政治品格，并形成了一整套实践转换机制，是我国基层治理的独特价值优势；紧紧围绕人民群众对美好生活的向往而推进基层治理改革，努力寻找群众利益的“最大公约数”，打通服务群众利益的“最后一公里”。

三是不断塑造适应基层治理需要的组织体系，为基层治理提供高度匹配的组织载体。随着工业化、城镇化、市场化和信息化深入发展，社会开放流动和多元异质将不断增强，基层治理的组织体系必须加以调适；既要创新基层党组织的设置方式，也要推进基层政府、自治组织、社会组织、经济组织、群团组织改革，织密基层治理的组织网络。

四是始终弘扬解放思想、实事求是的政治品格，推动基层治理变革向纵深发展。我国现代化建设处于高速发展之中，国内外环境不稳定性和不确定性凸显；必须统筹“两个大局”，深刻把握基层社会变迁的历史方位，根据党的中心工作和经济社会条件的变化，适时促进基层治理制度变革和机制创新，确保基层治理制度与经济社会发展同频共振。

百年基层治理的实践变迁表明，中国共产党不仅是基层治理的领导力量，而且在各个历史时期都高度重视基层治理工作。正是因为中国共产党始终将基层治理置于重要位置，并将党的政治优势、思想优势和组织优势转化为基层治理优势，才能创造出基层治理的百年辉煌。尽管不同时期，中国共产党介入基层治理的机制存在差异，但在治理现代化背景下，通过加强党的建设，构建以执政党为中心的城乡基层治理体系，已经成为广泛共识和必然趋势。作为后发的发展中国家，中国的治理现代化与执政党的建设具有密切联系，现代化国家形塑强大政党，强大政党引领现代化国家建设，在现代化国家建设中建设强大政党，本质上是政党意志表达的政治价值创造过程[49]。中国共产党究竟应如何引领现代国家建设，通过何种机制实现基层治理现代化呢？当前，有学者用“统合”概念形容基层党委、政府与企业之间的关系，代表性的有“政治—行政—公司”统合治理模式[50]、政治统合制[51]、治权统合[52]等，为理解中国共产党在基层治理中的角色和功能提供了新的视角。深入推进基层治理现代化，要在促进政党社会化、提高社会整合能力的同时，处理好党委、政府、社会、市场的关系，有必要继续优化基层治理体制，探索统合型治理模式。

以执政党为中心的统合型治理模式实现了四大突破：一是突破多元社会思潮下社会团结的思想政治困境，充分发挥党的政治领导力；通过思想引领、意识形态教育、核心价值观塑造等方式增强社会各界的凝聚力和向心力。二是突破了传统科层制保守僵化、部门区隔、繁文缛节等固有缺陷，从而更好地应对非常规性、综合性和紧迫性的中心工作，弥合官僚制下的“治理缝隙”。三是突破正式行政权力向基层社会延伸成本高、运行乏力、效率低下的结构困境，实现基层治理的资源下沉和重心下移，增强基层政权的政治合法性。四是突破我国社会力量发育滞后、社会自主性不足、社会自组织羸弱的行动困境，将党的政治优势和组织优势转化为基层治理优势。当然，统合型治理模式强调以党组织政治统合为核心，政府行政科层制为依托，公司化和社会化为运作机制，很容易导致党政权力的过度膨胀，挤压社会空间。因此，要警惕统合型治理走向内部封闭、脱离群众、疏离社会，构建政治统合、科层运作和社会自治的多元互动治理结构，彰显政治、行政和社会的多重优势，拓展基层治理空间。

统合型治理模式打破了西方政党理论和治理现代化的圭臬，适应了我国基层社会治理的实际。传统的西方理论将政党视为代表社会部分利益群体参与民主选举和竞争的组织，具有“选举中心论”的倾向[53]；中国共产党则具有治理型政党的特质，我国的治理现代化是一种党领导的多党合作、多元主体共同参与的政党中心的复合型治理[54]。就国家与社会关系而言，无论是“社会中心论”[55]、“国家中心论”[56,57]还是法团主义和多元主义，都无法彻底解释中国的基层治理实践。西方或主张以个人权利为基础的公民社会，或强调国家自主性，抑或倡导法团主义和多元主义的中层制度安排；而中国则建立起了以中国共产党为枢纽的基层治理机制，发挥了政党的引领功能、组织功能和整合功能，在现代化进程中保持了基层治理活力与秩序的有效平衡。习近平在庆祝中国共产党成立 100 周年大会上强调，以史为鉴、开创未来，必须坚持中国共产党坚强领导，必须不断推进党的建设新的伟大工程。随着基层治理现代化的不断发展，必将加快塑造具有中国特色的政党建设话语体系，彰显“中国之治”的强大魅力。

参考文献：

[1] 黄宗智．华北的小农经济与社会变迁［M］．北京：中华书局，2004.

[2] 李德虎．新民主主义革命时期中国共产党对农村社会管理体制的探索与启示［J］．山东社会科学，2013（5）.

[3] 韦庆远．中国政治制度史［M］．北京：中国人民大学出版社，1989.

[4] 欧阳溢星．中央苏区国家治理的实践及其经验启示研究［D］．南昌：江西理工大学，2016.

[5] 唐明勇．新民主主义革命时期中国共产党村级管理的特点和经验［J］．江汉论坛，2005（4）.

[6] 张希坡．革命根据地的基层政权和群众性自治组织［J］．法学研究，1983（6）.

[7] 弗里曼，毕克伟，塞尔登．中国乡村，社会主义国家［M］．北京：社会科学文献出版社，2002.

[8] 胡倩．民主革命时期中共治理乡村社会的基本特征与历史经验［J］．淮阴师范学院学报，2013（6）.

[9] 任伟．抗日战争时期中共游击队扎根基层社会的路径［J］．中共中央党校（国家行政学院）学报，2021（1）.

[10] 萧华．关于加紧根据地建设工作（1941 年 9 月 18 日）．萧华传记组．萧华文集：上卷［M］．北京：解放军出版社，2014.

[11] 罗白桦．四明山四年抗日民主政权建设．宁波新四军暨华中敌后抗日根据地研究会．浙东抗战与敌后抗日根据地史料丛书：第五卷［M］．北京：中共党史出版社，2001.

[12] 费正清．剑桥中华民国史：第二部［M］．上海：上海人民出版社，1992.

[13] 李强．中国社会变迁 30 年（1978-2008）［M］．北京：社会科学文献出版社，2008.

[14] 吉尔伯特·罗兹曼．中国的现代化［M］．南京：江苏人民出版社，1995.

[15] 马克思，恩格斯．马克思恩格斯文集：第 2 卷［M］．北京：人民出版社，2009.

［16］查尔斯·蒂利．强制、资本和欧洲国家［M］．上海：上海人民出版社，2012.

［17］陆学艺．走出“城乡分治一国两策”的困境［J］．读书，2005（5）．

［18］何海兵．我国城市基层社会管理体制的变迁：从单位制、街居制到社区制［J］．管理世界，2003（6）．

［19］华伟．单位制向社区制的回归：中国城市基层管理体制 50 年变迁［J］．战略与管理，2000（1）．

［20］徐勇．“政党下乡”：现代国家对乡土的整合［J］．学术月刊，2007（8）．

［21］辛逸．论人民公社的历史地位［J］．当代中国史研究，2001（3）．

［22］项继权、李增元．经社分开、城乡一体与社区融合：温州的社区重建与社会管理创新［J］．华中师范大学学报（人文社会科学版），2012（6）．

［23］俞可平．马克思论民主的一般概念、普遍价值和共同形式［J］．马克思主义与现实，2007（3）．

［24］托克维尔．论美国的民主：上卷［M］．董果良，译．北京：商务印书馆，1988.

［25］道格拉斯·C 诺思．经济史中的结构与变迁［M］．陈郁，罗华平，译．上海：上海人民出版社，2003.

［26］陈伟东，李雪萍．社区行政化：不经济的社会重组机制［J］．中州学刊，2005（2）．

［27］徐勇．现代国家的建构与村民自治的成长：对中国村民自治发生与发展的一种阐释［J］．学习与探索，2006（6）．

［28］夏建中．北京城市新型社区自治组织研究：简析北京 CY 园业主委员会［J］．北京社会科学，2003（2）．

［29］罗家为，刘馨蔚．传统与现代之间：改革开放 40 年基层治理的历时性考察［J］．中共宁波市委党校学报，2019（2）．

［30］金太军．“乡政村治”格局下的村民自治：乡镇政府与村委会之间的制约关系分析［J］．社会主义研究，2000（4）．

［31］项继权，王明为．农村社区建设：发展态势与阶段特征［J］．青海社会科学，2015（2）．

［32］李春根，罗家为．从总体性支配到社会化整合：新中国 70 年基层治理现代化的演进逻辑［J］．华中师范大学学报（人文社会科学版），2020（3）．

［33］杨光斌．制度变迁中的政党中心主义［J］．西华大学学报（哲学社会科学版），2010（2）．

［34］郭定平．政党中心的国家治理：中国的经验［J］．政治学研究，2019（3）．

［35］林尚立．当代中国政治：基础与发展［M］．北京：中国大百科全书出版社，2017.

［36］房宁．中国政治制度［M］．北京：中国社会科学出版社，2017.

［37］田先红．政党如何引领社会?：后单位时代的基层党组织与社会之间关系分析

[J]. 开放时代，2020（2）.

[38] 王浦劬，汤彬. 基层党组织治理权威塑造机制研究：基于T市B区社区党组织治理经验的分析 [J]. 管理世界，2020（6）.

[39] 赵黎. 政党整合型社会治理：后疫情时代社会治理的中国范式 [J]. 中国农村观察，2020（6）.

[40] 孙柏瑛，张继颖. 解决问题驱动的基层政府治理改革逻辑：北京市“吹哨报到”机制观察 [J]. 中国行政管理，2019（4）.

[41] 李友梅. 当代中国社会治理转型的经验逻辑 [J]. 中国社会科学，2018（11）.

[42] 罗家为，冯志峰. 城市社区治理的模式转向：社会化与专业化 [J]. 甘肃行政学院学报，2017（6）.

[43] 宋国恺. 政府购买服务：一项社会治理机制创新 [J]. 北京工业大学学报（社会科学版），2013（6）.

[44] 王思斌. 社会工作在构建共建共享社会治理格局中的作用 [J]. 国家行政学院学报，2016（1）.

[45] 周飞舟. 从汲取型政权到“悬浮型”政权：税费改革对国家与农民关系之影响 [J]. 社会学研究，2006（3）.

[46] 渠敬东. 项目制：一种新的国家治理体制 [J]. 中国社会科学，2012（5）.

[47] 陈锋. 分利秩序与基层治理内卷化　资源输入背景下的乡村治理逻辑 [J]. 社会，2015（3）.

[48] 孟天广，王烨. 国家治理现代化的“新叙事”：转型中国的党建与国家建设 [J]. 华中师范大学学报（人文社会科学版），2020（6）.

[49] 王韶兴. 现代化国家与强大政党建设逻辑 [J]. 中国社会科学，2021（3）.

[50] 折晓叶. 县域政府治理模式的新变化 [J]. 中国社会科学，2014（1）.

[51] 欧阳静. 政治统合制及其运行基础：以县域治理为视角 [J]. 开放时代，2019（2）.

[52] 吴晓林. 治权统合、服务下沉与选择性参与：改革开放四十年城市社区治理的“复合结构” [J]. 中国行政管理，2019（7）.

[53] 乔万尼·萨托利. 政党与政党体制 [M]. 北京：商务印书馆，2006.

[54] 郭定平. 百年中国共产党的独特性再认识：基于治理型政党的视角 [J]. 四川大学学报（哲学社会科学版），2021（2）.

[55] 洛克. 政府论：下篇 [M]. 北京：商务印书馆，1964.

[56] 霍布斯. 利维坦 [M]. 北京：商务印书馆，2017.

[57] 黑格尔. 法哲学原理 [M]. 北京：商务印书馆，2013.

从政治秩序、经济发展到国家治理
——百年土地政策的制度逻辑和基本经验

曲福田　马贤磊　郭贯成
南京农业大学

摘要：本文运用“政策变迁—行为机制—路径回应”的分析框架，从政治秩序、经济发展、国家治理三个维度系统分析了党的百年土地政策实践的伟大贡献及其制度逻辑，充分揭示了土地政策对实现党的第一个百年奋斗目标发挥的巨大作用。围绕着马克思主义土地思想的中国化，土地政策百年实践为实现党的第二个百年奋斗目标积累了重要经验。基于此，未来的土地政策需要积极回应新时代现代化建设提出的新命题，在土地产权结构、城乡土地关系、空间治理体系和统筹发展与安全等方面做出积极探索和有效变革。

关键词：中国共产党　土地政策　政治秩序　经济发展　国家治理

一、引言

以土地权利制度为核心的土地政策，构成国家经济关系与上层建筑的重要基础，决定着国家的基本制度体系和治理体系。中国的历史变迁与农民和土地问题息息相关，几千年朝代的更迭很大程度上反映在土地政策及土地制度的变迁上。中国共产党成立百年来的土地政策，关乎人民生计、经济发展与立国安邦的大计，一直是党领导革命、建设、改革、发展的核心政策。党的百年史也是土地政策的实践史。革命时期，废除封建土地所有制，实现耕者有其田，取得了中国革命的伟大胜利；建设时期，以社会主义改造为依托建立了土地公有制，形成了国家工业和国民经济体系；改革开放时期，以市场化改革为导向实现土地要素市场化配置，促进了工业化和城市化进程；进入新时期，以土地市场配置与国土空间管制治理相统一，推进国家治理体系建构。党的百年土地政策的接续探索，为中国革命的胜利、经济的转型与快

注：本文原载《管理世界》2021 年第 12 期。

速发展以及国家治理体系现代化提供了不懈动力，为实现党的第一个百年奋斗目标做出了巨大贡献。基于中国的基本国情和土地问题的特点，在社会主义现代化国家建设的新征程中，土地政策仍是国家全面深化改革的重要内容，将对党的第二个百年奋斗目标的实现起到关键性作用。

在两个百年交汇点，学界针对中国共产党第一个百年土地政策或土地制度的探索开展了相关研究。一是基于百年来土地政策发展的历程，系统梳理了不同时期的土地政策特征与核心理念，指出党在制定和调整土地政策时始终以实现和维护人民根本利益为目标，构筑了一套适应中国特色社会主义道路的土地政策体系[1]。二是着重梳理了中国共产党百年土地政策的演进历程与辉煌成就，点明土地制度之于革命胜利、农业农村现代化与国家发展的重要作用[2]。三是从历史逻辑、理论逻辑、实践逻辑分析中国共产党不同时期的土地政策基本经验，并以此提出党的土地政策未来实践的逻辑[3]。这些研究对于土地政策自身的发展历程，以及对革命历史和经济发展的贡献进行了多视角的讨论，得出了许多观点和结论。

我们认为，土地是民生之本、社稷之基，由此决定了以土地权利制度为核心的土地政策是国家发展的一种底层逻辑，作为国家制度体系的基础性制度，从根本上影响着政治秩序、经济发展和国家治理的行为和组织规范的具体实践。因而，从底层逻辑的视角研究党的百年土地政策实践有助于系统揭示其历史脉络和伟大成就背后的制度逻辑，从而能更加科学地总结所取得的基本经验和把握未来发展的主要趋势。土地政策是中国共产党领导中华民族实现伟大复兴的底层逻辑。作为政治秩序的底层逻辑，党的土地政策实现了耕者有其田，成功实现了大众动员和集体行动，建立了工农政治联盟和党的统一战线，最终取得了中国革命的胜利，建立了社会主义新中国；作为经济发展的底层逻辑，党的土地政策建立了土地公有制框架下的土地市场化配置体系，为中国经济快速发展提供了有效产权激励、要素供给和资本积累，加速了工业化和城市化进程；作为国家治理的底层逻辑，党的土地政策不仅为国家治理提供了政治、经济、生态文明等领域的基础制度，也提供了国家宏观调控的有效政策工具，不断丰富和发展着国家治理体系。总之，党的土地政策是革命胜利之本、经济发展之源和国家治理之基。基于底层逻辑的认知，本文运用“政策变迁—行为机制—路径回应”的分析框架，从政治秩序、经济发展、国家治理三个维度系统分析党的百年土地政策实践的伟大贡献、制度逻辑和基本经验，不仅对土地政策分析体系的理论构建有重要意义，对未来党的土地政策创新乃至全面深化改革也至关重要。

二、百年土地政策探索实践和阶段性特征

由于战略目标、价值导向、目标任务、战略需求等因素的差异，中国共产党的土地政策呈现出鲜明的阶段性特征。从演变逻辑看，党的百年土地政策实践可以划分为新民主主义革命时期、社会主义革命和建设时期、改革开放时期、中国特色社会主义新时期四个阶段，总体上呈现土地政策探索、确立、改革、发展的不断成熟完善的过程。

（一）探索阶段：以夺取政权为目标　实现“耕者有其田”

新民主主义革命时期，旧中国社会的基本问题是农民问题，其核心是土地问题。占全国人口80%以上的农民仅占有20%~30%的土地，而占农民人口10%左右的地主和富农则占有70%~80%的土地，农民劳动所得的50%，甚至是70%~80%被地主和富农占有，使广大农民处于极端贫困之中[4]。因此，中国共产党在成立之初即对农民和土地问题予以极大的关注，土地政策经历了土地国有、耕地农有、减租减息到耕者有其田的艰难探索历程。正是通过土地政策的不断调整，党建立了广泛的工农联盟，探索出农村包围城市、武装夺取政权的道路，取得了新民主主义革命的胜利。这一艰难的探索过程，经历了三个明显的转折。

1. 从土地国有到耕地农有

中共一大、二大在马克思主义公有制思想和苏俄实践的双重影响下，提出了没收一切土地归社会所有的“土地国有”的政策主张。但是“土地国有”主张有悖于中国传统小农思想，制约了广大农民阶级参与革命的政治热情，党领导的中国革命也因此几经周折。中国共产党在海陆丰、鄂豫边、赣西南、赣东北等地区建立的众多根据地中，海陆丰根据地建立的工农民主政权坚持土地国有的主张，仅存在4个多月便宣告失败。随着中国共产党对马克思主义理论与中国革命形势认识的不断深入，以及对过往革命经验教训的总结，党在六大之后，特别是在遵义会议以后，逐步明确了耕地农有的政策方向，并在革命根据地实行没收地主阶级的一切土地分给农民的政策，激发了农民参与革命的积极性，极大地助推了党及革命事业的蓬勃发展。

2. 从没收土地到“减租减息”

随着抗日战争的爆发，中国的主要矛盾由推翻豪绅资产阶级政权的内

部斗争转向中日民族矛盾的外部斗争。中共中央为推进形成以国共两党合作为基础的抗日民族统一战线，提出“取消一切推翻国民党政权的暴动政策及苏化运动，停止以暴力没收地主土地的政策”[5]。1937年8月，洛川会议决定以“减租减息”作为抗日战争时期解决农民土地问题的基本政策[6]，有效地维持了抗日民族统一战线的稳定，为全国人民的抗战事业做出了巨大贡献。

3. 从“减租减息”到“耕者有其田”

在解放战争初期，中国共产党实行的“减租减息”政策已经难以满足农民越发强烈地取得土地的诉求以及高涨的革命形势。在此背景下，中央先后出台“五四指示”和《中国土地法大纲》，将“减租减息”政策调整为没收地主土地，废除封建剥削土地制度，实行“耕者有其田”的政策。此举极大地赢得了农民的支持，为解放战争的胜利奠定了坚实基础。

党在新民主主义革命时期的土地政策总体上处于积极探索阶段，并呈现出两个显著特征：一方面，以破除封建统治和剥削体系为主要目标，以动员广大农民开展土地革命、满足农民对土地的需求为主要内容，为中国共产党奠定群众基础和武装夺取政权提供了有力的保障；另一方面，以具体的革命实践不断完善马克思主义，促进了马克思主义中国化的进程。

（二）确立阶段：以社会主义改造为依托实现土地公有制

新中国成立后，中国共产党面临的基本问题是如何把中国建设成一个伟大的社会主义国家。毛泽东提出了两步走战略：由半殖民地半封建经济过渡到新民主主义经济，奠定生产力基础和物质基础；通过互助合作、集体化等途径实现新民主主义经济向社会主义经济的跃迁[7]。在中国共产党领导下，新中国的土地制度完成了从废除封建土地所有制到建立农民所有制再到土地公有制的快速转变，成功建立了社会主义国家的制度基础。这一阶段的土地政策经历了四次重大调整。

（1）通过土地改革完成新民主主义革命的历史任务。新中国成立后，中央颁布了《中华人民共和国土地改革法》，在全国范围内开展土地改革，正式废除地主阶级封建剥削的土地所有制，建立并实行了农民土地所有制，宣告新民主主义革命的胜利。土地改革解放了农村生产力，为国民经济恢复和发展奠定了基础。

（2）通过农业合作化运动初步建立社会主义土地公有制。由于单个农户生产资料不足与阶级分化问题以及工业化战略的需要，1951年9月，中共中央召开第一次农业互助合作会议，借鉴苏联通过农业集体化运动将个体小农私有经济转变为社会主义大集体经济，集中力量实现农业机械化和现代化的经验，在各地开始普遍试办土地入股、统一经营，有较多公共财产的初级农业生产合作社。1953 年，中共中央颁布《关于发展农业生产合作社的决议》，农业生产合作社开始进入快速发展时期。1956 年，农业生产合作社完成了从以劳动生产合作为主的初级社，到以土地、生产资料入社为特征的高级社的转变，至此，社会主义土地集体所有制度初步形成。高级社的成立对于克服小农难以解决的生产资料匮乏、抵御自然灾害能力差、劳动生产率低等问题具有积极意义。

（3）通过建立人民公社制度在农村地区完成了从农民私有到土地公有的制度变迁。1958 年，党决定在全国农村普遍建立政社合一的人民公社[8]，后来逐步将“一大二公”的人民公社体制调整为“队为基础，三级所有”的体制，确定了农村土地集体所有的农村基本土地制度[9,10]。人民公社制度的建立，有效激发了农民参与社会主义建设的热情，以农业的统购统销等实现了工业化的资本原始积累，为国家工业体系的建立和国际地位的提升奠定了基础。

（4）通过土地国有化政策建立了城市土地公有制。20 世纪 50 年代后期，为解决城市土地利用过程中存在的剥削关系，中央决定通过“国家经租、公私合营”的方法对城市私有土地房屋进行社会主义改造，同时依据城市土地所有人的阶级成分和土地利用状况制定了三种城市土地国有化政策[11]：没收和国有化外国资本家和官僚资产阶级所有的城市土地；对符合国家规定规模的民族资本家所有的城市土地进行社会主义改造；对民族资本家所拥有的低于国家规定规模的城市土地以及小业主的自主土地（包括城市出租房屋以及城市宅基地），国家不予干预。但是上述政策在 20 世纪 60 年代中后期转变为国有化一切城市土地，不再以城市土地所有人的阶级成分进行划分，从而实现了城市土地资产国有化改造。

党在这一时期的土地政策是社会主义改造和社会主义建设的核心安排，具有重要意义。一是通过土地政策的调整顺利完成土地制度从封建主义私有制向社会主义公有制的历史性转变；二是以土地制度为核心的系列制度安排奠定了社会主义的制度基础，从国家层面兑现了党对支持革命的人民的政治承诺，既为国民经济恢复奠定了坚实的基础，也有力推进了国家工业化战略的实施[2]。

（三）改革阶段：以市场化改革为导向实现城乡土地“两权分离”和市场化配置

虽然以土地集体所有、集体劳动、统一分配为特征的人民公社制度在一定时期内解决了生产资料匮乏等问题，但是由于公社内部政治与经济关系难以协调，且无法解决搭便车的问题，国家经济发展处于基本停滞的状态。20世纪70年代后期，全国主要农产品供应量持续下滑，难以满足全国人民的基本生活需要。此外，出于推动国家经济建设以及实施对外开放战略，解决外资企业用地难题等多种目的，土地制度完成了由农民集体所有统一经营、国有土地计划使用到城乡土地“两权分离”和市场化配置的历史性转变，为后续40余年的快速城镇化、工业化进程奠定了坚实的基础。

建立家庭联产承包责任制，构建农村土地“两权分离”的产权结构。安徽省凤阳县小岗村率先实行大包干责任制并取得成功经验，促使中央初步肯定或默认了“包产到户”的办法[12]。1982年，中央一号文件明确“包产到户、包干到户或大包干都是社会主义生产责任制”，并在同年的《全国农村工作会议纪要》中正式承认了包产到户的合法性，进一步建立起以家庭联产承包为主的责任制和统分结合的双层经营体制，形成土地所有权与承包经营权“两权分离”的土地产权制度，提高了农民生产积极性，解决了粮食不足问题。同时，“两权分离”的土地产权制度既释放了大量农村剩余劳动力，也赋予了农民利用集体土地发展工业的权利，此举极大地促进了乡镇企业蓬勃发展和农村工业化进程。随着乡镇企业的发展与国家城镇化进程加快，农地流转需求增加，第七届全国人大第一次会议决定放开对农地使用权流转的限制，并提出“增人不增地，减人不减地”的政策，进一步稳定并巩固了家庭联产承包责任制。2002年出台的《农村土地承包法》正式奠定了家庭联产承包责任制和承包地流转制度的法律地位。家庭联产承包责任制改革对保障农民的权益和农村经济社会稳定具有重要意义，为“中国经济奇迹”奠定了坚实基础。

建立城市国有土地有偿使用制度，构建土地利用规划与管制体系。1987年，深圳市落下国有土地有偿使用权拍卖的第一槌，次年全国人民代表大会先后修订了《宪法》和《土地管理法》，吸纳了试点地区对国有土地所有权与使用权分离的改革经验，去除了限制土地出租的条款，并增设有关国有土地有偿使用和国有土地使用权可以依法转让的内容，开启了国有土地有偿使用和市场化配置制度改革的序幕。21世纪后，中央逐步明确国有土地使用权招拍挂出让制度的重要地位[①]，构建起一套完整的国有土地有偿使用制度与土地用途管制制度，发挥了市场在土地配置中的作用，为地方政府“以地谋发展”提供了制度基础。同时中央通过出台、修订《土地管理法》等法律与政策，建立了土地利用总体规划制度与用途管制制度，协调耕地安全、粮食安全与经济发展之间的关系，解决土地市场失灵问题。土地利用规划制度确保了地方政府对于土地发展权初始配置的权利，使地方政府可以通过城乡建设用地增减挂钩、耕地占补平衡、建设用地配额管制等政策，严格保护耕地总量不减少和土地节约集约利用。土地用途管制制度则强化了耕地保护的法律地位，为设立基本农田保护制度、建设用地配额制度等项制度奠定了法律基础，对于维护关键资源的存量具有重要意义。

党在改革开放时期土地政策的主要特征是以市场化改革为导向，以农村土地和城市土地的“两权分离”为依托，建立了长期、稳定且可靠的土地使用权制度，将土地使用权制度与市场经济有机结合，建立社会主义生产资料公有制和市场经济有机融合的多层次土地产权制度[②]，有力地支撑了改革开放40余年来“中国奇迹”的出现。

（四）发展阶段：以有为政府和有效市场衔接为主线推动国土空间治理现代化

进入新时期，高质量发展成为经济社会发展的主题，土地政策也进入了新的发展阶段。在推动高质量发展和国家治理现代化的大背景下，建立高标准要素市场体系和完善中国特色的国家治理体系成为土地政策发展的重要背景。这一时期党的土地政策，在土地要素市场化配置改革取得突破的基础上，重点突出政府对国土空间资源的科学规划和有效管制。

充分发挥有效市场作用，奠定土地资源高效配置的基础。进入新时期，“两权分离”的农村土地产权制度安排，难以满足要素市场化配置改革和农业现代化对土地经营规模与效率的要求。因此，构建现代化要素产权体系，推动农村土地要素市场化配置，是新时期土地要素市场化改革的重中之重。中央沿袭扩权赋能思路，开启了“三块地”改革、承包地和宅基地“三权分

---

① 中共中央文献研究院．关于坚持和完善土地招标拍卖挂牌出让制度的意见［EB/OL］．自然资源部官方网站，2011-05-13.

② 程雪阳．中国共产党对于社会主义土地产权制度的创新与发展［EB/OL］．中国江苏网，2021-04-28.

置”改革[①]。“三权分置”产权制度形式既完善了农地所有权、承包权、经营权三者的关系[②]，也有利于显化农地经营权与宅基地使用权的财产性权能，促进资产价值的显化。同时，集体经营性建设用地入市改革与征地制度改革，破除了农村集体经营性建设用地入市的法律障碍，完善了征地程序，切实回应了农民的利益关切，增加了农民财产性收入，从制度层面推动了城乡统一的建设用地市场化进程。在城市土地方面，中央在全国34个市县（区）开展城市建设用地使用权转让、出租、抵押二级市场试点工作[③]，明确了建设用地使用权转让和出租的形式，以及不同权能建设用地使用权转让、出租、抵押的必要条件，提升了建设用地使用权二级市场配置效率。

发挥有为政府作用，实现土地市场化配置与国土空间管制相统一。将国家治理体系构建嵌入土地资源配置过程，建立国土空间规划和管制体系，推动国土空间治理现代化，是党在新时期发挥有为政府的重要举措和土地政策创新的主要特征。党的十九届四中全会和五中全会特别强调要落实主体功能区战略，建立优化国土空间开发秩序的基础制度，并结合自然资源监测和调控体系加大保护关键资源和生态区域的政策力度。同时，建立“多规合一”的国土空间规划体系以及国土空间用途管制体系，划定以城镇空间、农业空间、生态空间三类空间和生态保护红线、永久基本农田保护红线、城镇开发边界为主要内容的“三区三线”，进一步为国土空间开发保护提供制度支撑。

党在新时期的土地政策以构建有为政府与有效市场衔接的现代化治理为主要方向，既通过构建城乡统一的建设用地市场，建设高标准土地市场体系发挥市场配置资源的作用，又通过国土空间规划和用途管制制度初次配置国土空间开发权、保护关键资源存量。确定土地资源市场配置基础和边界，发挥有为政府的调控作用，为经济的健康发展保驾护航，是土地政策改革在新时期的重要突破和重大发展。

---

① 关于农村土地征收、集体经营性建设用地入市、宅基地制度改革试点工作的意见（2014）[EB/OL]. 中国人大网，2018-12-23.

② 中共中央办公厅国务院办公厅关于完善农村土地所有权承包权经营权分置办法的意见 [EB/OL]. 中国政府网，2016-10-30.

③ 关于完善建设用地使用权转让、出租、抵押二级市场的指导意见 [EB/OL]. 中国政府网，2019-07-19.

三、百年土地政策实践的伟大贡献及其制度逻辑

土地问题始终与江山社稷和人民福祉息息相关。从中国共产党百年奋斗历史和土地政策实践历史中发现，作为国家发展的一种底层逻辑，土地政策改革不仅是中国革命历程的主要组成部分，也是国家经济发展的主要政策支柱，更为国家治理体系建设奠定了基础。图1呈现了中国共产党百年土地政策实践的制度逻辑，系统评价了土地政策对政治秩序、经济发展和国家治理的伟大贡献及其作用机制。

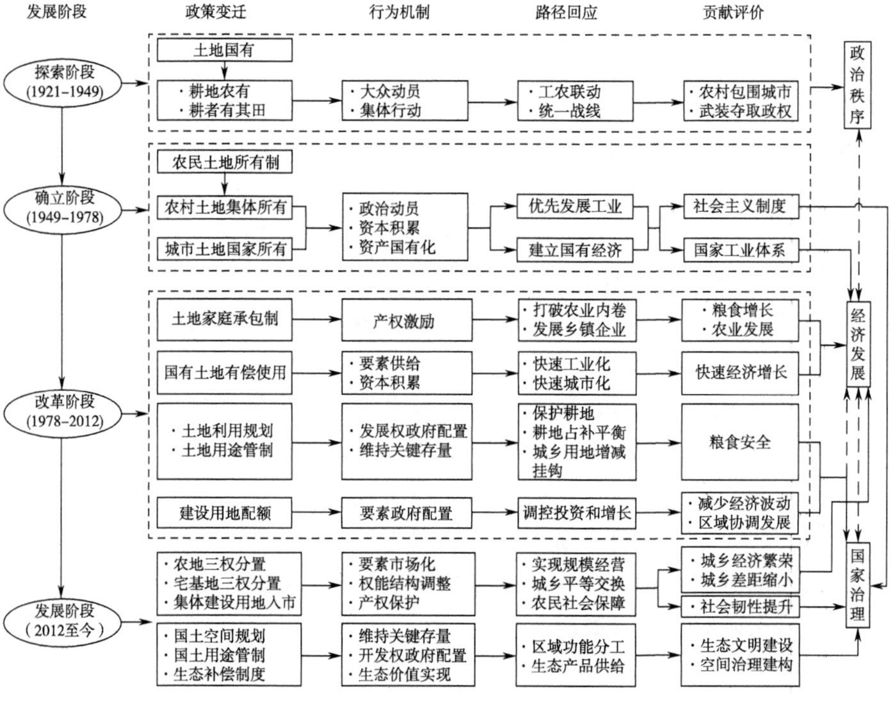

图1　中国共产党百年土地政策实践的制度逻辑

（一）奠定了中国革命胜利的政治基础和群众基础

在中国共产党领导下，以土地制度改革为核心的新民主主义革命，是一场打破旧中国土地秩序，建立一个新的土地秩序进而建立新的政治秩序的伟

大历程[13]。在这个史无前例的政治秩序变革中，党将中国革命的奋斗目标、政治基础和道路选择嵌入农民和土地问题之中，通过以民主秩序代替传统精英秩序的方式形成了中国革命的集体行动逻辑，进而建立新的土地秩序和政治秩序，取得了中国革命的胜利。

首先，中国共产党通过土地政策的调整重塑了土地秩序，为武装夺取政权奠定了广泛的群众基础。中国共产党通过不断完善以“打土豪分田地”为核心的土地政策，适应了广大农民的真正需求，实现了农民千百年来“耕者有其田”的梦想，激励他们积极参加、支持党的革命事业，建立了与广大农民群众的血肉联系，形成了坚强的工农政治联盟，创造了一条具有中国特色的革命道路，即农村包围城市、武装夺取政权。土地革命使中国共产党在农村中动员起巨大的人力、物力和财力，为武装夺取政权奠定了群众基础。

其次，中国共产党通过土地政策的调整建立了中国革命的集体行动逻辑，推翻了旧有的精英体制秩序并构筑了新的民主秩序，为夺取中国革命胜利奠定了政治基础。第一次国内革命战争时期，党以“耕者有其田”的土地政策为核心内容，形成了反帝反封建的集体行动逻辑，为推翻封建军阀秩序做出了重要贡献。抗日战争时期，通过缓和土地政策构筑的抗日民族统一战线明确了共同合作、抵御外敌的斗争目标，形成了抗日战争期间的集体行动逻辑。解放战争时期，中国共产党通过从减租减息到践行“耕者有其田”的土地政策调整所建立的人民民主统一战线，既以“一条批准，九条照顾”的方式满足农民的土地要求，也为中国共产党争取了民主党派和其他革命阶级的支持[14]，建立了人民当家做主、多党派参政的新民主主义秩序，形成了反对蒋介石集团内战独裁政策、满足农民土地需求的集体行动逻辑，为夺取解放战争的最终胜利奠定了政治基础。

（二）为中国经济快速发展提供产权激励、要素供给和资本积累

产权清晰界定、要素配置效率提升和资本积累是保障市场经济快速发展的关键因素。中国共产党领导中国人民建立新政权后，尤其是改革开放后，通过一系列土地政策的调整与变革，有效解决了中国市场经济发展中的三个关键问题，即构建了有效的产权激励结构，建立了高效的要素供给机制，完成了经济发展的资本积累。总体看，建党百年的土地政策通过提供产权激励、要素供给和资本积累，有效促进了农业经济和乡镇企业的发展，推动了我国快速低成本的工业化、城镇化进程，解构着城乡二元结构，从而助推和支撑

了经济快速增长，为创造中国奇迹起到了基础和关键作用。

1. 增加产权激励，解决粮食供给

通过农村土地产权制度的接续变迁，增加产权激励和要素供给，发展了中国农业，解决了粮食供给问题。中国共产党在新中国成立初期建立的农民土地所有制，打破了封建土地所有制对农民生产力的压迫，通过建立清晰的农地产权，显著释放了农业生产力。研究表明，土地的封建所有制长期以来通过在有限的土地上投入大量劳动力进行的农业生产模式已经难以促进农业产量的提升[15]。通过对封建土地所有制的革命性扬弃，破除了传统土地制度对农业生产积极性的制约，新中国建立的农民土地所有制重塑了产权激励模式，赋予农民土地经营的收益权能，极大地提升了农民生产积极性与粮食产量。1949 年新中国成立时，全国粮食单产仅有 68.6 公斤/亩，人均粮食占有量仅为 208.95 公斤。至 1952 年年底，全国约 3 亿无地、少地的农民免除过去每年向地主缴纳的 3 000 万吨以上的粮食地租[16]，粮食单产上升至 88.13 公斤/亩，人均粮食占有量上升至 288.12 公斤。

中国共产党在改革时期构建的家庭联产承包责任制，通过调整农民与土地的关系，赋予农民长期稳定的承包经营权，进一步重塑了产权激励模式，重新激发了农民生产积极性，为 20 世纪 80 年代的“十年黄金时期”奠定了制度基础。家庭联产承包责任制开创了土地所有权和使用权分离的制度先河，实现了土地产权关系与经济关系的对应，充分显化了土地生产要素价值[17]，土地权利和家庭经营的回归极大促进了农民的生产积极性以及农产品产出和供给的增长[18]。1980—1989 年，我国主要农作物产量由 32 056 万吨跃升至 40 755 万吨，粮食产量增幅接近三成①。林（Lin）的测算显示，家庭联产承包责任制对农业经济增长的贡献率高达 46.9%[19]。

新时期的“三权分置”制度通过分离土地承包权和经营权激励了土地流转，提高了土地市场配置效率，有力地推动了农业现代化，进一步保障了我国粮食安全。已有研究显示，1995—2009 年，农地流转发生率从 4.68%攀升至 19.70%[20]，农地“三权分置”制度的创新进一步促进了农民的土地流转热情，2018 年耕地流转面积已经占承包耕地面积的 38%[21]。土地资源市场配置既促进了农业规模经营与农业技术进步，也调整了农业生产结构和生产组织形式，为 21 世纪以来我国粮食产量的跨越式发展奠定了坚实基础[22]。相关数据显示，自 2014 年农地“三权分置”改革以来，我国农民专业合作社的数

---

① 相关数据整理自国家统计局官方网站。

量逐年攀升，从 2015 年的 133.6 万个发展至 2019 年的 193.5 万个，粮食年总产量从 66 060.27 万吨跃升至 66 384 万吨，农业现代化发展及粮食增收效果显著①。

表 1 显示了新中国建立以来，农业发展与粮食产量相关指标均呈现高速增长态势，表明我国农业发展已经解决了粮食供给问题，正在逐步走向农业现代化，创造出独特的“大国小农”的农业现代化道路。中国共产党百年土地政策为改造传统农业和粮食持续增长奠定了核心制度基础。

表 1　新中国建立以来农业发展进程与国家粮食生产

年份	粮食产量（万吨）	人均粮食占有量（公斤）	单位面积粮食产量（公斤/公顷）	农业机械总动力（万千瓦）
1949	11 318.40	208.95	1 029.33	8.10
1957	16 391.50	306.00	1 459.55	121.40
1978	30 476.50	318.74	2 527.30	11 749.91
1988	39 408.10	357.73	3 578.57	26 575.00
1998	51 229.53	412.50	4 502.21	45 207.71
2000	46 217.52	366.04	4 261.15	52 573.61
2005	48 402.19	371.26	4 641.63	68 397.55
2010	55 911.31	417.96	5 005.69	92 780.48
2015	66 060.27	481.74	5 553.02	111 728.00
2020	66 949.20	474.22	5 733.41	105 550.00

数据来源：国家统计局官方网站。

2. 推进市场化改革，促进经济体制转型

推进土地要素的市场化改革，促进社会经济体制成功转型，并以要素驱动和投资驱动方式有力支撑了快速的工业化和城市化进程。在党的十四大和十五大提出建立社会主义市场经济目标以及发挥市场在资源配置中的基础性作用后，中央通过允许国有土地使用权转让，建立国有土地有偿使用制度，推进土地要素市场化，在底层逻辑上强有力地支撑了我国社会经济体制的市场化改革，同时建立的国有土地有偿使用制度以及招拍挂出让政策，加快了土地要素市场化进程，提升了劳动力要素和资本要素的市场化配置水平，对

① 数据来源：粮食产量数据引自国家统计局网站，农民专业合作社数据引自农业农村部网站。

社会经济体制成功转型及经济高速增长发挥了重要影响[23]。与此同时，党的土地政策也通过要素驱动和投资驱动有力促进了中国的经济增长，探索出的“以地谋发展”模式显著拉动了地方工业化、城市化和经济的跨越式发展[24]。

要素市场化推动了土地要素的有效供给，促进了快速的工业化进程。改革开放以后，中国共产党通过调整农村土地政策，以允许农村剩余劳动力利用农村集体土地要素经营工业的独特方式，极大地促进了乡镇企业的快速发展。数据显示，1981—1994 年，乡镇企业总产值上涨 56 倍，1992 年乡镇企业的总产值占当年全国工业增加值的 1/3[25]。国有土地有偿使用和招拍挂制度的建立，增加了建设用地供应规模，提升了土地要素的市场化配置水平，激发了地方政府建设开发区和工业园区的热情，奠定了工业用地出让与招商引资的制度基础。相关数据显示，自 2002 年招拍挂制度正式确立以来，国有建设用地出让规模总量及以招拍挂出让面积比例快速攀升，2018 年国有建设用地出让规模相较于 2002 年增长 70. 53%，以招拍挂市场化方式出让的工业用地比例则从 2003 年的 27. 98%增加至 2016 年的 92. 03%①；2006 年全国符合条件的开发区数量为 1 568 家，截至 2018 年数量增至 2 543 家②。此外，政府利用建设用地配额制度等调控政策，配置城乡之间土地要素规模，促进土地要素向城市与工业部门转移；通过产业用地政策缓解了土地禀赋对快速工业化的约束。

总体看，土地要素市场化带来的城乡之间要素流动以及工业快速发展、工业用地规模增长使得劳动力大量转移成为可能，土地、劳动力要素红利加速了经济发展。相关数据显示，1993—2020 年全国工业增加值年均增长 10. 0%，规模达到 313 071. 1 亿元③，中国已成为世界第一大制造国。在土地要素市场化浪潮以及出口导向战略的指引下，通过出让土地方式推进高速工业化，为中国成为世界工厂发挥了重要作用[26]。

利用土地资本化规律与土地杠杆作用，通过“土地资本”和“土地金融”两条路径，为快速的城市化积累资本。随着 20 世纪 90 年代进行的分税制改革与住房制度改革不断深化，土地的资本价值不断攀升，通过土地征用和商住用地出让获得了土地收入[27]。2001—2010 年，中国土地出让总收入增

---

① 数据来源：整理自历年《中国国土资源统计年鉴》。

② 数据来源：2006 年版《中国开发区审核公告目录》及 2018 年版《中国开发区审核公告目录》。

③ 数据来源：整理自国家统计局官方网站。

长近24倍，2013—2018年土地出让收入累计达28万亿元[28]，极大地促进了经济增长，成为我国GDP增长速度始终保持在8%~10%中高速区间的有力依托。有效的资本积累通过投资驱动促进了中国的经济增长。土地的资本化及其融资功能，帮助地方政府获取了大量土地增值收益及银行资金，为城市基础设施建设和园区开发条件改善提供了充裕的资本支持，同时带动了城市产业发展和人口的集聚[29]。

表2显示了改革开放以来，我国经济发展、土地要素市场发育和土地资本积累情况。可以发现，随着国有土地有偿使用制度以及土地招拍挂制度的建立，工业增加值和城市化率显著提升，土地要素市场化以要素驱动和投资驱动方式有力支撑了快速的工业化和城市化进程。

表2　改革开放以来土地要素市场化与工业化、城市化进程

年份	GDP增长率（%）	城市化率（%）	工业增加值（亿元）	国有建设用地出让规模（万公顷）	国有建设用地出让总价款（万亿元）	招拍挂出让面积占比（%）
1978	11.70	17.92	1 621.40	—	—	—
1988	11.20	25.81	5 814.00	—	—	—
1998	7.80	33.35	34 133.90	—	—	—
2000	8.50	36.20	40 258.50	4.86	0.06	5.71
2005	11.40	43.00	77 958.30	16.32	0.59	34.56
2010	10.60	49.90	165 123.10	29.15	2.75	88.35
2015	7.00	56.10	234 968.90	22.14	3.12	92.19
2020	2.30	63.89	313 071.10	31.49	8.04	90.51

数据来源：国有建设用地出让规模、国有建设用地出让总价款、招拍挂出让面积占比整理自历年《中国国土资源统计年鉴》、Wind数据库及财政部网站；GDP增长率、工业增加值整理自国家统计局官方网站；城市化率整理自《中国住户调查主要数据2020》及国家统计局官方网站。

3. 调整城乡土地关系，解构城乡二元结构

城乡土地关系的积极调整深刻解构着城乡二元结构。新中国成立后，基于当时对国家制度设计的理解，农业支持工业的理念，服从并服务于“工业赶超英美”的战略目标，通过人民公社制度、农产品统购统销制度以及户籍管理制度三大举措，强化了城乡二元体制[30]。中国城乡二元结构的形成，既是发展中国家早期发展过程中的普遍现象，也是极具中国特色的制度。二元

结构帮助国家实现了资本原始积累，对国家工业化体系的形成和政权的巩固发挥了重要作用。但是随着城乡差距的持续拉大，城乡二元结构对经济持续发展的阻力越发明显。改革开放后，特别是党的十六大以来，基于城乡一体化发展的理念，通过推动农村集体土地扩权赋能、农村集体建设用地入市等政策调整，旨在打破城乡二元土地制度结构，解构城乡二元结构的政策思路，成为拉动经济实现快速增长的新动能。

首先，农地“三权分置”改革促进了农地的流转、抵押以及新型农业经营主体发展，推动先进生产要素下乡和土地规模经营，提高了农业的比较利益。农地“三权分置”改革通过赋予与强化农地流转与抵押权能，激励了农地规模化经营与工商资本、人才、技术等要素下乡的积极性，打破了城市资本与农村土地要素结合的壁垒，提升了农业土地产出率和劳动生产率[31]。冒佩华和徐骥的实证研究显示，平均来说土地流转能使所有农户家庭和已流转土地的农户家庭的收入分别增加19%和33%[32]。

其次，宅基地“三权分置”改革有效提升了资源配置效率，扩大了农村就业创业，推动了乡村振兴。宅基地“三权分置”改革有效解决了宅基地低效利用以及宅基地资产属性难以显化的问题，优化了农民住房保障的多元形式，有效满足了农民的居住需求，增加了农民收入；既解决了进城农民的后顾之忧，又激励新型农业经营主体带着技术和资本入乡创业，对人口城镇化和乡村振兴具有重要的激励效果。相关研究显示，宅基地“三权分置”改革促进了城乡之间劳动力要素和资本要素的平等交换，有利于构建合理统一的城乡经济空间发展格局，也有利于弥合城乡之间在基础设施、公共服务、医疗保障等方面的巨大差异。

再次，集体经营性建设用地入市改革与城乡用地增减挂钩政策赋予集体建设用地与国有建设用地同等权能，促进了城乡要素平等交换和自由流动。集体经营性建设用地入市改革在制度层面上解决了长期以来城乡土地市场分割、权能不平等的难题，有效促进了城乡要素平等交换和流动，充分发挥了市场在土地资源配置中的决定性作用，有利于激发农村土地要素活力，保障农民土地收益的平等分配。截至2018年年底，集体经营性建设用地已入市地块1万余宗，面积9万余亩，总价款约257亿元，收取调节金28.6亿元，办理集体经营性建设用地抵押贷款228宗，涉及38.6亿元①。城乡用地增减挂

① 国务院关于农村土地征收、集体经营性建设用地入市、宅基地制度改革试点情况的总结报告[EB/OL]. 中国人大网，2018-12-28.

钩政策在土地政策工具层面促进了城乡融合发展，有利于加强工商资本在城乡之间有效流动，对稳步推进城乡同地同价与城乡土地优化配置具有重要意义[33,34]。

总体看，城乡土地关系的积极调整，一是为城乡要素实现平等交换和自由流动奠定了底层逻辑，既实现了土地利益的平等处置、农村资产的增值和共同富裕，也鼓励了非农化就业和农村的创新创业；二是优化了城乡空间结构，缩小了城乡在收入和公共服务等方面的差距，解构城乡二元结构，促进经济可持续发展。由图 2 可以看出，21 世纪以来农业增加值所占份额稳定下降，但随着城乡土地关系的积极调整，城乡居民收入比从 2003 年起上升幅度明显减小，且从 2009 年后呈逐年下降趋势。

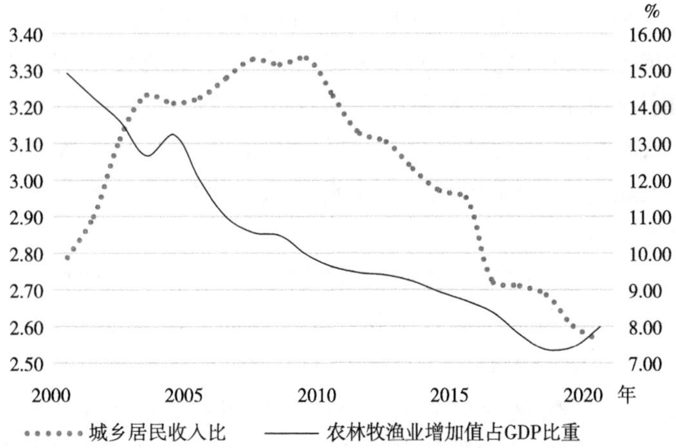

图 2　21 世纪以来城乡居民收入差距的变动

数据来源：城乡居民收入比根据《新中国农业 60 年统计资料》和《中国农村统计年鉴》、国民经济和社会发展统计公报、国家统计局官方网站中相关数据计算得出；农林牧渔业增加值占 GDP 比重根据历年《中国统计年鉴》数据计算得出。

（三）为国家治理体系有效建构发挥基础而独特的作用

国家治理体系是指国家的制度体系及其运行机制。土地特有的自然属性和经济属性，决定了土地制度是国家治理体系的基础性制度安排。中国共产党从中国的实际出发，通过土地政策的变革和创新，为国家治理提供了基本制度和重要制度安排，有效参与了国家宏观经济调控，为中国特色社会主义国家治理体系现代化做出了贡献。

第一，土地及生产资料公有制为中国特色社会主义国家制度奠定基础。首先，“在一切社会形式中都有一种一定的生产决定其他一切生产的地位和影响，因而它的关系也决定其他一切关系的地位和影响。”[35] 社会生产关系建立在生产资料所有制的基础上，其性质由生产资料所有制的性质决定，而生产资料所有制的性质进一步由所有制主体决定[36]。因此，土地及生产资料公有制形式既决定了社会生产关系，也决定了社会主义国家的政治性质和基本经济制度的性质。其次，土地及生产资料公有制作为社会主义基本经济制度的主要范畴，不仅决定了生产的目的和性质，也决定了分配、消费等环节生产关系的基本性质[37]。土地及生产资料公有制在经济上客观要求利益公平、共同富裕，为社会主义分配制度奠定基础。最后，土地及生产资料公有制，决定了国家作为管理者和资产所有者的双重身份。继“八二宪法”将城市土地国有化后，我国建立了农村土地集体所有、城市土地与自然资源国家所有的土地公有制度。国家作为全民所有土地及其他自然资源资产的所有权主体，同时承担着对土地的占有、使用、收益、处分等权能。因此，土地制度是国家治理的逻辑起点，决定了中国特色社会主义国家治理结构的特色。

第二，建立国土空间治理体系，丰富了国家治理体系建构的内涵。由于土地和空间资源利用呈现出显著的收益非排他性与消费非竞争性特征，仅依靠市场治理无法消除资源利用的外部性。因此，以土地和空间资源的发展权国家配置为核心，建立起政府对国土空间实行初始配置和在此基础上市场对国土空间实行二次配置的治理体系，既实现了土地政策的拓展和发展，解决了资源治理的难题，也实现了国家治理体系构建的创新和完善，是国家治理体系与治理能力现代化的重要体现。

政府对国土空间实行初始配置的制度安排包括土地利用规划、土地用途管制、国土空间规划、国土用途管制、建设用地配置等制度。融合土地利用规划、城市规划、主体功能区规划等国土空间规划，通过设定永久基本农田红线、生态保护红线与城市开发边界“三条边界”，严格保护和维持耕地、生态用地等关键资源存量，对实现国土开发权的国家初始配置具有决定性意义[38]。土地用途管制、国土用途管制制度发挥着制衡与协调政府利益与政府公权力关系的作用，是发挥政府对市场经济和社会发展有效干预的重要途径。例如，在土地发展权的配置方面，用途管制制度既保障了政府在规模、区位等方面发挥了初次配置的作用，同时也保留了市场发挥二次配置的空间[39]。

总体看，基于“多规合一”思路构建的国土空间规划与用途管制制度，成为在经济高质量发展背景下实现政府有为治理与市场有效作用之间的重要连接点[40]。此外，在国土空间规划与用途管制指导下，实现区域间和耕地保护的生态补偿制度，探索政府主导、社会和企业积极参与的生态产品价值实现路径，有利于促进经济产品和生态产品的平衡发展，实现区域间功能划分与区域分工以及人与自然和谐的高质量发展[41]。

第三，为国民经济宏观调控提供主要政策工具。根据国民经济周期性特征和发展需要，中央政府通过对土地要素的时空配置政策，有效调控国家投资规模、经济增长和区域协调发展。这些政策包括：建设用地配额制度、建设用地指标的跨区间交易、产业用地政策等。建设用地配额制度可以通过控制地区建设用地的总量、增量等途径，对区域投资规模与投资方向进行调控，进而达到调控或者稳定经济发展的目的[42]。城乡建设用地增减挂钩节余指标跨区交易既可以解决深度贫困地区的发展难题，也可以促进区域间的协调发展[43]。利用产业用地政策进行宏观经济调控主要包括供地优惠政策等，例如，瞄准基本产业、优势产业和新产业新业态发展方向，建立优先供应、限制供应、禁止供应的城乡产业用地目录。产业用地政策对于调整产业结构和经济结构至关重要[44]，国家可以通过减少供应住宅用地，加大工业用地供应量的方式激励制造业发展，或者通过增加住宅用地供应稳定房地产市场。

第四，为中国社会的长期稳定提供制度架构。在经济实现长期快速增长奇迹的同时，中国也取得了另一个伟大奇迹——社会的长治久安，而土地政策的体系设计和有效运用为这个奇迹的实现做了突出贡献。在保护耕地基本国策的指引下，土地用途管制以及耕地生态修复制度有效地保障了我国的耕地安全、粮食安全和社会稳定[45]。在保障经济快速增长的同时守住了18亿亩耕地红线，确保了我国粮食的有效供给和粮食价格稳定，避免了社会动荡。同时，通过确立农民土地产权主体地位，强调不得以退出承包地和宅基地作为农民进城落户的条件，农民进城落户必须完全尊重农民的意愿，切实保护农民土地权益，使得农民在城乡之间来去自由，增强了城乡社会的韧性。《2019年农民工监测调查报告》显示，2019年，中国农民工总量为29 077万人，其中，外出农民工占比60%。这种土地政策设计为进城农民提供了基本保障与生存空间，为工业化、城镇化快速发展中的社会稳定做出了突出贡献[46]。

四、百年土地政策实践的基本经验

中国共产党经过百年的探索，系统构建起符合中国特色社会主义本质要求的土地政策体系，不仅有力支持了革命胜利、经济增长和国家治理，也为开启全面建设社会主义现代化国家新征程积累了宝贵的经验。对经验的进一步总结，有助于深化对中国特色社会主义制度的认识，增强制度自信，也对以史为鉴、更好实现党的第二个百年奋斗目标进程中土地政策的改革和创新具有重大意义。

（一）坚持马克思主义土地思想中国化的根本道路

中国共产党成立之初，把土地政策作为党的政治纲领的重要组成部分，并在不同历史时期通过土地政策的调整，形成了中国革命、经济发展和国家治理重要的底层逻辑，发挥了基础性、根本性和全局性作用。其中最重要的经验就是坚持马克思主义与中国实际相结合，与中国传统文化相结合，成功走出一条马克思主义土地思想中国化的道路。

马克思主义土地思想的核心，是必须扬弃资本主义土地私有制，通过土地国有化，建立土地的公有制，通过土地规模经营取代小型土地经营。马克思认为，由于各国国情不同，对农民土地的剥夺“在不同的国家带有不同的色彩”。然而，在以农民阶级为主体的中国，土地问题从来就不只是一个单纯的经济问题，更是一个关系到革命策略和同盟者的政治问题[47]，由此看来，中国农民的土地问题成为关乎唯物史观的普遍原理向历史道路具体转化的一个重要问题。

党成立之初，在马克思主义土地国有制思想和苏俄革命成功实践的双重影响之下，提出了“土地国有”的政治主张。然而，中国的基本国情是传统的小农思想和“大国小农”的国家农民关系，土地国有政策有悖于中国农民的现实需求，制约农民阶级参与革命的积极性，在早期的革命实践中对党的事业造成了重大损失。因此，党的土地政策选择必须找到一条符合基本国情和革命需要的正确路径。在随后的革命斗争中，中国共产党逐渐掌握了马克思主义关于无产阶级革命的基本原理，对党领导的中国革命的阶段、性质和任务有了清晰和正确的认识，在总结过往革命经验教训的基础上，把解决农民的土地问题作为中国革命的主要问题，并逐步探索出耕地农有、耕者有其田的土地政策方向，实现对农民阶级的经济激励和政治动员，有效解决了中国革命力量的组合问题，开创了“农村包围城市、武装夺取政权”的革命道路，跳出了西欧和俄国“城市中心论”的革命逻辑，取得了新民主主义革命的胜利。可以说，耕者有其田的土地政策成为马克思主义中国化的重要早期成果。建立社会主义公有制，是马克思主义理论的核心和本质，也是中国共产党最重要的历史使命。中华人民共和国成立后，党遵循马克思主义理论的基本要求，基于大国小农的国家农民关系，实现了从农民土地所有制向集体所有制的转变、城市土地私有制向国有制的转变，逐步实现了社会主义土地的二元公有制，但并没有建立城乡土地统一的国有制。实践证明，在公有制框架下，土地集体所有较好地解决了农民与土地的关系，对于巩固社会主义政权和动员农民参与现代化建设起到了重要作用。改革开放后，对于土地公有制的实现形式，党坚持从中国长期处在社会主义初级阶段的现实出发，结合中国传统历史文化，在坚持农民集体所有制前提下，对土地政策进行了系统的市场化改革。党依据以经济建设为中心的现实需要，重视保护小农地权为立国根基的重要历史经验，注意汲取土地租赁制、土地永佃制等中国历史上重要土地制度及其变迁中的有益成分，注重发挥农户家庭的传统功能和文化，建立农民土地家庭联产承包责任制，逐步实现了“两权分离”、再到“三权分置”的土地政策调整，在维护社会主义基本经济制度、保护农民土地权益的同时，为农业现代化和工业化、城市化提供了高效配置土地的运行机制，有效地实现了土地公有制，从而不断发展和丰富着马克思主义土地思想中国化的理论内涵。

我们认为，马克思主义土地思想的中国化实现了三次重要“飞跃”。第一次是解决了土地政策在中国革命中的地位和作用问题，回答了土地政策的使命是消灭封建土地所有制的根本问题，形成了以工农联盟为基础，农村包围城市，武装夺取政权的中国革命理论；第二次是解决了建立什么样的土地公有制问题，回答了在一个一穷二白、大国小农的国家建立农民集体所有和国家所有的二元土地公有制的必要性和可行性；第三次是解决了土地公有制的实现形式问题，回答了在坚持社会主义土地公有制前提下，如何保护和实现农民土地权益，如何实现土地市场化配置，推动经济发展和现代化建设等重大问题。

（二）坚持以人民利益为中心的价值取向

人民性是马克思主义的本质属性，中国共产党自成立之日起，就坚持把人民利益作为最高价值取向。党的百年土地政策实践中的重要经验，就是不管政策如何调整，始终围绕人民利益这个中心，使土地政策植根于人民，造福于人民。在新民主主义革命时期，把农民土地所有制的建立作为消灭封建土地私有制的第一步，让人民成为土地的主人，结束了存在数千年的土地私有制，满足了农民拥有土地的渴望。在社会主义革命和建设时期，按照农民自愿的原则，为解决阶级分化、防止贫富差别、抵御自然灾害等问题依托合作化建立了土地集体所有制。改革开放时期，顺应农民意愿，实现了以大包干责任制为代表的诱致性制度变迁，建立起家庭联产承包责任制，通过“两权分离”实现了农民家庭与土地的紧密结合，使农民成为土地真正的主人。进入新时期，鉴于农民保留土地承包权、流转土地经营权的强烈意愿，党积极探索承包地“三权分置”改革路径，保护并稳定农民土地承包权益，赋予土地经营权流转和抵押功能，让农地的资产属性得以显现；探索宅基地所有权、资格权、使用权“三权分置”，保障宅基地农户资格权和农民房屋财产权，适度放活宅基地和农民房屋使用权。同时，党领导人民建立起比较完善的国土空间规划和国土空间用途管制制度，以统筹自然资源开发与生态空间保护，推进生态文明建设。习近平指出，良好生态环境是最公平的公共产品，是最普惠的民生福祉。由此看出，党的百年土地政策的出发点是人民群众，落脚点也是人民群众。100 年来，党的土地政策的改革与创新，始终围绕“人民利益”的中心点，其核心在于保护人民土地权益。

（三）坚持与时俱进的时代特征

坚持实事求是、与时俱进，始终保持政策的时代特征，是保证党和国家事业健康发展的关键，其基本点是从实际出发，根据变化了的情况，对政策做出相应的调整和创新，以使政策适应变化了的条件，提高政策的成效。回顾党的百年土地政策实践，始终坚持实事求是、与时俱进，随着形势发展，及时调整、完善土地政策，充分体现其时代特征，成就了中国的革命、建设和发展。从土地革命战争时期的没收地主的土地，到抗日战争时期的地主减租减息、农民交租交息，再到解放战争时期的没收地主土地、废除封建土地所有制，实现耕者有其田，反映了革命时期土地政策服务革命需求的时代特征。新中国成立以后，基于对两极分化的警惕、工业化的目标和社会主义制度的确立，党领导人民实施社会主义改造，逐步将农民土地所有制调整为集体所有制，将城市土地私有制改造为国家所有制，建立了社会主义土地公有制，为国家在最短的时间内建立起社会主义的工业体系，从而为社会主义的发展奠定了基础。改革开放后，党根据以经济建设为中心的发展需要，再一次对土地政策进行了调整，对农村土地实行“两权分离”，促进了中国农业和乡镇企业的快速发展；对城市土地实行使用权与所有权分离并推行有偿使用，为快速推进工业化、城市化提供了要素支撑和资本积累，成为国家改革开放的时代特征。进入中国特色社会主义新时期，基于高质量发展的要求，党做出了“三权分置”“农村集体经营性建设用地直接入市”等政策决策；面向生态文明战略的要求，改革创立了国土空间治理新体系，进一步丰富了国家治理体系和治理能力现代化的内涵。总之，时代要求党的土地政策与时俱进，党的土地政策改革创新服务时代需求，体现了公共政策不断改革创新以服务国家重大战略和时代需求的基本原理。

（四）坚持有利于生产力发展的检验标准

中国共产党是以中国先进生产力的代表走上历史舞台的，党的一切方针政策都是为了促进生产力尤其是先进生产力的不断发展。从党的土地政策的百年实践可以看出，生产力的发展始终是土地政策变革的检验标准。中国几千年封建土地制度束缚了农业生产力的发展，党发动农民群众开展土地革命斗争，废除了封建土地所有，极大地解放了农业生产力。新中国成立后，通过土地改革，农村生产力得到进一步解放，有力地促进了农业经济和整个国民经济的恢复和发展，为中国早期的工业化奠定了坚实的基础。但是，我们也曾实行了“一大二公”的人民公社制度，这一政策实际上拔高了生产关系，压抑了农民的积极性、主动性和创造性，严重束缚了农村生产力的发展。改革开放后，党顺应人民土地政策变革的呼声，率先在农村实行了联产承包责任制，实现了农村生产力要素的有机结合，提高了粮食产量、发展了农业经济；在城市实行土地有偿使用制度改革，将土地、劳动力和资本等要素更好地结合起来，极大地推动了中国的快速工业化和城市化，实现了中国的经济腾飞。家庭联产承包责任制实施 20 多年后，其制度创新所产生的边际收益已经释放殆尽，一家一户分散经营方式与农村生产力的进一步提高逐渐产生了矛盾，小农户与大市场不能有效对接，分散经营难以形成规模经济，制约着农业现代化进程。在此背景下，党领导人民积极探索农村土地“三权分置”政策，实现土地、劳动力、资金、技术、信息等生产要素的优化配置和组合，进一步促进了现代农业体系的建设和城乡的统筹发展。总而言之，党把有利于生产力发展作为检验土地政策成效的重要标准，一次又一次推进了土地政策的改革创新，促进了生产要素的优化配置和有机组合，为中国经济发展和国家治理做出了突出贡献。

（五）坚持政策创新的法治化方法

法治化是具有普遍意义的治国理政的价值理念，是人类社会自身组织行为的经验总结，有利于最大限度地凝聚共识，通过人们行为的激励和约束，推动政策的改革和实施，从而增强执政党的执政能力，提升国家的治理能力。中国共产党历来重视法治化，将依法治国作为治国理政的基本方略、人民当家做主的根本保证。100 年来，中国共产党深深认识到，土地不仅是立国之本，也与广大人民的利益息息相关，是国家改革与发展的底层逻辑，始终将法治化作为推动土地政策改革创新的重要方法。革命时期，党的五大通过的《土地问题决议案》确立了没收大地主及反革命派的土地、推翻土豪乡绅政权、建立农民政权的方针；1928 年，毛泽东主持制定、颁布和实施了中国共产党第一部较为成熟的土地法——《井冈山土地法》，改变了几千年来地主剥削农民的封建土地关系，从法律上保障了农民对土地的合法权益，不仅指导了湘赣边界的土地革命斗争，而且为以后中国共产党领导伟大的土地革命斗争提供了宝贵的经验；1931 年，中华苏维埃第一次全国代表大会正式通过了《中华苏维埃共和国土地法》，批准和决定没收地主的土地及其他大私有者的土地，以土地法令作为解决土地问题的最好保障；1947 年 9 月，在西柏坡制定了具有历史意义的《中国土地法大纲》，有力促进了解放战争的胜利进行。建设时期，1950 年，中央人民政府颁布实施了《中华人民共和国土地改革法》，为发展农业生产、新中国的工业化开辟了道路。改革开放时期，1986 年颁布实施了土地管理法，确立了耕地保护的基本国策，在随后的修订中，扫清了土地作为生产要素进入市场的法律障碍，为我国工业化、城市化的快速发展奠定了重要基础。新时期，党通过改革和立法的同频共振，注重发挥立法在土地政策改革中的引领作用。一方面，将依法经过试点、各方面认识比较一致的土地征收、集体经营性建设用地入市、宅基地管理方面的制度创新经验及时上升为国家法律制度，推动相关改革的全面实施；另一方面，确保改革于法有据，通过立法推动改革。例如，在“三块地”改革初期，全国人大对 33 个改革试点县区进行授权，使改革合法化；在国土空间规划体系和国土用途管制改革过程中，通过立法确立其法律地位，引领和推动这项土地制度的改革创新。党注重土地法治化建设的实践经验表明，运用法治思维和法治方式推动土地政策改革，充分发挥法治化在土地政策改革中的固根本、稳预期、控风险、利长远的重要作用，是推动国家改革和发展的重要方略，是国家治理能力提升的重要体现。

五、结语

100 年来，中国共产党在每个重要历史时期都对土地政策进行了积极探索和实践，为革命胜利、经济发展、国家治理提供了重要的制度安排和底层逻辑，有力助推了党的第一个百年奋斗目标的实现。党的土地政策取得的伟大成就，是由中国共产党人的理论创新引领的、创造的，是与中国共产党人对所处时代土地问题的科学认知分不开的，很大程度体现在党的百年土地政策实践所积累的基本经验上，这就是土地政策的变革必须坚持马克思主义土地思想中国化的根本道路，坚持以人民利益为中心的价值取向，坚持政策实践与时俱进的时代特征，坚持有利于生产力发展的检验标准，坚持运用法治化的重要方法。

面向党的第二个百年奋斗目标，党的土地政策还将面临许多重要的理论和实践命题：如何转变小规模且分散的土地经营模式促进农业现代化进程，如何改革土地财政化倾向实现经济的高质量发展，如何形成城乡统一的土地市场体系实现城乡融合，如何转变土地管理方式提高国家的治理效能等。土地政策作为国家发展底层逻辑的定位并没有改变，中国共产党人应按照马克思主义唯物史观，坚持马克思主义土地思想中国化的根本道路，充分借鉴党的百年土地政策实践的基本经验，以新发展理念指导理论创新，以新的理论创新引领新的政策实践，构建起土地政策有效满足现代化建设新要求的制度逻辑。坚持农村土地集体所有制，坚持家庭承包权长久不变，通过放活土地经营权，充分发挥市场在土地资源配置中的决定性作用，吸纳更多先进生产要素，扩大土地经营规模，促进农业现代化进程。围绕人民利益这个中心，切实尊重农民意愿，保持历史耐心，以“三块地”和“三权分置”的深化改革实现农民权益保障，推进城乡居民共同富裕。面向构建新发展格局的战略部署，充分体现土地政策与时俱进的时代特征，统筹发展和安全，通过管制制度、保护体系和利益机制的调整，科学建立区域和土地保护生态补偿制度，健全和完善守住耕地红线的政策体系，持续夯实粮食生产“根基”，提升粮食和重要农产品供给保障能力，为有效应对世界百年未有之大变局、构建中国新发展格局提供坚实的物质基础。坚持有利于生产力发展的检验标准，以调整城乡土地关系为主线，实现要素在城乡之间平等交换和自由流动，以集体建设用地直接入市变革土地财政和利益分配格局，实现经济结构理性调整、现代要素流向乡村，全面提高全要素生产率，推动经济高质量发展。坚持运用法治化的重要方法，将农地“三权分置”和空间规划与管制等改革实践的成功经验上升为国家法律制度，为土地政策创新促进现代化进程提供法律依据，推动国家治理体系和治理能力现代化。

参考文献：

[1] 俞明轩，谷雨佳，李睿哲．党的以人民为中心的土地政策：百年沿革与发展［J］．管理世界，2021（4）．

[2] 刘守英．土地乃江山之基　人民乃江山之本：中国共产党推动土地制度百年变革的历史昭示［J］．中国领导科学，2021（2）．

[3] 严金明，郭栋林，夏方舟．中国共产党百年土地制度变迁的“历史逻辑、理论逻辑和实践逻辑”［J］．管理世界，2021（7）．

[4] 刘继曾．中国共产党土地政策发展史：研究大纲［J］．中南财经大学学报，1987（6）．

[5] 中共中央为公布国共合作宣言［M］．//中共中央文献研究室．建党以来重要文献选编：第14册．北京：中央文献出版社，2011.

[6] 毛泽东．为动员一切力量争取抗战胜利而斗争［M］．//毛泽东．毛泽东选集：第2卷．北京：人民出版社，1991.

[7] 毛泽东．做一个完全的革命派［N］．人民日报，1950-06-24.

[8] 中共中央关于在农村建立人民公社问题的决议［M］．//中共中央文献研究室．建国以来重要文献选编：第11册．北京：中央文献出版社，1995.

[9] 关于人民公社管理体制的若干规定（草案）［M］．//中共中央文献研究室．建国以来重要文献选编：第14册．北京：中央文献出版社，1996.

[10] 农村人民公社工作条例修正草案［M］．//中共中央文献研究室．建国以来重要文献选编：第15册．北京：中央文献出版社，1997.

[11] 彭錞．八二宪法土地条款：一个原旨主义的解释［J］．法学研究，2016（3）．

[12] 黄少安．改革开放40年中国农村发展战略的阶段性演变及其理论总结［J］．经济研究，2018（12）．

[13] 刘守英，颜嘉楠．体制秩序与地权结构：百年土地制度变迁的政治经济学解释［J］．中国土地科学，2021（8）．

[14] 张峰．“江山就是人民，人民就是江山”：中国共产党百年政权建设的核心理念［J］．人民论坛·学术前沿，2021（11）．

[15] 黄宗智．长江三角洲小农家庭与乡村发展［M］．北京：中华书局，2000.

[16] 廖鲁言．三年来土地改革的伟大胜利［N］．人民日报，1952-09-28.

[17] 朱道林．中国共产党百年土地制度变革［J］．乡村振兴，2021（7）．

[18] 刘伟，刘守英．建党百年与土地制度变迁的理论和实践探索［N］．经济日报，2021-07-05.

[19] LIN J Y. Rural reforms and agricultural growth in tohina [J]. The american economic review，1992，82（1）：34-51.

[20] 李尚蒲，罗必良．中国城乡土地市场化：估算与比较［J］．南方经济，2016（4）．

[21] 韩俊，宋洪远．新中国70年农村发展与制度变迁［M］．北京：人民出版社，2019.

[22] 杜志雄．70年中国粮食发展的成效与经验［J］．人民论坛，2019（32）．

[23] 中国经济增长前沿课题组（张平，刘霞辉）．城市化、财政扩张与经济增长［J］．经济研究，2011（11）．

[24] 刘守英，王志锋，等．“以地谋发展”模式的衰竭：基于门槛回归模型的实证研究［J］．管理世界，2020（6）．

[25] 刘守英．土地制度变革与经济结构转型：对中国40年发展经验的一个经济解释［J］．中国土地科学，2018（1）．

[26] 刘守英．以地谋发展模式的风险与改革［J］．国际经济评论，2012（2）．

[27] 王媛，杨广亮．为经济增长而干预：地方政府的土地出让策略分析［J］．管理世界，2016（5）．

[28] 冯淑怡，鲁力翡，王博．城乡经济循环下我国农村宅基地制度改革研究［J］．农业经济问题，2021（4）．

[29] 蒋省三，刘守英，李青．土地制度改革与国民经济成长［J］．管理世界，2007（9）．

[30] 国务院发展研究中心农村部课题组（叶兴庆，徐小青）．从城乡二元到城乡一体：我国城乡二元体制的突出矛盾与未来走向［J］．管理世界，2014（9）．

[31] 刘魏，张应良等．工商资本下乡、要素配置与农业生产效率［J］．农业技术经济，2018（9）．

[32] 冒佩华，徐骥．农地制度、土地经营权流转与农民收入增长［J］．管理世界，2015（5）．

[33] 刘彦随．科学推进中国农村土地整治战略［J］．中国土地科学，2011（4）．

[34] 严金明，王晨．基于城乡统筹发展的土地管理制度改革创新模式评析与政策选择：以成都统筹城乡综合配套改革试验区为例［J］．中国软科学，2011（7）．

[35] 马克思，恩格斯．马克思恩格斯选集：第2卷［M］．北京：人民出版社，2012：707.

[36] 宋冬林，谢文帅．中国社会主义基本经济制度的历史演进与实践愿景［J］．社会科学战线，2021（4）．

[37] 方敏．基本经济制度是所有制关系、分配关系、交换关系的有机统一［J］．政

治经济学评论，2020（2）.

［38］严金明，陈昊，夏方舟．“多规合一”与空间规划：认知、导向与路径［J］．中国土地科学，2017（1）.

［39］岳文泽，钟鹏宇，等．国土空间规划视域下土地发展权配置的理论思考［J］．中国土地科学，2021（4）.

［40］林坚，吴宇翔，等．论空间规划体系的构建：兼析空间规划、国土空间用途管制与自然资源监管的关系［J］．城市规划，2018（5）.

［41］张京祥，夏天慈．治理现代化目标下国家空间规划体系的变迁与重构［J］．自然资源学报，2019（10）.

［42］张素兰，严金明．土地利用规划视角下土地政策参与宏观调控的作用［J］．经济体制改革，2009（4）.

［43］甘藏春．构建中国特色的土地政策参与宏观调控体系［J］．中国土地，2008（1）.

［44］唐健．释放土地要素改革新动能［N］．中国自然资源报，2021-04-08.

［45］傅泽强，蔡运龙，等．中国粮食安全与耕地资源变化的相关分析［J］．自然资源学报，2001（4）.

［46］贺雪峰．宅基地、乡村振兴与城市化［J］．南京农业大学学报（社会科学版），2021（4）.

［47］孙乐强．农民土地问题与中国道路选择的历史逻辑［J］．中国社会科学，2021（6）.

中国共产党百年土地制度变迁的历史逻辑、理论逻辑和实践逻辑

严金明　郭栋林　夏方舟
中国人民大学

摘要：基于历史逻辑、理论逻辑和实践逻辑相统一的分析框架，本文梳理总结了百年来党的土地制度在不同历史时期以革命为主线、以公平为目标、以效率为优先、以全面深化改革为战略的历史逻辑，分析了百年土地制度变迁的理论源泉——马克思主义，探讨了直接指导中国土地制度变迁的基本理论毛泽东思想、邓小平理论和习近平新时代中国特色社会主义思想，从而以史为鉴、以理为纲，探讨提出了坚持社会主义公有制、以人民为中心、推进土地要素市场化改革、推进国土空间治理体系和治理能力现代化的实践逻辑，为未来土地制度全面深化改革提供参考。

关键词：土地制度变迁　历史逻辑　理论逻辑　实践逻辑

土地是财富之母、发展之基、民生之本、生态之依。土地制度是国家的基础性制度，土地问题始终与江山社稷和人民福祉息息相关，土地利用在我国社会发展史中占有重要地位，对推动社会进步和经济发展起着重要作用。

回顾中国共产党百年土地制度的演变，是社会矛盾变化的核心体现和关键聚焦所在，是一段在斗争中塑造成型，在实践中日益完善，在探索中不断前进的历程。近年来，诸多学者已然在“点”“线”“面”等层面对土地制度变迁开展了研究。在“点”层面，部分研究聚焦于土地制度中的农地制度、征地制度、宅基地制度、耕地保护制度等单个制度，探讨了其演变过程、变迁机理和制度绩效等问题。在“线”层面，相关文献梳理了改革开放 40 年来，中华人民共和国成立 70 年来，党的土地制度 100 年的沿革发展，针对新民主主义革命时期、社会主义建设和探索时期、改革开放时期等不同时期土地制度的变化发展和制度动因开展了探讨。在“面”层面，学者们指出，土地制度变迁与经济发展、社会稳定、城市治理、乡村振兴等息息相关，是国

注：本文原载《管理世界》2021 年第 7 期。

家治理体系中最为复杂、最为独特、最为敏感的核心要素。

2021 年 3 月，习近平在福建考察时指出：要从党的辉煌成就、艰辛历程、历史经验、优良传统中深刻领悟中国共产党为什么能、马克思主义为什么行、中国特色社会主义为什么好等道理，弄清楚其中的历史逻辑、理论逻辑、实践逻辑[1]。中国特色社会主义土地制度作为中国特色社会主义在历史、理论和实践上的重要组成部分，变迁的过程体现了中国特色社会主义的精神实质、基本原则和科学内涵。然而，当前却鲜有研究从中国特色社会主义的历史逻辑、理论逻辑、实践逻辑视角，对党的百年土地制度变迁进行整体性分析。实际上，历史逻辑是对过去的实践活动的必然性和规律性的概括；理论逻辑反映问题研究本身的内在要素之间的必然性联系和内在规律性；实践逻辑则是对正在进行的实践活动的必然性和规律性的概括。历史逻辑是理论逻辑产生和发展的现实基础，理论逻辑穿越了历史逻辑也指导着历史逻辑的发展，而理论逻辑、历史逻辑是统一于实践逻辑的，它们是实践逻辑的科学反映[2]。如果未能以三个逻辑相统一的视角去分析党的百年土地制度变化，将难以从纵横交错的理论、历史、现实中抓住土地问题的本质和制度变化的一般规律，难以清晰地呈现土地制度问题中各要素的逻辑继承、逻辑脉络和逻辑发展，也难以用理论逻辑回应历史进程和指导正在进行的实践活动，更难以在纷繁复杂的新形势中透彻地把握中国特色社会主义土地制度的未来整体改革方向。

基于此，本文在划分四大历史时期党的土地制度百年演变脉络的基础上，以历史逻辑、理论逻辑和实践逻辑三个逻辑相统一的视角，尝试深入挖掘党的土地制度百年演变中各要素的必然性联系和内在规律性，进而探讨将历史逻辑和理论逻辑统一于实践逻辑，以期科学判断和系统明晰中国土地制度改革的战略导向。

一、党的土地制度百年变迁的历史逻辑

百年土地制度变迁的历史逻辑是其理论逻辑和实践逻辑产生和发展的现实基础，是对百年土地制度变迁的必然性和规律性的概括，能检验理论逻辑和实践逻辑的科学性、合理性，推动理论逻辑和实践逻辑的发展。因此，要整体理解和系统分析中国共产党土地制度百年变迁的历史逻辑，必须在百年不断的制度时空变化中，运用历史唯物主义分析方法总结分析不同阶段的核心特征，深入挖掘其中不变的必然规律。

（一）1921—1949 年新民主主义革命时期“以革命为主线”的土地制度设计

解决土地问题是中国新民主主义革命的主要内容。近代以后，旧中国内忧外患、生灵涂炭，土地制度也早已病入膏肓，甚至不能支持社会简单的再生产。五四运动之后，1921 年中国共产党诞生了，这一开天辟地的大事变，深刻改变了近代以后中华民族发展的方向和进程。中国共产党在一大党纲中提出了土地问题，并始终高度重视土地问题，在与帝国主义、封建主义、官僚资本主义的持续革命中，根据不同社会矛盾的变化，不断探索“以革命为主线”的土地制度，以充分调动劳动人民的革命积极性，从而为彻底结束旧中国半殖民地半封建社会的历史，成功夺取新民主主义革命胜利提供了强劲动力支撑。

1921 年，党的一大通过了《中国共产党的第一个纲领》，指出要“消灭资本家私有制”，没收土地等生产资料，借鉴十月革命经验①，期望直接实现生产资料公有制。从 1927 年开始，中国共产党进入 10 年土地革命时期（1927—1937 年），通过制定和实施一系列农村土地政策，初步明确了变封建半封建的土地所有制为农民的土地所有制的土地革命任务。1928 年《井冈山土地法》实行没收一切私有土地变为国有、平均分配土地的政策。1929 年《兴国土地法》将“没收一切土地”调整为“没收一切地主土地”，避免了过度打击中农和富农，明确了土地革命的主要对象是地主。1931 年《中华苏维埃共和国土地法》和《土地登记法》为土地的没收分配和确权登记发证提供了法令基础②。抗日战争时期（1937—1945 年），中日民族矛盾上升为社会的主要矛盾，为了抗战的胜利和巩固边区，中国共产党及时调整了当时的土地政策，在《中共中央关于抗日根据地土地政策的决定》中明确将“没收封建地主的土地分配给农民”改为“减租减息”的土地政策。解放战争时期（1945—1949 年），针对国内阶级矛盾的变化和群众运动发展的诉求，1946 年

---

① 俄国十月革命的成功使科学社会主义实现了由“空想”到“实践”的飞跃，同时《土地法令》的出台宣布废除土地私有制，确定了土地、矿藏、森林、水流等为国家所有，这为中国土地革命提供了宝贵经验。

② 《中华苏维埃共和国土地法》规定了没收地主、富农、反革命及水利、江河等农村公共土地，同时，土地分配的原则是“地主不分田，富农分坏田”，以“最有利于贫农、中农利益的方法”按人口或按劳力平均分配。《土地登记法》于 1931 年中央人民委员会第 41 次常委会获得通过，该法规决定“颁发土地证，确定土地所有权”。

《关于土地问题的指示》再一次拉开了土地改革的革命大幕①。1947年西柏坡全国土地会议制定的《中国土地法大纲》明确规定“废除封建性及半封建性剥削的土地制度，实行耕者有其田的土地制度”，从而充分激发了广大农村无产阶级的革命热情，为解放战争的胜利提供了动力保障。

（二）1949—1978年社会主义建设和探索时期“以公平为目标”的土地制度建立

1949年10月1日，中华人民共和国成立，中国共产党成为执政党。从1949年到1978年，中国共产党进行了“以公平为目标”的社会主义建设和探索时期的土地制度探索。1950年《土地改革法》的颁布实施②，使我国实现了中华人民共和国成立后土地制度的第一次重大变革，即推翻封建土地所有制，建立以农民土地所有制为主体的社会主义土地制度。通过土地改革，3亿无地少地的农民无偿获得7亿亩土地，彻底消灭了已延续几千年的封建土地所有制，打破了土地的长期不平等占有，纠正了劳动与土地要素的配置扭曲，为发展生产力、农业互助合作和国家工业化打下了坚实基础。

由于拥有了土地的农民仍然存在生产经营零散、技术低下、工具匮乏等限制，为进一步彰显公平，快速实现共同富裕，“集体所有”“统一经营”的农村土地制度得到确立。随着1953年《关于农业生产互助合作的决议》、1955年《农业生产合作社示范章程》、1956年《高级农业生产合作社示范章程》与1958年《关于在农村建立人民公社问题的决议》的颁布，历经农民个体所有、自主经营再到劳动互助和统一经营，最终形成了“一大二公”“一平二调”的人民公社土地制度③。尽管这种演变反映了社会主义建设历程中集体化的必然选择，然而平均主义、无偿调拨等做法实际上脱离了经济社会发展规律和当时的生产力水平，为党之后的土地制度改革提供了经验与教训。20世纪60年代，土地变成公社、大队和生产队三级所有，逐步形成了“三级所

① 1946年5月4日，中共中央发出《关于土地问题的指示》（简称“五四”指示），指示第一条为“在广大群众要求下，我党坚决拥护群众在反奸、清算、减租、减息、退租、退息等斗争中，从地主手中取得土地，实现‘耕者有其田’”。

② 1950年6月30日《中华人民共和国土地改革法》颁布，作为在全国新解放区实行土地改革的法律依据。与老解放区的土地改革相比，《土地改革法》在保存富农经济、没收地主“五大财产”、小土地出租者不以地主论若干政策上做了新的规定。

③ “一大二公”中“一大”指人民公社规模大；“二公”是指人民公社公有化程度高。“一平二调”中“一平”指在人民公社范围内把贫富拉平，搞平均分配；“二调”是指对生产队的生产资料、劳动力、产品以及其他财产无代价地上调。

有，队为基础”的农村土地制度。1975 年和 1978 年的《宪法》中对该制度进行了明确①。

（三）1978—2012 年改革开放后“以效率为优先”的土地制度改革

1978 年，党的十一届三中全会提出要“按经济规律办事，重视价值规律的作用”之后②，中国经济体制从“计划经济为主”逐步转向“社会主义市场经济”，土地制度改革也开始以效率为优先导向，旨在服务社会主义市场经济建设，提高人民生活水平。以农业生产效率为导向，随着 1980 年《关于进一步加强和完善农业生产责任制的几个问题》的通知的发布，1982 年和 1983 年中央“一号文件”的出台，以及 1986 年《民法通则》的颁布，以安徽省凤阳县小岗村冒险尝试的“包干包产”为雏形的家庭联产承包责任制逐步成为正式制度，开创了我国土地所有权与使用权相分离的先河，充分解放和发展了农村生产力。以城市发展效率为导向，1987 年深圳敲响了新中国历史上土地拍卖的“第一槌”，1988 年修订后的《土地管理法》明确规定了“国家依法实行国有土地有偿使用制度”，自此我国城市土地正式步入有偿、有限期、允许在合法范围内流转使用的轨道，有效支撑了中国城镇化的高速发展。

与此同时，针对城乡非农业建设乱占耕地、滥用土地等日益突出的问题③，一系列保护耕地、提升土地利用效率的土地制度相应出台。1986 年国务院发布《关于加强对土地管理、制止乱占耕地的通知》，全国人大颁布了《土地管理法》，同年成立国家土地管理局对城乡地政进行统一管理。1998 年修订的《土地管理法》明确提出了“十分珍惜、合理利用土地和切实保护耕地”的基本国策。2004 年国务院印发《关于深化改革严格土地管理的决定》，强调盘活存量、严禁闲置土地。2008 年党的十七届三中全会通过的《中共中央关于推进农村改革发展若干重大问题的决定》提出，在坚持最严格的耕地保护制度的同时，要实行最严格的节约用地制度。在一系列“最严格”的土

① 1975 年、1978 年《宪法》第一章第七条均规定人民公社经济是社会主义劳动群众集体所有制经济，以生产队为基本核算单位，实行公社、生产大队、生产队三级所有。

② 人民公社化运动由于过于强调集中统一、平均分配，严重挫伤了农民的生产积极性，使农村经济长期停滞徘徊，到 1978 年年底，全国还有上亿农民未解决温饱问题。

③ 随着基础设施投资大规模增加，耕地非农化速率日益提高。根据中国统计年鉴数据，我国年末实有耕地仅在 1980—1985 年即减少 245.89 万公顷，年均减少 49.178 万公顷，但 1978—1980 年耕地年均减少仅为 4.215 万公顷。

地制度实施下，国家粮食安全得到了有效保障，更高效地支撑了生产力的解放和发展。

图 1 归纳总结了党百年来的土地制度情况。

（四）2012—2021 年新时代“以全面深化改革为战略”的土地制度探索

党的十八大以来，中国经济发展进入了新常态，处于国际经济政治格局深刻变化的关键博弈期，资源供给瓶颈和经济发展需求矛盾、城乡区域发展不均衡、环境承载能力已达到或接近上限等问题日益突出，改革也逐步步入深水区和攻坚区。在这一时期，党在土地制度上大力探索创新并积极试点，力图破除顽疾、打破禁锢，全面推进深化改革。

2013 年《中共中央关于全面深化改革若干重大问题的决定》① 与 2014 年《生态文明体制改革总体方案》发布②，对于土地制度开展了一系列顶层设计。2015 年 1 月，中共中央办公厅和国务院办公厅联合印发《关于农村土地征收、集体经营性建设用地入市、宅基地制度改革试点工作的意见》，推动农村“三块地”改革进入试点阶段。2016 年 10 月，《关于完善农村土地所有权承包权经营权分置办法的意见》发布，明确了农用地实行所有权、承包权、经营权“三权”分置并行。2018 年，中央一号文件提出探索宅基地的所有权、资格权、使用权“三权分置”改革。同年，中共中央印发《深化党和国家机构改革方案》，正式组建自然资源部，统一行使全民所有自然资源资产所有者职责，统一行使所有国土空间用途管制和生态保护修复职责。2020 年，中共中央、国务院印发的《关于构建更加完善的要素市场化配置体制机制的意见》提出，要“推进土地要素市场化改革”，实现土地要素价格市场决定、流动自主有序、配置高效公平。由此可见，在全面建设社会主义现代化时期，土地制度改革正响应宏观大势，不断加大力度、拓宽深度、提高精度，在产权、利用、保护和治理等方面多点开花，全面深化推进。

---

① 《中共中央关于全面深化改革若干重大问题的决定》在建立城乡统一的建设用地市场、加快构建新型农业经营体系基础上，在赋予农民更多财产权利、推进城乡要素平等交换和公共资源均衡配置、完善城镇化健康发展体制机制、健全自然资源资产产权制度和用途管制制度、划定生态保护红线、实行资源有偿使用制度和生态补偿制度等方面明确了土地制度改革方向。

② 《生态文明体制改革总体方案》明确了改革目标是构建起由自然资源资产产权制度、国土空间开发保护制度、空间规划体系、资源总量管理和全面节约制度、资源有偿使用和生态补偿制度、环境治理体系、环境治理和生态保护市场体系、生态文明绩效评价考核和责任追究制度八项制度构成的产权清晰、多元参与、激励约束并重、系统完整的生态文明制度体系。

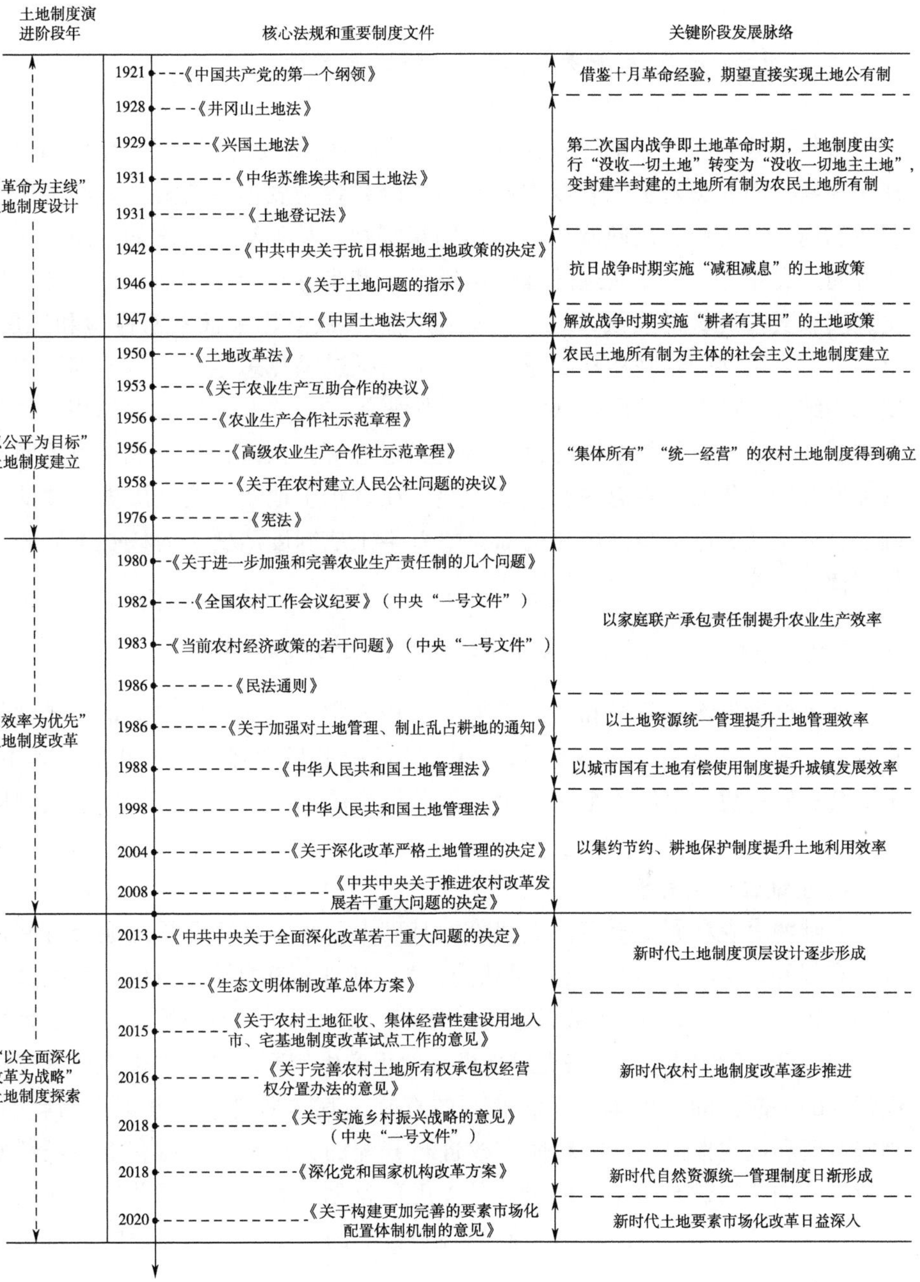

图 1　党的土地制度的百年建设

二、党的百年土地制度变迁的理论逻辑

百年土地制度变迁的理论逻辑要求土地制度演变的研究不能浮于表层、浮于现象，而要深入土地制度本质层面，研究各制度内在要素之间的必然性联系和内在规定性，反映其中的本质因果规律，从而决定制度的性质、意义和方向。百年土地制度变迁的理论逻辑诞生和贯穿于历史逻辑，既指导着历史逻辑和实践逻辑的发展，又在历史逻辑和实践逻辑中被不断检验和发展。百年来，中国共产党坚持马克思主义，不断推进马克思主义基本原理同中国实际相结合，产生了毛泽东思想、邓小平理论、“三个代表”重要思想、科学发展观、习近平新时代中国特色社会主义思想等重大理论创新成果，不断丰富和发展中国化的马克思主义。基于此，在百年土地制度变迁历史逻辑的基础上，本文尝试进一步挖掘和提炼党的百年土地制度演变中的核心本质和一般规律。

（一）马克思主义是党的百年土地制度变迁的理论源泉

作为全世界无产阶级和全人类彻底解放的学说，马克思主义是指导党的百年来土地制度革命、建设和改革的基础理论源泉和强大思想武器。其中，土地公有制思想、生产关系适配生产力的历史唯物主义，是百年来土地制度变迁“不变”的理论出发点。

1. 土地公有制思想

在唯物史观和剩余价值两大理论的基础上，马克思论证了土地公有制代替私有制的理论必然性①。马克思认为，“一切地租都是剩余价值，是剩余劳动的产物”，一切形态的地租都是以土地所有权的存在为前提的，是“土地所有权在经济上的实现”[3]。马克思指出，地租产生的原因是由于土地所有权和经营权的垄断，即是资本主义私有制的存在，其本质是对农业工人的剥削，是资本家和地主根据生产资料所有权进行分配的方式，无偿占有土地经营使用劳动所创造的剩余价值。同时，马克思还首创了绝对地租的范畴，即由于土地私有权的存在，租种任何土地都必须缴纳的地租[4]。而土地的级差地租

---

① 随着资本主义农业生产方式的产生和发展，农民阶级受到的剥削、压迫越来越深重。在历史背景下，如何使农民摆脱土地私有制的束缚，实现农民的解放，是马克思在批判资本主义过程中思考的一个重要问题。

则是由于土地经营权的垄断，基于土地质量优劣和生产率的差异产生的。马克思认为，土地私有制消灭以后，在理想的共产主义社会，所有人都应是土地的共同所有者，整个社会则只是土地的利用者与改良者，而绝对地租和一切地租形式都将消失。因此，在《共产党宣言》中，马克思提出了消灭私有制、剥夺地产的思想。在《论土地国有化》中详细地阐述了土地国有思想，提出“土地国有化将彻底改变劳动和资本的关系，并最终消灭工业和农业中的资本主义生产方式。只有到那时，阶级差别和各种特权才会随着它们赖以存在的经济基础一同消失”。此外，马克思也明确提出改造农民小土地私有制的措施：“凡是农民作为土地所有者大批存在的地方……一开始就应当促进土地的私有制向集体所有制过渡，让农民自己通过经济的道路来实现这种过渡。”[5]

2. 生产关系适配生产力

在《德意志意识形态》《哲学的贫困》《〈政治经济学批判〉序言》等著作中，马克思详细论述了生产力和生产关系的辩证关系原理和运动规律，科学、客观地揭示了社会形态更替的根本动力。马克思指出，生产力的状况决定生产关系的产生，生产力的性质决定了生产关系的性质，生产力的发展要求根本决定生产关系的变化发展方向[6]。生产关系对生产力的反作用表现在两个方面，一是旧的生产关系阻碍生产力的发展；二是新的生产关系能促进生产力的发展。党的百年土地制度变迁在本质上属于生产关系的变化，其内在核心取决于生产力的变化。鸦片战争后，延续数千年的小农经济已然极为成熟，农民生产力得以提升，对于扩大生产资料再生产有了较大诉求，然而生产关系的相对固化和生产资料的过度集中使其与农民生产力发展诉求产生冲突。此外，这一时期资本主义萌芽已出现，生产力对于生产关系有了更高的要求，而封建土地所有制将大量农民束缚在不属于自己的土地上，极大地影响了劳动力流动和阶级转化。对此，党带领广大劳动人民推翻封建土地所有制，并逐步实现生产资料公有制以实施大规模的生产建设，打破了阻碍生产力发展的旧生产关系，构建了新的生产关系以促进生产力的发展。同样的，在全面建设社会主义时期，生产力已全面提升，农业自动化和机械化水平不断加强，工业和农业部门的收入剪刀差吸引着大量农业人口转入工业部门，此时的生产力变化导致土地不再是农民唯一的生产资料，决定了农民对于土地制度的诉求由个人使用经营转向使用权和经营权分离，因此解放和发展生产力需要适配新的土地制度。

（二）毛泽东思想是党的百年土地制度变迁的理论发展

新民主主义革命和社会主义革命建设时期，以毛泽东同志为主要代表的中国共产党人，把马克思列宁主义基本原理同中国革命具体实践结合起来，创立了毛泽东思想，以“平均地权”和“生产关系革命”为当今中国的土地制度奠定了基础。

1. 平均地权

毛泽东认为，“平均地权”是解决农民土地问题的根本路径，建立土地农民所有制是解决中国革命动力的核心所在。大革命时期，毛泽东在《中国社会各阶级的分析》和《湖南农民运动考察报告》中深刻分析了因土地占有导致的阶级分化情况[7]。在井冈山土地革命实践中，毛泽东深入了解土地占有不平等的基本国情：占人口不到10%的地主富农却占有近70%的土地，而占人口90%的贫雇农只占有30%左右的土地[8]，发现唯有将地主的土地分予农民方能使农民彻底摆脱剥削压迫。1930年，毛泽东在《寻乌调查》中指出，解决土地问题的核心就是一个“平”字，“以人口总数除土地总数的平田主义是最直截了当，最得多数群众拥护的”“平田一个‘平’字就包括了没收、分配两个意义”[9]。1948年，毛泽东在出席西北野战军前委扩大会议上的讲话中指出，人民大众的解放主要是农民的解放，农民的解放就是“打破封建的土地所有制，实行彻底的平分土地，把土地所有权交给农民，使农民放心大胆好好生产”[10]。

2. 生产关系革命

农村土地改革完成以后，毛泽东依然十分关注农民经济地位的改善和权利的保障，关注农村因为经济状况的变化引起的两极分化问题。1955年，毛泽东在《关于农业合作化问题》中描绘并强调抑制农村两极分化问题，“在最近几年中间，农村中的资本主义自发势力一天一天地发展，新富农已经到处出现，许多富裕中农力求把自己变为富农。许多贫农，则因为生产资料不足，仍然处于贫困地位，有些人欠了债，有些人出卖了地，或者出租土地。这种情况如果让它发展下去，农村中向两极分化的现象必然一天一天地严重起来”[11]。同时，在生产力与生产关系的矛盾中，毛泽东始终重视生产关系的变革，并把集体劳动作为生产关系上的革命看待，认为只要进行这种生产关系上的革命，不断提升土地集体化水平，生产力就会获得成倍的发展，两极分化问题就能够解决。这既有传统大同理想、早年新村实验的影响，也有长期军事化组织方式的影响，也与对马克思有关社会劳动、农业合作化、社会化大生产思想的理解有关[9]。最后，实施土地公有制始终是毛泽东思想中土地制度的核心目标。1940年，毛泽东在《新民主主义论》中初步勾勒出社会主义制度下的土地制度设想①，将“在‘耕者有其田’的基础上发展起来的各种合作经济”视为社会主义因素，而实现土地等生产资料公有制是建立社会主义国家的必然发展趋势。因此，在毛泽东思想的指导下，1956 年，农村土地集体所有制就已初步建立，中国土地的公有化总体实现。

（三）邓小平理论是党的百年土地制度变迁的理论深化

作为毛泽东执政理论的继承和发展，邓小平理论是马克思主义执政理论中国化的历史产物，也是指导中国共产党进行改革开放和社会主义现代化建设的科学理论。从以“阶级斗争为纲”到以经济建设为中心，从计划经济体制到社会主义市场经济体制，从封闭半封闭到改革开放，邓小平理论科学论述了“什么是社会主义，怎样建设社会主义”，并“以改革解放和发展生产力”“以社会主义市场经济提升效率”开启了党的土地制度变迁新征程。

1. 以改革解放和发展生产力

邓小平指出：“社会主义的本质，是解放生产力，发展生产力，消灭剥削，消除两极分化，最终达到共同富裕。”邓小平多次强调改革的重要性和正确性，“改革是中国的第二次革命”，“如果现在再不实行改革，我们的现代化事业和社会主义事业就会被葬送”，而判断改革的标准，应该主要看“是否有利于发展社会主义社会的生产力，是否有利于增强社会主义国家的综合国力，是否有利于提高人民的生活水平”[12]。在邓小平理论的指导下，“两权分置”的土地产权制度改革得以开展[13]。家庭联产承包责任制的确立，纠正了违背客观发展规律的生产关系，在坚持农村土地集体所有制不动摇的基础上，实现了农村土地所有权与使用权相分离，充分调动了农民农业生产积极性，释放出农村潜在生产力，有效保障了农民基本生活。随后，城乡土地均实现了使用权的分离与强化，进一步解放和发展了生产力。

2. 以社会主义市场经济提升效率

实践证明，高度集中的计划经济体制往往管得过多过死，难以把有限的资源合理分配到社会最需要的领域，使资源得到最为合理和有效的利用。对此，邓小平创造性地提出了社会主义市场经济理论，指出“计划多一点还是

① 毛泽东在《新民主主义论》中指出：“这个共和国将采取某种必要的方法，没收地主的土地，分配给无地和少地的农民，实行中山先生‘耕者有其田’的口号，扫除农村中的封建关系，把土地变为农民的私产。农村的富农经济，也是容许其存在的。这就是‘平均地权’的方针。这个方针的正确口号，就是‘耕者有其田’。在这个阶段，一般还不是建立社会主义的农业，但在‘耕者有其田’的基础上发展起来的各种合作经济，具有社会主义的因素。”

市场多一点，不是社会主义与资本主义的本质区别。计划经济不等于社会主义，资本主义也有计划；市场经济不等于资本主义，社会主义也有市场。计划和市场都是经济手段”。在该理论的指导下，城乡土地市场从“无”到“有”，从“小”而“大”。安徽省凤阳县小岗村的家庭联产承包责任制改革，拉开了土地市场经济体制探索改革的序幕，逐步形成了以家庭承包经营为基础的农用地市场雏形。邓小平指出：“改革开放胆子要大一些，敢于试验，不能像小脚女人一样。看准了的，就大胆地试，大胆地闯。”对此，深圳特区勇为天下先，大胆探索了国有土地有偿使用制度，改变了计划经济体制下的无偿、无限期、无流动的“三无”城市土地使用制度，开辟了有偿、有限期、有流动的“三有”城市土地市场建设道路。邓小平主张“摸着石头过河”，从实践中获得真知。1996 年，上海成立了我国第一家土地储备机构“上海土地发展中心”，随后各地纷纷成立城市土地储备机构，自下而上地实现了政策扩散，形成了城市土地储备和出让机制，逐步建立和完善了城市土地市场[14]。

（四）习近平新时代中国特色社会主义思想是党的百年土地制度变迁的理论升级

党的十八大以来，以习近平同志为核心的党中央，全面审视国际国内新的形势，把马克思主义基本原理同新时代中国具体实际结合起来，形成了“习近平新时代中国特色社会主义思想”，这是马克思主义中国化的最新成果，推动中华民族迎来了从富起来到强起来的第三次飞跃，更在“生态文明理念”和“国家治理体系和治理能力现代化”两个维度，深度指导党的土地制度全面升级。

1. 生态文明理念的系统创新发展

习近平新时代中国特色社会主义思想创造性地提出生态文明理念，综合运用“人与自然和谐共生”的科学自然观①，“绿水青山就是金山银山”的绿色发展观②，“山水林田湖草是生命共同体”的系统整体观③，引领土地制度

① 党的十九大报告提出“坚持人与自然和谐共生”，指明建设生态文明是中华民族永续发展的千年大计，要坚持节约资源和保护环境的基本国策，坚定走生产发展、生活富裕、生态良好的文明发展道路，建设美丽中国，为人民创造良好生产生活环境，为全球生态安全做出贡献。

② “绿水青山就是金山银山”是习近平于 2005 年 8 月在浙江湖州安吉考察时提出的科学论断。后来，他又进一步阐述了绿水青山与金山银山之间三个发展阶段的问题，充分体现了马克思主义的辩证观点，系统剖析了经济与生态在演进过程中的相互关系，深刻揭示了经济社会发展的基本规律。

③ 党的十八大以来，习近平从生态文明建设的整体视野提出“山水林田湖草是生命共同体”的论断，指出“人的命脉在田，田的命脉在水，水的命脉在山，山的命脉在土，土的命脉在树”，强调要“统筹山水林田湖草系统治理”，全方位、全地域、全过程开展生态文明建设。

全面改革。首先，“人与自然和谐共生”的科学自然观定位改革目标，要求土地制度改革中要充分认识自然规律和生态环境特征，坚持保护底线思维，着力加强土地制度与全域自然生态和经济社会环境的互补协调，最终实现人地关系最为和谐的合理利用。其次，“绿水青山就是金山银山”的绿色发展观明确改革的价值导向。“两山论”深刻揭示了经济发展与环境保护是有机统一，而不是相互矛盾的关系，因而要从土地的“经济价值”狭隘认知扩展到生态价值、资产价值、综合价值，充分多元显化土地的各种产权价值，不仅能够保障土地权益不受损失，更能切实实现在保护中发展、发展中保护。最后，“山水林田湖草是生命共同体”的系统整体观指明改革路径，指出要拓宽“土地资源”到“自然资源”，跳出就“土地”谈“土地”的禁锢，将山、水、林、田、湖、草等自然资源要素乃至人类社会等多个生态、社会和经济系统相联通，有针对性地开展综合整治，提升土地制度改革的综合性和系统性。

2. 推进国家治理体系和治理能力现代化的创造性提出

习近平新时代中国特色社会主义思想创造性地提出完善和发展中国特色社会主义制度，推进国家治理体系和治理能力现代化的全面深化改革总目标。其中，国土空间与自然资源治理是国家治理体系和治理能力现代化中的重要组成部分。在该理论的指导下，国土空间和自然资源治理体系和治理能力正在兼顾“公平”与“效率”，全方位、全地域、全过程地不断革新和完善。习近平在党的十九届中央政治局第八次集体学习时的讲话中指出：“推进乡村治理能力和水平现代化，让农村既充满活力又和谐有序，不断满足广大农民群众日益增长的美好生活需要。”[15] 在土地制度上，要在坚持和完善最严格的耕地保护制度前提下，稳定农村土地承包关系并保持长久不变，实施农村承包地所有权、承包权和经营权“三权分置”，探索宅基地所有权、资格权和使用权“三权分置”，同时要推进城乡要素平等交换和公共资源均衡配置，保障农民公平分享土地增值收益[16]。习近平在北京考察时指出，“规划科学是最大的效益，规划失误是最大的浪费，规划折腾是最大的忌讳”[17]，在此理论指导下，“多规合一”的国土空间规划体系逐步建立，国土空间用途管制制度不断健全，空间结构逐步优化、空间效率稳步提升。此外，习近平在中央城镇化工作会议上的讲话中明确指出，“要按照严守底线、调整结构、深化改革的思路，严控增量，盘活存量，优化结构，提升效率，切实提高城镇建设用地集约化程度”[18]。

图 2 归纳总结了土地制度变迁的理论逻辑。

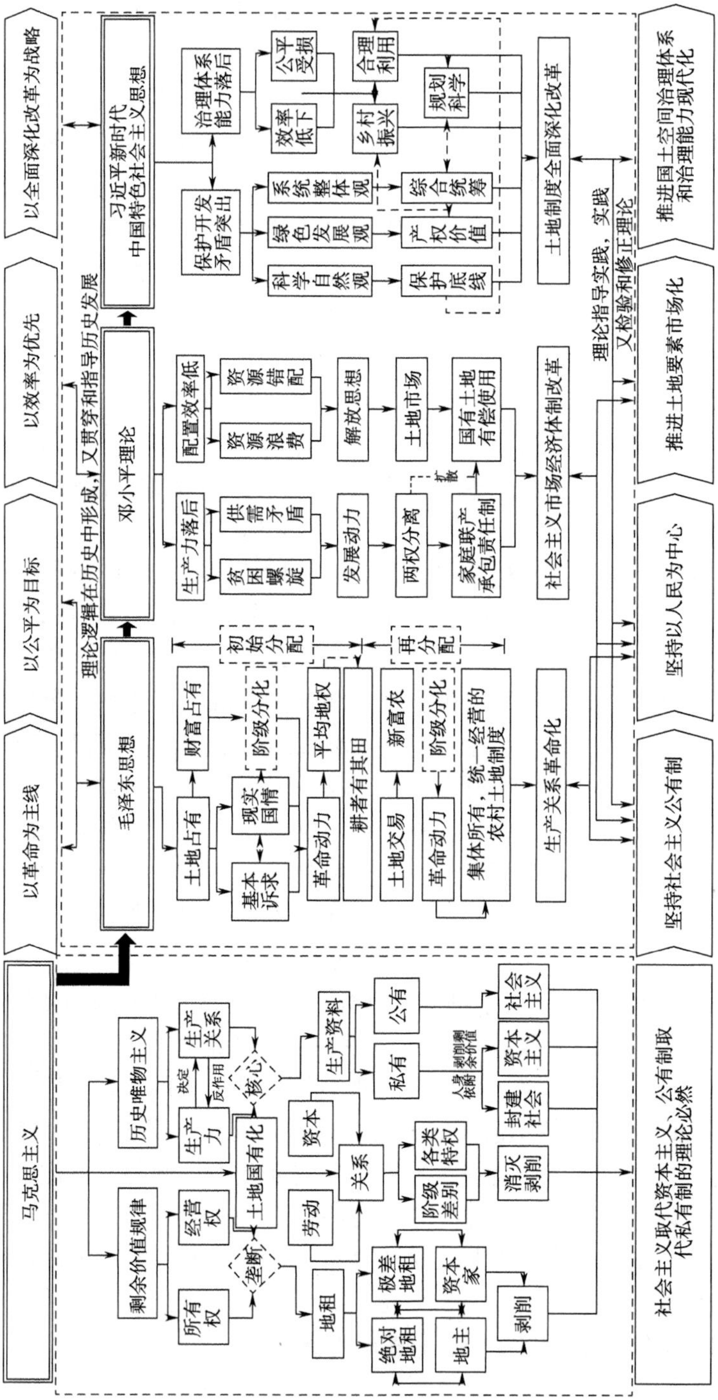

图2　党的百年土地制度变迁“三个逻辑相统一”的理论逻辑框架

三、党的百年土地制度变迁的实践逻辑

百年土地制度变迁的实践逻辑反映当下生产力与生产关系、上层建筑与经济基础的客观关系，历史逻辑和理论逻辑都需要与其相连接，否则脱离实践逻辑的历史逻辑将不能指引制度的未来发展方向，脱离实践主义的理论逻辑则沦为教条主义的产物。因此，在明晰党的百年土地制度变迁的历史逻辑和理论逻辑的基础上，还需进一步探讨两者如何统一于实践逻辑，从而可以探讨实践逻辑如何以史为鉴、以理为纲，指引未来土地制度全面深化改革。

（一）坚持社会主义公有制是党的百年土地制度变迁的实践根本

1. 历史唯物主义的必然选择

“消灭私有制，建立公有制”是马克思主义理论思想的最基本原则[19]，而建立土地公有制既是党百年土地制度的核心内容，也是党的百年土地制度最为鲜明的特点。换言之，历史唯物主义揭示了土地公有制的先进性。中国古代自商鞅变法实施开阡陌、授田制后，形成了延绵两千年的封建土地制度，而其导致的土地不平等占有并未被农民运动、资产阶级民主革命所撼动，而是直至中国共产党领导劳动人民浴血奋战，以无数生命为代价才得以打破，因而土地公有制是历史现实下的必然选择。此外，土地等生产资料的公有制是实现生产力全面发展的根本前提和制度保障。在土地私有制的背景下，资本家和地主凭借对土地的私人垄断，享有了绝对地租和极差地租，攫取和剥削了劳动人民所创造的剩余价值。因此土地私有制是导致不公平、不平等的重要根源之一，严重制约生产力和人民的自由全面发展。

2. 中国特色社会主义的根本要求

党的土地公有制制度的建立，是中国特色社会主义性质的根本要求。科学社会主义阐述了资本主义必然灭亡和社会主义必然胜利的客观规律，阐明了生产社会性和生产资料资本主义私人占有形式之间矛盾的发展，必然导致社会主义代替资本主义，生产资料公有制取代生产资料私有制。此外，在马克思对于生产力和生产关系矛盾运动规律的论述中，生产资料所有制具有举足轻重的地位，是区分社会形态的基准。例如，封建社会的私有制是地主通过占有土地从而实现对生产资料的占有，并与佃农形成人身依附关系。资本主义社会的私有制是资本家通过占有资本进而占有工人的剩余价值，而社会主义社会实行生产资料的公有制。

我国现行的土地制度是过去几十年经济快速发展、工业化和城镇化高速推进的重要动力，但随着经济和社会的发展，土地制度尤其是现行农村土地制度的局限性越来越突出，改革土地制度的呼声日益强烈。一些人甚至认为，改革的突破口在于改革我国土地的根本制度即土地所有制。实际上，古人云："地者，政之要也"，土地是国家立政的根本，土地问题不仅是经济问题，还是社会问题，更是政治问题，不能只从经济角度考虑，还应该考虑国情和发展阶段、文化传统、社会问题、社会稳定等方面。私有化也许能解决一些问题，但不可能解决一切问题，强调土地市场在资源配置中起决定性作用，并不是说土地私有制在资源配置中起决定性作用[20]。对此，无论是毛泽东思想、邓小平理论，还是习近平新时代中国特色社会主义思想，均强调坚持土地公有制。习近平指出："要坚决守住土地公有制性质不改变、耕地红线不突破、农民利益不受损这三条底线。"因而，土地私有化不是解决中国问题的良策，坚持中国特色社会主义的性质不动摇，土地制度就必须坚持公有制不动摇。

（二）以人民为中心是党的百年土地制度变迁的实践目标

1. 满足人民的根本诉求

针对不同历史时期人民诉求的差异化，党的百年土地制度变迁始终以满足不同时期人民根本诉求作为改革的出发点和落脚点。在新民主主义革命时期，中国共产党团结带领广大人民群众彻底消灭了封建剥削的土地所有制，建立了农民土地所有制，实现中国共产党人与广大人民群众"耕者有其田"的理想，满足了劳动人民拥有自己土地的根本诉求。在社会主义革命和建设时期，拥有土地的广大农民普遍陷入农业基础设施匮乏、生产工具不足的窘境，为尽快改变农民贫困落后面貌，党中央发展"互助合作"，推动土地公有制变革，顺利完成过渡时期农业的社会主义改造，实现了劳动人民迫切改善农业基本生产条件的根本诉求。在改革开放经济建设时期，农村土地制度由农民自下而上地推进了家庭联产承包责任制改革，充分释放了农民生产积极性，满足了人民渴望物质生活水平提高的根本诉求。"创新、协调、绿色、开放、共享"的新发展理念的转变，和"产业兴旺、生态宜居、乡风文明、治理有效、生活富裕"的乡村振兴诉求日益成为人民的现实需要，未来土地制度改革也应逐步以新发展理念为指引，以生态文明和乡村振兴为目标，全面满足人民最深层次的根本诉求。

2. 解决人民的主要矛盾

百年来党的土地制度始终围绕社会主要矛盾进行改革，靶向人民的共同选择。在1956年党的八大之前，土地制度靶向解决帝国主义与中华民族之间、封建主义与人民大众之间的矛盾。党的八大以后，随着社会主要矛盾转变为落后的农业国与先进的工业国之间，人民日益增长的物质文化需要与落后的社会生产之间的矛盾，土地制度开始转向支撑服务社会主义建设。1978年，党的十一届三中全会后，人民日益增长的物质文化需要与落后的社会生产之间的矛盾认知越发鲜明，全党的工作重点转移到社会主义现代化建设上来，土地制度改革也全面转向提高生产效率和解放生产力。党的十九大报告指出，新时代我国社会主要矛盾已经转化为人民日益增长的美好生活需要和不平衡不充分发展之间的矛盾。土地制度改革也应转向以问题导向为抓手，始终把“以人民为中心”作为土地制度改革的核心，深入把握新时代人地矛盾的特点，坚守生态、粮食等安全底线，保障人民土地权益，不断推进区域和城乡协调发展，以更科学、更精准、更系统的土地制度保障生态友好、经济发展和民生幸福，让人民从土地制度的改革中得到更多的“红利”，得到更多的“满足感”。

（三）推进土地要素市场化改革是党的百年土地制度变迁的实践方向

1. 建设“明晰、完整、稳定”的土地产权制度体系

土地产权制度体系的变革是百年土地制度演进的核心内容。需要明确的是，马克思产权理论的“权利束”的观点认为，权利是一个可以统一也可以分离的概念，在土地公有的基础上仍然存在着个体的和共同的占有权和使用权，因而仍然需要边界明晰、权能完整和设定稳定的产权制度体系[21]。其中，土地产权的明晰是土地要素自由流动的基础条件，直接影响土地交易损益核算、土地要素权属认知、外部成本和风险实际界定等交易关键因素，同时关系着土地要素市场化的信息搜寻、契约履行、议价谈判等交易成本的高低[22]。土地产权的权能完整代表着权利及其收益的广度和深度，当土地各权利中涉及占有、使用、收益、处分等权能进行加总表达时，土地权益的价值才能体现。土地产权的稳定与否表征着土地要素权利主体、模式和客体的稳定与否，影响着各主体对于土地要素的认知度、珍惜度以及根据外部变化调整权利的开放度和自由度[23]。因此，未来应进一步明晰产权主体内涵和客体范畴，明晰所有权、承包权、经营权、居住权、发展权、成员权、资格权、使用权等权利的属性、定位和边界，赋予各产权必要的占有、使用、收益和处分等完整权能，推进实现自由转让、租赁、入股和抵押，在加强土地产权稳定性、提高农民对土地长期投入的同时，设计清晰明确的土地产权准入退出条件。

2. 稳步推进城乡土地要素市场化改革

土地制度演进到今天，主要矛盾已经发生了深刻变化。针对土地制度城乡二元结构矛盾凸显、指标交易地域范围受限、产业用地低效闲置问题突出等以往土地市场化实践症结，需要进一步强调市场在资源配置中的决定性作用，土地市场亟须打通一级市场垄断、融通城乡土地要素，从根本上化解政府的土地财政依赖，深入解决征地和流转、工业用地和住宅商服供给、保有和流转等矛盾冲突，更要有序地推进低效用地的再开发，引导和探索土地多功能复合开发利用。与此同时，要在充分协调保障性与财产性的二元矛盾中稳步推进农村土地市场建设。在充分评估流转风险的前提下，合法、合情、合理地分阶段放开诸多流转限制，充分明晰不同流转路径的流转情景、流转主体、流转客体、流转模式和流转限制等具体规则，通过规范流转合同、优化纠纷调解机制和加强市场监测监管降低流转风险，完善入股、土地银行等流转路径，实现土地收益长期共享，加强土地换社保、就业等多重保障替换机制，配套地价评估、金融服务、信息平台和监督管理等各类流转保障，在积极推进流转高效的同时，保证农民土地权益不受损害。

（四）推进国土空间治理体系和治理能力现代化是党的百年土地制度变迁的实践保障

1. 构建系统的土地制度法律保障体系

首先，加快“立改废释”，增强土地制度法律体系的严谨性。当前，现行土地基础性管理制度立法存在缺失，如《国土空间规划法》《国土空间开发保护法》等法律，部分土地制度法律内容较为陈旧，亟须进行新立、修订、废止和解释，增强土地法律法规的及时性、系统性、针对性和有效性。其次，完善纠错问责机制，增加监督机制的有效性。建立健全土地行政裁量权基准制度、土地行政执法责任制度，同时完善土地行政诉讼的法律监督，探索构建土地立法执法中的人民监督员机制。最后，健全土地依法维权和纠纷化解机制，提高群众参与畅通性。建立健全土地纠纷预警机制、利益表达机制、协商沟通机制、救济救援机制，畅通群众土地相关权益意见的表达、接受和反馈渠道，探索群众土地权益保障程度评价和监管机制。

2. 完善国土空间规划体系与用途管制制度

首先，划定落实“三条控制线”，统筹生态、农业和城镇空间。落实最严格的生态环境保护制度、耕地保护制度和节约集约用地制度[24]，把城镇、农业、生态空间和生态保护红线，永久基本农田保护红线，城镇开发边界作为调整经济结构、规划产业发展、推进城镇化不可逾越的红线[25]。其次，强化规划传导、约束和衔接，加强规划全生命周期管理[26]。将上级国土空间规划纲要确定的空间目标、布局和任务，通过控制指标、分区传导、底线管控、名录管理、政策要求等方式，深入落实到下级国土空间规划、相关专项规划和详细规划以及其他规划，全面加强规划编制、实施评估、监测预警、执法督察等全过程全生命周期管理[27]。最后，科学优化国土空间用途管制。依据国土空间规划确定的分区和用途，制定不同空间、不同用途的转换规则，加强区域之间、陆地海洋、地上地下空间统筹，建立健全全空间、全要素、全维度的国土空间用途管制制度[28]。

3. 全面推进国土空间数字化信息化智能化治理

首先要构建国土空间大数据体系，集成整合基础地理、遥感、土地、林业、地质、矿产、海洋等数据，通过共享交换、实时抓取的模式广泛获取大数据，形成地上地下、陆海相连、可持续更新的土地资源三维立体“一张图”大数据体系，实现时空数据全面化、数据聚合化和信息实体化，从而为治理能力的提升提供海量数据支撑[29]。其次要搭建国土空间综合信息平台。以大数据体系为支撑，参考区块链等技术，构建统一的土地相关业务信息化管理服务体系，建成部门联动、开放共享、安全高效的分布式综合信息平台，从而为各项土地政策实施提供线上“一条龙”服务。最后要构建“人工智能+”国土空间治理支撑体系。利用各类模式识别、机器学习、数据挖掘和智能算法等人工智能技术，为办理土地资源的调查评价、空间规划、用途管制、保护修复、执法监管、资产管理与确权登记等业务，一站式提供支持跨部门、跨层级、跨区域的智能审批、智能监管、智能决策等服务。

四、结论与讨论

土地是一切空间的载体，土地制度发挥着基础性、保障性、根本性作用，是社会不同阶级的核心利益冲突点，是国家兴衰的关键转折点，是改革的必要着力点和重点发力点。中国共产党诞生后，以土地革命为大幕起点，以土地制度改革为动力引擎，带领全国人民实现了第一个百年奋斗目标的伟大胜利。土地制度改革牵一发而动全身，是中国改革“四梁八柱”中的基础和关键所在。“地基不牢、地动山摇”，土地制度的改变涉及主体千丝万缕，利益关系千头万绪，改革方案千变万化，其日益彰显的复杂性、敏感性和困难性，越来越要求我们在土地与社会经济各要素交错融合的历史中抽丝剥茧地挖掘规律，深入把握具备科学判断力的理论武器，与时俱进地指导未来的实践方向。

基于此，本文从历史逻辑、理论逻辑和实践逻辑“三个逻辑相统一”的视角，梳理了党的百年土地制度变迁的历史脉络，总结了土地制度在新民主主义革命时期“以革命为主线”社会主义建设和探索时期“以公平为目标”，改革开放后“以效率为优先”，在新时代“以全面深化改革为战略”的历史逻辑，挖掘了百年来土地制度变迁中不变的理论源泉和核心规律，是马克思主义土地公有制和生产关系适配生产力理论，而毛泽东思想、邓小平理论和习近平新时代中国特色社会主义思想则是具体指导中国百年土地制度不断发展的理论依据。党的土地制度实践未来应以历史为参考、以理论为指引，按照历史唯物主义的必然选择和中国特色社会主义的根本要求，坚定不移地坚持以社会主义公有制为根本不动摇，坚持以人民为中心的目标不动摇，坚持以土地要素市场化改革为方向不动摇，坚持推进国土空间治理体系和治理能力现代化水平的提升为保障不动摇。

我们也应该看到，“三个逻辑相统一”提供了一个整体而透彻研究党的土地制度变迁的理论框架。土地制度百年变迁是产生土地相关理论的基础，土地相关理论则贯穿于整个历史，不但在历史中形成且更不断引导着历史的发展，无论是历史还是理论都离不开实践的落实，作为检验理论准确与否、科学与否的唯一标准，实践的不断发展持续推动历史变化、推动理论创新。在统一的整体框架中，我们可以发现，党的土地制度的精神实质是坚持党的本质属性，其基本原则是践行党的根本宗旨，其科学内涵在于符合马克思主义的基本原理和客观规律。只要紧紧围绕这些内在规律，尽管未来世情、国情、党情变化日益复杂，但仍然可以“以不变应万变”，在包罗万象的未来改革实践中紧紧把握正确的方向。当然，否定之否定的辩证唯物主义告诉我们，土地制度改革不可能一开始正确和永远正确，前途是光明的，道路是曲折的，人民群众作为历史的创造者，应该大胆地让人民群众去摸索、去创造、去改革，才能更好地以实践检验真理，切实实现以人民为中心的改革。最后需要指出的是，党的土地制度百年变迁中海纳百川、包罗万象，土地制度改革更是没有完成时、只有进行时，其内涵远超出一篇论文所能容纳的极限，本文只是抛砖引玉，试图以“三个逻辑相统一”的视角挖掘土地制度变迁中的必然性联系和内在规律性，后续还需要学术共同体共同参与，共同探讨其中更为详尽的历史规律、科学理论和实践案例。

参考文献：

[1] 习近平 . 用好红色资源，传承好红色基因，把红色江山世世代代传下去 [J]. 求是，2021 (10).

[2] 张雷声 . 关于理论逻辑、历史逻辑、实践逻辑相统一的思考：兼论马克思主义整体性研究 [J]. 马克思主义研究，2019 (9).

[3] 马克思，恩格斯 . 马克思恩格斯全集：第 4 卷 [M]. 北京：人民出版社，1965.

[4] 马克思，恩格斯 . 马克思恩格斯全集：第 25 卷 [M]. 北京：人民出版社，2001.

[5] 马克思，恩格斯 . 马克思恩格斯全集：第 18 卷 [M]. 北京：人民出版社，1964.

[6] 马克思，恩格斯 . 马克思恩格斯全集：第 3 卷 [M]. 北京：人民出版社，1960.

[7] 郭德宏，梁尚贤 . 试论大革命时期的土地斗争 [J]. 历史研究，1983 (2).

[8] 郭德宏 . 第二次国内革命战争时期党的土地政策的演变 [J]. 中国社会科学，1980 (6).

[9] 喻立平 . 毛泽东平等思想研究 [D]. 武汉：武汉大学博士学位论文，2011.

[10] 毛泽东 . 毛泽东文集：第 5 卷 [M]. 北京：人民出版社，1996.

[11] 毛泽东 . 毛泽东文集：第 6 卷 [M]. 北京：人民出版社，1998.

[12] 邓小平 . 邓小平文选：第 3 卷 [M]. 北京：人民出版社，1993.

[13] 黄祖辉，王朋 . 我国农地产权制度的变迁历史：基于农地供求关系视角的分析 [J]. 甘肃社会科学，2009 (3).

[14] 丁洪建，吴次芳，徐保根 . 基于社会燃烧理论的中国土地储备制度产生与发展研究 [J]. 中国土地科学，2003 (4).

[15] 习近平 . 习近平谈治国理政：第三卷 [M]. 北京：外文出版社，2020.

[16] 朱冬亮 . 农民与土地渐行渐远：土地流转与“三权分置”制度实践 [J]. 中国社会科学，2020 (7).

[17] 习近平 . 规划失误是最大浪费　规划折腾是最大忌讳 [EB/OL]. 中国新闻网，2015-10-29.

[18] 佚名 . 中央城镇化工作会议在北京举行　习近平李克强作重要讲话 [N]. 人民日报，2013-12-15.

[19] 马克思，恩格斯 . 共产党宣言 [M]. 北京：人民出版社，2018.

[20] 严金明 . 土地高效配置关键不在于所有制 [J]. 中国土地，2014 (8).

[21] 严金明，王晓莉，夏方舟 . 重塑自然资源管理新格局：目标定位、价值导向与

战略选择［J］. 中国土地科学，2018（4）.

［22］LAWRY S，Samii C，et al. The impact of land property rights interventions on investment and agricultural productivity in developing countries：a systematic review［J］. Journal of development effectiveness，2016（9）.

［23］YAN J M，ZHANG，D S，XIA，F Z. Evaluation of village land use planning risks in green concepts：the case of qiwangfen village in beijing［J］. Land use policy，2021（104）.

［24］LONG H L，Li Y R，et al. Accelerated restructuring in rural China fueled by increasing vs. decreasing balance land-use policy for dealing with hollowed villages［J］. Land use policy，2012（29）.

［25］岳文泽，吴桐，等. 面向国土空间规划的"双评价"：挑战与应对［J］. 自然资源学报，2020（10）.

［26］LIANG X，LIU X P，et al. Urban growth simulation by Incorporating planning policies into a Ca-based future land-use simulation model［J］. International journal of geographical information science，2018（74）：53-65.

［27］YAN J M，YANG Y M，XIA F Z. Subjective land ownership and the endowment effect in land markets：a case study of the farmland Three Rights Separation reform in China［J］. Land use policy，2021（101）.

［28］YAN J M，XIA F Z，et al. Strategic planning framework for land consolidation in China：A top-level design based on SWOT analysis［J］. Habitat international，2015（48）.

［29］严金明，赵哲，夏方舟. 后疫情时代中国"自然资源安全之治"的战略思考［J］. 中国土地科学，2020（7）.

党以人民为中心的土地政策的百年沿革与发展

俞明轩　谷雨佳　李睿哲

中国人民大学

摘要：本文以党的百年土地政策的沿革与发展为线索，系统梳理了党实现“耕者有其田”“住有所居”的人民愿望的土地政策改革历程，对党通过土地政策确立土地公有制和以用途管制为核心的土地管理制度，完善土地产权及土地资源配置体系，优化土地利用结构和不断解放发展土地要素生产力的实践与创新做了深入解读。通过梳理党的百年土地政策变革历程中不同阶段土地政策的特征及内在联系，提炼出在土地政策的制定和调整中要坚持“以人民为中心”的执政理念，充分发挥市场机制在土地资源配置中的决定性作用，以及注重生态文明建设以确保土地资源可持续利用和为民所用的现实启示。

关键词：土地政策　土地制度　以人民为中心　深化改革　治理

一、引言

“耕者有其田”和“住有所居”是人民自古以来的朴素愿望，其中涉及的土地产权配置和土地利用管理等问题，一直是对国家保持长治久安和兴旺发达的重大考验。自井田制废除以来，中国的历代封建王朝皆实行封建土地所有制，为缓和矛盾、维护统治，大多数封建王朝采取了抑制土地兼并等土地政策，但依然很难避免“富者田连阡陌，贫者无立锥之地”的情形发生，甚至引发矛盾激化、导致政权崩溃。

自古以来，有不少执政者在土地管制方面进行了诸多尝试，均无根本性成功，直到中国共产党的出现才真正实现了“民有恒产”和“梦圆安居”的理想。在过去一百年里，中国共产党坚持以人民为中心，合理确定土地产权

注：本文原载《管理世界》2021 年第 4 期。

归属，科学配置土地资源，积累了丰厚的中国特色社会主义土地利用管理经验并显现出清晰的发展脉络。

二、依初心践行“耕者有其田”理念

（一）从封建土地所有制到农民土地所有制（1921—1937年）

1921年，中共一大的召开标志着中国共产党的成立，拉开了探索以人民为中心的土地政策的序幕。中国共产党自成立起就提出把“工农劳动者和士兵组织起来”实行社会革命。如何通过土地政策维护劳动人民利益，逐渐成为党的重要议题。革命初期，党陆续提出“规定限制田租率的法律”“限制私人地权在若干亩以内”[1] 等关于土地政策的主张。随着革命的深入，党逐渐认识到中国的革命在于农村，农村的革命在于土地，土地的革命在于土地所有权，逐步提出“没收大地主、军阀、劣绅及国家宗祠的土地，归给农民”“经过农村革命政权机关之手以帮助农民和农村经济”等主张[2]，解决农民土地所有权问题成为土地革命的核心议题。

党在八七会议上决定了关于土地革命与武装斗争的总方针，并将其付诸实践。1928年，中国共产党颁布了党的第一部土地法——《井冈山土地法》，以法律条文的形式规定了土地的没收和分配制度，旨在从根本上革去束缚中国农民数千年的封建土地关系。结合《井冈山土地法》的实践经验，《兴国土地法》在其基础上修订颁布，规定“没收一切公共土地及地主阶级的土地归兴国工农兵代表会议政府所有，分给无田地及少田地的农民耕种使用”[3]，随后又做了“自耕农的土地不没收”①、“抽多补少”[4] 等补充调整，使该法更贴合实际。

新土地法在闽西地区的实践也取得卓著成效，60多万贫苦农民在土地革命中得到了土地。赣东北、湘鄂西、鄂豫皖、广西右江、广东琼崖等革命根据地的土地革命亦轰轰烈烈地展开，成为一场浩大的社会变革的先导。经过几年实践，党总结出了“依靠贫农、雇农，联合中农，限制富农，消灭地主阶级，变封建土地所有制为农民土地所有制；以乡为单位，按人口平均分配土地，在原耕地基础上抽多补少，抽肥补瘦”的土地革命路线[5]。这一时期，

---

① 中央档案馆，福建省档案馆：《福建革命历史文件汇集　闽西特委文件1928—1936年》，1984年，第72页。

党在土地政策方面进行了具有开创性的有益实践，赢得了广大群众的支持并巩固了革命根据地。

（二）在抗日救国大局中实行“减租减息”土地政策（1937—1945 年）

抗日战争的全面爆发标志着民族矛盾上升为中国社会的主要矛盾，在这一时期，党对土地政策做了支持配合抗日民族统一战线的重大调整。1937 年 7 月，党在《中共中央为公布国共合作宣言》中提出停止没收地主土地[6]，又于 8 月在《中国共产党抗日救国十大纲领》中首次提出了“减租减息”的政策。为将“减租减息”落到实处，中共中央于 1942 年先后发布《关于抗日根据地土地政策的规定》《关于如何执行土地政策决定的指示》，进一步明确了土地政策的调整，规定了执行办法。具体而言，“减租减息”政策要求地主进行“二五减租”（即：将租额下调 25%）和年利率一般为一分（10%），不得超过一分半（15%），并取消了各种杂租、劳役和高利贷，农民则要加租加息支持抗战，通过这种方式兼顾地主富农和其他农民的利益。

“减租减息”政策在特殊时期没有完全消灭封建剥削制度，暂缓了对土地所有权的变革，但有效团结了各阶级阶层，争取和壮大了更广泛的全民族抗日力量，巩固了抗日民族统一战线和革命根据地[7]。

（三）彻底废除封建土地制度并实行“耕者有其田”的土地制度（1945—1949 年）

解放战争期间，人民群众要求废除封建土地制度，获得耕种土地的愿望和呼声越发强烈。为此，中共中央发布“五四指示”，组织大量干部组成工作队，深入广大农村发动农民群众，开始废除封建土地制度的土地改革运动，要求各地区结合实际情况开展土改工作，坚决拥护群众在反奸、清算、减租、减息、退租、退息等斗争中从地主手中获得土地，将土地分配给无地、少地的农民。1947 年，中国共产党召开全国土地会议，通过了《中国土地法大纲》，将“废除封建性及半封建性剥削的土地制度，实行耕者有其田的土地制度”写入其中[8]，随后又发布了一系列相关重要指示和决定。该大纲延承“五四指示”的路线，明确了将地主土地平等分配给农民的原则。

土地改革在全国范围内成效显著。据部分史料整理，“至 1947 年春，全解放区约有 2/3 的土地完成土地改革……至 1946 年 12 月，山东解放区约有 1 000 万农民从地主手中收回 464 万亩土地……至 1947 年 7 月，晋察冀解放区的冀中中心地区 17 个县农民收回土地 55 万余亩……至 1946 年 10 月，晋冀鲁豫全区共有 2 000 万农民获得土地……至 1946 年 12 月，东北解放区农民获得土地 3 300 万亩”[9]，相关数据不胜枚举。土地改革从根本上变革了土地所有制，让广大解放区群众分得了大量土地，鼓舞更多人民群众支持中国共产党和加入人民解放军，促进了解放战争的节节胜利和土改运动在全国解放区的开展。

中国共产党的发展壮大，与其深得民心的土地政策密切相关。革命时期的土地政策导向由争取土地经济权利、部分废除封建土地所有制转向彻底废除封建土地所有制，虽筚路蓝缕、历尽艰险，但始终致力于结合中国实际维护广大人民群众利益。

三、记使命探索社会主义土地公有制

（一）从农民土地所有制到集体土地所有制（1949—1956 年）

1949 年 9 月，中国人民政治协商会议通过的《共同纲领》提出，要“有步骤地将封建半封建的土地所有制改变为农民的土地所有制”[10]。1950 年 6 月，中央人民政府颁布《中华人民共和国土地改革法》，进一步明确了“废除地主阶级封建剥削的土地所有制，实行农民的土地所有制，借以解放农村生产力，发展农业生产，为新中国的工业化开辟道路”的总则，包括土地的没收、征收与分配、特殊土地问题的处理、土地改革的执行机关和执行方案及相关附则[11]，随后，开始在全国范围内分期分批开展土改。“至 1952 年底，除部分少数地区，全国约 3 亿无地、少地的农民分得共约 7 亿亩土地，免除了过去每年向地主交纳的 3 000 万吨以上粮食地租”[12]，基本确立了农民土地所有制。“耕者有其田”在新民主主义革命后终成现实，土地所有权、经营权集中到农民手中，农民的经济权利与生活水平得到大幅提升。土改基本完成的 1953 年与 1949 年相比，农民净货币收入增长 123. 6%，每人平均净货币收入增长 111. 4%，农民购买力增长 111%。1953 年同 1950 年相比，农民留用粮食增长 28. 2%，其中生活用粮食增长 8. 6%[13]。

虽然农民分到了土地，农村经济迎来了一段时间的增长，但生产经营零散、生产工具匮乏、生产技术低下、抗灾能力脆弱等因素仍然限制着生产力的有效释放，私有制经济造成新的贫富分化的潜在风险仍未消除，社会主义工业化需求仍未得到满足。与此同时，土改后的农村已经普遍发展了劳动互助组织，初显合作生产的制度优越性和发展前景。很快，农村合作化被提上日程。1951 年 9 月，中共中央制定了《关于农业生产互助合作的决议（草案）》，指出要把农民“组织起来”，以自愿、互利为原则，依据条件进行简单劳动互助、发展常年互助组及以土地入股的农业生产合作社[14]，并于 1952 年从中央到地方建立农村工作部指导相关工作。1953 年 2 月，中共中央对草案做了个别修改，作为正式决议下发全国。到 1956 年，农业合作化运动已基本完成，农村土地集体所有制初步建立，中国土地的公有化总体实现，虽然存在过急、偏快现象，但合作化为大规模的生产作业、设施建设和技术推广提供了制度基础，显著地改善了生产条件（见图 1）。

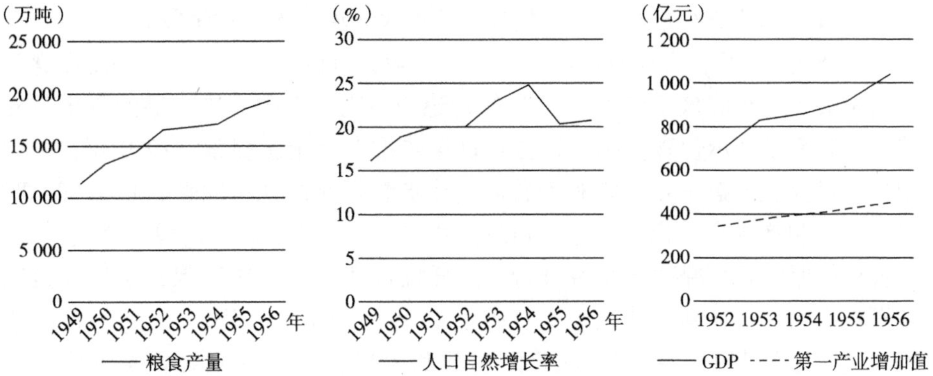

图 1　1949—1956 年我国粮食产量、人口自然增长率和国内生产总值

数据来源：国家统计局．新中国五十年统计资料汇编［M］．北京：中国统计出版社，1999.

（二）推行公社体制下土地集体所有和统一经营的制度安排（1956—1978 年）

在社会主义建设接连取得重大成就后，全国上下急切需要改变落后贫穷的面貌。1957 年，许多地方为加强集体协作能力，出现了高级农业生产合作社的小社并入大社现象。1958 年，《关于在农村建立人民公社问题的决议》认为，“小社并大，转为人民公社，是当前广大群众的共同要求”，要通过建立人民公社“加快社会主义建设的速度”[15]。很快，全国农村就基本实现了公社化。

社会主义建设道路探索是前人未曾开创的事业，难免经历艰难与挫折。劳动与分配脱钩的平均化做法脱离了经济社会发展规律和当时中国生产力水平，由此形成的土地政策虽然经历了多次调整，但未能完全实现经济持续健康发展，与其设立初衷相违背。这些经验教训被下一代中国共产党人认真汲取总结，为改革开放后的中国土地政策提供了历史借鉴。

四、惠民生解放发展土地要素生产力

（一）创造性地设计出农村土地承包经营和城市土地有偿流转的政策制度（1978—1998 年）

1978 年 12 月，党的十一届三中全会拉开了改革开放的序幕。具有中国特色的社会主义土地制度改革也在同一时期发轫于我国的农村和城市，集体土地、国有土地的所有权与使用权相分离的重大改革迈入探索阶段。

1978 年 11 月，安徽省凤阳县小岗村冒险尝试的“大包干”，一度在党内外引发关于是否应该“包产到户”的讨论与争鸣。在中央决策层的肯定与支持下，家庭联产承包责任制由地方尝试逐步推广为全国探索。1980 年，中共中央印发《关于进一步加强和完善农业生产责任制的几个问题》的通知，明确“可以包产到户，也可以包干到户，并在一个较长的时间内保持稳定”[16]，为各地依照实际情况决定是否推行、怎样推行“包产到户”保留了制度柔性和操作空间。这项制度从根本上打破了农业生产的“大锅饭”，赋予农民从事农业生产经营的自主权，回归到解放和发展生产力的社会主义本质，因而广受欢迎。到 1981 年，家庭联产承包责任制已在我国绝大部分地区得到推广。1982 年，中国共产党第一个关于“家庭联产承包责任制”的农村工作一号文件正式出台，宪法关于明确承认农村集体土地使用权的修订，以及 1983 年中央一号文件更加明确地指出家庭联产承包责任制是“在党的领导下我国农民的伟大创造”，分别从实践层面、法制层面和理论层面肯定了家庭联产承包责任制的社会主义性质。家庭联产承包责任制是由群众推动的土地政策改革，开创了我国土地所有权与使用权相分离的先河，还原了农业家庭最优的经营特征[17]，一经实施就迸发出强劲的生产力和活跃的生命力。到 1998 年，我国农村居民家庭人均纯收入由 1978 年的 133. 6 元增长至 2 162. 0 元，粮食产量则由 30 477 万吨增长至 51 229. 5 万吨（《中国统计年鉴（1999）》）。在建立健全土地集体所有制基础上，以户为单位的家庭承包经营政策制度体系，充分体现了党的土地政策顺应时代发展和对人民首创精神的尊重。

1980 年 8 月，深圳经济特区成立，成为改革开放先行先试的重要阵地。我国城镇国有土地政策的改革在深圳经济特区得到了大胆探索。1986 年正式颁布实施的《土地管理法》将新中国的土地管理工作推入依法管理的阶段。1987年，深圳市率先开展国有土地所有权与使用权分离的改革，通过首例国有土地使用权的公开拍卖，正式开启了以市场手段配置土地要素代替过去行政划拨土地的改革探索，改变了无偿、无限期和无流动使用土地的局面。深圳的成功实践推动了国家立法层面的土地制度改革。1988年，全国人大将1982年宪法中“土地归国家所有，不得出租”的条款修订为“任何组织或个人不得侵占、买卖或者以其他形式非法转让土地，土地的使用权可以依照法律的规定转让”[18]，从法律层面认可和支持了深圳土地改革模式。为适应市场经济的新形势，《土地管理法》也在同年12月作出修订，一是依据《宪法修正案》删去了“禁止土地出租”的内容；二是增加了关于“国有土地、集体所有土地的使用权可以依法转让”“国有土地有偿使用”等条款，明确了土地在市场经济中的资产特性和流转规则。一系列的立法改革为我国土地管理和利用方式带来重大转变，也表明我国土地管理政策思想发生了根本性变革。

配套的土地政策体系也随之逐步完善。1989年，国务院下发《关于加强国有土地使用权有偿使用收入管理的通知》，正式将土地出让收入纳入财政体系；1994年《关于深化城镇住房制度改革的决定》对出售公有住宅政策的实施，1996年《关于加强住房公积金管理的意见》对住房公积金管理体制的规范，及1997年《个人住房担保贷款管理试行办法》对住房贷款业务的全面启动等住房制度配套政策的积累[19]，极大地促进了全国土地使用权交易市场和城镇房地产市场的形成。

以土地所有权与使用权分离为主线的城乡土地政策改革，充分释放了市场要素活力，促进了我国生产力的提升和工业化、城镇化的进程，为我国的经济面貌带来了根本性的改变。

（二）建立以用途管制为核心的土地管理制度及土地资源配置体系（1998—2012年）

随着土地政策改革红利的充分释放，我国经济社会进入了快速发展期。在这个发展阶段，土地管理体系不健全的问题逐渐暴露，主要体现在城乡用地盲目开发、耕地保护形势严峻、人地矛盾问题突出、房地产市场秩序混乱等方面，新一轮的土地政策改革与调整迫在眉睫。

在这一时期，保护耕地以确保粮食安全是首要任务。1998年8月，全国人大常委会修订并通过了《土地管理法》，明确提出“十分珍惜、合理利用土地和切实保护耕地”的基本国策，并完善了土地用途管制制度。2003 年，党的十六届三中全会通过的《中共中央关于完善社会主义市场经济体制若干问题的决定》指出，要“实行最严格的耕地保护制度，保证国家粮食安全”“保障农民权益、控制征地规模”等①，政府进一步加大了对城乡土地用途管制的力度。为遏制盲目的用地需求与在征收土地中损害农民利益的现象，全国人大常委会在 2004 年对《土地管理法》再次作出修订，将国家对土地的“征用”改为“征收”，并提出“予以补偿”的要求。同年，国务院印发《关于深化改革严格土地管理的决定》，强调新时期加强土地管理的工作要求。一系列“组合拳”有效地守住了我国耕地红线（见图 2），有力地保障了我国粮食安全。

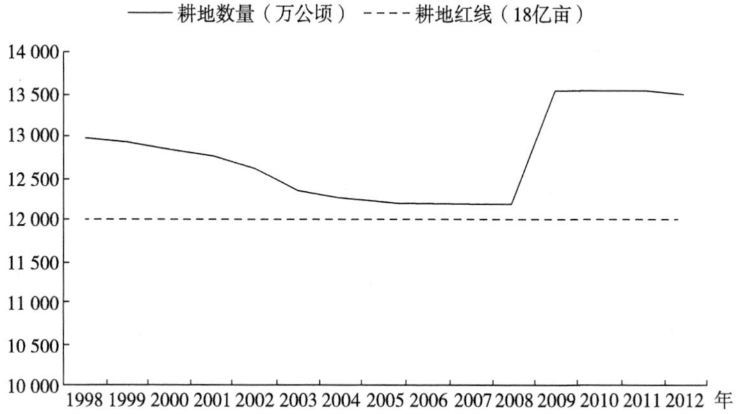

图 2　1998—2012 年我国耕地面积

数据来源：2001—2013 年中国国土资源公报。

在城乡土地用途管制的基础上，住房制度改革也在加快推进。1998 年《国务院关于进一步深化城镇住房制度改革加快住房建设的通知》，标志着住房分配货币化改革的启动，城市土地权能被迅速释放。同时各地工业园区、经济开发区的建设，推动了城镇基础设施和产业配套设施的建设完善，进一步推动了产业集群、工业化和城镇化进程。1998—2012 年，中国人口城镇化率由 33. 35%提高到 52. 57%，GDP 则由 84 402 亿元增长至 518 942 亿元，其

① 《中共中央关于完善社会主义市场经济体制若干问题的决定》，《中华人民共和国国务院公报》，2003 年第 34 号。

中第二、第三产业占比由82%增长至90%（《中国统计年鉴（2013）》）。

土地所有权与使用权分离，所有权主体是不变的。但由于市场化机制不健全，土地开发过程中的历史遗留问题及衍生的社会问题等原因，在土地的实际开发过程中存在着完全产权房和不完全产权房并存的“二元市场”，集中表现在农村集体建设用地上的违规建筑、城镇“小产权”房、“城中村”等治理难题。各地政府在完善土地管理的实践中，不断尝试着通过“合法化”“赋权化”等举措，推进“二元并轨”（改革开放初期我国土地政策制度改革的重大事件见表1）。在全面推进土地资源配置体系完善的过程中，开启了不同产权主体的同权化和市场化改革。

表1 改革开放初期我国土地政策制度改革的重大事件

	重大事件	重要影响
初步探索	1978年11月，安徽省凤阳县小岗村冒险尝试“大包干”	对农村土地所有权与使用权分离的自发探索
	1980年8月，广东省深圳经济特区正式成立	开辟改革开放先行先试的重要阵地
	1987年，深圳市首次公开拍卖了一块国有土地的使用权	开启国有土地所有权与使用权分离的改革
土地政策	1978年12月，党的十一届三中全会在北京召开	拉开了改革开放的序幕
	1982年《宪法》修订	从法律层面认可家庭联产承包责任制
	第一个关于家庭联产承包责任制的农村工作一号文件出台	从政策层面激发农村土地的改革活力
	1986年《土地管理法》颁布实施	将土地管理工作纳入依法管理的轨道
	1988年《宪法》“土地归国家所有，不得出租”条款的修改	从法律层面肯定国有土地改革的思路
	1989年将土地出让收入纳入财政体系	促进土地使用权交易市场的形成
	1994年《关于深化城镇住房制度改革的决定》实施	
	1996年《关于加强住房公积金管理的意见》实施	促进城镇房地产市场的形成
	1997年《个人住房担保贷款管理试行办法》实施	

五、怀大局全面推进土地治理现代化

党的十八大以来，以习近平同志为核心的党中央坚持以人民为中心的发展思想，持续推进土地管理改革，开启了土地政策改革的新篇章。随着世界形势进入新变局，改革进入深水区，经济发展进入新常态，土地资源的分配、利用、保护工作更加复杂，其基础性、全局性、综合性等特点更加显著，涉及的协调发展、经济转型、社会民生、环境保护等问题更加突出，这些挑战考验着党的执政能力和治国理政水平，要求党站在推进国家治理体系和治理能力现代化的高度上，进一步深化土地政策改革，提高土地治理效能，以满足更科学、更精细、更综合的土地治理需要，从而切实满足人民对美好生活的向往。

（一）坚守基本底线　切实维护农民利益

2013 年，习近平在中央农村工作会议上指出："坚持农村土地农民集体所有，这是坚持农村基本经营制度的'魂'""农村土地属于农民集体所有，这是农村最大的制度"，为新时代我国农村土地政策改革定下总基调。2014 年 12 月 2 日，习近平主持召开中央全面深化改革领导小组第七次会议，会议强调"要坚决守住土地公有制性质不改变、耕地红线不突破、农民利益不受损这三条底线，实现好、维护好、发展好农民权益"①，成为全面部署、系统推进乡村土地制度和农业农村改革的压舱石。此后，农村土地的利用管理成为新时代土地政策改革的重点和入口，维护广大农民权益是其中的关键。

2019 年修订的《土地管理法》将基本农田上升为"永久基本农田"，并在第 35 条中明确"永久基本农田经依法划定后，任何单位和个人不得擅自占用或者改变用途，且永久基本农田须落实到地块，纳入数据库严格管理"②，对永久基本农田的保护从工作原则层面、操作实施层面做了最严格的限定。同时还对土地征收的公共利益范围做出界定，对征地程序和补偿标准做了规范，明确征收补偿的基本原则是保障被征地农民"原有生活水平不降低，长远生计有保障"。

坚守"三大底线""保障农民权益"，就是坚守社会主义基本制度，保障粮食安全和保护广大人民的根本利益，对夯实全面深化改革的制度和社会基础意义重大。

---

① 《习近平主持召开中央全面深化改革领导小组第七次会议》，中国政府网，2014 年 12 月 2 日。
② 《中华人民共和国土地管理法》，第十三届全国人民代表大会常务委员会，2019 年 8 月 26 日。

（二）持续扩权赋能　精细整合农村土地资源

在农村土地所有权、经营权分离的基础上，新一轮土地政策改革创造性地分化出承包权，以承包权流转赋能农业现代化和农村发展。改革的核心思路是通过建立健全土地流转制度和构筑新型农业生产经营关系，实现农村土地的有效、有序流转，进而纾解农村土地乃至农业生产碎片化、粗放化的困局，逐步提升农业生产集约节约化水平和质量效率。2013 年，中央一号文件提出“抓紧研究现有土地承包关系保持稳定并长久不变的具体实现形式，完善相关法律制度”。2014 年、2015 年中央一号文件均要求对土地等资源性资产做到确地到户，从严掌握确权确股不确地的范围，为改革的有效落地打好前站。截至 2015 年 6 月底，全国完成实测承包地面积 3.5 亿亩，确权面积 2.6 亿亩。在做实土地确权基础性工作后，2016 年 10 月 30 日，中共中央办公厅、国务院办公厅印发《关于完善农村土地所有权承包权经营权分置办法的意见》，正式提出“三权分置”土地改革方案，并系统描绘了“三权分置”改革格局，开启围绕土地高效有序流转的改革新篇章，切实回应了农民的利益关切，为农业农村的创新发展注入了制度活力。

在通过扩权进一步释放农村生产型土地活力的同时，党开始着手从制度设计上解决集体经营性用地和宅基地的权能问题。党的十八届三中全会通过的《中共中央关于全面深化改革若干重大问题的决定》提出“坚持同等入市、同权同价”，赋予农村集体经营性建设用地和国有建设用地平等的市场地位。2014 年 12 月 31 日，中共中央办公厅、国务院办公厅联合印发了《关于农村土地征收、集体经营性建设用地入市、宅基地制度改革试点工作的意见》，标志着我国农村“三块地”改革正式进入试点阶段。2020 年 6 月 30 日，中央深改委第十四次会议审议通过了《深化农村宅基地制度改革试点方案》，会议指出，“深化农村宅基地制度改革，要积极探索落实宅基地集体所有权，保障宅基地农户资格权和农民房屋财产权，适度放活宅基地和农民房屋使用权的具体路径和办法”，进一步推动了我国完善农村土地征收、集体经营性建设用地入市和宅基地制度的全面改革。通过扩放相关土地的用益物权和担保物权等，有利于增加农民的财产性收入[20]，消减城乡两级土地市场的不均衡、不对等情况。以法制化的高度，市场化的机制，进一步明确深化农村土地制度改革的方向、重点和要求。

“三权分置”和“三块地”改革，均在所有权、经营权分离的基础上，通过土地要素有偿、有序、有度流动，达到合理配置、释放价值的效果。

（三）抑制土地投机　全面保障住有所居

为缓解城市居民住房紧张和房地产市场过热等问题，城市土地政策改革主要聚焦于住房体系的供给侧结构性改革。习近平在多次讲话中强调“房子是用来住的，不是拿来炒的”，对住房的社会功能做了清晰的定位。2016 年，中央经济工作会议进一步指出：要坚持“房子是用来住的，不是用来炒的”的定位，综合运用金融、土地、财税、投资、立法等手段，加快研究建立符合国情、适应市场规律的基础性制度和长效机制，既抑制房地产泡沫，又防止出现大起大落。2017 年，党的十九大报告提出“多主体供给、多渠道保障、租购并举的住房制度”，同年公布的《全国国土规划纲要（2016—2030 年）》对土地供给结构及利用模式制定了长远的战略规划。

总的来看，新时代城市土地政策改革在住宅用地层面围绕抑制投机、保障人民居住权展开。通过遏制投机炒作需求，让房子回归到保障和满足人民群众居住的基本属性上来[21]。具体而言就是以租购并举为制度基础，建立健全由市场发挥满足不同层次住房需求的决定性作用，由政府发挥提供基本住房保障的基础性作用的住房制度，从而使住宅用地回归到满足人民住房需求的本位。

（四）集约节约利用　有效提升土地治理效能

在建设用地层面，城市土地政策的改革深化主要立足于集约节约和提高利用效能。加强土地集约节约利用，探索差别化的土地管理机制，推动闲置土地的处置盘活，切实提高土地利用强度，有助于合理、集约、节约、高效开发利用土地。

为贯彻《国民经济和社会发展第十三个五年规划纲要》，促进开发区提升土地供给质量，自然资源部按监测方案及相关技术标准对国家级开发区土地集约利用状况开展年度监测。数据显示，截至 2019 年，我国国家级开发区土地利用程度显著提升，利用强度稳步提高，用地结构逐步调整，土地集约利用状况取得明显改善①（见表 2）。

---

① 自然资源部：《关于 2019 年度国家级开发区土地集约利用监测统计情况的通报》，2020 年 1 月。

表 2　2019 年度国家级开发区土地集约利用监测统计基本情况

类型		基本数据				用地结构	土地利用强度				投入产出效益		
		监测统计范围面积（万公顷）	可开发建设土地面积（万公顷）	已供国有建设用地面积（万公顷）	已建成城镇建设用地面积（万公顷）	工业用地率（%）	综合容积率	建筑密度（%）	工业用地综合容积率（%）	工业用地建筑系数（%）	工业用地固定资产投入强度（万元/公顷）	工业用地地均税收（万元/公顷）	综合地均税收（万元/公顷）
全国		49.57	47.80	39.25	36.62	48.65	0.96	32.30	0.91	51.37	8 589.12	656.64	561.67
分区域	东部	26.56	25.51	20.99	19.46	52.67	0.95	33.30	0.97	52.52	9 659.55	828.80	727.41
	中部	9.27	8.95	7.42	6.96	49.43	1.00	34.95	0.92	50.64	7 584.65	426.32	429.05
	西部	9.01	8.75	7.05	6.59	38.11	1.01	28.87	0.74	49.46	7 474.10	380.88	338.63
	东北部	4.73	4.59	3.79	3.61	44.74	0.80	28.06	0.72	48.51	5 667.95	483.49	330.70
分管理类型	经济型开发区	27.62	26.58	21.66	20.22	52.53	0.92	33.04	0.87	51.61	8 193.48	564.27	503.67
	高新类开发区	17.86	17.19	14.78	14.06	40.07	1.06	31.58	0.97	49.75	9 436.68	801.14	624.72
	海关特殊监管区域	4.09	4.03	2.81	2.34	66.69	0.68	30.20	0.88	55.51	8 223.77	763.94	684.11
分监测统计类型	工业主导型	36.14	34.90	28.16	26.03	58.58	0.87	33.39	0.91	51.83	8 427.37	664.55	573.42
	产城融合型	13.43	12.90	11.09	10.59	24.27	1.17	29.60	0.89	48.59	9 548.09	609.71	532.81

资料来源：自然资源部《关于 2019 年度国家级开发区土地集约利用监测统计情况的通报》。

集约节约利用土地，其本质是在尊重市场发挥土地资源优化配置决定性作用的基础上，充分提高土地治理的能力和质量。党的十八届三中全会指出，全面深化改革的总目标是完善和发展中国特色社会主义制度，推进国家治理体系和治理能力现代化。在土地方面，就是要进一步优化要素配置，由粗放式的管理向精细化的治理迈进，通过完善土地监管机制，结合地价动态监测系统、国土资源平台等提升土地治理效能。2020 年 3 月，中共中央、国务院印发《关于构建更加完善的要素市场化配置体制机制的意见》，首次将数据要素列为生产要素，提出要“充分发挥数据要素对其他要素效率的倍增作用”，在土地治理层面，要注重通过数据开放共享、推动资源整合、支持数据产业发展等方式提升土地治理能力。

（五）构筑生态文明　有序推进以人为核心的新型城镇化

党在土地政策的设计与优化中不断强化科学治理，保障政策的科学性、精准性、有效性，持续利用土地政策改革释放的发展红利，助力城乡一体化和乡村振兴。

经过 40 余年的改革开放，中国特色社会主义市场经济体制得到了较为充分的发展，我国商品和服务价格已由原来的 97%以上由政府定价转变为 97%以上由市场定价，极大地促进了社会资源充分涌流。如何让土地资源的利用、分配、流转更加科学高效地融入市场、用好市场，是进一步释放土地生产力的新突破口。

中共中央、国务院印发的《关于构建更加完善的要素市场化配置体制机制的意见》提出“推动土地要素市场化配置，加快土地要素价格市场化改革和健全土地要素市场化运行机制”的要求，意味着在新的发展阶段，需要进一步建立城乡统一的建设用地市场，深化产业用地市场化配置改革，严格控制增量建设用地，有效盘活存量建设用地，完善土地治理机制，促进土地要素的自主有序流动，提高要素配置效率，使土地要素在更多的市场主体间、更宽的经营范围内、更广的使用用途中充分释放效能，以激发全社会基于土地的生产创造力和市场活力，从而推动经济发展质量变革、效率变革和动力变革，助推城乡一体化。

2020 年 10 月 29 日，党的十九届五中全会公报提出“优化国土空间布局，推进区域协调发展和新型城镇化”“健全区域协调发展体制机制，完善新型城镇化战略，构建高质量发展的国土空间布局和支撑体系”，及“要构建国土空间开发保护新格局，推动区域协调发展，推进以人为核心的新型城镇化”，对进一步优化土地资源配置，推动城乡一体化和高质量发展提出了新要求。从“十四五”开始，各省要分年度稳步提高土地出让收入用于农业农村的比例，到“十四五”期末，土地出让收益用于农业农村的比例达50%以上。这一系列举措旨在逐步实现乡村土地反哺乡村建设，为乡村持续繁荣和农民幸福生活筑牢基础，在实现乡村振兴的新征途上，充分发挥土地要素的贡献力。

利用土地政策改革推动城乡一体化与乡村振兴的出发点和落脚点是满足人民美好生活需要，在充分解决“耕者有其田”和“住有所居”的问题后，如何促进“安居乐业”和“业有所兴”，促进人民精神生活的大幅度改善，成为治国兴邦的又一重要命题。

习近平在全国生态环境保护大会上指出，“绿水青山就是金山银山”，阐述了经济发展和生态环境保护的关系，揭示了保护生态环境就是保护生产力，改善生态环境就是发展生产力的道理，指明了实现发展和保护协同共生的新路径，明确了土地治理改革的新方向。新时代以来，立足新发展理念的城乡土地政策改革全面深化的宏伟蓝图正在缓缓铺开（见图3）。

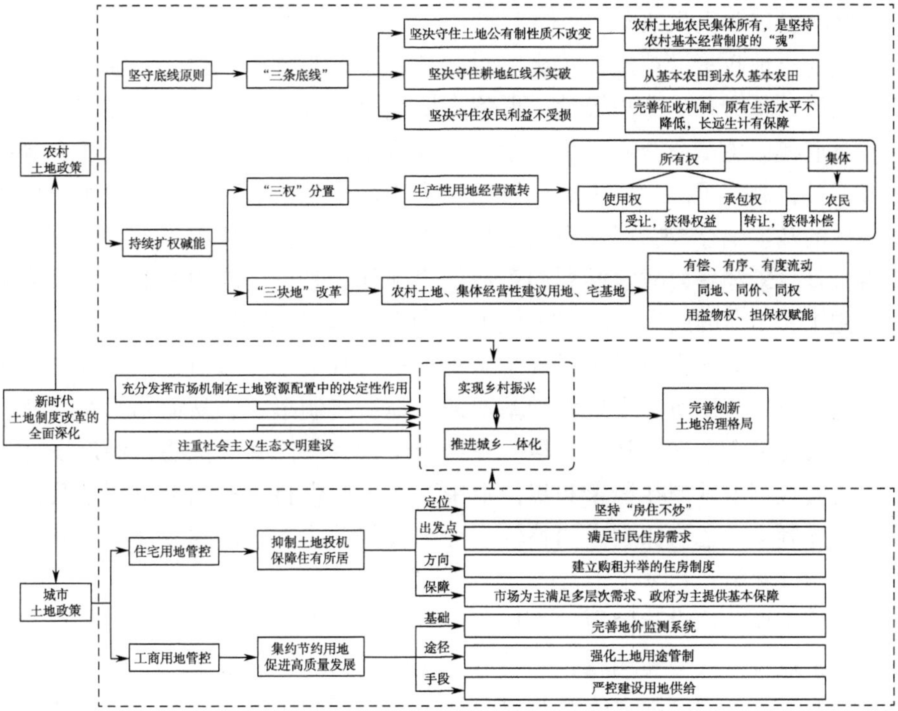

图3　新时代土地政策制度改革的全面深化

六、启示与展望

如何通过土地政策正确处理人地关系及合理配置土地权利，是长期困扰人类社会的治理难题，考验着一个政党的执政能力，体现出一个国家的治理水平。中国共产党的百年土地政策，贯穿始终的一条主线就是“以人民为中心”，充分体现了人民立场是中国共产党的根本政治立场。因此，党的百年土地政策为国家富强和人民幸福提供了有力保障。

（一）不同阶段土地政策特征及内在联系

百年来，党的土地政策紧紧围绕实现和维护最广大人民的根本利益，经过多轮改革，逐步确立了具有中国特色的土地管理政策制度体系，在土地公有制和以用途管制为核心的基础上，完善土地产权管理及土地资源配置机制，优化土地使用结构，不断解放和发展土地要素生产力，形成了一套与中国特色社会主义道路密切结合的土地制度和政策体系，有效地服务于国家经济发展、社会稳定和民生改善。

党的土地政策沿革经历了废除封建性及半封建性剥削的土地制度，调动广大人民的革命和生产积极性，保障人民生存发展的基本权利并在广大人民拥护下取得民主革命全国胜利的阶段。在这个阶段，党抓住了土地所有制的主要矛盾，制定了由封建土地所有制转为农民土地所有制的土地政策，保障了人民的基本生存权，因此赢得了最广大人民的支持，使中国共产党拥有了取得抗日战争和解放战争胜利的革命能力和社会基础。新中国的成立宣告了新民主主义革命的胜利，也意味着这一时期土地政策的成功。

党的土地政策沿革经历了逐步确立土地的社会主义公有制，形成国家所有土地和农民集体所有土地两种基本的土地所有制形式，从而助力社会从新民主主义向社会主义过渡的阶段。在这个阶段，中国共产党通过制度设计将土地所有权牢牢掌握在国家和集体手中，从生产资料公有制上巩固了我国的社会主义制度，也为探索中国特色社会主义积蓄了强大的执政能力，夯实了坚强的制度保障，积累了丰富的建设经验。

党的土地政策沿革经历了土地管理政策制度融入社会主义市场经济，通过分离土地所有权与使用权，推动城乡土地经营权的有序流动，从而有效释放土地要素生产力，助力改革开放时期中国经济腾飞的阶段。在改革开放的伟大实践中，党创造性地通过分离土地所有权与使用权的制度设计，推动城乡土地经营权的赋权与流动，有效释放了土地要素的生产力，逐步确立和完善了以用途管制为核心的土地管理制度，和以市场发挥决定性作用的土地资源配置体系，进一步提升了土地资源推动经济发展、创造社会财富的动能与效能。

党的土地政策奋进在全面深化改革、走新发展道路的全新历史阶段。新时代以来，中国共产党以五大发展理念为指导，强化土地政策制度体系改革的系统性、整体性与协同性。以明确的底线思维和清晰的治理定位，保障人民基于土地的居住权和发展权；以更深入的扩权赋能、更集约节约的用途管制，推动土地资源的有效整合和合理利用；以更科学、更精细、更综合的土地治理，强化土地资源对经济社会可持续高质量发展的贡献。在不断推进土地政策改革、不断完善土地治理的布局中，让土地资源更好地满足人民对美好生活的向往。

党的百年土地政策在不同阶段各有主题、各有侧重，但坚持的主线始终如一，就是以人民为中心的发展思想和社会主义公有制原则。百年来，党的土地政策的制定、调整和完善都是以维护人民的利益为根本出发点，都是在倾听民意并获得人民的支持下落地生根，都是通过解放和发展土地生产力来支撑人民对美好生活的向往，都对形成、坚持和发展中国特色社会主义有着至关重要的历史作用和时代意义，其各阶段的演进具有理论逻辑、历史逻辑和实践逻辑的内在统一性。

（二）启示

从党的百年土地政策变革的有益实践中可以总结出诸多成功经验与启示，对我国未来土地治理改革的进一步深化有着重要的指导和借鉴作用。

1. 坚持以人民为中心，推进土地政策改革

中国共产党始终坚持以人民为中心，废除了压迫中国人民的封建半封建土地所有制，让人民成为土地的主人；结束了存在数千年的土地私有制，为社会主义事业的发展奠定了制度基础；建立社会主义土地公有制，并不断改革释放生产力，让人民富起来、国家强起来。历史证明，只有依靠人民才能创造历史伟业。中国共产党百年来的土地政策沿革无不以人民利益为出发点和落脚点，始终把人民利益摆在至高无上的地位，因此顺应民意、赢得民心，使中国共产党成为中国特色社会主义事业的坚强领导核心。新发展阶段土地管理政策制度改革，应坚持以习近平新时代中国特色社会主义思想为指导，把人民对美好生活的向往作为奋斗目标，继续推进改革的深化，让土地资源更好地用之于民，造福于民。

2. 实事求是找准土地政策改革创新的发力点

实事求是是共产党人的重要思想方法，是保证党和国家事业健康发展的关键。百年来，党的土地政策实践证明，只有符合人民根本利益，符合社会主义发展道路，符合经济社会发展规律，符合中国实际情况的土地政策才能在中国落地生根，助力中国特色社会主义事业长久兴旺。用好实事求是的思想方法就是要从实际出发，坚持把实践作为检验土地政策改革成效的标准，并依据新形势、新需要不断创新。土地政策改革应当把握好人民日益增长的美好生活需要和不平衡不充分的发展之间的矛盾，应当认识到土地资源有限、人均资源有限、市场作用有限等中国实情，应当落实好“创新、协调、绿色、开放、共享”的发展理念，应当协同好国家治理体系与治理能力现代化的进程。

3. 紧密结合市场机制，激发土地要素生产力

新中国 70 余年的建设、改革经验表明，中国特色社会主义建设离不开市场经济，必须发挥好市场在资源配置中的决定性作用。改革开放以来，市场在释放土地资源生产力、提高土地资源利用率、优化土地资源配置等方面起到巨大作用。过去的土地管理离不开市场，未来的土地管理也离不开市场，土地政策改革应当尊重经济规律，继续发挥好市场在资源配置中的决定性作用，并注重消减由城乡、地区、部门利益等因素带来的非必要的市场藩篱，更好地发挥土地资源在经济社会发展中的综合性效能，让土地资源为人民带来更大的幸福感。

4. 推进党的经济工作能力现代化以深化土地政策改革

土地政策改革关乎经济社会发展全局，牵一发而动全身。随着中国特色社会主义事业的不断发展，各项发展领域间的联系日趋紧密，制度关系、政策关系、社会关系、利益关系日趋错综复杂，深化土地政策改革更加考验执政党对复杂局面、复杂问题、风险挑战的驾驭能力和解决能力。对此，应当注重党的经济工作能力现代化建设[22]，着力推进国家治理体系与治理能力现代化，以此为入口厘清政策脉络，找准改革方向，科学精准施策，让土地政策更好地服务于耕地保护、农村发展、经济转型、环境治理、新型城镇化、房价调控和社会保障等相关领域，真正做到地为民用，地有善用。

5. 注重生态文明建设，确保土地资源利用可持续发展

绿水青山就是金山银山，保护生态环境功在当代、利在千秋。土地作为人类生产、活动、发展不可或缺的不可再生资源，必须得到妥善利用和有效保护，避免走上“先发展，后治理”的老路弯路。当前，土地的生态污染、环境破坏问题依然突出，以土地为载体的生态文明建设依然任重道远。土地政策改革应当充分注重生态文明建设，坚持节约优先、保护优先、自然恢复为主的方针，通过完善立法机制、建立防控体系等方式全面落实土壤污染防治行动计划，大力发展绿色产业、绿色金融，加强自然资源资产管理，落实绿色发展，在土地利用管理中做到人与自然的和谐共处。

（三）展望

党的百年土地政策圆了中国人民追求“耕者有其田”“居者有其屋”的梦想，是将特定历史时期社会生产和中国国情相结合的产物。在新时代中国特色社会主义的伟大实践中，土地政策改革要将“以人民为中心”的发展思想贯穿始终，要以“两个一百年”的伟大目标为基本导向，土地治理政策制度设计要遵循全面依法治国的根本要求。着重规范公共利益征地范围，拓宽农民财产性收入渠道以构建农村扶贫脱贫的长效机制，注重人地协调发展，消除城市化、乡村振兴及城乡融合高质量发展道路上的土地政策制度障碍。

百年来，中国共产党始终坚守以人民为中心的理念，立足中国土地、服务中国人民，以人民的初心、人民的智慧和人民的力量不断深化土地政策改革，不断优化土地要素分配，不断探索土地科学治理，让古老的中华大地焕发出新生机，助力伟大的中华民族耕耘出新辉煌。

参考文献：

［1］中共中央文献研究室中央档案馆．建党以来重要文献选编（1921—1949）：第1册［M］．北京：中央文献出版社，2011：1，134.

［2］中共中央文献研究室中央档案馆．建党以来重要文献选编（1921—1949）：第3册［M］．北京：中央文献出版社，2011：444-445.

［3］中共中央文献研究室中央档案馆．建党以来重要文献选编（1921—1949）：第6册［M］．北京：中国文献出版社，2011：184.

［4］蒋伯英．闽西革命根据地史［M］．福州：福建人民出版社，2019.

［5］中共中央党史研究室．中国共产党的九十年　新民主主义革命时期［M］．北京：中共党史出版社，党建读物出版社，2016：136.

［6］中共中央文献研究室、中央档案馆．建党以来重要文献选编（1921—1949）：第14册［M］．北京：中央文献出版社，2011：370.

［7］中共中央党史研究室．中国共产党历史第一卷（1921—1949）：下册［M］．北

京：中共党史出版社，2002：596-597.

［8］中共中央文献研究室、中央档案馆．建党以来重要文献选编（1921—1949）：第24册［M］．北京：中央文献出版社，2011：417.

［9］罗平汉．土地改革运动史 1946—1948［M］．北京：人民出版社，2018.

［10］全国人大常委会办公厅，中共中央文献研究室．人民代表大会制度重要文献选编［M］．北京：中国民主法制出版社，2015：76.

［11］国务院法制办公室．中华人民共和国法规汇编 1949—1952：第1卷［M］．北京：中国法制出版社，2014：17.

［12］廖鲁言．三年来土地改革的伟大胜利［N］．人民日报，1952-09-28.

［13］中共中央党史研究室．中国共产党历史第二卷（1949—1978）：上册［M］．北京：中共党史出版社，2011：101.

［14］中共中央文献研究室．建国以来重要文献选编：第2册［M］．北京：中国文献出版社，2011：451-452.

［15］中共中央文献研究室．建国以来重要文献选编：第11册［M］．北京：中央文献出版社，2011：384-388.

［16］中共中央文献研究室，国务院发展研究中心．新时期农业和农村工作重要文献选编［M］．北京：中央文献出版社，1992：60.

［17］陈方南．新中国农村土地政策评析［J］．学习与探索，2006（4）.

［18］全国人大常委会办公厅．中华人民共和国宪法　公报版［M］．北京：中国民主法制出版社，2018：41.

［19］吴宇哲，孙小峰．改革开放40周年中国土地政策回溯与展望：城市化的视角［J］．中国土地科学，2018（7）.

［20］李江涛，熊柴，蔡继明．开启城乡土地产权同权化和资源配置市场化改革新里程［J］．管理世界，2020（6）.

［21］程民选，冯庆元．试析新时代“房住不炒”定位的理论逻辑：基于大卫·哈维的马克思主义经济学分析框架［J］．经济问题，2019（1）.

［22］张开，王声啸，王腾，等．习近平新时代中国特色社会主义经济思想研究［J］．政治经济学评论，2020（3）.

中国战胜农村贫困的百年实践探索与理论创新

杨灿明
中南财经政法大学

摘要：中国消除农村贫困主要经历了五个阶段，即初心与使命驱动下的革命式减贫阶段，制度保障下的救济式扶贫阶段，深化农村改革下的开发式扶贫阶段，市场化导向下的培育内生动力减贫阶段，以及习近平新时代精准扶贫阶段。各历史阶段的减贫战略，在思想与理论上是一脉相承的，也是减贫理论与实践探索的融合、发展与创新。党的十八大以来，形成了习近平新时代精准扶贫思想，既是历任中国共产党领导人减贫思想的继承与发展，也是在农村减贫实践探索中的重大创新，且与经济社会发展和国家重大战略需求相适应。中国消除绝对贫困、实现全面小康很大程度上依赖于农村深化改革和经济发展中的带动力量，更重要的是探索出了融合“理论、理念、制度和机制”为一体的综合性减贫体系。

关键词：建党百年　全面小康　农村贫困　减贫成效　精准扶贫

消除贫困、改善民生、实现共同富裕，是社会主义的本质要求[1]，是中国人民自古以来的美好社会理想。从先秦诸子百家倡导大同、仁爱、民本、小康的传统理念，到中国共产党领导人民精准扶贫的伟大实践，都蕴含了中华民族对消除贫困、实现共同富裕的向往和追求。党的十八大确立了“两个一百年”的奋斗目标，一是在中国共产党成立 100 年时全面建成小康社会；二是在中华人民共和国成立 100 年时建成富强民主文明和谐的社会主义现代化国家。在庆祝中国共产党建党 100 周年之际，习近平在 2021 年 2 月 25 日脱贫攻坚总结表彰大会上庄严宣告，经过全党全国各族人民共同努力，我国脱贫攻坚战取得了全面胜利。这标志着中国如期高质量完成了第一个“百年目标”，正向着第二个“百年目标”迈进。

中国是农业文明古国和农业大国，农民是中国贫困群体的主体，中国能

注：本文原载《管理世界》2021 年第 11 期。

如期消除贫困主要得益于农村减贫的决定性成就。建党初期，农民占全国人口的80%以上，所以中国的贫困在很大程度上被视为一种农村贫困现象，贫困治理的任务主要集中在农村。城市贫困人口相对农村较少，治理难度也较小，城市贫困治理主要以“三无”人员①为帮扶对象，治理手段以社会救助与政策兜底为主，减贫途径和减贫模式较为单一。为此，本文立足中国经济社会发展的演进历程，主要探讨中国农村贫困问题。并且，回顾与总结党领导人民战胜农村贫困的奋斗历程和经验，既可以深刻认识中国特色减贫道路的历史脉络，也有利于理解马克思主义反贫困理论中国化的创新与发展。不仅可以读懂习近平新时代精准扶贫思想产生的渊源，而且可以深刻领悟消除绝对贫困后中国减贫思想与理论的演进方向与未来重点，以期为国际减贫贡献中国智慧。

一、中国战胜农村贫困的百年历程与减贫成就

中国减贫事业取得了辉煌的成就，成为世界上减贫人口最多，减贫成效突出，提前10年完成联合国《2030年可持续发展议程》减贫目标的国家②。相关研究表明，从1990年到2011年，全球极端贫困人口从19.2亿人下降到10.1亿人，减少了9.1亿人，其中6亿多人来自中国，中国在此期间的极端贫困人口减少数量占全球减贫数量的2/3[2]。建党以来，中国共产党领导人民群众走出了一条中国特色的减贫道路，实现了绝对贫困人口的全部脱贫，从温饱走向了全面小康，积累了丰富的减贫经验。为此，回顾中国战胜农村贫困的伟大成就，需要将建党、新中国建立、改革开放和党的十八大以来四个重要历史时期串联起来考察，进而厘清中国战胜农村贫困历程中承继创新的理论思想和发展逻辑。

（一）初心与使命驱动下的革命式减贫阶段（1921—1948年）

自中国共产党成立之日起，党始终高度重视人民群众的民生问题，把消除贫困、改善民生、实现共同富裕作为主要目标和任务。100年前，中国处在

---

① 三无人员指传统上无劳动能力、无收入来源、无法定扶养人或法定扶养人无扶养能力的居民。

② 联合国《2030年可持续发展议程》提出了到2030年时，在全世界所有人口中消除每天生活费不到1.9美元的极端贫困目标（联合国官方网站，United Nations，2015，Transforming Our Word：The 2030 Agenda for Sustainable Development，https：//sdgs.un.org/2030agenda）。

战乱频繁、民不聊生的半殖民地半封建社会。为了改变当时穷困潦倒的悲惨境地，中国共产党人全面、客观地分析了国内外发展形势，明确了推翻资产阶级专政，废除长期剥削、压迫和奴役人民的封建制度的革命目标，肩负着领导人民群众改变穷困潦倒的制度环境、战胜贫困的历史使命。建党初期，中国共产党以马克思主义反贫困理论为基础，秉承“为人民谋幸福、为中华民族谋发展”的初心与使命，为减少农村贫困问题制定了一系列经济和民生政策，形成了早期以人的自由而全面发展的减贫思想。

建党初期，中国共产党从农村的实际出发，具体问题具体分析，清楚地认识到农民的土地问题是解决中国农村贫困的根本问题，逐步形成了通过帮助农村人民发展生产的方式，改善农村贫困大众的生活。土地是农民主要的生产资料，党领导人民在井冈山地区和敌后根据地通过废除封建土地制度，领导人民打土豪、分田地，推翻地主所有的土地制度，建立起了农民所有的土地制度，调动了广大人民群众生产发展的积极性。1928 年 5 月至 7 月，湘赣边界各县掀起分田高潮，年底颁布了《井冈山土地法》。1929 年 4 月，又制定和颁布了《兴国土地法》，毛泽东将《井冈山土地法》规定的“没收一切土地”改为“没收一切公共土地及地主阶级的土地”。1931 年 2 月，毛泽东又修改了《井冈山土地法》中关于农民只有土地使用权，禁止土地买卖的规定，肯定了农民对土地的所有权[3]。中国共产党在解放区实行轻徭薄赋，践行了“耕者有其田”的理念。这个阶段实行土地革命符合当时中国农村实际，也是解决农民吃饭生存问题的正确选择。

中国共产党领导人民推行的土地革命政策，彻底铲除了封建性的地权与财权，从基本制度上保护了人民的根本利益，使当时的农民脱离地主的掌控，在一定程度上缓解了农村的自我贫困，为中国摆脱贫穷落后、实现繁荣富强扫清了障碍，为党领导人民建立社会主义制度创造了根本的政治条件。这个阶段的减贫思想，一方面体现了“人民利益”优先的群众观，并确立了让人民当家作主作为彻底消除贫困问题的制度前提；另一方面深刻体现了中国共产党减贫思想的求真务实，根据当时农村贫困发展现状，抓住广大人民群众关心的土地问题的关键，带领人民群众发展农业生产，组织和发动边区人民参与劳动和生产，激发了人民群众的生产积极性，有效解决了困难群众的温饱与生存问题，为早期的减贫救济工作提供了物质基础和群众基础。

（二）制度保障下的救济式扶贫阶段（1949—1978 年）

1949 年，中华人民共和国成立后，为了彻底改变中国农村积贫积弱的境地，以毛泽东为代表的第一代中央领导集体在广泛调查研究中国国情的基础上，提出了实现“共同富裕”的宗旨目标。并在马克思主义反贫困理论的基础上，积极探索通过走社会主义道路消除贫困的治贫之道。社会主义制度的建立，从根本上消除了私有制社会制度导致的“社会贫困”问题，有效破解了资本主义社会贫困的经济根源和阶级属性。马克思认为，资本积累的一端是财富的积累；另一端则是贫困、被剥夺、劳动折磨、受奴役和道德堕落的积累，是资本主义制度的必然趋势[4]。因此，在马克思主义反贫困理论中，资本无偿占有剩余价值是贫困的基础。资本主义为了再生产进行的资本积累则是贫困的根源，即资本主义私有制。可见，马克思的反贫困理论解释了“无产阶级的贫困是社会制度所造成的后果”[5]，为中国共产党人创造性地将马克思主义反贫困理论中国化，建立社会主义制度和走出一条中国特色的减贫发展道路奠定了理论基础。

中华人民共和国成立初期，面对一穷二白的社会发展现状，为了解决普遍性的生存贫困问题，中国共产党在马克思主义反贫困理论的基础上，明确了变革生产关系和解放生产力是解决农村贫困问题的关键。为了解决中国农村居民的极端贫困问题，1950 年，党和政府颁布了《中华人民共和国土地改革法》，废除地主阶级的封建剥削土地所有制，实行农民土地所有制，将大约占全国耕地面积 43%的土地和大部分生产、生活资料分配给无地的农村居民，实现了中国 3 亿农村居民“耕者有其田”的愿望，从而解放了农村生产力，成为中国农村特色减贫思想的起点。1956 年农村“三大改造”的完成，预示着中国消灭了生产资料私有制，建立起了社会主义公有制，消灭了剥削制度，消灭了农村不平等的社会结构。

农业自古以来被视为国之根本，土地改革通常被认为是最为根本的减贫政策[6]。中国共产党带领农村民众大力发展生产，全面推广农业技术等系列农村农业发展措施，改善农村的交通、水利、饮水、电力和公共卫生等基础设施。经过系列促进农村发展的政策，中国的粮食生产从 1949 年的 1 035 千克/公顷增加到 1978 年的 2 528 千克/公顷[7]。粮食的增产增收，极大地解决了中华人民共和国成立初期普遍贫困和贫困人口的基本生存问题。其间，中国建立了由近 6 万个乡镇、县级以上营业机构和 35 万个生产队信用站组成的农村金融服务网。1952—1978 年，农村信用社累计为农民提供农业贷款 1 373. 5 亿元[8]，为贫困地区的贫困人口生产与发展提供了基本的物质和资金保障。与此同时，为了缓解学龄儿童入学、看病就医等民生问题，中国政府开展了大规模的扫盲运动，允许私人办学，鼓励提倡集体办学，学龄儿童平均入学率大幅提高，在校小学生规模从1949年的2 439万人增加到1975年的1.5亿人，在校初中生规模从1949年的83.2万人增加到1978年的4 995.2万人，平均受教育年限从1950年的1.79年提高到改革开放初期的5.74年[9]。不断完善农村三级医疗卫生网络体系，生产队卫生员、农村接生员等医疗人员队伍不断壮大。相关资料显示，1958—1978年，农村地区专业卫生技术人员占同期全国卫生技术人员的比重高达53%～70%①。乡村医院、赤脚医生等为代表的医疗卫生体系，成为解决中华人民共和国成立初期农村医疗资源紧缺的有效方式，大批的赤脚医生有效防控了农村的疟疾和寄生虫病等疾病的传播，农民体质增强，平均预期寿命从1960年的43.7岁提高到1978年的65.6岁[10]。社会保障体系方面，"五保"供养制度②逐步建立，保障了最底层贫困人口的基本生存需求。因此，在社会主义制度建立初期的救济式扶贫，为后期中国农村减贫积累了充足的人力资源和物质资源，为后一阶段大规模减贫打下了坚实的经济和社会基础。

（三）深化农村改革下的开发式扶贫阶段（1979—2000年）

1979—2000年，中国农村经历了从体制改革下的扶贫（1979—1985年）到有计划的大规模开发式扶贫（1986—2000年）的转变。这一时期是中国战胜农村贫困的关键衔接阶段，主要任务是从解决普遍性贫困转变到消除区域性贫困，表现出渐进性调整减贫战略的阶段性特征，建立起农业发展与开发式扶贫协同推进的扶贫战略构想，有效解决了农村居民的温饱难题，为新时期实现全面小康奠定了基础。改革开放后，进入了更加规范、有序的贫困瞄准和减贫发展阶段。经过中华人民共和国成立初期的集体经济发展，贫困人口逐渐减少，但处在贫困线以下的人口占比仍然较大。统计数据显示，1978年，按当时人均收入100元的贫困线标准，中国贫困发生率为30.7%，贫困人口规模为2.5亿人。按照现行2 300元（2010年价格）标准估算，1978年中国贫困发生率高达97.5%，贫困人口规模为7.7亿人（见表1）。为解决当时的普遍贫困问题，党和政府确立了深化农村改革下的开发式扶贫方针，改变了"输血式"救济为主的扶贫方式。

---

① 数据来源于国家统计局：《建国三十年国民经济统计提要（1949-1978）》，国家统计局内部资料，1979年，第358页和第363页。

② "五保"供养制度指：保吃、保穿、保烧（燃料）、保教（儿童和少年）、保葬。

表1　1978—2019年中国农村贫困与居民人均可支配收入

年份	1978年标准		2008年标准		2010年标准		全国农村	
	贫困人口（万人）	贫困发生率（%）	贫困人口（万人）	贫困发生率（%）	贫困人口（万人）	贫困发生率（%）	人均可支配收入（元）	实际增长率（%）
1978	25 000	30.7	—	—	77 039	97.5	133.6	—
1980	22 000	26.8	—	—	76 542	96.2	191.3	19.9
1985	12500	14.8	—	—	66 101	78.3	397.6	7.8
1990	8 500	9.4	—	—	65 849	73.5	686.3	1.8
1995	6 540	7.1	—	—	55 463	60.5	1 577.7	5.3
2000	3 209	3.5	9422	10.2	46 224	49.8	2 282.1	2.5
2005	2 365	2.5	6432	6.8	28 662	30.2	3 370.2	6.7
2010	—	—	2688	2.8	16 567	17.2	6 272.4	11.4
2011	—	—	—	—	12 238	12.7	7 393.9	11.4
2012	—	—	—	—	9 899	10.2	8 389.3	10.7
2013	—	—	—	—	8 249	8.5	9 429.6	9.3
2014	—	—	—	—	7 017	7.2	10 488.9	9.2
2015	—	—	—	—	5 575	5.7	11 421.7	7.5
2016	—	—	—	—	4 335	4.5	12 363.4	6.2
2017	—	—	—	—	3 046	3.1	13 432.4	7.3
2018	—	—	—	—	1 660	1.7	14 617.0	6.6
2019	—	—	—	—	551	0.6	16 021.0	9.6

注：全国农村的人均可支配收入以1978年为基期，实际增长率以上一年为基期。

数据来源：1978—2019年人均可支配收入来源于各年度的《中国住户调查年鉴》；1978—2012年的农村贫困人口与贫困发生率数据根据历史数据按照2010年最新贫困标准（2 300元）推算获得，原始数据来自国家统计局住户调查办公室相应年度的《中国农村贫困监测报告》，其他数据均来自2020年《中国统计年鉴》。

一方面，通过全面启动的农村改革，实施从人民公社制度向家庭联产承包责任制的转变，赋予农村居民生产发展的自主权，释放了劳动生产力。党领导下的农村家庭联产承包责任制，是马克思主义农业合作化理论在中国实践中的新发展，也是马克思主义思想中“在无产阶级共享生产资料的前提下，只有不断发展生产力、解放生产力，才能够减少贫困”的反贫困理论的中国化。1980—1985 年，中国农村农业年均增长速度高达 9.3%，接近甚至超过了同期社会总产值增长速度。农村社会总产值从 2 795 亿元增加到了 6 340 亿元，农村人均年收入从 191 元增加到了 397 元①。

另一方面，为了整合扶贫资源，提高资金使用效率，党和政府于 1986 年成立了国务院贫困地区经济开发领导小组，正式开启了系统性、规范性、有组织的开发式扶贫，建立了以县为单位的目标瞄准机制。中央政府按照人均年收入 320 元标准确定了 664 个贫困县，贫困县分布在 18 个集中连片贫困地区，占全国总县数的 1/3。农业发展带动了农村居民增收脱贫，政府有组织的开发式扶贫，确立了以县级为单位的扶贫发展模式。

此外，为了能在 20 世纪末基本解决 8 000 万人的温饱问题，1994 年，党和政府提出了《国家八七扶贫攻坚计划》，建立了东西部协作扶贫机制，推行了党政机关、事业单位和社会团体定点扶贫和多渠道参与扶贫模式，从政治和战略的高度将扶贫开发摆在政府工作的重要位置。经过大规模开发式扶贫，国定贫困县农村居民人均纯收入大幅增加，贫困发生率从 1985 年的 14.8%下降到 1993 年的 8.2%②，再降到 2000 年年底的 3.5%，全国农村没有解决温饱的贫困人口减少到 3 209 万人（见表 1），标志着中国解决了 2 亿多贫困人口的温饱问题，这是中国历史上和世界范围内都了不起的成就。并且，到 2000 年年底，农村义务教育办学条件改善，适龄儿童辍学率下降到 6.5%，95%的行政村能收看电视节目，群众文化生活得以显著改善③，部分生活指标接近或达到全国平均水平。农村改革下的开发式扶贫有效解决了中国农村历史上食不果腹的普遍性贫困难题，贫困人口基本实现了温饱，为新时期全面小康奠定了基础。

（四）市场化导向下的培育内生动力减贫阶段（2001—2011 年）

进入 21 世纪后，中国特色社会主义市场经济体制改革继续深化，对外开

---

① 数据来自国务院发展研究中心 UNDP 项目组：《经济发展、改革与政策》第一卷下，第 870 页，经作者整理测算获得。

② 贫困人口数和贫困标准按照 1978 年标准计算，数据来自《中国统计年鉴》（2020），经作者整理获得。

③ 2001 年 5 月 24 日，温家宝在全国扶贫开发工作会议上的讲话，载于国务院扶贫开发领导小组办公室编：《党和国家领导人论扶贫（1978-2001）》，内部印行，2014 年，第 637 页。

放的深度和广度在加入世界贸易组织后不断加强，这些宏观环境变化将中国农村减贫工作重点和任务推到了一个新的历史阶段，即更加强调提升贫困群体的可行能力，将培育贫困人口的内生动力作为农村减贫的重点方向。这一时期，虽然尚未解决温饱问题的贫困人口数量不多，但脱贫难度越来越大，部分已经解决温饱问题的贫困人口离小康标准还存在一定差距。在这个阶段，收入贫困已经不再是农村面临的主要问题，随之出现的贫富差距日益扩大，城乡差距扩大，资金和项目投资减贫效率低下，区域性瞄准的减贫效率下降[11]，以及群体性贫困日益突出，成为农村扶贫工作的主要障碍和影响因素。为了解决当前中国农村减贫中的现实难题，2001 年 6 月 13 日，国务院印发的《中国农村扶贫开发纲要（2001—2010 年）》明确指出，通过发展生产力，提高贫困农户自我积累、自我发展能力，是贫困地区脱贫致富的根本出路，也是反贫困工作必须长期坚持的基本方针[12]，从而开启了通过市场化机制培育内生动力实现减贫的战略模式，中国的减贫也从解决温饱为主转入巩固温饱成果、加快脱贫致富、提高发展能力的新阶段。

以市场化导向为核心的扶贫理念中，主要依据贫困地区原有资源的比较优势，在注重当地的资源保护、生态资源和人居环境建设基础上，科学开发以实现地区贫困人口的可持续发展，兼顾了地区减贫与人的可持续发展。为此，政府在培育贫困人口内生动力发展中的主要责任，一是体现在提供基础设施、基本的公共服务和维护农村农业市场发展秩序；二是体现在政府强大的组织、动员和调配资源的能力方面。党和政府在以“四减免、四补贴”① 为代表的系列支农、惠农政策基础上，将贫困地区农业灌溉、生产性基础设施建设和教育、卫生、文化等公共服务事业一并纳入减贫工作范畴，强调了将减贫与地区经济发展、社会进步相协调，着力提高贫困人口享受基本公共服务水平和基础设施的机会，改善农村居民的生活质量。其间，在系列惠农政策和市场化导向减贫战略下，农村贫困人口从 2000 年的 9 422 万人减少到 2010 年底的 2 688 万人（2008 年贫困标准，见表 1），贫困发生率也从 10. 2%下降到了 2. 8%。如果按照 2010 年调整后的贫困标准测算，农村贫困发生率从 2000 年的 49. 8%下降到 2010 年的 17. 2%，10 年间，农村的贫困发生率下降了 32. 6 个百分点。农村人均可支配收入从 2000 年的 2 282. 1 元上升到 2010 年的 6 272. 4 元，增长了近 4 000 元，实际

① “四减免”：减免农业特产税、牧业税、农业税和屠宰税；“四补贴”：提供粮食直补、综合直补、粮种补贴和农机具购置补贴。

收入增长率也从2.5%提高到了11.4%的高增长水平[13]。可见，这一时期的减贫战略，更加注重以地区和人的发展为核心的“造血式”扶贫，明确了市场机制在资源配置中的决定性作用，形成了政府与市场相互联动的减贫机制，是一种针对性更强、瞄准性更精细化的减贫发展思路，其目的在于通过市场机制培育贫困人口的内生发展动力，为习近平新时代精准扶贫理念奠定了前期基础。

（五）习近平新时代精准扶贫阶段（2012—2020年）

党的十八大以来，以习近平同志为核心的党中央不断创新减贫发展模式，把脱贫攻坚摆到了治国理政的重要位置，把扶贫开发纳入国家总体发展战略，采取了系列超常规、原创性的重大减贫举措，开创了新时代精准扶贫新局面。其间，党和政府结合当前经济发展结构与经济发展方式转变，特别重新强调了在政府主导与统筹的基础上，充分发挥市场机制配置资源的作用，注重解决制约贫困地区发展和扶贫资源分配的突出问题，最大限度激发贫困人口脱贫的内生发展动力。2014年1月25日，中共中央办公厅、国务院办公厅印发《关于创新机制扎实推进农村扶贫开发工作的意见》，将中国农村减贫推进到以“精准扶贫、精准脱贫”为中心的新的历史时期，实现了从巩固温饱成果向综合解决脱贫人口可持续发展需求的转变。习近平新时代精准扶贫思想，从注重增加贫困人口的收入水平，转向了“两不愁，三保障”① 的多维福利发展，将农村卫生设施、饮用水、住房、医疗、教育和公共文化等作为减贫的核心任务。

习近平新时代精准扶贫思想，是中国特色社会主义减贫理论的原创性贡献，是马克思主义反贫困理论中国化的成功实践。习近平指出：“扶贫开发贵在精准，重在精准，成败之举在于精准。各地都要在扶持对象精准、项目安排精准、资金使用精准、措施到户精准、因村派人（第一书记）精准、脱贫成效精准上想办法、出实招、见真效。”② 精准扶贫作为新形势下立足农村现实、顺应时代发展需求的一种创新性减贫模式，是中国共产党反贫困思想与理论的重大创新。精准扶贫思想通过解读“四个问题”核心要义，明确“五个一批”重点任务，

---

① “两不愁”：不愁吃、不愁穿；“三保障”：义务教育、基本医疗和住房安全有保障。

② 习近平在部分省区市党委主要负责同志座谈会上强调谋划好“十三五”时期扶贫开发工作，确保农村贫困人口到2020年如期脱贫［N］. 人民日报，2015-06-20.

创新“六个精准”重要思想①，构建了省、市、县、乡、村五级书记共抓扶贫的大格局，凝聚了国际国内社会各方扶贫力量。例如，精准扶贫期间，党和政府实施东部 267 个经济较发达县（市、区）对西部 434 个贫困县的结对帮扶，加强 320 个中央单位定点帮扶 592 个贫困县，军队和武警部队定点帮扶 3 500 多个贫困村，以及开展“百县万村”“万企帮万村”帮扶行动等[14]。

习近平新时代精准扶贫开启了从扶贫对象识别到帮扶责任人和脱贫考核全过程精准化扶贫。党和政府共选派了 77. 5 万名干部驻村帮扶，中央组织部开展抓党建促脱贫攻坚工作，选派 19. 5 万名优秀干部到贫困村和基层党组织薄弱涣散村担任第一书记[15]。扶贫对象也经历了从被动扶贫到主动参与，从甘愿贫困到主动脱贫，更加注重对贫困人口的“志智双扶”，从物质扶贫转向精神扶贫，从单一和有限的政策向多管齐下的综合性减贫措施转变，取得了显著的减贫成效。按照 2010 年贫困标准（见表 1），中国农村贫困人口由 2012 年的 9 899 万人，减少到 2019 年的 551 万人，贫困发生率下降了 9. 6 个百分点，并在 2020 年实现了全部脱贫。2012—2019 年，农村居民人均年可支配收入从 8 389. 3 元增加到了 16 021 元，年均增长率为 8. 3%。与此同时，贫困地区的农村贫困人口从 2012 年末的 6 039 万人减少到 2019 年末的 362 万人（见图 1），年均减少近 811 万人，2019 年末贫困地区农村贫困发生率较 2012 年的 23. 2%下降了 21. 8 个百分点[16]，减贫的速度和成就走在了全球减贫事业的前列。

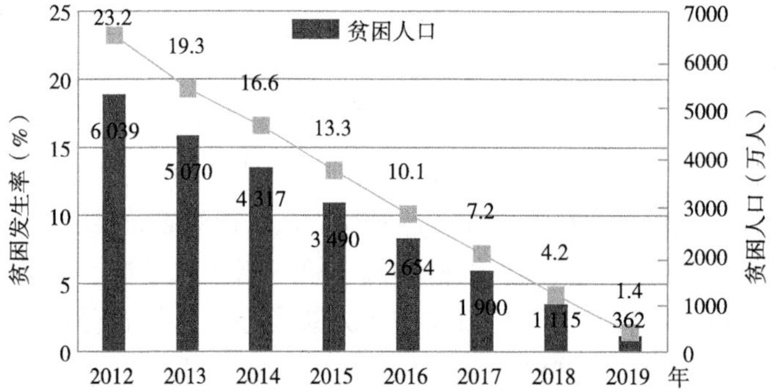

图 1　2012—2019 年贫困地区农村贫困变动

数据来源：国家统计局住户调查办公室：《中国农村贫困监测报告（2020）》，经作者整理获得。

① “四个问题”：扶持谁、谁来扶、怎么扶、如何退；“五个一批”：发展生产脱贫一批、易地搬迁脱贫一批、生态补偿脱贫一批、发展教育脱贫一批、社会保障兜底一批；“六个精准”：扶贫对象精准、项目安排精准、资金使用精准、措施到户精准、因村派人精准、脱贫成效精准。

二、中国特色减贫理论的形成、发展与创新

中国共产党领导人民战胜贫困的百年探索，经历了从实践到经验总结，从感性认识升华到理性认识的过程。中国特色减贫理论实现了对马克思主义贫困思想的坚持、继承和发展，赋予马克思主义促进人的全面发展思想从形成、发展到创新的科学内涵。要读懂中国的减贫奇迹，必然要了解中国战胜农村贫困的真实原因，解读中国特色减贫理论的思想渊源。

（一）马克思主义反贫困理论

马克思、恩格斯最早从制度层面解析了资本主义贫困问题，指出了资本主义社会中贫困问题的根源与本质。马克思认为，生产资料的私有制，以及劳动与财富的分离，是私有制社会贫困问题的根源。按照马克思关于贫困根源的论述，消除贫困的根本出路在于消灭资本主义制度中雇佣关系下的剥削制度。通过对无产阶级贫困问题的长期关注，马克思认识到资本主义制度下资本家与工人之间的对立与冲突，站在劳动者角度从制度层面揭示了贫困问题的真实原因。无独有偶，恩格斯指出："工人阶级处境悲惨的原因，不应当到这些小的欺压现象中去寻找，而应当到资本主义制度本身中去寻找。"[17]在马克思主义的传播与影响下，中国共产党人认识到，在封建制度下中国农民处在贫穷落后的悲惨境地，其根本原因在于不合理的封建土地所有制，必须从制度上消除造成农民贫困落后的根源。这是中国农村特色减贫思想的起点。

（二）中国特色减贫理论的形成

研究和探讨中国减贫思想的形成，不能脱离马克思主义反贫困理论。中国农村的减贫思想从开始就遵循了马克思主义贫困思想。1921年，中国共产党人开始运用马克思主义的立场、观点、方法，探讨中国农村贫穷落后的生产与发展之道，谋求通过变革社会制度从根本上消灭贫穷落后的社会现状。中国共产党早期的反贫困思想是马克思主义反贫困理论中国化的重要成果，也是中国共产党在领导人民群众战胜农村贫困的过程中不断形成和发展的社会主义建设理论成果。建党初期，中国共产党领导人民开始在旧制度的变革上进行了初步探索，毛泽东作为党的第一代中央领导集体核心，继承和发展了马克思的相关思想，对中国为什么存在贫困、怎样消除贫困等问题进行了

深入思考和长期探索，对中国社会贫困的根源做出了科学判断，对社会主义建设发展中的减贫实践进行经验总结和理论升华，形成了系列中国化的减贫思想和主张。在毛泽东领导下扎根农村，通过土地革命与根据地经济建设推动减贫，是中国共产党对社会形式和中国农村现状的准确把握，是马克思主义思想中国化的具体体现。1939 年，毛泽东在《中国革命和中国共产党》中指出："中国人民的贫困和不自由的程度，是世界少见的"，点明了中华人民共和国成立前消除贫困和不自由，改变社会现状的发展使命。中国共产党领导人民群众取得革命胜利，建立起的社会主义制度是消灭贫穷的根本制度保障。

马克思论证了共产主义制度代替资本主义制度的必然性，提出共产主义制度，全面否定了资本主义制度，构建了科学的社会主义理论，提出了消除贫困、实现人类共同富裕的反贫困目标。受制于时代条件限制，马克思、恩格斯只提出了社会主义理论的科学性，但并未对此展开系统论述或实践探索。社会主义制度可以消除贫困，但是，中国的发展实践证明，社会主义制度是一个不断完善的过程，应该用发展的眼光看待马克思主义反贫困理论。在社会主义发展的初级阶段，即生产资料积累不足或生产能力有限的情况下，贫困具有阶段性特征。当前，中国还处在社会主义初级阶段，要彻底消除一切形式的贫困，实现共同富裕的目标和任务，就要从中国社会发展的实际出发。只有认清中国社会发展的阶段性特征，读懂社会主义本质及其内涵，才能真正了解中国各阶段贫困治理的发展逻辑。社会主义制度有其自身的优越性，但我们还处在社会主义发展的初级阶段，所以应该根据不同经济和社会发展阶段、特点和目标进行扶贫战略的调整与完善。相比马克思、恩格斯等马克思主义经典作家的减贫思想，毛泽东、邓小平、习近平等中国共产党领导人的减贫思想不仅丰富和发展了马克思主义减贫思想，而且根据不同社会发展阶段实现了马克思主义反贫困理论的中国化，从而逐步形成了更适合于指导中国减贫与发展的特色减贫理论。

（三）中国特色减贫理论的发展

走中国特色减贫发展道路，需要立足中国基本国情，深刻把握减贫发展脉络和全面小康需求。马克思将资本主义制度下社会贫困的根源界定为生产过程中物的因素与人的因素的分离，劳动者贫困源于资本、地租和劳动者的分离，即生产资料的贫困[18]。1951 年 9 月，中共中央召开了第一次全国互助合作会议，在农民中提倡"组织起来"，通过发展农民互助合作实行农业社会化大生产，消灭富农经济和个体经济制度，引导和探索农村社会主义集体化道路。1956 年“三大改造”的完成，预示着我们消灭了生产资料私有制，建立起社会主义公有制，消灭了剥削制度，消灭了农村不平等的社会结构。毛泽东同志指出：“如果不在今后几十年内，争取彻底改变我国经济和技术远远落后于帝国主义国家的状态，挨打是不可避免的。”[19] 为此，党和国家进一步确定了优先发展重工业，通过重工业化和集体经济合作化实现农村减贫的战略构想，为中国战胜农村贫困奠定了早期的减贫理论基础。

中华人民共和国成立初期，中国特色的减贫理论还处在萌芽与形成阶段，且主要以政府保障、财政补贴、实物救济为主要手段。早期的减贫模式主要通过人民公社实现的社会保障，通过人民公社建立起来的“五保”制度、农村合作医疗制度（赤脚医生、保健员等为主体的合作医疗制度）、公社的工分制度和特殊的“返销粮”措施①等，解决贫困人口的基本生存问题，对生活困难、残疾和独居等贫困社员提供了基本的救济和保障。由于中华人民共和国成立初期中国社会处在一穷二白的境地，生产资料不足是普遍现象，短时间内很难实现全民发展，以家庭为单位进行生产很难实现生产资料的快速积累，所以发展集体经济、充分利用有限的生产资料有其历史必然性。这一时期，扶贫工作思路和方式相对单一，主要依靠政府的财政拨款和无息或低息贷款，从而发展形成了救济式减贫思路与发展战略，初步解决了中华人民共和国成立初期的普遍性生存贫困问题。这一时期的减贫思路很大程度上消灭了由经济制度不平等产生的阶级贫困，为中国在落后农业国基础上加速进入工业化奠定了坚实的经济和社会基础。虽然人民公社和合作社生产方式在当时对农村居民来说不是最优的减贫增收选择，但在生产关系上具有社会主义的性质，且符合中国农村当时的农业生产力发展水平，既能促进生产力发展又能理顺生产关系的制度安排。但这种制度不能调动农民的生产积极性，且产出与分配之间不匹配，生产效率较低，从而推动了以农村家庭联产承包责任制为核心的农村经济体制改革的产生与发展。

1978 年，中国开启了改革开放进程，农村减贫也随之进入探索、发展与创新关键时期。邓小平明确指出：“社会主义的本质，是解放生产力，发展生产力，消灭剥削，消除两极分化，最终达到共同富裕。”[20] 随着经济体制改革的不断深入，形成了“先富带后富”的共同富裕贫困治理格局，实现了解

---

① “返销粮”措施是指，针对不同地区粮食供给差异，政府有计划地每年以规定价格调拨一定的粮食销售给部分粮食不能自给地区的制度。

放生产力和发展生产力，允许一部分人先富起来，极大缓解了农村在 20 世纪 80 年代上半期的普遍贫困问题，绝对贫困人口数量从 1978 年的 2.7 亿人减少到 1985 年的 1 亿人[21]。经过一段时间经济发展和生产资料积累，生产力与生产关系的矛盾发生了新的变化。党和政府结合当时经济体制改革发展中出现的问题，认识到平均发展是不可能的，过去搞平均主义、吃“大锅饭”，实际上是共同落后、共同贫穷，从而提出了解放生产力，发展生产力，消灭剥削，消除两极分化，最终达到共同富裕的减贫与发展思想。其核心要义是，有条件的地方先发展、发展快一点，从而带动落后地区的经济发展，通过先富带动后富脱贫，并最终实现共同富裕。当然，这个阶段中国还处在社会主义的起步阶段，有其发展的特殊性，贫困人口众多但贫富差距尚不严重，发展才是真正改变中国贫困面貌的硬道理[22]，通过深化农村体制改革和经济发展带动减贫符合当时解决普遍贫困的社会需求，此时的减贫发展战略更多注重依托整体经济发展自发解决贫困问题。

这一时期的发展，摒弃了中华人民共和国成立初期形式上的按劳分配和平均主义分配现象，在特定阶段一定程度上允许收入差距扩大。加上这个时期多种经济成分的发展，促使居民的收入总水平提高。允许一部分地区和一部分人先富起来，以带动多数地区和多数人最终达到共同富裕。先富带后富、实现共同富裕的战略构想，是中国共产党人在新的历史时期把握发展时机、解决贫困问题的创新构想，是中国战胜农村贫困达到小康社会阶段性减贫战略的重要指导思想。“劳动生产率归根到底是使新社会制度取得胜利的最重要最主要的东西”[23]，而劳动生产率的提高，需要调动全体民众的劳动积极性。马克思的收入分配理论指出，商品和收入源于劳动，减少贫困和增加农民收入必须尊重劳动和创造，所有生产要素中，唯有劳动创造价值，劳动的价值由分配来补偿。为此，“先富带后富”的减贫发展战略，促进了农村经济发展走上了以效率优先、兼顾公平的道路。可见，中国特色减贫思想的发展，既是对马克思主义反贫困理论和收入分配理论的继承和发展，又是对社会主义根本问题比较全面、完整的回答，其目的就是领导人民摆脱贫困，实现共同富裕。

（四）中国特色减贫理论的创新

中国特色减贫理论是对马克思主义反贫困理论研究对象的重大创新。马克思主义反贫困理论关注的是无产阶级贫困现象，提出了消除无产阶级贫困的科学构想。相比而言，中国共产党人从中国发展实际出发，科学阐述了中国农村贫困问题的根源，是对马克思无产阶级贫困思想的突破和创新。以毛泽东为核心的第一代中国共产党人从马克思主义反贫困理论出发，创造性地将贫困问题与中国农村发展结合起来。建党初期，中国共产党清醒地认识到，中国革命的核心问题是农民问题，而农民问题的核心则是土地。只有帮助贫苦农民解决了土地问题，解决了农民吃上饭、吃饱饭的现实需求，中国农村才可能实现进一步的发展，从而开启了革命式减贫的探索与创新。

中国共产党在领导人民战胜农村贫困的过程中，充分认识到反贫困工作中人民群众主体性的关键作用，率领人民消灭剥削制度和剥削阶级，依靠人民群众取得了革命的胜利，从而建立起社会主义基本制度，真正实现了人民当家做主。这是中国历史上从未有过的最深刻最伟大的社会变革，是对马克思主义反贫困理论的重大创新，是后来中国取得减贫奇迹的政治前提和根本制度基础。1955 年，毛泽东第一次明确提出了“共同富裕”的理念[24]，并将其阐述为“在逐步地实现社会主义工业化和逐步地实现对于手工业、对于资本主义工商业的社会主义改造，在农村中消灭富农经济制度和个体经济制度，使全体农村人民共同富裕起来”[25]。创造性地将发展生产力和共同富裕作为党领导人民战胜农村贫困的目标，赋予早期中国农村减贫思想丰富的科学内涵。以邓小平为核心的党中央领导人，在毛泽东共同富裕思想基础上，主张在改革、开放和发展的进程中消除贫困，进一步推动了中国特色减贫理论的创新。改革开放初期，党领导人民从农村实行家庭联产承包责任制开始，逐步向城市经济体制综合改革推进，先后制定了加快农业发展和大规模开发式扶贫等系列减贫战略，书写了一部党领导农村居民从“温饱”到“全面小康”的辉煌脱贫史。

马克思主义反贫困理论认为，人类最终要消除贫困，实现共同富裕，其根本在于关心人的利益和促进人的全面发展。党的十九大宣布：“经过长期努力，中国特色社会主义进入了新时代。”以习近平同志为核心的党中央，基于马克思主义促进人的全面发展的思想，把“以人民为中心”作为扶贫、脱贫的最高准则和根本目标，最大限度地凝聚中国力量。习近平新时代精准扶贫思想推进了马克思主义反贫困理论中国化实现新的历史性飞跃，以广大人民对美好生活的向往为归宿，“以百姓之心为心”[26]，体现了全心全意为人民服务的根本宗旨，突出了贫困主体参与脱贫的积极性，强调了发挥贫困群众主体作用，增强贫困群众参与发展、共享发展、自主发展的能力，创新采用了生产奖补、劳动补助、公益岗位等多元化减贫方式，激励贫困群众依靠劳动创造幸福，绘出了新时代脱贫攻坚的新篇章。

习近平新时代精准扶贫思想，创新发展了“志智双扶”的精神扶贫、文化扶贫、教育扶贫等减贫模式。马克思将资本主义制度下的劳动者贫困根源界定为资本、土地和劳动者的分离，贫困的来源是生产过程中物的因素与人的因素的分离，是典型的生产资料贫困，从而衍生出生活贫困、精神贫困和文化贫困等系列问题，为中国共产党人认识贫困与消除贫困的实践提供了思想基础。理论的价值在于实践，学习的目的在于运用。习近平新时代精准扶贫思想基于马克思主义反贫困理论，除了强调对贫困人口的物质与经济帮扶，还强调了扶贫与扶志、扶智相结合。在保障贫困人口基本生活需求基础上，送温暖、送信心，有效激励了贫困居民的志气，开创了培育脱贫人口可持续能力的“志智双扶”减贫模式。摆脱贫困需要智慧，精准扶贫提出了贫困地区发展教育要先行的思想，提出了发展乡村教育，绝不能让乡村孩子输在起跑线上的教育扶贫战略。教育扶贫使贫困家庭孩子接受了更好的教育，改变了贫困家庭的贫困思想，有效阻断了贫困的代际传递。这是马克思主义反贫困理论中关于实现每个人的自由发展、关心人的利益和促进人的全面发展思想的中国化与实践的创新[27]。

习近平新时代精准扶贫思想，是对马克思主义反贫困理论的重大创新，体现了习近平在长期实践工作中对农村贫困问题的深入思考。习近平新时代精准扶贫思想，将政府和官员减贫成效作为考核标准，开启了“以党建促脱贫”的全新模式，把脱贫攻坚与基层治理体系融合，发挥了极强的行政动员能力与高效统筹作用，创新构建了党组织统一领导、各类社会团体和贫困主体积极参与的脱贫攻坚合力，且在“政府、市场和社会”多方资源整合、协调和使用等方面进行了突破性变革，有效解决了农村现代化进程中基础治理的政府失灵、市场失灵和社会失灵，使社会的再分配资源被高效地运用于扶贫发展的领域之中，进而增强了经济发展的减贫效应[28]，探索出最符合中国农村现实的减贫模式。可见，习近平新时代精准扶贫思想体现了马克思主义政党的人民立场，是对马克思主义反贫困理论的继承与创新，并将其构建成一整套行之有效的政策体系、制度体系，形成了内涵丰富、思想深刻、体系完整的中国特色减贫理论。

中国共产党在领导人民战胜农村贫困的过程中，通过把握经济社会发展阶段特征和趋势，不断总结扶贫实践中的经验，抓住了农村贫困中的典型特征，既是减贫思想与理论上的一脉相承，也是减贫理论与实践探索的融合、发展与创新。习近平新时代精准扶贫思想创新了中国农村系统化减贫模式，更新了教育扶贫、产业扶贫、金融扶贫、易地扶贫等新发展模式。精准扶贫重要思想的产生与发展，一方面离不开中国特色社会主义理论体系，另一方面离不开“共同富裕”和“全面建成小康社会”的初心和使命。其中，“共同富裕”根本原则是精准扶贫思想产生的理论源泉，而“全面建成小康社会”宏伟目标是精准扶贫思想产生的现实需求，是党的十八大根据中国经济社会实际做出的重大决策。可见，习近平新时代精准扶贫思想是在马列主义、毛泽东思想和中国特色社会主义理论体系指导下，立足于农村的具体问题、经验与智慧，创新发展了马克思主义反贫困理论，在扶贫实践中总揽全局、协调各方，调动各方资源合力推动减贫，不仅继承了历任中国共产党领导人的减贫思想，而且不断发展和创新了中国特色的减贫理论体系。

三、减贫的中国方略：“四位一体”的综合性减贫体系

中国的反贫困工作经历了长期曲折的过程，不同时期的减贫目标、扶贫模式和扶贫重点存在差异。中国减贫实践的阶段划分与减贫思想的发展进程是基本对应的，不同的减贫探索阶段，因中国社会经济发展环境、改革进程、主要特征和贫困状况的不同，减贫思想与战略导向也随之调整。事实上，中国战胜农村贫困在各个发展阶段不仅与当时的经济条件有关，在理论基础与减贫理念上也是相互补充的，是减贫实践探索与减贫理论创新的统一，是将马克思主义反贫困理论中国化的原创性成果。

国际社会和学术界一直存有“为什么中国能够甚至只有中国能够在短时间内创造减贫奇迹”的争论。现有研究通常以特定阶段的减贫指导方针、政策文件或关键历史事件为依据分析中国取得减贫成效的原因，这样的研究视角富有启发意义，也具有战略高度，但弱化了各阶段减贫实践探索与减贫思想之间的内在联系，没有从历史思维、理论基础、减贫理念传承等全局视角，探析中国战胜农村贫困过程中减贫理论体系的演进和创新。本文认为，中国战胜农村贫困主要有四方面的原因。

（一）减贫理论：创新发展了中国特色的减贫理论

中国特色减贫理论是马克思主义反贫困理论中国化的重大创新，也是党领导人民在实践中不断探索创新的社会主义建设理论成果。中国特色减贫理论，在马克思主义反贫困理论中国化基础上，吸收与融合了传统减贫理论的先进思想，创新了经济发展带动与综合保障并重的“亲贫式”减贫理论，有效地解决了经济增长无法惠及最底层贫困人口的问题，探索出最符合中国农

村现实的“减贫智慧”。由马克思主义基本原理可知，认识与实践是辩证统一关系。理论源于实践，理论创新源于实践探索，又作用于实践探索，指导人们从事新的实践活动。中国共产党之所以能够经得起考验磨砺，领导人民战胜农村贫困，关键在于时刻根据时代变化不断实现实践探索和理论创新的统一，从而构建了具有开创性的中国特色减贫理论。

中国特色减贫理论丰富与拓新了国际反贫困的理论与经验。西方国家的减贫理论认为，通过经济增长对穷人的“涓滴效应”是解决贫困的根本途径，认为解决贫困主要依靠社会经济发展，哪怕没有社会政策干预，经济增长的利益也会通过市场机制自动流向贫困人口阶层。然而，这一理论并不能解释西方发达国家存在“富裕中的贫困”问题，且自由市场秩序下的经济发展，不但没有提供消除绝对贫困的有效方案，反而带来贫富的两极分化。并且，与贫困人口福利相关的减贫政策，也因为西方国家多个政党间的分歧与争议而流于表面、难以为继。发展中国家的减贫，主要依靠非政府组织和国际援助，但限于本国政府资源分配与政治动员能力有限，且减贫政策没能有效促进贫困人口自我发展能力，减贫效果欠佳，使部分贫困人口陷入了长期的贫困陷阱之中。国际上的反贫困理论主要注重要素禀赋、对人赋权、多维福利保障等反贫困思想，强调通过经济增长中的“涓滴效应”减少贫困。但现实中，经济增长中资源或利益的流向具有“亲资本”或“亲富人”的效应，且对穷人的“涓滴”作用十分缓慢。中国特色减贫理论不仅汲取了国际减贫理论中的人力资本积累、多维贫困理论和对穷人赋权等理论精华，还以马克思主义政治学为指导，融合了马克思主义贫困论、共同富裕和人的全面发展理论的精髓，实现了经济增长过程中的“亲贫式”发展。为此，中国减贫实践从注重物质资本的投入，发展到向人力资本倾斜，再过渡到综合的精准扶贫，这一过程中的减贫模式不仅依赖于经济高速增长与综合保障的共同作用，而且是对市场机制减贫理论缺陷的重要弥补与完善，有效地缓解了经济发展利益不能惠及最低收入群体的难题，极大地丰富了国际反贫困理论与经验。

（二）减贫理念：践行了“以人民为中心”的发展理念

党领导人民战胜农村贫困的实践探索，始终把全心全意为人民服务作为执政理念和根本宗旨，创新性地建立了“以人民为中心”的减贫思想体系。社会主义制度可以解决并彻底消除贫困，但当前中国还处在社会主义初级阶段，因社会发展和物质资料缺乏导致的贫困问题具有阶段性特征。中国共产党从满足人民群众当前利益出发，在马克思主义反贫困理论基础上，始终坚持“以人民为中心”的发展理念，强调以人民的切身利益为中心，才是党领导人民战胜农村贫困的内在原因。

中国共产党以马克思主义贫困思想为理论基石，结合对中国社会的探索与发现，逐步建立起依靠人民群众、团结人民群众、服务人民群众等“以人民为中心”的反贫困理念。“以人民为中心”的减贫发展，不仅需要变革生产关系，还需要清醒地认识到发展生产力是消除贫困的关键。在如何消除贫困的问题上，毛泽东提出了中国共产党是消除贫困问题的坚定领导力量，全体人民群众是摆脱贫困的主导力量。毛泽东在延安时期倡导的两个核心发展理念——发动群众和组织群众，充分体现了动员群众自我脱贫和实现可持续性发展的重要性。改革开放初期，以邓小平为核心的党中央领导人，在毛泽东共同富裕思想基础上，主张在中国社会改革、开放、发展的进程中消除贫困的思路，进一步推动了中国特色减贫理论的发展。“共同”是社会生产关系性质的集中体现，“富裕”反映了社会生产力发展水平，“共同富裕”使生产力与生产关系有了新的科学内涵。在先富带后富减贫思想指引下，实现了解放生产力和发展生产力的目标，创新发展了从沿海地区到内陆地区的贫困治理格局。邓小平理论是对中国改革开放和现代化建设经验的系统总结，其目的就是领导人民摆脱贫困、实现共同富裕，其本质则是围绕“以人民为中心”而形成的减贫理念。此外，以江泽民为核心的党中央将减贫纳入国家发展战略总体布局中，把扶贫作为关心群众疾苦和密切党群关系的一件大事来抓，从政治高度审视贫困问题。进入新世纪以后，以胡锦涛为总书记的党中央基于马克思主义促进人的全面发展的思想高度，探索形成了“科学发展观”和“以人为本”的减贫理念，描绘了不同阶段反贫困工作的新路径，赋予了各阶段消除贫困的新内涵。

党的十八大以来形成的习近平新时代精准扶贫思想，既是历任中国共产党领导人“以人民为中心”的减贫理念上的一脉相承，也是在农村减贫实践基础上认识的不断深化，成为百年减贫奇迹的主要思想牵引。习近平新时代精准扶贫思想以广大人民对美好生活的向往为归宿，习近平指出：“在扶贫的路上，不能落下一个贫困家庭，丢下一个贫困群众”，要切实站在人民立场上考虑和解决问题。精准扶贫思想将扶贫对象瞄准为贫困人口，既考虑了贫困人口当前日常生活的基本需求，也兼顾了脱贫人口的未来发展需求，并在帮扶过程中努力激发贫困人口可持续的内生动力，让贫困户由“让我脱贫”转变到“我要脱贫”，真正解决扶贫“最后一公里”问题，充分践行了“以人民为中心”的减贫理念。可见，历届中央领导人的减贫思想中都强调了坚持

“以人民为中心”的发展理念，既是减贫思想与理论上的一脉相承，也是减贫理论与实践探索的发展与创新，从而破解了锁困中国百年来的贫困密码。

（三）制度保障：充分发挥了社会主义制度的政治优势

由马克思主义反贫困理论可知，资本贪婪地占有剩余价值，是资本主义私有制社会中的贫困根源。在马克思主义思想的传播与影响下，中国共产党人认识到，在封建制度下的中国农村贫困的根本原因在于不合理的封建土地所有制，必须从制度上消除造成农民贫困落后的根源。为此，中国共产党领导人民开始在旧制度的变革上进行了初步探索，对农村土地进行改革，并建立起社会主义制度。这是消除贫困的根本制度保障。

中国共产党领导人民战胜农村贫困的百年历程表明，消除贫困的根本原因并非在于经济增长，而在于社会制度。是中国社会制度优越性和党的先进性最集中的表现。有了社会主义制度的根本保障，极大地提高了人民群众的安全感，增强了贫困人口脱贫的信心。在党的正确领导下，通过深化农村制度改革和发挥党领导人民、依靠人民、一切为了人民的政治优势，激发了农村贫困人口内在的自我脱贫动力，增强了贫困人口向贫困挑战的勇气和能力。中国成功的减贫经验表明，除了党的正确领导，最重要的原因在于政府全方位的协调动员能力，最根本力量来自广大人民群众。中国共产党的领导是中国特色社会主义最本质的特征，在社会主义制度下，党中央不断深化对贫困的演进规律和扶贫治理规律的认识，制定了阶段性的“救济式”“开发式”“精准扶贫”等系列减贫战略，确保扶贫工作从“解决温饱”“巩固温饱”到“消除贫困”，再到建成“全面高质量小康社会”目标的稳步实现，正确的社会制度选择是中国反贫困事业取得历史性成就的根本政治保障。

社会主义制度是充分发挥党的政治优势、组织优势、密切联系群众优势的根本保障，是动员全社会力量合力攻坚的制度基础。正如恩格斯在描述社会主义制度时指出：“这种制度将给所有的人提供健康而有益的工作，给所有的人提供充裕的物质生活和闲暇时间，给所有的人提供真正充分的自由。”[29]在社会主义制度下，中国共产党领导人民与时俱进、科学研判农村贫困发展动向，坚持顶层设计与地方创新相结合，推动专项扶贫、惠农政策扶贫、行业扶贫、社会扶贫、金融扶贫等相互结合、互为支撑的“大扶贫”新格局[14]，针对不同人群组织实施精准帮扶措施，为贫困人口直接参与经济发展创造了更多就业、创业的机会，从而实现了中国农村大规模高效率减贫。

(四) 减贫机制：构建了“政府、市场与社会”多方联动的减贫机制

中国在战胜农村贫困的过程中，随着减贫对象从全国性的普遍贫困向区域贫困，再向贫困县或贫困村的转变，扶贫工作任务呈现出阶段性变化的特征，不断创新发展了“政府、市场与社会”的大扶贫格局。在进入新世纪以前，农村减贫的方式主要以政府取代市场配置扶贫资源。进入新世纪以后，强调以市场机制提升农村贫困群体的可行能力，以激发贫困人口的内生动力作为农村减贫与发展的核心，更加注重发挥市场在资源配置中的决定性作用，发展形成了政府与市场良性发展的贫困治理格局。随着市场化改革的深入，农村减贫模式从政府主导转到政府与市场的互动，再进一步转向了“政府、市场与社会”多方联动。在“政府、市场与社会”联动减贫中，“政府”在农村减贫中的协调、组织和维持秩序方面具有优势。一是体现在提供基础设施、基本的公共服务和维护农村农业市场发展秩序；二是体现在政府强大的组织、动员和调配资源的能力。“市场”具有扶贫资源配置优化和效率提升的优势，是“造血式”扶贫的主要作用渠道，能有效培育脱贫人口的可持续发展能力。“社会组织”具有渠道优势、专业化优势和技术带动的减贫优势，在全党全社会参与脱贫攻坚的形势下，社会组织力量通过带动贫困人口生产技术，精细化帮扶贫困人口能力提升，精准解决贫困人口发展中的现实问题，配合政府与市场实现最优的减贫成效。

在“政府、市场与社会”相互支撑的大扶贫格局中，政府在发挥引导扶贫资金向贫困地区有序转移、提供公共基础设施、构建基本保障体系等方面起到了关键性作用。然而，中国成功的减贫虽与政府的主导能力有关，但又不仅仅依赖于政府的主导能力。党在领导人民战胜农村贫困的过程中，政府既发挥了帮扶贫困人口的主导力量，起到了带动贫困地区的产业、生态养殖和旅游等系列市场发展，也激发了社会组织和贫困主体自身参与扶贫的积极性，从而探索建立起多套并行的减贫机制。主要可归纳为四个方面：一是以民政部为主制定的一系列有利于贫困人口或特殊困难群众的帮扶救助途径。这是政府职能发挥减贫效应的重要机制。例如，最低生活保障制度，特困人员救助供养制度，临时救助制度，残疾人救助制度，养老保险制度和五保、低保制度，等等。二是国务院扶贫办针对区域性贫困的开发式扶贫，不断增加对农村地区的财政转移支付力度，大量新修道路、水电、网络、生产灌溉等基础设施，确定了全新的投资方向，在“取之于民，用之于民”的政府财政职能基础上，发挥了政府与市场的良性互动减贫的作用。政府为开发式扶

贫战略提供协调、组织和政治保障，开发式扶贫通过市场机制提高政府扶贫资金使用效率，增强扶贫资源的瞄准精准度，且通过重新配置扶贫资源增强贫困地区个体的自我发展能力。三是通过经济增长和农村发展带动减贫，强调农村居民分享经济发展成果的能力和机会。这是以市场为核心的减贫发展机制，有效破解了政府“撒胡椒面式”的资源分配效率低下的难题。为了防止政府过度干预导致减贫效率下降、扶贫资源错配等问题出现，党和国家逐渐重视和探索了市场机制配置扶贫资源的路径，通过企业、引进技术、供给产品、提供服务等措施，为贫困地区创造了更多的就业机会，帮助贫困人口实现脱贫。四是习近平新时代的精准扶贫。精准扶贫思想立足于农村的具体问题、经验与智慧，调动扶贫主体的积极性，拓宽社会扶贫渠道和强化社会组织参与的减贫合力。社会组织通常具有相关领域的专业性，可以有效解决农村地区市场失灵问题，也可以通过多元化的资源渠道，连接政府和社会公众关切的问题，弥补政府职能有限、经济增长和农村发展中无法惠及最底层贫困人口的不足，有效耦合了政府与市场在减贫实践中的关系。

四、结语与展望

马克思主义反贫困理论是中国特色减贫理论形成的思想基础、理论基础和制度基础，“以人民为中心”的共同富裕思想始终贯穿于中国特色减贫理论体系之中。回顾中国农村近百年减贫的历史轨迹，不难发现中国减贫模式取得的成功，是市场与政府相互配合、理论与实践相互融合、理念与机制相互契合的必然结果。用西方国家经济增长带动减贫的观点研究中国减贫奇迹，无法窥探中国农村减贫逻辑的全貌。中国减贫奇迹的发生，首先是建立在正确选择了社会主义制度基础之上，并得益于后期市场化改革带动经济增长，减少了普遍贫困问题。但是，在强调农村市场化改革带动减贫作用时，绝不能否定和忽视党和政府在扶贫实践中总揽全局、协调各方资源和全方位动员群众的作用。这是其他任何一个国家都无法比拟的政治优势。并且，党领导人民在实践中不断探索形成了“政府、市场与社会”多主体参与的联动减贫机制。在马克思主义反贫困理论中国化基础上，吸收与融合了国际减贫理论的先进思想，创新发展了经济发展带动与综合保障并重的“亲贫式”减贫理论，从而构建了一脉相承而又与时俱进的“理论、理念、制度和机制”的“四位一体”综合性减贫理论体系。中国共产党领导人民战胜农村贫困的百年实践探索，积累了大量有益的减贫经验，形成了值得国际社会尤其是发展中国家学习和借鉴的"中国智慧"。然而，由于发展中国家往往具有经济发展落后、贫富差距较大、贫困人口较多且集中的典型特征，且不同国家间面临的社会制度和社会文化还存有差异，所以中国特色减贫理论并不是"放之四海而皆准"的治贫良方，不同国家还需结合自身社会发展特征吸收借鉴，这样才能发挥出中国特色减贫理论的真正意义和作用。

中国曾是世界上贫困人口最多的国家，中国百年减贫实践创造了人类历史上第一次消除绝对贫困的伟大创举，注定会载入人类发展的史册。"脱贫不是终点，人们对美好生活的向往永不停歇"①，消除贫困和追求更加美好的生活，是中国特色社会主义的本质要求。消除了现有标准下的绝对贫困，并不意味着中国已完全实现了共同富裕，也并不意味着中国消灭了所有贫困问题。消除绝对贫困后，虽然中国的贫困问题发生了根本性转变，但还要从解决农村贫困人口的温饱、巩固温饱、全面小康，向同时着力缓解城市与农村居民福利贫困、相对贫困等贫困治理方向转变。在迈向"第二个百年目标"的进程中，低收入人口因要素禀赋差异导致相对收入或多维福利差距，将会成为反贫困工作的重点，此时的扶贫工作将从减少绝对贫困转向治理相对贫困或改善多维福利的全新阶段。

因此，本文认为，第一，消除绝对贫困的"四位一体"综合性减贫理论体系仍适合于相对贫困治理，相对贫困治理需更加注重"政府、市场与社会"的多方联动发展，激发低收入人口谋求发展的内生动力，并且进一步完善低收入人口在教育、健康和社会保障方面的发展机制。第二，在新发展格局下，党和政府在开展相对贫困治理的同时，还需注重低收入人口的多维福利和消费问题。多维福利贫困的治理是一个长期的动态过程，不仅需要强调治理成效，还需统筹考虑治理成本和低收入家庭生活状况，注重脱贫质量的可持续性，实现贫困治理常态化发展。第三，结合新时代新发展格局，需进一步优化政府、市场和社会协同治理贫困的模式，加大对低收入人口"志智双扶"的力度，提升低收入人口在减贫过程中的主观能动性，激发低收入群体参与经济发展的积极性，为此政府可以出台有利于激励低收入群体自力更生能力培育的辅助性政策。第四，在消除绝对贫困过程中，社会组织扶贫发挥了不可替代的作用。依靠政府和市场力量不能完全解决的问题，今后还需要充分发挥社会组织扶贫的优势。第五，精准扶贫高效的行政动员能力和"以人民为中心"的发展理念，不仅运用于农村的减贫工作中，而且将纳入现代化国

① 这段话引自 2019 年 9 月 17 日习近平总书记在河南考察时的讲话。

家治理体系和治理能力的战略构想中，广泛运用于国家治理的各个方面。这一点可以从抗击新冠肺炎疫情中得以充分体现。精准扶贫思想不仅可以运用于农村的减贫实践，而且可以用于国家面对的各项紧急事件的治理中。此外，中国的减贫成就，加速了全球减贫的进程，创造了丰富的减贫经验，形成了中国走向现代化强国的道路自信、理论自信、制度自信和文化自信的有机统一体，为全球减贫理论贡献了原创性的中国智慧，用事实证明了社会主义制度具有消除绝对贫困的制度优势。

参考文献：

[1] 习近平．在河北省阜平县考察扶贫开发工作时的讲话 [J]. 求是，2021 (4).

[2] 胡联，王娜，汪三贵．精准扶贫的理论创新：基于马克思主义政治经济学视角 [J]. 财贸研究，2017 (7).

[3] 本书编写组．中国共产党简史 [M]. 北京：人民出版社，中共党史出版社，2021.

[4] 马克思．资本论：第一卷 [M]. 北京：人民出版社，1975.

[5] 马克思，恩格斯．马克思恩格斯全集：第 2 卷 [M]. 北京：人民出版社，1965：305.

[6] 周其仁．中国农村改革：国家和所有权关系的变化（上）：一个经济制度变迁史的回顾 [J]. 管理世界，1995 (3).

[7] 郑继承．中国特色社会主义扶贫开发的伟大实践 [J]. 开发性金融研究，2020 (2).

[8] 国家统计局农村社会经济调查总队．中国农村贫困监测报告（2000） [M]. 北京：中国统计出版社，2000：4.

[9] 国家统计局国民经济综合统计司．新中国 60 年统计资料汇编 [M]. 北京：中国统计出版社，2010：76.

[10] 王小林．新中国成立 70 年减贫经验及其对 2020 年后缓解相对贫困的价值 [J]. 劳动经济研究，2019 (7).

[11] 都阳，蔡昉．中国农村贫困性质的变化与扶贫战略调整 [J]. 中国农村观察，2005 (5).

[12] 国务院法制办公室．中华人民共和国法规汇编：第十六卷 [M]. 北京：中国法制出版社，2005：491.

[13] 吴国宝．改革开放 40 年中国农村扶贫开发的成就及经验 [J]. 南京农业大学学报（社会科学版），2018 (6).

[14] 黄承伟，刘欣．新中国扶贫思想的形成与发展 [J]. 国家行政学院学报，2016

(3).

[15] 刘永富．中国特色扶贫开发道路的新拓展新成就 [N]. 人民日报，2017-09-04.

[16] 国家统计局住户调查办公室．中国农村贫困监测报告（2020）[M]. 北京：中国统计出版社，2020.

[17] 马克思、恩格斯．马克思恩格斯全集：第 26 卷 I [M]. 北京：人民出版社，1972.

[18] 马克思．政治经济学批判大纲：第 3 分册 [M]. 北京：人民出版社，1963.

[19] 毛泽东．毛泽东著作选读：下 [M]. 北京：人民出版社，1986：449.

[20] 邓小平．邓小平文选：第 3 卷 [M]. 北京：人民出版社，1993.

[21] 世界银行对中国经济考察研究丛书．中国：90 年代的扶贫战略 [M]. 高鸿宾，张一明，叶光庆，译．北京：中国财政经济出版社，1993.

[22] 邓小平．邓小平文选：第 3 卷 [M]. 北京：人民出版社，1993：229，256，135.

[23] 列宁．列宁全集：第 4 卷 [M]. 北京：人民出版社，2012：3.

[24] 毛泽东．毛泽东选集：第 5 卷 [M]. 北京：人民出版社，1977：196.

[25] 毛泽东．毛泽东著作选读：甲种本 [M]. 北京：人民出版社，1966：313.

[26] 习近平．摆脱贫困 [M]. 福州：福建人民出版社，1992：12.

[27] 马克思，恩格斯．马克思恩格斯选集：第 1 卷 [M]. 北京：人民出版社，1975.

[28] 王雨磊，苏杨．中国的脱贫奇迹何以造就?：中国扶贫的精准行政模式及其国家治理体制基础 [J]. 管理世界，2020（4）.

[29] 马克思，恩格斯．马克思恩格斯全集：第 21 卷 [M]. 北京：人民出版社，1965：570.

我国就业扶贫的
现实基础、理论逻辑与实践经验

平卫英　罗良清　张　波
江西财经大学

摘要：本文从历史演进视角出发，将中华人民共和国成立以来我国就业扶贫实践历程划分为“统包统配”“就地转移”“东西部劳务协作”“精准对接、稳定就业”四个阶段，并进一步分析就业扶贫政策创新完善所基于的现实基础和背后的理论逻辑。梳理总结我国就业扶贫政策体系形成以及实施过程中的实践经验。本文的研究为乡村振兴阶段就业帮扶战略调整及其他国家和地区探索适合的就业减贫之路提供了有益参考。

关键词：就业扶贫　精准扶贫　历史演进　理论逻辑　经验成果

一、引言

我国是世界上最大的发展中国家，也是农业人口占比较高的人口大国。长期以来形成的城乡二元结构体制和薄弱的农村经济社会基础，造成了农村贫困人口多、分布广的基本格局[1]。农村人口贫困的根源在于农村劳动力供给相对于农业部门劳动力需求过剩[2]。农业部门无法解决众多农村人口实现收入快速增长的基本要求[3]。例如，按照世界银行世界发展指标，2018 年我国农业劳动力人均农业增加值比中等偏上收入国家低 22.2%，仅相当于高收入国家的 12.1%[4]。很显然，这与我国农业就业比重较高以及小规模分散经营等特征密不可分。因此，农村剩余劳动力转移是实现农村人口增收的重要途径，是贫困人口最直接、最有效的脱贫方式。然而，城乡二元结构体制，贫困地区交通、通信等基础设施落后，小农经济下农村人口狭隘、保守的旧思想严重，并且贫困劳动力人口就业素质不高，均导致农村剩余劳动力转移存在一定难度[5]。为破解这一困境，中华人民共和国成立以来，围绕促进贫

注：本文原载《管理世界》2021 年第 7 期。

困劳动力就业，我国立足于经济结构转型、劳动力市场变化，以及贫困动态变化等复杂多变的现实基础，在中国特色就业扶贫思想指导下，不断适时调整和创新完善就业扶贫政策，拓展就业扶贫的概念范围，在实践中形成了符合中国国情的就业扶贫政策体系。

准确界定“就业扶贫”的概念范围是清晰梳理中华人民共和国成立以来我国就业扶贫实践的前提。从广义上讲，“就业扶贫”是指通过增加就业的方式帮助贫困人口摆脱贫困。按照这一定义，农村人民公社为农村贫困劳动力提供就业保障属于就业扶贫，然而其实质是计划经济时期我国农村依托集体经济建立的“统包统配”就业制度，这一界定标准将就业扶贫扩大化。本文从扶贫对象和扶贫方式出发，将“就业扶贫”概念范围提炼总结为针对未就业贫困劳动力、已就业贫困劳动力和贫困家庭未升学初、高中毕业生等贫困人口，通过以工代赈、开发岗位、劳务协作、技能培训、就业服务、权益维护等措施对其进行帮扶，目标是促进其转移就业、稳定就业以及就读技工院校毕业后实现技能就业等。

2021 年 2 月 25 日，习近平庄严宣告：我国脱贫攻坚战取得了全面胜利。意味着我国历史性地解决了困扰中华民族几千年的绝对贫困问题，全面建成小康社会。中共中央、国务院进一步提出巩固拓展脱贫攻坚成果，继续推动脱贫地区发展和乡村全面振兴。在这一重要的历史转折期，梳理总结中华人民共和国成立以来，中国共产党团结带领人民与贫困做斗争的实践历程，尤其是我国就业扶贫实践，具有重要的历史意义和现实意义。通过查阅文献，目前鲜有学者对中华人民共和国成立以来我国就业扶贫实践历程进行梳理总结。鉴于此，本文以我国就业扶贫为研究对象，梳理我国就业扶贫政策的历史演进，深入分析就业扶贫政策产生所基于的现实基础以及背后的理论逻辑，总结就业扶贫实践经验。本文的研究既可为乡村振兴阶段就业帮扶战略调整及实施提供借鉴，又可为其他国家和地区探索适合的就业减贫之路提供新的视角和有益参考。

二、我国就业扶贫政策的历史演进

中华人民共和国成立以来，在经济结构转型、劳动力市场变化以及贫困动态变化背景下，我国减贫战略在政府主导模式下历经“救济式扶贫”（1949—1977 年）、“经济开发扶贫”（1978—1993 年）、“扶贫开发”（1994—2010 年）、“精准扶贫”（2011—2020 年）四个阶段，在实践中不断完善扶贫政策体系①。作为我国扶贫政策体系的重要组成部分，就业扶贫也随着我国减贫战略的转变适时调整，并不断创新完善。本部分主要依据我国减贫战略调整，将中华人民共和国成立以来我国就业扶贫政策的历史演进划分为四个阶段，并梳理每一阶段就业扶贫政策实施重点，尤其是党的十八大以来就业扶贫政策的演化。

（一）“统包统配”就业扶贫阶段（1949—1977 年）

中华人民共和国成立初期，为在巩固人民政权的前提下解决极端贫困人口的就业吃饭问题，我国不断探索和创新符合中国国情的就业政策，在城市和农村逐步建立了“统包统配”的就业制度[6]。在农村，依托于“统包统配”就业制度，针对有一定劳动能力的“五保”对象，我国开展了小规模就业扶贫，即生产集体安排其从事轻微生产劳动，并且适当照顾工分[7]。在城市，为解决大批等待救济的贫民、单位外未就业人员（数量极少）、残疾人、孤寡老人等贫困人口的生活问题，我国相继通过“以工代赈”（1949—1951 年）、“烈、军属和贫民生产单位”（1952—1955 年）、“社会福利企业”（1956—1978 年）等形式的社会企业吸收城市贫困人口就业[8]。

在社会主义计划经济体制下，这一时期就业扶贫完全由政府主导，统包统配的重心是保障贫困人口的生存权。虽然相较于单纯救济式扶贫，就业扶贫在一定程度上发挥了贫困人口的主观能动性，但本质上未完全摆脱救济式扶贫的影子。除此之外，这种完全由政府主导的就业扶贫也存在不稳定、规模小等缺点。

（二）“就地转移”就业扶贫阶段（1978—1993 年）

改革开放初期，我国经济发展水平较低，绝大部分农村处在贫困状态，尤其是十几个连片贫困地区群众的温饱问题尚未完全解决。1982 年 12 月，国务院在贫困人口难以维持生存的甘肃河西地区、定西地区和宁夏西海固地区（简称“三西”）启动实施农业建设扶贫工程，即采取以工代赈的办法在指

---

① 划分依据主要参考汪三贵等（2017）、朱小玲和陈俊（2012）关于中华人民共和国成立以来我国减贫战略历程的划分，以及中华人民共和国成立以来中共中央、国务院印发的《中共中央、国务院关于帮助贫困地区尽快改变面貌的通知》（1984）、《国务院关于加强贫困地区经济开发工作的通知》（1987）、《国家八七扶贫攻坚计划》（1994）、《中国农村扶贫开发纲要（2001—2010 年）》（2001）和《中国农村扶贫开发纲要（2011—2020 年）》（2011）等 5 个具有重要历史意义的减贫战略文件中提出的减贫方针。

定的有水利条件的地方或黄河灌溉区域进行开发性建设，推进“吊庄移民”。“三西”扶贫开发计划在改革单纯救济式扶贫为开发式扶贫，以及将就业扶贫与易地搬迁扶贫、生态建设相结合等方面进行了成功尝试。这对于我国从1986年开始有组织、有计划、大规模的扶贫开发产生了深远影响。1984年，中共中央、国务院印发《中共中央、国务院关于帮助贫困地区尽快改变面貌的通知》（以下简称“《通知》”），提出集中力量解决十几个连片贫困地区的问题，并明确改变贫困地区面貌的根本途径是依靠当地人民自己的力量。围绕转移和开发贫困地区农村剩余劳动力，《通知》中提出“允许个体经营”“给予乡镇企业、农民联办企业、家庭工厂、个体商贩，以及外地到贫困地区兴办的开发性企业所得税优惠”“组织修路劳务，加速商品流通”“重点发展农业职业教育”等就业扶贫措施。1984年冬季，国务院决定在三年内动用粮食50亿公斤、棉花200万担、棉布5亿米的国家商业库存，采用以工代赈的办法帮助贫困地区修建公路和水利工程①。

1986年5月，国务院贫困地区经济开发领导小组（1993年更名为国务院扶贫开发领导小组，2021年更名为国家乡村振兴局）成立，标志着我国开始有组织、有计划地进行贫困地区扶贫工作。1987年10月，国务院发布《国务院关于加强贫困地区经济开发工作的通知》，进一步提出“积极发展乡镇企业和各种家庭工副业，特别是转移发达地区劳力密集、收益相对较低的产业到贫困地区，引导剩余劳力向第二、第三产业转移”“利用贫困地区廉价劳务的优势，继续实施以工代赈”“有领导地组织劳务输出”“兴办农村扶贫经济实体，安置一批贫困户就业，带动一批贫困户发展生产”“以在乡知识青年为重点，办农村职业技术教育和成人教育，并有计划地开展对农民的专业技术培训”等就业扶贫措施。

在发展商品经济的背景下，这一时期我国就业扶贫渠道基本形成，即以工代赈、创造本地就业机会、开展职业技术培训和组织劳务输出。同时，就业扶贫的实施主体由完全政府主导转变为政府主导、社会参与，并且在解决贫困人口生存问题的前提下，开始注重采取职业技术培训等方式保障贫困人口的发展。

（三）“东西部劳务协作”就业扶贫阶段（1994—2010年）

随着乡镇企业改制、民营经济快速发展、加入世界贸易组织以及城乡二

① 参见国家计委地区局（1986）。

元体制改革，我国东部沿海发达地区和大中城市经济迅速发展，对农村劳动力的需求增强。这为进一步创新完善就业扶贫政策，解决农村贫困问题，缩小东西部地区差距，以及实现共同富裕的目标创造了良好的经济环境和制度环境。

1994 年，国务院印发《国家八七扶贫攻坚计划》，明确将“户均向乡镇企业或发达地区转移一个劳动力、开展成人职业技术教育和技术培训”作为奋斗目标。围绕这一目标，具体提出“贫困地区要立足资源优势，发展资源开发型和劳动密集型的乡镇企业，安排大量贫困户劳动力就业”“有计划有组织地发展劳务输出，积极引导贫困地区劳动力合理、有序地转移”等就业扶贫措施。1996 年 5 月，中央进一步做出“东西部扶贫协作”重大决策，确定 9 个东部省市和 4 个计划单列市与西部 10 个省区开展劳务扶贫协作。2001 年，国务院印发《中国农村扶贫开发纲要（2001—2010 年）》，将积极稳妥地扩大贫困地区劳务输出作为扶贫开发的重要内容和途径，并提出“加强贫困地区劳动力的职业技能培训，组织和引导劳动力健康有序流动”“沿海发达地区和大中城市要按照同等优先的原则，积极吸纳贫困地区劳动力在本地区就业”“贫困地区和发达地区可以就劳务输出结成对子，开展劳务协作”“输入地和输出地双方政府都有责任保障输出劳动力的合法权益，关心他们的工作、生活，帮助解决实际困难和问题”等就业扶贫措施。除此之外，针对残疾人特殊困难群体，这一时期国务院相继专门印发《残疾人扶贫攻坚计划（1998—2000 年）》《农村残疾人扶贫开发计划（2001—2010 年）》，提出坚持以直接扶贫为主，重点扶持适合残疾人就地就近就业的特色种植业、养殖业和农副产品的精细加工业；广泛开展残疾人实用技术培训，增强贫困残疾人掌握实用技术的能力。

总体而言，这一时期我国就业扶贫渠道进一步成熟完善，就业扶贫内容和途径的实效性和针对性有较大提升，如重点实施东西部劳务协作、保障输出劳动力合法权益、针对残疾人特殊困难群体专门实施就业扶贫等。同时，就业扶贫更加注重通过职业技能培训，增强贫困地区农村剩余劳动力的内生动力。

（四）“精准对接、稳定就业”就业扶贫阶段（2011—2020 年）

2011 年，中共中央、国务院印发的《中国农村扶贫开发纲要（2011—2020 年）》提出，“到 2020 年实现全面建成小康社会奋斗目标”。然而，2012 年党的十八大以来，我国农村贫困人口就业渠道狭窄，转移就业和增收难度大，依靠常规举措难以使农村贫困人口摆脱贫困，就业扶贫遇到前所未有的难题和挑战。在这一现实情形下，我国政府创新思路、制定了一系列超常规就业扶贫政策，实现精准施策，促进稳定就业。

2013 年 11 月，习近平到湖南湘西考察时首次做出“实事求是、因地制宜、分类指导、精准扶贫”的重要指示。2014 年，中共中央办公厅、国务院办公厅印发《关于创新机制扎实推进农村扶贫开发工作的意见》，提出“构建政府、市场、社会协同推进的大扶贫开发格局，在全国范围内整合配置扶贫开发资源，形成扶贫开发合力”。2015 年，《中共中央　国务院关于打赢脱贫攻坚战的决定》进一步提出“实施精准扶贫方略，加快贫困人口精准脱贫”。2016 年，人力资源和社会保障部印发《关于切实做好就业扶贫工作的指导意见》，提出建立与扶贫开发信息系统对接的农村贫困劳动力就业信息平台，动态掌握贫困劳动力就业情况，做到就业状态清、就业需求清、技能水平清、就业困难清，依托政府、市场、社会协同推进的大扶贫开发格局，以及《全国妇联关于在脱贫攻坚战中开展“巾帼脱贫行动”的意见》《关于进一步加强东西部扶贫协作工作的指导意见》《欧美同学会（中国留学人员联谊会）关于助力脱贫攻坚的实施意见》等政策文件，整合配置就业资源，形成就业扶贫强大合力，为贫困劳动力及时提供有针对性的就业帮扶。我国还出台了《人力资源社会保障部　国家发展改革委　财政部　国务院扶贫办关于做好易地扶贫搬迁就业帮扶工作的通知》《人力资源社会保障部、财政部、自然资源部、交通运输部、水利部、国家林业和草原局、国务院扶贫办关于进一步用好公益性岗位发挥就业保障作用的通知》《关于进一步支持和促进重点群体创业就业有关税收政策的通知》等政策文件，将就业扶贫与产业发展脱贫、易地搬迁脱贫、教育扶贫、生态保护扶贫有机融合，进一步深化劳务协作、扶贫车间、创业带动、技能培训、公益岗位五大就业扶贫举措。

总体而言，这一时期，我国围绕实现精准施策、促进稳定就业的目标，形成了“一核两精三协同四融合五大举措”的就业扶贫政策体系。其中，“一核”指实现精准施策，促进稳定就业；“两精”指精准扶贫、精准脱贫；“三协同”指政府引导、市场运作、社会参与，协同推进就业扶贫；“四融合”指在产业发展脱贫、易地搬迁脱贫、教育扶贫、生态保护扶贫中融合就业扶贫政策；“五大举措”指劳务协作、扶贫车间、创业带动、技能培训、公益岗位。

综上，中华人民共和国成立以来，我国就业扶贫政策在实践中不断创新完善，从“统包统配”到“开发新兴产业、兴办乡村扶贫经济实体”，到

“开展东西部劳务协作，加强职业技能培训”，再到“围绕劳务协作和就地就近就业精准施策”，形成了适合中国国情的就业扶贫政策体系。同时，就业扶贫实施主体越来越多元，举措越来越丰富，对象越来越精准，效果越来越明显。根据国家脱贫攻坚普查公报，建档立卡以来，我国 93.8%的建档立卡贫困户家庭成员享受过就业帮扶政策。其中，929.5 万户参加职业技能培训，47.6 万户就读技工学校，1 199.9 万户参加过招聘会或得到过政策咨询、职业指导、岗位信息推荐等就业服务，212.5 万户享受过创业扶持，409.8 万户在公益岗位工作过，80.5 万户在扶贫车间工作过，330.9 万户享受过外出务工交通补贴①。

三、我国就业扶贫政策制定的现实基础和理论逻辑

我国就业扶贫政策的历史演进清晰地展现了中华人民共和国成立以来我国就业扶贫政策不断适时调整和创新完善，并最终形成符合中国国情的“一核两精三协同四融合五大举措”就业扶贫政策体系的过程。我国就业扶贫政策体系的形成，是基于经济结构转型、劳动力市场变化和贫困动态变化等复杂多变的现实基础和中国特色就业扶贫思想。

（一）我国就业扶贫政策制定的现实基础

中华人民共和国成立以来，我国经济发展历经计划经济、改革开放、社会主义市场经济体制建立和完善、“三期叠加”重大转型等时期。在经济发展的每一时期我国劳动力市场和贫困状况均呈现出不同的特征。例如，计划经济时期，我国是世界上贫困人口数量最多，农村普遍贫困的国家，实行“统包统配”就业制度，城乡不存在劳动力市场。因此，在不同时期制定就业扶贫政策时须首先考虑与就业扶贫实践有关的现实基础。

1. 计划经济时期

中华人民共和国成立初期，我国国民经济综合实力十分薄弱，是一个以农业和农民为主体的极端贫困国家，党和政府也没有能力开展大规模扶贫救助。土地改革运动后，我国农村家庭分散经营的小农经济严重制约农田水利建设等农业基础设施建设，并使农村开始产生贫富两极分化的现象。

---

① 《国家脱贫攻坚普查公报（第三号）——国家贫困县建档立卡户享受帮扶政策情况》，2021 年 2 月 25 日。

而在城市中，由于福利资金配置短缺，大批贫困人口等待救济。为解决人民就业吃饭问题，巩固人民政权并建立独立完整的民族工业体系，我国背离资本稀缺、劳动力充裕的资源禀赋条件，集中调配包括劳动力资源在内的一切有限资源，选择重工业优先的发展道路。为此，1953—1958 年，我国快速设计并建立了“一个体制、三个制度”，即计划经济体制，农产品统购统销制度、人民公社制度和城乡分割的二元户籍管理制度。在城市，我国实行“统包统配”的就业体制和低工资政策；在农村，我国农村经济组织形式逐渐由互助组、初级社演化为高级社、人民公社，农村劳动力和农业生产资料集中统一管理，形成农村“统包统配”的就业制度。然而，生产技术落后、缺少激励以及城乡分割的二元户籍管理制度等，导致农村劳动力相对于有限的土地资源严重过剩，农村成为剩余劳动力的“蓄水池”，并且贫困地区资源环境承载能力弱和农村劳动力内生动力不足等因素进一步加剧了农村贫困程度。

2. 改革开放新时期

1978 年，我国农村贫困发生率高达 97.5%（按当年价现行农村贫困标准），以农村户籍人口作为总体推算，农村贫困人口规模高达 7.7 亿人[9]。党的十一届三中全会后，党中央深刻总结中华人民共和国成立以来社会主义建设的成就、经验和教训，决定从 1979 年起将社会主义现代化建设作为全党工作重点。我国开始不断稳固和完善家庭联产承包责任制，以及建立市场化农产品交易制度，提高农业生产率，大部分农村贫困人口得以摆脱贫困[10]。同时，大量农村剩余劳动力从农业中释放出来。但是，绝大部分山区、少数民族聚居地区、革命老根据地以及边远地区的贫困形势仍比较严峻，尤其是交通等基础设施落后，贫困人口的生存权与发展权难以得到保障。在这一现实条件下，我国将促进贫困地区农村剩余劳动力非农就业作为推动农村贫困人口脱贫的重要途径。

1978—1983 年，我国广泛兴办社队企业。与此同时，农村个体、联户办企业也悄然兴起并逐渐发展壮大，限制农村劳动力流动的政策也开始松动。1984 年中央 4 号文件将社队企业正式改称为乡镇企业，并充分肯定家庭办和联户办企业。我国开始对乡镇企业采取更加积极的扶持政策，乡镇企业进入全面发展的高峰期，并且经济效益较好。到 1988 年，我国乡镇企业个数达到 1 888 万个，从业人数达到 9 546 万人①。然而，盲目投资、思路不清、急于

---

① http：//www.stats.gov.cn/ztjc/ztfx/xzg50nxlfxbg/200206/t20020605_35964.html。

求成等不符合经济规律的发展，导致我国 1986—1988 年经济发展持续过热，国民经济结构性矛盾加剧，社会供求总量失衡。乡镇企业产品大量积压，经济效益持续下降，亏损严重。1989—1991 年，我国对经济进行治理整顿，乡镇企业发展速度减缓。

3. 社会主义市场经济体制建立和完善时期

1992 年，党的十四大明确中国经济体制改革的方向是建立社会主义市场经济，国家重点调整计划与市场关系以及区域关系，包括：推进乡镇企业产权改革，与乡村行政组织“脱钩”，以个人独资和混合制形式重新创业，因此乡镇企业发展速度和吸纳就业能力下降①。与此同时，我国城乡民营经济快速发展，尤其是东南沿海地区，为本地下岗人员以及西部迁移的农民工提供了大量的就业机会。同一时期，东部沿海地区城市开发和经济建设热度进一步增加了对农村劳动力的需求[11]。2001 年，我国加入世界贸易组织后，东部沿海地区民营企业自觉利用劳动力丰富的优势，大力发展劳动密集、以出口为导向的轻工业，创造大量就业岗位[12]。2002 年，党的十六大指出，我国已经实现现代化建设“三步走”战略的第一步、第二步目标，人民生活总体上达到小康水平，但还是低水平的、不全面的、发展很不平衡的小康，并进一步提出“要在本世纪头二十年，集中力量，全面建设惠及十几亿人口的更高水平的小康社会”。2003 年，国企改革带来的困难局面基本结束，我国经济步入新一轮的高速增长期，劳动力市场供求形势出现逆转，劳动力从过剩开始转变为短缺。2007 年，党的十七大进一步提出“增强发展协调性、扩大社会主义民主、加强文化建设、加快发展社会事业、建设生态文明”的全面建设小康社会奋斗目标的新要求。2008 年全球金融危机爆发，出口部门对农村劳动力的吸纳能力短期出现回调，带动就业能力有所减弱。此外，2008 年和 2010 年，我国分别颁布实施《劳动合同法》和《社会保险法》，推动劳动力市场走向正规化，并通过提高雇工成本，督促企业加快转型升级。

4. “三期叠加”的重大转型时期

2012 年党的十八大以来，我国经济发展开始进入经济增长速度换挡期、结构调整阵痛期、前期刺激政策消化期“三期叠加”的重大转型期。同时，我国劳动力市场由数量压力转变为结构性矛盾，即劳动力知识技能与产业需求间存在不匹配。换言之，我国劳动力市场中企业招工不易与劳动者求职难并存。除此之外，我国减贫工作进入攻坚期，剩余农村贫困人口贫困程度更

---

① 资料来源：http：//www. moa. gov. cn/xw/bmdt/201807/t20180731_6154959. htm。

深，减贫成本更高，脱贫难度更大。在这一背景下，依靠传统的经济增长方式和快速城镇化模式促进农村剩余劳动力外出务工和增收的路径阻力明显加大[13]，并且出现农村劳动力返流现象。我国就业扶贫遇到前所未有的难题和挑战。除此之外，2020年，新冠肺炎疫情的暴发加大了就业扶贫的难度。

（二）我国就业扶贫政策制定的理论逻辑

中华人民共和国成立以来，我国经济结构、劳动力市场以及贫困状况一直处于动态变化之中。通过匹配我国就业扶贫政策历史演进与现实基础，可以发现每一阶段就业扶贫政策与现实基础高度契合。意味着我国就业扶贫政策一直紧密贴近现实基础，在科学的理论指导下，保持了方向的准确性、重要内容的适用性以及途径的可操作性。

1. 中国特色就业扶贫思想的理论渊源

中国特色就业扶贫思想是中国特色反贫困理论的重要组成部分，是科学的理论体系。中国传统“以工代赈”思想，马克思主义相对过剩人口理论和人口城市化理论，马克思主义人民观，是中国特色就业扶贫思想的理论渊源。

（1）中国传统“以工代赈”思想。我国古代生产力水平低下，抵御自然灾害的能力较弱。当遭遇重大自然灾害时，灾民流离失所、饿殍遍野。为安定社会、维护统治，政府通常采用钱粮赈济、以工代赈等方式赈济灾民。与钱粮赈济等消极的“输血式”赈济方式相比，以工代赈要求受赈济者通过付出劳动获得赈济，如招募灾民兴修农田水利工程、修建公路、兴办实业等[14]。因而，“以工代赈”是更积极有效的“造血式”赈济方式。实质上，我国古代“以工代赈”思想中体现了民本思想，其价值取向是巩固统治，不是让人民当家做主，目的是调整君民关系、维护政权稳定[15]。而中国特色就业扶贫思想突出以人民为中心，强调保障人民的生存权和发展权，促进人的全面发展。因此，中国特色就业扶贫思想继承了我国古代以工代赈实践中反映的生产自救与发展生产相统一、扶贫与扶志相促进、政府与民间力量相结合等思想，并且超越传统“以工代赈”思想所体现的民本思想，突出人民的主体地位。

（2）马克思主义相对过剩人口理论和人口城市化理论。马克思提出：“不同的社会生产方式，有不同的人口增长规律和过剩人口增长的规律；过剩人口同赤贫是一回事。……他们不仅一无所有，而且无法依靠劳动为自己谋取生活资料，于是变成了赤贫。”[16] 从马克思的论述中可知，过剩人口的规律就是贫困的规律，并且过剩人口由社会生产方式决定[17]。基于马克思主义相对过剩人口理论，可以明晰我国农村地区贫困的根源是农村劳动力供给相对于农业部门劳动力需求过剩。而对于如何解决过剩人口，恩格斯提出：“工业的迅速发展产生了对人手的需要；工资提高了，因此，工人成群结队地从农业地区涌入城市”“只有使人口尽可能地平均分布于全国，只有使工业生产和农业生产发生密切的内部联系，并使交通工具随着由此产生的需要扩充起来——当然是以废除资本主义生产方式为前提——才能使农村人口从他们数千年来几乎一成不变地栖息在里面的那种孤立和愚昧的状态中挣脱出来。”[18] 从恩格斯的论述中可知，城市工业的发展可以吸引农村人口进城就业，但是农村人口彻底摆脱贫困则需要城乡间、工业和农业间融合发展。中国特色就业扶贫思想中蕴含的坚持稳步、有序、合理的发展方向，是对马克思主义相对过剩人口理论和人口城市化理论的继承和发展。

(3) 马克思主义人民观。马克思主义反贫困理论中蕴含着深刻的人民主体思想，即解决无产阶级的贫困现状，实现包括无产阶级在内的所有人的自由全面发展。马克思和恩格斯运用剩余价值理论，揭示了无产阶级贫困以及主体地位缺失的根源，是资本主义私有制度的剥削和压迫。“历史活动是群众的活动，随着历史活动的深入，必将是群众队伍的扩大。”[19] 马克思和恩格斯认为，人民群众是历史的创造者，是推动社会进步的决定力量，要依靠人民群众的力量战胜贫困。废除资本主义私有制，实行社会主义公有制，并且大力发展生产力，是改变无产阶级贫困现状，充分发挥人民主体作用和实现人的自由全面发展的根本途径[20]。

马克思主义具有鲜明的人民立场，让人民获得解放是马克思毕生的追求。中国特色就业扶贫思想中蕴含的“坚持以人民为中心，保障人民的生存权和发展权，促进人的全面发展”是对马克思主义人民观的继承。中国特色就业扶贫思想中不仅强调贫困人口的主体作用，依靠贫困人口的内生动力实现脱贫增收，同时还要调动社会各方力量，协作参与；不仅强调人民导向，即不断加大政策、项目、资金等方面的扶持力度，同时还强调精准施策、稳定就业，推动了马克思主义人民观的发展。

2. 中国特色就业扶贫思想的理论精髓

中华人民共和国成立以来，历届党和国家领导人继承和发展中国传统“以工代赈”思想，马克思主义相对过剩人口理论和人口城市化理论及马克思主义人民观。例如，邓小平揭示了中国社会主义初级阶段人口问题的十二对矛盾，同时特别关注劳动者素质的作用和意义[21]。

(1) 坚持以人民为中心，保障人民的生存权和发展权，促进人的全面发展。贫困地区的发展最根本要靠贫困人口的内生动力，核心是坚持以人民为中心，保障人民的生存权和发展权，促进人的全面发展。中国特色就业扶贫伟大实践证明，全方位、立体化、多层次的就业扶贫政策体系落实保障贫困人口的生存权和发展权，保证全面小康路上一个也不能少。例如，利用贫困地区农村剩余劳动力，实施以工代赈加快贫困地区水利工程、能源、交通等基础设施建设，促进贫困地区农业现代化、农村实体经济发展和商品流通，既直接保障贫困地区农村人口的生存权，又间接培训贫困劳动力的劳动技能，保障其发展权；实施易地扶贫搬迁解决居住在“一方水土养不好一方人”地区贫困人口的生存问题，继续扎实做好就业工作使贫困人口移得出、稳得住、住得下去，解决易地搬迁贫困人口的发展权问题；设立扶贫车间、扶贫公益性岗位，保障老年人、妇女、残疾人等无法异地转移就业人员的生存权和发展权；开展职业技术教育，保障新成长劳动力的发展权。除此之外，专门开展少数民族职业技能培训，大力培养少数民族干部，发展民族特色旅游产业等，保障少数民族的生产权和发展权，增强少数民族地区自身的“造血功能”。

（2）坚持稳步、有序、合理的发展方向。中华人民共和国成立之初至改革开放前，在特殊国情下，我国实行“统包统配”的就业体制，保障贫困人口的生存权。其间，在城市，政府运用以工代赈的方式支持市政建设工程，兼具建设和救济的双重目标。改革开放初期，我国农村贫困问题突出，其根源是农村存在大量剩余劳动力。根据马克思主义相对过剩人口理论和人口城市化理论，我国选择转移农村剩余劳动力解决农民贫困问题。但是，不同于大多数发展中国家在工业化进程中大量农民涌入城市，我国坚持稳步、有序、合理的发展方向。考虑到农村基础设施落后、粮食供给短缺、农民素质低，以及城市吸纳能力有限等制约农村剩余劳动力转移的因素，我国农村剩余劳动力的转移符合国民经济发展需要的新的生产力的转化。首先，明确“要让城市全部消化农村富余劳动力是不现实的，也是有害的”，遵循发展大农业吸纳一部分，实施以工代赈解决一部分，兴办乡村扶贫经济实体转移一部分，推进城镇化转接一部分。其次，认为“随着贫困地区经济的发展，农村富余劳动力的开发是一个长期的过程”，提出着重解决“三个对立”问题，即“富余劳动力开发的开放性同小农经济封闭性的对立”“富余劳动力有组织的开发同部分外出农民盲流的对立”“农村流出的劳力‘低素质’与流入单位‘高素质’要求的对立”。具体而言，转移农村剩余劳动力，破除小农经济自给性生产等狭隘、保守的旧观念，发展商品经济，增强贫困地区农村的商品、竞争、效益等意识；农村剩余劳动力转移实行计划性指导，从本地实际情况出发，加强调控农村剩余劳动力转移的流向、流量及流速，并运用经济、法律、行政等手段进行综合管理，防止“城市病”“拖欠农民工工资”等现象的产生；重视就业前针对性培训和职业教育战略性培训，提高农村劳动力素质[22]。

(3) 坚持协同推进、精准对接、稳定就业的方法途径。党的十八大以来，习近平关于就业扶贫重要论述中蕴含了新时代就业扶贫的方法途径。其中，“协同推进”指政府、社会、市场协作发力，即政府为引导、调动市场和社会各方力量协作参与营造良好的政策环境，多元社会主体共同参与，将丰富的劳动力资源市场需求引流到贫困地区，形成就业扶贫强大合力，有效化解“三期叠加”重大转型期下经济增长、城镇化和劳动密集型产业对就业扶贫带动能力减弱的困境。“精准对接”指针对贫困人口的差异性特征，做到“精准滴灌”，避免大水漫灌式帮扶导致的就业供给与需求的不匹配问题，使有限的劳动力市场需求资源发挥最大扶贫脱贫效用[23]。“稳定就业”既是脱贫攻坚的根本目标，又是巩固拓展脱贫成果、助力乡村振兴的基本措施，其主要内容是深化东西部劳务协作，加快发展职业教育，推进东部产业向西部梯度转移，确保外出务工规模稳定、就地就近就业和新成长劳动力就业。

综上，中华人民共和国成立以来，我国立足于不同时期经济结构转型、劳动力市场变化以及贫困动态变化等复杂多变的现实基础，继承和发展中国传统“以工代赈”思想、马克思主义相对过剩人口理论和人口城市化理论马克思主义人民观等相关理论，在中国特色就业扶贫实践中不断拓展丰富中国特色就业扶贫思想，适时调整就业扶贫方向和重点，形成了适合中国国情的就业扶贫政策体系。

四、我国就业扶贫实践经验

中华人民共和国成立以来，我国就业扶贫历经“统包统配”“就地转移”“东西部劳务协作”和“精准对接、稳定就业”四个阶段，从“输血式”到“造血式”，从“大水漫灌”到“精准滴灌”，从政府主导到政府、市场、社会协同推进，从简单劳务输出到劳务协作。回顾我国就业扶贫实践历程，尤其是党的十八大以来，我国积累了许多经过实践检验的宝贵经验。这些实践经验不但可以为全球减贫事业贡献中国智慧与中国方案，而且对巩固拓展脱贫攻坚成果同乡村振兴有效衔接，开启全面建设社会主义现代化国家新征程有重要意义。

（一）我国就业扶贫政策体系的形成

由我国就业扶贫政策的历史演进、就业扶贫政策制定的现实基础和理论逻辑的梳理可知，一直以来，我国就业扶贫是一个基于现实基础、在理论指导下不断创新完善，最后反作用于现实基础的过程。换言之，我国就业扶贫在适应不同经济结构、劳动力市场和贫困状况的过程中适时调整和创新完善，最终形成适合中国国情的中国特色就业扶贫政策体系。在这一过程中，我国积累了宝贵的就业扶贫实践经验，其中始终坚持中国共产党的集中统一领导是根本保障，集中力量办大事是制度保障，融合视角下“大就业扶贫”格局是基本策略。

1. 始终坚持中国共产党的集中统一领导是根本保障

中国共产党一直将“消除贫困、改善民生、逐步实现共同富裕”作为重要使命。历届党和国家主要领导人立足经济结构转型、劳动力市场变化以及贫困动态变化等现实基础，在中国特色就业扶贫思想指导下，不断适时调整和创新完善就业扶贫政策，把握就业扶贫规律，形成适合中国国情的就业扶贫政策体系，确保我国就业扶贫实践不脱离实际，保持正确的方向，产生了巨大的脱贫效应。

1950年，毛泽东提出各地成立失业工人救济委员会，有计划、有步骤地全面开展失业登记工作，并主要采取以工代赈的方法解决城市贫困人口的生活问题，即吸收大批城市失业贫困人员参与城市基础设施建设等①。改革开放初期，我国农村贫困人口基数大、贫困发生率高，邓小平深刻剖析人口问题的十二对矛盾，并多次提出只有把农村一半以上的劳动力转移出来发展二三产业，才能使农村走向小康。同期，我国开始大力发展乡镇企业和实施以工代赈，积极吸纳农村剩余劳动力就业，有效地缓解农村贫困现状并完善贫困地区基础设施。随着东部沿海地区民营经济快速发展以及城市建设热度提高，1996年5月，中央做出“东西部扶贫协作”重大决策，如利用西部地区丰富的人力资源，开展劳务协作。2001年加入世界贸易组织后，外向型制造业为农村剩余劳动力提供了大量就业岗位，党中央抓住机遇，围绕劳务协作大力推动就业扶贫。同时，为加速劳动力要素流动，2003年，党的十六届三中全会明确提出逐步改变城乡二元结构体制。2012年，党的十八大以来，我国就

① 《劳动部颁发救济失业工人暂行办法》，1950年6月17日。

业扶贫遇到前所未有的难题和挑战，如我国劳动力市场由过去的数量压力转变为结构矛盾，党中央及时调整就业扶贫政策，围绕外出务工和就地就近就业两大方向精准施策，促进贫困劳动力稳定就业。因此，始终坚持中国共产党的集中统一领导是我国就业扶贫政策体系形成的根本保障。

2. 集中力量办大事是制度保障

党的十八大以来，我国发挥集中力量办大事的社会主义制度优势，广泛动员全党全国各族人民以及社会各方面力量形成就业扶贫强大合力，为我国就业扶贫政策体系的形成提供制度保障。

首先，中国共产党立足于经济发展进入“三期叠加”重大转型期、劳动力市场矛盾转变为结构矛盾以及扶贫开发进入攻坚期等现实基础，在中国特色就业扶贫思想指导下，在《中共中央　国务院关于打赢脱贫攻坚战的决定》《“十三五”脱贫攻坚规划》《中共中央　国务院关于打赢脱贫攻坚战三年行动的指导意见》等综合性文件中，针对就业扶贫提出指导意见，明确就业扶贫方向、重要内容和途径。其次，人力资源和社会保障部等部委在中央关于就业扶贫决策部署下，牵头联合国家发展和改革委员会、财政部等部委共同印发《打赢人力资源社会保障扶贫攻坚战三年行动方案》《关于开展深度贫困地区技能扶贫行动的通知》《关于做好易地扶贫搬迁就业帮扶工作的通知》《关于进一步加强贫困家庭高校毕业生就业帮扶工作的通知》等就业扶贫专门性文件，提出具体就业扶贫措施。最后，围绕专项扶贫、行业扶贫、社会扶贫等互为补充的大扶贫格局①，我国凝聚国际国内社会各方面力量，整合配置就业资源。例如，中华全国妇女联合会、共青团中央、欧美同学会（中国留学人员联谊会）等群团组织分别印发《全国妇联关于在脱贫攻坚战中开展“巾帼脱贫行动”的意见》等综合性扶贫开发政策文件，提出分别针对贫困妇女、贫困青年的就业扶贫举措。

3. 融合视角下“大就业扶贫”格局是基本策略

农村剩余劳动力转移并非易事，一方面由于贫困地区贫困人口“等靠要”思想严重、文化水平低等主观原因；另一方面由于交通信息闭塞等客观原因。因此，我国开展就业扶贫不是进行简单转移，而是将就业扶贫与扶志扶智、改善贫困村生产生活条件相融合。例如，大力弘扬“劳动最光荣”“脱贫攻坚是干出来的”“弱鸟先飞”等精神，帮助贫困群众树立主体意识，变“要我脱贫”为“我要脱贫”；围绕企业用工需求和贫困人口就业需要，组织贫困家

---

① 习近平在全国脱贫攻坚总结表彰大会上的讲话，2021 年 2 月 25 日。

庭劳动力参加岗前培训、订单培训和岗位技能提升培训；以“以工代赈”的方式组织贫困家庭劳动力参与基础设施建设等。

我国还将就业扶贫与产业扶贫、易地搬迁脱贫、教育扶贫、生态扶贫相结合。在产业扶贫中，实施新型经营主体培育、新型职业农民培育、农村实用人才带头人培训、致富带头人培训、农民手机应用技能培训等贫困地区培训工程；对贫困户通过电商平台创业就业，鼓励地方政府和电商企业免费提供网店设计、推介服务和经营管理培训，给予网络资费补助和小额信贷支持。在易地搬迁脱贫中，集中安置区（点）设立卫生保洁、水暖、电力维修等岗位，为建档立卡贫困人口提供就地就近就业机会；鼓励工矿企业、农业龙头企业优先聘用建档立卡搬迁人员。在教育扶贫中，针对贫困家庭新成长贫困劳动力，国家中等职业教育改革发展示范学校和国家重点中职学校选择就业前景好的专业，针对建档立卡贫困家庭子女单列招生计划；支持建档立卡贫困家庭初中毕业生到省外经济较发达地区接受中职教育；支持民族地区职业学校建设，继续办好内地西藏、新疆中等职业教育班，加强民族聚居地区少数民族特困群体国家通用语言文字培训等。在生态扶贫中，中央财政调整生态建设和补偿资金支出结构，支持在贫困县以政府购买服务或设立生态公益岗位的方式，让贫困户中有劳动能力的人员参加生态管护工作等①。

（二）我国就业扶贫政策体系的实施

我国就业扶贫政策体系的形成与实施双向互动，一方面就业扶贫政策体系的形成是实施的前提；另一方面就业扶贫政策体系的实施进一步促进了就业扶贫政策体系适时调整和创新完善。在这一实践过程中，我国就业扶贫发挥出巨大的扶贫扶志效果。例如，党的十八大以来，90%以上建档立卡贫困人口得到了产业扶贫和就业扶贫支持，2/3以上建档立卡贫困人口主要靠外出务工和产业脱贫②。这一切归功于我国就业扶贫实施过程的有效性以及实施结果的稳定性。

1. 就业扶贫实施过程的有效性

我国就业扶贫实施过程的有效性是确保就业扶贫取得显著成效的前提条件。围绕就业扶贫的有效实施，我国构建了一整套行之有效的“上下协同、区域协作、部门联动”的就业扶贫工作体系。

---

① 根据《“十三五”脱贫攻坚规划》整理。

② http：//www. gov. cn/xinwen/2021-04/03/content_5597618. htm。

首先，党的十八大以来，在以习近平同志为核心的党中央集中统一领导下，人力资源和社会保障部和国务院扶贫办牵头，财政部、教育部等部门协助配合，经过试点先行、地方探索，我国形成了惠及贫困劳动力、就业服务机构、贫困地区、市场主体等对象，贯穿贫困劳动力就业创业各个渠道的一整套就业扶贫政策体系。其次，人力资源和社会保障部建立了与扶贫开发信息系统对接的农村贫困劳动力就业信息平台，构建全国农村贫困劳动力就业信息实名制动态数据库。其中，扶贫部门负责摸查贫困劳动力就业信息等工作。最后，各级扶贫部门将就业扶贫纳入脱贫攻坚工作总体规划，在产业发展扶贫、易地扶贫搬迁、教育扶贫、生态保护扶贫、东西部扶贫协作等工作中统筹考虑，围绕外出务工与就地就近就业两个方向配合各级人力资源和社会保障部门协调推动贫困地区精准对接、稳定就业。同时，各级财政部门负责就业扶贫政策的资金落实和工作经费保障。

具体而言，以劳务协作为例，我国在实践中形成了“东西部劳务协作、省内劳务协作和专项劳务协作”的劳务协作体系。在东西部劳务协作方面，东西部在实践中形成了四种协作模式：第一，西部地区通过农村贫困劳动力就业信息平台掌握本地区建档立卡贫困人口就业失业信息，再与东部发达地区劳务服务站提供的就业需求信息相匹配；第二，东部省份提供岗位需求信息，中西部省份按照需求开展订单式培训，组织劳务输出；第三，西部地区立足资源禀赋和产业基础，引进一批能够提供更多就业岗位的劳动密集型企业、文化旅游企业等，培育一批带动贫困户发展产业的合作组织和龙头企业，支持建设一批贫困人口参与度高的特色产业基地，并且做好本行政区域内劳务对接工作，促进贫困人口在家乡就地就近就业；第四，开展职业教育东西协作行动计划和技能脱贫“千校行动”，积极组织引导贫困家庭子女到东部省份的职业院校、技工学校接受职业教育和职业培训。在省内劳务协作方面，中西部支持省内经济发达地区和贫困县开展结对帮扶，帮助贫困劳动力在省内务工，如湖南组织长株潭地区与湘西等欠发达地区开展劳务协作。在专项劳务协作方面，2020 年针对 52 个未摘帽县和易地扶贫搬迁万人安置区贫困劳动力和农民工，我国启动数字平台经济促就业的脱贫行动，由阿里巴巴、京东等大企业与特定地区开展定向招聘、居家就业、创业带动、爱心助农等四大协作计划①。

---

① http：//www.gov.cn/xinwen/2020-11/19/content_5562757.htm。

2. 就业扶贫实施结果的稳定性

就业扶贫作为推动贫困家庭摆脱贫困最有力的手段，是精准扶贫、精准脱贫的重要渠道。中西部地区更是普遍将就业扶贫作为脱贫攻坚的重中之重。因此，就业扶贫实施结果的稳定性直接影响我国能否如期打赢脱贫攻坚战，全面建成小康社会。实践证明，我国提出的与就业扶贫相关的高标准严要求的考核体系确保了我国就业扶贫实施结果的稳定性。

我国就业扶贫考核体系主要包括贫困县退出专项评估检查，贫困县退出抽查，省级党委和政府扶贫开发工作成效考核，东西部扶贫协作考核，中央单位定点扶贫工作考核，国家脱贫攻坚普查等贫困退出和成效考核。例如，在贫困县退出专项评估检查和贫困县退出抽查中，专门设置有关易地扶贫搬迁就业帮扶、就业培训、外出务工、本地就业（包括公益岗位、扶贫车间工人）等就业扶贫数量指标和帮扶成效指标，如“家里有几个（扶贫）车间工人”“获得就业帮扶措施后，对家里增收是否有帮助”，等等；在省级党委和政府扶贫开发工作成效考核中，将贫困劳动力就业情况作为年度脱贫攻坚成效考核的重要内容，考核参照指标为去年贫困劳动力外出务工数据，如“东部地区今年吸纳中西部地区贫困劳动力务工总数不少于去年，中西部地区外出务工贫困劳动力总数不少于去年”①；在东西部扶贫协作考核中，分别针对东部地区、西部地区设置不同的就业扶贫考核内容，如东部地区设置“带动贫困人口脱贫数”“开展贫困人口就业培训数、开展就业服务提供就业岗位数、贫困人口就业脱贫数”等考核指标，考核产业合作与劳务协作的就业帮扶情况，西部地区设置“带动贫困人口脱贫数”“提供贫困人口就业意愿和信息、提供就业服务，开展职业培训、帮助贫困人口就业脱贫数”等考核指标，考核产业合作与劳务协作的就业帮扶情况等。

综上，我国就业扶贫考核体系在强化“上下协同、区域协作、部门联动”的就业扶贫工作体系，层层压实各级责任，防止数字脱贫弄虚作假以及保证就业扶贫实施结果的稳定性等方面起到了重要作用。

五、结语及展望

2021 年 2 月 25 日，习近平庄严宣告：我国脱贫攻坚战取得了全面胜利。

① 《人力资源社会保障部　财政部　国务院扶贫办关于进一步做好就业扶贫工作的通知》，2020 年 6 月 17 日。

就业扶贫作为精准扶贫和精准脱贫的重要抓手，在实现贫困人口脱贫增收以及激活贫困人口内生动力方面发挥了重要作用。在“两个一百年”奋斗目标的历史交汇点，本文梳理和总结了中华人民共和国成立以来我国就业扶贫的历史演进、现实基础、理论逻辑以及实践经验。首先，根据我国减贫战略调整将中华人民共和国成立以来我国就业扶贫历程划分为四个阶段，即“统包统配”就业扶贫阶段、“就地转移”就业扶贫阶段、“东西部劳务协作”就业扶贫阶段，以及“精准对接、稳定就业”就业扶贫阶段，并系统梳理每一阶段就业扶贫工作重点，清晰地展现了我国就业扶贫政策不断适时调整和创新完善的过程；其次，深入分析我国就业扶贫政策创新完善背后的经济结构转型、劳动力市场变化和贫困动态变化等复杂多变的现实基础，以及建立在就业扶贫现实基础之上、扎根于就业扶贫历史演进土壤之中的就业扶贫理论逻辑——中国特色就业扶贫思想；最后，从我国就业扶贫政策体系的形成和实施方面总结我国就业扶贫实践经验。由此可知，我国就业扶贫政策体系的形成不是一蹴而就的，而是历届党和国家主要领导人立足复杂多变的现实基础，在中国特色就业扶贫思想指导下，深刻把握就业扶贫规律，在实践中探索出的符合中国国情的就业减贫之路。

2020 年后，我国减贫战略逐步由脱贫攻坚转变为乡村振兴。2021 年 3 月 22 日，《中共中央　国务院关于实现巩固拓展脱贫攻坚成果同乡村振兴有效衔接的意见》（以下简称《意见》）公开发布，《意见》中提出“建立农村低收入人口和欠发达地区帮扶机制”“优化产业就业等发展类政策”“促进脱贫人口稳定就业”等要求。当前，我国数字经济、人工智能迅猛发展，正成为中国经济高质量、可持续发展的重要支撑。这些都对未来就业总量和就业结构变化产生巨大挑战，如大量的传统工作岗位被自动化技术替代，农民返乡就业创业趋势继续保持，现有劳动力教育水平的结构与数字经济对劳动教育水平的需求不匹配等[24]，深刻影响下一阶段“就业帮扶”的实践和理论发展。为使就业帮扶在下一阶段继续更好地发挥帮扶效用，参考中华人民共和国成立以来中国特色就业扶贫思想和实践，本文就乡村振兴阶段我国就业帮扶思想和实践发展进行了展望。

在“就业帮扶”思想方面，第一，坚持中国共产党的集中统一领导，就业帮扶要继续立足现实基础，沿着“稳步、有序、合理”的方向发展；第二，坚持突出人民主体地位，随着超常规举措向常态化帮扶转变、阶段性攻坚向可持续发展转变，我国就业帮扶应将保障低收入人口或相对贫困人口的发展权放在首位；第三，坚持理论逻辑、历史逻辑、实践逻辑相统一，在实践中不断总结就业帮扶阶段性经验，并将其上升为就业帮扶理论，不断拓展丰富中国特色就业扶贫思想。

在"就业帮扶"实践方面，第一，在五年过渡期内，将就业帮扶作为巩固脱贫攻坚成果的关键举措，促进脱贫人口稳定就业；第二，在乡村振兴战略背景下，大力发展乡村产业，强化产业体系建设，培育农业产业化龙头企业，创造就地就近就业岗位；第三，聚焦返乡就业创业人口，培育农村创业创新带头人、加强农村电商人才培育等，带动农村低收入人口就业；第四，围绕地方特色劳务群体，建立规范化、标准化职业技能培训和劳务输出基地，打造劳务输出品牌，并且优化就业服务，如畅通就业信息渠道、保障农民工合法权益等；第五，构建与就业帮扶政策配套的现代化社保体系，适应数字经济环境下各种短期、灵活新型就业形式，保障农民工在多个单位、地区间流动时享有基本医疗保险等福利；第六，改革职业教育体系，根据劳动力市场对数字技术人才的需求，制定和实施劳动力数字技能与知识的培训计划，并且鼓励民营机构和非营利组织参与。

参考文献：

［1］刘彦随，周扬，刘继来．中国农村贫困化地域分异特征及其精准扶贫策略［J］．中国科学院院刊，2016（3）．

［2］吴敬琏．农村剩余劳动力转移与"三农"问题［J］．宏观经济研究，2002（6）．

［3］韩佳丽．贫困地区农村劳动力流动减贫的现实困境及政策选择：基于连片特困地区微观农户调查［J］．江西财经大学学报，2020（1）．

［4］魏后凯，崔凯．面向2035年的中国农业现代化战略［J］．China economist，2021（1）．

［5］陈红文．浅析贫困地区农村劳动力转移［J］．农业经济问题，2001（4）．

［6］惠建国，刘冠军．新中国70年就业政策的创新发展与经验总结［J］．财经问题研究，2020（9）．

［7］李迎生．计划经济时期的农村社会保障建设评析［J］．河南社会科学，2005（4）．

［8］时立荣，徐美美，贾效伟．建国以来我国社会企业的产生和发展模式［J］．东岳论丛，2011（9）．

［9］李小云，于乐荣，唐丽霞．新中国成立后70年的反贫困历程及减贫机制［J］．中国农村经济，2019（10）．

［10］汪三贵，殷浩栋，王瑜．中国扶贫开发的实践、挑战与政策展望［J］．华南师

范大学学报（社会科学版），2017（4）.

[11] 谢玲红 ．“十四五”时期农村劳动力就业：形势展望、结构预测和对策思路 [J]. 农业经济问题，2021（3）.

[12] 吴要武 . 70 年来中国的劳动力市场 [J]. 中国经济史研究，2020（4）.

[13] 龙花楼，屠爽爽，戈大专 . 新型城镇化对扶贫开发的影响与应对研究 [J]. 中国科学院院刊，2016（3）.

[14] 路兆丰 . 中国古代的工赈思想 [J]. 社会科学，1988（6）.

[15] 燕连福，耿嘉敏 . 新时代中国扶贫思想的人民观探析 [J]. 西安交通大学学报（社会科学版），2020（1）.

[16] 马克思，恩格斯 . 马克思恩格斯全集：第 46 卷 [M]. 北京：人民出版社，2003.

[17] 张磊 . 关于当前我国贫困与反贫困几个基本问题的新认识：马克思主义经济学关于贫困问题的理论及其时代含义 [J]. 理论前沿，2007（8）.

[18] 马克思，恩格斯 . 马克思恩格斯选集：第 2 卷 [M]. 北京：人民出版社，2012.

[19] 马克思，恩格斯 . 马克思恩格斯文集：第 1 卷 [M]. 北京：人民出版社，2009.

[20] 梁伟军，谢若扬 . 习近平扶贫重要论述的群众主体观论析 [J]. 华中农业大学学报（社会科学版），2020（3）.

[21] 张纯元 . 邓小平同志对马克思主义人口理论的新贡献 [J]. 人口研究，1998（2）.

[22] 习近平 . 摆脱贫困 [M]. 福州：福建人民出版社，2014.

[23] 唐任伍，孟娜，李楚翘 . 习近平新时代中国特色社会主义思想中的贫困治理观：理论渊源、逻辑意蕴和当代价值 [J]. 经济与管理研究，2020（12）.

[24] 张翕 . 中国社会科学院—欧盟就业总司国际研讨会（2019）综述 [J]. 劳动经济研究，2020（1）.

财政、国家与政党：建党百年视野下的中国财政

吕　炜　靳继东
东北财经大学

摘要：本文从中国共产党建党百年的历史视野出发，按照财政、国家与政党的逻辑分析框架，通过对财政与国家共时性关系的历时性梳理，阐释政党影响和决定下的财政建设与现代国家治理之间互为促动的制度机理。进而立足我国新型政党制度与国家建设实践，阐释财政与市场经济以及财政与社会主义市场经济内在逻辑的一般性和特殊性，探讨和认识中国共产党领导下的独特道路所决定的财政本质与改革逻辑。最后立足中国财政的本质和逻辑，总结财政在社会主义市场经济改革发展中的独特贡献，为认识和构建新时代中国的财政基础理论做探索性思考。

关键词：建党百年　国家建设　政党制度　财政道路

一、引言

财政作为国家治理的基础和重要支柱，在实现“两个一百年”奋斗目标过程中始终服从和服务于社会主义现代化国家建设，其最本质的制度特征、最根本的历史经验是中国共产党的领导。在中国共产党领导下，始终坚持财政为建立和巩固社会主义国家政权服务，在社会主义制度下，始终坚持为我国现代化建设服务。这是中国财政的政治属性。其最具开创性和突破意义的历史贡献是在坚持社会主义制度前提下，探索和形成了通过市场经济改革推进现代化国家建设的新道路、新模式，在“社会主义+市场经济”的实践中不断发展和完善中国特色现代财政制度和理论体系。中国共产党从诞生开始，在追求共产主义理想、建立社会主义制度、推进现代化国家建设和实现民族复兴的历史伟业中，党的领导及新中国成立后形成的新型政党制度，作为内

注：本文原载《管理世界》2021年第5期。

嵌于中国现代国家建设过程的决定性因素始终发挥着关键作用。这一具有鲜明的现代化导向和独特“政党—国家”治理特征的历史主线，始终贯穿于社会主义现代化国家建设的历史过程。这一历史和实践的主线，决定了财政建设为中国共产党维护社会主义国家政权安全，探索社会主义经济建设规律和推进社会主义市场经济改革服务的政治本质、实践特征和制度功能。因此，中国共产党领导的新型政党制度作为我国国家治理和制度体系最本质的特征，在根本上决定着中国特色社会主义财政道路、制度建设和理论体系的基本特征，是新时代背景下进一步深化对中国财政实践的规律性认识，不断探索和构建符合中国实际、具有中国特色财政理论必须坚持的历史和实践前提。

站在两个一百年目标的历史交汇点，从中国共产党领导的最本质特征，开辟社会主义市场经济新道路的改革入手，进一步推进构建具有中国特色的新时代财政理论体系，具有重要的实践和理论价值。对于这一理论和实践问题，本文思考和展开的逻辑是：财政与国家之间存在着本质联系，没有财政就没有国家，无论在哪个历史时代、何种制度条件下都是如此。这是财政与国家关系的一般性特征。但在不同历史和制度条件下，财政与国家之间的关系又必然会呈现不同的实践形态和理论样式，现代国家建设过程中财政内涵及其发挥的作用和方式也必然因时代和制度条件的变化而发生深刻变化。历史地看，现代市场经济的兴起和发展是与资本主义生产方式和国家建设天然联系在一起的，财政作为国家的手段和资源配置方式，一方面必然深刻地嵌入资本主义生产方式和国家建设的历史过程；另一方面会同步于在这一历史过程中不同发展阶段政府与市场的关系演进。同样的，基于特定的历史场景和时代际遇，中国开辟社会主义市场经济道路的历史起点，是与社会主义现代化建设要求和国家制度历史性地联系在一起的。财政作为社会主义国家在公有制条件下推进现代化建设的手段和资源配置方式，一方面必然体现和适应社会主义国家和基本经济制度的要求；另一方面也经历了从计划经济体制向市场经济体制改革探索的实践。进一步，中国在社会主义制度条件下成功开启并深入推进的市场经济改革，这种基于中国历史和实践所形成的改革道路和制度模式，必然深刻地影响和决定着中国特色现代财政的制度特征和理论脉络。为此，本文从中国共产党建党百年的历史背景出发，按照我国先建党后建国的历史道路和政党—国家—财政的实践逻辑，立足财政是以国家为主体的资源汲取和配置手段的本源性质和功能，围绕中国社会主义市场经济改革这个当代中国最显著的时代和实践命题，在与西方成熟市场经济发展和前社会主义国家市场化探索的双向对比中，阐释中国特色财政的历史道路、制度本质和功能形态的一般规律和独特经验，为认识和廓清中国自己的财政理论的基本问题、关系和特征提供方法论思考。

二、财政、国家、政党：共时性关系中的历时性逻辑

探索和构建符合中国实际，具有中国特色的财政理论，必须立足于财政在服务社会主义现代化国家建设和民族伟大复兴的过程，以及在这一过程中形成的财政特有制度特征和改革逻辑。这一立足点决定了政治从来都是认识财政本身、推进财政工作的第一思维，服从国家要求、服务国家需要从来都是财政的第一功能。财政在服务社会主义现代化国家建设的历史和实践中形成的独特性质，既扎根于中国共产党领导下建立社会主义国家政权，开辟社会主义现代化建设道路和推进社会主义市场经济改革的历史经验，也反映和体现着财政与国家一般关系在中国国情和制度实践中形成的独特发展规律。对于中国财政的历史和实践独特性的理论认识和呈现，尤其是从思想和学术上构建既具有中国特色又遵循财政发展一般规律的话语体系，需要我们回溯到财政本来面目，即财政与国家之间的本质性联系。按照财政与国家之间本质性联系的共时性和历时性双重逻辑，围绕财政和国家在现代化进程中发生的制度和功能形态的历史变化及其相互促动关系，深刻认识我国现代化进程中财政的经验道路和制度特征。

财政在本源的意义上是一定社会形态下资源汲取和分配的方式，但只有在国家这种特殊形态的政治组织出现并垄断性地占有资源汲取和分配地位之后，财政才得以成为我们能够进行观察和分析的特定活动和现象①。因此，财政的本来面目只有在财政与国家的本质联系中才能呈现得更加清晰。财政与国家之间存在的本质联系，首先是指国家对于财政的根本性依赖，即财政是国家的基础和血液，国家的存续和一切活动都需要财政的保障。国家无论存在还是围绕其目标而展开的活动，都在根本上依赖于从社会中汲取的财政资源。同样的，无论是古代国家为了扩张领土、军事征伐，还是现代国家强调的维护国内秩序安全或者谋求经济增长赢得竞争优势，财政资源都在根本上

① 对于国家出现之前的原始社会或者国家消亡之后的共产主义社会，我们只能按照国家存在的历史和现实条件在想象和猜测意义上去推断。基于经验科学的基本立足点，对财政作为社会资源汲取和分配的基本方式的研究和思考，只有与国家联系在一起的时候才是可观察和可分析的。

构成对国家实现其目标的重要制约。财政作为国家存在的基础及实现国家目标和意图的手段，决定着财政对于国家而言的基本内涵和功能，并且由于在一定程度上超越了时代性条件从而形成了财政与国家关系的共时性逻辑，即无论在何种时代条件、何种国家形态下，国家都对财政存在根本性的依赖。与此同时，每个时代都要面临和解决自己时代的治理问题，由于不同时代国家面临的需求和挑战不同，从而有必要相应地创制或生成各自适当的治理方式，以适应时代的需要、社会的演进和国家的要求。因此，财政作为国家血液和手段的基本内涵和功能定位，也必须同时符合和回应国家存在和发展所面临的时代性问题，并随着时代的发展和国家功能变化而发生历史性的深刻变化。显然，前现代国家汲取财政资源的方式以及将财政资源用之于己的目的，与现代国家汲取和配置财政资源的制度安排和作用方式存在根本性的差异。这种因时代变化而导致国家在制度形态、基本功能和治理问题等方面的巨大差异，也要求和决定着财政作为国家基础和工具的定位必然随着时代发展和国家建设需要而呈现出作用及方式的历史性变化，从而又形成和体现着财政与国家关系的历时性逻辑。在此意义上，是古代国家以“贡赋”方式，还是现代国家以“税收”方式汲取财政收入；是古代社会在“家国一体”条件下配置财政资源，还是现代社会条件下用于满足社会公共需求；是在古代专制政体下进行财政管理还是在现代民主条件下管理财政资源；是在计划体制下，还是在市场体制下确定财政的功能范围和作用方式，显然都是这种历时性差异和变化的显著反映。

（一）国家在财政中主体地位的确立

在人类社会发展过程中，财政与国家之间本质联系所发生的第一个历史性变化，是国家产生以后就在财政活动中占据主体地位。财政是否在本质上是一种超越国家存在的满足社会公共需求的资源汲取和配置手段，从而国家的出现只是使得财政资源汲取和配置获得了一种新的形式。这是不少学者从本源上探讨财政固有属性的重要话题，也是近年来财政学界在围绕社会主义市场经济条件下财政本质和功能反复讨论的一个重要基础理论问题。对此问题的解释和回应，可以从国家的本质属性及其历时性演进逻辑予以理解。不可否认，即便在没有产生国家的原始社会或者国家已经消亡的未来共产主义社会，也存在着围绕社会公共需要而汲取和分配社会资源的现象。“所有的政治体系，甚至最原始的政治体系，都以人们对社会的义务性贡献的方式来提取某种资源"①，但问题的关键在于：国家的出现和发展对于这种作为社会资源汲取和分配的活动意味着什么？它使得汲取和分配方式发生了什么样的历史性变化？恩格斯在对国家起源和本质问题进行研究时深刻指出，国家和旧的氏族组织相比不同之处在于：一是国家按地区为基础而非原有氏族以血缘为基础划分它的国民；二是公共权力的设立，"这种公共权力已经不再直接就是自己组织为武装力量的居民"，而是"与全体固定成员相脱离的特殊的公共权力"。而且，"为了维持这种公共权力，就需要公民缴纳费用——捐税。捐税是以前的氏族社会完全没有的"[1]。这就深刻揭示出国家的本质及因国家的出现而导致的社会资源汲取的历史性变化，即国家的出现从根本上是社会内部矛盾发展的产物，本质是出现了以特殊的公共权力为核心的组织形态，它的存在和发展需要通过捐税的形式维系其根本基础。国家的出现使得汲取社会资源的范围和方式发生了历史性的变化，即由于国家主要是社会内部矛盾发展的结果，因而汲取资源的范围主要不是通过向外部掠夺而是主要从社会内部获得。由于国家是按地区为基础而非原有氏族以血缘为基础划分国民的，因而从社会内部汲取资源（比如家庭、村落）的方式不再是氏族组织以血缘为基础的义务性质，而是主要通过捐税这种以公共权力为核心的强制性（制度化的、常规性的）方式获得。"任何国家都要首先并主要是从社会中抽取资源，并利用这些资源创设和支持强制组织和行政组织。"[2] 这种以强制性公共权力为本质的国家存在，是我们理解财政内在规定性的关键所在。即便在原始社会或者未来的共产主义社会，也会存在为满足和实现公共需要而汲取和配置社会资财的公共活动，但问题的关键在于国家的出现所导致的财政强制性汲取和权威性配置的方式。因此，国家产生之前或国家消亡之后的社会公共资源汲取和配置意义上的"财政"，与国家状态下的社会公共资源汲取和配置意义上的"财政"，在本质规定性上是判然有别的。如果财政只是反映着超越时代条件和国家制度因素的满足和实现一般性社会共同需要的实践活动，就势必要将国家强制性汲取和权威性配置资源的特殊性质也从财政中去除，同时必须剥离国家在特定社会形态、制度条件和发展阶段上财政实践的具体性和特殊性。换言之，如果财政不反映国家作为特殊性公共权力而非一般性公共权力的本质存在，或者将国家的出现仅视为财政公共资源汲取和配置方

① 国家产生之前资源提取方式上是不同的，家庭集体义务、战争掠夺等都曾经是原始社会提取资源的方式。只有产生国家之后，才使得公共资源的提取方式实现了制度化的变化：一是体现为常规性地从社会内部提取；二是提取方式转变为以国家权力为基础的强制性提取。

式的新的形式，我们将如何认识国家财政和非国家财政之间的本质差别，以及国家出现后财政作为一般公共资源汲取和配置新形式的本质内涵呢？结果必然是，要么陷入重新界定国家状态下的财政新形式的本质及其所决定的财政功能的逻辑反复，要么就得面对难以解释不同国家形态、制度条件和发展阶段上财政的特殊历史和实践的理论困难。因此，只有立足于国家作为特殊性公共权力组织而存在的历史和实践，才能客观地认识和理解财政与国家之间的本质联系以及国家在财政中的主体性地位。

然而就财政与国家的关系而言，国家对财政的根本性依赖以及国家在财政中的主体性地位，仍然只是一种普遍性特征，或者说仍然只是财政与国家之间的一种共时性关系，是超越不同时代和不同制度条件的财政与国家的一般性关系。这一财政与国家关系的本质内涵和基础功能，只有能够解释在不同国家历史形态、制度安排形式和功能变化等条件下的财政历史和实践时，才能形成真正符合历史和反映实践的财政理论。恩格斯在阐释政治经济学的历史性质时深刻指出："人们在生产和交换时所处的条件，各个国家各不相同，而在每一个国家里，各个世代又各不相同。因此，政治经济学不可能对一切国家和一切历史时代都是一样的。"[3] 显然，财政与国家之间的一般性和普遍性联系必然具有随时代条件的变化，尤其是不同时代国家形态和功能的历史性变化所出现的历史性质，呈现出历时性的实践形态和理论样式。财政与国家之间的普遍性关系的历史演进，在近代以来的现代化进程中，可以通过新型国家的兴起、发展与财政资源汲取、配置方式的互动关系看得更加清晰。近代以来国家本身所发生的深刻变化，不仅体现为历史宏大叙事中的历史形态更迭，而且也深刻地表现为根据近代社会生产关系基础上政治角色以及功能和结构的变化，越来越集中地与现代化进程中的新的国家特征联系在一起，现代国家建设过程中财政内涵及其发挥的作用和方式也必然因时代和制度的条件变化而发生深刻变化。

（二）现代化与近代新型国家形态的出现

近代以来，在世界范围内发端的现代化进程，导致财政与国家关系发生了第二个历史性变化，即近代新型国家形态出现之后导致财政在制度和功能上的深刻变革。现代化作为世界范围内社会发展形态从传统走向现代的历史和制度变迁过程，在政治领域内集中地体现为国家在形态上逐渐摆脱了前现代社会那种"邦国""家国""等级"等人格化语义内涵[4]，开始越来越具有政治权力集中体现形式的理性化特征。尽管这种"聚焦于某一社会中国家权力的运作”[5] 的新型国家理论，被首次运用于研究近代以来西欧国家的形成过程，但伴随着现代化和资本主义体系向全球扩展也越来越具有历史发展意义上的普遍特征。恩格斯从社会内部矛盾运动尤其是阶级斗争的角度，揭示了这种理性国家仅在形式上具有“共同体”的虚假特征，突出了这种实现了历史类型更迭的新型国家的阶级本质[1]。马克斯·韦伯则从行政、司法、税收以及对暴力的合法垄断等维度描绘了这一新型国家作为“政治的强制机构”的制度特征①，这种制度特征集中表现为国家在特定领土范围内垄断性的支配地位，并且能够获得人们自愿服从（合法性）[7]，以及从国内外环境中汲取力量和优势维持其存在。这些揭示现代化进程中新型国家在本质和形式上特征的理论观点，相近或趋同之处在于：一是无论在本质上将国家视为代表某个阶级或具有自己独立意志，都把国家看作是在特定地域范围内享有垄断性权威地位的活动主体；二是在强调国家作为公共权力代表制定和执行制度规则的“普遍性”，制定和执行的制度规则对于全社会成员或组织具有普遍的约束力，是超越于社会成员和组织之上的一种独立存在。伴随着现代化进程引发的社会形态的深刻变化及其日益向全球范围扩展，这种新的国家组织形态日益呈现出与前现代国家之间的根本差异，并且以新的面目出现在国际和国内领域：在国际领域国家作为主权者的形成，即国家作为一定领土范围内排他性统治权的代表，主要体现为在自我和他者的关系中的国家，具有相对于外部其他国家的排他性统治权，履行保卫自身安全以及在与其他国家竞争中赢得优势等主要功能。在国内领域国家作为主权者的形成，即国家作为对内政权所有者的代表，具有相对于社会共同体内部其他组织的排他性权威地位，履行通过制定和执行制度规则为社会提供内部秩序，以及谋求经济稳定和发展等主要功能。

在以主权国家为主要形态的新型国家兴起和发展过程中，财政资源汲取和分配方式的变化与西方资本主义国家建构过程形成了重要的历史共生关系。由于这种新型国家形态首先在西方世界产生，因而也与西方近代资本主义的发展、现代国家的建构过程和财政制度的演进历史性地联系在一

---

① 马克斯·韦伯认为，政治的团体只有当它的存在和他的各种制度的适用，在一个可以标明的地理区域里，持续地通过行政管理班子使用有形的强制或以之相威胁作保证时，才应该叫作统治团体。国家如果而且只有当它的行政管理班子卓有成效地要求对合法的有形强制实行垄断以贯彻它的制度时，才应该叫作政治的强制机构。一种社会行为，尤其包括团体行为，只有当它旨在（以非暴力方式）影响一个政治团体的领导，尤其是支配权力的占有，或剥夺，或重新分配或委派时，才应该叫作“以政治为取向”[6]。

起。或者说，它们都是近代以来的现代化进程在经济、政治和社会诸领域不同侧面的体现。与现代化进程及其引发的经济社会变革相伴而生的资本主义生产关系，在深层次上破坏和瓦解着原有的社会关系和结构，导致社会形态在总体上出现迫切变革要求的危机状态，这种新型国家形式就是“为解决西欧社会特定发展时期的具体危机而出现的独特的社会发明”[8]。它既要求具有超越其他社会组织和原有社会结构的自主性，又需要建立较强的渗透或整合社会的能力以及有效汲取资源的能力，从而使得围绕整合社会、汲取资源的制度方式选择，越来越成为能否形成更强的国家能力的重要因素。“在西欧国家形成的过程中，国家缔造者与资本家之间有着密切的关系，资本主义促进了国家发展，而国家缔造者也促进了资本主义的扩张。”[9] 在因资本主义生产关系的出现和发展使得国家能力和制度建设更加重要的同时，西欧前现代国家之间的争夺权力和持续战争更加迫切地要求建立集中化、垄断性的国家权力[10]。持续开展战争要求建立有效的国家汲取能力，必然导致资源汲取和分配方式做出相应的变化。“当国家依赖于从人口中汲取各种重要的资源，国家就被迫与后者形成各种共生关系，正是这种共生关系下的选择性质决定了两种不同欧洲国家形态的出现。”[9] “若无财政需求，现代国家的发展会举步维艰”[11]，但为满足国家资源汲取需求而建立起来的税收制度，何以能够成为正在逐步形成的现代国家最重要的制度特征？在新的国家形态形成过程中，由于集中的公共权力权威的确立，税收成为社会资源汲取的主要方式且按照制度化的、常规性固定方式予以征收，并日益与国家在政治上寻求征缴税收的合法性努力联系在一起，从而使得这种税收制度安排越来越成为现代国家的构成要素之一。在此意义上，熊彼特的“现代税收国家”只不过是这种现代财政资源汲取和国家形态之间的共生关系在税收制度和国家制度两个方面的同时体现。财政资源汲取的制度选择不仅在西方现代国家形成过程中发挥着重要作用，而且对现代国家建设的演进路径产生了重要的历史性影响。近代国家理论研究者认为，早期解决税收问题的制度方式之所以受到关注，关键在于这些制度方式中蕴含着国家在制度选择方面的历史路径，不同方式的财政汲取制度影响甚至决定着国家究竟是走向专制主义、自由主义还是代议制政府[12]。从近代西方主要国家建构的历史方向看，普鲁士通过建立中央强制实施的税收系统形成了“威权主义”的资源汲取模式；英国通过政治上“协商式”的议会改革建立起现代税收和公债体系，从快速商业化的经济所形成的资源基础中满足财政需求；法国则走上了资本主义革命的道路①。显然，西方国家兴起过程中财政汲取资源和分配方式的变化也影响着国家建设和制度演进的方向和方式，围绕财政资源的收支而展开的政治过程也在持续推动着国家建设和制度完善。

财政资源汲取和国家形态之间的共生关系，还体现在现代国家发展的历史过程中对财政功能和制度安排形成的制约和形塑。在现代化进程中形成的新型国家，一个显著的特征是成为超越于社会关系和组织之上的自主性活动主体，它"所扮演的角色的异同主要取决于其自主性程度"。国家的自主性及其历史发展必然要求财政作为国家基础和工具的基本内涵，随着现代国家的发展和多功能取向而发生变化。国家的存在使税收成为必需，但国家不仅仅要征税，"一旦国家成为一种现实……就会有进一步的发展，而且很快就会变成一种其性质无法再纯粹从财政的角度加以理解的东西，而财政将成为它的服务工具。如果财政创造了现代国家，那么现在国家则要从自己的角度出发去塑造财政……"[16]。随着现代国家建设的历史演进，国家作为自主行动者和规则制定者的角色日益凸显，不仅使得国家的功能已经远超出了原有的提供安全、秩序和稳定等传统范围，而且越来越多地表现为国家为顺应和推进现代化进程而在社会、经济和政治变迁中发挥着更加重要和关键的作用。这种承担着更多功能的现代国家的发展，势必要求作为资源汲取能力的财政功能和作用方式做出相应的变革。更重要的是，实现了非人格化的公共权力载体的现代国家，不仅表现在作为具有现代功能的自主性实体，而且在实质上越来越成为一系列制度规则的集合体，国家在制度设计、选择和执行机制方面的一系列变化，也在深刻地影响着财政的制度安排和运行规则。历史地看，

① 道格拉斯·诺思、詹姆斯·W. 汤普逊和托克维尔等众多学者观察到，在英国、法国近代国家形成过程中，尽管它们共同面临着基于不同原因的财政压力或者危机，但两国在解决财政危机的历史方式上是不同的，并且这种解决财政危机的政治方式的差异导致两国后续的政治发展出现历史性的分野。英国君主创造性地采取了一种"以权力换收入"的制度创新以缓解财政的巨大压力，这种以权力换财力的制度创新减轻了君主的财政压力，同时却没有触动议会的征税权，没有激化国王和议会之间的矛盾和冲突，从而保证了英国近代国家形成过程中权力的和平转移，没有引起激烈的政治革命。托克维尔在回顾法国大革命的历史背景时指出，公共开支或战争费用导致财政短缺问题对于西欧国家的君主们都是一样的。对于大革命之前的法国而言，最大问题不在于财政赤字的存在，而在于专制权力对财政危机的解决方式。英国成功的实质，是政府以权力换取收入，改变了政府权力运作方式和范围的变革；法国走向革命的根源，是政府以强权加重税负，拒绝任何改革自身权力的要求。总结起来，财政危机持续存在是推动两国摆脱传统并最终形成近代国家的共同肇因。为解决财政危机，英国、法国分别采取不同的制度改革措施：权力妥协和强化专制；解决财政危机的不同方略导致不同的政治后果：英国式的权力渐进转移和法国式的激进革命[13-15]。

近代以来西方现代财政制度的形成与资本主义国家制度的发展是紧密联系在一起的。英国 19 世纪后期的议会改革推动了公共财政和现代预算制度的出现，20 世纪公民权利的全球性扩张和西方福利国家的出现导致财政支出社会化的历史趋势。与此同时，由于西方国家民主政治等制度建设措施，财政资源汲取和支出之间日益在形式上呈现出类似公共选择的程序性特征，从而导致西方国家最终实现了从财政支出的公共化向财政制度公共性的性质转变。

（三）政党—国家制度的形成

现代政党的产生并日益成为国家制度的重要结构性因素，使得财政与国家关系发生了第三个历史性变化，即政党—国家制度①成为深刻影响和制约财政建设的关键因素。在国家建设影响和形塑现代财政制度的过程中，最重要的同时也是对国家和财政实践产生最具历史意义的现象，是现代政党作为一种国家结构性制度要素的出现并日益在国家建设和历史发展中发挥着关键作用，必然对财政与国家的关系以及财政作为国家的基础和手段的功能和作用方式等产生重要影响。从历史发生的过程来看，现代政党的出现以及日益成为国家在政治上的主导性力量和组织，政党日益以现代国家公共权力实际主

---

① 萨托利在分析世界各国政党制度的不同类型特征时，提出了“部分的政党”和“整体的政党”两个概念，并将政党—国家体制（Party-State System）特指为“政党在国家中而非在社会中”的“整体性政党”制度，并按照这一理解对西方国家的政党制度与社会主义国家的政党制度予以区分[17]。玛利亚·乔纳蒂在对匈牙利、罗马尼亚和中国等社会主义国家的比较研究中，沿袭了萨托利关于政党制度的类型划分观点，以“政党—国家体制”一词总结社会主义国家中执政党和国家权力之间的关系特征。显然，这种观点将“政党—国家”范畴限定性地特指为社会主义国家中关于政党在国家政权体系中的领导地位的制度形态是有失偏颇的。因为：从字源意义上讲，“政党—国家”本身是对政党与国家关系的一种描述和刻画，应该同时包括资本主义国家的政党与国家关系和社会主义国家的政党与国家关系[18]。尤其在对二者进行比较研究时，这个概念本身应该是“可通约性”的[19]。从历史和实践意义上讲，无论是西方政党在现代国家发展过程中产生并日益在国家政治生活中发挥关键作用，还是社会主义国家往往是在共产党领导下才得以建立并因而使得共产党在国家政权体系中处于领导地位并在国家发展中发挥关键作用，二者都不过是政党与国家关系在不同历史背景和社会条件下形成的具有巨大差异的实践方式而已。林尚立认为，现代国家最终都必然生成政党与政党制度，并与宪法所规定的国家制度一起共同运作现代民主，治理和维系现代国家。从这个角度讲，现代国家最终所确立起来的体制都是“党国体制”。党国体制的根本使命是维系现代国家的内在一体性，而西方和中国基于不同历史背景和条件而分别走出“多元整合一体”“一体包容多元”的历史道路，根源不在于政党—国家的制度本身，而在于历史条件约束的差异性[20]。为此，本文在宽泛或一般意义上使用“政党—国家”的范畴，即从政党作为一种政治组织与国家作为政治权力载体之间的关系出发，突出围绕政党在现代国家的形成、建设和发展中所扮演角色和功能的制度特征，以及政党在政治生活中影响、支配或控制国家政治权力而形成的制度安排形式。

导者的姿态出现在国家的政治生活中，也是首先在西方国家出现的。这种先发意义上的政治发展和制度特征，经由全球范围内更多国家尤其是发展中国家和地区卷入现代化进程而具有了形式上的普遍特征。迄今为止，我们能够看到的大多数国家的政治生活基本上是由政党主导的，政党—国家的制度安排已经成为现代国家建设、制度演进过程中最显著的特征。但需要强调的是，这种无论是在功能意义上还是在制度意义上的现代国家普遍形式，最终只是表现在理论上的相似而没有呈现出经验上的趋同。正如 Tilly 在考虑到后发展国家和地区建设历史时强调的，“从欧洲历史中细心重建的事件发生的确切次序不会再重演”[5]。西方国家政党政治的历史路径及其形成的政党—国家制度安排，以及这种制度安排所形塑的财政与国家关系、财政在国家中功能和作用，显然与因不同历史际遇走上现代化进程，因而分别有不同的现代化历史和实践道路的发展中国家和地区存在根本差异。

从西方国家政党政治的历史发展看，政党是在现代国家形成后的内部发展过程中产生的，并且深刻地内嵌于西方国家建设过程中形成的议会政治、权力分立、选举竞争等制度框架，以及在这一制度框架内主要以权力争夺为中心而形成影响、支配和控制政权的政党—国家制度。从制度意义上看，这种制度模式主要体现为政党对国家重要权力机关的实际控制，这一特征即便是在现代西方国家中仍然是普遍存在的。从功能意义上看，这种制度模式主要表现为在国家政权体系中政党所发挥的作用，但这一作用仍然取决于现代西方国家的制度形式和功能要求的发展变化。在自由放任的经济制度下，政党在经济资源的权威性分配中处于边缘地位；在国家积极干预的经济制度下，政党在经济价值的总体分配中处于更加重要的地位[21]。在现代西方国家中，政党最重要的活动领域是选举竞争，财政与国家之间的本质联系以及财政作为国家手段履行的对外对内的基本功能并没有发生根本性改变。但受到政党竞争和政府更迭的影响，不同政党控制下的政府在财政政策方向和侧重上会出现显著差异，政党对财政的主要影响体现在为实现本党所代表的利益阶层或团体要求而展开预算博弈。从发展中国家和地区的历史看，政党大多产生于摆脱殖民统治、实现民族解放的革命斗争中，先天地承载着实现建立独立主权国家、进行现代国家建设和推进现代化进程等目标和使命。卷入现代化进程的历史起点、国家建设道路的选择，以及采取的现代化策略模式等因素，在根本上决定了不同发展中国家和地区现代化绩效和国家建设的成败，也在根本上决定着财政如何服务本国的现代化建设、在国家建设过程中发挥作用的方式等。显然，只有从不同发展中国家和地区各自走上现代化和国家建设道路的历史和实践出发，这种政党—国家—财政的历史逻辑才能真正解释不同国家财政和国家建设的历史和实践，从而形成既符合财政与国家关系一般性规律又充分阐释各国不同财政实践特征的理论体系。

（四）中国共产党、社会主义国家与现代化的新探索

社会主义国家产生尤其是由中国共产党建立社会主义国家所形成的政党—国家制度，使得财政与国家关系发生了第四个历史性变化。中国走上现代化道路以及现代国家建设的独特性，在根本上决定了中国财政的制度本质和基本功能。与其他发展中国家和地区相比，中国 19 世纪中叶以来的现代化进程同样面临着主权独立、国家建设和经济发展等领域的多重命题，但中国通过革命化的方式走向现代化的独特道路，深刻影响着中国推进现代化的历史道路和国家建设特征。1921 年，中国共产党成立，不仅使得中国革命从此面貌一新，而且历史性地决定了在中国共产党的领导下通过革命斗争建立社会主义国家政权和基本制度，在社会主义制度下真正卓有成效地开辟了现代化国家建设的历史道路，也在根本上决定了财政为中国共产党建立社会主义国家政权服务，为社会主义现代化建设服务的政治本质和制度特征。罗荣渠在分析我国现代化历史道路时指出："就现代化的特定意义而言，在 19 世纪后半叶，它只是中国近世社会大变动诸流向中的一个流向；到本世纪初清王朝解体，现代化才异常艰难地上升为诸流向中带有主导性的趋势；到本世纪 50 年代以后，才逐渐上升为大变革的主流，即占支配地位的大趋势。"[22] 究其原因，这一时期现代化面临的首要问题不是经济发展，而是创建和形成推进现代化建设的制度条件，是旧国家政治体系的打破和新国家制度的重建。这种历史要求决定了中国共产党成立以后的首要革命任务是推翻旧有的、衰败的、难以推动，甚至日益阻碍着现代化建设的制度体系，创建一个有利于追求现代化的现代国家和政府体制。尽管在这一革命时期还没有出现和形成中国共产党领导下的全国性中央政府权威和统一的政权体系，但围绕中国共产党领导下以创建现代国家和制度体系为主要革命目标的财政建设已经出现了。在中华苏维埃时期，1933 年 3 月的《闽浙赣省第二次工农兵代表大会——财政与经济问题的决议案》，就明确提出为赢得革命斗争和阶级政权而建立革命财政的必要性，"财政是国家的命脉，财政工作不好，直接影响到军事与经济，间接则影响到整个社会经济与整个阶级政权，尤其是目前革命与反革命决死战斗，大规模革命战争激烈开展的时候，更需要发展苏区经济改善群众生活开发财政来源，增加财政收入，以充裕战争经费，使广大工农群众与红军，

在长期的残酷战争中，不致受到敌人的封锁，与给养的困难，这对于争取革命战争的完全胜利，是含有决定的重要意义”①。在抗日战争时期，毛泽东指出“发展经济，保障供给，是我们的经济工作和财政工作的总方针”[23]，并根据当时的革命形势和统一战线要求创造性地提出了服务于抗日战争需要的既发展人民经济和公营经济，又在公私关系上体现“公私兼顾”“军民兼顾”的财政原则。陕甘宁边区政府财政厅厅长南汉宸指出：“财政工作是整个政权工作的一个重要部门，它保证我们政权的存在、巩固和发展，这不仅我们的财政是这样，任何国家都如此……我们边区是新民主主义的政权，我们的财政是服务于这一政治任务的，今天我们的政治任务是统一战线，因而财政也是统一战线的。”[24]

经过长期的革命斗争，1949 年建立了中国共产党领导下的新中国政权体系和社会主义制度体系。只有在新的国家政权和制度下，我国近代以来追求的现代化进程才真正得以展开②。这种革命背景下先建党再建国的独特历史道路和实践路径，不仅使得我国革命化、现代化过程中的国家建设确立了无产阶级政权新的历史本质，而且在国家制度建设上始终围绕着中国共产党追求共产主义的远大理想，建设社会主义现代化国家的目标和使命，从而形成了中国独特的政党—国家制度。在这一制度模式下，执政党不仅像西方国家那样成为国家的结构性制度要素，而是作为“国家的缔造者和建设者”的中国共产党及其领导地位本身已经成为国家建设的决定性制度因素。与西方国家的政党—国家制度相比，中国在革命过程中形成且与追求现代化目标始终相连的政党—国家制度，不仅在制度意义上实现了无产阶级政党对国家重要权力机关实际控制的政治本质，而且在功能意义上决定着国家的发展和现代化建设始终置于中国共产党的领导之下，并根据党在不同历史时期的阶段性使命和要求做出相应的调整和变化。经由这种新型的政党—国家制度，在革命时期所形成的财政服务于革命政权建设的根本原则，随着社会主义制度的建立而延伸和转换，具有了为中国共产党实现革命理想服务、为社会主义政权

① 《闽浙赣省第二次工农兵代表大会——财政与经济问题的决议案》（1933 年 3 月 31 日），江西省税务局：《中央革命根据地工商税收史料选编（1929.1—1934.2）》，福建人民出版社，1985 年。

② 国内外学者多已认识到，只有在中国共产党领导下建立了新中国之后，中国近代社会所追求的现代化进程才真正开始。吉尔伯特·罗兹曼（2003）在对中国和日本、俄罗斯从 19 世纪后期就开始现代化进行比较之后也认为，直到 20 世纪 40 年代，中国“现代化的基础依然是薄弱而不平衡的”，现代化在很多方面甚至还没有达到日俄在 19 世纪八九十年代的水平。直到 20 世纪 50 年代，随着中国急速地迈向了社会主义道路，中国的现代化才开始缩短了与日俄的距离。

安全服务和为现代化国家建设服务的制度特征。从建党 100 年的革命、建设和改革等不同时期的历史发展看，财政也始终围绕着服务建立新的国家政权和维护政权安全，服务社会主义革命和改造，服务社会主义现代化建设，以及服务按照计划经济和市场经济不同手段，推进社会主义现代化国家建设等做出阶段性调整和转换。在新中国建立初期，国家建设的首要任务是建立统一的中央权威和控制，从而为即将开启的大规模社会主义现代化建设奠定基础和创造条件。除了依靠党强大的社会动员和组织能力因素外，将革命根据地时期历史形成的分割化财政，统一为由中央政府集中统一管理的国家财政，为建立统一的中央政府和权威提供制度支持，也为新中国建立初期维护新生政权安全、支持战争胜利和维护经济稳定奠定物质基础。社会主义革命和建设时期，财政围绕中国共产党在过渡时期的总路线，以及建立强大的社会主义工业化国家的要求，建立新型的社会主义财政制度支持完成社会主义改造，按照中共八大确定的实现从落后的农业国向强大的工业国转变筹集和配置建设资金，同时也在维护着国家政权稳定[25]。社会主义改革时期，财政围绕党和国家工作重心的历史性转移以及社会主义初级阶段的总路线，在不同经济发展阶段的重大改革环节中都发挥着重要牵引和推动作用。围绕各项改革的推出进行政策调适和体制机制配套，为持续推进社会主义市场经济发展，充分发挥市场机制在资源配置中的作用，形成统一的市场经济秩序。通过提供基本公共服务和产品供给等保障性功能，为改革成本进行兜底，维护社会公平正义等政治性功能，以及为实现国家长治久安，尤其是保障中央政府的宏观调控能力和集中统一领导提供财政制度支撑。

综上，由于财政与国家之间的本质性联系，财政理论依赖于国家理论，财政制度和财政功能也取决于国家的制度性质和目标任务。中国共产党的成立使得近代以来中国卷入和谋求现代化的历史进程发生了时代性的变化，在建党百年以来走过的革命、建设和改革的历史道路和伟大实践中，形成了与其他国家不同的建党建国模式和政党—国家的制度特征。中国现代国家建设的特殊历史路径和政党—国家制度在根本上决定着中国财政建设的政治方向、制度本质和功能定位。在中国共产党领导下，财政始终围绕谋求社会主义现代化强国建设和实现中华民族伟大复兴的历史方向而发挥作用。伴随着革命、建设和改革等不同历史时期发生的深刻的历史性变革，同时呈现出“革命财政”“建设财政”“改革财政”等不同历史形态，是我国财政在建党百年历史过程中走过的历史和实践道路。尤其是，在中国共产党领导下成功地探索和开辟了社会主义市场经济的新道路，着力推进“社会主义+市场经济”的改革实践，“既要‘有效的市场’，也要‘有为的政府’，努力在实践中破解这道经济学上的世界性难题”[26]，不断完善和发展社会主义经济制度，形成显著的制度优势和治理效能，从而使得开辟社会主义市场经济新道路成为最具开创性意义的制度经验。解释和反映最具中国特色和最具开创性意义的社会主义市场经济改革伟大实践，既是构建中国特色财政理论必须要回答的基本理论问题，也蕴含着形成中国财政理论原创性贡献的重要机遇。

三、市场经济与公共财政：两种制度条件下的不同历史和实践

中国社会主义市场经济的改革探索和实践道路，不像西方市场经济形态那样在长历史周期中自然演进和形成，而是在中国共产党领导下持续谋求现代化建设的历史使命过程中主动改革探索的产物。这不仅要求在较短时期内形成和建立市场体系、市场机制，完成国家角色、政府职能等的相应调整，而且市场经济也要与我国特殊的政党—国家制度、社会主义公有制相适应，与计划经济体制的现实基础相衔接。在这一过程中，财政改革的意义体现在服务政党政权安全、国家现代化建设和政府资源配置，同时也在推动市场从无到有的改革破题，既扶持市场发挥资源配置作用又驾驭和规范市场自发成长的负面后果等方面，体现出实践中的复杂性和丰富性。这种扎根于社会主义市场经济改革过程的财政制度的一般性和特殊性，只有置于与西方国家市场经济形成和发展及其以成熟理论形态呈现的“公共财政”制度的比较中，才能够更加清晰和深刻地呈现出来。

（一）资本主义市场经济下的公共财政逻辑

市场经济作为人类社会配置资源的方式，是深刻地内嵌于特定的政治、社会和经济等制度之中，并在特定制度形式下实现商品和服务的市场化配置过程。从历史分析看，市场不是一个实现商品和服务交易的抽象过程，而是一种社会实践的经济形式。市场经济的历史形成和进化动力也不是出于被抽象化的人的自利性[27]，而是必然和历史的、政治的、社会的各种现实要素和条件联系在一起的。尽管在 19 世纪社会科学发展过程中，经济学理论要实现对市场机制研究的精确性、纯粹性从而强调舍弃掉其他因素的、其他条件均同（ceteris paribus）假设的有效性[28]，但从历史和实践的角度看，经济学教科书中关于商品、货币、分工等市场的基础理论分析，“都不过是以对市场历史的虚构为前提的”。因此，市场经济的发展并不是一个单线条的抽象进化过

程，而是在社会形态尤其是国家制度演进过程中呈现历史的、政治的和社会的显著特征。在近代资本主义经济方式和国家制度产生之前，已经产生了诸如为了商品而进行生产，为了交换而出现货币，为了专业化而出现分工的交易市场，也出现了在市场交换基础上形成价格，并因价格信号的变动而导致市场诸要素与其一致性的变动，甚至也出现了市场体系的逐步扩张以致最终将整个经济纳入其中的历史趋势。但市场经济的本质特征只有将市场体系和它得以在资源配置中发挥作用的历史、政治、社会，甚至文化等制度因素和条件全部纳入之后，才能够完整和彻底地展现出来。换言之，市场经济的历史形成不仅在外在形式上体现为商品生产、货币交换、专业分工等交易过程，也不仅在规模形态上表现为市场作为一个系统，日益将以往呈现相对独立运动的外部市场与地域市场整合为一体，而是根本地取决于是否创造出使市场交易、市场价格得以发挥资源配置基础性作用，并越来越按照这种作用机制和系统将整个生产、交换、分配和消费全部纳入市场体系之中的制度条件。显然，“这种意义上的市场体系，并不是由市场的自生性发展引发的”，而是随着近代以来现代化进程中新的国家形态和资本主义生产方式的产生和发展，才越来越具有市场体系的现代形式，并由于和新的国家形态和资本主义生产方式的历史性关联，从而越来越具备了现代意义上的经济制度形式。

资本主义市场经济是与资本主义生产关系，特别是资本主义国家制度的形成历史地联系在一起的。从历史角度看，作为强制性组织的国家与作为交换的市场二者的产生并没有直接联系，它们的起源相互独立。国家的产生源于社会内部矛盾运动，尤其是经济上相对立的集团需要获得在政治上维护秩序的新手段。市场的出现则比国家更为久远，是为了满足人们日益扩大的物质需要。但一旦建立了国家，市场与国家之间就形成了相互利用、共同成长壮大的关系。在这种国家和市场的一般性关系中，市场的存在和发展是与国家内部存在的诸如互酬性交换、强制性交换等非市场关系及其制度结构同时存在的。从这个意义上讲，列宁所说的“哪里有社会分工和商品生产，那里就有‘市场’；社会分工和商品生产发展到什么程度，‘市场’就发展到什么程度”[29]，实际上是在强调，如果去除了特定国家及其制度形式，作为商品和交换意义上的市场经济形式，是与不同历史形态下的国家可以并存和相容的。但如果将这种一般性关系放到历史的发展进程中就会发现，作为越来越具有“特定的”现代意义的经济制度形式，“市场经济要么是以某种特定的非市场关系为前提发展起来的，要么是在与其他市场关系或对抗、或重叠、或结合，作为一个世界市场发展起来的……甚至市场秩序本身也是在与围绕其自身的政治秩序相结合的情况下，经过几多历程才形成的。……随着资本对生产过程的支配，市场关系在生产过程的组织化方面必须在深层次上依赖非市场关系"[30]。这里所说的“非市场关系”是指历史的、政治的和社会的制度形式。随着非市场关系中前现代社会传统关系的历史性退出，以新的、现代国家权力面目出现的资本主义国家形式产生，市场经济也相应地形成具有“特定”现代意义的经济制度形式。换言之，只有近代以后形成了资本主义生产方式和国家形态，国家与市场的一般性关系才越来越表现出一种新的历史性质。市场经济本身日益紧密地与资本主义国家建设联系在一起，呈现出新的制度形态，即资本主义制度下的市场经济形式。这种新的市场经济制度形式，也由于资本主义在西方国家的先发性出现，在现代化进程中向全球范围内的历史性扩张，不仅将其他发展中国家和地区日益深刻地纳入资本主义经济体系中，而且越来越呈现出某种程度上的普遍性特征。

但是，资本主义市场经济条件下的国家与市场的关系也不是一成不变的，而是在资本主义发展过程中呈现不同国家、不同发展时期上的历史性演进和变化趋势。在资本主义市场经济发展的早期阶段，国家处于与市场关系中的主导地位，早期王权国家为了积累和掠夺财富而采取保护本国市场、鼓励向外扩张的措施，客观上起到了推进本国工业化发展、鼓励占优势地位的产业和资本向国外扩张的历史作用。市场的快速发展和对外扩张要求和加速着国家建设的进程，逐步形成集中化、垄断性的国家权力控制，最终使得这种新的国家在功能上越来越倾向于通过管理和扩大市场经济以实现国家利益[3]。国家出于积累和掠夺财富目的而在全球视野中扶持和推进本国贸易和资本的对外扩张，不仅将市场推向了全球化，同时也将谋求实现国家利益的实践活动越来越置于世界范围内，即国家越来越在全球范围内谋求自身利益的最大化。在这一历史进程中，不仅国家形态经历了王权国家、过渡型国家和现代国家等不同形式，而且市场经济也经历了特许或垄断型市场、反特许或垄断型市场和自然放任型市场等不同阶段，二者关系的发展演变深刻呈现国家与市场相互利用、共同发展，并在发展过程中相互制约和力量博弈的历史性质。从重商主义时期国家利用市场汲取财富到 19 世纪自然放任时期国家放纵市场，再到 20 世纪以来的国家对市场的“管制”和“放松管制”，在这种历史性的变化中逐步形成了不同的国家和市场关系实践。在资本主义和市场经济发展的 300 多年历史中，市场经济发展在总的趋势上经历了国家垄断特许市场发展、国家放纵市场、国家规制市场等不同发展阶段，在历史周期中形成了现代成熟市场经济形态，以及与这一形态相适应的国家角色和政府功能定位，所谓有效市场、市场失灵、政府介入、公共选择的逻辑，是在这种历史和实践中最终成为成熟的抽象理论形态。在历史和实践中，财政作为国家的重要工具，在功能形态上经历了从利用保护性关税保护国内市场、建立统一财政制度以统一国内市场，到与国家放纵市场的自由放任时期相适应的在资源配置领域更多地让位于市场，从而履行“守夜人”提供保卫、安全、秩序等基础性公共产品的职责，再到由于市场在更加复杂动态的公共管理问题和公共物品供给上的失效，形成与国家积极干预时期相适应的维护宏观经济稳定、提供公共物品和调节分配等功能。由于财政更多的是作为资源配置手段而介入经济社会的公共事务管理中的，从而越来越呈现出所谓财政公共化的功能形态。在制度形态上，财政随着国家制度形式的发展尤其是资本主义民主政治的发展，在资源汲取和支出之间形成某种形式上的公共选择机制，进而实现了从家国财政向国家财政、从王权财政向民主财政的制度性转换，最终形成了财政公共性的制度形态。显然，从资本主义市场经济发展的历史过程看，有效市场→市场失灵→政府介入的市场经济条件下的政府与市场关系的理论逻辑，只不过是对西方资本主义市场经济在历史发展到最后成熟时期、市场经济与资本主义国家制度适应性调试机制较为成熟阶段上的理论呈现，本身是在与资本主义国家发展过程逐渐相适应的、历史的、实践的产物。同样的，在西方资本主义制度下国家和市场关系历史发展过程中形成的“公共财政”制度和功能形态，也只是在西方资本主义国家建设和市场经济发展到成熟时期的理论总结，本身也同样是历史和实践发展的产物。

（二）社会主义市场经济下的财政治理逻辑

正像习近平指出的：“一些理论观点和学术成果可以用来说明一些国家和民族的发展历程，在一定地域和历史文化中具有合理性，但如果硬要把它们套在各国各民族头上、用它们来对人类生活进行格式化，并以此为裁判，那就是荒谬的了。”[31] 与资本主义市场经济发展的历史和实践相比，中国社会主义市场经济改革的独特性表现在三个方面：一是在相对较短历史周期内面临市场经济发展和国家制度建设的双重使命，从而决定了在改革过程中两者之间的互为促动关系更加突出和紧密；二是市场经济改革的制度前提是社会主义的基本国家制度和公有制，市场经济的成长和最终形成并不是市场本身逐步摆脱传统的非市场制度结构而日益与新的国家制度结构相联系的产物，而是市场在计划经济体制下从无到有，并且逐渐从边际改革走向重点突破、全面深化的制度变革过程；三是市场经济改革实际上也不是朝向所谓一般性共同目标或未来状态而采取的独特的改革途径，而是在特殊性改革路径中逐步探索和形成了以社会主义制度不断完善和发展为主要标志的独特改革道路和制度形态。显然，必须从社会主义国家制度和现代化建设战略需要出发，立足于我国改革的历史和实践过程，才能够正确认识和评价我国在改革过程中走过的财政建设道路，才能够深刻理解财政改革实践形态的独特价值和普遍意义。

财政制度和功能取决于社会主义的国家制度和现代化建设的战略需要。这是认识和理解在社会主义市场经济条件下财政制度及其功能形态变化的基本前提。从世界各主要国家的现代化进程看，强有力的（以中央集权为显著特征）现代国家既是在现代化进程中产生的，也是有效推进现代化的重要动力和制度前提，“两者是相互作用的，甚至是互为因果的”[32]。中国走向现代化的独特历史背景和革命路径，决定了现代国家形式在中国形成和成长的历史过程，也最终决定了这个独特历史过程中形成的国家制度形态。在围绕现代化目标进行的革命过程中产生、成长和壮大起来的中国共产党，其夺取政权、组建国家和开展建设过程中始终围绕着现代化的历史使命展开。实现现代化既是近代以来实现中华民族伟大复兴的必然要求，也是中国共产党追求共产主义远大理想和实现人民利益的必由之路。为了追求社会主义现代化强国建设，就必须坚持中国共产党的领导及其建立的国家政权安全。为了保障中国共产党的领导地位和政权安全，必须建立社会主义基本政治经济制度。与此同时，现代化建设本身也为巩固和发展社会主义制度提供了重要保障。在此意义上，中国共产党追求的共产主义远大理想，建立的社会主义国家制度，持续展开的社会主义现代化建设是高度统一的。在这种历史和实践中形成的现代国家制度，集中体现为中国共产党领导的政党—国家制度以及由此而形成的国家制度安排和社会主义的政治价值。这种在中国革命、建设和改革中形成和日益完善的现代国家，不仅在于中国共产党作为国家制度的决定性要素和核心领导力量，使得政党和国家在组织上和制度上更加紧密地联系在一起，形成了政党领导国家、建设国家的制度形式，而且更深层次上表现为中国共产党始终以现代化为根本导向的使命型政党的政治属性[33]，以及围绕实现现代化而建立的国家政权性质及其制度形式的历史本质。这种以现代化为鲜明导向和历史使命的政党—国家制度，不仅决定了新中国建立以后国家在功能上的基本方向，而且形成了新中国建立以后国家在制度上的具体安排。

在中国共产党领导下，始终以建设社会主义现代化国家为战略目标及与之内在统一的实现人民利益的价值取向，建立社会主义民主形式的政治制度，公有制经济为基础的经济制度，中央政府的高度权威和集中统一领导，以及注重发挥“两个积极性”的央地关系体制，构成了新中国成立 70 多年来社会主义革命、建设和改革等不同阶段国家制度的根本特征。在这一国家制度特征下，财政作为国家基础和工具的一般性关系，在中国的国情和实践语境中，体现为财政必须服从和服务现代化的历史使命，服务中国共产党领导和社会主义国家制度的功能上的特殊性。财政制度作为国家制度的重要组成部分，深刻内嵌于中国共产党的领导、社会主义的民主政治和公有制为基础的经济制度，中央政府集中统一领导和“两个积极性”的央地关系体制等基本制度之中。在实践中，财政建设始终围绕党的根本宗旨和不同时期的路线方针，始终围绕着服务社会主义现代化国家建设，从而在制度和功能上形成独特的政治本质、制度内涵和功能定位。在这一基本国家制度前提下，无论是计划经济体制还是市场经济改革，都是党和国家为了建设社会主义现代化国家而在不同阶段上采取的不同工具和方式。同样的，在社会主义市场经济中形成的公共财政建设要求和现代财政制度形式，在本质上也是财政在新的历史时期和条件下，继续服务社会主义现代化国家建设的新形式。它既应该在功能定位上遵循市场经济一般要求，在资源分配领域让位于市场，也必须在制度本质上仍然内嵌和服务于国家制度的根本要求和现实指向。尽管计划经济体制并不等于社会主义的本质特征，我们是在长期历史中才得以澄清的，但从追求社会主义现代化更高的历史使命和战略目标的角度，在当时也是必要的工具和手段。随着计划经济体制在长期发展中形成和积累的各种弊端充分显现，迫切需要发现和选择更有效率的实现社会主义现代化建设的工具和手段。因此，如果说计划经济是集中必要资源加快推进工业化进程和现代化建设的必然选择，那么从计划体制向市场体制转换的改革抉择，同样是为了更好地推进社会主义现代化建设。而一旦开启从计划经济体制向市场经济体制转型，新的经济体制带来的国家管理体制和经济运行机制的历史变化，必然导致财政在制度形态和功能形态上的深刻变化。

在社会主义市场经济改革实践过程中，财政在制度和功能形态上发生的历史性变化，是否以及在何种意义上体现为一种新的财政形态？从中国共产党建立的百年历史看，财政在不同的历史时期分别表现为有显著差异的功能和作用，也因而被总结为“革命财政”“计划财政”“市场财政”等不同称谓。进入新时代以来，也有学者根据党的十八届三中全会提出的“财政是国家治理的基础和重要支柱”的新判断，将新中国建立以来的财政发展划分为

“计划经济财政”“市场经济财政”“国家治理财政”。这些对在不同历史时期我国财政实践形式的经验总结和类型划分，都有其历史和实践的合理性，也反映了在不同历史时期财政的实际作用和功能[34]。然而，在建党百年历史过程中，财政在不同时期服务党和国家战略大局的主要方向，以及财政作为资源配置手段与计划和市场等不同经济体制的联系交织在一起，使得我们难以区分不同历史发展时期财政制度形态和功能形态的根本差异，或者只能是简单地把它与历史阶段相联系，从而相对忽视了不同历史时期财政在体制、功能方面的联系和差异。显然，要从根本上阐释社会主义市场经济条件下公共财政与资本主义市场经济条件下公共财政之间的本质差异，尤其是清晰地呈现和反映我国在社会主义市场经济改革过程中的财政制度和功能，仍然只能从中国共产党领导下我国现代国家建设的历史实践和制度逻辑中得到解释。从我国现代国家形成和成长的历史逻辑看，“用政党及其领导的军队进行革命，并以此来支撑和推动中国现代国家的成长”，是中国近代以来以革命化形式进入现代化进程的历史经验，从根本上决定了在革命过程中诞生、成长和最终夺取政权的中国共产党，必然成为新创建的现代国家的领导者和缔造者，从而使得中国共产党的领导地位必然成为国家建设和制度安排的决定性因素。

中国共产党夺取国家政权，现代国家建设从革命逻辑转换为现代化逻辑之后，中国的社会结构、基本国情和现代化的逻辑依然决定了现代国家对强有力政党的内在需求，从而使得中国共产党不仅是新国家的缔造者和领导者，更是在现代国家制度内有效推进现代化的领导者和建设者。相应的，财政在功能形态上也必然从服务夺取国家政权的“革命财政”，走向创建现代国家制度的“国家财政”和推进现代化建设的“建设财政”，在制度形态上由根据地和战争时期彼此分割的区域财政走向集中统一的全国财政，以及与社会主义政治制度和经济制度相适应的财政的政治决策、体制安排和执行过程等制度体系。从新中国成立以后，建立支撑和推动现代化建设的国家制度和发展路径看，在经济社会相对落后的条件下实施赶超型现代化策略，需要强有力的国家资源汲取能力和加快实现从农业化向工业化转换的资源支撑能力，计划经济体制作为当时条件下适应这一国家需求的有效手段，成为为迅速推动社会主义现代化而采取的国家管理经济的体制形式。相应的，财政也在国家管理经济的手段意义上与计划经济体制天然地联系在一起。随着计划经济体制弊端的充分显现，党和国家为更好地推进现代化建设而开辟和形成社会主义市场经济作为服务现代化建设的新路径、新手段，财政在国家管理和建设经济的资源配置手段意义上，自然需要与社会主义市场经济体制相适应。党的十八届三中全会全面总结了中华人民共和国成立以来尤其是改革开放以来社会主义市场经济改革的成功经验，面向全面建设社会主义现代化强国的新时代命题，提出了“财政是国家治理的基础和重要支柱”的论断，这是党和国家在新时代对财政的重新定位。其核心要义是对中国市场经济改革和建设的“社会主义”制度前提的再次肯定和强调，而不是要否定市场经济条件下财政的定位和功能。既不是强调新的阶段上的财政形态是一种此消彼长或非此即彼的新的制度本质，也没有否定财政作为服务党和国家的制度工具，以及国家在财政中的主体性地位的一般性，而是社会主义市场经济发展到更高阶段对财政制度和功能更为成熟的理论思考。

在社会主义市场经济条件下建设“公共财政”的实践过程中，“社会主义”的制度前提如何体现并决定着“公共财政”的制度属性？作为市场经济条件下的财政形态，“公共财政”主要强调财政在功能上的公共化和在制度上的公共性。在西方市场经济发展的历史过程中，财政在功能上的公共化是在国家和社会二元结构框架内，从国家权力私有化的“家国财政”向国家权力公共化下的国家财政历史性转换过程中实现的，具体展现为从原有“取自家之财办自家之事”逐步演变到“以众人之财办众人之事”的财政功能的公共化过程。而财政在制度上的公共性，主要是在资本主义国家制度逐步向民主化演进过程中，在财政汲取和分配之间实现了政治上的公共选择程序，从而在制度上形成的财政制度的公共性质。显然，这个历史过程形成的“公共财政”是与资本主义国家制度和资本主义市场经济相联系的。

我国在社会主义市场经济改革过程中的公共财政建设，不仅在功能上体现为与市场经济所要求的一般财政定位和作用范围逐步适应和调试，而且在制度上更本质地与市场经济改革的社会主义前提相联系。主要体现在：从我国市场化改革过程中的财政功能变化看，市场经济和财政建设的发展并不是在西方意义上、冲突和对抗意义上的国家和社会二元结构中形成的，而是在中国共产党领导下国家与社会利益高度统一前提下开始的。即便是改革开放前财政资源主要来源于公有制经济，主要投向公有制单位，但公有制属性所决定的国家自有之财实际上也是国家代表的全民之财，财政资源主要投向的国家重点建设和公有制领域本身就是全民共有之事业。进入改革开放时期，随着民营经济成分的产生和发展，国家逐步将财政资源汲取范围扩展到各种类型的经济单位，将更多的资财再分配到民生保障和社会事业中，在资源配置意义上更多地将市场推向主体性地位，从而使得在计划经济条件下财政功能的公共化转为市场经济条件下的新的公共化形态。从我国市场化改革的社会主义制度前提看，市场经济条件下的公共财政在财政汲取和财政分配之间的制度程序，显然是和我国的政党—国家制度、社会主义公有制为主体的经济形态相联系的。其公共性本质不是像西方国家政治体制下那样通过政党竞争、议会控制、利益集团等制度机制，调和多元分立甚至相互冲突的不同社会利益诉求而形成和实现的，而是在中国共产党的领导下以实现“两个一百年”和中华民族伟大复兴为根本目标，通过执政党代表人民确定国家民族发展目标，并广泛吸纳人民群众共同参与财政决策过程等人民民主途径实现的。在中国共产党统一领导下围绕共同发展目标而形成的财政基本制度安排和运行机制，根本上不同于西方国家有关财政决策和支出的“公共”过程，以及强调立法、行政之间的冲突和控制，而是体现为以人民共同利益和民族整体利益为根本目标的“公共性”实质，以及强调立法、行政之间的一致性和协调性[35]。显然，只有在深刻阐释社会主义公共财政的制度本质基础上，才能阐释政府与市场关系框架下我国在市场化改革过程中的财政功能的一般性和特殊性问题。

在社会主义条件下建设市场经济，应该如何理解和认识政府与市场在资源配置意义上的角色和定位，以及由此而确定的财政功能范围和作用方式的变化？自党的十八届三中全会提出推进国家治理现代化、财政是国家治理的基础和重要支柱以来，如何认识市场经济基础上按照“市场有效→市场失效→公共产品→公共选择→政府各项收支活动”[36] 所形成的财政理论逻辑，成为财政理论界热烈讨论的一个新话题。在这场学术讨论过程中，社会主义市场经济条件下的财政功能范围和作用方式，与社会主义国家及其制度安排联系在一起是毋庸置疑的。讨论的关键在于，是否应该按照西方国家在历史发展过程中形成并日益成熟的一般市场经济体系中的财政功能、范围和作用方式，认识、评价甚至构建我国社会主义市场经济改革过程中的财政功能、范围和作用方式？客观而论，作为资源配置方式的市场经济体系，对财政的功能、范围和作用方式要求有着去除不同制度形式后的趋同性。然而，在社会主义市场经济过程中，财政在制度属性上仍然根本地与中国共产党领导、社会主义制度、公有制经济为主体的国家制度联系在一起，在功能属性上服务于中国共产党领导下的社会主义国家政权安全，服务于中国共产党以市场为手段推进社会主义现代化建设的阶段性需要并适时调整和变化。财政作为国家汲取和配置资源的主要手段，不仅与市场经济体制相连，而且在更深层次也是国家实现其战略目标的重要工具和政府介入资源配置领域的政策手段。

这就决定了社会主义市场经济改革过程中的财政本质和功能，在分别对应不同关系层次时也必然呈现多向度的功能定位[37]。具体的，在财政与国家的关系层次上，财政的体制变化和功能调整必须继续坚持国家的主体性地位，作为国家发展的基础和血液，以服务国家政权安全、服务国家现代化建设为基本功能向度。

在国家与市场的关系层次上，市场经济改革本身就是国家实现其目标和战略的一种手段[38]，财政在服务国家推进现代化建设而采取市场化手段的意义上，要通过自身改革以更好地适应市场经济在资源配置领域发挥决定性作用的要求。与此同时，国家既要扶持发展市场也要驾驭和规范市场，从而保障市场经济改革服务于社会主义国家建设的方向，防范无序的过度市场竞争可能导致的负面后果。相应的，财政既应该按照市场经济发展要求而不断调整和改变自身的体制机制和功能范围，也必须承担通过自身改革和体制完善规范市场的重要功能。在政府与市场的关系层次上，一方面财政要按照市场经济所要求的政府职能转换调整自身的功能，让市场在资源配置中发挥决定性作用。另一方面，财政作为政府进行资源汲取和分配的手段，也要为政府履行经济调节、市场监管、社会管理、公共服务、生态环境保护等更加广泛的职责提供保障。在财政与市场的关系层面上，社会主义市场经济自然也应该具备一般市场经济所要求的政府与市场关系的共同特征，财政作为政府进行资源配置的重要手段与市场作为资源配置的决定性手段成为并列的对应性范畴。总之，尽管在我国从计划经济向市场经济改革的过程中，财政作为资源配置手段在范围和方式上的变化，与一般市场经济条件下的要求有着形式上的殊途同归趋势，但财政的功能定位显然不仅仅是弥补市场失灵所决定的财政活动的单线条逻辑，而是分别对应着国家、政府和市场等不同关系层次的要求。因此，只有立足我国改革过程中财政在服务党的“两个一百年”目标和国家现代化建设战略，从计划型财政走向市场型财政的历史和实践的特殊性，才能够更加准确地理解和认识社会主义市场经济条件下财政制度和功能发生的深刻变化。

四、社会主义与市场经济：财政对改革的原创性贡献

党的十一届三中全会以来，我国成功开辟了通过社会主义市场经济更好推进社会主义现代化建设的新道路，成为最具开创性和突破意义的社会主义伟大实践，证明了社会主义制度与市场经济体制可以兼容，打破了因市场经

济从一开始就与资本主义制度相联系，从而被认为只能适应于资本主义国家制度及私有制等条件的传统观念束缚；证明了在计划经济向市场经济转型过程中所遇到的体制性障碍和深层次矛盾，不仅不必也不应该归咎于社会主义制度本身，而且完全可以通过社会主义国家制度的完善和发展予以破解，证明了社会主义本身的强大生命力和显著制度优势。在改革开放的伟大实践中，我国能够同时取得市场经济改革成功与社会主义制度体系和治理效能的完善提升，根源于中国共产党自诞生以来就具有的鲜明现代化建设实践导向，始终按照建设社会主义现代化国家和实现民族伟大复兴的根本使命和历史担当，在坚持社会主义制度的同时始终推进实践创新和理论创新，不断突破不适应现代化建设需要和不适应阶段性要求的观念束缚。坚持把计划经济体制和市场经济体制作为实现社会主义现代化建设国家战略的工具和手段，从而得以开辟社会主义市场经济的新道路、新境界。“共产党持续执政肯定是中国经济改革中最显著的特征之一……前苏联国家的经济转型中，曾经的共产党政权相继解体，为市场经济改革让步，而中国因共产党政权和市场经济共存共荣而独一无二”[39]。显然，只有立足于中国共产党领导下的政党—国家制度，立足于财政服务社会主义现代化建设和市场经济改革的历史和实践，才能从根本上回答中国社会主义市场经济改革的原创性贡献，并在这种贡献中形成对中国独特财政改革道路的深刻理论认识。

（一）社会主义与市场经济的理论与实践尝试

回顾中国40多年的改革开放历程，在社会主义制度下进行市场经济改革，没有固定的模式可以遵循，更缺乏成功的经验可以借鉴，遇到的首要理论问题是：社会主义根本制度与市场经济运行机制是否可以兼容？与这一质疑相联系的是：马克思、恩格斯对资本主义市场经济的批判是否同时意味着社会主义制度与市场经济是矛盾的？从历史和实践看，市场经济作为实现资源有效配置的重要手段，是在与资本主义历史性结合的进程中充分展现出来的。在此意义上，马克思、恩格斯历史性地肯定了市场经济在资本主义社会创造的生产力，“比过去一切世代创造的全部生产力还要多，还要大”[40]。然而，这是否同时意味着，市场经济只有在资本主义制度条件下才能够发挥有效配置资源的作用，或者市场经济本身只是资本主义的本质特征从而与社会主义制度格格不入呢？在对商品经济的历史考察中，马克思就在根本上否定了商品交换和市场经济源于人类自身固有天性的观点，指出“商品交换过程最初不是在原始公社的内部出现的，而是在它的尽头，在它的边界上，在它和其他公社接触的少数地点出现的。”[41] 市场经济“外生性”的论断强调的是，市场经济能够与任何一种社会制度要素相结合。在近代资本主义和国家制度产生之前，国家内部仍然存在着商品交换，但是以特有的社会组织和制度为前提，即家庭与家庭、庄园与庄园以及人与人之间都存在商品交换关系。

近代以后，随着资本主义生产方式和国家制度的产生和发展，市场经济越来越广泛地打破了原有的组织边界，并日益将这些原有的组织统一或整合到不断扩张的市场体系中。历史地看，市场经济在形式上具有比资本主义生产方式更加宽泛和古老的历史性质，所谓市场经济与资本主义在历史意义上的天然联系实际上并非市场经济在本质上的固有属性。“在人类历史上，也正是资本主义第一次在劳动力成为商品的基础上，将市场经济转变为社会内部的经济秩序，从而使市场经济具有了资本主义特有的历史性质。”[42] 尽管在历史上市场经济是与现代私有资本主义的兴起紧密相连的，但市场经济作为一种途径并不一定非要限制在那种制度下不可。以此来看，马克思、恩格斯在 19 世纪对市场经济的批判和否定，一方面在于他们所批判的是无序的、垄断的和显失公平的市场经济，揭示的是市场经济给人类社会带来的巨大灾难的历史根源——资本主义的私有制，以及保护私有制的资本主义国家制度。而如果将“工资和剩余价值，必要劳动和剩余劳动”等市场经济“独特的资本主义性质去掉，那么，剩下的就不再是这几种形式，而只是它们的为一切社会生产方式所共有的基础”[43]。另一方面，由于 19 世纪的马克思、恩格斯所预期的共产主义社会，是随着贸易自由的实现和全球市场的建立而出现的全球现象，这种全球现象的共产主义革命尽管在形式上而非内容上应该首先在一国范围内爆发，但他们所强调的是在相对发达的资本主义国家首先出现，而没有预见到 20 世纪社会主义革命实际上是在资本主义的薄弱环节，即经济不发达的，同时也是市场经济不发达的国家首先发生。因而也没有预见到对于经济物质基础相对较为落后的社会主义国家而言，市场经济的充分发展仍然是社会主义制度建立后解放和发展生产力不可逾越的重要阶段。

如果说马克思、恩格斯对资本主义市场经济的批判，以及对社会主义应该在消灭私有制后采取计划方式来摆脱经济的无序和混乱状态的预言，只是出于没有预见到未来社会主义国家建设实践的话，那么当 20 世纪社会主义国家相继产生以后，“现实的社会主义”国家就不得不面临一个基本的共同事实：它们都是在不成熟的条件下开始向社会主义转变的。在不具备一定先决条件，包括经济规模、自然资源禀赋和一定的初始工业基础的国家建设社会主义，“我们为什么不能首先用革命的手段取得达到这个一定水平的前提，然后在工农政权和苏维埃制度的基础上赶上别国人民呢?”[44] 显然，关于在不成熟条件下建设社会主义的思想实质，就是运用国家力量摆脱经济落后状态，达到建设社会主义所要求的水平。为了运用国家力量完成经济现代化和“赶上其他国家”的任务，在实践中采取了由国家接管全国大部分的物质资本(生产资料)，即实行生产资料的公有制，并且要求国家应当控制资源配置和利用的全过程，即为实现经济现代化而集中地汲取和配置社会资源。这就历史性地决定了，在社会主义国家建立之初形成了高度集中统一的计划经济体制，即以国家力量为主导的全社会资源汲取体制和分配体制。进而，由这种“现实的社会主义”国家战略所驱动而形成计划经济体制下财政的基本制度和功能，即在计划经济体制下财政必然是国家实施赶超战略的基本制度安排，为快速工业化而集中性地汲取和分配资源。历史地看，这种在国家赶超战略下形成的计划经济体制和高度集中的财政体制，在社会主义国家快速推进工业化进程及维护政权安全等方面发挥了重要的历史作用，但同时也引发了在社会主义公有制及计划经济体制下，能否有效实现有助于微观经济行为的经济核算大讨论[45,46]。

随着高度集中的计划体制所固有的内在缺陷不断显露和爆发，在社会主义制度下是否以及如何更好地利用市场的作用，逐步成为社会主义国家在理论和实践上必须面对的重要问题。在理论上，东欧等社会主义国家先后出现“含内置市场机制的计划经济模式”“有宏观调控的市场协调模式”“以市场机制为基础的分配计划模式”等试图将计划与市场结合起来的一系列理论观点。在实践中，以匈牙利、波兰、捷克斯洛伐克和罗马尼亚等国家为代表，许多前社会主义国家也开始了社会主义制度条件下的市场化改革探索。怎样评价这些国家的市场化改革探索成效，或者说怎样衡量改革了的经济体制成功或失败?关键在于，与过去的体制相比或者与未改革的体制相比，社会主义的经济改革是否在经济活动的环境和经济主体的行为方式方面带来了预期的结果。换言之，与传统的命令体制相比，已经开启的市场化改革与社会主义经济的嫁接是否（如果是，又在什么程度上）带来了经济运行方面的真正变化[47]。从东欧社会主义国家的市场化改革探索看，这些国家试图扩大市场机制作用的新经济机制主要集中于提高经济效率，其内容更多的是实际政策上的变化而未触及（至少是深层次上的）体制变化。国有企业只是在形式上不再完全按照计划运转，改革的基本主张不是放弃中央计划而是强调运用经济手段消除“计划的自相矛盾”。

从 20 世纪 90 年代前社会主义国家市场改革探索最终失败的历史教训看，

在社会主义制度条件下进行市场化改革，至少与能否处理好这些重要问题和关系有关：一是如何处理探索适合自身国情的改革道路与坚持社会主义制度尤其是公有制的意识形态之间的关系[48]。二是如何有效地实现计划体制向市场体制的历史性转换。无论是在改革初期单纯强调发挥市场的作用而不触及相应的体制机制改革和制度变革，还是在改革后期以西方国家在历史周期中形成的市场经济机制及其制度框架为参照进行放弃社会主义根本制度的变革，都是失之偏颇的。从历史的角度看，两种体制的转变不可能短时期内一蹴而就，需要在较长的历史过程中逐步培育和健全市场机制形成所需要的系统性措施和为改革成本消化提供充足资源。亚诺什·科尔内在描述匈牙利市场化改革过程时指出："天真的改革家……认为，在废除了命令体制，从直接控制转到间接控制以后，就具备了市场顺利运行的充分条件"[49]，这种对改革的长期性和复杂性估计严重不足的态度显然是不足取的。三是如何认识和处理市场化改革遇到的体制性障碍和深层次矛盾。在遇到各种障碍时是将挫折归咎于社会主义制度本身，还是强调通过完善和改革社会主义制度为市场化改革创造条件，即是否能够高度重视和正确认识改革本身对完善和发展制度的反向倒逼和突破价值。四是如何掌控改革的方向和过程，即是否能够始终坚持市场化改革为社会主义制度服务的初衷。从市场化改革本身所蕴含地从计划经济体制向市场经济体制转轨的含义看，转轨过程初期必然会伴随着缩小国家活动范围、减少政府干预的实践过程，但在此过程中是否保持国家的必要控制和政府的主导作用，不同国家的实践最终导致在转轨效果上的显著差异。20 世纪 90 年代以来，世界上有 30 多个实行计划经济体制的前社会主义国家先后开始了向市场经济体制的转轨，大部分国家选择了将经济转轨与政治体制变革联系起来的"休克疗法"，在市场自由化、产权私有化的同时，推进以弱化国家作用和大规模放开政府干预的策略，从最终效果上看，这种"激进模式"使不少转轨国家陷入了长期的衰退和制度困境。

（二）中国社会主义市场经济改革中的财政逻辑与独特贡献

我国在社会主义制度条件下进行的市场经济改革，最直接的任务是实现资源配置方式和经济运行机制从计划经济向市场经济的根本转变，从而实现社会主义制度与市场经济运行机制的有机统一，使市场经济能够有效地为社会主义国家战略和现代化建设服务。在经济运行机制和资源配置方式意义上，财政作为国家管理经济和配置资源的主要手段，在由计划向市场转轨的过程中必然要面临着资源配置方式的市场化转变。在国家实现现代化战略目标及其实现路径意义上，财政作为国家的重要基础和政策工具，同样面临着服务市场经济改革的任务。上述两个方面决定了财政成为改革的突破口和推进改革的重要手段，必然呈现出某种程度上的改革形态。这种特殊改革过程中的财政形态，同时承担服务国家现代化建设战略和服务两种经济秩序转换的双重使命。在理论上对这种特定改革形态财政实践的认识和评价，必须同时反映和呈现出财政的双重作用。无论哪一方面，都需要回归到财政作为国家资源汲取和配置手段的本源功能，总结财政在这一特定历史过程中，为推动市场经济改革而采取的改革举措和走过的实践道路，从而真正回答中国财政改革为实现社会主义市场经济最具开创性和突破价值的实践道路所做出的历史性贡献，真正认识在这一过程中形成的中国特色财政制度和理论体系的独特价值。

第一，从中国共产党建党百年的历史视野看，尽管财政作为资源汲取和配置手段是始终如一的，但在中国共产党领导下的社会主义革命、建设和改革的不同历史时期，财政始终围绕着党和国家战略重心和阶段性任务而不断调整和变化。换言之，不同历史发展阶段上的财政活动、功能范围和作用方式的变化，始终是在党和国家实现现代化国家建设和民族复兴的历史大局中展开的。基于这种始终坚持财政围绕服务现代化建设和民族复兴根本目标，围绕党和国家不同时期推进现代化建设的战略大局的上位逻辑，党和国家才得以实现计划和市场“两者都是手段，市场也可以为社会主义服务”[50] 的理论突破和创新。既然市场经济改革是服务于社会主义现代化国家建设而采取的途径和手段，财政在这一过程中为培育、壮大和规范市场而进行的体制机制变革，也是为实现社会主义现代化国家建设根本目标必须采取的举措。因此，财政改革才能逐渐摆脱将计划经济当作社会主义本质属性的观念障碍，财政在计划体制下作为政府直接管理经济和配置资源的手段，才得以转变为市场经济体制下的政府宏观调控手段，在资源配置中更多让位于市场机制发挥决定性作用。财政作为服务国家现代化战略的基本手段，也是服务市场经济建设的重要手段，我国在市场经济改革过程中，对于财政功能定位、作用范围和方式的判断和选择，从来都不是简单地将财政与计划经济体制或者市场经济体制先天地联系到一起，而是根据国家开展市场化改革、推进市场经济建设的阶段性需要而做出适应性的调试和转变。应该说，这是财政改革得以有效地服务市场经济改革过程、探索适合我国国情的市场经济和财政改革道路的重要原因。与苏联、东欧等社会主义国家改革难以突破僵化的意识形态束缚和深层次体制机制障碍相比，我国坚持财政为社会主义现代化建设服务，为“两个一百年”战略目标服务的实践取向，使财政改革成为计划经济体制的突破口，并逐步形成适应市场经济需要的财政体制和运行机制。这种在市场经济改革过程中形成和积累的重要历史经验，为阐释我国显著制度优势和特征提供了实践基础[51]。

第二，财政作为国家资源配置的重要方式，在改革过程中通过深入推进体制机制改革不断激发和释放资源配置活力，为市场经济改革提供了重要动力。从计划体制向市场体制转轨的关键问题，是改革进程中政府与市场资源配置主体角色的转换方式、步骤和过程。但就社会主义国家市场化改革的实际过程而言，市场化改革的开启并不意味着市场能够自然地出现和自动发挥作用，“如果转轨的目标是引入能促进持续发展的市场因素，那么很明显市场无法自己完成这一过程或者无法独自完成……市场这个目标是不能通过将其自身作为工具而达到的。也就是说，如果已经有了市场，就不会有转轨，如果有转轨，就还没有市场”[52]。显然，在改革过程中如何培育发展市场，提供市场得以发挥有效配置资源作用的制度条件和激励，是市场经济改革中必须面对的重要问题。在市场经济改革初期，财政通过不断放权让利做减法，通过“分灶吃饭”“财政包干”等改革措施持续向地方政府分权，向企业微观主体放权，激励地方政府发展动力和为微观企业主体注入活力，通过推进价格改革，“双轨制”培育体制外市场力量的发展，实现了市场机制从无到有的历史性破题。在改革迅速推动市场形成和经济增长的基础上，针对改革过程中出现的区域性市场分割、国家调控能力下降等突出矛盾，推出以增强中央政府调控能力和建立全国统一市场为主要目标的分税制改革，推动公平竞争市场环境的形成和要素自由流动。立足发展实际完善央地财政关系，为地方政府谋求发展提供制度激励，保障市场经济发展的正确方向，为建立和发展社会主义市场经济提供了重要体制基础。在深入推进市场经济发展过程中，通过建立和完善社会主义公共财政制度，推进农村税费改革和税收制度改革，推进财政支出的公共化和支出结构的合理化，为实现社会主义和市场经济的有效对接提供了重要的制度保障。党的十八大以来，以习近平同志为核心的党中央根据我国社会主要矛盾的深刻变化，做出“财政是国家治理的基础和重要支柱，科学的财税体制是优化资源配置，维护市场统一，促进社会公平，实现国家长治久安的制度保障”的新论断，全面推进改进预算管理制度、完善税收制度以及建立事权和支出责任相适应的制度等系统性财政改革，为新时代继续深化中国特色中央和地方财政关系改革，实现有效市场和有为政府的有机统一，全面推进社会主义现代化强国建设奠定了制度基础。

第三，财政作为国家汲取资源的手段，在市场经济建设过程中为内生性改革成本提供了[53] 兜底保障，为实现社会大局稳定和市场化深入推进提供了重要保障。改革必须有必不可少的资源以支持所进行的变革。从计划经济和市场经济的转变看，市场化改革在形式上体现为资源配置方式和经济运行机制的深刻变革，在实质上导致社会利益关系和利益结构的日益分化和深刻调整，必然会因两种经济秩序转换而产生巨大的内生性改革成本。比如，新旧体制过渡的制度转轨成本，改革次序和发展战略导致的结构性成本，特殊发展阶段下被累积和隐藏的跨期成本。这些内生于改革过程的成本难以由市场自主消化[53]，而必须由国家最终承担，为市场经济改革持续推进提供支撑，财政汲取和保障能力成为市场化改革顺利进行的重要条件。在从计划经济向市场经济转型的过程中，通过实施价格双轨制，发展乡镇企业，实行分权化改革，允许地方非规范性财政收入存在，以及为市场主体提供公平统一的法律和政策环境等改革措施，让地方政府、国有企业等传统经济主体得以部分地跳出传统体制约束，使得市场机制在传统体制框架外形成边际改革效应并最终走向资源配置的中心地位，同时也在体制外不断创造出新的财政资源汲取来源和方式。市场体制转型的一个关键步骤，是要提升要素市场的地位。在财政改革的实践过程中，我国通过将原有国家垄断和掌控的生产要素渐进地实现市场化，持续地创造和开辟了新的资源汲取来源，提升了财政对承担市场化改革的汲取和保障能力，确保了改革内生成本的消化和社会大局的稳定。由于这些改革措施，中国的市场化过程呈现出某种程度上的“资源创造型”改革特征，而没有出现其他社会主义国家市场化改革的“自我掠夺型”改革现象。对比俄罗斯、东欧国家在 20 世纪 90 年代市场化改革面临社会稳定和利益矛盾而手足无措的状况，我国财政在改革过程中不断创造和激发新的资源汲取方式，不能不说是保障市场经济改革顺利推进，尤其是有效缓和社会利益矛盾和冲突的独特贡献。当然，在改革过程中曾经出现许多不规范的财政筹资方式，尤其是与成熟市场经济相比存在很多不规范的财政行为和活动，但历史地看这些看似不尽规范的财政现象和活动却在保障改革顺利进行中发挥了重要作用，是这个阶段财政活动的一种特殊形态。相比之下，20 世纪 90 年代俄罗斯和东欧国家在面临改革困境时按照西方国家开出的“市场化改革药方”严格规范财政收支、削弱国家财政能力等脱离实际的做法，不能不说是个巨大的失误。

第四，从为市场化改革提供基础性制度激励，保证改革为社会主义制度和国家战略服务的角度看，强调国家在财政中的主体性地位和作为国家代表的中央政府权威，始终是我国社会主义市场经济改革形成的显著制度特征和优势。从前社会主义国家市场化改革的政治经济背景看，经济短缺、软预算约束只是传统计划经济体制问题的表征而并非其根源，原有体制下形成的市场对国家、经济对政治、地方对中央事实上的高度依附关系，才是导致资源配置扭曲的制度根源。因此，在市场化改革过程中，必须按照市场经济的一般性要求，让市场发挥资源配置决定性作用，国家从微观活动和资源配置领域持续退出，但就改革整体进程而言，国家还始终面临培育壮大市场和纠偏市场内生性问题的双重任务。这就决定了国家在市场经济改革过程中所扮演的角色，绝不仅是“守夜人”或是为市场服务的工具角色，而是应该在引导经济社会发展方向、实现社会公共利益和国家战略目标中占据主导性地位。“没有一个强有力的政府和合理的经济社会政策，就不会有社会主义。”[54] 从中国市场化改革得以成功的经验角度看，始终强调和重视充分发挥央地“两个积极性”的体制机制，从而保障国家对市场经济改革方向、步骤和过程的掌控能力，无疑是推动我国市场经济改革取得成功的体制根源①。从我国中央和地方财政关系调整的实践过程看，不同发展阶段央地财政关系的调整，地方政府的激励始终贯彻着中央向地方纵向分权、政府向市场横向放权的双重趋向，从而确保了社会主义制度条件下不断深化市场化改革的基本方向。与此同时，财政在体制上坚持主要财权集中于中央政府从而保障中央政府权威，为市场经济改革始终保持正确的政治方向提供了重要的体制基础[55]。历史地看，这种既强调向地方、市场分权从而不断深化市场经济改革，又强调驾驭市场、避免市场化手段可能产生的负面后果以始终保持社会主义方向的财政改革，其主要特征和建设经验有三点：一是坚持确保中央政府权威和激励地方竞争双重导向，即一方面通过财政责权利下放为地方政府提供有效制度激励，形成地方政府谋求推动经济增长和市场改革的重要动力；另一方面始终

---

① 事实上，从 1949 年新中国建立到 1978 年长期实行计划体制的过程中，党和国家始终在立足于探索社会主义建设规律而对财政体制进行不断调整。尽管在改革开放之前的财政体制调整更多地体现为中央和地方的行政性集权和分权特征，但这些计划经济条件下对财政体制进行调整的实践探索，也构成了改革开放后财政体制改革的历史基础和经验积累。在这些历史基础上，我国 1978 年以后开展的央地财政体制和关系调整，最显著的特征在于中央政府对地方政府开始真正意义上赋权的同时（改革之初的“分灶吃饭”改革，使得地方政府拥有了一定自主支配的财力，可以自主选择过去受中央支配的收支活动，从而才导致了真正意义上的地方政府经济行为），进行了诸如放开价格、扩大企业自主权、鼓励乡镇企业和个体私营经济发展等市场化改革措施。这就使得在过去计划经济体制下由中央集中配置资源逐渐向地方配置资源、市场配置资源等方式的转变，从而形成中国特有的市场化改革与经济发展的道路模式。

注重保持中央政府权威、宏观调控能力和整体改革进程，保障市场经济发展始终服务于国家发展的战略目标和方向。二是坚持根据市场化改革不同阶段要求动态调整央地财政关系，即一方面中央政府在坚持现代化强国建设总体战略下，为地方政府提供较大的财政弹性空间，形成对地方政府的持续激励；另一方面根据市场化不断成熟的阶段性要求，逐步禁止与取缔地方政府过度的不规范财政行为，逐步规范地方政府行为方式以符合市场化改革方向，从而形成了适应改革过程要求、充满弹性张力的制度安排。三是坚持向地方下放财政权力以增强地方积极性与推动政府向市场放权以释放市场活力并行推进，进一步理顺政府和市场的关系，确保政府成为市场化改革和经济发展的“扶持之手”而不是“掠夺之手”，为激发和释放市场主体活力和经济发展动力提供了制度保障。

第五，财政作为国家治理的基础和重要支柱，在社会主义市场经济改革过程中通过自身体制机制改革，推动市场在资源配置中发挥决定性作用的同时，也在不断发展和完善着扎根于中国改革过程的财政制度，从而经典地诠释了社会主义市场经济发展推动国家治理体系和治理能力现代化的制度经验。从社会主义国家市场化改革的历史经验和教训看，社会主义和市场经济能不能以及如何更好地结合，是关系社会主义市场经济改革成败的重大问题。具体看，在不断建立和完善市场经济所要求的一般性基础条件的同时，形成通过改革持续推动社会主义制度不断完善和发展的制度机制，从而使得社会主义制度本身能够在市场化改革中更加成熟和更加定型。从中国改革实践看，社会主义及公有制条件下的市场经济建设，不仅范围和深度已经远超出了科尔内认为的不可能解决的强化利润动机、自由进入市场、硬化预算约束、灵活的工资决定、有效的资本市场等问题，而且在体制和制度含义上早已突破了传统社会主义所有制形式和经济运行体制。以公有制为基础的多种所有制形式共同发展，社会主义市场经济体制成为社会主义基本经济制度的重要内容，不仅在实践中越来越证明社会主义和公有制与市场化改革是兼容的，而且在更深刻的意义上表明市场经济的改革和发展也可以不断丰富和完善社会主义制度本身。在我国社会主义市场经济改革的特殊历史过程中，财政在服务国家现代化建设、服务由计划经济到市场经济转换中，在自身不断改革调试和发展完善的同时，也在日益深刻地推进着财政与国家、财政与市场的关系不断完善，如改革过程中出现的具有试错、调适性质的阶段性改革措施，以及财政功能在改革过程中呈现的“包容性”制度设计和渐进演进特征。财政在改革过程中展现出来的以激励性机制促进市场发展和改革深化，通过强有力的中央政府控制驾驭市场和规范改革等实践特征，构成了发展和完善中国特色社会主义制度体系和国家治理效能的重要实践源泉。在此意义上，财政作为国家治理的基础和重要支柱，在改革实践中形成的功能和制度层面上的完善和发展，是其为中国社会主义市场经济和国家治理现代化做出的真正贡献。经由这种历史过程和成功实践，财政改革不仅推动了社会主义制度条件下建设市场经济的理论可能性，而且进一步在实践中形成了中国特色社会主义的显著制度优势和治理效能，从而有助于社会主义国家治理和制度体系更加成熟、更加定型，证明了社会主义制度自我调适、完善和与时俱进的强大生命力①。

五、结论与启示

对于中国社会主义市场经济改革可能具有的世界意义，邓小平在改革开放初期就预言式地指出："我们的改革不仅在中国，而且在国际范围内也是一种试验，我们相信会成功。如果成功了，可以对世界上的社会主义事业和不发达国家的发展提供某些经验。"经过 40 多年的伟大改革实践，我们不仅完全可以相信改革已经取得了历史性的成功，而且能够为世界上其他发展中国家和地区提供更多的道路经验和发展启示。在社会主义市场经济改革成功服务社会主义现代化国家建设的历史和实践中，我国不仅已经顺利完成"建党百年"的宏伟目标，向全面开启建设社会主义现代化新征程的"建国百年"目标迈进，而且走出了一条完全不同于西方资本主义制度的发展模式，能够在社会主义制度下进行市场经济建设的新道路。归根结底，改革的成功及其所形成的中国道路和中国经验，最本质的制度特征、最根本的历史经验，在于中国共产党领导下的政党—国家制度及其显著优势，从而也完全展现了社会主义事业的强大生命力和未来的光明前景。

本文在中国共产党建党百年的历史视野下，提出财政、国家与政党的逻

① 恩格斯在致奥托·伯尼克的信中指出："所谓'社会主义社会'不是一种一成不变的东西，而应当和任何其他社会制度一样，把它看成是经常变化和改革的社会。"这不仅指出了社会主义社会本身作为从资本主义向共产主义过渡的一种特定形态，是发展的、历史的性质，而且也深刻地揭示出社会主义制度本身应该随着历史和实践而不断地进行制度调适和改革演进的科学规律。从社会主义国家发展的历史经验看，社会主义从来不是也不应该是一种僵化的教条和固定的模式，而是应该将马克思主义关于社会主义发展的科学预见和一般规律与各国社会主义建设实践相结合，走历史和实践的社会主义道路。

辑框架，用以观察和分析百年来中国共产党领导下财政服务社会主义现代化国家建设的历史和实践，将当前对于社会主义市场经济条件下财政本质、功能和方向的认识和讨论，放到中国共产党领导下建立社会主义国家政权、开辟社会主义现代化建设道路和社会主义市场经济改革的历史逻辑中，放到资本主义和社会主义两种制度条件下的不同改革实践中，为全面认识在中国国情和制度实践中形成的财政建设道路、财政本质特征和财政制度安排提供方法论基础。这不仅有助于我们客观评价财政在我国不同历史发展时期的实践和理论形态之间的内在联系和差异，而且有助于从国家、政府、市场等不同关系结构中有效辨识财政功能范围和方式的不同向度和层次，从而跳出单纯从某一历史时期、某一经济体制角度认识和评价财政实践活动和理论形态的短周期视界，在历史长周期和我国特定制度框架内形成对我国财政本质、道路、制度和理论的基本认识。这既有财政在党的十八届三中全会的重要定位后，重新认识社会主义市场经济条件下财政本质、财政功能的现实动机和实践需求，也在更深层次上反映着面向新时代实现第二个百年目标重大使命时，我们需要在思想和理论上重新认识和构建中国的财政话语体系，从而实现基于实践经验和时代要求的财政理论自觉和理论自信的根本要求。

参考文献：

[1] 恩格斯．家庭、私有制和国家的起源［M］．北京：人民出版社，2018.

[2] 西达·斯考切波．国家与社会革命［M］．上海：上海人民出版社，2007.

[3] 邓子基，等．马克思恩格斯论财政［M］．福州：厦门大学出版社，1988.

[4] BOBBIO N. Democracy and dictatorship［M］. Cambridge：Polity Press，1989.

[5] TILLY C. The formation of national state in western Europe［M］. Princeton：Princeton University Press，1975.

[6] 马克斯·韦伯．经济与社会：上［M］．北京：商务印书馆，1998.

[7] JOEL S. MIGDA. The state insoiety：An approach to struggle for domination. in state power and social forces：domination and transformation in the Third World，eds. JOEL，S. Migdal，Atul Kohli and Vivienne Shue［M］. Cambridge University Press，2001.

[8] BADIE B，BIRNBAUM P. The sociology of the state［M］. Chicago：Chicago University Press，1983.

[9] 郭中华，郭台辉．当代国家理论：基础与前沿［M］．广州：南方出版传媒，广东人民出版社，2017.

[10] 约翰·希克斯．经济史理论［M］．北京：商务印书馆，1987.

［11］克里斯多夫·皮尔逊．论现代国家［M］．北京：中国社会科学出版社，2017.

［12］凯特·纳什，阿兰·斯科特．布莱克维尔政治社会学指南［M］．杭州：浙江人民出版社，2007.

［13］道格拉斯·诺思．经济史中的结构与变迁［M］．上海：上海三联书店，1994.

［14］詹姆斯·W. 汤普逊．中世纪晚期欧洲经济社会史［M］．北京：商务印书馆，1996.

［15］托克维尔．旧制度与大革命［M］．北京：商务印书馆，1992.

［16］丹尼尔·贝尔．资本主义文化矛盾［M］．北京：商务印书馆，1989.

［17］萨托利．政党与政党体制［M］．北京：商务印书馆，2006.

［18］玛利亚·乔纳蒂．自我耗竭式演进：政党—国家体制的模型与验证［M］．北京：中央编译出版社，2008.

［19］托马斯·库恩．科学革命的结构［M］．上海：上海科学技术出版社，1980.

［20］林尚立．政党与国家建设：理解中国政治的维度［J］．复旦政治学评论，2012（2）.

［21］让·布隆代尔，毛里奇奥·科塔．政党政府的性质：一种比较性的欧洲视角［M］．北京：北京大学出版社，2006.

［22］罗荣渠．现代化新论：世界与中国的现代化进程［M］．北京：北京大学出版社，1993.

［23］毛泽东．毛泽东选集：第三卷［M］．北京．人民出版社，1991.

［24］南汉宸．陕甘宁边区的财政工作（1944 年 8 月）．载中国财政科学研究院．抗日战争时期陕甘宁边区财政经济史料摘编：第六编　财政［M］．北京：长江文艺出版社，2016.

［25］王丙乾．中国财政 60 年回顾与思考［M］．北京：中国财政经济出版社，2009.

［26］习近平．不断开拓当代中国马克思主义政治经济学新境界［J］．求是，2020（16）.

［27］亚当·斯密．国富论［M］．北京：人民日报出版社，2009.

［28］华勒斯坦，等．开放社会科学［M］．北京：三联书店，1997.

［29］列宁．列宁全集：第 1 卷［M］．北京：人民出版社，1984.

［30］山口重克．市场经济：历史·思想·现在［M］．北京：社会科学文献出版社，2007.

［31］习近平．在哲学社会科学工作座谈会上的讲话［N］．人民日报，2016-05-19.

［32］林尚立．中国共产党与国家建设［M］．天津：天津人民出版社，2017.

［33］李海青．中国共产党：马克思主义的使命型政党［J］．江西社会科学，2018（2）.

［34］吕炜，靳继东．始终服从和服务于社会主义现代化强国建设：新中国财政 70 年发展的历史逻辑、实践逻辑与理论逻辑［J］．管理世界，2019（9）.

[35] 吕炜，靳继东．国家治理现代化框架下中国财政改革实践和理论建设的再认识[J]. 财贸经济，2019（2）.

[36] 张馨．“市场失效论”和“公共产品论”不成立吗：论市场经济下财政学的理论基础[J]. 财贸经济，2021（1）.

[37] 乔尔·阿伯巴齐，罗伯特·普特南，伯特·罗克曼，等．两种人：官僚与政客[M]. 北京：求实出版社，1990.

[38] 邓小平．邓小平文选：第3卷[M]. 北京：人民出版社，1993.

[39] 科斯，王宁．变革中国：市场经济的中国之路[M]. 北京：中信出版社，2013.

[40] 马克思，恩格斯．马克思恩格斯选集：第1卷[M]. 北京：人民出版社，1972.

[41] 马克思，恩格斯．马克思恩格斯全集：第13卷[M]. 北京：人民出版社，1995.

[42] 尤绪超．社会主义市场经济：溯源、争论和发展[M]. 北京：中国财政经济出版社，2015.

[43] 马克思．资本论：第三卷[M]. 北京：人民出版社，1975.

[44] 列宁．列宁选集：第43卷[M]. 北京：人民出版社，1978.

[45] 奥斯卡·兰格．社会主义经济理论[M]. 北京：中国社会科学出版社，1981.

[46] 哈耶克．个人主义与经济秩序[M]. 北京：三联书店，2003.

[47] 布鲁斯，拉斯基．从马克思到市场：社会主义对经济体制的求索[M]. 上海：上海人民出版社，1998.

[48] 奥塔·希克．第三条道路[M]. 北京：人民出版社，1982.

[49] 亚诺什·科尔内．理想与现实：匈牙利的改革过程[M]. 北京：中国经济出版社，1987.

[50] 邓小平．邓小平文选：第3卷[M]. 北京：人民出版社，1993.

[51] 韩博天．红天鹅：中国独特的治理和制度创新[M]. 北京：中信出版集团，2018.

[52] 格泽戈尔兹·科勒德克．从休克到治疗：后社会主义转轨的政治经济[M]. 上海：上海远东出版社，2000.

[53] 吕炜．转轨过程的最终费用结算与绩效评价[J]. 中国社会科学，2005（1）.

[54] 张宇．社会主义与市场经济的联姻[J]. 经济理论与经济管理，1997（3）.

[55] 中国经济体制改革研究会．见证重大改革决策：改革亲历者口述历史[M]. 北京：社会科学文献出版社，2018.

改革开放以来我国税制改革的伟大成就、成功经验与未来展望

赵书博
首都经济贸易大学

摘要：实践表明，我国税制改革的成功在于坚持党的领导，正确处理了我国国情与国际镜鉴的关系，采取了“先试点后推广”的方式。尽管如此，我国税制改革仍面临诸多挑战，包括企业创新水平及节能环保水平仍存在不足，居民收入分配差距仍然较大，人口老龄化趋势明显，对外开放面临百年未有之大变局，等等。“十四五”时期我国应完善增值税、企业所得税制度以推动产业结构升级，完善消费税、资源税、环境保护税制度以提高节能环保水平，完善个人所得税制度、开征房地产税以调节收入分配，优化关税、出口退税制度并加强国际税收合作以促进对外开放，不断提高税收征管与服务水平以提升国家治理效能。

关键词：改革开放　税制改革　成功经验

税制改革是我国全面深化改革的重要组成部分，对推动经济高质量发展、调节收入分配、促进对外开放、提高国家治理效能具有重要作用。《中华人民共和国国民经济和社会发展第十四个五年规划和二〇三五年远景目标纲要》（以下简称《纲要》），将“建立现代财税金融体制”作为“全面深化改革，构建高水平社会主义市场经济体制”的重要内容，并强调“十四五”时期我国要“完善现代税收制度”。在此背景下，有必要全面回顾改革开放以来我国税制改革的光辉历程，总结取得的伟大成就，探究税制改革的成功经验，分析税制改革面临的挑战，提出“十四五”时期税制改革的思路。

一、改革开放以来我国税制改革的光辉历程

改革开放以来，我国税制改革可分为四个时期：经济转轨时期（1978—

注：本文原载《管理世界》2021 年第 10 期。

1991年)，建立社会主义市场经济体制时期（1992—2001年)，完善社会主义市场经济体制时期（2002—2011年)，全面深化改革时期（2012年至今)。

（一）经济转轨时期

1978年12月，党的十一届三中全会做出将工作重心转移到经济建设上，实行改革开放的重大决策，我国经济形势随之发生了很大的变化。从国际看，越来越多的外资企业和外国个人进入我国，当时涉外税制还是一片空白，亟须建立；从国内看，市场主体逐渐多元化，计划经济时期实行的单一税制难以适应要求，亟须完善。税制改革围绕上述内容展开，改革的内容包括：①出台关于外国个人、外资企业、外国企业的所得税法，初步建立涉外税收制度。②实行两步“利改税”和“税利分流”，全面改革国内税收制度。③1980年恢复“文化大革命”时期停征的关税，并本着进口保护与出口鼓励原则不断调整税率结构；1983年起施行出口退税，促进出口。④1986年出台了我国第一部关于税收征管的法规《中华人民共和国税收征收管理暂行条例》。

经济转轨时期的税制改革作为经济体制改革的突破口，为经济体制改革“杀出一条血路”。改革中我国遵循“放权让利”的思路，调动了各方积极性，最大限度地增加了总供给。经过改革，我国初步建立起适应经济转轨时期需求的税制体系，“形成了当代中国税法体系的基本架构”[1]，为下一步工商税制全面改革奠定了基础。

（二）建立社会主义市场经济体制时期

1992年10月，党的十四大明确提出我国要建立社会主义市场经济体制；1993年11月，党的十四届三中全会通过《中共中央关于建立社会主义市场经济体制若干问题的决定》，提出我国要按照“统一税法、公平税负、简化税制和合理分权”的原则改革和完善税收制度，据此我国于1994年进行了中华人民共和国成立以来最大规模的税制改革，之后又有多次调整。该时期的改革包括：①统一了内外资企业适用的大部分税制，税制更为简洁。②大幅度下调关税并规范税收优惠，为加入世界贸易组织（WTO）做准备；2001年“入世”时，平均关税水平从1992年的43.2%下降到15.3%①。③1992年，我国出台了《中华人民共和国税收征收管理法》，2001年对其进行了大规模修订。随着1994年分税制的实施，我国分设国税、地税两套税务管理机构。

---

① 中国财政杂志社：《中国财政年鉴（2007）》，2007年12月。

该时期的税制改革作为经济体制改革的重要组成部分，为社会主义市场经济体制的建立奠定了基础。①按照公平（统一税法、公平税负）、效率（简化税制和合理分权）的原则改革税制，有利于发挥市场对资源配置的基础性作用。②自 20 世纪 90 年代以来，我国运用相机抉择的政策，应对经济波动[2]。其中，税收在调控投资、消费、出口，最终在调控总需求方面发挥了重要的作用。③该时期我国不断规范税收征管制度，税收征管法治化水平得到提升。

（三）完善社会主义市场经济体制时期

2002 年 11 月，党的十六大提出我国要建成完善的社会主义市场经济体制；2003 年，党的十六届三中全会审议通过了《中共中央关于完善社会主义市场经济体制若干问题的决定》，提出根据“简税制、宽税基、低税率、严征管”的原则分步实施税制改革。据此我国进行的税制改革包括：①完全统一内外资企业税制，实行增值税转型，提高个人所得税基本费用扣除标准，调整消费税的计税环节与税额，对部分资源税税目实行从价计税。②根据加入 WTO 时的承诺，不断下调税率，平均关税水平从 2002 年的 12%下降到 2011 年的 9.8%①。同时降低高耗能、高污染、资源性产品，以及容易引起贸易摩擦商品的出口退税率，优化出口退税负担机制。③规范地方减免税，清理到期税收优惠。

该时期的税制改革作为经济体制改革的重要组成部分，为社会主义市场经济体制的完善贡献了力量。第一，实现了内外资税制的完全统一，有利于市场主体展开公平竞争。第二，继续运用税收调控经济运行，以调控总需求为主、调控供给为辅。其中，提高个人所得税基本费用扣除标准意在扩大需求；实行增值税转型等有利于降低企业生产经营成本，促进企业加快技术改造，增加有效供给。

（四）全面深化改革时期

2012 年 11 月，党的十八大提出我国要全面深化经济体制改革。2013 年 11 月，党的十八届三中全会通过《中共中央关于全面深化改革若干重大问题的决定》，赋予财政新的定位——财政是国家治理的基础和重要支柱，并对深化财税体制改革做了系统部署。税制改革的内容包括：①进一步完善国内税

---

① 中国财政杂志社：《中国财政年鉴（2020）》，2020 年 12 月。

制，包括完成“营改增”、降低增值税税率、允许留抵税额退税；提高企业所得税中研发费用加计扣除比例；提高个人所得税综合征税部分的基本费用扣除标准，调整税率表，并实行综合与分类相结合的税制模式，引入专项附加扣除制度，首次引入反避税条款，等等；引入环境保护税，扩大消费税征税范围，全面推行资源税从价计征改革并进行水资源税试点。②通过减免关税方式鼓励先进技术设备和关键零部件进口，促进经济结构转型；继续下调关税，平均关税水平从2012年的9.8%下降到2019年的7.5%①；对海南自由贸易港的部分进口商品实行零关税。同时多次提高出口退税率、简化退税率结构。③根据中办、国办的税收征管意见改进税收征管工作。

该时期的税制改革作为全面深化改革的重要组成部分，在国家治理中发挥基础性与支柱性作用。第一，出台多部法律，税收法律级次提高。立法过程中注意听取民众、社会组织意见，朝着多方共治方向迈出了一大步。第二，继续实行宏观调控，但转变为以调控供给为主、调控总需求为辅。为解决有效供给不足与无效产能（如过剩产能、落后产能等）问题，阻止经济下行，2015年，中央提出推进供给侧结构性改革，增加高端供给；同时通过对个人所得税实行减税等措施继续调控总需求。

二、改革开放以来我国税制改革取得的伟大成就

改革开放以来，税收收入规模不断扩大，从1978年的519.28亿元增加到2019年的158 000.46亿元，年均增速14.52%②，为国家建设与发展筹集了大量资金。与此同时，税收还发挥了激励企业创新、促进节能环保、调节收入分配、推动对外开放等作用。

（一）激励企业创新

增值税影响产业链条的畅通程度从而影响企业的创新环境，企业所得税影响企业的创新成本，二者共同影响企业创新。

1. 增值税

1979年，我国开始进行增值税试点，1984年正式确立增值税制度，适用

① 中国财政杂志社：《中国财政年鉴（2020）》，2020年12月。

② 国家统计局．中国统计年鉴（2020）［M］．北京：中国统计出版社，2020. 年均增速为作者计算得出。

于内资企业，自 1994 年起统一适用于内外资企业。

（1）税率逐步优化。1994 年之前增值税税率档次较多，存在重复征税问题。1994 年税改后变为 17%，13%，0（适用于出口）共 3 档，较为简化。为推动“营改增”试点的顺利进行，自 2012 年 1 月 1 日起增加了 11%，6%两档低税率。“营改增”试点完成后，我国继续简化税率档次并不断降低税率，包括自 2017 年 7 月 1 日起取消 13%的税率；自 2018 年 5 月起将 17%，11%的税率分别降为 16%，10%；2019 年 4 月将上述税率分别进一步降为 13%，9%。税率不断降低，有利于提高企业竞争力；税率档次简化，有利于减少重复征税。

（2）征税范围不断扩大。1984 年，我国仅对 12 种商品征税，自 1986 年起把原征收产品税的部分工业产品陆续纳入增值税的征税范围中。1994 年，扩大对销售货物、进口货物以及加工、修理修配劳务征税。2012 年，我国开始在上海进行“营改增”试点，2016 年 5 月全面完成“营改增”，对所有货物与劳务的销售与提供征税。征税范围越宽，越有利于减轻重复征税。

（3）实现增值税转型。1994 年我国实行的是生产型增值税，存在重复征税问题。自 2009 年 1 月 1 日起，转为实行消费型增值税，解决了因固定资产不能扣除造成的重复征税问题。

（4）实行留抵税额退税。自 2018 年 5 月起，我国对装备制造、研发服务、电网等符合条件的企业，在一定时期内未抵扣完的进项税额实行一次性退还，自 2019 年 4 月 1 日起将该制度推广到所有纳税人进行试点，退税额为应退税额的 60%。2019 年 6 月，我国开始对先进制造业实行全额退税，退税条件也更为宽松。

总的看，改革开放以来，我国增值税不断优化，重复征税问题得到很大缓解，产业链条逐步畅通，现代化程度不断提高，为企业创新提供了良好的税收环境。

2. 企业所得税

运用税收激励企业创新贯穿了改革开放的过程，所采用的税收政策因所处的经济环境的不同而不同。经济转轨时期，企业与政府的关系还未完全理顺，我国激励企业创新的措施包括提高固定资产折旧率、放宽对企业技术开发和新产品试制费用摊入成本的范围、增提技术开发费等，以推进技术改造和技术进步。经济转轨完成后，政府与企业的关系逐步理顺，除继续实行加速折旧，我国开始运用加计扣除、减免税等国际通行的做法激励企业创新。其中，加速折旧、加计扣除为研发阶段的激励措施，减免税为成果转化阶段的激励措施。针对研发最宝贵的人力资源，我国出台了一系列激励创新的个人所得税优惠政策。

税制改革起到了激励企业创新的作用。改革开放以来，企业的创新投入、创新产出不断提高，创新成效显著。2007 年，我国的全球创新指数（GII）排在第 29 位，2010 年排到第 43 位。2014 年起排名逐年上升，2019 年、2020 年均排名 14 位，是全球创新指数前 30 位中唯一的中等收入经济体，确立了作为创新领先者的地位①。

（二）促进节能环保

消费税、环境保护税、资源税等影响个人的生活方式、企业的生产方式，能够在促进节能环保方面发挥作用。

1. 消费税

消费税是与居民消费联系紧密的税种。1994 年，我国开征消费税以来，根据经济形势及人民生活水平的变化不断调整征税范围、计税方式、计税环节。1994 年该税收入仅为 487 亿元，2002 年、2015 年分别为 1 046 亿元、10 542 亿元，分别突破千亿元大关、万亿元大关，2019 年为 12 564 亿元。受新冠肺炎疫情的影响，2020 年消费税为 12 028 亿元，同比下降 4.3%，是自该税开征以来的首次下降②。开征消费税，起到了调节消费、防治污染的作用。以卷烟为例，由世界卫生组织慢性病与非传染性疾病预防司、烟草控制与经济政策合作中心与我国财政部税政司共同开发的 TaXSiM 中国模型显示，2015 年调整卷烟消费税的税额及征收环节，减少了卷烟的生产量、销售量[3]。

2. 环境保护税

2018 年开征该税至 2020 年，共取得税收收入 631.5 亿元。2020 年，缴纳环境保护税的纳税人主要大气污染物二氧化硫、氮氧化物排放量较开征前的 2017 年分别下降 42.5%和 28.7%；主要水污染物化学需氧量、氨氮排放量较开征前的 2017 年分别下降 54.5%和 35%③。

---

① 自 2007 年起，美国康奈尔大学、欧洲工商管理学院和世界知识产权组织每年联合发布全球创新指数（GII）排名，通过计算每个经济体的创新投入次级指数得分与创新产出次级指数得分的平均值确定，以帮助政策制定者评估其创新表现。

② 2020 年的数据来自国库司“2020 年财政收支情况”［EB/OL］. gks. mof. gov. cn/tongjishuju/202101/t20210128_3650522. htm，2021-01-28，其他年份数据来自《中国统计年鉴》。

③ 十组税收数据反映“十三五”时期中国经济社会发展取得新的历史性成就［EB/OL］. www. chinatax. gov. cn/chinatax/n810219/n810780/c5162282/content. html，2021-03-12.

3. 资源税

改革开放后，国营企业逐渐由政府的附属机构转为自负盈亏、相对独立的经济实体，如果政府不对资源级差收入进行有效调节，会造成资源开采企业之间的不公平，影响资源的有效利用。1984 年，我国开始对销售利润率超过 12%的煤炭、原油、天然气开采单位和个人征收资源税，1992 年将铁矿石资源纳入征税范围。之后不断扩大征税范围、调整计税方法。资源税收入不断增加，从 1992 年的 238 341 万元增加到 2019 年的 18 213 439 万元①，在一定程度上起到了促进资源节约利用的作用。以水资源税为例，2020 年试点省份取用地下水水量占总水量的比例为 33.5%，比改革前的 2016 年（41.5%）下降 8%；2020 年试点省份超采区地下水计税取水量较 2016 年下降 19.3%；改革以来，试点省份超过 8 000 户纳税人转用地表水或自来水，关停自备井超过 1.4 万余眼②。

（三）调节收入分配

个人所得税、财产税能够起到调节收入分配的作用。目前，我国尚未对个人住房开征房地产税，车船税税额在总收入中占比太低，这里只分析个人所得税。1980 年，我国出台《中华人民共和国个人所得税法》，该法是中华人民共和国成立后我国制定的第一部个人所得税法，至今历经七次修订。

1. 改变税制模式

2018 年前，我国一直实行分类税制，对不同类别的所得适用不同的税率。2018 年，我国将工资薪金所得、劳务报酬所得、特许权使用费所得、稿酬所得四项劳动性所得合并为综合所得。

2. 调整基本扣除费用及优化税率结构

1980 年，我国工资薪金等的基本费用扣除标准为 800 元，自 2006 年 1 月 1 日起将个人基本费用扣除标准从 800 元提高到 1 600 元，减税 280 余亿元[4]；自 2008 年 3 月 1 日起从 1 600 元提高到 2 000 元，减税约 300 亿元[5]；自 2011 年 9 月 1 日起从 2 000 元提高到 3 500 元（加上其他改革），约减税 990 亿元[6]；2019 年引入个人所得税专项附加扣除规定，加上 2018 年 10 月 1 日提高个人所得税基本减除费用标准和优化税率结构翘尾因素，合计减税

---

① 中国税务年鉴（2020）[M]. 北京：中国税务出版社，2020.

② 十组税收数据反映“十三五”时期中国经济社会发展取得新的历史性成就 [EB/OL]. www.chinatax.gov.cn/chinatax/n810219/n810780/c5162282/content.html，2021-03-12.

4 604 亿元，使 2.5 亿纳税人直接受益，人均减税约 1 842 元[①]。其中，第一步个人所得税改革，即提高费用扣除标准和调整税率政策翘尾减税 3 959 亿元；第二步个人所得税改革，即专项附加扣除政策全年减税 645 亿元[②]。个人所得税的减税，直接增加了居民特别是中低收入居民的可支配收入，在调节收入分配方面发挥了一定的作用。

（四）推动对外开放

党的十一届三中全会提出“对内搞活经济、对外实行开放”，党的十四届三中全会进一步指出“发展开放型经济，与国际互接互补”。为实现上述目标，我国必须消除货物、资本及人员在跨境流动方面的税制障碍，并积极参与国际税收治理。关税、增值税出口退税影响货物流动从而影响对外贸易的发展，企业所得税影响资本跨境流动。

1. 促进对外贸易发展

我国恢复关税之后，不断优化税率结构、降低关税水平，发挥了在保障国家权益、筹集资金、促进产业升级等方面的作用。增值税出口退税制度施行以来，我国根据国内外经济形势适时调整出口退税率、出口退税负担方式，该项制度不断完善。出口退税规模不断扩大，从 1985 年的 17.95 亿元增加到 2020 年的 14 549 亿元，有力促进了出口。其中 2020 年正常退税业务办理平均时间比 2019 年提速 20%，缓解了企业的资金压力，为新冠肺炎疫情下外贸的稳定与恢复发挥了重要作用[③]。

2. 促进资本跨境流动

改革开放初期，我国注重吸引外商投资。近年来，我国既注重引进外资也重视对外投资。从吸引外资看，我国曾经实行过多项适用于外资企业的税收优惠政策，例如，1980 年《中华人民共和国中外合资经营企业所得税法》规定，对农业、林业等利润较低的合营企业和在经济不发达的边远地区开办的合营企业给予减免税优惠；1991 年《中华人民共和国外商投资企业和外国企业所得税法》规定，对设在经济特区、经济技术开发区等特定区域的外商

---

① 财政部 2020 年 5 月 22 日在第十三届全国人民代表大会第三次会议上所做的《关于 2019 年中央和地方预算执行情况与 2020 年中央和地方预算草案的报告》。

② 中国税务年鉴（2020）[M]. 北京：中国税务出版社，2020.

③ 1985 年数据来自国家统计局网站，https：//data. stats. gov. cn/easyquery. htm? cn = C01，为能够获得的最早数据；2020 年数据来自国家税务总局 2021 年 1 月 20 日新闻发布会实录 [EB/OL]. www. chinatax. gov. cn/chinatax/n810219/n810724/c5160913/content. html，2021-01-20.

投资企业适用15%，24%的优惠税率等。2008年，我国统一内外资企业所得税，对外资企业适用的税收优惠采取了过渡措施，过渡期结束后不再适用。近年来，为鼓励境外投资者持续扩大在华投资，我国又推出了一些优惠措施，例如，自2018年1月起，境外投资者以分配利润直接投资暂不征收企业所得税。从促进对外投资看，我国不断完善税收抵免制度，由只允许直接抵免到既允许直接抵免也允许间接抵免；由按照分国不分项法计算抵免限额改为按综合抵免法计算，有效地解决了企业的重复征税问题，促进了企业境外投资的发展。

3. 积极参加国际税收合作

我国统筹国内、国际两个大局，在提升国内税收治理水平的同时，积极参与国际税收治理。首先，参与国际税收规则的制定。我国参与税基侵蚀和利润转移（BEPS）行动计划报告的制定，参与起草《实施税收协定相关措施以防止税基侵蚀和利润转移（BEPS）的多边公约》（以下简称《BEPS多边公约》），参与《联合国税收协定范本》的修订及《联合国发展中国家转让定价实用手册》的编纂。其次，加入多边税收公约。我国已签署了《BEPS多边公约》《多边税收征管互助公约》《金融账户涉税信息自动交换多边主管当局间协议》三个多边公约，有利于加强多国间的合作，促进资本的跨境流动。再次，发起建立"一带一路"税收征管合作机制。2018年5月，"一带一路"税收合作会议在阿斯塔纳举行，会议发布了《阿斯塔纳"一带一路"税收合作倡议》。2019年4月第一届"一带一路"税收征管合作论坛在乌镇举办，构建了"一带一路"税收征管合作机制，建立了"一带一路"税收征管能力促进联盟。各成员国通过合作机制探讨税收征管的普遍性问题，为"一带一路"经贸合作提供了有力的税收支持，"一带一路"税收征管能力促进联盟设立了"一带一路"税务学院，向合作机制参与方提供税务知识培训和技术援助①。

三、改革开放以来我国税制改革的成功经验

改革开放以来，我国税制改革取得巨大成功，其中的经验值得总结，以便今后更好地随着全面深化改革的推进不断完善税制。

---

① "一带一路"税收征管合作论坛新闻发布会实录［EB/OL］. www. chinatax. gov. cn/n810219/n810724/c4275943/content. html，2019-04-20.

（一）坚持党对税收工作的全面领导

中国共产党是我国财税事业的领导核心。曾担任财政部部长多年的李先念指出："财政工作是一项综合性的工作，并且具有很大的政治性。国家财政体现着党的各个方面的政策，关系到国家建设的各个方面，关系着各个阶级及各个民族的切身利益。这样的工作，离开了党的领导，离开党的重视与支持，很难设想能够把它做好。"[7] 改革开放以来，我国"坚持党对税收工作的全面领导为税收工作取得显著成就提供了坚强政治保障"[8]。

1. 党确定税制改革原则

改革开放以来，中国共产党高瞻远瞩，审时度势，在不同时期提出了不同的税改原则，指导了我国税改实践。例如，1993 年 11 月，党的十四届三中全会通过《中共中央关于建立社会主义市场经济体制若干问题的决定》，提出的税改原则指导我国在 1994 年进行了改革开放以来最大规模的税改。2003 年 10 月，党的十六届三中全会通过《中共中央关于完善社会主义市场经济体制若干问题的决定》，提出的税改原则指导了我国 2004 年的税改。

2. 党指引税收工作方向

日常税收工作中，中国共产党在每年的中央经济工作会议中确定下一年宏观调控的基调，其中多次涉及确定税收工作方针甚至直接明确税制改革的具体内容，税务部门据此展开工作。2008 年至今，我国一直实行积极的财政政策，其间，党的中央经济工作会议关于宏观调控的原则一直是"实行积极的财政政策"，但关于税收工作的表述不完全相同。其中，2009—2014 年为"实行结构性减税"，税务部门据此进行了"营改增"、在新疆试行油气资源税从价计征等"有增有减"的税制改革。2015 年以来，为"加大减税力度""实行更大规模的减税降费"，税务部门据此推出多项减税措施，减税降费数额逐年增加。例如，2017 年减税 9 186 亿元，比 2016 年增加 3 450 亿元①，2018 年减税降费 1.3 万亿元[9]，2019 年为 2.36 万亿元[10]，2020 年为 2.6 万亿元[11]，减税降费规模持续增加。在党的领导下，我国顺利走出金融危机，并成功克服了新冠肺炎疫情的影响。

3. 党领导税收征管改革

良好的税制与严密的征管相配合，才能充分发挥税收职能。近年来，中

---

① 2017 年全国税务部门组织税收收入情况［EB/OL］. www.chinatax.gov.cn/chinatax/n810214/n810641/n2985871/n2985918/c3349161/content.html，2018-02-01.

办、国办三次出台关于税收征管改革的文件，充分体现了党中央、国务院对税收工作的高度重视。前已述及，随着1994年“分税制”的实行，我国分设国税、地税两套税务机构，适应了当时的改革要求，发挥了应有的作用。至2015年国地税已经分设20多年，逐渐显现出职责不够清晰、执法不够统一、纳税人办税不够便利等问题，影响营商环境的优化。为适应新形势的需要，中办、国办分别于2015年12月、2018年7月、2021年3月发文对税务管理工作进行指导。其中，根据2015年12月中办、国办印发的《深化国税、地税征管体制改革方案》，国地税加强合作；根据2018年7月中办、国办印发的《国税地税征管体制改革方案》，国地税完成合并。2021年3月，中办、国办印发的《关于进一步深化税收征管改革的意见》是我国“十四五”时期关于税收征管的纲领性文件，力争实现税收征管“合成”，并将“为纳税人缴费人服务”作为征管工作的出发点和落脚点，提出“大幅提高税法遵从度和社会满意度，明显降低征纳成本”的宏观目标，体现了党“以人民为中心”的执政理念。

（二）正确处理我国国情与国际镜鉴的关系

1. 积极吸收国际先进经验

从20世纪80年代构建涉外税制、引进增值税，再到当前全面深化税制改革，我国均借鉴了国外税制的成熟经验。

以增值税为例，改革开放之初，我国不仅收集整理国外增值税制度资料，而且自“1980年起，两次邀请法国的税收专家来中国介绍增值税知识，并先后去法国、荷兰、瑞典等国家进行考察”[12]。2017年7月1日，与我国同为发展中国家、人口众多的印度正式启动独立以来最大规模的税制改革——货物与劳务税（GST）改革。货物与劳务税实为增值税，改革对我国应该有借鉴意义。2017年12月10日至14日，国家税务总局考察团赴印度考察税改情况，回国后分析了税改的背景、内容、效应，总结了可供我国借鉴的经验，供我国增值税改革参考[13]。

2. 充分考虑我国本土国情

我国地域广阔、人口众多，与世界上任何一个国家的情况都不相同，税制改革必须充分考虑本土因素。1979年引入增值税时，我国还处于经济转轨时期，当时设计增值税的思路和指导思想是“吸收外国的经验只能用基本原理，不能全部套用，要结合我国的国情确定自己的增值税试行原则”。尽管现在看来当时的改革方案与欧洲国家实行的增值税有较大差距，但与我国当时的经济形势相适合。以对销项税额小于进项税额情形的处理为例，共有三种方法：一是退税，二是用于抵顶当期应缴纳的其他税种的税款，三是结转到下期继续抵扣。前两种方法均有利于提高企业的流动性，第三种方法则占压了企业的部分资金。1994 年，我国财力还不宽裕，因而选择的是第三种方法。多年来，企业被占压资金的规模越来越大，影响了生产经营的正常进行。为此我国自 2018 年 5 月起对部分企业实行留抵税额退税，并不断扩大范围。

近年来实行“参与免税”（participation exemption）的国家越来越多，规定持有境外关联企业的股份超过一定比例，持有时间超过一定期限的居民企业获得的境外股息所得，资本利得免税，旨在促进国际资本流动、提高企业的竞争力。我国在充分考虑国情的情况下，2020 年在海南自由贸易港推出了该制度，对在港内设立的旅游业、现代服务业、高新技术产业企业新增的符合条件的境外直接投资取得的所得［包括从境外新设分支机构取得的营业利润，或从持股比例超过 20%（含）的境外子公司分回的与新增境外直接投资相对应的股息所得］免税。

（三）采用先试点后推广的方式推进税制改革

税制改革涉及国家与市场主体之间的利益分配，常会遇到阻力；改革之前不能准确判断方案的优劣，可能出现决策风险。先试点后推广，兼顾不同发展阶段、不同地区和不同行业的差异，实行由部分地区到全国、由部分行业到所有行业、由个别到一般、由特殊到普遍的渐进式改革，可以减小改革阻力，避免出现决策风险。改革开放以来，我国在税制改革中多次进行试点，取得了较好的效果。

以“营改增”试点为例，我国采取的是先由基层积累经验再推广的“自下而上”的改革模式。试点开始前，营业税与增值税并存，重复征税问题比较严重，制约着现代服务业的发展。2009 年 5 月，上海成立了现代服务业税制改革研究课题组，提出在上海率先实施改征增值税试点的初步设想。2010 年 10 月，党的十七届五中全会首次提出“十二五”时期“加快财税体制改革，扩大增值税征收范围”。同年 12 月召开的中央经济工作会议上，提出 2011 年要“加大攻坚力度”，包括“研究推进在一些生产性服务业领域扩大增值税征收范围改革试点”。在此背景下，2011 年初，上海正式提出开展“营改增”试点的申请。由于准备充分，该申请得到批准，我国决定从 2012 年 1 月 1 日起在上海的交通运输业和部分现代服务业率先进行试点。

试点开始后，大部分企业税负下降，对服务业征收增值税的优越性显现出来。但因为试点范围较窄，有一小部分企业的税负略有上升。为此，上海出台了财政支持政策，作为过渡性的政策保障了试点的顺利推行。上海财政局还及时追踪试点中发现的其他问题，提出自己的建议并向财政部、国家税务总局等汇报，为试点的全面推开提供了有益的参考。

2016年5月1日，“营改增”试点在全国范围内推开（见表1）。税务机关在短时间内，明确相关制度，将试点行业原在地税缴纳营业税纳税人的征管工作移交到国税机关，完成了发票印制与申领工作等，成功完成改革任务。如果没有前期试点经验，这种涉及面广、难度大的改革恐怕难以高效完成。

表1 我国“营改增”试点进程

时间	试点内容	试点地区
自2012年1月1日起	交通运输业、部分现代服务业	上海
2012年8月1日至2012年年底	交通运输业、部分现代服务业	北京、江苏、浙江、天津、安徽、福建、湖北、广东
自2013年8月1日起	交通运输业、部分现代服务业、广播影视服务	全国
自2014年1月1日起	铁路运输、邮政业	全国
自2014年6月1日起	电信业	全国
自2016年5月1日起	建筑业、房地产业、金融业、生活服务业	全国

注：作者根据相关政策自行整理。

总的看，改革开放40多年来，我国税制改革取得了很大成就，但仍存在一些问题。经济的发展和全面深化改革的推进，对税制改革提出新的要求，因而应充分认识“十四五”时期税制改革面临的挑战，设计具有前瞻性和可行性的改革方案。

四、“十四五”时期我国税制改革面临的挑战

“十四五”时期，我国税制改革面临更加复杂的局面。从国内看，企业创新能力不足等不符合经济高质量发展的要求，居民收入分配差距较大的局面仍然存在，生育率下降、人口老龄化趋势明显；从国际看，对外开放面临百年未有之大变局，新冠肺炎疫情对各国经济造成的冲击还在持续，科技进步

对经济与税收的影响越来越大。这些均给我国未来税制改革带来挑战。

（一）企业创新能力不足

改革开放以来，我国生产力不断发展，产业结构不断优化。但与发达国家相比，产业结构还有一些不合理之处，表现为第三产业占比还较低，工业制造业还处在价值链中低端，不能满足人民群众的“美好生活需求”，我国需要不断优化产业结构，提供更优的产品与服务。优化产业结构离不开创新，“加快科技自立自强是畅通国内大循环，塑造我国在国际大循环中主动地位的关键”[14]。在创新体系中，企业是最为重要的创新主体，《中共中央关于制定国民经济和社会发展第十四个五年规划和二〇三五年远景目标的建议》中明确提出要“强化企业创新主体地位”。

从创新投入看，我国企业研发强度（企业研发支出占 GDP 的比重）从 1991 年的 0. 289%提高到 2019 年的 1. 708%，但与一些国家相比还有较大差距。例如，同时期美国从 1. 862%提高到 2. 267%，德国从 1. 655%提高到 2. 199%，以色列从 1. 231%提高到 4. 387%（美国、以色列 2019 年数据为估计值），日本从 2. 018%提高到 2. 532%，瑞典从 1. 724%提高到 2. 429%，韩国从 1995 年的 1. 593%提高到 2019 年的 3. 726%。从创新产出看，我国自 1994 年 1 月 1 日加入由世界知识产权组织管辖的《专利合作条约》（Patent Cooperation Treaty，PCT），当年提出的 PCT 专利申请量仅为 103 件，2019 年、2020 年提交的申请量分别达到 5. 899 万件、6. 872 万件，继续两年保持第一的地位①。但不可否认的是，我国专利转化程度弱、对产业的附加值提升贡献小。

（二）节能环保水平需要进一步提升

我国经济发展中对环境的污染比较严重。以单位 GDP 二氧化碳排放量（千克/2011 年 PPP 美元 GDP）为例，虽然我国从 1990 年的 1. 51 下降到 2016 年的 0. 53，但其他国家也在不断下降，同期世界平均水平从 0. 44 降至 0. 29（见图 1），远低于我国。

从能源消耗看，我国 GDP 单位能源使用量（购买力平价美元/千克石油当量）即能源利用水平从 1990 年的 1. 281 提高到 2014 年的 5. 611，不断进

---

① 研发强度数据来自 OECD，https：//stats. oecd. org/Index. aspx? DataSetCode = MSTI_PUB #，2021-06-14，1991 年为能够获得的最早年份的数据（其中韩国最早年份的数据为 1995 年）；专利申请数据，根据 https：//www. wipo. int/pct/zh/activity/网站整理。

步。但是该指标低于高收入国家、中等收入国家及最不发达国家，也低于世界平均水平（见图2）。

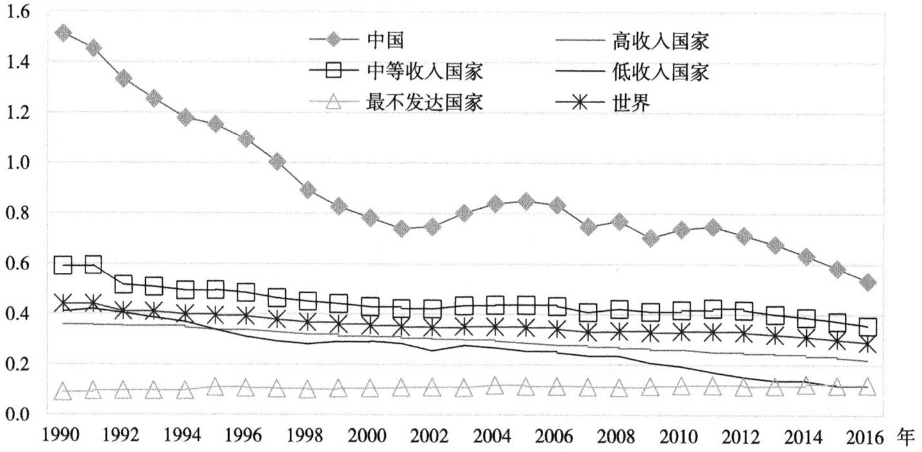

图1 我国与不同类型国家二氧化碳排放量（千克/2011 年 PPP 美元 GDP）

注：1990 年为能够获得的最早年份的数据，2016 年为能够获得的最新数据。

资料来源：World Bank，https：//data. worldbank. org. cn/indicator/EN. ATM. CO2E. PP. GD，2021－05－25.

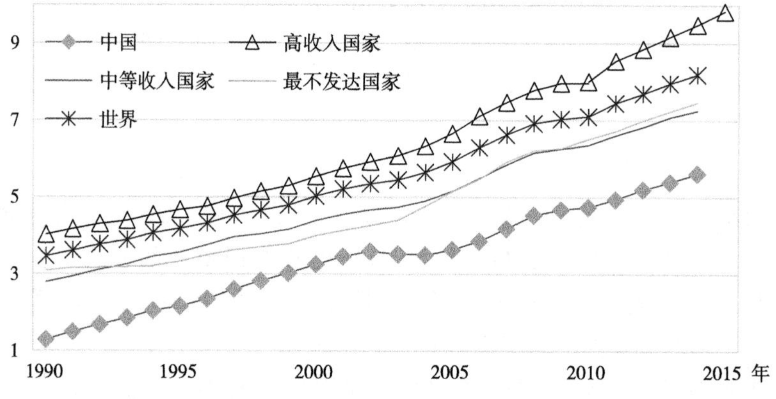

图2 我国与不同类型国家 GDP 单位能源使用量（购买力平价美元/千克石油当量）

注：GDP 单位能源消耗是指平均每千克石油当量的能源消耗所产生的按购买力平价计算的 GDP。按购买力平价（PPP）计算的 GDP 是指用购买力平价汇率转换为按现价国际元计算的国内生产总值。国际元对 GDP 的购买力相当于美元在美国的购买力。1990 年为能够获得的最早年份的数据。

资料来源：World Bank，https：//data. worldbank. org. cn/indicator/EG. GDP. PUSE. KO. PP，2021－05－25.

（三）收入分配差距较大

合理的居民收入差距有助于促进经济增长，但如果差距过大，将会带来一系列的经济和社会问题。自 2003 年以来，我国基尼系数分布在 0.462~0.490，均超过警戒线，居民收入分配差距过大问题长期存在（见图 3）。

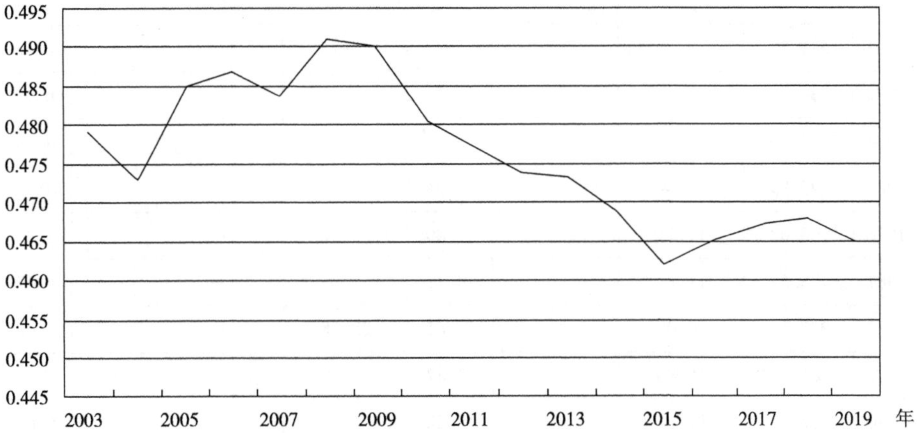

图 3　2003—2019 年我国基尼系数

注：目前《中国住户统计年鉴（2020）》中关于基尼系数最早年度的数据为 2003 年。

资料来源：国家统计局住户调查办公室：《中国住户统计年鉴（2020）》，中国统计出版社，2020 年版。

该问题与收入的初次分配有关，与税收的调节力度不够也有关系。目前个人所得税在税收总收入中的比重不足 7%，并且自 2018 年 10 月我国将基本费用扣除标准从 3 500 元提高到 5 000 元后，纳税人占城镇就业人员的比例由改革前的 44%下降至 15%①，加上没有开征房地产税，税收在再分配领域难以有效发挥调节作用（见表 2）。

---

① 全国人大常委会办公厅举行新闻发布会，个税纳税人占比将从 44%降至 15%［EB/OL］. www. npc. gov. cn/npc/c13335/201809/cb86a8a6ae4b498993c211eb9acb0c3b. shtml，2018-09-03.

表 2　我国税收收入总额及主要税种在总税收收入中的比重

年份	合计（亿元）	国内增值税（%）	国内消费税（%）	营业税（%）	企业所得税（%）	个人所得税（%）	资源税（%）	关税（%）
1978	—	—	—	—	—	—	—	5. 54
1979	—	—	—	—	—	—	—	4. 83
1980	—	—	—	—	—	—	—	5. 86
1981	—	—	—	—	—	—	—	8. 58
1982	519. 28	—	—	—	—	—	—	6. 78
1983	537. 82	—	—	—	—	—	—	6. 95
1984	571. 70	—	—	—	—	—	—	10. 88
1985	629. 89	7. 24	—	10. 34	34. 11	—	—	10. 06
1986	700. 02	11. 11	—	12. 49	33. 12	—	—	7. 25
1987	775. 59	11. 88	—	14. 11	31. 06	—	—	6. 67
1988	947. 35	16. 08	—	16. 65	28. 28	—	—	6. 48
1989	2 040. 79	15. 80	—	17. 87	25. 68	—	—	6. 66
1990	2 090. 73	14. 18	—	18. 28	25. 37	—	—	5. 63
1991	2 140. 36	13. 59	—	18. 86	24. 45	—	—	6. 26
1992	2 390. 47	21. 41	—	19. 98	21. 86	—	1. 00	6. 45
1993	2 727. 40	25. 41	—	22. 70	15. 95	—	0. 94	6. 03
1994	2 821. 86	45. 02	9. 51	13. 07	13. 82	—	1. 63	5. 32
1995	2 990. 17	43. 10	8. 97	14. 34	14. 55	—	1. 87	4. 83
1996	3 296. 91	42. 88	8. 98	15. 23	14. 02	—	1. 74	4. 37
1997	4 255. 30	39. 88	8. 24	16. 08	11. 70	—	1. 33	3. 88
1998	5 126. 88	39. 17	8. 80	17. 00	9. 99	—	1. 21	3. 38
1999	6 038. 04	36. 34	7. 68	15. 62	7. 60	3. 87	1. 04	5. 26
2000	6 909. 82	36. 19	6. 82	14. 85	7. 95	5. 24	0. 92	5. 96
2001	8 234. 04	35. 01	6. 08	13. 49	17. 19	6. 50	0. 82	5. 49
2002	9 262. 80	35. 03	5. 93	13. 89	17. 48	6. 87	0. 81	3. 99
2003	10 682. 58	36. 15	5. 91	14. 21	14. 58	7. 08	0. 78	4. 61
2004	12 581. 51	37. 32	6. 22	14. 82	16. 38	7. 19	0. 79	4. 32

续表

年份	合计（亿元）	国内增值税（%）	国内消费税（%）	营业税（%）	企业所得税（%）	个人所得税（%）	资源税（%）	关税（%）
2005	15 301. 38	37. 50	5. 68	14. 71	18. 57	7. 28	0. 93	3. 70
2006	17 636. 45	36. 73	5. 42	14. 74	20. 23	7. 05	1. 17	3. 28
2007	20 017. 31	33. 91	4. 84	14. 43	19. 24	6. 98	1. 30	3. 14
2008	24 165. 68	33. 19	4. 74	14. 06	20. 61	6. 86	1. 25	3. 26
2009	28 778. 54	31. 05	8. 00	15. 14	19. 38	6. 64	1. 18	2. 49
2010	34 804. 35	28. 81	8. 29	15. 24	17. 54	6. 61	1. 20	2. 77
2011	45 621. 97	27. 04	7. 73	15. 24	18. 69	6. 75	1. 31	2. 85
2012	54 223. 79	26. 25	7. 83	15. 65	19. 53	5. 78	1. 67	2. 77
2013	59 521. 59	26. 07	7. 45	15. 59	20. 29	5. 91	1. 69	2. 38
2014	73 210. 79	25. 89	7. 47	14. 92	20. 68	6. 19	1. 48	2. 39
2015	89 738. 39	24. 90	8. 44	15. 46	21. 72	6. 90	1. 15	2. 05
2016	100 614. 28	31. 23	7. 84	8. 82	22. 13	7. 74	0. 95	2. 00
2017	110 530. 70	39. 05	7. 08	—	22. 25	8. 29	1. 22	2. 08
2018	119 175. 31	39. 34	6. 80	—	22. 59	8. 87	1. 37	1. 82
2019	124 922. 20	39. 46	7. 95	—	23. 61	6. 57	1. 46	1. 83

资料来源：资源税来自《中国税务年鉴（2020）》，中国税务出版社，2020 年版；合计及其他税来自《中国统计年鉴（2020）》，中国统计出版社，2020 年版。

（四）人口老龄化问题严重

1982 年，我国 0～14 岁人口占总人口的比重为 33. 6%，之后从 2006 年起下降到不足 20%，2013 年为 16. 4%，降至改革开放以来的最低点，之后缓慢回升，徘徊在 16. 5%～16. 9%。出现这种情况，与我国分别于 2014 年、2016 年实行“单独两孩”和“全面两孩”政策有关。两项政策实行后，我国的人口出生率和人口自然增长率仅出现了小幅回升，但随后再次进入下降轨道，在低水平徘徊。第七次人口普查结果显示，2020 年中国育龄妇女总和生育率为 1. 3，已处于较低水平。1982 年，我国 65 岁以上人口占比为 4. 9%，之后逐步上升，20 世纪 90 年代处于 6. 0%～6. 9%，21 世纪前 10 年处于 7. 0%～

8.9%，2011—2019年处于9.1%~12.6%[①]，人口老龄化趋势明显。人口老龄化不仅会影响劳动力供给，也会影响消费需求，对经济的负面影响比较大，必须及早设计应对办法。

（五）面临新冠肺炎疫情及贸易摩擦的冲击

近年来，全球经济下行，贸易与资本流动减少。首先，贸易发展受阻。2019年，受贸易摩擦的影响，全球货物贸易出口额下降2.76%，2020年受新冠肺炎疫情的影响继续下降7.36%[②]。一些国家贸易保护主义抬头，全球价值链的正常运转受阻。其次，国际资本流动变缓。联合国贸发会议（UNCTAD）数据显示，2019年全球外国直接投资（FDI）为1.5万亿美元，2020年为8 590亿美元，下降幅度达42%，比2009年全球金融危机后的低谷时期还低30%，回到了20世纪90年代的水平。预计2021年全球FDI仍将继续处于低迷水平，下滑幅度在5%~10%[③]。面对复杂的国际形势以及新冠肺炎疫情的严重影响，党的十九届五中全会将“双循环”列入2035年的远景目标，提出“加快构建以国内大循环为主体、国内国际双循环相互促进的新发展格局”。

五、“十四五”时期我国税制改革展望

《纲要》设定了“十四五”时期我国经济社会发展的六项主要目标，是设计该时期税制改革思路的重要依据。六项目标分别是：经济发展取得新成效，改革开放迈出新步伐，社会文明程度得到新提高，生态文明建设实现新进步，民生福祉达到新水平，国家治理效能得到新提升。其中，除“社会文明程度得到新提高”目标之外，税收可以在推动其他五个目标的实现中发挥重要作用。《纲要》提出“十四五”时期我国要“建立现代税收制度”，并提出了一些税种的改革方向。税制改革服从并服务于经济社会发展目标，二者的关系以及税制改革的具体内容见表3。

---

① 国家统计局．中国统计年鉴（2020）［M］．北京：中国统计出版社，2020. 1982年为能够获取的最早年份的数据。

② UNCTAD STAT，https：//unctadstat. unctad. org/wds/TableViewer/tableView. aspx？ ReportId = 102.

③ UNCTAD. Global Investment Trend Monitor，No. 38［EB/OL］. https：//unctad. org/webflyer/global-investment-trend-monitor-no-38.

表 3　“十四五”时期我国经济社会发展的主要目标、税制改革目标及内容

经济社会发展主要目标	税制改革目标	“建立现代税收制度”包含的具体内容	
经济发展取得新成效	服务于推动经济发展	**聚焦支持稳定制造业、巩固产业链供应链，进一步优化增值税制度；改革企业所得税**，促进企业提高创新水平→在质量效益明显提升的基础上实现经济持续健康发展	国内税制改革
生态文明建设实现新进步	服务于推进生态文明建设	**调整优化消费税征收范围和税率，推进征收环节后移并稳步下划地方**；同时完善资源税、环境保护税→推动生产生活方式绿色转型，能源资源配置更加合理、利用效率大幅提高	
民生福祉达到新水平	服务于提高人民福祉	**优化税制结构，健全直接税体系，适当提高直接税比重；推进房地产税立法**→改善分配结构、缩小收入分配差距	
改革开放迈出新步伐	服务于提高改革开放水平	消除本国税制中（关税、出口退税）阻碍货物及资本流动的障碍；加强国际税收合作以消除国际重复征税及双重不征税现象→建立更高水平开放型经济新体制	国内税制改革+国际税收合作
国家治理效能得到新提升	服务于提升国家治理效能	**深化税收征管制度改革，建设智慧税务，推动税收征管现代化**→提升税收行政效率和公信力	税收征管改革

注：黑体部分为《纲要》中提出的税制改革的具体内容。

（一）运用税收推动创新，促进产业结构升级

1. 建设现代型增值税

优化产业结构需要保持社会再生产不同环节，以及国内各个产业、部门、区域之间的畅通。目前，我国国内货物与劳务销售适用的增值税税率档次尚有三档，不能完全解决重复征税问题；为了推行“营改增”试点推出的过渡性税收优惠、特定行业加计抵免的规定仍然存在，不符合增值税的“中性”原理。未来我国应继续简并增值税税率档次，全面清理过渡性减免税优惠，逐步取消特定行业加计扣除抵免的规定。这不仅有利于降低企业遵从成本，也有利于保持增值税链条的畅通。

2. 提高企业所得税激励创新的力度

创新具有外溢性、风险性。提高研发强度，除了企业自身的努力外，还需要政府运用财税手段进行支持。与世界上的创新强国相比，我国税收优惠

力度（激励企业创新的税收优惠占 GDP 的比重）较低（见图 4），需要进一步提高加计扣除比例、降低企业所得税税率。以税收优惠推动企业提高创新水平，进而推动产业结构升级。

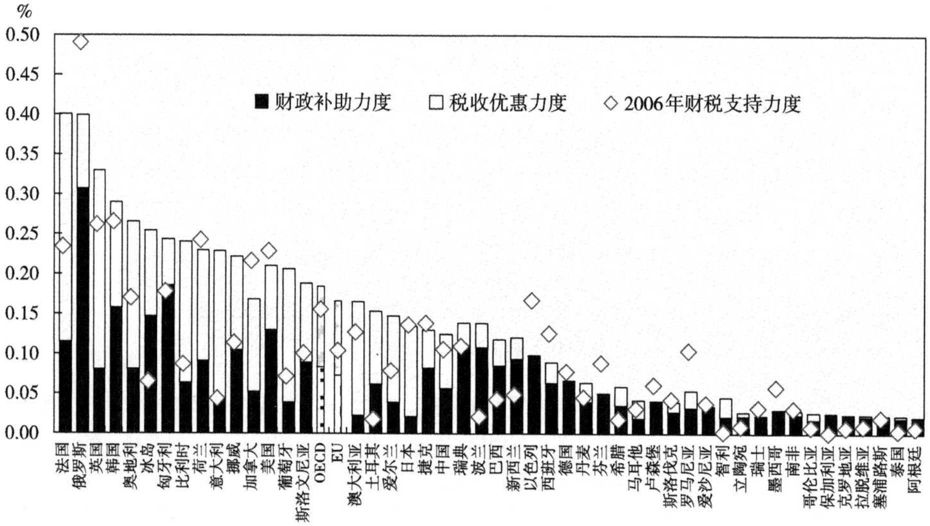

图 4　2018 年一些国家激励企业研发的税收优惠力度与财政补助力度以及 2006 年的财税支持力度

注：本图意在比较不同时期不同国家的财税支持力度，大部分国家是 2018 年、2006 年的数据，但有部分国家数据的年份不同。其中："财政补助力度""税收优惠力度"指标中，法国、比利时、澳大利亚、中国、巴西、瑞士、南非、泰国、阿根廷均为 2017 年数据，美国、罗马尼亚为 2016 年数据，其他国家为 2018 年数据。"2006 年财税支持力度"指标中，韩国、丹麦、智利、克罗地亚均为 2007 年数据，瑞士为 2008 年数据，马耳他为 2009 年数据，俄罗斯、希腊均为 2010 年数据，南非为 2012 年数据，荷兰为 2013 年数据，英国、泰国均为 2014 年数据，其他国家为 2006 年数据。

资料来源：OECD，Direct government funding and government tax support for business R&D，2018 and 2006 as a percentage of GDP，http：//www. oecd. org/tax/tax-policy/corporate-tax-statistics-database. htm，2021-03.

（二）运用税收推动节能环保水平

1. 消费税

（1）提高部分税目的税额并调整征税范围。目前，我国消费税意在限制消费、促进生态环境好转的税目包括：卷烟、成品油、小汽车、酒、鞭炮焰火、摩托车、木制一次性筷子、实木地板、电池、涂料等，其中前 4 个税目的税收收入占全部消费税收入的比重非常高，而其他税目的占比很低，难以发挥调节作用，应提高这些税目的税额。另外，逐步将一次性餐盒、塑料袋、含糖量高的饮料等纳入消费税的征税范围。

(2) 后移消费税征税环节并下放给地方。我国现有的15个消费税税目中，仅有1个税目（卷烟）在批发环节征收，3个税目（贵重首饰及珠宝玉石、高档手表、小汽车税目下的超豪华小汽车）在零售环节征收，其他税目均在生产、进口、委托加工环节征收。将征税环节后移至零售并下放给地方，可以促使地方政府从吸引更多消费品生产企业来本地从事生产经营转向提升本地消费环境，避免出现保护主义与市场分割，也可以增加地方税收入。但下移会对地方财力造成影响，有可能出现地区间的不均衡；与生产环节相比，消费环节税收更不易于监管，从而对税收管理提出更高的要求。《纲要》提出我国"稳步推进征收环节后移并稳步下划地方"，我国应在综合考虑各项因素的基础上，分步骤确定下移税目。

2. 资源税

我国资源税在税收收入总额中占比很小，最高的1995年占比1.87%，最近年份不超过1.5%，难以发挥有效的调节作用。另外，现行资源税征税范围较窄，客观上鼓励市场主体尽可能用非应税资源替代应税资源，应税资源被过度使用，市场主体的决策行为被扭曲。未来我国走可持续发展之路，必须扩大资源税的征税范围，将再生周期较长的自然资源例如森林、海洋、滩涂、草地等，以及不可再生资源纳入征税范围中。

3. 环境保护税

目前，我国只对4种应税污染物征税，范围较窄，今后应将二氧化碳、对人体危害较大的挥发性有机物等纳入环境保护税的征税范围。现行税法中各税目的征收标准与原排污费基本一致，有些标准（如《中华人民共和国应税污染物和当量值表》）已经实行了多年，情况已经发生了很大变化，需要进行调整。

（三）发挥税收调节收入分配的作用

1. 完善个人所得税

(1) 进一步提高个人所得税的公平程度。目前，我国实行的是混合税制，除工薪所得等四项所得外，对其他类别的所得实行分项征收，不能全面反映一个人的纳税能力；未充分考虑特定类型的所得例如稿酬所得的特点，不能真实反映特定类型纳税人的纳税能力。为提高个人所得税的公平程度，未来我国应该：第一，合理扩大纳入综合征税的所得范围，更加全面地反映纳税人的纳税能力，避免出现纳税人之间因收入类型不同而税负不同的问题。第二，允许稿酬在一定期限内平均。稿酬受个人创作周期影响，年度间波动较大。为此，英国、澳大利亚等国允许稿酬在几年之内平均。我国应借鉴这些国家的经验，根据平均之后的收入数额计算税额，更真实地反映纳税人的纳税能力。纳税人“不患寡而患不均”，这些提高税负公平程度的举措，有利于提高纳税人的遵从度，从长期看有利于增加税收收入。

（2）进一步降低中低收入群体税负。第一，适当降低中低收入群体适用的税率、扩大适用低税率所得的级距范围。第二，引入劳动所得税收抵免，对应纳税额低于劳动所得抵免的纳税人给予退税。目前，美国、英国、韩国等均有该类抵免，其实质是以一个人是否有勤劳所得为依据来确定是否对其给予补助，可以起到鼓励人们积极就业、减少贫困、调节收入差距的作用。

2. 开征房地产税

随着经济的发展，我国居民家庭资产逐步增加。2019 年 10 月，中国人民银行调查统计司城镇居民家庭资产负债调查课题组，调查了我国 30 个省、市、自治区共 3 万余户城镇居民家庭的资产负债情况，结果显示城镇居民家庭户均总资产为 317. 9 万元，户均实物资产为 253. 0 万元，但分布不均衡。首先，从资产类型看，户均住房资产 187. 8 万元，占户均家庭总资产的 59. 1%，户均实物资产的 74. 2%。户均住房资产占比如此之高，说明住房已经远超出居住功能。这些资产目前还游离在税制体系之外，是房地产税的潜在税基，对其征税可以增加税收收入。其次，从家庭结构看，按所拥有家庭资产数额的高低分为 6 组，最低 20%家庭所拥有的资产占总家庭资产的比重为 2. 6%，而最高 20%家庭所拥有的资产占总家庭资产的比重为 63. 0%[15]。资产分布如此不均衡，说明家庭间的收入差距大，需要运用税收进行调节。

（四）消除影响货物、资本流动的税制障碍，加强国际税收合作

1. 消除影响货物、资本流动的税制障碍

（1）促进对外贸易的进一步发展。今后我国应根据经济形势发展需要，进一步调整关税税率结构，并及时调整享受优惠的产品目录，发挥关税促进国内产业升级的作用。我国要与 WTO 主要成员开展对话和合作，进一步完善多边机制，消除非关税壁垒，提升全球货物贸易效率。我国还要进一步推动最不发达国家的能力建设，建立和完善享受零关税待遇的产品毕业（一旦某个国家的某种产品在我国市场具有较强竞争力，则不允许该产品继续享受零

关税待遇)、国家毕业机制（一旦某个国家发展到一定水平，例如，人均国民收入达到某一数额，则不允许其继续享受零关税待遇)。出口退税方面，进一步提升税务机关的服务意识，加快退税速度。

(2) 促进资本的国际流动。今后我国应继续改善营商环境，尤其是改善税务营商环境，吸引资本流入。鉴于目前绝大部分经济合作与发展组织（OECD）国家，以及俄罗斯、马来西亚、泰国、印度、斯里兰卡等国均在实行“参与免税”，我国也可考虑将在海南自由贸易港实行的“参与免税”扩大到全国，降低我国境外投资企业的税负，促进对外投资的发展。

2. 加强国际税收合作

(1) 代表发展中国家发声。近年来，我国国际地位不断提升，在国际税收领域的话语权、影响力不断增强。习近平在金砖国家领导人第八次会晤中的讲话《坚定信心　共谋发展》中指出：“我们要继续做全球治理变革进程的参与者、推动者、引领者……继续提升新兴市场国家和发展中国家代表性和发言权，继续做国际和平事业的捍卫者……推动构建合作共赢的新型国际关系。”今后我国应在国际税收治理中代表发展中国家发声，实现国际税收的协同共治。

(2) 履行多边公约规定的义务并积极推动税基侵蚀和利润转移（BEPS）成果在国内的落地。2008 年国际金融危机发生后，许多国家认识到正是国际税收规则存在漏洞才使跨国公司有了避税的机会，为此 2012 年二十国集团（G20）领导人委托经济合作与发展组织研究税基侵蚀和利润转移（BEPS）问题，并在此基础上修改国际税收规则，进一步加强全球税收合作。今后我国应根据《税基侵蚀和利润转移多边公约》修订及谈签税收协定，履行《多边税收征管互助公约》《金融账户涉税信息自动交换多边主管当局间协议》规定的信息提供及交换义务；应密切关注世界经济走向与国际税收发展趋势，择机推动税基侵蚀和利润转移成果在国内的进一步转化落地。

(3) 继续积极参与国际税收规则的制定。目前国际税收规则处于重塑过程之中。例如，为了应对数字经济带来的税收挑战，以及解决好遗留的税基侵蚀和利润转移问题，经济合作与发展组织、二十国集团、税基侵蚀和利润转移包容性框架①，提出了一项以“全球反税基侵蚀”（GloBE）为主题的

---

① BEPS 行动计划包容性框架建立于 2016 年，现有成员 140 个。各成员平等参与 BEPS 行动计划相关标准的制定，并监督审视 BEPS 行动计划的执行。该组织网址：https://www.oecd.org/tax/beps/about/.

“支柱二”方案，通过设定全球“最低税率”确保跨国企业支付最低水平的税收，国际税收由“税收管辖权协调”向“税负协调”方向转变。2021年7月9日至10日，二十国集团财政部长和央行行长第三次会议召开。会后发布的公报称，会议就“更稳定、更公平的国际税收框架达成了历史性协议”，呼吁包容性框架快速解决后续问题，并在2021年10月的下次财长会议召开之前在商定的框架内完成“双支柱”具体实施方案的设计。在此之前，我国可以向经济合作与发展组织提建议，积极推动达成全球性、共识性的长期解决方案，建立更加公平高效的全球税收治理体系。

（4）帮助发展中国家完善税制与提升税收征管能力。我国增值税改革积累了丰富的经验，为世界增值税改革提供了“中国样本”①，可以供发展中国家参考，帮助发展中国家完善税制。另外，我国可通过“一带一路”税务学院与沿线国家（地区）分享现代化税收征管能力建设的经验并对其进行培训，为发展中国家提供税收征管援助，帮助其提高信息化水平，充分发挥“一带一路”税收征管能力促进联盟的作用。

（五）深化税收征管服务改革，提升国家税收治理效能

目前，新技术、新业态不断涌现，纳税人的法律意识、权利意识不断增强，要求税务部门不断提高税收征管与服务水平。税务部门应依托现代信息技术，在共同分担社会责任的基础上实现与其他政府部门及企业的协同共治。首先，加强政府部门之间的合作。目前，加拿大、爱沙尼亚等推出“告知一次”（Tell-Us-Once）制度，纳税人的信息在一个部门提供之后，不会再有其他政府部门要求提供，降低了纳税人的遵从成本②。部门间分享信息，不仅有利于税务机关提升征管与服务水平，也有利于其他部门履行职能，从而推动政府整体行政效率的提升。其次，加强与电子商务平台、共享经济平台的合作，要求其提供数据，履行代扣代缴义务。最后，税务部门必须加强数据的整合与加工工作，充分挖掘所获数据的价值，实现纳税人信息的全面归集。这不仅有利于识别未申报的纳税人，提醒督促其申报纳税，也有利于通过预先填写纳税申报表降低纳税人的遵从难度，提高服务能力。

---

① 2017年4月，国家税务总局局长王军在OECD第4届增值税全球论坛上发表主旨演讲，题目为《营改增：增值税改革的中国样本与经验》。“中国样本”出自于此。

② DIGITALCANADA. British Columbia OrgBook-“Tell Us Once” via Blockchain and Self-Sovereign Identity［EB/OL］. https：//digitalcanada. io/bc-orgbook-tell-us-once/，2019-06-11.

参考文献：

［1］张守文．税制变迁与税收法治：现代化［J］．中国社会科学，2015（2）．

［2］谢旭人．中国财政 60 年：上卷［M］．北京：经济科学出版社，2009.

［3］郑榕，王洋，胡筱．烟草税：理论、制度设计与政策［J］．财经智库，2016（6）．

［4］楼继伟．个税 1600 元起征工薪阶层纳税面降到 26%［EB/OL］. news. sohu. com/20051027/n227320140. shtml，2005-10-27.

［5］谢旭人．关于《中华人民共和国个人所得税法修正案（草案）》的说明［EB/OL］. www. npc. gov. cn/wxzl/gongbao/2008-02/24/content_1462414. htm，2008-02-24.

［6］谢旭人．关于《中华人民共和国个人所得税法修正案（草案）》的说明［EB/OL］. www. npc. gov. cn/wxzl/gongbao/2011-09/15/content_1671764. htm，2011-09-15.

［7］李先念．李先念文选（1935—1988）［M］．北京：人民出版社，1989.

［8］王军．以习近平新时代中国特色社会主义思想为指导，奋力开创高质量推进新时代税收现代化新局面［J］．时事报告，2019（1）．

［9］财政部．关于 2018 年中央和地方预算执行情况与 2019 年中央和地方预算草案的报告［R］. www. gov. cn/xinwen/2019-03/17/content_5374492. htm，2019-03-17.

［10］财政部．关于 2019 年中央和地方预算执行情况与 2020 年中央和地方预算草案的报告［R］. www. gov. cn/xinwen/2020-05/30/content_5516231. htm，2020-05-30.

［11］财政部．关于 2020 年中央和地方预算执行情况与 2021 年中央和地方预算草案的报告［R］. www. gov. cn/xinwen/2021-03/13/content_5592780. htm，2021-03-13.

［12］郭宏德．我国增值税的引进与发展：上［J］．涉外税务，1994（4）．

［13］李万甫，黄立新．印度增值税改革［M］．北京：中国税务出版社，2018.

［14］刘鹤．加快构建以国内大循环为主、双循环相互促进新发展格局［N］．人民日报，2020-11-25.

［15］课题组．2019 年中国城镇居民家庭资产负债情况调查［EB/OL］. https：//baijiahao. baidu. com/s？ id=1664830535681198027&wfr=spider&for=pc，2020-04-24.

金融扎根、与人民一体和国家能力源泉
——北海银行低利贷款的启示

魏　建
山东大学

摘要：中国共产党成功地将山东由影响力薄弱区域发展成为夺取全国胜利的中流砥柱，其中北海银行低利贷款的贡献与经验值得总结。以贫雇农为对象的低利贷款，以其民主运作的方式和符合经济规律的特点，不仅较为成功地改善了贫雇农的政治、经济、社会状况，提高了社会生产水平，而且生动地向社会底层展现了共产党的政权本质，成为共产党实现金融扎根、与人民融为一体的利器。北海银行扎根于人民，获取力量于人民，展现出国家能力的本质源泉在于人民。只要各种细分能力基于人民利益而展开，社会主义现代化强国的国家能力建设就能蒸蒸日上。

关键词：北海银行　低利贷款　金融扎根　人民本位　国家能力

一、引言

山东革命根据地是中国共产党在抗日战争期间开辟的面积最大、人口最多的根据地，也是唯一的完整省区根据地。山东根据地战略地位十分重要，北接华北各根据地并辐射东北，南接华中根据地并俯瞰南京、上海等战略要地，因此得到了各方的高度重视，争夺也十分激烈。日寇先后多次进行扫荡，国民党对山东先是全面进攻，后是重点进攻，国共双方在山东展开了连番大战。

山东在抗日战争全面爆发前是共产党影响薄弱的区域。抗战前中国共产党在山东发展十分有限，到1935年时，山东省工委只有鲁西、胶东、苏鲁边三个特委和四个直属县委，1936年初有组织联系的党员只有500人[1]，影响力和民众的认同度都较小。当时的山东统治者韩复榘对共产党采取严厉打击

注：本文原载《管理世界》2021年第5期。

政策，先后三次破坏了中共山东省委，导致中共山东省委停顿工作两年多。1936 年，中共北方局决定派黎玉到山东恢复与重建山东省委组织，黎玉经过艰苦努力于 5 月在济南召开山东省委重建后的第一次会议，开始有效地推进各项工作。到 1937 年 7 月，下属有鲁西北、鲁西特委、胶东工委以及 7 个直属县委或工委，党员共有 2 000 多名[2]。

经过抗日战争的磨炼，山东根据地迅速壮大，抗战结束时，山东解放区和冀鲁豫解放区所属山东诸县，人口共 3 500 万人，占全国抗日民主根据地总人口的 1/3；军队有 33 万人，占全国人民军队总数的 1/4。共产党员 30 万人，占全国党员总数的 1/4[3]。山东根据地成为中国共产党控制的最大区域和力量。为抢先接收东北，山东从海陆两路先后派出 6.7 万部队，约占当时派往东北主力部队的 60%，地方干部 6 000 余人，约占去东北干部 20 000 余人的 30%，对控制发展东北发挥了重大作用。后来东北野战军约有半数是在山东部队基础上发展起来的[4]。

壮大的山东根据地随后支撑了多场大战。先是 1946 年内战爆发后，围绕胶济线的争夺大战。进入 1947 年，国民党军将战火全面烧向山东。继年初鲁南大战和 2 月莱芜战役后，国民党军于 3 月间对山东展开重点进攻，战役接连不断，4 月蒙山、临蒙阻击战及泰安战役，5 月孟良崮战役，7 月南麻、临朐战役，10 月胶河战役，11 月莱阳战役。1947 年年底，中共在山东已经扭转了军事上的被动，转入战略反攻，在 1948 年上半年接连收复胶济线重镇周村、潍县等地。1948 年 9 月 24 日，顺利攻下济南。此后不久，临沂和烟台也相继解放，山东境内的战争基本结束。不过，随之进行的淮海战役和渡江战役依然需要山东解放区的财粮支持。淮海战役期间，山东出动 190 万民工，38 万辆小车，运送小米 4 500 万公斤，常备民工中 92%来自山东[5]，“豫鲁皖苏四省共筹措 4.8 亿公斤粮食，其中山东占到 2.26 亿公斤，战役实际用粮 2.15 亿公斤，山东 1.25 亿公斤，占到实用总数 58.1%”[6]，山东筹粮出工最多。

但是这些大战所需要的财粮远超出了山东根据地的负担能力。国民党军队的进攻和占领不仅抢夺了财粮，而且压缩了根据地的空间区域，1948 年春夏间，山东全省又普遍灾荒，农村财粮整体上趋于枯竭[7]。按照当时的测算，每 100 个农民只能供养 2 个脱产人员，即脱产比例最多不能超过 2%[8]。山东根据地当时人口 3 500 万人，至多可供养 70 万脱产人员。但山东境内的连番大战，已经使脱产人员远超出了 2%的比例。比如，1947 年大鲁南地区脱产人员有 58.5 万人，该地总人口 1 000 万人左右，脱产比例高达 5.85%，几乎是

2%警戒线的近3倍。但为确保战争需要，山东人民依然圆满地完成了征粮支前任务。

那么，从影响薄弱到百姓强有力的支持，共产党是如何在较短时间内建立起如此强大的政权体系的？是如何获得百姓的广泛支持和热烈拥护的？对于中国共产党获得政权原因的研究已经有很多，然而从金融角度的研究较少。关于根据地银行贷款的研究也并不是很多，代表性的有李金铮《论1938—1949年华北抗日根据地、解放区的农贷》，但该文是对农贷的概括性介绍，没有涉及农贷与政权建设能力的关系。北海银行是山东根据地的银行，从其诞生之日起就发放贷款支持生产，随后更是将农贷作为核心业务不断推进。北海银行的贷款业务始终扎根社会基层，坚持以低利服务于生产发展，在有效改善人民生活的同时，也为共产党政权赢得了拥护，与共产党的其他政策和制度一起为强大政权能力的形成奠定了基层基础。正是基于低利贷款，北海银行实现了成功的金融扎根。通过金融扎根等途径，共产党领导的抗日政权与人民融为一体，完成了由外在到内在的一体化，从人民的支持中获取了无穷的力量。

二、北海银行及其贷款发展历程

（一）北海银行的发展历程

1938年3月，共产党领导的抗日武装占领了掖县县城（今莱州），随后开始筹办银行。1938年12月，北海银行正式成立，但1939年1月日军逼近掖县县城，北海银行被迫暂时停办。1939年8月，在中共胶东区财委会的领导下北海银行在胶东莱阳重新建立。重建后的北海银行，发展十分迅速，胶东根据地各区先后都成立了支行。鉴于北海银行的成功，1940年10月，山东省战时工作推行委员会（以下简称“山东战工会”）把北海银行升级为山东抗日根据地银行，并在鲁中根据地成立北海银行总行，胶东原北海银行改为胶东分行。此前在1940年6月已经成立了清河分行，1942年先后成立了滨海分行、鲁南分行。北海币的流通范围向全省扩展，发行量也开始放大。

1941年12月，太平洋战争爆发，日寇随后在1942年初占领了上海租界，国民政府在上海租界的外汇市场因此关闭，使日寇不能再用法币换取美元、英镑，进而在国际市场上购买军需物资，日寇由吸纳法币转为排斥法币，法币成为日寇掠夺根据地物资的桥梁。1942年7月，山东战工会召开扩大金融会议，部署进行第一次货币战，要停用法币将之排挤出根据地。但第一次货币战只在胶东区取得了胜利，其他区域因为部署不力、措施软弱而失败。为扭转局面，再次部署展开了第二次货币战。在经济学家薛暮桥等领导下，自1943年6月滨海区、鲁中区、清河区先后开展了轰轰烈烈的停用法币运动。1944年2月，山东各个根据地基本上完成了停用法币任务。随后，在北海币名副其实地成为山东抗日根据地本位币后，建立全省统一北海币市场的工作提上了日程。1944年8月，滨海、鲁中、鲁南实现了北海币的统一发行和流通。1945年8月，日寇投降前北海币成功实现了全区统一流通。1945年年底，山东省108个县中共占领了94个，北海币基本统一了山东市场，该年已经累计发行20.88 927亿元[9]。

抗日战争胜利后，经过短暂的和平后内战爆发，山东区域先后经历了多番大战，随着战争的发展，共产党各个根据地在扩大的同时也相互连接在一起，不同根据地的货币要进行统一。1948年11月，山东解放区的北海币先后与华北解放区的冀南币、华中解放区的华中币实现了统一。1948年12月，华北银行、北海银行、西北农民银行合并成立中国人民银行，相应的北海币统一为人民币。1949年11月，北海银行改为中国人民银行山东省分行，历经11年曲折发展的北海银行完成了历史使命，退出了历史舞台。

（二）贷款政策发展历程

早期抗日政府主要通过成立贷款所的方式举办低利借贷，如莱芜县、泰山区、北海区、鲁南区都设立了贷款所，主要将贷款发放给贫苦农民和抗日军人家属（以下简称“抗属”）进行农业生产。北海银行在成立之初发放了10 000余元贷款。1942年后，随着北海银行覆盖了各个根据地，北海银行参与贷款，1943年各地贷款所先后由北海银行接收[10]，自此农贷工作由银行直接办理，各县相继成立了银行办事处负责发放农贷。不过，政府依然是贷款的主要责任主体，政府确定年度贷款总额、利率与各层级分配额度，由村政委员会民主讨论确定贷款对象，监督贷款的使用，督促按时归还贷款。贷款对象以贫苦农民、抗属为主，并特别强调贷款是扶助生产，不是救济。贷款利率为低利，明显区别于高利贷。

抗战胜利后，1946年春，农贷一度由北海银行转移给地方政府的实业部门，1946年秋又重新划回北海银行。随着形势的变化，北海银行的贷款业务有了新的拓展，种类日趋丰富，贷款越来越成为核心业务。一是农贷由春贷为主的季节性发放向多种贷款经常性发放发展，秋贷面向秋收秋种，冬贷面向手工业等副业。二是随着进入城市发展了城市贷款业务，尤其是面向城市失业百姓的贷款发展迅速。三是由货币贷款向实物贷款发展。由于战争等原因，物价处于急剧波动状态，货币贷款难以适应物价的快速变化，所以北海银行发展出了实物贷款，在山东各地建设粮仓，以小麦、大豆等为主发放粮食贷款。四是贷款由支持粮食生产发展到支持工业原材料生产。1948 年，山东全境解放后，城市和工业生产急需发展，从 1949 年开始农贷将鼓励支持工业原材料（特别是棉花、花生、麻、烟叶等）生产作为重要内容，到 1949 年春、夏贷款中对工业原材料的支持占比已经达到了 30%[9]。

（三）特色贷款

根据山东的物产特点与战争形势的需要，北海银行开发了三个特色贷款产品[11]。

1. 纺织贷款

1942 年北海银行在抗日根据地政府的要求下，发放专项贷款大力支持纺织业的发展。贷款采取多种方式，可以针对纺织机进行贷款，也对纺织合作社、纺织小组、纺织户进行贷款；可以是直接发放北海币，也可以是购买纺织机或者棉花后进行实物放贷。在贷款支持下，全省各个根据地掀起了纺织大生产运动。到 1947 年时，薛暮桥总结说：“就全省范围来讲，目前新产土布大体可以自给自足。”此后，纺织贷款重点向纺织合作社发放，即使贷给贫苦纺织户，也要求其将贷款投入纺织合作社中，由此进一步提高了纺织生产能力[12]。

2. 渔盐贷款

山东具有漫长的海岸线，鱼盐产出丰富，特别是盐，一直是根据地向外输出换取收入的重要物资，因此特别发展了面向渔民、盐民的贷款。尤其是针对渔民的贷款，有效地将渔民从渔行近乎高利贷的盘剥中解放出来，提高了贫困渔民生产的积极性，改善了贫困渔民的生活，得到了渔民的积极拥护。胶东是山东渔业最发达的地区，渔业贷款发展更为充分。1945 年，胶东分行总结其渔业贷款，有三个要点：一是以县为单位成立渔贷委员会领导和组织贷款工作；二是实物放贷，与渔业合作社或商店合作发放渔业生产资料，主要是防止渔民将贷款挪作他用；三是民主决定贷款对象，并且鼓励以贷款作为投资入股合作进行渔业生产。其他地区的渔业贷款大致采取了类似的做法。盐业贷款基本上采取同样的运作方式，帮助盐民购置生产资料，鼓励盐民合作进行生产。1942 年春到 1946 年春，胶东分行共发放了 5 400 多万元渔盐贷款。

3. 城市失业贫民贷款

抗战胜利后，山东军民接收了烟台、威海、德州、临沂等城市。1948 年战略反攻更是先后解放了山东境内的全部城市。这些城市被日伪、国民党军队占领期间百业凋敝，失业贫民众多①。针对失业贫民，北海银行将全力减少失业作为进入城市第一阶段的一个核心任务对待，及时组织发放了小额贷款，扶助他们从事小生意，协助稳定城市局面和市场。1945 年 8 月，烟台从日寇手中解放后不久，北海银行针对小手工业者、小商贩、摊贩等城市贫苦群众发放了 769 万元的小本贷款，及时稳定了就业、繁荣了市场。威海还专门针对失业旧商人发放了低利贷款。1948 年，潍坊、济南先后解放，北海银行立即组织进行小本贷款，对小手工业者、运输业者、小商贩等城市贫民进行贷款支持，组织他们进行劳动生产。仅 1948 年 11 月济南小本贷款就发放了 1.455 6 亿元，覆盖了 1 443 户。这不仅解决了贫民的生活困难，还保障了市场供应、稳定了社会经济秩序。

三、渗透扎根：贷款的组织与绩效

在当时的农村除了有高利贷存在以外，基本上属于金融服务的空白区域。“穷小子是取不到半文钱的，即便是能够东借西借的取得几文钱，也是受到高利贷的重利盘剥的”，北海银行的贷款在很大程度上填补了农村金融的空白，使北海币及其体现的共产党政策更深入渗透到百姓中，扎根于基层中，更加凸显了“救民于水火”的功能，更为百姓所拥戴。

（一）贷款对象的选择

北海银行是人民的银行，在贷款对象的选择上，自然将贫农与抗属作为优选对象，贫农处于农村社会的最底层，因此贷款直接进入社会的最基层，而这个深度是以前所有金融业务（不论是正规金融还是非正规金融）从未涉足的领域，并且在覆盖面上也是前所未有的。

1940 年 7 月，山东省临时参议会通过的《山东省战时实施纲领》提出“举办低利借贷”。当时有些地区成立了贷款所开展低利贷款，贷款对象主要是贫苦农民和抗属。1940 年的《大众日报》报道了胶东、莱芜、泰山等地举

---

① 当时的德州有 3 000 多工人失业，烟台则有 20 000 多工人失业。

办贷款所的情况。当时莱芜贷款所要求“贷款的对象是劳苦大众，即只有每人平均拥地仅在半亩（大亩）以下，且把款用在生产事业上的才能借贷，其中尤以贫困的抗属为主”。1942 年及以后农贷转为北海银行办理，依然坚持以贫雇农为主要贷款对象的政策，山东战工会还特别发布指令要求“切实严格保证贷款落于贫民之手，发挥其应有作用”。1943 年，北海银行发放春耕贷款“在地区上以边沿区、灾区及其他被敌抢掠破坏之地区为主，在户口上以无力耕种之贫苦农民为主”。1944 年，山东省行政工作会议进一步要求贷款对象是“有组织的群众”，鼓励群众组成互助组、变工队等合作组织以进一步提高生产能力。1945 年，胶东分行总结春贷时强调“着重照顾了抗工烈属、荣誉军人、贫苦农民”。1946 年春由实业部门发放农贷，渤海行署公告说“在贷款对象上，新老解放区以有组织的群众为限，一般应以贫、中农及贫苦抗属为主，个别富农在贷款的可能条件下亦可贷给”，省里也要求“在对象上，一般说首先应着重在贫农，贫农抗属烈属荣誉军人有优先权，贫苦村干与贫苦劳模亦应多予照顾，中农应占次要地位，至于富农一般可以不贷”。农贷业务重归北海银行后，1947 年关于农贷暂行办法要求“贷款的对象必须是有组织的基本群众——贷款一般只放给有组织的群众，主要是贫农、新中农（减租减息和土地还家后上升为中农的）以及中农，扶助他们生产发家，走吴满有方向，烈、军、工属等须按上述原则，才能给以适当照顾，贷给款项”。1948 年，北海银行全面检查过去的农贷工作，消除工作中出现的官僚主义、形式主义以及“富农主义”等错误，更加牢固地确立了“以雇贫农为主，巩固地联合中农，推动地富，改造懒汉二流子的生产路线”。1949 年，在坚持既有路线的基础上，还要求贷款配合各级政府改造与发展生产合作社，并强调对军烈工属的照顾是在同等条件下的照顾，不是无原则的。进入城市发放小本贷款时，也主要是面向城市的人力运输者、小手工业者、小商贩等具备生产能力的失业市民发放，明确提出“‘五鬼’不贷款的口号，即烟鬼、赌鬼、麻流鬼、二鬼子、捣乱鬼不贷款”。

自北海银行成立之时，贫雇农始终是其贷款的核心对象。胶东分行东海支行报告显示，1943 年的春耕贷款中发放给贫农的占比达到 80.94%，抗属占比 8.1%。北海支行报告显示，1943 年下半年低利贷款中贫农占比 81.58%。胶东分行对 1944 年春耕贷款的总结报告显示，贫农贷款额占比为 87.4%，抗属占比 19.21%。胶东分行报告 1945 年东海区春贷中“贫农和抗工烈属占总贷款户的 94%，中富农占 6%”[10]。1947 年，莱芜春贷中贫农占 87%，中农占 12.3%，富农占 0.7%[11]。1948 年，北海银行总结全省农贷工作时指出：

“其中雇贫农成份占 62. 81%，中农成份占 32. 51%，其他占 4. 27%。”[13] 渤海分行总结 1949 年春贷时指出“其中贷款对象计雇贫农占总贷户数的 64. 85%，中农占 34%，土改后参加劳动生产有实际困难的地富占 1. 15%。内中烈军工属占总贷户数的 18. 25%。”[9] 从这些数据可以清晰看出，贫雇农占了绝对的主导地位。

1939—1948 年，农业贷款占北海银行贷款总量的 83. 3%[9]，占据绝对的主导地位，说明北海银行的资金主要用在了扶助贫下中农的生产上。虽然受到战争等客观因素的制约，但北海银行也完全不负“农民银行”的实质，与国民党官办资本的银行有着本质的区别。

（二）贷款的组织过程

将贷款主要发放给贫雇农，面临的现实问题就是“如何确保贷款的偿还”。贫雇农处于农村最底层，即使减租减息、土地改革之后拥有了土地，也没有多少经济实力。“一谈到贷款，首先就问你能还得起吗？这一问就吓的贫雇农不敢提。”北海银行将贷款的目标对象确定为具备生产能力但缺少生产资本的贫雇农，那么如何将这些农民识别出来并确保贷款被用于生产用途，而不是消费甚至赌博等非生产用途呢？尽管在现实操作中，一部分贷款确实没有被正确贷放和使用，但是北海银行通过坚持两个原则，较为成功地解决了贷款中的目标对象选择和回收难题：一是贷款的民主主义；二是贷款的生产主义。

1. 贷款的民主主义原则

1944 年，北海银行就探索出了贷款的基本模式：在政府逐级确定每个村的贷款额度后，贷款工作小组进入村庄，“召开村民大会宣传解释贷款的意义与对象用途，使群众真正了解贷款是扶助有生产力而无生产资本的；公民小组讨论登记并评议谁应贷谁不应贷；再经村政委员会评议，配合村、区干部、贷款员讨论核批，贷款员再挨户审查贷款及办理手续”。“采用民主方式批款，群众、干部都很满意，群众反映民主啦，贷款也咱说算；村干部则说咱也不背黑锅。”

民主放贷的范围和具体方式，随着形势的发展而有所发展。1948 年，为进一步推动将贷款投放到贫雇农手中，北海银行鲁南分行发展出了“三岔对案”的典型做法。第一步，贷款工作组入村深入访穷，掌握村庄中农民的基本情况，了解农民中谁家急需改善生活；第二步，召集贫雇农大会，相互比较迫切程度，阐明生产计划，形成贫雇农的贷放方案；第三步，召开全体村干部会议，村干部提出他们的方案。最后，比较贫雇农方案和村干部方案再公开讨论，形成最终方案。在这个基础上，以“贫雇农小组为主结合中农讨论决定贷款发放对象”就成为基本准则，贷款对象的确定更加民主。

民主决定贷款首先是明示贷款对象——具有生产能力但缺少生产资本的贫雇农是贷款的目标对象。对于每个农户和农民的生产能力情况，村内百姓相互之间具有充分信息。经过民主讨论、相互比较、公开论证，对于村内每个个体的生产能力具有较为充分信息的村民们能够将最需要贷款改变生活状况，同时又具备改善能力的贫雇农筛选出来。一方面，如果选择不公平、不真实会遭到村民的质疑和挑战；另一方面，村干部也具有监督与纠错作用。同样，当贷款不被正确使用时，以民主的方式，不仅能够及时准确地发现不当使用，而且能使借款人声誉受损。可以说，民主方式完全符合传统“熟人社会”的特征，也符合战时要求。这样做能够将游手好闲的人排除在外，从根本上确保贷款确实用于生产，而不是消费与赌博，也确保了贷款的安全。民主决策使更多的村民了解了贷款的本质，扩大了抗日政权的影响力，也促使其为获得贷款改善家庭状况，而主动提高生产积极性，并主动向合作社、变工组等靠拢，村庄的生产能力与抗日政权的号召力显著同步提高。

城市贷款的发放也采取了同样的思路，也是通过群众路线筛选出具有生产能力的失业市民进行扶助。针对失业市民的小本贷款，首先是广泛进行贷款宣传，让市民了解北海银行的贷款与国民党银行的贷款有着本质不同，打消顾虑；然后深入调查发现市民中比较积极和公正诚实的人，发动他们自报贷款需求和生产计划，并面向社会公布看群众是否接受；最后也是最关键的一步，将贷款者组织在一起形成贷款小组，通过稳定住址、稳定职业、相互督促确保贷款按照用途使用和按期归还。

2. 贷款的生产主义原则

坚持和强调贷款必须用于生产，不是救济，不能用于消费（如婚丧嫁娶），更不能用于赌博浪费。在民主贷款选拔出最具生产能力的贷款者的基础上，北海银行发展了较为完善的制度安排以确保贷款的正确使用。一是要求贷款者制订生产计划，说明贷款的具体使用去向。特别是要求村干部和驻村干部要制订“按家计划”，贷款依照计划发放和使用。二是贷款者组成生产小组合作生产，相互监督，在保障生产顺利进行的同时保障了贷款的正确使用。如“三岔对案”例子中，八家贷款户组成了贩卖青菜、榨油打油两个生产组，很快就见到了效益。贷款发放过程中，提倡和强调合作组织优先贷放，主要是因为当时的农村多以农户单干为主要生产方式，由此形成的生产能力相对较低，耕牛、大型生产工具等更是普遍缺乏。合作生产有助于解决耕畜、生产工具以及劳动力等不足的状况，进而能够提高产出水平，所以促进合作生产一直是北海银行贷款支持的优先方向。三是一些地区还发展出了贷户家庭会议制度。当贷款户确定后，要求贷款户召开一次家庭会议，全家人进一步商讨生产计划，明确困难所在和克服办法。通过家庭会议，不仅激发了全家的生产激情，而且形成了家庭监督。特别是家庭女当家人的监督，农村妇女更节俭、更把负债看作是压力，从而督促全家加紧生产早日还贷。四是采取民主方式检查贷款的使用情况，“检查中发现用途不当的均加以处理，处理方式是召开村民大会讨论，征求群众意见，有的追回，有的保证今后再不赌钱等”。这些办法尽可能地保障了贷款的正确使用，在推动雇贫农全面提高家庭生产能力、改善生活的同时，也为贷款的回收提供了良好的保障。

民主决定贷款的发放与回收，通过深入发动群众获取贷款人信息和贷款使用信息，较为有效地解决了贷款使用、回收等过程中的信息不对称问题。这既是战时确保贷款安全的制度安排，实际上也是共产党群众路线在金融领域的一贯体现。1948 年渤海分行秋贷共贷出粮食 4 028 120 公斤，收回贷本 3 678 094 公斤，利息 435 540 公斤，贷本回收率达到 91%以上。北海银行总行报告 1948 年秋贷“益都、渤海收回数占贷出 97%以上”[13]，1949 年贷款回收情况为收回贷粮占应收贷粮的 70.4%，收回款占应收款的 95.15%[9]。

（三）贷款的经济、社会与政治绩效

在北海银行等抗日根据地银行之前的中国历史上，尚未有金融机构深入、广泛地进入农村地区为农民提供金融服务，特别是北海银行等集中向农村底层的贫雇农进行贷款更是前所未有。北海银行等抗日根据地银行从小到大的成长过程，也是推动农贷不断深入、覆盖面不断扩大的过程，由此在经济、社会、政治等层面产生了广泛的绩效。

1. 经济绩效

（1）农民收入上升。全面抗战爆发前后的山东农业是靠天吃饭，产出水平不高，百姓基本上都是挣扎在生死线上。给予挣扎在生死线上的农民以贷款支持能显著提高产出水平，改善他们的生活状况，使他们摆脱经常性的挨饿状况。1942 年，胶东东海支行向农民发放低利贷款 1 300 多万元，帮助解决肥料、种子、牲畜等困难，显著提高了农民开荒种地的积极性，产出几乎比上年增加一倍以上。1944 年，胶东分行东海支行总结提道：“农民经过贷款生产后，生活改善了。据统计，一般情形贷款一元，可赚三元。”东海区的文

登县以前缺衣少饭的人口约占 50%，讨饭吃的在 10%以上。经过贷款的扶助，1944 年上半年已经没有外出讨饭的农民，贫农已上升到中农生活，中农接近富农生活。渔民的生活也得以改善，得到贷款的渔民平均每人可收入 5 400 多元，年增加 50%。纺织放款使纺织户平均获利在 5 倍上下，收入改善最为显著、覆盖面最大的是纺织妇女[10]。滨海分行滨北支行 1947 年农贷总结提到"如果不是我们贷款帮助种上地，秋天就收不了粮食，贫民翻身就无法谈起。今春统计贷款贫农有 5 747 户，预计在秋收后，他们的生活都能得到改善，有的还可以上升为中农。"[11] 1948 年益都县贷放耕牛贷款，发动组织中农出钱，贫雇农贷款，搭伙采购。全区仅贷 20 头牛款，群众集资共计 396 头，结合群众资金在 2 000 万元以上。贷款解决了群众生产中缺乏畜力的困难，生产能力大为提高，全县增加种麦面积达万亩以上[13]。

（2）推动农业生产的产量和结构发生变化。贷款在微观层面上提高了贫雇农的生产积极性，在宏观层面上首先起到了全面提高农业总产出的作用，为支持抗战、解放战争都发挥了重要作用。1950—1952 年，山东省财政收入始终全国第一，与根据地经济建设打下的良好基础密切相关，北海银行在其中也发挥了相当的作用。其次是起到了推动农业生产结构适应战争等形势发展而改变的作用。如对纺织业的鼓励，主要是为了解决抗日根据地军民服装的自给需要、降低对洋布的需求。在根据地受封锁并与伪币、法币等展开货币战的情况下，北海银行一直将鼓励纺织生产作为重要的放贷政策。1948 年山东基本上解放，占据了大城市后，纺织工业生产能力逐步恢复和提高，纺织土布就显出成本较高、品质却不高的劣势，反而是对纺织工业原料——棉花的需求量上升。因此，从 1949 年开始北海银行将扶持棉花、花生、烟叶等工业原材料的生产作为农业贷款的重点。

（3）抑制高利贷。北海银行深入农村进行低利贷款，必然对农村一直存在的高利贷形成有效挤压。消除高利贷是共产党的一贯政策，1942 年以前抗日根据地的减息政策要求无论新债旧债一律减息至 1 分或 1.5 分。1942 年 5 月，山东省战时工作推动委员会颁布的《山东省借贷暂行条例》明确规定："政府银行及公营企业之贷款利率，年息不得超过 12%"，折合月息才 1 分。然而高利贷并不会自动消失，在严厉管制和打压下，要么转入地下、要么陷入信贷枯竭状态[14,15]。要真正消除高利贷，需要有北海银行等提供相应的金融服务。北海银行的贷款利率坚持低利，贷款员深入村庄，宣传贷款政策，发动村内贫雇农，寻找和确定合适的贷款对象，主动提供金融服务。这完全不同于高利贷，远优于高利贷。"很多的贫苦百姓通过贷款……体会到今天咱自己的银行贷款和过去向大肚子使钱（笔者注：即高利贷）的滋味不同，进一步认识了过去所受的剥削和压迫。”

高利贷是农民因为受灾等走投无路时的选择，社会学家认为，除了马上自杀，完全不做苟延生命的打算，农民在借债和不借债之间，是丝毫没有选择的自由和权利的。灾荒之年也是高利贷盛行之年，而一旦举借高利贷就意味着走上了不归路，“使了财主的钱，好比上贼船，利上又滚利，典儿卖女也还不完”[16]。共产党领导下的北海银行在灾荒之时加大贷款投放力度，尽力将受灾群众解救出来，使他们在灾荒之后免受高利贷之苦。1944 年，胶东分行专门为从敌占区逃难而来的难民发放贷款，用于组织其中女难民进行纺织生产。1948 年的胶东不仅因为之前国民党的进攻而遭受破坏，而且频发水灾、旱灾等灾害，为抗灾战荒北海银行共发放 1 001 万公斤贷款粮与 132 720 元北海币贷款。同年鲁南也遭受了大规模战争的破坏和严重灾荒，北海银行发放 4.7 亿元贷款，重点贷给灾荒严重地区[13]。不仅专门发放救灾贷款，北海银行还在灾荒后主动延期或者减免贷款，1944 年秋季胶东旱灾，北海银行对于遭受灾害的群众，“一般停收，由群众自由还款”“如要求转期，对无力偿还者可以转期”。低利贷款不仅解救受灾百姓于“水火之中”，而且不像高利贷那样苛刻追债，对于提高百姓对北海银行及其举办者共产党政权的拥护具有重要作用。

2. 社会绩效

低利贷款作为一个新生事物进入乡村，既有一个被农民认识接受的过程，也有一个逐渐使村庄社会结构等发生改变，从而使这些村庄具有不同于传统村庄新特征的过程。

首先，稳步提高底层群众的社会地位。贷款对象主要是贫雇农，贫雇农借助于贷款的支持，或者获取了原先难以得到的生产资料（如耕牛），或者与其他贫雇农结合从事由单个农户无法从事的经济活动（如纺布、榨油、运输、贩卖等），进而使贫雇农家庭的生产能力显著提高，获利能力增强。贷款对象基本上是那些具有较强的生产能力和愿望，但却缺乏生产资料的贫雇农，获得一次贷款能够使这些家庭实现一个历史性跳跃，从不具备有效的再生产能力进步到具备一定的再生产能力，从家庭产出达不到温饱到逐渐有所剩余。经济地位的改善，也相应地使贫雇农的底气更足，提高和巩固了他们在村庄中的话语权，提高了贫雇农在村庄中的社会地位。特别是在贷款对象中尤其注意了具有战略物资生产能力却没有生产资本的群体。如前所述，渔民、盐民、妇女等成为重要的贷款对象。鱼、盐能够为根据地换取外汇，妇女能够进行纺织生产。而这些群体基本上是被金融服务排除在外的社会底层群体。渔民受渔行盘剥，“过去渔民捕鱼无船无网，必须投渔行借船网，捕得的鱼都交渔行，待渔市完毕才酌给渔民几元钱……而且每年总有批弄不到船网的渔民失业”。盐民更是缺少开垦盐田的资本，不少盐民处于失业状态。妇女本来的社会地位就低，更缺乏话语权。然而，在贷款支持下，弱势群体的生产能力被激发出来，不仅生活显著改善，而且社会地位显著提高。

其次，推动农民的组织化水平上升。中国农民的组织化水平一直相对较低，与农业生产、传统社会构成特点密切相关。较高的原子化水平，再加上传统农村中农民基本上是围绕宗族或者士绅而组织，导致农民的革命性不足、动员难度相对较高。北海银行贷款的进入，在一定程度上提高了贷款村庄的农民围绕共产党进行组织与团结合作的积极性，突出表现在贷款投放和使用鼓励合作生产上。对于农民合作组织，如变工组、合作社等优先进行贷款支持。特别是对于合作社，北海银行还推动其向信用社方向发展。或者是委托合作社发放贷款（即将款项拨付给合作社由合作社对贷款对象进行实物或者货币贷款）①，或者是鼓励合作社利用自身资金（也包括北海银行的投入）对农民进行贷款投放。在贷款使用上更是鼓励农民之间进行合作，鼓励农民之间就劳动力、耕畜、运输工具、榨油等技能进行合作[17]。如前所述，之所以鼓励农民合作生产，主要的原因在于传统乡村基本上以农户家庭生产为主，而单一家庭的生产能力十分有限，只有合作生产才能撬动农户之间有限生产要素的再配置，才能突破单一家庭的生产约束。合作生产不仅能够较好地改善单一家庭生产困境，而且能够在合作过程中培养彼此之间的合作意识，有助于改善根深蒂固的“小农意识”。

最后，在贷款的扶助下助推村庄的社会结构发生改变。贷款的绝大部分投向了贫雇农，得到贷款扶助的贫雇农基本上顺利地按照生产计划使用贷款，获得了生产能力提高、生活境遇改善的结果，使贫雇农的经济地位不断上升。如 1944 年胶东分行东海支行报告显示：“海阳十三区宅山泊村，自抗日民主政府成立，经银行贷款帮助，各阶层经济与投降派秦玉堂统治时期比较，地主由 3 户降为 2 户，富农由 7 户增至 13 户，中农由 37 户增至 51 户，贫农由 55 户减为 38 户，雇农由 8 户减至 5 户，赤贫 5 户、乞丐 3 户均已改变了经济地位”[10]。贫雇农经济地位的改善与上升，不仅意味着他们的生产能力有了相应的提高，而且代表着他们在经济上话语权相应提高，整个村庄的社会结

---

① 渔业贷款基本上采取的是这种方式，主要是防止渔民将贷款用于消费。

构由原来的“金字塔型”向“纺锤型”进而“扁平型”方向发展，在经济和社会地位上降低了地主阶层的话语权、影响力。

3. 政治绩效

（1）与政治任务配合。北海银行是共产党在战争环境中建立的银行，共产党的政治路线是北海银行的基本遵循，也同样决定着北海银行的贷款方针，与政治任务进行紧密配合是北海银行的必然使命。始终以贫雇农为贷款主要对象是共产党政治路线的根本体现，并且在1948年进行了“三查三整”活动重新检视贷款是否坚持了贫雇农路线。与伪币、法币、假币等进行货币斗争，使用北海币进行贷款，不仅是扶助生产的体现，更是货币斗争的需要。通过贷款，抗日根据地更多贫雇农认识和信任了北海币，从而为北海币的最终胜利打下了群众基础。在战争中，贷款还具有安定人心、加速恢复生产的功能。如1947年国民党对山东根据地进行全面进攻，滨海分行滨北支行坚持贷款，群众见此纷纷说“八路军不行了还能帮咱打长谱种地？还能贷款给咱？”贷款安定了群众，消除了“变天”顾虑，使被抢掠、被欺骗的百姓更快地返家，开展生产弥补损失。这些工作有力地稳定了后方，并与国民党军队的烧杀抢掠形成了鲜明对比，提高了百姓对共产党的信心和拥护，支前和生产的积极性空前高涨。在土改全面展开后，有很多的农民得到了土地，但因缺乏资金和劳动力等原因，并不能顺利地进行生产，“没有牲口没有钱，地种不上”，甚至有的将土地送回农会。为此，北海银行1947年的贷款发放明确提出，要结合土改消灭赤贫发放贷款，将土改后分得土地的贫雇农作为最优先的贷款对象，帮助他们解决生产上的困难，实现经济上的翻身。土改贷款使贫雇农较为顺利地实现了“土改得地、贷款得利、生活翻身”目标，有效地巩固了土改成果。

（2）吸引和推动农民向组织靠拢，围绕共产党进行组织化。每一户通过贷款成功改善生活的例子都形成了榜样的作用，通过这样的例子，贫苦的农民认识到了共产党是人民的政党，其领导的北海银行是人民的银行，促进他们向共产党靠拢，参加共产党组织的各种活动，更加积极地响应共产党的各种主张和政策。在贷款决定以及使用过程中要求贷款对象经得起村内民主考验和监督，并且贷款决定必须经过村干部等共产党基层组织的审核同意。那么，向共产党建立的基层组织靠拢就成为一个理性的选择。北海银行的贷款运作始终坚持的是民主路线，贷款对象由村内民主决定，贷款的使用优先选择合作使用，贷款的使用监督也采取民主方式。在这个过程中，村内民主组织，如村民大会、农救会、贫雇农小组等民主组织获得了相应的权力，其运行过程也为村民展现了一种全新的、不同于传统宗族权力运行的过程。每个农民都可以参与其中发挥作用，也都接受相应的监督。这为农民打开了一个新窗口，一个提升社会地位、改善经济处境的机会，从而激励农民不论是作为贷款对象还是参议、监督者都积极参与其中。民主的贷款路线，不仅能够将分散的贫雇农、失业贫民组织起来，而且还能进一步影响、带动周围群众，从而在经济上形成推动百姓向共产党靠拢的重要力量。与减租减息、土改等形成的向共产党靠拢的经济力量相比，低利贷款形成的经济力量更符合市场规律，更容易被各方都接受。

（3）贷款绩效与基层政权的优劣。贷款深入基层，既是金融服务的供给，更是共产党政策的宣传与深入。贷款成为政权深入基层的桥梁，也成为体现共产党政权与其他政权本质不同的重要载体。贷款成功改善生活的例子会很快在乡村间口口相传成为榜样，并会带动更多农民的参与、效仿。民主决定贷款的过程使基层农民了解了贷款标准，使农民认识到只要勤奋生产都可以得到贷款，都可以改善生活。特别是一直处在社会最底层的弱势妇女群体，都能靠纺织使收入大增，使自身的社会地位大为改善。这就为抗日根据地的全体百姓树立了榜样，更看到了跟着共产党过上好日子的希望。自然而然，对共产党的认同感、信任感和支持度都大幅度上升，共产党成功扎根在了百姓中。

同时，贷款的分配、使用、回收过程是对政权认知的过程，其中绩效、偏差都与政权能否深入扎根密切相关。北海银行有限的放贷工作人员以及贷款的民主主义路线，使贷款工作的展开必须依靠村干部的配合，贷款工作也因此成为检验基层政权建设好坏的“试金石”。如果贷款被错误配给，不仅导致收回贷款时困难重重，而且也损害了银行和政府的威信，破坏了政府和银行在百姓心目中的形象。1948 年胶东分行检讨 1946—1948 年的贷款工作时指出：“当农村政权尚未彻底改造，村政权仍为少数上层分子所操纵时，民主贷放路线的执行实为困难”，会产生村干部包办代替、营私舞弊等现象。“尤其是当村干部成分不纯，没有树立为雇贫农服务的明确的阶级立场，合作社没有彻底改造以前，把贷款工作放手交给他们是彻头彻尾的官僚主义的表现。”贷款的发放和检查成为推动村级政权建设的重要切入点。1947 年沂源、沂中等鲁中区一些县的冬季贷款出现偏差没有发放到贫雇农手中，发现之后不仅收回了贷款，也对相应的责任人进行了追责，推动了村干部队伍的纯洁化与村庄政权的完善。

四、扎根于人民

（一）全面扎根

北海银行诞生于炮火之中，成长于战斗中。北海银行的成功，从一个侧面折射出共产党对于传统社会的深度渗透与成功改造的过程。北海银行的贷款员深入每个村庄，发动和组织贷款，与根据地同步发展。在艰苦的反扫荡时期，贷款员们一手拿枪，一手拿账本，白天躲进青纱帐，晚上进村开展工作。他们不仅将贷款送到贫雇农手中帮助其进行生产，而且通过贷款宣传了共产党抗日政权的政策主张，进而巩固、扩展了根据地。

关于北海银行贷款覆盖率的数据，只找到了有限的几个。一是胶东分行东海支行 1945 年“共放低利贷款 28 907 933 元，户数 147 124 户，按全东海 250 万人口计算，每户平均 5 口人，折合 50 万户，贷款者约占总户数的 30%”[11]；二是自 1942 年 1 月至 1946 年 6 月，北海银行发放农业贷款 187 171 885 元（1942 年春耕贷款未统计在内），每年约有 1/4 农户能够获得贷款①[18]；三是北海银行 1947 年农业贷款暂行办法中规定：“一般来说，贷款户数不应超过总户数的 1/5，但在灾荒严重地区可以酌为增加”[13]；四是 1947 年滨海分行滨北支行报告春季渔贷时说，“两县（藏马、胶南）共发放渔贷 10 279 970 元，扶持 3 043 户渔民，占渔民总户数 6 908 户的 44%。”这些数据大致反映了北海银行贷款覆盖率的情况，可以较为准确地判断说，北海银行的贷款覆盖率在 20%~30%。这个覆盖率应是农村金融中相对较高的覆盖率。更何况低利贷款的发放、使用监督和回收过程中都采取了群众路线，贷款的榜样示范效应显著。

低利贷款作为共产党服务于人民利益的重要安排，既是共产党一贯的政策体现，同时也具有独特性。特别是低利贷款具有打通“最后一米”的功能，低利贷款将挡在贫雇农走上温饱之路的最后一个障碍排除掉了。如前所述，在贷款过程中将具备潜在生产能力却缺乏生产资料的贫雇农作为贷款对象，使获得贷款的贫雇农通过贷款成功地将潜在生产能力转化为现实生产能力，进而使贫雇农的生活境遇发生了根本性的变化。通过贷款贫雇农家庭就可成

---

① 据 1942 年的调查，胶东根据地的人口为 1 781 793 人，按每户 5 口人计算，约 356 358 户。资料来源：《胶东区 1938 年至 1942 年五年来财政经济建设工作总结》（1943 年 2 月）。

功地摆脱在生死线上的挣扎，进入温饱有保障的行列。土改、减租减息等政策在这个方面的功能明显弱一些。前述已经指出，土改后更多的贫雇农获得了土地，但是其中有相当部分贫雇农空有土地却因为缺少生产资料而无法耕种。减租减息政策仅是为贫雇农带来了一些边际上的变化。低利贷款打通“最后一米”直接服务于贫雇农的生产能力提高，有效推动贫雇农借助贷款产生实在的收益。并且，低利贷款的渗透具有更多的春风化雨特征，因其充分利用了市场规律，更容易被接受。过去认为共产党擅长于政治斗争而不擅于经济建设，但是北海银行低利贷款实践较为充分地运用了市场规律。

借助于低利贷款打通“最后一米”的功能，共产党更加有效和贴近将为人民利益奋斗的信念转化为现实的人民利益，实现了对以贫雇农为代表的社会底层的系统性赋能，完成了纵向上的有效扎根。同时，在北海币通过排挤法币实现抗日根据地区域内法定化的前提下，借助于低利贷款，共产党领导的抗日政权完全获得了山东根据地的金融主导权，实现了横向层面上的有效扎根。由此，不论是纵向扎根还是横向扎根，都以低利贷款为基本桥梁，低利贷款成为共产党群众路线基本方针在经济领域最好的体现和最佳的实践。

扎根于人民，服务于人民，自然得到了贫雇农的拥护和支持，贫雇农等热烈响应党的各种号召，积极生产、交税纳粮、站岗放哨、参军支前，为战争出更多的粮，出更多的人，进而使共产党政权不断壮大，取得了一个又一个胜利，很好地解释了山东百姓透支自身支持共产党的原因，共产党与百姓融为一体是其中的奥秘所在。

在金融化不断深化的当今，低利贷款扎根于社会阶层的金融供给却减少了，不论是农村金融还是小微企业金融都处于供给不足状态。北海银行扎根于人民、以人民为中心的历史经验，能够有助于我们重新审视金融机构的宗旨、使命，更有助于在新形势下创新形成更多扎根于人民、服务于人民的金融业务，从而确保我国的金融发展走在稳健、高质量的道路上。

（二）从相互赋能到与人民一体化

北海银行通过低利贷款扎根于贫雇农，扎根于乡村之中，使社会最底层的百姓深切地感受到共产党服务于大众的特征。低利贷款，一方面改善了以贫雇农为代表的贷款对象的生活境地，提高了全社会的生产水平，为百姓支持抗战提供了更广阔的财富基础；另一方面，共产党的政权特征生动地展现于贷款全过程中，让社会最底层更加直接地认识、信任进而拥护共产党政权，为共产党的领导提供了坚实的价值观上的合法性基础。

共产党在抗日救国的大背景下，与贫雇农一起通过减租减息、土地改革以及低利贷款等措施击穿了传统社会的硬壳，将政权权力渗透下去，并稳定地固定下来。摆脱了传统社会权力控制的底层民众，在共产党的领导下，形成了更优的新的生存策略。新生存策略首先给予底层民众以最为重要的生存基础——土地，其次通过低利贷款、减租减息等安排，既使底层民众潜在生产能力转变为现实产出，又使产出被分享水平大为降低，促进底层民众更积极地摆脱旧的依附者，与共产党一起建设政权、抗击侵略。这样，基于土改、低利贷款等互动活动，底层民众与共产党之间形成了相互赋能的效应与局面，共产党给予底层民众更好的生活希望，底层民众给予共产党以支持、拥护。

进一步的，共产党是人民的政党，源自人民，服务人民。共产党所采取的一切措施，推行的一切政策都是为了人民的利益。在对共产党尚没有全面认识之前，底层民众只能通过观察共产党的政策绩效来认知。在这个阶段，相互赋能是拉近共产党和民众关系的主要途径。而一旦认识到共产党是人民利益的追求者、实现者，底层民众就会更加自觉地追随共产党，围绕在共产党周围，共同为自身利益的实现而斗争，由此进入了更高级的一体化阶段。从全面抗战爆发开始之时共产党在山东全面扎根发展，到抗战胜利之时共产党已经与人民融为一体，已经摆脱了相互赋能所蕴含的交换关系，百姓对共产党的拥护已经从相互赋能的被动发动进步到党民一体的积极主动阶段。山东百姓在解放战争期间倾其所有支持前线，也正是因为百姓已经充分认识到支援前线就是保卫自己，就是保护共产党和人民共创的胜利果实。

在探索国家兴衰的过程中，国家能力理论是一个重要的理论。该理论经历了从“国家本位”向“国家—社会”并重的发展[19]。贝斯利和佩尔森（Besley and Persson，2009）把“国家能力”引入经济学，经济学界将各种国家能力指标化进行实证分析，力求发现对国家兴衰具有重要影响的能力构成[20]。国家能力理论中“国家”与“社会”的关系始终是一对重要的矛盾。延续韦伯传统的国家能力理论强调国家要“隔离”于社会以构造国家能力[21]，而米格代尔等强调缺少对社会有效控制正是弱国家的根源所在[22]。曼恩（Mann）把国家权力区分为“专制性权力”（despotic power）和“建制性权力”（infrastructural power），前者是国家凌驾于社会之上的独断性控制力，后者则是指国家权力渗透到社会之中并获得社会认可拥护的权力。相较于专制性权力，曼恩更强调建制性权力的重要性，更强调国家只有渗透到社会中才能成为“强国家”[23]。国家与社会的一致被认为是强大国家能力的重要来源。

从某种意义上说，北海银行面向社会底层进行低利贷款的实践给出了一个鲜活的国家权力成功渗透于社会的例子。但是，共产党的“渗透”超越了国家能力理论所界定的“渗透”。共产党是人民的政党，是人民利益的代表者。人民和共产党在本质上具有一体性、一致性。在抗战时期的山东区域，共产党有一个从弱到强，从不为人民熟悉到为人民接受、拥护的过程，这个过程类似于国家能力理论所界定的“渗透”过程。但是在这个过程中，抗日、土改、减租减息、低利贷款等都是共产党与人民形成利益共同体的制度安排，也是保护和实现人民利益的有力措施。共产党源自人民，没有自身的特殊利益，共产党与人民一体，是国家能力理论没有认识到、没有解释的[24]。因为在国家能力理论框架中，国家和社会分离是基本的理论分析出发点。通过对国家和社会间关系的分析，才形成了对于国家能力强弱、种类的分析框架[25]。共产党与人民一体共担风雨、共同开辟未来的实践打破了国家能力理论的框架，共产党与人民本就一体，无须“渗透”。如果非要使用“渗透”概念，那也是最高级的渗透，是与人民一体化的渗透。与人民一体化是共产党的力量源泉，“江山就是人民，人民就是江山”是共产党执政能力形成的基本逻辑。

与人民一体决定和要求共产党的制度安排与实施都以人民的利益为出发点，构建与不断创新改革各方面的制度，使之维护人民利益，提升人民福祉，不仅是共产党夺取政权的制胜法宝，也是当今建设社会主义现代化强国的根本遵循。

（三）与人民一体和对国家能力理论的超越

北海银行低利贷款实践展示的国家能力形成过程与逻辑，超越了现有国家能力理论的逻辑。首先，服务于人民利益、与人民一体是中国共产党领导的抗日政权的力量来源，扎根于人民、融于人民，汇聚人民的支持才能形成强大的战争力量、社会治理力量。北海银行秉承服务于人民的宗旨，在极其恶劣的战争环境下，既要与日伪发行的银联券等伪币、国民政府发行的法币以及各种杂币做斗争，抵抗伪币的侵略、削弱乃至消除法币因为通胀和成为日寇掠夺桥梁等给抗日军民带来的损失，通过扎实的低利贷款深入根据地的每个村庄，助推贫雇农提高生产能力。正是因为有着服务于人民利益的宗旨，北海银行能够超越仅关注自身成本与收益的狭隘的“成本—收益”观。为农民服务的低利贷款，在世界范围内看，都面临着成本高、收益低的困境，因此商业化的金融机构不愿进入该领域。北海银行却没有因此而退缩，而是随着根据地的扩大而不断深入，贷款种类不断丰富。基于以人民利益为核心的大收益观，北海银行的低利贷款不仅有效激励了贫雇农的生产积极性，推动山东根据地的经济实力位于各根据地前列，更使社会基层对中国共产党服务于人民、领导中国革命的使命有了直观认识，对共产党领导的认同和拥护度同步提高。低利贷款为贫雇农提供了改善生活、提高社会地位的收益，贫雇农认识到共产党是人民的党，投身到党领导之下，低利贷款成为推动党和人民融为一体的重要载体与桥梁，进而使人民成为共产党的力量源泉。与人民一体构成了国家能力的终极来源。这一点超越了西方学者所提出的国家能力理论的解释范围。国家能力理论以国家和社会割裂为基本理论逻辑，尽管这个理论也强调国家与社会的契合是强国家能力的源泉，但是该理论并没有充分认识到“与人民一体”对于国家能力的本质含义。因为在国家能力理论所界定的国家与社会契合中，社会的代表者往往是市民社会的各个利益集团及其代理者，并不是真正的人民。共产党源自人民、融于人民，其自身并没有特殊利益，代表和维护的是人民利益，这也是共产党与其他政党的本质区别。具有持续竞争力的国家能力只能源自人民，是共产党对于国家力量来源的基本认识，也是现有的国家能力理论所欠缺的一个基本认识。因此，要跳出现有的国家能力理论框架构造新的国家能力理论体系。

其次，国家能力的最终形成需要在以人民力量为源泉的基础上，对其他能力进行适用与整合。从北海银行的成功经验可知，有两个方面的能力在国家能力的形成方面发挥了重要作用。一是信息的精准收集能力。每个社会的信息分布特征不一致，在传统社会中信息基本上分布在“熟人”之中，且“熟人”的地理分布具有聚集性。低利贷款采取民主方式决定贷款的发放，管理完全符合传统社会信息分布的特点，充分地将分布在“熟人”中的关于生产能力的信息进行汇聚和利用，从而才有了良好的经济、社会和政治绩效。而这个民主贷款制度也是经过反复探索才逐渐确定下来的。只有建立有效的信息收集制度安排，才能找到满足人民利益诉求的有效路径。所以，建立与信息分布特征相一致的信息收集制度，是在以人民利益为宗旨的前提下促进形成强国家能力的重要能力。二是专业能力，要具有专业知识、把握每个领域的运作规律。如在著名经济学家薛暮桥的领导下排挤法币的货币战在较短时间内取得了胜利。再如鲁南分行 1946 年总结农贷工作时对两种贷款方式进行了比较，一种是集中发放；另一种是平均发放[11]。对比后发现：集中发放的贷款绩效显著，不仅解决了群众在春耕与纺织上遇到的困难，提高了生产积极性，而且贷款的归还也自动和迅速。平均发放则是资金平均分配，对帮助生产起不了作用，甚至有的贷款被少数村干部贪污挪用。这说明同样是低利贷款，要发挥更好的作用，需要有一个最低的贷放量。这个贷放量要能够满足农户补充所需生产资料的要求，否则只能被用于还债或者消费。从信息收集和专业知识中形成更精准地服务于人民的能力，并建立相应的制度进而形成制度体系，才能将宏观的国家能力具体化为对人民利益的满足，才能将人民的支持转化为国家竞争力。

这两个方面的能力在现有的国家能力理论中也得到了一定的体现。如米格代尔提出的上层生存政治与下层政府，地方强人的妥协在很大程度上正是因为信息约束[22]。埃文斯提出的嵌入自主性概念，强调了在产业升级形成国家能力中专业知识的重要性[26]。但他们对这些能力的强调缺少以人民力量为基础，缺少以人民利益为宗旨，单纯地强调信息能力、专业能力，得到的是强大了当权者或者社会中某些利益集团力量的结果，难以形成可持续、均衡的整体国家能力。

在将国家能力细分为汲取、渗透、规制、分配四类[22] 或者细分为财政能力、法治能力、集体行动能力[27] 过程中，现有的国家能力理论越来越倾向于仅关注与研究细分能力及其代表指标的外在表现，并形成了细分能力与指标表现好，则国家能力强的判断。然而，这些判断仅是表象层面的判断，并不是对国家能力强弱的准确认识。如财政税收指标代表的汲取能力水平高，则被国家能力理论认为国家能力强，但是如果没有人民的支持，仅靠横征暴敛获取的财政收入再高，也不能认为其国家能力强。将国家能力按照来源、领域进行类型化细分是研究深入的需要，但是如果仅着眼于研究这些细分后各种各样的能力，忽视国家能力的本源所在，所得出的判断就不是科学准确的判断，会出现偏差[28]。北海银行以人民利益为宗旨，以人民的力量为自身力量源泉，信息能力、专业能力等都是为更好地服务于人民利益而形成与展开的，因此，对国家能力的细分研究不能舍本逐末，要围绕国家能力本源把握和准确认识细分能力。

在全力建设社会主义现代化强国的当今，治理能力和治理体系的现代化要将人民利益放在第一位，信息的收集、专业知识等能力的运用，要围绕发现与满足人民对美好生活的向往展开，这样形成的治理能力和治理体系才能永葆正确方向，社会主义现代化国家能力才能蒸蒸日上。

参考文献：

[1] 李里峰．抗战时期中国共产党的社会基础问题：以山东抗日根据地为中心［J］.

抗日战争研究，2012（2）.

[2] 张新法．中共华北地方组织在创建抗日根据地中的地位与作用初探［J］. 抗日战争研究，2001（3）.

[3] 金冲及．山东抗日根据地的独特历程［J］. 抗日战争研究，2017（1）.

[4] 王东溟．论山东地区在解放战争时期的战略地位［J］. 中共党史研究，1993（1）.

[5] 中共山东省委党史资料研究委员会．中共山东党史大事记［M］. 济南：山东人民出版社，1986.

[6] 王东溟．山东人民支援解放战争史［M］. 济南：山东人民出版社，2009.

[7] 邓广．山东解放区的农村财粮征收（1946—1949）［J］. 近代史研究，2017（1）.

[8] 薛暮桥．解放战争时期（1947—1949 年）财政经济工作的回忆［M］.//薛暮桥，杨波．总结财经工作迎接全国胜利：记全国解放前夕两次重要的财经会议．北京：中国财政经济出版社，1996：21.

[9] 中国人民银行金融研究所，中国人民银行山东分行金融研究所．中国革命根据地北海银行史料：第四册［M］. 济南：山东人民出版社，1988.

[10] 中国人民银行金融研究所，中国人民银行山东分行金融研究所．中国革命根据地北海银行史料：第一册［M］. 济南：山东人民出版社，1986.

[11] 中国人民银行金融研究所，中国人民银行山东分行金融研究所．中国革命根据地北海银行史料：第二册［M］. 济南：山东人民出版社，1987.

[12] 杨焕鹏．微观视野中的胶东抗日根据地研究［M］. 北京：学习出版社，2017.

[13] 中国人民银行金融研究所，中国人民银行山东分行金融研究所．中国革命根据地北海银行史料：第三册［M］. 济南：山东人民出版社，1987.

[14] 李金铮．论 1938—1949 年华北抗日根据地、解放区的农贷［J］. 近代史研究，2000（4）.

[15] 李金铮．内生与延续：近代中国乡村高利贷习俗的重新解读［J］. 学海，2005（5）.

[16] 朱玉湘．中国近代农民问题与农村社会［M］. 济南：山东大学出版社，1997.

[17] 周婷婷．以乡村民众的视角探寻历史发展的多面性：以土改前山东根据地农民互助状况为例［J］. 山东社会科学，2012（3）.

[18] 陈国庆．减租减息运动下农村经济利益的再分配：以胶东抗日根据地为例［J］. 聊城大学学报：社会科学版，2014（5）.

[19] 李姿姿．国家与社会互动理论研究述评［J］. 学术界，2008（1）.

[20] BESLEY T，PERSSON T. The origins of state capacity：property rights，taxation and politics［J］. American Economic Review，2009（99）：1218-1244.

[21] 庞金友、汤彬．当代西方“回归国家”学派国家能力理论的逻辑与影响［J］. 天津社会科学，2018（2）.

[22] 米格代尔．强社会与弱国家 [M]. 张长东，等，译．南京：江苏人民出版社，2009.

[23] MANN M. The autonomous power of the state: its origins [M].//Mechanisms and results in states in History. Oxford and New York: Blackwell, 1986.

[24] 傅高义．共产主义下的广州：一个省会的规划与政治 [M]. 广州：广东人民出版社，2011.

[25] 张长东．国家治理能力现代化研究：基于国家能力理论的视角 [J]. 法学评论，2014 (3).

[26] EVANS P B. Embedded sutonomy: states and industrial transformation [M]. Princeton: Princeton University Press, 1995.

[27] BESLEY T. PERSSON T. The causes and consequence of development clusters: state capacity, ceace, and income [J]. The Annual review of economics, 2014 (6): 927-949.

[28] 周其仁．应重新定义"国家能力" [EB/OL]. https://m.topics.caixin.com/m/2013-12-18/100619268.html, 2013-12-18.

光荣与梦想：中国共产党社会保障 100 年回顾

席　恒　余　澍　李东方
西北大学

摘要：中国共产党基于时代变化的条件约束和保障民生福祉的目标约束，使中国共产党领导下的中国社会保障对象不断扩大，保障项目不断增加，人民群众的获得感、幸福感、安全感不断增强，真正体现了中国共产党全心全意为人民谋福祉的建党初心和奋斗目标，以 100 年的光辉成就，实现了中国人民的百年梦想。

关键词：中国共产党　建党一百年　民生　社会保障

在中国共产党建党 100 周年之际，重温党的历史，不禁令人心潮澎湃！在进一步学习和仔细研读了中国共产党早期关于社会保障的各种政策主张和思路后，再次体会到党的英明和伟大。在血雨腥风的战争年代，中国共产党明确提出了以民为本的民生主张，树立了为人民谋幸福的初心，是中国共产党获得民心、取得政权的政治基础。在逐步取得政权后，更是以全体中国人的福利和中华民族的复兴为己任，建立了世界上规模最大的社会保障体系。回顾中国共产党 100 年社会保障的历史，一大批共产党人怀揣着为人民谋幸福的伟大梦想，经过一步步的努力和实践，取得了全面建成世界规模最大的社会保障体系的光荣业绩。

一、建党初期的社会保障（1921—1936 年）

（一）从民生主张到政策实践

中国的工人阶级诞生于 19 世纪 40 年代，随着《南京条约》与《五口通商章程》等不平等条约的生效，一批外国资本进入中国投资设厂，这些工厂

注：本文原载《管理世界》2021 年第 4 期。

的雇员成为中国第一批工人阶级。尔后的几十年里，伴随着中国资本主义的初步发展，至 20 世纪 20 年代，中国工人阶级人数已经达到 200 多万人[1]。

与世界上其他工业国家的早期工人阶级类似，我国的早期工人阶级面临着资本主义的压迫，因而陷入了“撒旦的磨坊”① 之中。与此同时，早期工人阶级还面临着帝国主义与封建主义的压迫。在“三座大山”的压迫下，我国的工人阶级自为地开展了一系列反帝国主义、反封建主义、反官僚资本主义的工人运动[2]，但是由于缺乏科学的理论指导，这些工人运动均以失败告终。在此背景下，旨在为了无产阶级解放而形成的马克思主义理论成为武装与领导工人阶级进行工人运动的思想武器。

马克思主义理论旨在争取无产阶级与全人类的解放。作为中国工人运动与马克思主义理论相结合产物的中国共产党，必然回应工人阶级的要求。因此，关乎工人阶级福利的社会保障制度自一开始就成为中国共产党关注的现实问题。

1922 年，中国共产党早期领导工人运动的机关——中国劳动组合书记部拟定了《劳动立法原则》与《劳动法案大纲》两个重要文件。《劳动立法原则》中首次提出工人阶级要争取劳动立法和实行失业保险及疾病保险等理念，《劳动法案大纲》则首次较为详细地阐述了中国共产党关于社会保险的主张。1923 年的中共三大直接将“制定强迫的劳工保险法，工人有权参与办理保险事项之权”写入《中国共产党党纲草案》之中[3]。1922—1927 年，在中国共产党的领导下，劳动组合书记部分别在广州、武汉等工业城市召开了四次全国劳动大会，号召全国工人团结起来，谋求工人福利，在四次大会中，要求为工人阶级建立社会保险制度一直是重要诉求。

中国共产党的早期文件与活动中对于社会保障制度的强调，充分体现了为劳动者与广大人民群众谋取福利的社会保障制度在共产党人心中的重要地位。但是受制于当时中国工人阶级力量的薄弱，中国共产党缺乏足够的执政权力，诸多有益的主张未能转化为社会实践。直至 1927 年，蒋介石、汪精卫等人背叛革命，第一次国共合作领导的大革命宣告失败后，共产党人建立了以中华苏维埃共和国为代表的苏维埃政权，独立自主地探索中国革命的道路，苏维埃政权的建立也使得早期中国共产党人的社会保障思想从主张走向现实。

承袭早期中国共产党人的社会保障思想，中华苏维埃共和国建立了以社

① 出自威廉·布莱克的诗《耶路撒冷》，后被罗伯特·库尔茨、卡尔·波兰尼等人引用暗喻资本主义的劳动剥削。

会保险和失业救济为中心的社会保障制度，其中最具代表性的文件是中华苏维埃第一次全国代表大会表决通过的《中华苏维埃共和国宪法大纲》与《中华苏维埃共和国劳动法》，前者提出“中国苏维埃政权以彻底改善工人阶级的生活状况为目的，制定劳动法……创立社会保险制度与国家的失业津贴……”[4] 为中华苏维埃共和国的社会保障制度提供了宪法保障；后者则在第十章专门阐述社会保险相关问题，对于社会保险的参与条件、征收比例、具体险种、管理责任等问题进行了详细规定，为社会保险制度的运行提供了明确的法律依据[5]。

（二）从保障工人到保障工农

中国共产党诞生于中国工人阶级兴起之际，工人阶级的力量比较薄弱，因此，陈独秀、李大钊等党的早期领导人都意识到中国的工人阶级难以独立完成革命任务，还需要依赖农民阶级的力量。陈独秀认为：“中国之国民革命若不得农民之加入，终不能成功一个大的民众革命……共产的社会革命固然要得着农民的同情与协助，然必须有强大的无产阶级为主力军……所以中国农民运动，必须国民革命完全成功……然后农村间才有真的共产的社会革命之需要与可能。”[6] 李大钊认为：“中国浩大的农民群众，如果能组织起来，参加国民革命，中国国民革命的成功就不远了。”[7]

1927 年大革命失败后，党的“八七会议”确定实行土地革命和武装反对国民党的总方针，中国共产党人意识到近代中国的社会性质与主要矛盾，决定了以农民群众为主体的革命运动是中国革命的唯一选择：在中国的特殊国情中，工业无产阶级仅有 200 余万人，还比较薄弱，且集中在沿海大城市中。中国工人阶级的主要来源也是农民，农民是国民的主体，农业经济是国民经济的主体，如果把农民排斥在民主主义革命和社会主义革命之外，不仅使革命失去了可以依靠的力量，而且中国的根本问题也不可能得到解决。此后以毛泽东为代表的一批中国共产党人开辟了工农武装割据的道路，中华苏维埃共和国就是在这个大背景下诞生的。因此，新生的中华苏维埃共和国对于农民社会保障进行了一定的探索与实践。

中华苏维埃共和国针对农民的社会保障政策主要通过土地分配与社会救济的方式完成。1931 年 12 月，中华苏维埃第一次全国代表大会通过的《中华苏维埃共和国土地法》第一条就规定：“雇农、苦力、劳动贫民，均不分男女，同样有分配土地的权利。乡村失业的独立劳动者，在农民群众赞同之下，同样可以分配土地。老弱残废以及孤寡，不能自己劳动，而且没有家属可依靠的人，应由苏维埃政府实行社会救济或分配土地后另行处理。”[8]

针对农民阶级的土地分配与社会救济的社会保障制度建构，一方面体现了共产党领导的“无产阶级的运动是绝大多数人的，为绝大多数人谋利益的独立的运动”[9]；另一方面也有效地动员了根据地的人民群众，使之参与新民主主义革命与社会主义革命。

1934 年 10 月，随着第五次反“围剿”的失败，中央主力红军为摆脱国民党军队的包围追击，被迫实行战略性转移，退出中央根据地，进行长征，中华苏维埃共和国的社会保障工作也被迫陷入停滞状态。

二、战争时期的社会保障（1937—1948 年）

（一）抗战时期的各阶层保障

1937 年 7 月 7 日，震惊中外的七七事变爆发，日本悍然入侵中国。“卢沟桥事变”揭开了全面抗日战争的序幕。同年 9 月 6 日，根据国共两党合作协议，中国共产党将陕甘苏区改名为陕甘宁边区，并成立了边区政府。以抗日战争为中心，陕甘宁边区政府在抗日战争中开展了一系列社会保障实践活动。这一时期中国共产党将社会保障制度作为团结各阶级，使其安心生产、安心作战与工作，谋取抗日战争最终胜利的重要工具。

1939 年 4 月，陕甘宁边区发布的《陕甘宁边区抗日时期施政纲领》提出的“保育儿童……抚恤老弱孤寡，救济难民灾民，不使流离失所……改善劳动待遇，保护工人利益，同时提高劳动热忱，增加生产效能……优待抗日军人与工作人员之家属，使抗战军人安心作战，工作人员安心工作”[10]，是共产党抗战时期实行各阶层社会保障方针的集中体现。

围绕着各阶级与不同人群，共产党领导边区政府开展了一系列具体的社会保障工作，针对抗战军人及其家属，边区政府颁布了以《抗日军人优待条例》为代表的优抚安置政策，为伤残及牺牲军人及其家属提供了切实的保障，极大地鼓舞了边区军民的抗日热情。

为了保障边区的物资供应，边区政府“废止过去工农民主政府时代的劳动保护法。取消对资本家、富农经营生产事业的各种限制。但为了改善人民生活，增加边区的生产，同样地为了增强抗战力量……严禁高利贷的剥削，严禁操作市场垄断投机。实行一种中介制度，在政府中介之下，劳资双方订立劳动契约，酌量增加工资，减少工作时间，改良生活待遇”[11]。在保障工人阶级利益的基础上也保障了资本家、富农的利益。

对于农民阶级和地主阶级，在中国共产党的领导下开展了减租减息、交租交息的政策。一方面，通过减租减息“保证了农民的人权、政权、地权、财权，借以改善农民的生活，提高农民抗日与生产的积极性”；另一方面，“实行减租减息之后，又须实行交租交息……须保障地主的人权、政权、地权、财权，借以联合地主阶级一致抗日”[8]。

在中国共产党的领导下，边区政府还开展了针对难民、移民的社会保障工作，这些工作强调对于难民、移民的生产救济，在给予他们生计的同时也使其成为抗日战争中保障物资供应的重要生产单位，如1943年3月，陕甘宁边区政府公布的《陕甘宁边区优待移民难民垦荒条例》提出“优待移民难民垦荒，发展农业，安定民生，增长抗战力量”。

为了确保民族团结，中国共产党在抗战期间针对少数民族群众进行了社会保障的制度安排，1940年4—7月，中央西北工作委员会拟定的《关于回回民族问题的提纲》与《关于抗战中蒙古民族问题提纲》提出为帮助回族、蒙古族人民改善生活，激发抗日热情和生产热忱，政府应当拨款救济农村和牧人，抚恤流亡[12]。

除了领导政府开展社会保障工作，共产党还积极地通过动员各阶层人民以互助互济的方式解决社会问题，实现阶级团结，如1944年8月中共中央发布的《中央关于克服财政困难和生产自救问题给豫鄂区党委的指示》提出“关于灾荒问题……又要动员灾区各阶级人民实行广泛的互助互济，奖励私人亲友间的互助，表扬慷慨捐输者，推动士绅名流组织募捐及参加我们各级救灾委员会”[13]。

这一阶段中国共产党领导的边区社会保障工作的最大特征在于，强调以各种类型的社会保障制度，缓和各阶级间的矛盾，团结各阶层，强调生产救济与生产自救，旨在谋求抗日战争的最终胜利。

（二）解放战争时期的人民保障

随着抗日战争的胜利，中国面临的矛盾从中国和帝国主义间的民族矛盾转向国内的阶级矛盾。1946年6月，国民党向解放区发动进攻，解放战争爆发。解放战争时期共产党领导的社会保障工作思路大体上沿袭了抗日战争时期，即强调社会保障的社会团结功能，通过社会保障制度团结一切可以团结的力量，进而谋求新民主主义革命的胜利。但是与抗日战争时期的区别是，解放战争时期社会保障团结的对象并不是全阶级，而是以工农阶级为代表的人民。

在具体工作方面，中国共产党领导的社会保障工作主要集中在四个方面：第一，针对士兵和工人，延续了抗日战争时期的优抚安置与工人保障工作，保证了军队的战斗热情与工人的生产热情，为解放战争的最终胜利奠定了坚实的基础。第二，针对农民阶级，以没收地主土地分配给农民的政策，代替了抗日战争时期的减租减息政策。1946 年 5 月 4 日，中共中央发布了《关于土地问题的指示》，通过对于农民的土地保障，中国共产党获得了广大农民的拥护。第三，为了发动人民群众，解决部队的后勤问题，对于参与解放战争中的一般群众也给予了一定的保障。如 1947 年 7 月发布的《陕甘宁边区战时勤务动员暂行办法》规定："民夫在服勤务中因公伤亡，经使用部队证明者，应与战士伤亡同等抚恤。"[14] 此举一定程度上解决了参与解放战争的群众的后顾之忧，也造就了"小推车推出来的胜利"。第四，对于新解放的区域，根据当地的情况，给予恰当的保障，从而使其尽快恢复和平秩序。如 1948 年 4 月，中共中央发布的《中央关于解决新解放城市粮荒问题的指示》提出"动员城市基本群众，及一部分商业家开明人士，在民主政权领导下组织救济委员会。"[15]

解放战争时期中国共产党的社会保障工作以争取战争的最终胜利为目标，通过对各阶层的人民保障，赢取了最大多数人民的支持，取得了新民主主义革命的最终胜利。

战争时期中国共产党领导的社会保障制度以战争的胜利为最终目标，通过社会保障制度化解风险、促进生产和促进社会团结，解决军人、军属的后顾之忧，激发战争前线士兵的战斗力量；促进工人、农民生产，保障战争的物资供应；团结一切可以团结的力量，实现最广泛的社会动员。

三、新中国前期的社会保障（1949—1977 年）

（一）城市社会保障：劳动保险的尝试与制度确立

1945 年 4 月 24 日，毛泽东在中国共产党第七次全国代表大会上做了题为《论联合政府》的报告。该报告第一次较为全面地阐述了未来和平时期的各项社会政策。之后随着解放战争的局势日益明朗，中国共产党领导的解放区开始进行面向和平时代的社会政策构建实践。

1948 年 11 月，辽沈战役结束，人民解放军彻底解放东北地区。东北地区是当时中国最发达的工业区，工人阶级力量强大，在东北地区进行政权的建设是共产党面向和平时期建设政权的重要一步。在社会保障领域，东北解放区颁布了《东北公营企业战时暂行劳动保险条例》，决定在解放区实行劳动保险制度。《东北公营企业战时暂行劳动保险条例》是中国共产党制定并在较大范围内实施的第一部独立的劳动保险法规，不仅为当时的东北工人提供了稳定的保障，提升了其生产积极性，也为新中国建立后全国性社会保障制度的建立提供了重要的实践经验。

经过两年多的尝试，1952 年 1 月，以《东北公营企业战时暂行劳动保险条例》为蓝本的《中华人民共和国劳动保险条例》正式出台。这是新中国成立后的第一部社会保险法规，标志着新中国社会保险体系的初步建立。《劳动保险条例》要求对于全国范围内凡有职工百人以上的国营、公私合营、私营和合作社营企业及铁路、航运、邮电等企业单位的职工，及其直系亲属的医疗、生育、年老、疾病、伤残、死亡等待遇做了明文规定。1953 年《关于中华人民共和国劳动保险条例若干修正的决定》颁布，工厂、矿场及交通事业的基本建设单位与国营建筑公司的职工也被纳入其中。三大改造完成后，商业、外贸、粮食、供销合作社、金融、民航、石油、地质、水产、国营农牧场、造林等产业与部门的职工亦被纳入了劳动保险。1966 年，部分集体所有制企业的职工也进入了劳动保险制度体系内。经过政策的不断扩展，劳动保险制度成为覆盖绝大多数城市居民的社会保障体系。

1952 年 6 月，政务院发布《关于全国各级人民政府、党派、团体及所属事业单位的国家工作人员实行公费医疗预防的指示》，公费医疗制度开始建立。在随后几年里，政府又出台了一系列文件，一个涵盖了公费医疗、退休制度、抚恤制度的公职人员社会保障制度建立起来，至此，以劳动保险制度为核心、公职人员社会保障制度为补充的城市社会保障制度趋向完善。

共和国早期的城市社会保障制度虽然是低水平的制度，但是却超越了西方国家“先发展市场经济、再建立社会保障”的路径，避免了经济发展早期巨大的社会成本，实现了人力资源水平的大幅度跃升[16]，为中国实现工业化和现代化奠定了坚实的基础。

（二）农村社会保障制度：从“五保”到合作医疗

与城市的社会保障制度不同，农村的社会保障是集体化的产物，实质上是农村集体组织内部成员的互助保障[17]。

其中“五保”制度是我国农村社会保障制度的开端，本质上是一种济贫制度，强调通过互济的方式对于农业合作社内的困难家庭进行兜底性的保障。1956年1月，中国共产党中央委员会提出的《1956年到1967年全国农业发展纲要》，建议“农业合作社对于社内缺乏劳动力、生活没有依靠的鳏寡孤独的社员，应当统一筹划……在生活上给予适当照顾，做到保吃、保穿、保烧（燃料）、保教（儿童和少年）、保葬，使他们生养死葬都有指靠”[18]，独具中国特色的农村五保供养制度建立了起来①。

“五保”制度只是面对农村最困难群体的兜底性救济，实际上当时我国的农村地区存在普遍的困境，特别是医疗卫生方面，由于缺少医学人才与药品，农村的医疗卫生条件极其恶劣。1965年6月，针对农村医疗卫生的落后面貌，毛泽东提出了著名的“六·二六”指示，要求卫生部“把医疗卫生工作的重点放到农村去”[19]，为广大农民服务，解决长期以来农村缺医少药的问题，保障人民群众的健康。1966年8月，中国历史上第一个合作医疗试点——湖北长阳县乐园公社杜家村卫生室挂牌成立。湖北长阳县乐园公社杜家村卫生室首创了农村合作医疗保险制度，从此我国开始了农村合作医疗保险制度的探索和改革。合作医疗制度通过培养半农半医的卫生员，利用“两根手指、一根针、一把草”② 的方式，为中国农村医疗事业做出了巨大的贡献。毛主席对农村合作医疗经验给予了肯定，称赞“合作医疗好”，合作医疗经验在全国迅速推广，该制度后来被世界银行和世界卫生组织誉为“发展中国家解决卫生经费的唯一典范”[20]。

我国的农村社会保障制度实际上是一种社区互济，不论是“五保”制度，还是合作医疗，本质上是一种农业合作社内部的福利分享，是我国在经济尚不发达的条件下的适应性选择，为解决当时农村人民的燃眉之急起到了重要的作用。

（三）“文化大革命”冲击下的社会保障事业

1966年5月16日“文化大革命”爆发，全中国陷入狂热与无序之中，社会保障事业也随之受到了巨大的冲击。1969年1月，国家撤销了负责救灾救济、社会福利等事务的内务部，负责劳动保险事务的工会也陷入瘫痪状态。

---

① 《1956年到1967年全国农业发展纲要》于1956年以草案的形式发表在《人民日报》上，因此“农村五保供养制度”于1956年被提出，1960年，全国人大第二次代表大会通过此文件，“五保制度”被正式确立。

② 即把脉、针灸与中草药。

整个社会保险工作一度处于无领导、无管理的局面；同年 2 月，财政部颁布《关于国营企业财务工作中几项制度的改革意见（草案）》，规定国营企业一律停止提取劳动保险金，企业的退休职工、长期病号工资和其他劳保开支在营业外列支。这一做法使社会保险丧失了统筹调剂的职能，变成了“企业保险”。我国的社会保险制度分割为国家、企业、乡村三个相互封闭和脱节的板块。1970 年 6 月，劳动部撤销，国家计划革命委员会成立，劳动部的业务工作并入国家计划革命委员会下属的劳动局。在中央政府宏观管理层面上，社会保险体系开始处于无人管理的局面[21]。

1975 年 9 月，国务院决定将国家计委劳动局改为国家劳动总局，作为国务院的直属机构，由国家计委代管，其主要职能之一便是负责管理劳动保险，由此社会保险行政管理权力开始逐步向劳动部门转移[22]。

四、改革开放初期的社会保障（1978—1990 年）

（一）社会保障制度的恢复与重建

随着“文化大革命”的结束，在中国共产党的领导下，国家开始重新恢复正常运转，在“文化大革命”期间被取消的一些国家部门得到了恢复和重新设立，为社会保障工作的恢复与重建提供了组织基础。

1978 年，党的十一届三中全会在北京召开，全会结束了 1976 年 10 月以来党的工作在徘徊中前进的局面，为扭转社会保障领域的混乱局面创造了较好的社会条件。同年，国务院颁布了《关于安置老弱病残干部的暂行办法》《关于工人退休、退职的暂行办法》，退休制度、退休金制度及退职金制度得以重建和规范。1979 年 7 月，国家劳动总局增设保险福利司，各地劳动部门相继设立保险福利处（科），工会各级组织也陆续重建。

1980 年 3 月，国家劳动总局、中华全国总工会联合发布了《关于整顿与加强劳动保险工作的通知》，意味着以劳动保险为核心的城市社会保障制度的重建。此后的几年里，企业职工、机关事业单位及军队干部的退休制度得到了恢复，在中国共产党的领导下，社会保障制度运行重新进入正轨。

（二）商品经济改革中的探索与创新

1978 年，中国共产党十一届三中全会提出对内改革，对外开放。1984 年，党的十二届三中全会提出发展有计划的商品经济，中国开始进行市场经济改革。这次全会通过了《中共中央关于经济体制改革的决定》，旨在建立市场经济体制的经济体制改革拉开大幕。国家经济体制从计划经济体制向市场经济体制的转型，使得传统意义上的“单位人”向“社会人”转变，个体摆脱了单位的束缚，激发了劳动者的活力。而原有以单位为核心运行的劳动保险制度，无法适应越来越具有灵活性质的劳动者。社会保障制度的探索与创新成为当时重要的任务之一。

我国社会保障制度的探索与创新充分展现了中国治理中“试点先行”的中国经验。由于我国幅员辽阔，地区之间的条件、需要差异巨大，任何一个关乎国计民生政策的出台都需要非常审慎。我国通过“试点”探索与创新的形式形成的社会保障“地方经验”，成为我国社会保障制度建设重要的智慧来源。

20 世纪 80 年代后，一些国有企业因无法承受医疗费用支出的膨胀而开始自发尝试让职工分担部分医疗费用，一些地区因老国有企业无力承担自行支付退休职工养老金而自发对某些行业（如纺织等）的退休费用进行跨单位统筹，这是单位负责的劳保医疗与退休金制度走向责任分担、社会化的最初尝试。1982 年 12 月，劳动人事部在四川省南充市召开了关于建立城镇集体经济组织职工社会保险制度座谈会，提出各地可以进行社会保险改革试点。1984 年，劳动人事部在广东省江门市和东莞市、四川省自贡市、江苏省泰州市、辽宁省黑山县开始退休费用社会统筹试点，尝试将企业负担的退休养老问题改由社会保险机构统一筹集、统一支付，打破了数十年的“单位制”篱笆，为我国社会保险最终实现社会统筹奠定了重要的基础。

经过几年的探索，1986 年 3 月第六届全国人民代表大会第四次会议审议批准的《国民经济和社会发展第七个五年计划》，提出了“多渠道筹集社会保障基金。改革社会保障管理体制，坚持社会化管理与单位管理相结合，以社会化为主”① 的社会保障改革指导方针，既是对前期养老保险试点工作成果的认可，亦为后续的医疗保险制度改革与试点起到了重要的引导作用。

在市场化改革开始之后，公费医疗制度所嵌入的制度环境经历了巨大的变迁，公费医疗、劳保医疗制度逐渐难以为继[23]。因此，随着养老保险试点的深入，医疗保险也开始改革与试点，1989 年，国务院印发《批转国家体改委关于一九八九年经济体制改革要点的通知》，确定在辽宁省丹东市、吉林省

① 中华人民共和国国民经济和社会发展第七个五年计划（摘要）［EB/OL］. http：//www. npc. gov. cn/wxzl/gongbao/2000-12/26/content_5001764. htm#，2000-12-26.

四平市、湖北省黄石市、湖南省株洲市进行医疗保险制度改革试点，在海南、深圳实行社会保险制度综合配套改革。医疗保险制度改革的首次试点探索由此展开。

在这一阶段中，除去地方自下而上的社会保障试点工作，中央也根据改革开放的大势进行了一些自上而下的探索。1986年，企业破产制度和劳动力市场制度改革开始，此举打破了国有企业职工的“铁饭碗”，劳动力市场开始活跃。作为改革的配套措施，为了保障失业职工的生活与满足劳动力市场下劳动力的流动需要，待业保险制度与社会保险转移接续制度陆续建立。

在改革开放初期，我国的社会保障制度探索与创新以改革开放为主线，沿着两条路径展开。一方面，地方根据改革开放以来自身发展程度、条件、实际需要的不同开展了多样化的社会保障试点工作，以地方经验反哺中国经验，为我国现代社会保障体系的最终确立奠定了基础；另一方面，中央从改革开放的全局出发，根据改革开放的实际需要，自上而下地开展了一些社会保障制度的创新，在保障改革开放顺利推进的同时，缓解改革的阵痛。

五、现代社会保障体系的确立（1991—2011年）

（一）从制度探索到制度体系完善

进入20世纪90年代，我国改革开放的步伐逐步加快，以邓小平的南方谈话和党的十四大为标志，中国社会主义改革开放和现代化建设事业进入新的发展阶段。党的十四大明确了我国经济体制改革的目标是建立社会主义市场经济体制。党的十四届三中全会通过的《关于建立社会主义市场经济体制若干问题的决定》，将社会保障制度确定为市场经济正常运行的维系机制和市场经济体系的五大支柱之一，并首次提出“建立多层次的社会保障体系”及“城镇职工养老和医疗保险金由单位和个人共同负担，实行社会统筹和个人账户相结合”等政策取向。中国社会保障改革超越了为国有企业改革配套措施的狭窄范围，代之以服务市场经济改革，从而呈现鲜明的效率优先取向[17]。

作为市场经济改革和国企改革的配套措施，城镇职工社会保险制度首先得到了确立。

（1）养老保险方面。1991年6月，国务院发布《关于企业职工养老保险制度改革的决定》，该文件的出台确定了社会保险采取统筹方式的基本方向，明确了从地、县、市统筹向全国统筹发展的基本路径，规定了社会保险三方缴费的基本架构，对我国社会保障体制与养老保险体系的转型和确立起到了关键作用。1995 年 3 月，国务院根据《中共中央关于建立社会主义市场经济体制若干问题的决定》精神，下发了《国务院关于深化企业职工养老保险制度改革的通知》，正式提出将个人账户与社会统筹相结合的养老保险制度体系。1997 年 7 月，国务院下发《国务院关于建立统一的企业职工基本养老保险制度的决定》，要求各地完成养老保险统一制度的并轨。这标志着统账结合的职工养老体系由原则成为现实，由试点走向规范，我国现行的职工养老保险体系得以确立。

（2）医疗保险方面。1994 年，国家体改委、财政部、劳动部、卫生部共同发布《关于职工医疗制度改革的试点意见》，并开始在江西省九江市和江苏省镇江市进行试点。“两江试点”正式开启了全国医改的大潮。1996 年 5 月，《关于职工医疗保障制度改革扩大试点的意见》出台，决定再挑选一部分具备条件的城市，扩大职工医疗保障制度改革的试点范围，进一步取得改革经验。全国共 58 个城市进入试点名单。1998 年 12 月，国务院颁布的《关于建立城镇职工基本医疗保险制度的决定》标志着我国统账结合的新型医疗保险制度及服务体系的确立。

（3）失业、工伤与生育保险方面。1996 年 5 月，劳动部印发《劳动事业发展“九五”计划和 2010 年远景目标纲要》，提出要重视失业保险制度的作用，发挥其促进再就业的功能，并逐步提高失业保险费用个人负担水平，同时提出要建立工伤保险制度与生育保险制度。同年 8 月，劳动部颁布了《企业职工工伤保险试行办法》，工伤保险制度得以初步建立。1997 年，劳动部发出了《关于印发〈生育保险覆盖计划〉的通知》，生育保险制度也正式得到了确立。1999 年 1 月，《失业保险条例》出台，失业保险正式取代待业保险。至此，我国城镇职工五险并行的社会保险体系得以确立。

相比于城镇职工社会保险制度，适用于城镇居民与农村居民的社会保障制度的确立过程更加漫长且艰辛。

（1）医疗保障方面，2002 年 10 月，中共中央、国务院发布《关于进一步加强农村卫生工作的决定》，明确提出“逐步建立新型农村合作医疗制度、对农村贫困家庭实行医疗救助、政府对农村合作医疗和医疗救助给予支持”①。2003 年，国务院办公厅转发卫生部等部门《关于建立新型农村合作医疗制度

① 《中共中央　国务院关于进一步加强农村卫生工作的决定》[EB/OL]. http: //www. gov. cn/gongbao/content/2002/content_61818. htm，2002-10-19.

意见的通知》，提出要开展新型农村合作医疗试点。针对农村户籍人口的合作医疗制度由此逐步建立。2007年，人社部和财政部颁布《关于全面开展城镇居民基本医疗保险工作的通知》，明确于2009年在全国范围内全面开展城镇居民基本医疗保险工作。城镇居民基本医疗保险制度的确立，使我国的全民医疗保险制度建设逐步实现。

（2）养老保障方面。1992年1月，民政部出台了《县级农村社会养老保险基本方案（试行）》。这是我国第一次出台全国性的农民养老社会政策①，但是初次试水的结果并未达到预期效果，参保人数逐年减少[24]。2002年11月，党的十六大报告提出“有条件的地方，探索建立农村养老、医疗保险和最低生活保障制度”[25]，对农村社会养老保险制度的探索被再次提上议程。2008年10月，中共十七届三中全会提出“按照个人缴费、集体补助、政府补贴相结合的要求，建立新型农村养老保险制度”②。2009年9月，国务院发布《国务院关于开展新型农村社会养老保险试点的指导意见》，“新农保”制度正式出台，并在随后几年的试点工作中成为覆盖大多数农村老人的养老保险制度，数千年以来中国农民第一次拥有了养老保险制度。2011年6月，国务院颁布《关于开展城镇居民社会养老保险试点的指导意见》，决定从2011年起开展城镇居民社会养老保险试点。城镇居民社会养老保险制度的确立，标志着全民养老保险制度建设正在变成现实。全民医疗保险制度与全民养老保险制度的建设使得我们的社会保障体系第一次实现了制度性全覆盖，“人人享有保障”开始从目标逐渐变为现实。

（3）社会救助方面。依托于上海市最低生活保障制度的范本，我国建立了最低生活保障制度。1999年9月，国务院颁布了《城市居民最低生活保障条例》，标志着城市居民最低生活保障制度的正式确立。2007年，国务院颁布了《关于在全国建立农村最低生活保障制度的通知》，农村最低生活保障制度得以确立。此外，特困人员供养、受灾人员救助、医疗救助、教育救助、住房救助、就业救助和临时救助等制度纷纷确立，以最低生活保障制度为主体的综合性社会救助体系得以确立。

（二）从政策保障到法律保障

社会保障制度需要法律制度的保障，只有通过法律制度建设才能真正保

---

① 为与2008年出台的新型农村养老保险制度区别，这一制度也被称为“旧农保”。

② 中共中央关于推进农村改革发展若干重大问题的决定［EB/OL］. http：//www. gov. cn/jrzg/2008-10/19/content_1125094. htm，2002-10-19。

障人民群众的社会保障权。没有健全的社会保障法律体系，就不可能出现健全、完善和成熟的社会保障制度[26]。中国现代社会保障制度的确立过程，是社会保障制度从下位的行政法规性质的政策保障，向上位的、专门的法律保障转变的过程。

1931 年，社会保障制度作为重要的社会制度被写入《中华苏维埃共和国宪法》，新中国成立后的《中华人民共和国宪法》及后来的几次修订也将社会保障制度写入其中。但是长期以来社会保障的相关法律要么是作为其他专门法的组成部分，要么是以位阶较低的行政法规的形式存在①，而一直缺失独立的立法。

我国现代社会保障制度体系建立之初，就开始寻求专门立法的支持。1995 年 5 月 8 日，《社会保险法（草案）》由时任劳动部部长李伯勇签发后上报国务院审查，但是受限于当时的立法条件，该立法计划陷入停滞[27]。

为了弥补社会保障立法的缺失，我国利用下位的行政法规对社会保障制度体系进行了一定的政策保障。1999 年 1 月，国务院颁布实施了《失业保险条例》《社会保险费征缴暂行条例》《城市居民最低生活保障条例》三项行政法规；2003 年 4 月，国务院颁布了《工伤保险条例》；2006 年 1 月，又颁布了《农村五保供养工作条例》。这些行政法规的出台为我国社会保障制度提供了一定的政策规范，也为中国社会保障专门立法的实现奠定了基础。

2008 年 12 月，全国人大常委会办公厅发布《社会保险法（草案）》，向全社会公开征求意见。《社会保险法》的出台正式进入倒计时。2010 年 10 月，第十一届全国人大常委会第十七次会议审议通过了《中华人民共和国社会保险法》，同日，以第 35 号主席令予以公布，2011 年 7 月，《社会保险法》正式实施。

《社会保险法》是我国社会法领域的首部立法，其正式实施是我国社会保障法制建设的里程碑，从而结束了单靠行政命令和规范性文件指导社会保障工作的局面，使社会公平从中国共产党的理想信念变成了法律规范，从政策层次上升到法制层次[28]。虽然目前看，《社会保险法》在授权范围、权限和层次不明确的情形下，诸多本该与之“配套”的法规、规章没有出台，间接

① 前者如 1992 年通过的《中华人民共和国妇女权益保障法》在第 28 条、第 29 条针对社会保障做出了相关规定，1994 年颁布的《中华人民共和国劳动法》专章规定了社会保险制度；后者如 1950 年颁布的《革命工作人员伤亡褒恤暂行条例》、1952 年颁布的《中华人民共和国劳动保险条例》，以及改革开放后出台的《失业保险条例》《工伤保险条例》等。

导致这部法律仍有待进一步完善[29]。但它体现了党和国家对于社会保障制度法治化的追求。在《社会保险法》之后，《军人保险法》《慈善法》也纷纷出台，《社会救济法》已进入了意见征求的立法程序，《医疗保障法》立法工作也正在积极推进。在中国共产党的领导下，中国的社会保障制度体系正在由政策保障向法制保障转变。

（三）从学习借鉴到创新发展

正如中国共产党在学习借鉴马克思主义理论基础上创立了毛泽东思想、邓小平理论和习近平新时代中国特色社会主义思想一样，中国现代社会保障制度的建立，也是在借鉴先进国家社会保障经验的基础上逐步完成的。

对于社会保障制度的理念与原则的学习与借鉴，是我国构建具有中国特色的、适应社会主义市场经济要求的社会保障制度体系的必由之路。长期以来，我国的社会保障制度体系建设是建立在计划经济基础之上的，而一直缺乏对于市场经济下社会保障制度的理性认识。在学习与借鉴以德国为代表的一批具有发达的社会保障制度体系的国家的基础上，党和国家构建了对于现代社会保障制度的认识，构建了包含公平性、福利性（互济性）、强制性、普遍性、选择性、多样性等原则的现代社会保障制度理念[30]。

20世纪70年代以后，许多市场经济国家基于自身需要和国情特点，以德国俾斯麦模式为基础，建立了现代社会保障制度，形成了福利资本主义的三个世界[31]。于是，德国的社会保险制度，英国和北欧的社会福利制度，美国的401K计划，日本的国民年金制度，智利的个人账户积累制度，新加坡的中央公积金制度，南亚的小额信贷扶贫制度，等等，都成为中国学习借鉴的参照。中国在这些制度基础上构建了以社会保险制度为核心，社会救助与社会福利为重要组成部分的现代社会保障体系。

中国共产党领导的社会保障工作并不是对于经验的简单照搬，而是基于国情进行的创新发展。我国社会保障制度体系的创新发展主要体现在四个方面。

第一，依据国情，我国实现了社会保障体系建设路径的创新发展。西方市场经济国家的社会保障体系从社会救济制度或济贫制度开始，在社会救济与济贫制度不能解决社会转型带来的社会问题时，再建立社会保险制度保障社会成员。造成中国特殊路径的原因在于彼时中国面临的问题与制度基础都不同于先发的市场经济国家：面对国有企业改革后的职工问题，中国依托于运行了数十年的劳动保险制度，首先通过社会保险制度的创立解决社会成员面临的社会风险问题。在市场经济转型带来的社会问题无法被社会保险制度覆盖的情况下再寻求社会救助制度的发展。

第二，在社会保险的运行机制上，我国的社会保障制度以“项目融合式保障”的特殊形式，实现了养老保险与医疗保险的制度性全覆盖。在城乡居民养老保险与医疗保险中，我国创造性地将保险和福利相融合，通过保险和福利的叠加，满足城乡居民基本养老和基本医疗需要。

第三，在社会保险制度的框架上，为了在保障社会保险制度互助共济基本功能的前提下，激励社会成员参与社会保险制度的热情，我国的养老保险与医疗保险创造性地采取了“统账结合”的制度框架。这一制度框架虽然饱受争议并开始逐步改革，但是必须承认其为近 20 年来中国经济社会的稳定发展提供了必要的保障。

第四，在中国共产党的领导下，我国利用自身的体制优势，使得全民可以通过社会保障制度共享社会发展成果。依托于公有制经济，我国通过划拨国有资产进入社会保障基金的方式，实现了人民通过社会保障制度共享经济发展成果，体现了中国特色社会主义的优越性。

六、新时代的社会保障（2012—2021 年）

（一）新时代的新作为：思想与成就

党的十八大以来，中国进入社会主义新时代。习近平深刻指出：“人民对美好生活的向往，就是我们的奋斗目标。”[32] 在这一奋斗目标引领下，中国社会保障制度获得了长足的发展。

从 2014 年开始，随着经济支持能力的增强和社会管理水平的提高，中国将城乡分别推进的生活救助制度、养老保险制度、医疗保险制度，整合为城乡居民社会救助制度、城乡居民养老保险制度、城乡居民医疗保险制度，实现了企业职工与机关事业单位养老保险制度的并轨[33]。通过社会保障制度体系的构建与完善，保障和改善了民生，使人民群众建立了稳定的安全预期，维护了市场经济的良好运转。2016 年，国际社会保障协会第 32 届全球大会将“社会保障杰出成就奖（2014—2016）”授予中国政府。这既是对中国社会保障建设成就的肯定，也是中国共产党以人民为中心、关心民生福祉的最好体现。

2017 年 10 月，党的十九大在北京召开，十九大报告进一步指出，新时代我国社会主要矛盾已经转化为人民日益增长的美好生活需要和不平衡、不充分的发展之间的矛盾[34]。面对新时代的新矛盾，肩负民生大计的社会保障体系如何有效地发挥保稳定、促发展的政策效能，进一步提升人民福祉水平，不断满足人民对于美好生活的需要成为社会保障制度面临的重要问题。

40 余年改革开放的伟大事业，使中国经济增长取得了举世瞩目的伟大成就。不断深化改革奠定了中国社会保障事业发展的经济基础，持续开放拓展了中国社会保障事业发展的理论视野。习近平提出的共享发展思想成为构建新时代中国特色社会保障体系重要的理论动力。习近平指出："共享发展理念，其内涵主要有四个方面。第一，共享是全民共享。针对共享覆盖面而言，共享发展是人人享有、各得其所，不是少数人共享、一部分人分享。第二，共享是全面共享。针对共享内容而言，共享发展就要共享国家经济、政治、文化、社会、生态各方面的建设成果，全面保障人民在各方面的合法权益。第三，共享是共建共享。针对共享实现途径而言，共建才能共享，共建的过程也是共享的过程。要充分发扬民主，广泛汇聚民智，最大激发民力，形成人人参与、人人尽力、人人都有成就感的生动局面。第四，共享是渐进共享。针对共享发展推进进程而言，一口吃不成胖子，共享发展必将有一个从低级到高级、从不均衡到均衡的过程，即使达到很高的水平也会有差别。"[35] 全民共享理念规定了每个中国人都应当从社会保障体系中获得普惠公平的社会保障权益；全面共享理念规定了中国特色社会保障制度的保障项目应当是全方位的，既关注一般性需要，也关注特殊性需要；共建共享理念规定了中国特色社会保障制度体系的实现过程需要个体成为积极主动的行动主体，参与到社会保障体系的建设中来；渐进共享理念规定了中国特色社会保障体系的建设不是一蹴而就的，而是长期的发展过程。

在习近平共享发展思想引领下，中国共产党领导的社会保障制度不断完善，不断拓展保障的范围，不断强化制度的公平性与互济性。长期照护保险试点，中央调剂金制度实施，社会保险费征收体系改革，社会保障关系转移接续，国家医疗保障局与退役军人事务部的设立等新的改革举措，使中国社会保障成就卓著。基本医疗保险覆盖超过 13 亿人，基本养老保险覆盖近 10 亿人，建成了世界上规模最大的社会保障体系①。中国共产党领导下的脱贫攻坚工作使得现行标准下 9 899 万农村贫困人口全部脱贫，832 个贫困县全部摘

① 中共中央关于制定国民经济和社会发展第十四个五年规划和二〇三五年远景目标的建议[EB/OL]. http://www.xinhuanet.com/politics/zywj/2020-11/03/c_1126693293.htm, 2020-11-03.

帽，12.8 万个贫困村全部出列，区域性整体贫困问题得到解决，完成了消除绝对贫困的艰巨任务[36]。新冠肺炎疫情期间，中国社会保障制度构筑了人民健康的坚实保障网络，2020 年，各地及时将符合条件的受疫情影响的困难群众纳入低保、特困人员救助共享、临时救助等保障范围，中央财政共下达困难群众救助补助资金 1 483.97 亿元，用以支持各地做好困难群众基本生活保障①；各地医保部门向新冠肺炎患者定点收治机构预拨专项资金 194 亿元，全年累计结算新冠肺炎患者医疗费用 28.4 亿元，其中医保基金支付 16.3 亿元②。一个旨在保障全体国民获得感、幸福感、安全感的中国特色社会保障制度体系初步建成。

（二）新时代的新方向：包容与共享

随着中国经济从高速增长向高质量发展的转变，在内力和外力的双重作用下，经济要素的变革和新的经济组织方式必将成为我国经济高质量发展的重要力量。而其中以新技术为引领的新经济、新业态必将引发生产组织方式与劳动关系的巨大变革。在互联网信息技术不断发展的过程中，其通过与传统制造业、服务业、运输业等相结合，共同构成了新时代下越来越依赖信息技术、数据并以互联网作为商业模式的数字经济[37]。数字经济通过以互联网为代表的现代信息技术最大限度地控制信息成本，从而将企业平台化，通过研发平台、营销平台和信息平台实现与大量中小企业及劳动者的连接，平台化成为重要的生产组织方式[38]。这种被称为平台经济、零工经济或新业态的生产组织方式，使得作为生产组织者的企业与生产资料之间不必再以一种稳定关系存在，对于拥有最重要的生产资料——劳动力的劳动者而言，其与生产组织者的关系变化构成了劳动关系百年未有之变，即以一种灵活的、非全时的、即时性的劳动关系，代替稳定的、全时的、固定性的传统劳动关系。

现代社会保障体系是建立在大工业生产组织方式下稳定的劳动关系基础之上的，通过劳资分责的方式构建起现代社会保障体系。但是在新的生产组织方式下，劳动者实际上是“无（稳定）雇主”的，意味着以俾斯麦模式为代表的现代社会保障体系与之难以相容。如何为越来越庞大的新型生产组织

---

① 财政部 .2020 年中国财政政策执行情况报告（2021）［EB/OL］. http：//www. mof. gov. cn/zhengwuxinxi/caizhengxinwen/202103/t20210305_3666406. htm。

② 国家医疗保障局 .2020 年医疗保障事业发展统计快报（2021）［EB/OL］. http：//www. nhsa. gov. cn/art/2021/3/8/art_7_4590. html.

方式下的从业者提供坚实可靠的社会保障，使之共享经济发展成果成为社会保障制度面临的重要挑战。

因此，新时代中国的社会保障具有显著的时代特征，在功能定位上具有战略性。新时代中国社会保障更加强调其保障和改善民生，维护社会公平，增进人民福祉，促进经济社会发展，实现人民共享发展成果和治国安邦的国家治理功能。在制度体系上具有包容性，新时代中国社会保障通过制度体系的不断完善和系统集成，能够将更多的国民纳入现代社会保障体系，使之充分共享社会保障发展成果。在发展过程上具有适应性，新时代中国社会保障更加重视在自身发展的同时，与国家积极应对人口老龄化战略、健康中国战略、区域社会经济发展战略及我国社会经济发展条件的适应，使新时代中国社会保障与整体国家发展战略形成协同高效的有机整体。在发展理念上具有共享性，新时代中国社会保障更加突出其共享发展理念，以共享、分享和独享的多层次社会保障体系，实现社会保障的全民共享、全面共享、共建共享、渐进共享，在共享中不断提升人民群众的获得感、幸福感和安全感，走向共同富裕。上述新时代中国社会保障的显著特征，为《中华人民共和国国民经济和社会发展第十四个五年规划和二〇三五年远景目标纲要》提出的“增进民生福祉，提升共建共治共享水平”① 的民生发展目标的实现，奠定了坚实的制度基础。

七、结语

社会保障制度是一个国家在政治、经济、制度等约束条件下，为全体国民提供福利保障的适应性选择。任何社会保障制度既不能超越历史的条件，给予人民群众以稳定的安全预期，也需要根据历史条件的变化而进行适应性的调整。中国自古以来就有重视社会保障的传统，在 2 000 多年前的西周，《周礼》就提出了“以保息六养万民：一曰慈幼，二曰养老，三曰振穷，四曰恤贫，五曰宽疾，六曰安富”[39]。此后的历史中更是强调通过家庭、家族对社会成员进行保障，体现了中华文化自古以来的民生情怀。

自中国共产党建党以来，始终将实现中华民族伟大复兴的中国梦和不断满足人民美好生活的需要作为奋斗目标。这也是中国特色社会保障制度发展

---

① 中华人民共和国国民经济和社会发展第十四个五年规划和二〇三五年远景目标纲要［EB/OL］. http：//www.xinhuanet.com/2021-03/13/c_1127205564_15.htm，2021-03-13.

的最终目标[40]。社会保障制度的发展和完善是增强人民民生福祉，满足人民日益增长的美好生活需要的制度保障。在中国共产党的领导下，我国的社会保障制度建设取得了非凡的成就：社会保障覆盖人群不断扩大，全体国民都被纳入社会保障制度所构筑的安全网之中，从而获得了稳定的安全预期；社会保障项目不断拓展，人民群众随时代产生的多样化保障需要得到了满足；社会保障政策工具不断优化，人民群众的需求得到了更加精准的实现。

100年来，中国共产党社会保障事业的发展，体现了中国社会保障价值理性与工具理性的高度统一。全心全意为人民服务的根本宗旨和为中国人民谋幸福的奋斗目标，决定了中国社会保障事业始终以人民为中心，满足人民群众的利益与需要，使发展成果更多、更公平惠及全体人民的建设初心，明确了中国共产党始终贯彻改善民生、公平正义、合作共享等社会保障发展理念，不断增进民生福祉，促进社会公平，实现共同富裕，体现了中国社会保障的价值理性。实事求是的思想路线和中国共产党的坚强领导，使中国共产党人能够根据社会经济发展状况的条件约束和不断提升社会保障水平的目标约束，适应性地选择和配置各项社会保障政策工具的组合，既尽力而为，又量力而行，这是中国之所以能够建成世界上规模最大的社会保障体系，推动中国社会保障事业不断发展的政治保证，体现了中国社会保障的工具理性及其对价值理性的高度回应。这些经验，既是中国共产党百年梦想实现的基础，也是中国社会主义事业未来发展的必然选择。

参考文献：

[1] 姜铎．中国早期工人阶级状况初探［J］．上海社会科学院学术季刊，1994（4）．

[2] 史兵．中国工人运动史话：第一集［M］．北京：工人出版社，1985．

[3] 中央档案馆．中共中央文件选集（1921—1925）［M］．北京：中共中央党校出版社，1989．

[4] 韩延龙，常兆儒．中国新民主主义革命时期根据地法制文献选编：第一卷［M］．北京：中国社会科学出版社，1981．

[5] 江西省档案馆．中央革命根据地史料选编：下册［M］．南昌：江西人民出版社，1982．

[6] 陈独秀．陈独秀文章选编：中［M］．北京：三联书店，1984．

[7] 李大钊．李大钊选集［M］．北京：人民出版社，1959．

[8] 韩延龙，常兆儒．中国新民主主义革命时期根据地法制文献选编：第四卷［M］．北京：中国社会科学出版社，1984．

[9] 汪亭友．马克思主义的本质概括：无产阶级争取自身和全人类获得彻底解放的科学：兼论马克思主义的阶级性与科学性、人民性的统一 [J]. 政治学研究，2011 (1).

[10] 陕西省档案馆，陕西省社会科学院．陕甘宁边区政府文件选编：第一辑 [M]. 北京：档案出版社，1986.

[11] 林伯渠．陕甘宁边区政府对边区第一届参议会的工作报告 [M].//中国社会科学院近代史研究所《近代史资料》编译室．陕甘宁边区参议会文献汇辑．北京：知识产权出版社，2013.

[12] 中央档案馆．中共中央文件选集（1939—1940） [M]. 北京：中共中央党校出版社，1991.

[13] 中央档案馆．中共中央文件选集（1943—1944） [M]. 北京：中共中央党校出版社，1992.

[14] 陕西省档案局．陕甘宁边区法律法规汇编 [M]. 西安：三秦出版社，2010.

[15] 中央档案馆．中共中央文件选集（1948） [M]. 北京：中共中央党校出版社，1993.

[16] 江宇．论中华人民共和国前 30 年的社会保障 [J]. 社会保障评论，2018 (4).

[17] [25] 郑功成．中国社会保障 70 年发展（1949—2019）：回顾与展望 [J]. 中国人民大学学报，2019 (5).

[18] 1956 年到 1967 年全国农业发展纲要（草案）[M]. 北京：人民出版社，1956.

[19] 中共中央文献研究室．毛泽东年谱（1949—1976）：第 5 卷 [M]. 北京：中央文献出版社，2013.

[20] 夏杏珍．农村合作医疗制度的历史考察 [J]. 当代中国史研究，2003 (5).

[21] 宋士云，吕磊．中国社会保障管理体制变迁研究（1949—2010）[J]. 贵州财经学院学报，2012 (2).

[22] 岳宗福．新中国 60 年社会保障行政管理体制的变迁 [J]. 安徽史学，2009 (5).

[23] 刘军强．沙滩上的大厦：中国社会保险发展与治理的跟踪研究 [M]. 北京：商务印书馆，2008.

[24] 邓大松，李芸慧．新中国 70 年社会保障事业发展基本历程与取向 [J]. 改革，2019 (9).

[25] 江泽民．全面建设小康社会，开创中国特色社会主义事业新局面 [M]. 北京：人民出版社，2002.

[26] 史探径．我国社会保障法的几个理论问题 [J]. 法学研究，1998 (4).

[27] 向春华．工伤保险改革的三个跨越 [J]. 中国社会保障，2008 (12).

[28] 周弘，张浚．走向人人享有保障的社会 [M]. 北京：中国社会科学出版社，2015.

[29] 郑尚元．新中国社会保障法制建设的回眸与展望 [J]. 求索，2020 (6).

[30] 郑功成．社会保障学：理念、制度、实践与思辨 [M]．北京：商务印书馆，2003.

[31] 考斯塔·艾斯平-安德森．福利资本主义的三个世界 [M]．郑秉文，译．北京：法律出版社，2003.

[32] 习近平．人民对美好生活的向往，就是我们的奋斗目标 [M]．北京：人民出版社，2014.

[33] 席恒．新时代、新社保与新政策：党的十九大之后中国社会保障事业的发展趋势 [J]．内蒙古社会科学（汉文版），2019（1）.

[34] 习近平．决胜全面建成小康社会夺取新时代中国特色社会主义伟大胜利 [M]．北京：人民出版社，2017.

[35] 习近平．习近平谈治国理政：第二卷 [M]．北京：外文出版社，2017.

[36] 习近平．在全国脱贫攻坚总结表彰大会上的讲话 [N]．人民日报，2021-03-04.

[37] 尼克·斯尔尼塞克．平台资本主义 [M]．广州：广东人民出版社，2018.

[38] 胡春燕．基于信息技术革命的新业态和新模式演化机理及效应 [J]．上海经济研究，2013（8）.

[39] 郑玄．周礼注 [M]．北京：中华书局，1998.

[40] 丁建定，王伟．改革开放以来党对中国特色社会保障制度目标的认识 [J]．社会保障研究，2019（3）.

健康中国　百年求索

——党领导下的我国医疗卫生事业发展历程及经验

费太安

国家信息中心

摘要：本文主要梳理总结了百年来党领导人民建立发展医疗卫生事业的历史演进过程，党的领袖关于医疗卫生事业发展的主要论述，党的医疗卫生工作主要方针政策，采取的主要政策措施以及取得的重大成效。探寻党的执政理念与医疗卫生事业发展的关系。党执政理念的不断进步，推动了医疗卫生事业发展的螺旋式上升。进入新时代，着眼新发展阶段、新发展理念、新发展格局，将医疗卫生事业作为推动构建新发展格局的重要力量；将医疗卫生制度提升到建设现代化国家的基础性制度安排；将全面深化医疗卫生体制改革作为推进健康中国建设的关键内容。

关键词：医疗卫生体制　执政理念　新发展格局　健康中国

一、引言

人民健康是民族昌盛和国家富强的重要标志。在中国共产党领导下，百年来特别是中华人民共和国成立以来，中国医疗卫生事业的发展，有力地保障和改善了民生，促进了经济发展和社会公平。中国在医改这个世界性难题上，逐步探索出具有中国特色的医疗卫生发展模式。中国医疗卫生事业取得的进步，在世界上被认为是最值得称赞的巨大成就。从世界卫生组织衡量各国健康水平的三个公认指标看，人民群众预期寿命由中华人民共和国成立初期的35岁提高到2019年的77.3岁，增长了40多岁，婴儿死亡率由200‰下降到5.6‰，孕产妇死亡率由150/10万下降到17.8/10万（《2019年我国卫生健康事业发展统计公报》）。目前，我国人民群众健康水平总体上优于中高收入国家的平均水平。

注：本文原载《管理世界》2021年第11期。

站在开启全面建设社会主义现代化国家新征程、向第二个百年奋斗目标进军的历史进程中，党的十九大明确提出“实施健康中国战略”，强调完善国民健康政策，为人民群众提供全方位、全周期的健康服务。“实施健康中国战略”的重点和关键环节是深入推进医疗卫生体制改革。但是，关于医疗卫生制度世界上没有统一模式，医疗卫生体制改革是世界性难题。医疗卫生制度与客观现实环境紧密相关，经济、社会、文化等因素的不同，导致医疗卫生发展具有更复杂的机理、更多的模式、更动态的变化，决定了建立现代化的医疗卫生制度的特殊性和复杂性。同时，医疗卫生事业关系着亿万人民的健康，事关经济社会发展全局和民族未来。值此建党百年之际，梳理研究总结党领导人民建立发展医疗卫生事业的主要脉络、制度变迁以及基本经验，使完善的制度更加法制化、定型化，有待优化的制度加快改革，进而全面推进健康中国建设，为中华民族伟大复兴的中国梦筑牢健康根基。党的执政理念的变迁是物质基础条件、社会主要矛盾等内外环境综合变化的结果，也是党对历史发展、国际局势、客观规律认识深化的结果。新时代医疗卫生事业的发展，宏观上要基于国际环境、新发展阶段、新发展理念，将医疗卫生制度作为推动构建新发展格局的重要力量，同时在构建新发展格局下发展医疗卫生事业。要立足全面建设社会主义现代化国家新目标，将医疗卫生制度提升到现代化国家建设的保障性、支撑性、基础性制度安排。通过全面深化医疗卫生体制改革，持续推进健康中国建设。

二、理论基础

理论上规范分析医疗卫生体制，可追溯至1963年阿罗（Arrow）发表的《不确定性和医疗保健的福利经济学》一文，该文是现代卫生经济学确立的标志[1]。医疗卫生市场因具有不确定性、信息不对称性和外部性等明显的特殊性，难以实现一般市场均衡和效率最大化目标。非市场的安排同样面临信息问题，政府直接提供医疗卫生服务也存在效率损失。格莱泽（Glaeser）等利用不完全契约模型，讨论了非营利组织的作用优势[2]。根据政府与市场边界的不同，可将世界上主要医疗模式划分为四种：以英国为代表的国家医疗保障模式、以德国为代表的社会医疗保障模式、以美国为代表的商业医疗保障模式和以新加坡为代表的储蓄医疗保障模式[3]。最优的医疗保障制度应该是由病人与政府共同付费，并设立免赔额或自付比例，依此约束病人的道德风险行为[4]。理想的医疗卫生服务体系是能够及时满足患者需求的、灵活的制度安排[5]。

中华人民共和国成立以来，医疗卫生政策总的逻辑是从低水平覆盖，到提高效率，再到健康导向[6]。政府对卫生的投入策略，体现了卫生经济学成本收益的资源配置原则[7]。计划经济时期形成的医疗卫生体制与当时的外部环境和主要需求相适应。改革开放以来，在向市场经济转轨过程中，外部环境发生了重要变化。民众的健康意识明显增强，医疗卫生需求大幅提高，医疗资源供需矛盾和成本负担矛盾日益成为关注焦点。面对新情况、新问题，我们需要逐步完善医疗卫生体制[8]。在医疗卫生事业发展中，政府和市场的关系是矛盾的焦点。坚持市场化取向的学者认为，应该充分发挥市场竞争优势，只有这样才能有效缓解看病难、看病贵的问题[9]。发达国家政府对医疗服务部门进行政府干预也造成了不利后果，以医疗的公共性为理由要求政府干预医疗部门是没有理论依据的，因为公共卫生之外的医疗服务并不具备公共品特征[10]。医疗卫生体制改革要考虑医疗卫生的特殊性，特别是医疗领域的市场失灵问题。由于信息不对称、诱导需求、行业垄断等因素造成市场失灵，市场机制在医疗卫生领域发挥的作用有限。由国家主导的医疗卫生体制比由市场主导的体制在公平和效率的平衡上会更好[11]。美国在以市场为主导的医疗卫生模式下，医疗卫生费用上涨过快，政府、企业和个人都不堪重负。

目前，我国基本建立了较为全面的医疗服务保障体系。“新医改”之后，根据客观经济社会发展变化，优化制度顶层设计，完善各系统内部治理，增强模式可持续性，达到最佳再分配效果，是卫生政策关注的重点[12]。近年来，学者围绕相关主题进行了深入研究，减轻低收入人群的医疗成本负担[13]，优化控费机制解决公立医院“看病难看病贵”的问题[14]，根据 GHM 模型完善激励机制[15]，以及地方政府在委托代理模式下的行为选择等[16]。在“大健康”理念下，健康经济学理论体系正在加快发展，从传统卫生经济学的部门分析，逐渐扩展到更加宏大和全面的研究范畴[17]。随着医疗服务理念由治疗向健康转变，医疗卫生服务供给发展不平衡、不充分的矛盾依然比较明显[18]。参考全球基本卫生保健发展大趋势，实现健康中国建设目标，要从完善国家治理体系的高度健全相关制度[19]。

医疗卫生服务供给水平在很大程度上取决于经济发展水平，通过政府干预提高医疗服务覆盖面、提升医疗服务水平，充足的资金是基本要求。反过来，医疗卫生的改善以及对健康的投资，在一定阶段也是促进经济发展的重要因素。美国经济学家马斯金出版的《把健康作为一种投资》，把人力资本引入卫生经济学，将对医疗市场的研究与经济发展理论联系起来。对健康的生产需要物质投资与时间成本，对健康的生产同样存在一个最优边界问题。健康状况与经济发展不是简单的线性关系，健康对经济增长的影响在不同经济发展阶段的作用机制、影响程度不同[20]。

医疗卫生事业发展模式与水平是执政党价值观的重要体现，新中国医疗卫生事业发展思想和演变路径与中国共产党的执政理念紧密相关。党的十九大报告指出，中国共产党人的初心和使命，就是为中国人民谋幸福，为中华民族谋复兴。医疗卫生事业是重大的民生工程，中国的改革发展就是要寻找一条有效解决民生问题的道路。不变的是党的初心和使命，变化的是党根据客观环境而与时俱进的执政理念。中国共产党的执政理念与社会主要矛盾的历史变迁密切相关。中国人民对生活需求经历了一个不断提高的过程，从对温饱生活的追求，到对富裕生活的渴望，再到对美好生活的向往。党的民生价值观也在不断进步，逐渐上升至以人民为中心。党发展和改善民生的基本特点是坚持改革、发展与民生改善的统一，坚持生产力标准与人民利益标准的统一。梳理总结党的执政理念变化对医疗卫生事业等民生建设理念的影响，推动民生事业高质量发展意义重大。

三、党领导人民建立发展医疗卫生事业的历史性成就

新中国成立前，人民群众缺乏医疗卫生保障。调查数据显示，1930 年，我国农村人口出生率为 39‰，死亡率为 28‰，人口平均期望寿命为 35 岁，是世界上人口寿命低的国家之一。当时医疗卫生资源十分有限，全国仅有县医院 1 437 所，而且规模很小，人员很少，平均每个县医院仅有 7. 8 张病床，9. 2 个卫生技术人员。这些资源大部分集中在城镇，农村平均每千人口床位数仅 0. 05 张[21]。

（一）党领导人民建立了基本医疗卫生服务保障体系

中国共产党成立后，十分重视人民群众的健康问题。1931 年，中华苏维埃共和国临时中央政府成立，专门设立卫生局统管整个苏区的卫生工作。1933 年，毛泽东在《长冈乡调查》中强调：“发动广大群众的卫生运动，减少疾病以至消灭疾病，是每个乡苏维埃的责任。”[22] 党通过加强组织领导，广泛动员人民群众，带领人民积极应对处理疾病灾害。

经过 28 年浴血奋战，党团结带领中国人民建立了新中国，进而确立了社

会主义制度，为新中国医疗卫生事业发展奠定了根本政治前提和制度基础。中华人民共和国成立初期，全国医疗卫生机构只有3 670家，且主要是教会医院、军队医院和防疫所，医疗卫生机构床位数仅有8.5万张，每万人拥有执业（助理）医师7人[23]，农村医疗卫生服务基本无从谈起。面对落后的医疗卫生状况，毛泽东把“一切为了人民健康”作为社会主义医疗卫生事业的根本宗旨，按照“哪里有人民，哪里就有医疗机构”的原则，实行卫生工作者和广大群众相结合，开展群众性爱国卫生运动，建立城乡卫生服务网络[24]。党领导人民在全国建立了覆盖城乡的基本卫生服务体系，保障了人民群众的基本卫生需求。

第一，明确了医疗卫生事业发展总体框架。中华人民共和国成立伊始，党和政府即明确提出“面向工农兵、预防为主、团结中西医、卫生工作与群众运动相结合”的医疗卫生事业四项指导方针，奠定了新中国医疗卫生事业发展的总体框架。

第二，初步建立了公益性的医疗卫生服务体系。成立专门的医疗卫生管理机构，突出医疗卫生事业的公益性，加大财政投入，全面建立了覆盖城乡的医疗卫生服务网络，形成了包括医疗、保健、康复、预防、科研、教学等在内的比较全面的医疗卫生服务体系。

第三，重视实施初级保健和预防。突出对公共卫生防疫的高度重视，国家财政优先对公共卫生事业投入。逐步建立了包括地方病控制、卫生防疫、妇幼保健等在内的公共卫生体系。在有限的医疗资源下，侧重于对多发病和常见病的治疗。

第四，创建了基本的医疗保障制度。在城市建立劳保医疗和公费医疗制度，基本覆盖了城市大部分劳动者和大多数的职工家属。广大农村地区则通过合作医疗制度覆盖。城乡实行差异化的社保制度，让绝大部分居民在医疗救治上得到一定程度的医疗保障，减轻了患者的经济负担。

第五，推动医疗资源下沉到农村。农民收入水平低，医疗服务不足，是所有发展中国家面临的共同难题。1965年，毛泽东专门指示：“把医疗卫生工作的重点放到农村去。”新中国从实际出发，遴选有一定文化基础的农民担任村医，俗称赤脚医生。这是基于生产力水平、时代特征和农民实际需求的创举。

中国共产党带领人民建立的新中国，在经济社会发展水平低的情况下，通过建立省、市、县三级公立医院网络和乡村医疗卫生服务体系，初步形成了覆盖城乡的医疗卫生制度。医疗卫生资源大幅增长，1978年我国共有医疗卫生机构 17 万个，床位数 204 万张，卫生技术人员 246 万人（《中国统计年鉴（2020）》）。通过强化公共卫生，有效防治和消灭了各类恶性传染病。国民整体健康水平得到显著提高，预期寿命从中华人民共和国成立初期的 35 岁增加到 1981 年的 68 岁；婴儿死亡率从 200‰下降到 34.7‰（《2020 中国卫生健康统计年鉴》）。新中国卫生工作取得了巨大成就，被世界卫生组织誉为“发展中国家的典范”[25]。

（二）改革开放后同步推动医疗卫生事业改革发展

医疗卫生事业的发展与经济社会发展程度紧密相关，随着经济体制改革的不断深化，医疗卫生事业也同步改革发展。党的十一届三中全会后，我们党将医疗卫生事业放在改革开放全盘中谋划推进。邓小平强调，医疗卫生部门必须把社会效益放在首位[26]。随着经济社会发展变化，党与时俱进地对医疗卫生事业发展方式做出新的部署，不变的主线仍然是为了人民健康发展医疗卫生事业，依靠人民特别是广泛动员社会资源和调动医务人员积极性。1996 年，江泽民提出，以农村为重点，预防为主，中西医并重，依靠科技教育，动员全社会参与，为人民健康服务，为社会主义现代化建设服务[27]。2010 年，胡锦涛指出，建立健全覆盖城乡居民的基本医疗卫生制度，为群众提供安全、有效、方便、价廉的医疗卫生服务，是党和政府义不容辞的责任，是保障和改善民生、促进人的全面发展的必然要求，是全面建设小康社会，加快推进社会主义现代化的重要任务[28]。改革开放后，为满足人民群众对健康需求的快速增长和适应经济体制改革需要，在提高医疗卫生事业发展活力，增加医疗卫生资源，增强医疗卫生服务可及性和公平性上不断深化改革。

第一，增强医疗卫生机构的活力。为打破干多干少一个样，调动医疗卫生机构和医务人员积极性，20 世纪 80 年代，多种形式的责任制被逐渐推广到医疗卫生机构，医院获得了越来越多的自主权。卫生主管部门用企业管理的一些有效做法管理和经营医疗卫生机构，拓宽卫生筹资渠道，完善补偿机制。通过改革，调动了医疗卫生机构和医务人员提供医疗服务的积极性，医疗服务数量和质量明显提高。

第二，增加医疗卫生资源供给。允许民间资本举办医疗机构提供医疗卫生服务。1980 年，国务院出台关于允许个体开业行医问题的文件，核心思想是推动发展多种所有制形式的医疗卫生机构。从 20 世纪 80 年代中期到 90 年代中期，医疗卫生服务在多个方面得到了前所未有的发展，医疗装备和技术水平逐渐与国际接轨。

第三，改革医疗保障制度，增加医疗卫生投入。1998 年，国务院颁布《关于建立城镇职工基本医疗保险制度的决定》，在全国建立覆盖全体城镇职工，社会统筹和个人账户相结合的基本医疗保险制度。2002 年，中央提出逐步建立以大病统筹为主的新型农村合作医疗制度，农村人口医疗保障水平大为改善。2003 年“非典”疫情后，中央大幅增加卫生防疫经费投入，在全国建设各级疾病预防控制中心，特别是增加对农村地区的经费投入，改善基层医疗卫生条件。

第四，协同推进医药卫生体制改革。2009 年，中共中央、国务院发布《关于深化医药卫生体制改革的意见》，提出了切实缓解看病难、看病贵的五项重点改革措施和建立健全覆盖城乡居民的基本医疗卫生制度的长远目标。这次医改以基本医疗卫生事业回归公益性为主轴，以保基本、强基层、建机制为基本原则，以实现人人享有基本医疗卫生服务为目标。通过加大政府投入和完善机制，着重推进基本医疗保障制度建设，健全基层医疗卫生服务体系，促进基本公共卫生服务逐步均等化，建立国家基本药物制度和推进公立医院改革试点。同时，国家免费向全体城乡居民提供 10 类 41 项基本公共卫生服务项目，逐步提高新农合政策范围内住院费用报销比例。

改革开放后，我国医疗卫生事业加快发展，卫生服务不断改善，卫生筹资结构趋向合理，城乡居民医疗保障范围和程度取得重大进步。2012 年，我国共有医疗卫生机构 95 万个，床位数 572 万张，卫生技术人员 667 万人（《2020 中国卫生健康统计年鉴》）。医疗卫生服务设施条件明显改进，疾病防治能力不断增强。建立了城乡全覆盖的医保体系，基本医保覆盖面达到 96%，群众就医负担明显减轻。城乡居民健康差距进一步缩小，人民群众整体健康水平显著提高。

（三）以人民为中心全面推进健康中国建设

党的十八以来，以习近平同志为核心的党中央，提出以人民为中心的发展思想。从实现中华民族伟大复兴中国梦的战略高度，党中央强调把人民健康放在优先发展的战略地位，实施“健康中国战略”，将深化医改纳入全面深化改革统筹谋划、全面推进。2016 年，习近平在全国卫生与健康大会上强调，新形势下卫生与健康工作方针是“以基层为重点，以改革创新为动力，预防为主，中西医并重，把健康融入所有政策，人民共建共享”“努力为人民群众提供全生命周期的卫生与健康服务”。在党的领导下，以健全医疗卫生服务体系、完善全民医保制度、实施健康中国行动等为重点，全面深化医疗卫生体制改革，推动医疗卫生事业发展跨上新台阶。

健全医疗卫生服务体系，提高医疗服务质量。一是加强基层医疗服务机构建设。完善医疗资源布局，重点支持基层和公共卫生服务机构、妇幼保健机构发展。提高国家基本公共卫生服务经费人均补助标准，推进重大公共卫生服务项目建设。优化社会办医跨部门审批，民营医疗机构持续增加。实施远程医疗体系建设，逐步形成“国家、省、地市、县、乡”五级远程医疗服务体系。二是逐步建立现代医院管理制度。以公立医院收费补偿机制改革为重点，取消公立医院药品加成政策，提升医疗服务收费比重。深化人事薪酬制度改革，推行聘用合同制度。建立考核信息系统，推进三级公立医院绩效考核工作。三是推动分级诊疗制度建设。通过优化基层医疗服务机构布局和实施医联体、远程医疗网络建设等，提高基层医疗卫生机构服务能力，改革公立医院增强医疗系统活力。在此基础上，完善分级诊疗制度，提高家庭医生签约服务质量，逐步由“重服务数量”向“重服务质量”转变。

完善全民医保制度，形成全覆盖多层次的医保体系。基本医疗保险持续扩面，2020 年全国参保人数超过 13.6 亿人（《2019 年全国医疗保障事业发展统计公报》）。保险形式更加多样，城乡居民大病保险制度全面建立；商业健康保险加快发展，医疗救助制度、疾病应急救助制度等保障制度逐步衔接。城乡居民基本医保制度基本整合，医保制度更加统一，医保待遇更加公平。财政补助标准继续提高，进一步提升医疗保障程度，2019 年居民医保住院费用实际报销比例平均为 59.7%，职工医保住院费用实际报销比例平均为 75.6%，大病保障病种范围也逐步扩大。完善医保管理体制，持续推行药品集中采购和医保支付方式改革。便利群众医疗报销，实现跨省异地就医费用直接结算（《2020 年医疗保障事业发展统计快报》）。

实施健康中国行动，构建保障全生命周期的环境和服务体系。2020 年 6 月 1 日，《中华人民共和国基本医疗卫生与健康促进法》实施，对健康影响因素、全生命周期、重大疾病进行全方位干预、维护和防控。推动社会牢固树立新发展理念，加快转变发展方式。改善生活环境，倡导健康文明生活习惯。创新发展“互联网+医疗健康”，推进全民健康信息平台建设。改善儿童青少年和老年人等重点人群健康状况。加强中医药传承创新，改进慢性病、传染病、地方病、职业病防治能力和水平。

同时，优化药品供应保障制度，降低药物成本，提高药品质量，保障患者需求。建立综合监管制度，不断提高医疗、医药市场规范性，保障群众的合法权益。

（四）党领导人民建立发展医疗卫生事业取得的伟大历史成就

纵观我国医疗卫生事业百年发展历程，特别是党的十八大以来，医疗、医保、医药事业深入发展，医疗卫生体制改革不断深化，分级诊疗制度逐步建立，全民医保体系逐步完善，医疗卫生资源、医疗服务水平、群众就医便利度和就医负担等方面都发生了深刻变化。

医疗卫生资源大幅增长。2019 年，全国共有医疗卫生机构 100 万个，比 1949 年增长 273 倍；床位数 880 万张，增长 73 倍；卫生技术人员 1 015 万人，增长 19 倍。2019 年，每千人口执业（助理）医师数增长到 2. 8 人，注册护士数增长到 3. 2 人，医疗卫生机构床位数增长到 6. 3 张（《2019 年我国卫生健康事业发展统计公报》）。从医疗卫生资源国际比较看，2007—2016 年每千人口医师，美国是 2. 6 人，英国 2. 8 人，日本 2. 4 人。2006—2012 年每千人口医院床位数，美国、英国是 2. 9 张，德国 8. 2 张（《2020 中国卫生健康统计年鉴》）。与发达国家相比，我国医疗卫生资源主要指标处于较高水平。

医疗卫生服务水平显著提高。医疗卫生服务体系不断完善，服务可及性不断提升，84%的县级医院达到二级及以上医院水平[29]，远程医疗服务覆盖国家级贫困县和边远地区。2019 年，各类医疗卫生机构诊疗 87. 2 亿人次（《2020 中国卫生健康统计年鉴》），医疗技术水平不断进步，医疗服务质量不断提高。不断加大传染病防控投入，重大传染病防控能力大为提升。2020 年人均基本公共卫生服务经费补助标准提高到 74 元（《关于做好 2020 年基本公共卫生服务项目工作的通知》），基本公共卫生服务能力进一步增强，均等化水平进一步提高。

卫生事业投入成本相对较低。我国卫生总费用相对较少，居民负担明显减轻。中国用较少的卫生费用解决了全世界近 1/5 人口的看病就医问题。我国卫生总费用占 GDP 的比重从 1978 年的 3%增长到 2019 年的 6. 64%，但与世界主要国家相比明显较低，2015 年美国卫生总费用占 GDP 的比重是 16. 8%，英国为 9. 9%，日本为 10. 9%（《2020 中国卫生健康统计年鉴》）。政府卫生支出占卫生总费用的比重呈现先下降再上升的“U”形曲线，由 1978 年的 32%下降到 2000 年的 15%，2019 年上升到 27%。与此同时，个人医疗卫生支出占卫生总费用的比重显著下降，由 2000 年占比近 60%下降至 2019 年的 28%（《2020 中国卫生健康统计年鉴》）。

新冠肺炎疫情防控取得重大战略成果。面对突如其来的新冠肺炎疫情，党中央坚持把人民生命安全和身体健康放在第一位，第一时间实施集中统一领导，对防治工作提出总要求、总目标，周密部署武汉保卫战、湖北保卫战，因时因势制定重大战略策略。对新冠肺炎确诊和疑似患者实行“先救治，后结算”，住院患者治疗费用由医保和财政负担，核酸检测按照“应检尽检”，新冠疫苗实行全民免费接种。同时，为支持企业复工、复产，及时出台了阶段性减征职工基本医疗保险费的政策。我国成为疫情发生以来第一个恢复增长的主要经济体，在疫情防控和经济恢复方面走在世界前列，彰显了党领导下的医疗卫生体系具有强大的动员、组织和保障能力。

四、党的执政理念与医疗卫生事业发展路径

医疗卫生事业发展路径是党的宗旨理念在民生领域的具体体现。作为马克思主义政党，中国共产党一以贯之秉持“全心全意为人民服务”的根本宗旨。同时，人民群众生活在具体的历史场景中，其自身利益需求在不同的历史时期呈现出差异性[30]。在不同的阶段，民之所需和社会主要矛盾的变化，决定了党的执政理念的阶段性变化。经济基础（体制）、社会主要矛盾共同影响党的执政理念，社会主要矛盾决定了党应该做什么，经济基础（体制）决定了党能做什么，同时，它们又与党的执政理念一起共同作用于医疗卫生事业的发展模式和供给水平，共同影响医疗卫生保障程度、医疗卫生服务质量和医疗卫生提供效率的发展差异（见表1）。

表1　基础环境、党的执政理念对医疗卫生事业发展路径的作用机理

	中华人民共和国成立后	改革开放后	党的十八大以来
经济基础（体制）	十分薄弱，公有制计划经济体制，赶超战略、个人对单位和组织的依附关系	由薄弱逐渐到小康，公有制为主体、多种经济共同发展，社会主义市场经济体制	居于中等偏上收入国家行列，社会主义市场经济体制更加定型完善
社会主要矛盾	落后的农业与建立工业国的目标，人民的物质需要与落后的生产能力之间的矛盾	日益增长的物质文化需要同落后的社会生产之间的矛盾	人民日益增长的美好生活需要和不平衡不充分的发展之间的矛盾

续表

		中华人民共和国成立后	改革开放后	党的十八大以来
党的执政理念		为了人民过上好日子，目标是建立独立的、比较完整的工业体系和国民经济体系	消灭贫穷，先富后富论；共享经济社会发展成果；以人为本，更加关注基层	以人民为中心，逐步实现共同富裕
医疗保障	保障人群	城市人群由单位保障，农村依靠农民自己互助	由部分人群的缺失到逐步全民化	各类人群全覆盖，保障水平不断提高
	制度一体化程度	碎片化，城乡、机关、企业等各不同	逐步社会化，趋向统一	一体化的保障模式
医疗卫生服务质量	医疗卫生技术	城市医院，农村赤脚医生	医疗技术不断提高，医疗服务逐步由城镇延伸到乡村	医疗技术水平较为先进，城乡基本公共服务向均等化迈进
	针对疾病类型	主要防止传染病、基本疾病	疾病防治范围明显扩大	向前后延伸，从以治病为中心向以人民健康为中心转变
医疗卫生效率	卫生资源量	卫生投入少，医务人员水平较低，设施较为简陋	卫生资源迅速增长，医护人员知识水平大幅提高，医疗设施不断更新	与发达国家相比，主要指标处于较高水平
	可持续性	维持较低水平	群众医疗负担由重到轻、国家财力保障可持续性较强	居民医疗卫生负担明显降低，多元化投入分担机制形成，具有较高水平上的可持续性

（一）计划经济与城乡不同的医疗卫生体制

1. 国内形势与党的执政理念

从20世纪初到中华人民共和国成立，中国经济总体上十分落后。据经济史学家刘佛丁对1850—1949年中国国民收入的测算，当时中国人均收入极低，只有40元左右。到1952年，中国国内生产总值仅为679亿元，人均国内生产总值119元（《中国统计年鉴（2020）》）。国家财政十分困难，1950年全国财政收入仅有62亿元。新生的共和国政权受到资本主义阵营的封锁，新中国不得已实行一边倒政策。三大改造基本完成后，国内的主要矛盾是人民对于建立先进的工业国的要求同落后的农业国现实之间的矛盾，是人民对于经济文化迅速发展的需要同当前经济文化不能满足人民需要状况之间的矛盾。当时的社会现实，决定了党的主要任务是集中力量进行经济建设，尽快将我国从落后的农业国变为先进的工业强国。

这一时期党的宗旨理念是马克思主义理论思想与中国现实相结合的结果。《共产党宣言》的核心思想是消灭基于阶级分化之上的剥削与压迫，建立一个自由人的联合体，实现人的自由和全面发展，最终实现全人类的彻底解放。无产阶级的运动是绝大多数人的、为绝大多数人谋利益的独立的运动[31]。面对人民的困苦，中国共产党以建立基本医疗、解除人民饥饿、实现人民温饱作为民生建设的起点。毛泽东指出："解决群众的穿衣问题，吃饭问题，住房问题，柴米油盐问题，疾病卫生问题，婚姻问题。总之，一切群众的实际生活问题，都是我们应当注意的问题。"[32] 中华人民共和国成立后，毛泽东同志强调"如果大家生活不提高，革命就没有必要，因此生活福利都要逐步提高"[33]。为尽快改变落后的国民经济体系，以建立"独立的、比较完整的工业体系和国民经济体系"为目标，实施城乡非均衡发展模式，对工业进行大规模的投资，快速建立一批门类齐全的基础工业项目。

2. 计划经济下城乡不同的医疗卫生体制

在中华人民共和国成立后，全面学习世界上第一个也是最具标杆性的社会主义国家苏联的模式，政治上实行人民民主专政，经济上实行公有制，实现了国家、集体和个人利益高度统一的社会主义模式。国家、单位、集体，保障国民、单位职工、集体群众的医疗保障等福利待遇。作为二次分配的医疗卫生保障，实际上同初次分配交织在一起，共同构成社会主义的福利形式。

公有制和计划经济形成了个人依附于单位和集体的医疗保障模式。中国效仿苏联建立的经济体制，公有制和计划体制是经济制度的最显著特征，所有的经济关系都建立在这一制度之上，医疗保障制度也不例外。城市中，公有制中的全民所有制、集体所有制企业，既是生产部门、初次分配部门，还是福利再分配的公共服务部门，和机关事业单位一样几乎包揽了本单位职工的医疗、教育、住房等福利。农村中，公有制主要体现在集体经济组织上，形成了以劳动换工分的生产组织形式。农村的生产队是社会管理、生产组织、福利分配的基层组织，农民的收入福利都来自集体。与公有制经济相配套的是计划经济体制，不仅生产资料按计划分配，劳动力也是按照国家计划统一调配的。劳动者工作统包统配，劳动力就业没有流动性，劳动者对单位形成依附关系，医疗等福利待遇也自然由单位负责。“一大二公”的公有制经济和计划体制，形成了个人和单位的紧密结合，总体上呈现了各单位封闭运行和对职工福利待遇负责的机制。再加上严格的户籍制度和就业计划审批，城乡人口流动极少。医疗保障上逐渐形成了以机关事业单位保障、企业保障和农村集体保障为主的保障形式。

城乡实行不同的医疗保障制度。为尽快改变落后的工业现状，必须优先发展生产资料的生产，逐渐形成了城乡二元发展格局。根据当时的情况，城市、农村分别实行不同的医疗保障制度，城市以劳保医疗、公费医疗体系为主，农村实行合作医疗。无论是城市还是农村，医疗保障制度因为保障对象、实施主体不同又存在制度性分割。1951 年，政务院颁布《劳动保险条例》，城镇企业职工建立了全面的劳动保险制度。劳动保险保障对象是城市的企业职工，保障包括工伤、医疗、养老、死亡以及直系亲属抚恤等，福利待遇不仅针对职工本人还惠及家属。责任分担上，职工个人不需缴费，劳动保险的费用全部由企业或资方支付。1952 年，政务院颁布《关于全国各级人民政府、党派、团体及所属事业单位的国家工作人员实行公费医疗预防的指示》等文件，建立了机关、事业单位工作人员和军官的公费医疗制度。责任分担上，由财政出资公费医疗，个人无须负担，保障对象包括机关、事业单位工作人员及亲属，保障待遇上的覆盖面较广，类似于企业职工保险。在农村，形成了集体经济组织的低水平保障，是农民自己的统筹互助。1956 年，《高级农业生产合作社示范章程》颁布，规定因公负伤或因公致病社员的医疗费用由农业生产合作社负责，并对其因此而损失的劳动给予补助。此后，经各地实践探索，1960 年中央颁布《关于人民公社卫生工作几个问题的意见》，合作医疗正式成为农村的医疗卫生制度，限于当时较弱的总体经济能力和国家有限的财力，农村集体经济组织内部成员建立互助医疗保障形式。

这一阶段的医疗卫生事业发展，总的特征是各单位封闭运行，各扫门前雪。国家公职人员依靠财政保障，其他社会个体属于不同单位，享受不同的医疗保障待遇，个人与单位形成了很强的共同体关系。医疗保障总体上是低水平、大均衡。为追求公正、平等，面对生产力水平落后和经济基础薄弱的现实，国家降低初次分配额度，提高平均主义福利分配比重。城市中，职工的工资收入水平很低，差距也很小，而医疗保障不仅面向职工本人，还惠及家属，覆盖面广，保障事项多。农村中，集体收益的分配虽然也有按劳分配的成分，但同时兼顾按人平均分配。不仅如此，有关集体福利和应对伤残病等灾害更多的是依靠集体来支持。改革开放前的医疗保障制度特点是在较低收入水平下的较为均等化的保障，而城乡又有较大区别。1978 年，我国的基尼系数在 0.2 左右，但是人均 GDP 只有 381 元，处于典型的较低收入水平的均等化状态（《中国统计年鉴（2020）》）。

（二）改革开放与医疗卫生事业的发展进步

1. 由加快发展到更加注重共享发展成果

改革开放前夕，我国与世界主要发达国家相比，很多人均指标还处于世界后列。国际局势的相对缓和，为中国实行改革开放政策创造了较为良好的外部环境和可能。在维护世界和平、促进共同发展上，中国同许多国家成为合作伙伴。一些国家或地区跟上全球化大潮后，在承受全球化带来的各种问题和挑战的同时，也能够享受全球化带来的红利。参与世界分工和交流成为国家经济腾飞的必要条件。从现实需要看，我国社会主要矛盾即人民日益增长的物质文化需要同落后的社会生产之间的矛盾，决定了党的根本任务是集中力量发展社会生产力。“一个中心、两个基本点”成为党的基本路线的核心内容。改革开放后，我国经济总量快速提升。按照世界银行的划分标准，中国已经由低收入国家跃升至上中等收入国家。国家财政收入的增加提高了政府调控能力，也为发展医疗卫生事业提供了坚实的物质基础。

这一时期的执政理念演进源于党对历史和现实，以及什么是社会主义，如何坚持和发展社会主义的深入思考。在经历了中国社会主义建设和“文化大革命”的严重挫折后，邓小平强调：“社会主义要消灭贫穷。贫穷不是社会主义，更不是共产主义。”在视察南方时，邓小平指出：“社会主义的本质，是解放生产力，发展生产力，消灭剥削，消除两极分化，最终达到共同富裕。”党的十一届三中全会对我国社会主要矛盾重新进行了审视，将工作重心转向“以经济建设为中心”，经济体制逐步由计划经济向市场经济转变。邓小平强调：“经济管理体制权力过于集中，应该有计划地大胆下放”“社会主义也可以搞市场经济”“一部分地区、一部分人可以先富起来，带动和帮助其他地区、其他的人，逐步达到共同富裕。”[34] 在明确建立社会主义市场经济体制后，江泽民强调，建设中国特色社会主义全部工作的出发点和落脚点，就是全心全意为人民谋利益；强调要把发展作为党执政兴国的第一要务；努力使工人、农民、知识分子和其他群众共同享受到经济社会发展的成果。进入新世纪，胡锦涛提出了科学发展观，明确第一要义是发展，核心是以人为本，要权为民所用、情为民所系、利为民所谋。从时代特征出发，党更加注重在具体实践中实现社会公平正义，更加关注基层和弱势群体，将工作细化到农村、社区和与民众生产生活息息相关的具体问题中，注重对每位公民利益和需求的关切。

2. 市场经济下医疗卫生体制的重大变革

市场经济体制的逐步建立带动医疗卫生体制改革继续深化。改革开放后，建立社会主义市场经济体制日益明确。经济制度由单一的公有制转变为以公有制为主体、多种所有制经济共同发展。企业所有制改革继续推进，国有企业独立核算自负盈亏，以平等的市场主体参与市场竞争。国有企业不再一统天下，也不是长生不老。部分国有企业竞争压力越来越大，经营效益不佳，无力承担职工的全部医疗保障费用。农村家庭联产承包责任制实施后，集体经济逐渐被个体经济取代，传统的互助型基本医疗保障难以为继。随着所有制和经济体制的改变，依靠单一公有制和高度计划经济体制建立的国家、单位、个人利益高度一致的物质条件与保障基础不再，新条件下这三者的利益关系也已经不再高度一致。由企业负责职工等的医疗保障不具有现实性。不同性质企业国有、私有、个体等生产规模、经营领域差距极大，让每个经营主体独立承担无所不包的福利保障难以做到。竞争的市场主体有兴必有亡，与公有制下的企业不同，市场体制中一些资不抵债、经营不善的企业将走向破产，医疗卫生保障已经从一个企业问题上升到社会问题。传统的医疗服务保障模式已经不能适应改革开放后的经济组织关系。在现实困境下，一些企业自发尝试让职工分担部分医疗费用。当这类个别问题成为社会较为普遍的问题时，宏观的应对方式是医疗医保体制改革势在必行。为了国有企业改革的顺利推进，1986 年，国务院发布《关于发布改革劳动制度四个规定的通知》等文件，改变计划经济体制下的终身就业制，实行符合市场经济的劳动合同制，同时也开始实施缴费型社会保险制度，社会福利开始走向社会化。

医疗卫生事业由市场化逐渐向公益性回归。改革开放初期，医疗卫生机构市场化行为特征明显。在医疗卫生投入方面，虽然改革开放后国民经济进入快速增长通道，国家财政收入大幅增长，但需要配套改革的事项过多，财政吃紧是常态。特别是实行分税制改革前，中央财政相对较弱。国家财政对医疗卫生的投入虽然也在增加，却相对捉襟见肘。加之市场化理念几乎进入各行各业，很多公立医疗卫生机构也相应进入半市场化状态，不断拓展市场化筹资渠道，增加先进医疗设备，改善就医环境，提高医务人员薪酬待遇。改革开放后经济活力竞相迸发，人民群众收入快速增长，健康理念、健康意识与日俱增，不仅增加了医疗卫生需求数量，对医疗服务质量也有了更高的诉求。相对于大幅释放、新增的医疗卫生需求，医疗供给特别是与人民群众期待的高质量的供给明显不足，而医疗费用相对于以往却有了市场化的成分，看病难、看病贵成为这一阶段的重要议题。党的十六大后，在以人为本的科学发展观指导下，基本医疗卫生事业逐渐向公益性回归。进入 21 世纪，中国的经济总量等指标已经发生了实质性变化，中国由低收入国家跃升至上中等收入国家，财政收入突破 10 万亿元，到了先富帮后富的阶段。2006 年，党的十六届六中全会通过的《中共中央关于构建社会主义和谐社会若干重大问题的决定》，明确提出“坚持公共医疗卫生的公益性质，深化医疗卫生体制改革，强化政府责任，严格监督管理，建设覆盖城乡居民的基本卫生保健制度，为群众提供安全、有效、方便、价廉的公共卫生和基本医疗服务”。2007 年，党的十七大报告提出“人人享有基本医疗卫生服务”“坚持公共医疗卫生的公益性质”。2009 年，启动实施了新一轮医药卫生体制改革，明确了保基本、强基层、建机制的基本原则和实现人人享有基本医疗卫生服务的目标。

对外开放推动了医疗卫生事业改革发展。对外交往的全面开展，为深化医疗卫生技术和人员的国际交流合作、改革医疗卫生制度发挥了重要作用。改革开放为中国同世界各国关系的发展提供了新的强大动力，由过去传统的安全和意识形态合作，到多方位的经济、人文、科技等领域的合作，特别是中国强劲的经济增长和广阔的市场空间，为中国的国际贸易发展以及科技文化的交流学习提供了重要基础和强大动力。随着中国经济的高速发展，进口了大量先进医疗设备，提高了国内医疗装备的科技含量；人员往来密切，卫生技术人员交流学习，提高了医务人员的服务水平；外资对医疗卫生领域的投资，在增加医疗服务供给的同时，也带动了医疗卫生市场竞争以及市场效率的提升。

医疗卫生制度由经济体制改革的配套角色向支撑性角色转变。改革开放初期，医疗保障体制改革是为适应经济体制改革需要而被动进行的。当明确建立社会主义市场经济体制时，医疗保障制度等从国有企业改革的配套、服务等从属角色，转变为经济体制等经济社会领域改革的并行措施，进一步成为建立发展社会主义市场经济体制的重要基础性制度。随着社会主义市场经济体制的不断完善，客观上需要无阻碍的统一的大市场，劳动力等生产要素能够自由流动，由企业承担社会事务，阻碍了劳动力的择业和再就业，也不利于企业的竞争和统一大市场的形成。1993 年，党的十四届三中全会通过的《关于建立社会主义市场经济体制若干问题的决定》，将社会保障确定为社会主义市场经济的维系机制以及市场经济体系的五大支柱之一。

（三）新时代以人民为中心，共享大健康医疗卫生保障战略

1. 新发展阶段以人民为中心的发展思想

进入新时代，国内外环境都发生了深刻变化。经济总量近年连续跨越 70 万亿元、80 万亿元、90 万亿元、100 万亿元大关；2020 年，我国国内生产总值达到了 101.6 万亿元人民币，20 年内经济总量规模扩大 10 倍，按照年平均汇率折算，2020 年，我国国内生产总值达到 14.7 万亿美元，稳居世界第二[35]。财政收入持续增长，2017—2019 年，国家财政一般公共预算收入连续迈上 17 万亿元、18 万亿元、19 万亿元大关，丰厚的财力丰富了政府治理手段，为保障和改善民生提供了坚实的物质基础。2020 年，消除了绝对贫困，9 899 万农村贫困人口实现全部脱贫，全面建成了小康社会。党的十九大报告指出，中国特色社会主义进入新时代，我国社会主要矛盾已经转化为人民日益增长的美好生活需要和不平衡不充分的发展之间的矛盾。人民群众对高品质的生活追求凸显，已经从传统的数量、温饱型，向质量、美好型转变。人民群众期待更高层次的社会保障、更高水平的医疗卫生服务，需要更多的获得感和更高的幸福感[36]。同时，国际形势阴霾明显增多，世界正经历百年未有之大变局，外部环境的不稳定性、不确定性明显增加，世界进入动荡变革期。国际安全形势复杂多变，大国竞争不断加剧，大国关系进入深度调整期。贸易保护主义和经济单边主义导致全球经济多边治理体系遭受重挫，全球治理遭遇冷战结束以来最大挑战。居世界第二的经济总量，传统的依靠外需拉动经济发展方式已不可持续，内需对中国经济增长的贡献率不断提升。

基于对国际局势的研判和国情的深刻洞察，党的十八大后，中央提出和实施了一系列新思想、新战略。第一，对国际局势总的判断是“当前和今后一个时期，我国发展仍然处于重要战略机遇期，但机遇和挑战都有新的发展变化”。第二，坚持“以人民为中心”的发展思想，为人民谋幸福，为民族谋复兴，既是我们党领导现代化建设的出发点和落脚点，也是新发展理念的“根”和“魂”。坚持发展思想以人民为中心，逐步实现共同富裕，实现人民群众对美好生活的向往。实现共同富裕不仅是经济问题，而且是关系党的执

政基础的重大政治问题[37]。坚持“以人民为中心”的发展思想，一个重大转变是将满足人民群众的需要放在首位，更加注重社会效益，然后才是实现经济效益。第三，“加快构建以国内大循环为主体、国内国际双循环相互促进的新发展格局”。立足自身畅通国内大循环，完善强大的国内经济循环体系，在此基础上实行高水平对外开放，塑造我国参与国际合作和竞争新优势。第四，提出“建设现代化经济体系”“高质量发展”的战略目标。建设现代化经济体系既是避免“勒紧裤带搞建设”，也是避免不平衡发展的要求[38]。习近平指出“高质量发展不只是一个经济要求，而是对经济社会发展方方面面的总要求”①。新发展思想和新发展理念体现在卫生政策上，就是习近平强调的要“树立大卫生、大健康的观念，把以治病为中心转变为以人民健康为中心”②，“经济要发展，健康要上去，人民的获得感、幸福感、安全感都离不开健康”③，党中央做出了“实施健康中国战略”的重大部署，“将健康融入所有政策”。

2. 完善医疗卫生保障制度，实施健康中国战略

新时代的医疗卫生事业，从经济体制改革的配套措施和经济社会发展的结果，转变为构建新发展格局、建设现代化经济体系、实现高质量发展的基础和重要保障。不断健全基层医疗卫生机构配置，以及提高服务能力，不断扩大医疗保障制度覆盖面并逐步提高保障水平，不断推进医疗保障制度整合丰富医疗保障层次，让人民群众共享改革发展成果，充分释放消费潜力，完善统一开放的市场体系，为构建新发展格局、实现高质量发展奠定制度基础。

立足新发展阶段持续深化医疗卫生体制改革。进入新发展阶段，在构建新发展格局中，一方面改革完善医疗卫生服务体系，特别是加强基层医疗卫生机构服务能力，构建全科医生、家庭医生、分级诊疗制度；另一方面对医疗保险采取扩面、整合、提高、丰富政策。针对农村人口缺乏医疗保障问题，21 世纪初建立新型农村合作医疗制度。2007 年，对城镇非从业居民开展基本医疗保险的基础上，通过对灵活就业人员、低保对象等人群的补贴和支持，

---

① 习近平在参加十三届全国人大四次会议青海代表团审议时的讲话，2021-03-07［EB/OL］. https：//baijiahao. baidu. com/s？ id=1693623785719251548&wfr=spider&for=pc.

② 习近平在全国卫生与健康大会上的讲话，2016-08-19 日至 20 日［EB/OL］. http：//sports. people. com. cn/GB/n1/2016/1011/c22155-28768079. html.

③ 习近平在考察博鳌乐城国际医疗旅游先行区规划馆时的讲话，2018-04-11［EB/OL］. https：//baijiahao. baidu. com/s？ id=1621198358429782920&wfr=spider&for=pc.

基本实现了全民医保。同时，不断推进医疗保障制度整合，2016 年 1 月，国务院发布《关于整合城乡居民基本医疗保险制度的意见》，正式开始合并城镇居民基本医疗保险制度和新型农村合作医疗制度，建立统一的城乡居民基本医疗保险，作为与职工基本医疗保险相补充的重要医疗保障制度。按照制度统一的原则，在合并过程中坚持“六统一”，即统一覆盖范围、筹资政策、保障待遇、医保目录、定点管理、基金管理，并于 2019 年在全国范围内全面启动实施。不断提高医疗保障水平。2010 年，各级财政对城镇居民医保和新农合的补助标准为每人每年 120 元，经过多次提高补助标准，到 2020 年各级财政对城乡居民医保人均补助标准实现每人每年不低于 550 元（《关于做好 2020 年城乡居民基本医疗保障工作的通知》），持续减轻群众看病就医负担。不断丰富医疗保障层次，建立发展医疗救助制度、大病保险制度和商业保险制度。建立、合并城乡医疗救助制度，形成居民医疗支出托底保障。全面实施城乡居民大病保险制度，保障居民大额医疗支出，鼓励商业健康等形式的社会保险，丰富保障多样化医疗健康需求的渠道。

以共同富裕为目标补齐制度短板。医疗保障从覆盖传统城市机关事业单位、企业职工，到近年快速实现城乡居民医保形成基本全覆盖，是国家财政对所有城乡居民给予了超过本人基本医疗保险缴费两倍以上的补贴[39]。充分体现了党的以人民为中心，向着共同富裕发展目标的执政理念。医疗卫生服务保障，对个体的边际效用不同，仅依靠市场机制难以实现全民医保。通过转移支付、财政补助等形式，将低收入群体、生活困难人群纳入医保，减少了相关人群的后顾之忧，增加了消费能力和正面预期，维护了社会和谐稳定。建立制度全覆盖惠及全民的医疗保障工程，既是促进经济发展的保障性措施，更是社会主义制度的内在要求和制度优越性的体现。

以人民为中心实施大健康方针政策。2016 年，党中央召开全国卫生与健康大会，强调把人民健康放在优先发展战略地位，努力全方位、全周期保障人民健康。2016 年，中共中央、国务院印发《“健康中国 2030”规划纲要》，要求将促进健康的理念融入公共政策制定实施的全过程。为积极应对当前突出的健康问题，采取关口前移和有效干预措施，2019 年开始实施《健康中国行动（2019—2030 年）》。2020 年 6 月 1 日施行《中华人民共和国基本医疗卫生与健康促进法》，为保障公民享有基本医疗卫生服务，提高公民健康水平，推进健康中国建设提供了坚强的法律保障。2020 年，党的十九届五中全会通过的《中共中央关于制定国民经济和社会发展第十四个五年规划和二〇三五年远景目标的建议》，提出了“全面推进健康中国建设”的重大任务，为当前和今后一个时期医疗卫生事业发展指明了方向，提供了遵循。

五、党领导人民建立发展医疗卫生事业的基本经验

在党的领导下，百年来中国医疗卫生事业从落后到初步建立，再到不断改革发展提高，实现了医疗卫生服务体系全覆盖、基本医疗保障全覆盖。中国医疗卫生用比较少的投入解决了全世界近1/5人口的看病就医问题，主要健康指标优于中高收入国家的平均水平，走出了一条具有中国特色的医疗卫生事业发展道路。回顾百年历程，党领导人民建立发展医疗卫生事业具有以下基本经验。

（1）坚持医疗卫生事业的重大民生工程性质，与国家发展战略同设计、同部署。医疗卫生事业关系每个经济主体利益和千家万户的幸福，是重大民生工程。医疗卫生事业是在具体的经济基础（体制）、社会主要矛盾、国际局势等客观环境下建立发展起来的，不同的执政理念和国家战略下，医疗卫生事业发展方式具有显著的异质性。中华人民共和国成立后主要模仿苏联建立了城乡依附于单位集体的医疗卫生模式。改革开放后，推进医疗卫生体制改革，与全面深化改革建立社会主义市场经济体制紧密相连，从国有企业改革的配套措施，到经济体制改革的基础性制度安排。新时代，推进健康中国建设也是在构建新发展格局、建立现代化国家等大背景下展开的。发展医疗卫生事业，要有系统、整体、全局观，要置于党的执政理念和国家发展阶段、发展格局中做出整体性制度安排。

（2）坚持以人民健康为根本目标，不断完善医疗卫生保障制度。中华人民共和国成立后，把“一切为了人民健康”作为发展社会主义医疗卫生事业的根本宗旨，坚持医疗卫生事业的公益性，坚持卫生工作为人民服务。进入新时代，党中央强调要努力全方位全周期保障人民健康。坚持经济性与社会性的平衡和统一，把解决人民群众最关心、最直接、反映最突出的健康问题，作为医疗卫生工作的出发点和落脚点。以实现人人享有基本医疗卫生服务为目标，逐步建立覆盖最广大人群的医疗服务体系和基本医疗保障制度。建立稳定的公共卫生事业投入机制，构建强大的公共卫生体系。不断补短板强弱项，引导医疗卫生资源投向中西部地区、农村地区等。同时，把保障人民健康作为重要考量因素纳入经济社会发展的各项政策，在发展理念、发展规划、公共政策等方面具体体现和落实。

（3）坚持在改革开放中发展医疗卫生事业，不断增强医疗卫生体制的活力。医疗卫生事业发展模式、保障能力、发展水平与经济社会发展水平密切相关。医疗卫生体制改革在全面深化改革中同步推进，医疗卫生事业在开放中做大做强。一方面，不断深化医疗、医保、医药联动改革，完善医疗服务体系，建立多元医疗保障制度，全面建立基本药物制度和推进药品价格形成机制改革等。医疗、医保与医药体制与社会主义市场经济体制、人民群众对医疗服务需求的匹配性、适应性不断增强。另一方面，不断深化医疗卫生领域要素、主体和制度开放。医疗药品、器材、设施的进口规模不断扩大，在提高医疗救治水平的同时不断提高相关领域的自主研发和生产能力。参考借鉴世界先进的管理和监管制度，加快推进公立医院、保险机构、监管机构相关制度现代化。医疗市场开放之门越来越大，民营资本、社会团体、国外资本投资医疗卫生领域与规模不断拓展，有效增加了医疗资源数量以及提高了医疗服务质量。

（4）坚持正确处理政府、市场、社会的关系，不断提高医疗卫生事业发展效率。政府与市场关系处理得好，医疗卫生事业就发展得更快更好。反之，则要么医疗市场缺乏活力，要么医疗卫生公益性体现不足。百年历程表明：要区分医疗卫生服务类型，政府坚持保基本、兜底线，将基本医疗卫生制度作为公共产品提供以及强化公共卫生供给，实现基本医疗卫生服务领域政府有所为，非基本医疗卫生服务领域市场有活力。允许、鼓励社会资本、社会企业、社会团体办医，培育多种类型的医疗保险机构，满足人民群众日益多样化的医疗卫生保障需求。同时，完善医疗服务等价格形成机制，发挥市场价格对医疗卫生资源的发现引导作用，优化医务人员薪酬等激励机制，提升医疗服务效率与水平。

（5）坚持基本医疗卫生事业公益性不动摇，不断创新公益性实现机制。改革开放以来，对医疗卫生服务“公益性”的认识不断深化，并逐渐区分医疗卫生公益性与医疗服务有偿性，市场微观主体私利性与社会宏观公益性的差别。对医疗服务公益性的认识经历了从个体到整体，从过程到结果的转变。要实现医疗服务结果的公益性、效率性和优质性的统一，关键是要形成微观主体的利益协同机制和宏观层面的公益保障机制，并在实践中逐渐构建完善的制度机制。通过建立多元化的医疗服务主体和保险机构，不断完善科学的内部治理结构，逐步形成健康有为的市场主体。在此基础上，构建竞争有序的医疗服务体系，形成医疗服务机构、医务人员、患者、保险方各自用手投票和用脚投票的顺畅机制，进而形成有效的第三方购买与监管机制，利用第三方保险方的“专业”与“大数”降低医疗卫生领域的不确定性和信息不对称性，同时完善监管机构对相关方的约束机制。

（6）坚持动态看待医疗卫生事业发展，与时俱进改革完善。医疗卫生事业与时代背景、物质基础等特定历史阶段的环境有很强的相适性。有些措施在当时取得了了不起的成就，也得到人民的认可，但不具有延续性和普适性。例如，中华人民共和国成立初期，人民健康最大的威胁是传染病等基础疾病，农村缺医少药，薄弱的国民经济又无力支撑对广大农村地区采取与城市同等的医疗保障政策，于是通过强调和发展公共卫生，创造性地发展了农村合作医疗和赤脚医生制度，发挥了很好的效果。20 世纪 60 年代，主要传染病基本消除或得到有效控制，卫生工作的重点逐渐转向提高医疗技术水平和治疗疾病，城市里迅速建立起多家医院[40]。随着个体经济的兴起，农村经济水平的提高，农民视野的拓展，对健康有了更高的期望，不仅赤脚医生，乡镇卫生院甚至县医院都逐渐不能满足农村人口的医疗需求，提高医疗专业化水平和服务能力摆在了重要位置。要根据客观变化的现实，动态调整医疗卫生体制和具体运作模式。

（7）坚持目标和过程的平衡，在发展中化解改革阻力。改革是对既有利益的调整，梳理医疗卫生事业改革发展历史可以看到，巧妙化解改革阻力是成功推动改革的重要因素。一是通过增加收入补偿部分群体的利益损失。1998 年，国家决定建立城镇职工基本医疗保险制度，用职工基本医疗保险制度取代原来的企业职工劳保医疗和机关事业单位的公费医疗制度。由于职工基本医疗保险相对于前者被保险者待遇有所下降，为减少阻力通过调涨工资和增加相应医疗补助等方式提高相关人员收入。二是建立多层次医疗保险满足多样化需求。在职工基本医疗保险和居民基本医疗保险的基础上，为了弥补新保险制度相对于原来保险功能的非全面性，以及由于人们对健康和医疗保障有了更高的需求，国家进一步建立补充型医疗保险制度，并给予一定的税收优惠，用多样化、多层次的商业医疗保险制度，相对补齐改革给既定人群带来的利益损失，从而减少改革阻力。三是借鉴双轨制采取两种路径并行的改革方式。双轨制思路既给相关方适应新形势、新制度留有缓冲适应期，也是形成新支撑力量从而推动全面改革的有效措施，例如，公立医院改革为民营医院成长打开了空间，同时民营医院的发展又为公立医院改革提供了参照、支撑。待新制度成熟时全面并轨，例如，城乡居民医疗保险的分立和合并。四是采取试点方式在相对小的范围内推行。公立医院等试点改革有利于控制风险避免发生颠覆性错误，同时便于及时总结医疗卫生改革中的经验教训并不断改进、修订、完善相关方案。五是新人新办法，老人老办法。改革是进取和妥协的艺术，在没有更好的办法时，保留既得利益，从新人开始实行新制度。六是剥离职能重组机构。由于历史原因，我国各种医疗保险曾属于不同部门管理，部门间的利益纠葛导致难以形成改革共识，在实践中也造成重重障碍。2018 年，为整合城镇居民医疗保险、新农合、医疗救助等医疗保险，从相关主管单位剥离出这些管理职能，成立了统一的医疗保险管理机构——国家医疗保障局。

六、党领导人民发展医疗卫生事业的光明前景

党的十九大提出到 2035 年基本实现社会主义现代化，到本世纪中叶建成富强民主文明和谐美丽的社会主义现代化强国。在建设现代化强国征程中，健康中国建设被提升至国家战略地位。党的十九届五中全会进一步提出了“全面推进健康中国建设”的重大任务[41]。推进健康中国建设，医疗卫生体制改革是重点和关键环节。当前，医疗卫生事业面临多重因素影响，工业化、城镇化、人口老龄化不断加快，疾病谱、生态环境、生活方式不断变化。随着经济社会发展，高质量、多层次、多样化的健康需求不断释放，人民对健康提出了更高要求。经济发展进入新常态，财政收支趋紧，各地财力差距较大，地区间卫生健康发展不平衡、不充分问题较为突出。这些新情况、新问题客观上给医疗卫生事业发展带来新挑战，对标健康中国建设目标任务，医疗卫生事业在体制机制上还有待完善。在全面建设社会主义现代化国家新征程中推进健康中国建设，要在党的领导下以人民健康为中心，立足新发展阶段在顶层设计上贯彻新发展理念推动构建新发展格局，将健康中国建设与现代化国家建设协同推进，紧紧依靠广大医务人员和各界群众，动态调整医疗卫生体制机制。

（1）完善医疗卫生保障制度，推动构建新发展格局。构建新发展格局的关键是在内循环为主体的基础上，促进经济双循环畅通无阻。14 亿人口巨大消费潜力的释放，是实现内循环进而促进形成双循环的重要支柱。完善医疗保障制度从而推动构建新发展格局，一是进一步织牢织密医疗卫生服务和保障制度体系，更好地改进民生，降低“预防性储蓄”动机，进而继续提升消费能力和意愿，将沉积的消费潜力转化为现实的消费；二是倡导医疗卫生全行业科技创新，尤其是对目前受制于人的一些关键设备和零部件，完善科技创新激励机制，加快医疗卫生产业链供应链的自主创新能力和产业安全建设；

三是坚定不移深化改革开放，不断完善社会主义市场经济体制，经济持续发展是医疗卫生事业高质量发展最深厚的物质根基。加快医疗卫生行业的市场开放与竞争，提高透明度，增加可比性，降低医疗市场不确定性带来的效率损失，提高医疗卫生服务质量。

（2）立足现代化国家建设，将医疗卫生保障制度作为现代化国家的基础性制度安排。党的十八届三中全会通过的决定指出：“建设统一开放、竞争有序的市场体系，是使市场在资源配置中起决定性作用的基础。”2020 年 5 月，中共中央、国务院印发《关于新时代加快完善社会主义市场经济体制的意见》，再次强调加快建设统一开放、竞争有序的市场体系。将医疗卫生事业纳入全面深化改革和国家治理体系现代化的总体框架中进行顶层设计：一是以统一的医疗保障制度，推动构建要素市场的自由流动。人力资源是最重要的生产要素，健全人力资源要素一体化发展机制，建立统一的医疗卫生保障制度，不因区域、城乡、职业等而不同，为完善国内统一大市场奠定制度基础。二是优化医疗资源配置的结构收益，处理好经济发展阶段、城乡人口、医疗供给水平层次等相互关系，确保医疗卫生系统与经济系统、公共财政系统等的有效协同和可持续发展。三是在机制设计上注重可动态调整、充满活力和应变力，例如，临时性政策设定有效期限，通过政府购买方式，引导社会组织完成，等等。

（3）以人民健康为中心，增强医疗卫生保障制度的社会主义优越性。维护人民健康是我们党的性质和宗旨的重要体现。按照人人享有的要求，增强全民健康的公平性和普惠性，特别是重点考虑低收入群体和特殊人群对医疗卫生服务的可及、质量与负担。将健康中国建设与现代化国家建设协同推进，增强医疗卫生保障制度的社会主义优越性。从立法层面适时研究确立基本医疗卫生事业公益属性，促进基本医保、基本医疗卫生服务等公益性的实现。持续深化公立医院综合改革，加快推进现代医院管理改革试点。健全医务工作者的激励约束机制，优化培养、准入、使用、待遇保障等系列制度。建立稳定的公共卫生事业投入机制，提高公共卫生服务能力和水平。完善多种医疗保障救助制度等，降低普通群众应对重大疾病风险。拓展医疗卫生事业发展领域，从医疗扩大到健康，从事后的治疗扩大到事前保健，从生产生活各层面贯彻绿色发展理念。强化健康管理和便利就医，完善全科医生配置和分级诊疗制度。加快构建医养结合的养老服务体系，建立长期护理保险制度，完善全生命周期健康护理机制。

（4）分类型、分层次划分政府与市场边界，增加医疗卫生资源数量，提高服务质量。医疗卫生领域处理政府与市场关系是医疗卫生体制改革的重点。改革的关键是激发市场和社会活力，依靠制度提升保障程度、医疗卫生服务质量、医疗卫生供给效率。在完善公立医院治理的同时，促进社会办医加快发展，形成相互促进发展的局面。一是分层次、分领域划分政府与市场的边界。公共卫生领域、偏远落后地区，政府更多发挥直接生产作用，在城市以及一些高端医疗，市场可以更多发挥作用。二是形成多层次、多渠道、多元化的医疗服务市场，从战略定位、审批设立、医保支付、财税金融政策支持上，平等对待各种性质的医疗机构，提升医疗市场活力和服务质量。三是完善竞争有序的医疗保险市场，培育多个医疗保险市场主体，落实商业保险机构承办大病保险，推动形成多元化竞争格局。

（5）均衡城乡医疗卫生资源，推动医疗卫生服务体系结构优化。城乡以及区域间医疗卫生事业发展不平衡明显，优质医疗卫生资源多集中在城市，农村、基层和边远地区相对匮乏。一是在宏观上优化配置布局名牌医科院校、高水平医疗机构，均衡区域间优质医疗卫生资源；二是继续推动优质医疗卫生资源下沉到基层，建立多种形式的医疗联合体，发挥大型公立医院辐射带动作用，下沉医疗资源到基层，推动完善分级诊疗制度；三是利用“互联网+”的手段，实现医疗卫生资源整合共享；四是进一步明确各级各类医疗卫生机构的功能定位，充分调动各级各类医疗卫生机构的积极性，形成相互交叉、多方兜底的医疗服务网络。

（6）完善筹资与控费机制，加强医疗卫生事业发展可持续性。筹资和控费机制，是医疗卫生体制效率和可持续发展的关键因素。研究完善医保筹资的顶层设计，打造稳健可持续的医保筹资机制。一是研究缴费基数改革，减轻低收入者负担，增强筹资的公平性；二是健全医保基金运行风险评估和调整机制，周期性测算保险费率和收支；三是动态调整筹资水平，根据经济形势、人口结构、基金运行情况适时调整。同时，控制医疗费用过快增长，使医疗费用增长率同步或略高于 GDP 增长率，要制度化医保支付标准，确定在既定医保筹资水平下医保支付的范围、标准、比例等，防止待遇支付的任意性和过度福利化；应推进管理式医疗控费，通过打包付费方式对供方形成控费激励，减少非必需医疗服务；完善药品集中采购机制，继续以药品集中采购和使用为抓手，促进医疗、医保、医药改革良性循环。

推进健康中国建设，健康产业将迎来重大发展机遇。我国是世界上人口最多的国家，已进入中高收入国家行列，健康市场发展空间广阔，有可能培育出世界上最大规模的健康产业。发展健康产业，需要政府和市场协同发力，政府的主要职责是保基本、兜底线，非基本的多元化健康需求应充分发挥市场机制作用。充分调动社会力量提供健康产品和服务，既有利于满足群众高质量多样化的健康需求，也有利于培育国民经济新的增长点，助力推动构建新发展格局。

党领导人民建立发展的百年医疗卫生事业，取得了历史性成就。展望未来，为了人民健康，依靠人民力量，不断完善医疗卫生体制机制，在建设现代化国家新征程中全面推进健康中国建设，为实现中华民族伟大复兴的中国梦筑牢健康根基。

参考文献：

[1] KENNETH J ARROW. Uncertainty and the welfare economies of medical care [J]. The american economic review，1963 (53)：941-973.

[2] EDWARD L GLAESER，ANDREI SHLEIFER. Not - for - profit entrepreneurs [J]. Journal of public economics，elsevier，2001，81 (1)：99-115.

[3] 李和森．中国农村医疗保障制度研究 [M]. 北京：经济科学出版社，2005.

[4] Mark V Pauly. The economics of moral Hazard：comment [J]. The American Economic Review，1968，58 (3)：531-537.

[5] 菲利普·史蒂文斯．全民医保制度与中国的医改 [J]. 中国药店，2008 (1).

[6] 颜昌武．新中国成立 70 年来医疗卫生政策的变迁及其内在逻辑 [J]. 行政论坛，2019 (5).

[7] 李华，俞卫．政府卫生支出对中国农村居民健康的影响 [J]. 中国社会科学，2013 (10).

[8] 杜创，朱恒鹏．中国城市医疗卫生体制的演变逻辑 [J]. 中国社会科学，2016 (8).

[9] 周其仁．病有所医当问谁 [M]. 北京：北京大学出版社，2008.

[10] 汪德华，白重恩．政府为什么要干预医疗部门？[J]. 比较，2008 (36).

[11] 李玲．国外医疗卫生体制以及对中国医疗卫生改革的启示 [J]. 红旗文稿，2006 (21).

[12] 刘军强．医疗费用持续增长机制：基于历史数据和田野资料的分析 [J]. 中国社会科学，2015 (8).

[13] 李永友．公共卫生支出增长的收入再分配效应 [J]. 中国社会科学，2017 (5).

[14] 姚宇．控费机制与我国公立医院的运行逻辑 [J]. 中国社会科学，2014 (12).

[15] 费太安．中国医疗体制改革中政府与市场关系研究 [M]. 北京：经济科学出版社，2013.

［16］朱恒鹏，岳阳，林振翮．统筹层次提高如何影响社保基金收支：委托—代理视角下的经验证据［J］．经济研究，2020（11）．

［17］毛振华，王健，等．加快发展中国特色的健康经济学［J］．管理世界，2020（2）．

［18］代涛．我国卫生健康服务体系的建设、成效与展望［J］．中国卫生政策研究，2019（10）．

［19］顾昕．“健康中国”战略中基本卫生保健的治理创新［J］．中国社会科学，2019（12）．

［20］王弟海，崔小勇，龚六堂．健康在经济增长和经济发展中的作用：基于文献研究的视角［J］．经济学动态，2015（8）．

［21］顾杏元，冯学山，翁仲华．40 年来我国人民健康水平的变化［J］．中国卫生统计，1992（4）．

［22］毛泽东．毛泽东文集：第 1 卷［M］．北京：人民出版社，1993.

［23］黄燕芬，张志开，杨宜勇．新中国 70 年的民生发展研究［J］．中国人口科学，2019（6）．

［24］万建武．重温毛泽东关于卫生防疫的重要论述［J］．求是，2020（6）．

［25］刘延东．深化卫生与健康事业改革发展奋力开创健康中国建设新局面［J］．求是，2017（16）．

［26］高强．发展医疗卫生事业，为构建社会主义和谐社会做贡献［J］．中国卫生法制，2005（4）．

［27］江泽民．在全国卫生工作会议上的讲话［N］．人民日报，1996-12-10.

［28］胡锦涛．加快建设基本医疗制度　使群众看得起病［EB/OL］．中国新闻网，2010-05-28.

［29］马晓伟．全面推进健康中国建设［N］．人民日报，2020-11-30.

［30］张煜．建国以来党的农民民生建设历程及历史经验［J］．社会主义研究，2014（1）．

［31］秋石．始终保持党同人民群众的血肉联系［J］．求是，2011（13）．

［32］毛泽东．毛泽东选集：第 1 卷［M］．北京：人民出版社，1951.

［33］中共中央文献研究室．毛泽东思想年编：1921—1975［M］．北京：中央文献出版社，2011.

［34］邓小平．邓小平文选：第 3 卷［M］．北京：人民出版社，2001.

［35］宁吉喆．中国经济逆势前行跃上新台阶［J］．求是，2021（3）．

［36］董振华．如何理解发展的不平衡不充分［N］．学习时报，2017-12-27.

［37］习近平．把握新发展阶段，贯彻新发展理念，构建新发展格局［J］．求是，2021（9）．

［38］王东京．推进现代化经济体系建设［N］．学习时报，2017-11-10.

[39] 郑功成．中国社会保障 70 年发展（1949—2019）：回顾与展望［J］．中国人民大学学报，2019（5）．

[40] 仇雨临．中国医疗保障 70 年：回顾与解析［J］．社会保障评论，2019（1）．

[41] 孙春兰．全面推进健康中国建设（学习贯彻党的十九届五中全会精神）［N］．人民日报，2020-11-27.

中国式现代化的探索性实践

社会治理的演变规律与中国社会治理现代化

李建伟 王伟进

国务院发展研究中心

摘要：在社会形态及其主要矛盾的动态发展变化中，只有国家意志与人民意志相统一，才能从根本上确保社会治理现代化变革中保持社会秩序相对稳定。在百年历史巨变中，中国共产党把马克思主义政治经济学与中国实际和中华优秀传统文化相结合、汇集吸纳现代治理思想，创造了经济快速发展与社会长期稳定的双重奇迹。中国共产党百年治理的成功经验，印证了实现有效社会治理的基本规律，创新发展了马克思主义政治经济学，创立了人类社会治理的文明新形态。新时代推进社会治理现代化，仍需持续推进治理理念、治理制度、治理机制、治理方式和治理能力现代化。

关键词：社会治理；演变规律；治理现代化；

人类社会的文明发展史也是一部社会治理演进史。从世界历史看，各国在不同时期创建了与其生产方式、发展水平、社会文化、社会结构相适应的多种治理体制，不少治理体制随时代发展、朝代更迭而消亡，但也有不少治理思想、治理制度、治理机制得到传承和发展。每种治理体制的传承与发展，都有其特定的历史文化背景，即使在同一体制下，不同文化也会赋予治理体制不同的内涵。各种治理体制都有其核心价值理念和服务目标，根植于特定的意识形态与传统文化之上，因此，亨廷顿将不同治理体制融合发展过程中的冲突归因于文明冲突[1]。也有不少学者直接从意识形态角度评判不同治理体制的优劣，并据此攻击其他体制，典型的例子是2020年新冠疫情暴发后，中国等少数国家通过严格精准防控迅速遏制住了疫情蔓延，美欧多国政客、学者从意识形态角度攻击严格精准防控举措为威权主义，而以维护个人自由为名、疏于控制病毒传染源、未能有效切断传播链的欧美多国，疫情失控并周期性大规模复发，由此引发了何种社会治理模式更为有效的激烈争论。社

注：本文原载《管理世界》2022年第9期。

会治理问题本质上是国家与社会的关系问题，从马克思主义政治经济学关于生产力与生产关系、经济基础与上层建筑的基本原理看，社会治理有其内在演变规律，社会治理必须适应既定时期的生产方式和生产力发展水平，建立与治理机构行政能力和社会自治能力相匹配的权力分配与治理机制，顺应社会诉求与社会矛盾的发展变化，平衡好社会秩序与个人自由。各国的治理历史经验表明，只有实现国家意志与人民意志相统一的治理制度，才能从根本上确保社会治理现代化变革中保持社会秩序相对稳定，中国共产党创造的百年社会治理奇迹为此提供了典型例证。

一、引言

社会治理问题本质上是国家与社会的关系问题，要找到有效的社会治理模式就绕不开对这一经典学术议题的再讨论。已有研究为我们提供了重要基础。从类型学上看，多元主义和法团主义被广泛讨论。多元主义模式认为，个体为了维护自身利益可以自愿结成利益团体，各利益团体在多元竞争中影响公共政策以保障成员利益，同时实现权力分布的多中心和激发社会活力，其弊端是容易出现财阀控制权力中心、弱势群体利益无法保障、社会冲突增加等。法团主义认为，国家可以积极主动介入各类社会组织，为其提供协商交流平台，国家基于功能性组织实现对社会利益的整合和对社会组织冲突的管控，但存在走向国家主义、确保国家整体稳定等挑战[2][3]。从动态演变角度看，国内外学术界主要形成了现代化论、发展论和转型论等理论范式。现代化理论以发达国家的现代化为研究对象，比如，亨廷顿根据发达国家经验，提出了政治权威合理化、行政机构专业化、大众参与广泛化的治理现代化三大趋势[4]。以依附理论、世界体系理论为代表的发展理论，以拉美、非洲、东亚等发展中国的社会发展为研究对象，国家与社会关系的核心议题是现代民族国家的形成，只有转型理论以中国、苏联、东欧等社会主义国家的转型过程为研究对象，这些国家在转型前呈现出资源高度垄断下的国家社会关系模式和国家控制一切的总体性社会体制，转型表现为总体性社会体制的弱化和解体、市民社会的形成和重建、运动式社会动员向科层化常规化转变[5] 以及社会管控走向社会治理[6] 等。具体到中国的转型现实，由于国家很大、各种理论模型均可找到经验资料，市民社会[7]、法团主义[8][9]、社会中间层[10]等框架都被用来分析国家与社会关系时存在“以偏概全”的问题，而基于分类控制[11] 的行政吸纳社会[12] 被视为国家支配社会体制的替代模式，部分学者由此进一步提出国家与社会存在控制与支持的“双轴关系”[13]，和以国家支持社会为核心的行政吸纳服务模式[14]。整体上，治理被视为实现国家和社会正和博弈的可行路径[15]，基于社会自治的“协同治理”[16] 被认为是中国社会治理的发展选择。

多元主义与法团主义均是基于市民社会传统的类型学分析，在社会形态基础上不具有普遍性，而且国家都被简化为强势的支配者[17]。行政吸纳社会、行政吸纳服务等主要反映的是中国社会转型的阶段性特征，社会形态在时间上不具有普遍性，而且将重心放在了国家[18]，将社会组织领域的现象视为普遍的国家与社会关系。现代化理论与发展理论不能反映社会主义国家转型的特征，转型理论主要解释社会主义国家的转型，在研究对象上不具有普遍性。而“治理”“协同治理”则更多代表了社会治理的应然判断，而且有关政党的作用在其中未得到充分体现。要寻找有效社会治理的规律与标准，需要同时考虑横向上不同社会自身形态的差异和纵向上社会治理的动态演变过程，需要看到社会形态发展的全貌，需要同时看到国家与社会，关注到国家与社会的边界可能并不统一[19][20]，也需要将政党带进来[21][22]。马克思主义唯物史观就国家和市民社会关系的一般性讨论为我们提供了启发。马克思认为“在生产、交换和消费发展的一定阶段上，就会有相应的社会制度、相应的家庭、等级或阶级组织，一句话，就会有相应的市民社会。有一定的市民社会，就会有不过是市民社会的正式表现的相应的政治国家”,① “家庭和市民社会本身把自己变成国家。它们才是原动力……政治国家没有家庭的天然基础和市民社会的人为基础就不可能存在。它们是国家的必要条件。”② 也就是说，“国家、政治制度是从属的东西，而市民社会、经济关系的领域是决定性的因素”③，是社会决定国家，经济基础决定治理体制，而且这种关系是动态演变的。

基于此，我们从马克思主义政治经济学关于生产力与生产关系、经济基础与上层建筑的基本原理出发，研究了社会形态与社会治理体制（含治理思想、治理制度、治理机制）之间的内在关系，分析了社会治理的演变规律。在此基础上，我们概括总结了中国共产党在百年历史巨变，尤其是新中国成立以来创造社会长期稳定奇迹的五方面经验，并针对社会治理现代化的总体

---

① 马克思，恩格斯．马克思恩格斯选集：第 4 卷［M］．北京：人民出版社，1995：532.
② 马克思，恩格斯．马克思恩格斯全集：第 1 卷［M］．北京：人民出版社，1956：251-252.
③ 马克思，恩格斯．马克思恩格斯全集：第 21 卷［M］．北京：人民出版社，1962：310-342.

目标，提出了新时代推进治理现代化的五大路径与政策建议。

二、社会治理的演变规律与有效治理的稳定路径

联合国全球治理委员会[23] 将治理定义为各种公共或私人机构在管理共同事务时所采用的方式的总和，是在调和各种社会冲突和利益矛盾时采取联合行动的持续性过程，既包括有权迫使人们服从的正式的制度和规则，也包括人们同意或符合其共同利益的非正式的制度安排。马克思主义政治经济学认为，上层建筑是建立在一定经济基础上的社会意识形态以及与之相适应的政治法律制度及其设施的总和。也就是说，上层建筑包括思想上层建筑和政治上层建筑，思想上层建筑包括政治思想、法律思想、道德、宗教、文学艺术、哲学等意识形态，政治上层建筑包括政治法律制度及组织（军队、警察、法庭、监狱、政府机构和政党、社会集团）。基于马克思关于上层建筑的定义，我们把社会治理体制分为 3 个层次，治理思想即与治理相关的意识形态或思想上层建筑；治理制度即社会治理的政治法律制度；治理机制即贯彻落实治理思想和治理制度的组织或执行机制。社会治理作为管理和调和社会冲突与利益矛盾的上层建筑，包括治理思想、治理制度、治理机制，必须与特定历史时期的生产方式和社会形态相适应。一种治理体制是否有生命力，不在于其外在形式，而在于其能否有效管理与调和社会冲突与利益矛盾，能否使社会保持充满活力又和谐有序。

（一）治理之道：传统文化对治理思想和治理制度的影响

有效的社会治理必定植根于传统社会文化。治理思想是治理体制的灵魂。马克思主义政治经济学认为，思想上层建筑是政治上层建筑的理论基础，政治上层建筑是贯彻落实思想上层建筑的制度与机制保障①。社会文化是思想上层建筑即意识形态的主体，传统文化在一定社会文化中具有根深蒂固的影响，作为政治上层建筑的社会治理体制、治理制度、治理机制是建立在既定时期社会文化基础之上的，有效的社会治理必须与社会文化尤其是传统文化及其价值观相适应。

由传统文化及其价值观的差异所决定，在不同社会，形式相同的社会治理制度与治理机制，在内涵上也会因文化不同而存在巨大差别。在人类社会

① 马克思，恩格斯．马克思恩格斯全集：第 13 卷［M］．北京：人民出版社，1962：8.

几千年的历史演变和交融发展过程中，形成了西方文化圈、东亚文化圈、伊斯兰文化圈、印度文化圈、斯拉夫文化圈等地域特征、民族特征明显的不同文化圈，在同一文化圈的不同国家和地区，还会有丰富多彩的民族文化，每种文化都有其独特的风俗习惯、生活方式、文学艺术、行为规范、思维方式、价值观念，这些融入社会生产关系之中，形成独具特点的社会组织与治理模式。不同文化在交融发展过程中形成的普世价值观念，如自由、平等、法治、公平、正义等，与传统文化融合后也会有不同表现形式和不同侧重。如中国传统文化与西方文化都主张人与人之间的平等，但与西方文化信奉丛林法则下强调个人绝对自由的平等观不同，中国传统文化所主张的平等注重天下大同与公平正义。

中国道家主张的“天地所以长且久者，以其不自生，故能长生”①，“以道观之，物无贵贱”②，包含了道法自然、人人平等的思想。法家主张依法治国、在法律面前人人平等，“不别亲疏，不殊贵贱，一断于法”③，“法不阿贵”“刑过不避大臣，赏善不遗匹夫”④。占据传统文化主导地位的儒家主张国家治理以保息六养万民⑤，实现“老有所终，壮有所用，幼有所长，矜、寡、孤、独、废疾者皆有所养”⑥ 的大同社会，所追求的公平正义是“均无贫，和无寡，安无倾”⑦ 的和谐社会。正是由于传统社会文化及由此决定的治理思想不同，许多国家采用形式相同的社会治理制度，但治理机制却相去甚远，比如，目前全球有38个国家实行君主立宪制，因各自文化不同，各国君主立宪制的治理机制也千差万别。最早实施君主立宪制的英国将君主制、贵族制和民主制融为一体，国王作为国家元首在形式上有任免内阁人员、召集和解散议会等权利，实际治理权力在内阁；瑞典的君主立宪制，国王作为国家元首仅履行礼仪性职责，不能干预政府和议会工作，立法权在议会；卡塔尔作为君主立宪制的酋长国，埃米尔是国家元首和武装部队最高司令，掌握国家最高权力。

---

① 道德经［M］. 合肥：安徽人民出版社，1990.

② 庄子［M］. 上海：上海古籍出版社，1989.

③ 司马迁 . 史记：太史公自序［M］. 北京：中华书局，1982.

④ 司马迁 . 史记：韩非子［M］. 北京：中华书局，1982.

⑤ 一曰慈幼，二曰养老，三曰振穷，四曰恤贫，五曰宽疾，六曰安富。郑玄注 . 贾公彦疏 . 周礼注疏：卷十［M］. 上海：上海古籍出版社，2010.

⑥ 戴圣 . 礼记［M］. 上海：上海古籍出版社，2004.

⑦ 论语［M］. 南昌：江西人民出版社，2016.

不同社会文化决定了治理思想与治理制度的多样化，而一个社会占据统治地位的主流文化决定了治理思想的价值取向，也直接决定着社会治理制度的阶级属性和社会治理体制的有效性。每个社会所普遍认同的传统文化，包括道德、宗教、文学艺术、哲学等意识形态，决定了社会的基本行为规范和基本价值观，构成社会治理制度的共同思想基础。但每个社会都有不同的社会阶层，各个社会阶层都有不同的诉求，占统治地位的社会阶层的意识形态通常主导整个社会意识形态，并决定政治上层建筑的阶级背景和服务目标。社会治理制度及其治理思想的阶级属性，决定了社会治理制度与治理对象之间的内在矛盾，这一矛盾在治理机制上体现为治理主体与治理对象对权力分配诉求的矛盾，在社会形态上表现为治理主体与社会对象在社会诉求上的矛盾。

正是因为治理制度及其治理思想的阶级属性，形式上科学的治理机制，因治理思想偏离广大民众的社会诉求，最终会导致治理失效。中国古代，早在西周时期就建立了乡官礼治①的基层自治制度，秦汉时期形成了防范诸侯分裂割据的郡县制，隋唐时期建立起政府各部门权力相互制衡的三省六部制。这一系列的治理机制在历代王朝治理中得到不断传承和发展，形成了中国古代规范严谨的社会治理制度，但历史上依然出现了朝代频繁更替的历史周期律。朝代兴衰由多方面因素使然，从社会治理角度看，根本原因就在于封建制度下，以维护皇权利益为核心的治理思想与广大民众社会诉求之间存在不可调和的矛盾。王朝在建立或中兴初期，为巩固政权，都会顺应社会发展需要，采取休养生息、稳定社会、改善民生的政策，但王朝治理的本质是为皇权利益服务，在短期兴盛后，统治阶层都不可避免地陷入对广大民众的巧取豪夺和腐败之中，最终导致治理失效和王朝覆灭。在传统的资本主义社会，正如马克思在《资本论》中所揭示的，以服务于资产阶级利益为目标的资本主义社会治理，在资本贪恋本性的驱动下，必然会导致社会财富向资产阶级的高度集中和严重的贫富两极分化，无产阶级与资产阶级矛盾激化，最终导致经济社会危机，社会治理失效是以服务于资本利益为导向的治理思想的必然结果。

---

① 周朝在基层按照一定户数设置多层次的政治教化组织，即“五家为比，使之相保；五比为闾，使之相爱；四闾为族，使之相葬；五族为党，使之相救；五党为州，使之相赒；五州为乡，使之相宾”，各级组织相应设置乡官，负责政治、军事、教化等事宜。郑玄注．贾公彦疏．周礼注疏·地官·大司徒：卷十二［M］．上海：上海古籍出版社，2010.

（二）治理之形：社会治理机制的稳定性与有效性

社会治理机制是治理思想与治理制度贯彻落实的执行机制，社会治理体制是否有效，首先要看治理机制是否与其生产方式相适应。马克思主义政治经济学认为，经济基础决定上层建筑，经济基础是一定发展阶段由生产力所决定的生产关系的总和①。作为上层建筑的社会治理，实质上是对一定时期物质生产关系和生活关系的治理，治理制度、治理机制必须顺应既定时期的生产方式和生产力发展水平，不同的生产力发展水平和生产方式决定了不同的社会治理体制。人类社会从原始文明发展到农耕文明再到工业文明，生产方式不断进步，社会治理机制也发生了巨大变化。

农耕文明时代的社会治理机制与工业文明时代的治理机制有本质不同。农耕文明时代的农业生产方式是以家庭为单位的小规模分散作业，生产关系集中在宗族内部，宗族在基层自治中发挥着重要作用，以宗族自治为基础，中国历史上先后形成了诸侯分封制、郡县制等国家治理机制。进入工业文明时代，生产方式从农耕时代的手工作业转变为大规模专业化分工协作与机器生产，社会组织方式从宗族聚居转变为城市化，宗族在生产关系方面的影响大幅度弱化，单位（企事业）和城市社区成为工业文明时代基层治理的基础，高度组织化、制度化的城市治理成为社会治理的主要形式。西方国家最早进入工业文明时代，并建立起与其工业化生产方式相适应的现代治理制度与治理机制，不少发展中国家脱离本国实际，直接照搬照抄西方工业化国家的治理模式，在形式上实现了所谓的治理现代化，社会却长期动荡不安，出现了治理失效[24]，如巴西、阿根廷、菲律宾、泰国等不少亚非拉国家，经过多年动荡与变革后建立了类似欧美发达国家的民主制度，实现了所谓的政治现代化，但在经济上却陷入“中等收入陷阱”，社会依然长期不稳定。一些西方学者将发展中国家现代化进程中的社会治理失效简单归咎于政府的无能，认为“软弱、无能或根本缺失的政府是各种严重问题的根源所在”，解决社会治理失效必须“建立新的政府制度以及加强现有政府”[25]，这一观点仅看到了治理失效的表象，没有看到治理失效的本质是治理模式脱离了各国生产力与生产方式相对较低的实际。

那么，如何评判一种治理机制的有效性？以塞缪尔·亨廷顿为代表的西方社会学家，把英美先行现代化国家治理机制作为发展中国家社会治理现代

① 马克思，恩格斯．马克思恩格斯全集：第13卷［M］．北京：人民出版社，1962：8.

化的标准，提出了治理现代化的三大核心要素，即政治权威合理化（秩序井然的社会要有一个明确的最高权威）、行政机构的专业化（新的政治职能需创制专业化机构执行）和大众参政广泛化（广泛的民众参与是政治现代化的必然要求），并指出诸多国家现代化进程中社会发生动荡，主要原因是缺乏强有力的政党和纪律严明的政府、政治体制变革与经济社会体制变革不协调等。从行政机构专业化角度，塞缪尔·亨廷顿[4]按照权力分配方式（集权与分权）和权力总量（权力大与小）两个维度，把各种治理机制概括为集权但权力总量较小、集权且权力总量很大、分权且权力总量较小、分权但权力总量很大四种模式，认为发展中国家治理现代化的过程是一个从权力集中到分散的过程，现代化早期需要改变传统的社会、经济、文化信仰和行为方式，需要权力集中以促进变革所需要的政策创新，在现代化后期，现代化体制参与团体的扩大又会要求以分权方式重新分配权力[4]。

从各国治理机制的历史发展看，权力是治理的根本手段，治理机构的权力分配始终是治理机制的核心内容，集权和分权是对治理机构治理权力集中度的不同反映。治理机构的权力分配既包括权力在治理机构内部横向或纵向间的分配，比如，政党对政府、立法司法机构等的领导，不同政府部门间的治理权力分工，不同层级党政机构所具有的治理权限（如党的民主集中制）等，也包括治理机构对社会组织和个人等治理对象的管理或治理权力让渡，参与治理权力分配的社会组织包含反映生产关系的经济组织、社会组织、社区、家庭等。权力在不同历史时期或发展阶段有不同的分布，即使在同一历史时期，在不同领域、不同层级，治理机构的治理权力分配也不同，关键是权力分配能否调和好社会冲突与利益矛盾、实现社会稳定发展。在既定治理制度下，实现有效治理的治理权力分配，与治理机构自身的行政能力以及治理对象的自我管理能力或自治能力高度相关，治理机构行政能力越强、效率越高，达到有效治理所需要的权力集中越小；治理对象的自我管理能力越强，意味着实现有效治理可以凭借更多的分权和更少的集权。总之，以实现有效治理为目标的治理权力分配，从长期看需要与生产方式的发展相适应，短期看必须与治理机构的行政能力和治理对象的自治能力相匹配。

需要注意的是，行政机构治理能力极强或者治理对象自治能力极强并不意味着分权最大化就能实现有效治理，反之亦然。亨廷顿所揭示的治理权力演变规律仅反映了成功实现现代化转型的国家，但正如上述分析所提到的，许多国家在按照西方现代化模板进行治理现代化变革过程中陷入长期社会动荡，表明单纯以治理权力的集中度为标准，仅考虑行政能力和自治能力，无法判定一种治理机制是否有效。治理机构权力的最优分配还受到生产方式、市民社会所反映的社会形态诉求的影响，权力的分配同时需要以社会形态诉求为限度，下文将就此进行详细论述。

为更形象地描述治理机构权力分配以及行政机构能力和社会自治能力对其的影响机制，我们借用经济学中的无差异曲线来反映有效治理所需的最优权力分配[①]。如图 1 的 *M* 线所示，曲线上的点是不同时期能够平衡好社会冲突与利益矛盾的治理机构权力最优分配，治理机构的权力集中度须与行政能力负相关，与治理对象的自治能力正相关。偏离 *M* 曲线的权力分配，无论是过度集权还是过度分权，都会导致治理效率下降或失效。过度集权、分权不足，会导致社会活力不足；过度分权、集权不足，又会导致社会失序，甚至引致社会动乱。如图 1 所示，在治理机构行政能力和治理对象自治能力确定的情况下，实现社会有效治理的权力分配组合在 *A* 点，如果出现过度分权，权力分配组合偏离到 *B* 点，就会出现治理能力尤其是自治能力严重不足的问题，社会因此会失序甚至陷入混乱状态。

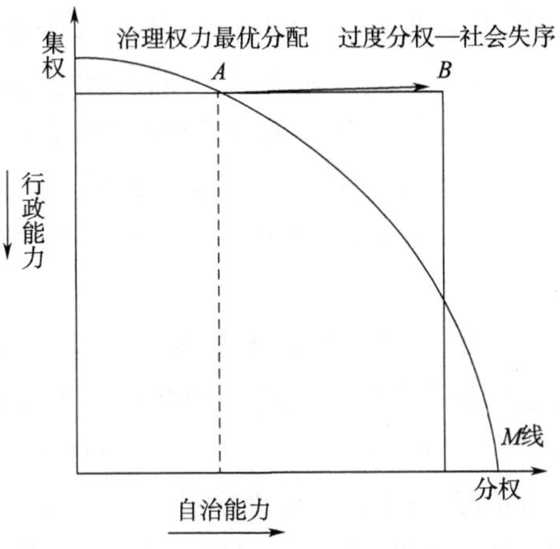

图 1　反映社会治理机制的治理机构权力分配及影响因素

（三）治理之态：保持社会既充满活力又和谐有序的良好形态

社会治理的目标是保持社会充满活力又和谐有序，这一目标体现在社会

---

① 没有用一个坐标轴，而是两个轴反映权力的集中还是分散，是为了更好反映多变量的影响，以及更好与社会形态构成多维状态空间。

发展形态上就是要在维持社会秩序与保障个人自由之间取得平衡。“一个健全而进步的社会既需要集中控制，也需要个人和群体的积极性；没有控制，会出现无政府状态；没有积极性，则会出现停滞。”[26] 有效的社会治理既需要保持和谐稳定的社会秩序，又需要维护充分的个人自由以保障社会充满活力。从社会秩序角度看，保持和谐稳定的社会秩序需要一定的权力集中，集中的权力便于治理机构为社会提供公共服务，以维护社会有序发展，但维护社会秩序所需的权力集中是有限度的。“对于文明群体中的任一成员，所以能够施用一种权力以反其意志而不失为正当，唯一的目的只是要防止对他人的危害。”[27] 从社会活力角度看，需要赋予每个人充分的思想自由与行为自由，包括自主支配个人合法财产与收入的自由，才能最大限度激发社会活力，推动社会持续发展，但个人自由同样是有限度的，“个人的自由必须约制在这样一个界限上，就是必须不使自己成为他人的妨碍”[27]。从治理机制角度看，维持社会秩序与个人自由之间的平衡与治理机制的权力分配高度对应，维持社会秩序需要权力集中并限制个人自由，提升社会活力则需要提高分权程度、增加个人自由度。在既定治理制度下，治理机构的行政能力和治理对象的自治能力在决定治理机制权力分配的同时，也对秩序与自由之间的平衡具有直接影响，治理机构的行政能力和治理对象的自治能力越强，维持社会秩序所需的集权程度和秩序约束越低，可以赋予个人的自由程度越高。维护社会秩序丧失，超越治理机构的行政能力和治理对象的自治能力的过度分权所带来的过度自由，会导致社会失序，最终导致社会活力的丧失。

如何取得社会秩序与个人自由之间的平衡，以达到社会既和谐有序又充满活力的社会治理目标？英国哲学家约翰·密尔提出的原则是：“凡主要关涉在个人的那部分生活应当属于个性，凡主要关涉在社会的那部分生活应当属于社会。”[27] 这一原则看起来简单，在现实社会中界定好个人生活和社会生活的边界却颇为复杂。从马克思主义政治经济学看，不同时期生产力与生产关系的不同，决定了不同发展阶段作为治理对象的社会对自由度的不同追求（即对社会秩序或自由的期待）。即使在同一发展水平下，社会文化的不同也会导致不同的社会形态或对社会自由度的追求，比如追求个人绝对自由的欧美社会更偏重于社会分权与个人自由，而注重集体利益的儒家文化圈社会更偏重权力相对集中和社会秩序。

为更形象地表述社会形态与治理机制的动态关系，我们同样借用经济学无差异曲线的概念阐释社会形态的最优分布（即社会自由度的合理水平）。如

图 2 的 F 线所示，无差异曲线 F 线之上的点，代表在不同发展水平和发展阶段时能够让社会充满活力又和谐有序的最优社会形态（或最优社会自由度），偏离无差异曲线，社会要么陷入管控过度、活力不足的停滞状态，要么陷入管控不足、社会失序的混乱状态。我们将最优社会形态分布曲线 F 叠加在最优治理机构权力分配 M 之上，进而形成由治理权力集中度和社会形态自由度构成的二维互动空间，治理机构的行政能力和治理对象的自治能力变量也同时被考虑进来。从二者互动关系看，在治理机制的最优权力分配处于 A 点时，其集权程度较高（处于 A'水平），对应在社会形态上是社会自由度较低、社会秩序水平较高（处于 C'水平），对应到最优社会形态分布曲线 F 上是 C 点，当治理权力分配偏离到 B 点即分权过度时，社会形态的分布相应地偏离到 D 点，使社会陷入自由过度、社会失序状态。

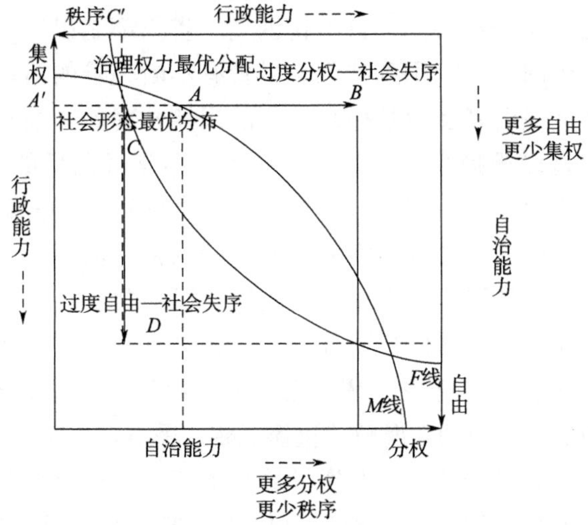

图 2　最优社会形态分布及其与最优权力分配的对应关系

（四）演变规律：治理机制与社会形态的动态协同发展

经济社会总是在曲折发展中不断进步，顺应经济社会的历史发展趋势，社会治理的体制机制也必须不断变革。马克思指出，“物质生活的生产方式制约着整个社会生活、政治生活和精神生活的过程”，“社会的物质生产力发展到一定阶段，便同它们一直在其中活动的现存生产关系或财产关系发生矛盾，这些关系便由生产力的发展形式变为生产力的桎梏。那时社会革命的时代就到来了。”① 马克思的论断揭示了社会治理演变的重要规律，即社会治理制度、治理机制必须顺应社会形态及主要矛盾的动态变化进行不断变革。

不同时期社会治理的演变表现出不同特征，古代社会表现为王朝的兴衰交替，如中国古代出现了王朝“其兴也勃焉，其亡也忽焉”② 的历史周期律。在中国古代社会，受制于农耕时代技术进步缓慢，社会生产力与生产关系变化较小，不同王朝的社会治理形式相对固化，县以下的基层治理基本沿袭了西周确立的乡官礼治自治制度，只是不同朝代在内容与称谓上做了调整，秦汉至隋唐采用乡里自治制度，宋元明清采用保（里）甲制度。这些制度形式不同，但本质上都是将居民按地域、族群关系划分为不同单位，以居民相互帮助、相互监督为核心进行自治[28]。在国家治理层面，从先秦时期创建的郡县制取代西周的分封制开始，郡县制就成为秦朝以后中国历代王朝国家治理的基本模式。在中央治理层面，自隋朝创立三省六部制以后，这一权力相互制衡的行政治理机制一直沿用到清朝。尽管有不断完善的治理机制，中国古代封建王朝依然呈现出兴衰治乱往复循环的周期性现象，根本原因在于封建王朝的治理思想是以维护皇权为核心。在历经多年战乱后的王朝建立初期，多数王朝都会顺应大乱之后求稳定的社会需求，施行轻徭薄赋、与民休养生息、廉明吏治的仁政，社会逐步恢复国泰民安的良好治理局面，但封建王朝社会治理的根本目标是维护皇权统治，统治阶层的贪婪最终都会发展为官僚阶层的严重贪腐和对民众的横征暴敛，不受制约的土地（财富）兼并也必然导致社会陷入“富者田连阡陌，贫者无立锥之地”③ 的两极分化境地，社会矛盾激化，王朝最终也因朝政腐败、重徭沉赋、民不聊生而灭亡。

近代以来，工业革命极大地发展了社会生产力，社会生产关系也发生了革命性变化，各国社会治理也随着工业化从传统治理向现代社会治理转型。在这个过程中，先行完成工业化的欧美国家的治理机制被奉为社会治理机制现代化的样板，其社会意识形态及其治理思想和治理制度也成为诸多发展中国家社会治理变革的效仿对象。从结果看，不少发展中国家因简单照搬欧美治理模式，陷入长期社会动荡之中，而如沙特阿拉伯王国、卡塔尔等保持传统治理模式的国家实现了经济社会稳定发展。亨廷顿据此断言，高度传统的

① 马克思，恩格斯．马克思恩格斯全集：第 13 卷［M］．北京：人民出版社，1962：8-9.

② 左丘明．左传・庄公十一年［M］．大同：山西古籍出版社，2004.

③ 荀悦．汉纪・武帝纪［M］．北京：中华书局，2005.

社会和高度发达的社会都是稳定的，处于现代化变革进程中的社会是不稳定的[4]。但2008年美国金融危机爆发并演变为全球性经济危机之后，受到冲击的发展中国家的社会保持了相对稳定，而美国和欧洲发达国家先后多次爆发大规模社会动乱，如2008年德国爆发大规模社会骚乱，2011年英国伦敦爆发大规模骚乱，2011年美国爆发占领华尔街运动，2018年法国爆发“黄马甲”街头抗议运动等。这打破了亨廷顿所认为的高度发达国家是稳定的断言，也引发了学界对西方治理模式有效性的反思与质疑，不少学者如托马斯·皮凯蒂将西方发达国家发生的社会动荡归结为社会不平等程度的扩大[29]，究其根源，是西方所标榜的现代化治理模式已不适应其社会形态发展需要，无法有效化解其社会主要矛盾。

从各国看，社会治理从传统治理向现代治理的沿革过程中，能否实现治理机制与社会形态的协同发展、达到在变革中保持社会充满活力且和谐有序的有效治理，关键在于能否实现治理机制与社会形态的动态协同发展。治理制度和治理机制一经确立就需要保持相对稳定，朝令夕改的法律法规得不到广大民众的信任与支持，也无法成为有效的治理制度。但经济社会总是在发展中不断进步，社会诉求比如个人对行动自由的追求，会随着发展水平提高而不断提升，最优社会形态会因社会对秩序或自由的诉求变化而被打破，这对治理机制的最优权力分配也提出变革要求。变革之后的治理机制在提升社会治理效能的同时，又会促进经济社会进一步发展，社会诉求会再度提高，并对治理机制提出新的变革要求，由此会形成治理机制与社会形态之间的动态演变，直至达到治理机制与社会形态新的平衡为止。在这一演变过程中，如果治理机制的变革超越其行政能力陷入过度分权状态，社会就会陷入过度自由的失序状态，甚至陷入动乱。能够确保社会和谐有序又充满活力的治理机制变革路径，是将治理机构的治理权力分配控制在不断提升的行政能力与自治能力之内，同时将社会形态约束在行政能力所能提供的社会秩序和自治能力所能支撑的社会自由度之内。

我们把治理机制与社会形态之间的动态协同演变过程简要表述为图3所示的演变路径，假定传统社会治理处于稳定状态即 P 平衡点，随着经济社会发展水平提高，社会要求更多的个人自由，社会形态最优分布从 P 点偏向 C 点（$P \to C$）。社会形态对更多自由的诉求意味着需要治理机构减少治理权力的集中、让渡更多的治理权限、强化对社会的分权，经济社会发展同时会带来治理机构自身更高的行政能力以及生产发展激发的更高的社会自治能力，最优治理权力分配从平衡点 P 移向与最优社会形态分布 C 点相对应的 A 点

（$P \rightarrow C \rightarrow A$）。如果治理机制的权力分配超越 A 点偏离到 B 点，即出现过度分权状况，社会形态就会因治理机制行政能力不足、无法提供维持社会秩序所需的有效治理，陷入过度自由的失序状态（同图 2）。在治理机制权力分配演变到最优组合 A 点后，有效的社会治理会进一步提升社会发展水平，社会对自由度的诉求会进一步提升到最优组合 C1 点（$A \rightarrow C1$），同上，这要求治理机制的权力分配对应到 A1 点（$C1 \rightarrow A1$）。治理机制与社会形态之间的这一动态演变过程会持续进行，直到达到最优治理机制权力分配和最优社会形态分布新的稳定状态即平衡点 N。在这一变革过程中，保障社会保持有序又有活力的前提条件是，将治理机制的权力分配与最优社会形态分布无差异曲线 F 的交集之内，最优权力分配和最优社会形态分布互为对方的限度，单一强调任何一维度的最优（比如单一追求社会秩序或自由，或单一追求治理集权或分权）都无法确保治理是有效的，它们共同框定了有效治理的区间。偏离这一有效治理区间，无论是超越生产力与生产关系的发展水平追求过度自由，还是超出社会治理机制的行政能力和个人自治能力片面追求过度分权，都会导致社会陷入混乱失序乃至动乱状态。

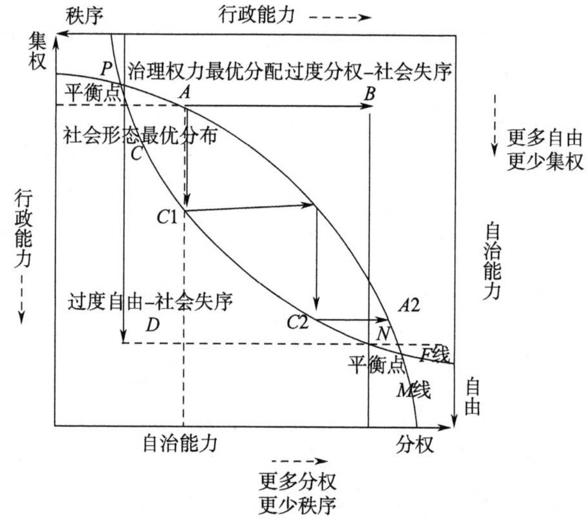

图 3　社会形态（社会自由度）与治理机制（治理权力集中度）的动态演变

（五）治理现代化的稳定路径：以人民为中心的治理思想与治理能力现代化

如何将社会治理现代化变革控制在有效治理区间，实现社会治理现代化变革过程中社会保持秩序又充满活力的有效治理，治理思想和治理能力是关键因素。从治理思想与治理制度看，正如前文已论述过的，治理思想及建立其上的治理制度具有鲜明的阶级性，当治理思想与治理制度的宗旨是服务于少数统治阶级利益时，统治阶级与被统治阶级之间就会存在不可调和的利益矛盾，这种社会矛盾激化到一定程度，社会革命就会导致旧制度的崩溃，社会治理的变革也因此偏离有效治理区域，陷入失序混乱状态。实现社会治理在变革中保持相对稳定，关键是治理思想与治理制度的价值取向与人民的意志与社会诉求相一致。密尔指出，解决统治者与人民的利害和意志冲突问题，“统治者应当与人民合一起来，统治者的利害和意志应当就是国族的利害和意志”[27]。政府行为的合法性来源于他们对人民意志的体现，马克思指出，解决立法权与行政权之间的冲突，关键是要实行人民直接管理社会事务的直接民主形式，使人民直接参加国家事务的管理，使国家成为人民的国家①。毛泽东同志在 1945 年与黄炎培先生就中国共产党如何解决中国封建王朝兴衰治乱的历史周期律问题时也明确指出：“我们已经找到新路，我们能跳出这周期律。这条新路，就是民主。只有让人民来监督政府，政府才不敢松懈。只有人人起来负责，才不会人亡政息。”② 概括起来，无论是国家意志与人民意志的合一，还是人民直接参加国家与社会治理，本质上都要求治理思想与治理制度的价值取向要以人民为中心，服务于人民的利益诉求与意志，从根本上确保实现社会和谐有序又充满活力的有效治理。

在解决了治理思想价值取向与人民意志统一的前提下，包括治理机构的行政能力和社会的自治能力在内的治理能力现代化，就成为决定社会治理现代化的关键。第二次世界大战后西方学者综合运用经济学、管理学、法学、社会学的基本原理，提出了一系列提升社会治理能力与治理效率的理论学说。如经济学家以每个人都是让自己利益最大化的经济人为前提，运用微观经济学的成本—效益分析方法，解释个人偏好与政府公共选择的关系，提出作为投票者的消费者可以根据个人偏好，通过对公共物品或服务供给进行民主投票，表达个人意愿，决定公共服务供给[30]，即通过鼓励民众广泛参与立宪、立法和行政与司法，提升治理能力。胡德、戴维·奥斯本等代表的新公共管理学派提出，将绩效管理、目标管理、组织发展、人力资源开发等企业管理理论引入公共服务部门，建立新的公共责任机制，以提高政府治理效率。针

① 马克思．恩格斯．马克思恩格斯全集：第 1 卷［M］．北京：人民出版社，1962：315.

② 逄先知．毛泽东年谱：1893—1949［M］．北京：人民出版社，1993.

对政府失灵和市场失灵等问题，塞拉蒙在《全球公民社会》中提出，要充分发挥非营利组织作为政府和市场之外的第三部门的作用，完成政府部门和市场部门不能完成或不能有效完成的社会公共事务，弥补政府部门和市场部门的不足。还有不少学者从促进社会公正①、强化社会分工与社会和谐②等角度，对提升治理能力、促进社会和谐做出了系统分析与论证。亨廷顿从历史发展角度，提出发展中国家治理现代化过程中避免社会动荡，首先应建立强有力的政党和纪律严明的政府，"以单一的、世俗的、全国的政治权威来取代传统的、宗教的、家庭的和种族的等五花八门的权威"，因为"秩序井然的社会必须有一个明确的来源于人的最高权威"[4]。其次要提升行政机构的专业化水平，根据政治现代化提出的新的政治职能并创建专业化机构执行；同时，要提高社会的政治参与程度，广泛的参与可以提高政府对人民或人民对政府的控制。

三、中国共产党社会治理的成功实践

中国是有五千年文明的文化大国，在绵远的发展历史中形成了影响广泛深远的儒、墨、道、法治理思想，也有一脉相承、不断完善的治理制度，在兴衰治乱的历史周期律中，曾创造了文景之治、贞观之治、康乾盛世等辉煌治理成就，但到清朝末年，清政府的腐败统治加上八国联军等外部侵略，内忧外患使国家陷入半殖民地半封建的衰败状态，中华民族陷入社会长期动荡、民不聊生的悲惨境地，民族求独立、人民求解放、中华民族求复兴成为近代中国历史发展的大潮。在攸关中华民族兴衰存亡的历史关键时期，中国共产党应运而生，义无反顾地肩负起中华民族伟大复兴的历史重任。中国共产党顺应人民求和平、求解放、求幸福的愿望，历经 28 年艰苦卓绝的新民主主义革命，率领全国人民彻底结束了旧中国半殖民地半封建的历史，建立了人民当家做主的社会主义新中国；经过新中国成立后 70 多年的砥砺奋斗，彻底改变了旧中国极端贫穷落后的状态，创造了在经济快速发展中实现社会长期稳定的奇迹。中国共产党所创造的经济社会发展奇迹，是中国共产党人把马克思主义政治经济学与中国实际和中华传统优秀文化相结合、持续创新发展的结果。中国共产党百年社会治理的成功实践，阐释了实现有效社会治理的基

---

① 代表人物是约翰·罗尔斯，详见《正义论》等。

② 代表人物为埃米尔·涂尔干，详见《社会分工》等。

本规律，即强有力的中国共产党的有效领导是实现国家对社会的治理始终以人民为中心，治理机构的治理权力始终适应社会需要合理分配，最终将有效的社会治理机制以制度形式稳定下来的根本力量，而伴随生产方式变革和经济社会发展改革，社会自身对秩序和自由的动态追求是推动治理权力分配持续优化、治理机构和社会治理能力提升的内生动力，由此创立了人类社会治理的文明新形态。

（一）中国共产党强有力的领导

近代以来，成功实现治理现代化的国家，共同之处是都拥有一个强大的政党[4]。社会主义国家的政党在治理中，实际上承担着由社会主义社会发展历史使命决定的领导核心和由党掌握国家政权决定的执政力量双重角色。自新中国建立起，党的领导就处于不断强化之中。社会主义改造后为了走出社会主义现代化的困境，党通过其强大的体制和组织力量实现了对国家、对社会的全面整合和领导。改革开放后，经济社会体制改革同时使得社会从国家控制中、国家从党的直接干预中获得了相对的自主，党、国家、社会关系逐渐从三位一体向各自相对自主的格局转变，党的领导主要体现为对国家制度的有效运作和控制、对社会的有效动员和整合，有效执政成为党的有效领导的根本途径[20]。在这个过程中，中国共产党面临如何有效运作现代国家制度，如何有效整合自主多元社会，如何有效应对时代发展三大关键挑战。

中国共产党率领中国人民创造的经济社会发展奇迹，充分展现了中国共产党在社会治理中的巨大成就，也充分展现了强有力的政党在社会治理现代化中的中流砥柱作用，有其宝贵的历史经验，主要体现为十个方面。一是坚持党的领导。始终坚持党的全面领导不动摇，确保党始终纵览全局、协调各方，把党的领导落实到党和国家事业各领域、各方面、各环节。二是坚持人民至上。坚持全心全意为人民服务，始终代表中国最广大人民的根本利益，充分发挥密切联系群众的治理优势。三是坚持理论创新。始终坚持把马克思主义基本原理与中国具体实际相结合、同中华优秀传统文化相结合，不断推进马克思主义中国化、时代化。四是坚持独立自主。既虚心学习借鉴国外有益经验，又坚持独立自主、自力更生，始终把发展进步的命运牢牢掌握在自己手中。五是坚持中国道路。始终坚持从中国国情出发，探索并建立了符合实际的中国特色社会主义发展道路。六是坚持胸怀天下。始终坚持以世界眼光关注人类前途命运，通过维护世界和平发展自己，通过自身发展维护世界和平。七是坚持开拓创新。始终顺应经济社会发展的内在规律和社会矛盾变化，不断进行理论创新、实践创新、制度创新、文化创新。八是坚持勇于斗争。敢于斗争、敢于胜利，是中国共产党人强大的精神力量。九是坚持统一战线。团结一切可以团结的力量，调动一切可以调动的积极因素，建立最广泛的统一战线。十是坚持自我革命。中国共产党是组织严谨、纪律严明、富有自我革命精神的政党，敢于直面问题、勇于自我革命，坚持真理、修正错误①。

（二）以人民为中心的发展思想

中西政党都发挥了连接（市民）社会与国家的中介功能，结构性差异在于西方政党是市民社会的组成部分，而中国共产党在国家中构成了公权力的组成部分，这深刻影响了国家与社会关系的性质[22]。中国共产党自立党之初就把为中国人民谋幸福、为中华民族谋复兴作为初心使命，确立了以人民为中心的发展思想，并在党的革命斗争与执政实践中始终如一地贯彻执行人民至上的发展思想，从根本上解决了人民意志与治理制度价值取向的矛盾冲突问题，使党、人民、国家的利益有机统一在一起。以人民为中心的发展思想秉承了中国传统文化中的民本思想，也是对马克思主义政治经济学的创新发展，是中国社会治理区别于西方社会治理的根本特征。

民惟邦本、本固邦宁。以民为本是中国传统治理思想的核心内涵，从孔子的“天下为公”②，到孟子的“民为贵，社稷次之，君为轻”③，再到朱熹的“国以民为本，社稷亦为民而立”④“平易近民，为政之本”⑤，以民为本的治理思想贯穿中国自西周以来三千多年的治理历史。中国共产党把马克思主义政治经济学的生产力与生产关系、经济基础与上层建筑的基本原理，与中华民族传统文化中的以民为本思想相结合，创造性地提出以人民为中心的发展思想，并付诸党治国理政的实践，成为指导政权建设、经济建设、社会建设的基本思想。从以人民为中心出发，中国共产党建立了以公有制为主体、以消灭剥削、推动共同富裕为目标的社会主义经济制度，建立了人民民主专政的治理制度，建立了与不同时期人民诉求、社会发展水平相适应的各项民生

① 本书编写组．党的十九届六中全会《决议》学习辅导百问［M］．北京：党建读物出版社，2021：62-66.

② 戴圣．礼记·礼运［M］．上海：上海古籍出版社，2004.

③ 孟子．孟子·尽心章句下［M］．西安：陕西人民出版社，1998.

④ 朱熹．四书章句集注·孟子·尽心下［M］．北京：中华书局，1983.

⑤ 朱熹．朱文公政训［M］．北京：商务印书馆，1936.

保障制度。

（三）人民当家做主的社会主义民主政治制度

在人民至上、以人民为中心的发展思想基础上，中国共产党建立了以人民民主专政为国体的中国特色社会主义民主政治制度。这一制度框架既保证了国家对社会的有效集权，又满足了日益扩大的人民参与治理、社会对自由和活力的诉求，是国家与社会良性互动的有效载体和制度保障。这些保障治理权力优化分配的具体制度包括：人民代表大会、中国共产党领导的多党合作和政治协商、民族区域自治、基层群众自治四大制度，有力保证了人民依法通过各种途径和形式参与管理国家和社会事务。

1. 人民代表大会制度

近代以来，中国人民的一个历史性课题，就是中国应建立什么样的政治制度。在不同历史时期，中国先后尝试了君主立宪制、议会制、多党制、总统制等模式，都以失败而告终。中国共产党顺应时代发展的历史大潮和社会形态的发展诉求，把马克思列宁主义无产阶级专政学说同中国具体实际相结合，创立了中国历史上从未有过的、人民当家做主的人民民主专政政权，实现了中国从几千年封建专制向人民民主的伟大飞跃。与工人阶级领导的、以工农联盟为基础的人民民主专政相适应的政权组织形式，就是体现民主集中制的人民代表大会制度。1949 年颁布的《中国人民政治协商会议共同纲领》宣告，中华人民共和国的国家政权属于人民，人民行使国家政权的机关为各级人民代表大会和各级人民政府。1954 年第一届全国人民代表大会通过的《宪法》明确，人民代表大会制度是中国的根本政治制度，全国人民代表大会是最高国家权力机关。人民代表大会制度为治理权力的有效配置、为国家和社会的良性互动提供了根本制度保障。

2. 中国共产党领导的多党合作和政治协商制度

和合思想是中华民族五千年优秀传统文化的精髓，从孔子的“礼之用，和为贵”①，到孟子的“天时不如地利，地利不如人和”②，再到荀子的“义以分则和，和则一，一则多力，多力则强，强则胜物”③，儒家的和合思想在中华传统文化和古代治国理政中占据主导地位。中国共产党秉承中华传统文化

---

① 孔子．论语·学而篇［M］．北京：中华书局，2006.

② 孟子．孟子·公孙丑章句下［M］．西安：陕西人民出版社，1998.

③ 杨朝明．《荀子》简注通说·王制篇第九［M］．郑州：河南大学出版社，2008.

的和合思想，为了最大程度上反映人民群众在社会形态上的诉求，创立了发展最广泛统一战线这一克敌制胜、执政兴国的法宝，在不同历史时期先后建立了工农民主统一战线、抗日民族统一战线、人民民主统一战线、爱国统一战线，为党率领全国人民进行革命和建设提供了最广泛、最深厚、最持久的力量支持。新中国成立后，中国共产党领导的多党合作和政治协商制度作为一项基本政治制度，经 1949 年中国人民政治协商会议通过的《中国人民政治协商会议共同纲领》得以确立。1982 年第五届全国人民代表大会第五次会议通过的《宪法》明确，中国人民政治协商会议是有广泛代表性的统一战线组织，中国共产党领导的多党合作和政治协商制度将长期存在和发展。人民政协作为中国特色的政党制度，吸纳各民主党派、无党派人士、人民团体、少数民族人士和各界爱国人士参加国家政权，参与国家大政方针和国家领导人选的协商，参与国家事务的管理，参与国家方针政策法规的制定和执行，在广泛凝聚社会共识的同时优化国家对社会的治理。

3. 民族区域自治制度

中国自古就是一个多民族的社会，各民族在长期交融发展中共同创造了中华文明，也形成了各具特色的民族文化和生活习俗。基于民族地区在经济社会文化上的差异，1949 年通过的《中国人民政治协商会议共同纲领》规定，中华人民共和国境内各民族一律平等，各少数民族聚居的地区，应实行民族的区域自治。1954 年全国人民代表大会通过的第一部《宪法》规定，中华人民共和国是统一的多民族的国家，各民族一律平等，自治区、自治州、自治县的自治机关可以依照当地民族的政治、经济和文化特点，制定自治条例和单行条例。1984 年颁布的《中华人民共和国民族区域自治法》，把民族区域自治制度确立为国家的一项基本政治制度。民族区域自治制度有力保障了各民族人们参与社会治理的权利，成为世界上处理民族矛盾的典范。

4. 基层群众自治制度

基层是国家与社会互动最直接最广泛的地带。县以下的乡村自治在中国有着悠久历史。秉承悠久的基层自治传统，新中国成立之初，党和政府就在城乡建立了群众性自治组织治安委员会和城市居民委员会。新中国社会主义改造完成后，为适应农村集体经济和城市工业化发展，国家建立了社会计划管理体制，城乡基层组织的自治性质弱化，成为政府行政机构在基层的派出机构。改革开放后，随着经济体制改革的深化，农村生产方式从集体经济转变为家庭承包责任制，城市人员就业方式多样化，人们在社会形态上对自由以及治理权力分配上对分权的诉求增长。为适应农村和城市生产方式的转变，

1982年修订的《中华人民共和国宪法》规定，城市和农村按居民居住地区设立的居民委员会或者村民委员会是基层群众性自治组织，由此城乡居民基层自治成为我国基层治理的法定形式。党的十七大进一步把基层群众自治制度纳入社会主义民主政治制度范畴，基层群众自治成为中国特色社会主义基本政治制度，促进了中国最广泛的国家向社会的治理分权和基层自治实践。

（四）与时俱进地不断改革完善社会治理机制

从治理演变规律看，有效的社会治理要求治理机制顺应社会形态和社会矛盾的发展需要不断变革。新中国成立后，中国共产党根据不同时期中国经济社会发展状况，顺应社会形态和社会主要矛盾的发展需要，不断改革完善社会治理机制，先后实行了“计划管理”“社会管理”“社会治理”3种不同形态的治理机制[31]，为社会保持充满活力又和谐有序发展提供了重要体制机制支撑。

新中国成立后，中国社会处于一盘散沙、经济极度落后、百废待兴的状态，社会主要矛盾是人民对于建立先进的工业国的要求同落后的农业国的现实之间的矛盾。为尽快改变贫穷落后的面貌，中国共产党率领全国人民迅速恢复了旧中国遭到严重破坏的规模经济，历经新中国成立到1956年过渡时期的社会主义改造，完成了从新民主主义到社会主义的转变，创建了有中国特色的社会主义制度，建立起社会主义计划经济体制，制定了“四个现代化”发展战略。与经济制度的重大变革和国家发展战略相适应，也为了满足人民群众改变一盘散沙局面、恢复有组织的社会秩序的需要，党领导人民建立了以严格计划管理为主要特色的社会管理体制。计划管理体制的主要特点是政府全能、政社高度统一，具体包括以单位为基础的从业人员管理，以街区为基础的城市人员管理和以户籍制度、职业身份制度和档案制度为基础的社会流动管理机制，这一体制极大地增强了社会的组织性和国家对社会的管理能力，迅速改变了旧中国的无序状态，调动了全国各族人民积极参与社会建设的积极性，提升了政府对社会各方面资源的组织动员能力，为经济社会的快速发展奠定了制度基础。在计划管理体制下，中国经济从极端贫困落后的农业国发展为工业体系和国民经济体系完整的工业化国家，教育、医疗卫生等民生事业取得巨大进步，人民生活水平明显提高。这期间曾发生了三年自然灾害和十年“文化大革命”，社会计划管理机制经受了两次重大冲击。计划管理体制有组织动员能力强、社会秩序稳定的优势，但政府包办一切、管控严格、治理权力过于集中，也限制了社会流动性，社会自治效能无法充分释放，收入分配中的平均主义还抑制了劳动者的积极性和主动性，社会活力受到较大制约。

经过1950年到1978年近30年的社会主义建设，中国已逐步从落后的农业国发展为具有完备工业体系的工业国，社会主要矛盾转变为人民日益增长的物质文化需要同落后的社会生产之间的矛盾。为调整和改革生产关系与生产力、上层建筑与经济基础不相适应的方面和环节，促进生产力的发展和各项事业的全面进步，更好地实现广大人民群众在社会形态上对自由及治理机制上对更多分权的期待，1978年召开的党的十一届三中全会做出了改革开放的历史性决议，1987年党的十三大制定了著名的“三步走”发展战略，1992年党的十四大做出了建设社会主义市场经济的决议。中国经济体制改革从农村实行家庭联产承包责任制开始，逐步发展到放权搞活的城市经济体制改革、建设经济特区的对外开放，经济体制从计划经济逐步发展为社会主义商品经济和中国特色的社会主义市场经济。随着经济体制改革的不断深化，社会自由和流动性大幅度提高，国家对社会的计划管控式管理不断放松，社会治理机制顺应经济体制变革要求不断改革发展。2006年，党的十六届六中全会做出《中共中央关于构建社会主义和谐社会若干重大问题的决定》，社会治理已发展为以构建全体人民共同建设、共同享有的和谐社会为目标，以健全党委领导、政府负责、社会协同、公众参与的社会管理格局为方向的社会管理体制，治理机构内部及向社会的分权增多。这些为中国经济社会持续高速发展提供了制度保障，至2012年，中国经济从1978年人均GDP只有156.4美元的低收入国家发展为人均GDP 6 300美元的中等偏上收入国家，人民生活大幅度改善，社会活力大幅增强，社会和谐得到更大力度的保障。

党的十八大以后，中国经济增长从高速增长转向高质量发展，人口结构步入快速老龄化时期，城镇化程度不断提高，收入水平持续提升，社会诉求日益多元化，经济社会都进入重大转型发展时期，社会主要矛盾转变为人民日益增长的美好生活需要和不平衡不充分的发展之间的矛盾。顺应社会主要矛盾的发展变化，党的十八届三中全会通过的《中共中央关于全面深化改革若干重大问题的决定》，明确了全面深化改革的总目标是“完善和发展中国特色社会主义制度，推进国家治理体系和治理能力现代化”，强调“更加注重改革的系统性、整体性、协同性，加快发展社会主义市场经济、民主政治、先进文化、和谐社会、生态文明，让一切劳动、知识、技术、管理、资本的活力竞相迸发，让一切创造社会财富的源泉充分涌流，让发展成果更多更公平惠及全体人民”。在社会领域，提出推进制度创新和基本公共服务均等化，加快形成科学有效的社会治理体制，确保社会既充满活力又和谐有序。中国的社会治理体制由此进入了以系统治理、依法治理、综合治理、源头治理相结合的新时代。党的十九届四中全会提出建立共建共治共享的社会治理制度，构建党委领导、政府负责、民主协商、社会协同、公众参与、法治保障、科技支撑的社会治理体系，打造人人有责、人人尽责、人人享有的社会治理共同体，进一步反映了国家向社会、公众放权以及激发社会参与活力的发展趋势。

（五）持续提升社会治理能力

治理机构的权力分配受到社会形态分布的牵引，二者互为有效治理的限度，同时以治理主体的行政能力以及社会自身的自治能力为基础。我国社会治理机制适应社会形态和社会主要矛盾的有效变革，最终有赖于包括政府治理能力和社会自治能力在内的社会治理能力的不断提升。

从政府治理能力看，中国政府治理能力的不断提升大致可分为 4 个阶段。第一阶段是新中国成立到改革开放前的精兵简政阶段，以实现“分工合理，职责分明，机构精干，提高工作效率”① 为目标，通过机构设置和合并的优化调整，不断提高政府的工作效率。第二个阶段是改革开放初期以简政放权、政企分开、增强活力为主的政府治理改革阶段，为与经济体制改革不断深化相适应，破除政府权力过分集中、官僚主义严重等问题，党的十三大提出了“建立有利于提高效率、增强活力和调动各方面积极性的领导体制”，以及“实行党政分开”“进一步下放权力”“改革干部人事制度”等政府治理改革目标。第三个阶段是党的十四大以后以转变政府职能为目标的政府治理机构改革时期，党的十四大提出建立社会主义市场经济体制改革目标后，为适应市场经济发展需要，政府治理以政府职能转变为核心，不断优化政府组织结构，持续向建设人民满意的服务型政府转型。第四个阶段是党的十八大后推进国家治理体系和治理能力现代化阶段，围绕让市场在资源配置中发挥决定性作用和更好发挥政府作用、处理好政府与市场关系的改革核心问题，从坚持和完善基本经济制度、转变政府职能、加强社会主义民主政治建设等，全方位推进国家治理体系和治理能力现代化，推动生产关系与生产力、上层建筑与经济基础相适应。

---

① 全国人民代表大会常务委员会关于国务院机构改革问题的决议．中华人民共和国国务院，1982.

随着经济社会体制改革不断深化，中国社会主体日益多元化，自治能力也不断提升。从市场主体看，改革开放以来我国市场主体快速发展，企业、个体户数量分别从2002年的734万户和2 378万户扩张到2020年的4 331万户和9 287万户。随着经济体制改革的不断推进，包括国有企业在内的所有市场主体均已成为自负盈亏、自主经营的市场化组织，通过市场参与社会资源配置、提供满足人民需要的产品和服务，依托市场机制有效发挥社会自治作用。从基层群众自治看，自1982年《宪法》明确城乡居民基层自治法律地位后，村（居）民委员会的数量从1983年的37.7万个迅速增加到1990年的110万个，此后随着城镇化的快速发展和合村并居改革的深入推进，2019年减少到64.3万个。当前全国城乡基层群众自治组织普遍制定了村规民约、自治章程，自治法治德治相结合的基层治理制度不断落实落细，自治能力不断增强，在规范社会行为、协调社会关系、解决社会问题等方面发挥了日益重要的作用。从社会组织看，改革开放后，各类社会组织快速发展，包括社会团体、民办非企业单位、基金会在内的社会组织数量从1999年的14.3万个持续增长至2019年的86.6万个①。作为我国社会治理的重要主体，社会组织已成为承接国家治理权力让渡、人民群众参与治理、社会自我调节的重要载体。

四、中国社会治理现代化的目标与推进路径

国家治理体系和治理能力现代化是中国现代化的重要内涵，也是实现“两个一百年”奋斗目标，实现中华民族伟大复兴中国梦的制度与能力保障。党的十九届四中全会确立了国家治理体系和治理能力现代化目标，到2035年，各方面制度更加完善，基本实现国家治理体系和治理能力现代化；到新中国成立一百年时，全面实现国家治理体系和治理能力现代化，使中国特色社会主义制度更加巩固、优越性充分展现。社会治理现代化最终要落脚到国家发展、社会进步与人民福祉上，要在坚持以人民为中心发展思想、坚持社会主义人民民主政治制度的基础上，顺应新时代中国社会主要矛盾的发展变化，不断改革完善治理体制，持续提升治理能力，促进国家和社会的持续良性互动，持续保持社会和谐有序又充满活力的有效治理[32]。

① 本节数据均来自万德资讯中国宏观数据库。

（一）推进社会治理理念现代化

一是始终坚持以人民为中心的发展思想。要把人民对美好生活的向往作为社会治理的出发点和落脚点，保障人民平等参与、平等发展权利，不断提升人民群众的幸福感、获得感、安全感。二是坚持共建共治共享。要合理界定党、国家、社会在社会治理中的职责定位与边界，充分发挥党委领导、政府负责作用，主动发挥社会自我调节作用，充分尊重人民的主体地位和首创精神，实现人民共建共治共享。三是坚持促进社会公平正义。要在高质量发展中大力推进收入分配公平，推进基本公共服务均等化、机会公平、医疗健康公平和文化资源普惠共享，畅通人民诉求反映机制，不断增促社会公平正义。四是加强社会主义精神文明建设。坚持以社会主义核心价值观引领文化建设，推动理想信念教育常态化、制度化，弘扬民族精神和时代精神，坚定道路自信、理论自信、制度自信、文化自信，厚植社会和谐发展的精神文化。

（二）推进社会治理制度现代化

进一步加强党的领导，维护党中央权威和集中统一领导，健全党的全面领导制度。进一步发展人民民主，完善人民代表大会制度、中国共产党领导的多党合作和政治协商制度、民族区域自治制度、基层群众自治制度，强化全过程人民民主，保证人民广泛参加社会治理。进一步推进依法治国，不断完善党委领导、人大主导、政府依托、各方参与的立法体制，推动公正司法和严格执法，增强全社会法治意识。坚持社会主义基本经济社会制度体系，充分发挥市场在资源配置中的决定性作用，更好发挥政府作用，推动政府治理同社会调节、居民自治良性互动。坚持统筹发展和安全，更加重视经济与社会协同发展，研究经济增速、人口数量和结构变化对社会治理的影响并做好预案，促进高质量发展和高效能治理良性互动。持续保障和改善民生，推进基本公共服务均等化，在幼有所育、学有所教、劳有所得、病有所医、老有所养、住有所居、弱有所扶等方面不断取得新进展，解决人民群众急难愁盼的问题。将共同富裕融入区域协调发展、乡村振兴和新型城镇化战略，构建初次分配、再分配、三次分配协调配套的基础性制度安排，加大税收、社保、转移支付等调节力度，加强人力资本投资，扩大中等收入群体，扎实推进共同富裕。强化就业优先战略，消除户籍、地域、身份、性别等影响就业、招考、选拔、晋升的制度，完善人才社会流动制度体系以及社会公平保障体系，畅通向上流动通道，防止社会阶层固化。充分发挥社会政策托底作用，统筹把握社会保障和其他相关领域之间改革的联系，落实积极应对人口老龄化国家战略，加强生育激励，健全社会保障体系、养老服务体系、健康支撑体系，促进人口长期均衡发展，守住社会稳定底线。

（三）推进社会治理机制现代化

一是坚持和完善党的领导机制。坚定走中国特色社会主义社会治理之路，落实各级党委统筹维护社会稳定和完善社会治理体制的领导责任，将社会治理与经济社会发展一体化部署、一体化推进，将党的领导贯穿于社会治理的各个方面、各个环节。二是落实政府负责机制。不断完善国家行政体制，优化政府职责体系与组织机构，深入推进放管服改革，建立部门快速联动响应机制，提升政府社会治理能力。三是建立群团助推机制。发挥群团组织针对特定群体开展教育、维权、服务的优势，增强枢纽组织功能，广泛构建社会协同、公众参与渠道，整合社会力量和资源。四是完善社会协同机制。加大社会组织培育力度，在重要法规制定、重大公共决策、重要政策评估等领域建立社会组织参与渠道，加大社会治理领域购买社会组织服务与税收优惠力度。五是创新公众参与机制。坚持和发展新时代“枫桥经验”，推广各地村民议事说事、红白理事会等治理创新，做实基层群众自治，发挥文化纽带作用，形成公众参与的激励引导机制。

（四）推进社会治理方式现代化

社会治理现代化需要治理方式、手段与治理理念、体制的适配。坚持政治引领，推动社会治理重心下移，发挥党组织和党员在社会治理中的引领作用，构建党组织领导的共建共治共享的城乡基层治理格局。增强法治保障，加强国家安全、数字技术等重点领域的法律制定与修订，依托信息化加大社会治理领域执法监管，打击执法缺位、执法不严、选择性执法等行为。注重德治教化，依托公共文化服务挖掘与宣传优秀传统文化，加强社会主义核心价值观与先进文化教育，建设信用中国，助力和谐社会建设。完善基层自治，明确政府与基层自治组织权责边界，深入推进国家向基层的分权赋能减负增效，营造公共空间，释放基层群众自治活力。强化“智治”支撑，加强政府监管和行业自律，加强技术创新与民主协商，构建社会“智治”共同体。

（五）推进社会治理能力现代化

基于现代社会治理机制与社会形态发展需要，提升社会治理能力。高度重视百年未有之大变局、人口老龄化、重大公共卫生应急事件等对国家安全、社会稳定带来的风险，加强研究、监测和谋划，提升风险防范和应对能力。完善应急管理体制，落实应急管理责任，增强应急法规预案的操作性，增强应急管理能力。加强新型基础设施建设，建立跨部门跨平台的社会治理数据动态采集、规范提取和有效追溯机制，保护信息安全和数据产权，提升科技支撑能力。总结各地村（居）民议事创新经验，大力发展人民调解和社会调解，加强面向群众的民主协商、理性沟通技能培训，提升公众民主协商能力。

（本文为国务院发展研究中心“我国社会治理创新发展研究”研究课题。课题顾问：张来明；课题负责人：李伟健）

参考文献

[1] 塞缪尔·亨廷顿．文明的冲突与世界秩序的重建［M］．北京：新华出版社，2018.

[2] 卢元芬．国家治理现代化的法团主义路径探析［J］．治理研究，2018（2）.

[3] SCHMITTER P C，L G. Trends toward corporatist intermediation［M］. Beverly Hills：Sage Publications，1979：9-13 .

[4] 塞缪尔·亨廷顿．变化社会中的政治秩序［M］．上海：上海人民出版社，2015.

[5] 孙立平．社会转型：发展社会学的新议题［J］．开放时代，2008（2）.

[6] 郁建兴，关爽．从社会管控到社会治理：当代中国国家与社会关系的新进展［J］．探索与争鸣，2014（12）.

[7] WHITER G. 1993，Prospects for civil society in china：a case study of xiaoshan city［J］. The australian journal of chinese affairs，1995，29（1）：63-87 .

[8] SAICH T. Negotiating the state：the development of social organizations in china［J］. The China quarterly，2000，161（1）：124-141.

[9] 顾昕．公民社会发展的法团主义之道：能促型国家与国家和社会的相互增权［J］．浙江学刊，2004（6）.

[10] 王颖．中国的社会中间层：社会发展与组织体系重构［J］．中国社会科学季刊，1994（6）.

[11] 康晓光，韩恒．分类控制：当前中国大陆国家与社会关系研究［J］．社会学研究，2005（6）.

[12] 康晓光，韩恒．行政吸纳社会：当前中国大陆国家与社会关系再研究［J］．Social Sciences in China，2007（2）.

[13] 陶传进．控制与支持：国家与社会间的两种独立关系研究：中国农村社会里的情形［J］．管理世界，2008（2）.

[14] 唐文玉. 行政吸纳服务：中国大陆国家与社会关系的一种新诠释 [J]. 公共管理学报，2010 (1).

[15] 郁建兴，吕明再. 治理：国家与市民社会关系理论的再出发 [J]. 求是学刊，2003 (4).

[16] 燕继荣. 协同治理：社会管理创新之道：基于国家与社会关系的理论思考 [J]. 中国行政管理，2013 (2).

[17] 郁建兴，吴宇. 中国民间组织的兴起与国家：社会关系理论的转型 [J]. 人文杂志，2003 (4).

[18] 纪莺莺. 从"双向嵌入"到"双向赋权"：以N市社区社会组织为例：兼论当代中国国家与社会关系的重构 [J]. 浙江学刊，2017 (1).

[19] 肖瑛. 从"国家与社会"到"制度与生活"：中国社会变迁研究的视角转换 [J]. 中国社会科学，2014 (9).

[20] JOEL S. Migdal，state in society：studying how state and society transform and constitute one another [M]. Cambridge：Cambridge University Press，2001.

[21] 林尚立. 领导与执政：党、国家与社会关系转型的政治学分析 [J]. 毛泽东邓小平理论研究，2001 (6).

[22] 景跃进. 将政党带进来：国家与社会关系范畴的反思与重构 [J]. 探索与争鸣，2019 (8).

[23] THE COMMISSION ON GLOBAL GOVERNANCE. Our global neighborhood [M]. Oxford：Oxford University Press，1995：4.

[24] 李建军，邓理. 社会治理现代化：新时代的治国方略 [M]. 上海：上海人民出版社，2020.

[25] 弗朗西斯·福山. 国家建构：21世纪的社会治理与世界秩序 [M]. 北京：学林出版社，2017.

[26] 波特兰·罗素. 权威与个人 [M]. 北京：商务印书馆，2017.

[27] 约翰·密尔. 论自由 [M]. 北京：商务印书馆，2019.

[28] 李建伟. 我国乡村治理创新发展研究 [M]. 北京：人民出版社，2020.

[29] 托马斯·皮凯蒂 (Thomas-Piketty). 资本与意识形态 (Capital et idéologie) [M]. 巴黎：法国门槛社，2019.

[30] 肯尼斯·阿罗. 社会选择与个人价值 [M]. 上海：上海人民出版社，2020.

[31] 李建伟，王伟进. 理解社会治理现代化：内涵、目标与路径 [J]. 南京大学学报 (哲学·人文科学·社会科学)，2021 (5).

[32] 张来明，李建伟. 党的十八大以来我国社会治理的理论、制度与实践创新 [J]. 改革，2017 (7).

重大工程决策“中国之治”的现代化道路

——中国重大工程决策治理70年

盛昭瀚[1] 刘慧敏[1] 燕 雪[2] 金 帅[3] 邱聿旻[4] 董 梁[1]

1. 南京大学工程管理学院；2. 南京审计大学金融学院；

3. 江苏大学管理学院；4. 南京财经大学会计学院。

摘要：本文以三门峡工程、三峡工程、改革开放以来的长大桥梁工程群，以及港珠澳大桥等中国重大工程典型案例链为基础，把中国70年来重大工程决策“中国之治”，即中国重大工程决策治理现代化与中国化一体化的实践及创新放在中国社会主义建设，特别是近40年改革开放、民族振兴以及大国治理的历史情境中进行全景式的分析和解读，并在中国重大工程决策“中国之治”70年现代化道路发展历程的文化记忆中，总结其基本经验、揭示内在逻辑，再通过体现历史逻辑与辩证思维原则的反思，提炼对新时代中国重大工程决策治理的现实启示。

关键词：重大工程 决策治理 现代化 回顾 反思

一、引言

任何一个时代都是人类历史发展长河中的一个阶段。在它之前，有着“过去的”时代，在它之后，有着“未来的”时代，任何“当下的”时代一定是承上启下、承前启后的[1]。所以，一个时代的管理学术，一定包含着对过去时代人类管理学术的肯定和继承，也一定会包含着相对于未来时代的不足和局限。正如马克思、恩格斯所说：“我们只能在我们时代条件下去认识，而且这些条件达到什么程度，我们就认识到什么程度”[2]。这意味着，任何管理学术中一定蕴含着一种自我回顾、总结、反思的品格，即对管理学术的文化记忆。

注：本文原载《管理世界》2020年第10期，系《重大工程决策治理的“中国之治”》（载于《管理世界》2020年第6期）的后续研究成果。

在过去一段较长时期，中国管理学术的“大头”属于“在中国的管理学术”阶段。这一阶段的基本形态是中国学者主要按照西方管理思想与学术范式研究各类管理问题，是中国现代管理学术发展的以“引进吸收”为主的“照着讲”阶段。

目前，这一阶段正在向“管理学术中国化”阶段提升和进化。这一新的阶段的基本形态是中国学者更注重扎根于我国管理的实践土壤，坚持实际问题导向，关切与回应国家重大实践需求，并以自主性学术创新自立于世界管理学术之林，这是中国现代管理学术发展的以“自主创新”为主的“接着讲”阶段[3]。

从以“照着讲”为主到以“接着讲”为主，从以“引进吸收”为主到以“自主创新”为主是中国管理学术的重大历史性转折，体现了中国管理学界经过几十年的成长而表现出强烈的主体意识、文化自信与理论自觉，同时也反映了中国管理学术正逐渐成为当代世界管理学术格局中一个相对独立的重要的组成部分[3]。

“管理学术中国化”不再仅表现为中国管理学界发表学术论文数量上的增加，也不仅是在微观层次对某些具体问题与方法的研究，而是努力在确立重要学术思想、形成理论体系与构建话语体系等宏观层次上，为中国，也为国际管理学术发展做出更大贡献。这是历史给中国管理学者一次难得的机会，这个机会源于一个“临界点”，即全球原有的整体性管理学术格局、秩序与资源供给正开始发生结构性变化，其中包括管理学术中国化的成长壮大。

“管理学术中国化”是一种整体性的学术系统形态的演变，是深刻的学术创新机理变革与持久张力作用的结果。其中，不仅有当前人们的不懈努力，也有我们对历史先辈学术的传承。任何管理思想与学术都是那个时代管理活动规律相对广度、深度与高度的总结与凝练，也必然会有自身相对的不周、不足与不真。黑格尔说，“哲学的认识方式只是一种反思——意指跟随在事实后面对既有经验和现实对象的反复思考。”因此，“管理学术中国化”历史性转折的基本动因之一就是中国管理学术的自我总结与自觉反思。凡是具有高度生命活力的管理学术必然具有不断深化和修正的自我完善与自我成长的自觉性，这是管理学术永不停顿和与时俱进的基本能动力，特别是，在当今充分体现自主性和本土化的“管理学术中国化”转折时期，对我国管理学重要领域的学术历史实践与进化道路进行回顾、总结与反思意义尤其重大。这就是在中国成为全球重大工程建设大国、实践成就世界一流、相关学术研究取得重要进展的背景下，我们写作本文的初衷。

本文的主题决定了这是一个大时空尺度、涉及政治、经济、社会、文化及重大工程管理等领域的科学问题。显然，要把新中国成立70年来复杂曲折的重大工程决策治理历史浓缩至一篇文章中，除了需要明晰的学术思维主线外，还需要积累大量一手资料。为此，我们从2011年开始前后花了8年多时间，实地调研了全国16个省市的近30个重大工程、搜集并阅读了数百篇相关论文、300余万字著作并查阅了500余份原始档案，访问了一些年逾古稀，甚至已到耄耋之年的当事人，召开了多次座谈会和进行专家访谈，整理了约80万字的基础性资料，形成了30余万字的中间成果；特别的，自2008年起我们以港珠澳大桥工程管理顾问单位的身份，持续12年参与港珠澳大桥管理咨询工作，并和港珠澳大桥的专家们一起完成了《中国港珠澳大桥工程决策理论与实务》等专著，在以上工作的基础上，终成本文。

本文努力站在当今时代发展的新高度和新起点，突破单体工程案例和单一管理专题的狭小范围，首次把重大工程的中国新名片，决策治理的工程管理核心问题，中国之治的中国管理特色，现代化道路的中国独特国情一起融合进新中国70年的大时空尺度中，全景式地展现为我国70年来重大工程决策“中国之治”与中国社会主义建设，特别是近40年来改革开放、民族振兴一路同行的生动画卷，揭示中国大国治理历史情境中，重大工程决策“中国之治”的历史进步与基本规律，并从历史基本经验的总结与反思中提炼出对新时代中国重大工程决策治理的现实启示[4]。

二、重大工程决策中国之治的70年道路

（一）总体性研究路线

在过去的70年间，中国政治社会经济文化大体制、大环境、大方向，对重大工程决策中国之治有着巨大的主导力、决定力与影响力，因此，70年中国重大工程决策之治现代化道路的大走向、主航道、里程碑都深深铭刻着中国独特的国情与文化烙印。而这样的烙印最集中体现在过去70年中中国典型重大工程决策治理的典型案例的情景之中。本文拟通过70年来中国若干典型工程的决策治理案例，认知、分析和揭示70年重大工程决策中国之治现代化道路的基本形态和演化规律。

从时间上讲，70年是重大工程决策中国之治现代化道路的时间演进“全景”，而道路进程“全景”又是由许多典型的单体工程案例“景点”组成，

所以，看“全景”必然要通过看典型案例“景点”才会使我们对70年重大工程决策中国之治现代化道路有完整的认识。

在上述总体研究路线框架下，我们设计了如下具体的研究方略。

（1）既然研究对象是70年中国重大工程决策治理“全景”，就要对70年时段进行全覆盖，因此，我们选择了1949年就开始筹划的三门峡工程为70年起始案例，中间有决策时间前后长达30余年的三峡工程、中国改革开放40年来数十座连绵不断的长大桥梁工程群，最后以2018年刚刚通车运营的港珠澳大桥工程为结束案例，这种以时间为序的“抓两头、带中间”典型案例和以“点”（三门峡工程、三峡工程、港珠澳大桥工程等）“线”（中国改革开放以来数十座长大桥梁工程等）相结合的案例链，能够完整地体现70年重大工程决策中国之治现代化道路的“全景图”。

（2）本文的选材不仅以“我们正在做的事情为中心”，而且能够从不同角度“原生态”体现重大工程决策中国之治的丰富内涵和本土特色，如三门峡工程是新中国重大工程建设的“开场锣鼓”，三峡工程是当今世界级超级工程并且决策治理过程曲折起伏，港珠澳大桥工程决策治理的“一国两制”最具当代中国特色，而数十座长大桥梁工程案例群则整体性地揭示了在突飞猛进的改革开放40年间，中国重大工程战略决策、立项决策和投融资决策等重大工程决策治理现代化的基本形态与演化路径。因此，这样的选材最尊重客观历史事实、最表现中国之治的丰富内涵，使我们关于重大工程决策中国之治的文化记忆最鲜活、深刻而精准。

（3）70年来中国重大工程决策治理的内涵不是静止、固化的，而是动态、发展和不断与时俱进的，相应的学术与理论也在不断发展和深化。总体上说，先前历史上中国重大工程决策治理活动都是后续治理活动的幼芽、雏形，甚至是今天决策治理精彩大戏的“开场锣鼓”，因此，我们既不能在决策治理前进道路上停步不前，更不能站在当下决策治理理论体系与话语体系的制高点上，俯视历史上“曾经的”决策治理活动现实而“一览众山小”。回顾与反思70年中国工程决策治理现代化道路不是也不能完全用当今决策治理学术概念简单套用在先前历史中，并将其纳入当今决策治理学术框架之中。我们要做的是尽量梳理清楚历史上那段重要、不可或缺的典型案例的现实逻辑与历史逻辑，并将其中决策治理的核心思想与认知精髓作为国家与民族的文化记忆保存下来，并转化为我们今后继续前行的精神力量。也就是说，系统回顾与反思这段历史，不仅让我们认识到过去70年重大工程决策中国之治道路的崎岖曲折，更能感受到未来重大工程决策中国之治现代化仍然是一项任重而道远的艰巨事业。

(4) 重大工程决策中国之治现代化道路是一个既具有高度现实依赖性，又具有深刻理论内涵的科学问题，研究这一问题不能简单运用现成的西方治理学术思想和理论的“剪刀”剪裁如此博大深厚的中国故事，唯一的办法是在中国实践的大地上开展大量的工程案例调查，尽可能掌握详细的工程决策治理情景细节、行为细节、操作细节等第一手资料，同时以中国特色国家治理理论为指导，以中国现实国情为背景，在理论与实践充分融合的基础上形成自主性的研究结论。

(二) 三门峡工程

黄河是中华民族之根，承载着中华民族的历史沉淀与人文精神；而同时，黄河流经黄土高原，大量泥沙进入黄河并在下游淤积，历史上下游经常决口改道、洪水泛滥成灾。几千年来，虽经中华民族祖先不屈不挠治水，终因治理黄河水患工程巨大而复杂，历史上屡屡战乱或腐败，加之生产力和技术水平低下，完成如此大任是不可能的。

1. 曲折的宏观决策过程

黄河潼关和洛阳段附近河床中有岩石岛，将黄河水分成三股，北面一股名为“人门”，中间一股名为“神门”，南面一段名为“鬼门”，故称三门峡。三门峡以西是渭河、洛河的汇合处，两水汇合后再向东流到风陵渡入黄河，而邙山之间的三门峡是黄河流进华北大平原最后一段峡谷地带。近代以来，社会普遍认为，此处地质条件良好，可筑高坝实行蓄水拦沙，并产生水电效益，因此，建设三门峡水利枢纽是确保黄河下游防洪安全和开发黄河水利的首善之举。但是，即便如此，三门峡建库方案在新中国成立初期的短短4年内仍然经历了“三起三落”。

1949年8月，正值解放全中国、筹建新中国之际，黄河水利委员会（以下简称黄委会）提出兼顾发电、灌溉和防洪，在三门峡建蓄水水位350m的大坝。水利部复勘后，考虑到当时无论国家政治形势、经济实力，还是技术条件，认为在黄河干流上建设如此宏大工程尚不适宜，此谓“一起一落”[5]。

1952年，被邀的苏联专家在勘查现场后提出了三门峡高坝方案，因要淹没八百里秦川而被舍弃，转为研究淹地较少的邙山建库。1953年，又因“投资大，效益少”，邙山建库方案被弃，此谓“二起二落”[5]。

同年，三门峡工程方案又被提上议事日程，但因水利部“上游建库花钱不能超过5亿元、移民不能超过5万人”的要求，方案再遭搁置，此谓“三起三落”[6]。

显然，这段时间的“三起三落”主要是因为国家大形势、大环境和不具备足够的资源支撑，使开工建设三门峡工程缺乏可行性，当时，国家领导人主要精力正忙于新中国恢复经济和国家安全，对三门峡工程决策的关注度与推动力自然也不够。

1953 年，中国开始实行第一个五年计划。第一个五年计划主要任务是，集中力量发展重工业，建立国家工业化和国防现代化的初步基础，发展交通运输业、轻工业、农业，商业和培养建设人才[7]。第一个五年计划制订后，全国人民建设社会主义工业国的热情空前高涨，工业化建议和各领域重大项目纷纷上马，给三门峡工程决策带来了一次新的重要的历史性转机。

在三门峡工程决策治理历史上，1954 年是非常重要的一年，因为这一年根据第一个五年计划安排的苏联对华 156 项重点援建项目公布，其中包括河南省的三门峡水利枢纽工程。这样，三门峡工程再一次顺理成章地出现在党和国家战略性工程建设任务的清单之中。

新中国成立初期，毛泽东同志多次提出要在经济建设问题上学习苏联现成的成功经验；毛泽东同志对苏联领导人说过，我们搞建设，是没有经验的，我们要当你们的学生，学习你们搞建设的经验。所以，当时要建设三门峡工程，自然会请苏联专家，也自然会依赖苏联专家的意见。

从 1954 年 2 月始，中苏专家代表团 120 余人历时 110 余天完成了对黄河的实地大勘察。苏联专家团在勘察过程中肯定了三门峡坝址，并且竭力推荐在三门峡建库，认为“三门峡水利枢纽与黄河其他水利枢纽比较，它是唯一可能全面解决黄河下游防洪、供电、灌溉、航运等综合任务的水利枢纽”。苏联专家团团长柯洛略夫赞赏三门峡是个难得的好坝址，明确指出：“三门峡是最好的一个坝址，它可以综合地解决防洪、灌溉、发电等各方面的问题。”经黄河查勘团反复讨论研究，最后一致同意苏联专家组的意见，修建三门峡水利枢纽工程[8]。

1954 年 4 月，黄河规划委员会成立，着手编制黄河流域规划，同年 12 月底，完成了苏联专家参与设计的三门峡枢纽大坝和水电站的《规划报告》，该报告将三门峡水利枢纽选定为黄河综合利用的一期重点工程，具体方案为“三门峡水库将蓄水至 350m 高程，总库容 360 亿 m^3，设计允许泄水量 8 000m^3/s”，该方案能够全部解除黄河下游洪水威胁，同时，带来巨大的灌溉、发电、下游航运等综合效益，一举解决千年历史的“治黄”难题。1955 年 2 月 15 日，《规划报告》呈报至毛泽东同志等党中央领导人；5 月上旬，这一方案在中共中央政治局会议上通过；7 月中旬，国务院会议通过；7 月 18 日，时任副总理邓子恢代表国务院在第一届全国人民代表大会第二次会议上做了《关于根治黄河水害和开发黄河水利的综合规划的报告》；7 月 30 日，全国人民代表大会一届二次会议通过决议。

1956 年 4 月，苏联专家完善了《三门峡工程设计要点》，将水库高程从 350m 调整至 360m，高出 10m 水库高程意味要淹没农田 333 万亩，移民多达 90 万人，远超《规划报告》中的 60 万移民[9]。最后，国家建委会同意了 360m 方案；1957 年 4 月 13 日，三门峡工程正式开始施工。

2. 可贵的科学抗争精神

虽然在三门峡决策过程中，工程上马的大势已定，但它自身客观存在的风险以及一时被革命激情与浪漫情怀暂时搁置在一旁的现实问题终究还存在，就连受到一致肯定的《关于根治黄河水害和开发黄河水利的综合规划的报告》也明言存在两个严重问题：一是 60 万的移民怎么解决；二是除预留了一定的库容来对付上游泥沙，但若无其他减沙措施，水库在 25—30 年后将被淤平。那为什么在这两个问题没有解决之前，就通过这么重要又具有严重潜在风险的决策方案呢？

一个重要的事实是：柯洛略夫被任命为三门峡水利枢纽设计总工程师。在当时的政治情境下，苏联专家有着绝对的话语权，他提出了一个“免不了”的理由，即“想找一个既不迁移人口，又能保证调节洪水的水库，这是不可能的幻想、空想，没有必要去研究。为了调节洪水，需要足够的水库库容，但为了获得足够的库容，就免不了淹没和迁移”[10]。

另一个重要事实是：三门峡工程决策论证主要是在苏联专家主导下完成的，苏联境内多为清水河，而黄河则是泥沙河，苏联来华专家组中没有泥沙方面的专家，这从学理上表明治理黄河的重要瓶颈问题是无法依靠苏联专家来解决的。但是，在如此复杂的重大工程的决策治理问题上，用简单的“免不了”的一般性常识做决策依据，是严重违背重大工程决策治理科学精神的，但正是新中国成立初期中苏之间亲密关系而普遍产生的对苏联专家的迷信态度，使“免不了”获得上上下下的广泛“理解”，也因为当时把是否同意苏联专家意见看作是衡量个人政治立场标尺，而导致许多人在严谨的科学面前“失语”，而高涨的建设热情又让“免不了”一笔勾销了许多原本应该开展的严谨的工程决策技术分析与风险评估工作，所有这些综合在一起，最终给三门峡工程日后的巨大损失埋下了“种子”。

但是，即使在当时“一边倒”的情况下，清华大学黄万里教授坚持实事求是的科学精神，指出了在黄河干流上建坝会因黄河水多泥沙，潼关以上流域会不断向上游堆积淤泥，到时不仅会造成发电困难，同时还要淹掉大片土地，“今日下游的洪水他年必将在上游出现”[5]。

1956 年 5 月，黄万里教授提出两点修改意见，一是降低水库设计水位；二是不要堵死六条施工泄洪排沙孔，用于泄水排沙，减缓淤积。

1956 年 12 月和 1957 年 3 月，电力部的温善章分别向国务院和水利部陈述了《对三门峡水电站的意见》[11]，为减少淹没迁移，他提出水位在 335 米、容量 90 亿立方米的低坝水库和滞洪排沙的方案，这一方案可将中央移民降到 15 万人以下。时任水利部部长李葆华也表示了决策层对温善章观点的支持[5]。

周恩来同志在得知这些不同意见后，批示水利部对相关意见进行讨论。1957 年 6 月，经周恩来同志批示，水利部组织 70 名专家，就修建三门峡工程不同意见进行讨论[11]。会上无人反对建设三门峡工程，并且大多数专家都同意苏联专家的高坝大库蓄水拦沙的设计方案，只有三四位专家支持温善章的排沙降低设计水位。黄万里认为，如若在这个淤积段上建坝，黄河下游的水患将移至中游关中平原，今后还将淤没田地，造成城市灾害。但是由于出席会议的专家大多数的态度，黄万里退而提出，若一定要修此坝，建议不要堵塞 6 个排水洞，以便将来可以设闸排沙，全体参会专家同意黄万里提出的修坝时，留下 6 个排水洞，用于设闸排沙。然而施工时，苏联专家坚持把 6 个底孔都堵死。事实证明，正是泥沙淤积与淹土移民成为三门峡工程决策失误的两大要害。

国务院收到讨论会上报的《三门峡水利枢纽讨论会综合意见》，并将报告批转给山东、河北等六省征求意见，但是，作为省一级政府，最关注的是三门峡工程对本省造成的利弊，至于专家们在工程方案上的技术性科学见解既不是“重中之重”，行政领导又没有能力发表真知灼见，因此，各省对黄、温两人的意见没有什么回应。倒是陕西省由于面临数百万亩良田即将被淹和直接出现近百万移民的严酷现实表示方案造成的损失太大，提出要求降低水位、缩小工程规模，而其他各省都没有提出意见。这反映了当时在三门峡决策治理过程中，多主体利益均衡等基本原则的缺失和单一的自上而下的行政权力运作方式，对三门峡工程决策治理科学性与民主性的确造成了明显的伤害。

1957 年 11 月 13 日，《人民日报》发表社论，提出了“大跃进”的口号。1958 年 4 月，周恩来赶到三门峡工地召开现场会议，进一步听取各方意见，做好最后的协调工作。可以想见，透彻了解当时全国“大跃进”形势的周恩来同志，此时只能利用自己的个人威望尽量调和各省之间在三门峡工程上存在的利益分歧，对于陕西省的困难他深表理解，一再强调“要听取反面意见”“不能损害西安”。

1958 年在中国特殊的“大跃进”运动高潮前夕，在我党局部服从全局、下级服从上级、全党服从中央的政治路线下，陕西省表示支持“淹一家救万家”，“有困难，也服从中央决定”。而此时大坝的设计标准改为 360 米，施工标准为 350 米，1967 年，最高运行水位低于 340 米[5]；降低泄流孔底，增加随水排出泥沙的机会。经过修改的决策，使 90 万移民有一大半不需背井离乡，能够留在故土。

但是，历史后来告诉我们，即便周恩来等同志为了降低水位殚精竭虑，也没能抵消三门峡工程决策治理造成的重大方向性错误。黄万里教授关于三门峡工程修建的预见，后来被一一验证。三门峡工程建成后，黄河流域的水土日益恶化，1972 年开始黄河出现了断流，下游河水所剩无几，之后平均每年断流 100 多天。

随着时间久远，如何妥善处理和应对三门峡工程由于决策失误而造成的各方面问题越加显得复杂，多年来，三门峡工程在当地涌现出许多新的负面问题而越来越积重难返，不同部门利益协调机制失灵问题也愈加突出而难以解决。

3. 三门峡工程决策“中国之治”的总结

三门峡工程是新中国水利史上第一座高坝大库，工程决策正值新中国成立初期，当时中国重大工程资源匮乏、工程决策治理概念薄弱、治理经验不足，但全国上下充满了对新中国和新社会的憧憬与改造自然、建设国家的热情，政治家和领导人作为三门峡工程的决策治理主体，在决策过程中表现出的治理理念、思维逻辑、对问题判断的标准，无不凸显出新中国初期特有的政治思想革命性历史烙印。

具体地说，在五六年时间里，三门峡工程的决策治理过程可以分为两个阶段：第一个阶段 1949—1953 年，表现为“三起三落”；第二个阶段 1954—1956 年，表现为快速决断。

第一阶段：新中国成立初期的四年，中央领导层在三门峡水利工程决策问题上表现为“三起三落”，如此审慎的“举棋不定”。第一，反映了中国当时政治经济财政大形势的困难，的确难以支撑这一重大工程建设；第二，一方面反映了中央领导对解决黄河下游的千年水患的强烈愿景与情怀，1952 年 10 月 30 日，毛泽东同志在河南视察黄河谈到三门峡工程时就说，这个大水库修起来既能解决困扰几千年的黄河水患，也能灌溉沿岸流域平原的几千亩农田，还能发电100万千瓦，并创造轮船通行的条件，是可以研究的。1953年5月31日，时任政务院副总理的邓子恢写信给毛泽东："关于当前防洪临时措施，我意亦可大体定夺，第一个五年先修芝川、邙山两个水库……度过五年十年，我们国家即将有办法来解决更大工程与更多的移民问题"[5]。另一方面，即使中央领导对三门峡工程如此憧憬，但面对如此庞大的工程仍然非常谨慎，认为三门峡工程还处在"可以研究的"阶段，究其个中原因，可以深切感受到，面对三门峡工程将导致八百里秦川良田被淹和让生活在富庶的黄河中游地带的数十万农民移居他乡的严酷现实，当时中央领导人心中那难以割舍的情怀。

第二阶段：一个在新中国成立之初的4年中"三起三落"的三门峡重大工程却在后来短短两年左右的时间里不仅迅速通过了宏观规划论证工作，而且拿出了具体的工程总体方案。前后反差如此之大有两个重要的"催生"因素。

第一，新中国经过4年左右的奋斗，巩固了新生的国家政权，初步恢复了国民经济，建立起一批国家工业化所必需而过去没有的基础工业，并开始重点考虑三门峡工程这样具有重大影响而一时被搁置的工程建设，整个社会把它当作新中国建设成就的标志，并赋予其过多的政治意义；全国普遍高涨的建设热情与革命乐观主义情绪，进一步加剧了上上下下根治黄河的强烈愿望，这样的政治社会大环境一方面给重大工程建设带来难得的战略机遇期；另一方面也容易造成高涨热情下对决策治理视为生命的严谨科学精神的冲击。

第二，三门峡工程被安排在第一个五年计划苏联对华156项重点援建项目之中，在很大程度上解决了工程建设资金的"瓶颈"，加之当时我们缺乏重大工程决策治理的意识与经验，严重低估了三门峡工程决策问题的复杂性与各类潜在风险，简单认为苏联建设经验、科技水平和专家意见能够解决一切问题，在这样的政治气候与环境下，科洛略夫提出的"免不了"理由，本来仅是认识论上的一种常识逻辑，并不能作为三门峡这种复杂工程决策治理的科学决断准则。但是，恰恰当时普遍存在地对苏联专家的迷信与依赖，让这个简单的常识逻辑变成了特定历史环境下三门峡工程决策治理失误的直接"催化剂"。

即便如此，在周恩来同志的支持下，1957年6月，70名专家还是聚集北京召开了"三门峡水利枢纽讨论会"，给苏联专家的方案提意见。会上，黄万里不迷信苏联权威，与主张建坝的人展开了数天的争辩，但当时社会普遍已把是否同意苏联专家的意见看作个人政治立场和态度问题，所以，黄万里的意见没有起到任何实际作用。

三门峡工程特别值得历史和后人深刻思考的是，在重大工程决策治理过程中，对自然规律的敬畏，对科学精神的尊重，对不同科学观点的民主态度是多么重要。

更高层面上，让我们敬佩和感动的是，虽然在20世纪50年代“大跃进”的大形势下，周恩来同志为纠正人们在三门峡工程决策上不切实际的做法已经竭尽所能，直到1964年，周恩来同志还依然在多次讲话中对三门峡工程的决策进行自我反思。他说：“三门峡工程我们打了无准备的仗，科学态度不够……建国才五六年就兴建三门峡工程，当时想要黄河清，志向很大，夸下了海口，但科学态度不够。”[12]

今天，关于重大工程决策治理在学术上已经有着自己的内涵与话语体系，而在近70年前的三门峡工程“那会儿”，作为一个科学体系的“重大工程决策治理”，无论概念、原理、范式、手段等都几近空白。三门峡工程决策治理主体们在面对三门峡工程建设时，很自然地将他们治理国家大事的经验和追求国家强盛、为民造福的历史责任，“移植”到三门峡工程决策治理实践中，再加上新中国成立初期特有的国内外环境，构成了今天我们见到的鲜活的“三门峡故事”和它显现出的历史逻辑。三门峡工程决策治理是新中国重大工程决策“中国之治”的首次“亮相”，它的决策治理实践连同它的失误已在我国重大工程决策治理现代化道路中留下了深深的“拓荒者”的历史印记。

（三）三峡工程

长江三峡水利枢纽工程（以下简称三峡工程），是迄今为止全球规模最大的水力发电枢纽工程，位于湖北省宜昌市的三斗坪镇境内，其主要功能包括航运、防洪、发电等。

1992年召开的全国人民代表大会上，三峡工程提案得到批准。两年后开工建设，整个建设过程分为三个阶段，2009年竣工，总投资金额为3 320亿元。三峡工程的大坝高度为185米，蓄水的最大安全高度为175米，整个水库长达2 335米。在生产发电方面，三峡水电站可安装32台水电机组，其单机容量可达70万千瓦。

三峡工程建设全过程的一个罕见现象就是超长的决策时间，从最早提出起前后连贯起来大约用了70余年，不仅如此，关于该工程的决策从构想的那一刻起，便始终伴随着巨大的争议直至工程竣工投产多年后的今天，这类争议仍然还在持续着。这充分反映了三峡工程决策活动与过程的极其深刻的复杂性和决策治理历程的崎岖性，特别是，关于新中国三峡工程决策治理活动从 20 世纪 50 年代中期一直持续到 20 世纪 90 年代初，是一个贯穿中国从高度计划经济体制到改革开放和向市场经济体制过渡的重要变革时段，新中国主要创始人先后都深度参与了三峡工程决策治理活动，从而使三峡工程决策治理成为中国当代甚至世界重大工程决策治理史上的一幕“大剧”。

为了尽量梳理清楚这出“大剧”的历史脉络，在过去的六七年时间内，我们搜集并阅读了数百篇相关论文、著作 300 余万字，通过多种渠道查阅了原始档案 350 余份，访问了一些年逾古稀，甚至已到耄耋之年的当事人，编辑了一批访谈记录，所有这些都成为还原、再现和定格那段决策治理情景的重要构件。

由于篇幅限制，我们主要依据重大工程决策治理一般逻辑表述浓缩型的三峡工程决策治理“大剧”的“剧本梗概”。

1. 三峡工程决策的早期提出

兴建三峡工程的构想最早由孙中山先生提出。1919 年，孙中山提出了《建国方略之二——实业计划》，书中谈到需要对长江上游的水路进行改良，防止出现洪水隐患。随后，孙中山在 1924 年再一次在“民生主义”的演讲中论及三峡大坝，提出可以在三峡大坝装 3 000 万匹马力的发电机进行发电，从而造福百姓。到 20 世纪 30 年代，国民政府开始对三峡工程进行勘探和初步设计研究，像葛洲坝、黄陵庙两地的低坝方案就是在 1932 年，由国民政府组建的建设委员会拟定的。这项工作开启了中国开发三峡水力资源的先河，具有积极意义。然而，当时中国正处于水深火热中，国力不堪，无法单独兴建该大坝，因此与美国进行合作，于 1946 年正式签订合约。1947 年 5 月，国民政府终止了该计划的实施，至此，三峡工程早期决策的大幕落下了[13]。

2. 三峡工程决策的初期推进

1949 年新中国成立后，毛泽东同志始终非常重视长江防洪情况，1953 年 2 月，他在湖北视察长江水利建设情况，当了解到长江干流与支流上正在兴建一批梯级水库时，毛泽东同志询问长江水利委员会负责人：“为什么不在三峡这总口子上卡起来，毕其功于一役呢？就先修那个三峡水库，怎么样？”并要求尽快对三峡工程进行技术论证和坝址勘察[14]。

1954 年，新中国遭遇了一场突如其来的自然灾害——长江流域的特大洪水使汉口堤防决口，湖北省内的数万亩农田被洪水淹没，数以百万的百姓受到严重影响。灾情使党和国家领导人认识到，必须要从根本上治理长江水患，欲治水患必造三峡大坝。灾情过后，毛泽东同志邀请苏联专家来华，在苏联经验的帮助下完成了长江流域的规划[15]。

当时，三峡工程决策问题暴露出来的空前复杂性和国家建设重大工程能力与条件的限制，对于三峡工程是否能够立即上马，专家们的意见出现了分歧，并于1956年在报刊上公开论争[16]。支持派以长江水利委员会负责人林一山为代表，支持派认为，“三峡是防洪性能最好的地区……修建三峡水库也能够使长江中下游平原地区的洪涝灾害问题迎刃而解”，若蓄水位定为235米，可以装机2 300千瓦，每年可发电1 500亿度，可以一定程度上改善川江航道，以上这些都是三峡工程在修建成功后能够带来的益处[17]。而电力工业部部长助理兼水电建设总局局长李锐则认为，修建三峡工程是一把双刃剑。虽然水患问题在修建三峡大坝以后得到解决，但125万人口需要因此从长江三峡地区迁移、被迫离开家园，120万亩的土地会被淹没，这一做法与综合利用的原则相违背。因此，先修支流水库，再建干流水库的初步设想被提了出来。修建大坝是循序渐进的过程，不能急于求成，才能逐步提升长江防洪标准[18]。

1956年夏天，三峡工程勘查、测量和科研工作由长江水利委员会完成，并上报给毛泽东同志，他们的工作成果得到了毛泽东同志的认可。“更立西江石壁，截断巫山云雨，高峡出平湖”便是毛泽东当年7月，在武汉时挥笔写下的诗句，诗中再一次表达了他对三峡建坝的神往和决心[13]。

陈云20世纪80年代回忆道，20世纪50年代中期，毛泽东同志说：“在经济建设问题上，我们要考虑中国的实际，不能完全按照苏联方面的意见办。他们说得对的，要听；不对的，就不要听。总之要有我们自己的主张”[19]。显然，毛泽东同志这时对待苏联建设经验的实事求是、一切从实际出发的态度，标志着我们党和国家相比于新中国成立之初，在我国经济建设问题上的马克思主义实践论思想的升华。事实正是如此，在三峡工程决策治理上，即使毛泽东同志本人有着尽快上马的强烈愿望，但他仍然保持着严谨审慎的态度，对待国内外各方面的意见，在没有掌握充分的决策证据前，他采取“再做深入调查研究”而不轻易“拍板”的原则。这在1958年1月中共中央召开的南宁会议上留有难得的历史记录，这一记录不仅对20世纪50年代中期以后国家关于三峡工程决策治理工作的方针具有极大的指导意义和决定作用，而且是重大工程决策“中国之治”70年历程中的精彩瞬间。

1958年1月，全国正处于“大跃进”高潮的前夕，中共中央召开了南宁会议，这是一次对三峡工程决策具有深远影响和决定性作用的会议。毛泽东同志在会上提议要建三峡工程，但是，当时毛泽东同志并没有用他个人的崇高威望与政治权力直接决断这一重大工程建设，而是听取其他领导的建议，将对修建三峡工程持主建与反对态度的两位代表人物林一山与李锐召集到南宁，让两人“当面谈一谈”。李锐从宏观经济的角度谈到，1957 年全国用电总需求量为 190 亿度，而三峡工程一个水电站就发电 1 000 亿度，中国还没有能力消化这样大的电量，另外，防洪也必须本着综合规划的原则，不能用一个水库毕其功于一役。在开发顺序上，应该先支后干，分步实施，待时机成熟再考虑三峡这样的大工程。听取了李锐的意见后，毛泽东同志对修建三峡工程的态度发生了很大的变化，明确表示对三峡工程的修建尚未决定，同时委托周恩来同志对三峡工程组织力量继续开展充分可靠的论证工作。会后，周恩来同志等再一次对长江三峡开展了实地勘察。

1958 年 3 月，周恩来同志在三峡工程决策的论证工作上花费了大量的时间与精力。他首先在宏观与战略层面上明确指出：“三峡工程必须搞，而且也能搞，技术上也是可靠的。搞好了三峡，在政治和经济上都具有伟大意义……大家对这项工程的争论是好事，两年来的争论是必要的，真理越辩越明，今后还允许有反对的意见，只要不妨碍工程，有利于工作，就应当提倡和鼓励。”[20] 同时，他又以极其严谨的科学态度，主持起草了《中共中央关于三峡水利枢纽和长江流域规划的意见》。《意见》指出，三峡工程要从国家长远的经济发展和技术条件两个方面考虑，三峡水利枢纽是需要修建而且可能修建的；但是最后下决心确定修建及何时开始修建，要待各个重要方面的准备工作基本完成之后，才能做出决定；要防止集中三峡一点，不及其他，在防洪问题上，要防止等待三峡和有了三峡就万事大吉的思想；估计三峡工程的整个勘测、设计和施工的时间约需 15 年到 20 年。现在应当采取积极准备和充分可靠的方针，进行各项有关的工作。在该《意见》制定的过程中，周恩来同志不断征求各位专家的意见，直到大家都表示没有意见了，周恩来同志才说，没有意见那就这么定下来。当年 3 月末的中共中央成都工作会议上，审议通过了周恩来同志主持起草的《中共中央关于三峡水利枢纽和长江流域规划的意见》[14]。

这是中国三峡工程决策治理过程中一个重要转折，由此前高层在总体上倾向于尽快上马到还需要较长时间进行勘测、设计，这一战略性转变不仅反映了高层对三峡工程建设复杂性认识的加深，更主要是由于毛泽东主导性的细思慎为态度起了决定性作用。

之后，因为“大跃进”时期错误思想的指导以及频频发生的自然灾害，中国从1959年至1961年进入全国性的“三年困难时期”，其间，中、苏两国关系恶化，苏联撤回专家，催逼还债，国家经济建设遇到了罕见的困难，许多重大工程项目，包括三峡工程不得不停建或缓建。

1960年4月，中共中央在广州召开会议，讨论并打算来年开展建设三峡大坝工程，规划在我国“二五”期间对其投资4亿元[21]。但在8月的北戴河长江规划工作会议上，周恩来同志及时调整了部署，强调了建设长江三峡“雄心不变，加强科研”[20]；随后的一年里，参与三峡工程设计的人数大幅缩减，由原来的上千人减少到数十人。1962年12月，三峡科研领导小组扩大会议于北京召开，三峡科研计划由原本的两年拉长到了十年，这样一来，三峡工程上马的希望因为期限的延长变得更加渺茫。把这一连串在不长时间内发生的、似乎缺乏逻辑连贯性的“调整三峡工程建设步伐”的事件，放在当时国内外大形势、大国情中去认识，充分说明对重大工程建设而言，决策战略机遇期是主要的时间“窗口”。

之后，由于1966年“文化大革命”的爆发，三峡工程逐渐从中国建设规划进程中销声匿迹，不被提及。

回顾这一段时期（主要是新中国成立后到“文化大革命”前）三峡工程决策治理过程，有两点极其深刻的印象：第一，三峡工程的重大战略意义，工程对全国经济建设的全局性影响，三峡工程决策所涉及的各领域、各部门重要事项，以及工程所需巨额资金决定了该工程决策治理必然是一件“国家大事”，必然由我国党和国家最高领导人亲自领导、直接参与。第二，在新中国初期，即使党和国家最高领导人对三峡工程建设有着高度的愿景认同，也有足够的“拍板”权力，但领导人表现出充分的民主作风和实事求是的态度，并且在党的重要工作方针决议中真正汲取了专家们的科学意见，表现了继三门峡工程后，中国重大工程决策治理科学性与民主性水平的长足进步（见图1）。

3. 三峡工程决策的中期徘徊

1966年“文化大革命”开始，3年狂热的“四大”“夺权”过后，社会稍许平稳。1969年9月，毛泽东同志前往湖北视察工作，湖北省革命委员会副主任张体学向毛泽东同志提出了修建三峡大坝的提议，表明了希望修建大坝的决心，这不仅可以改善川江航运和三线供电的窘迫局面，还能够初步解决荆江洪涝灾害严重的情况。但是，毛泽东同志根据对当时国际形势的战略研判否决了他的建议，明确答复道：“现在不考虑修三峡，要准备打仗。”

之后国内形势基本稳定，发展重心逐步向经济建设转移，1970年3月，五年计划准备会在北京饭店礼堂召开，周恩来同志主持会议并提出：“长江三

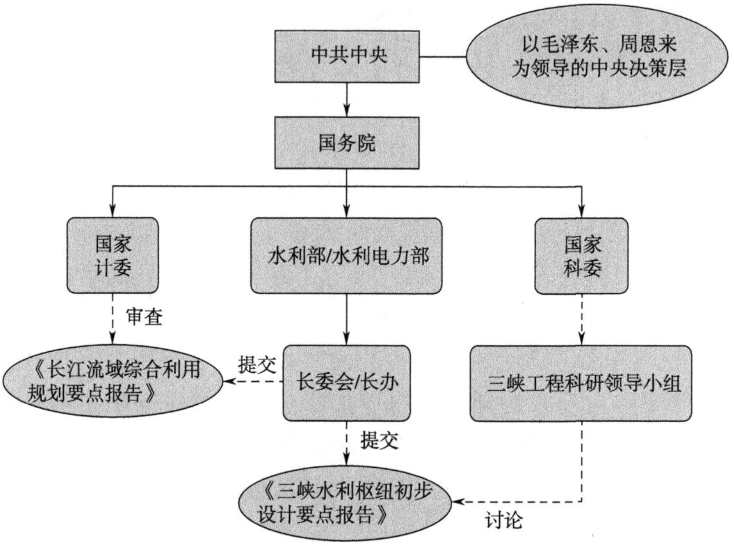

图 1　前期规划阶段决策组织构成

峡工程是毛泽东同志的伟大理想，我们一定要抓紧，不要耽误了这件事，如果不能让毛泽东同志在他的有生之年看到工程的开工建设，我们将对不起党，对不起人民，对不起毛主席。”但当时林彪对此有所顾虑。他从战争方面进行考虑，提出如果在有原子弹的前提下爆发战争，那么建成后的三峡大坝可能会成为战局的包袱和负累。1970 年 9 月，在五年计划准备会的讨论基础上，水电部与湖北省及武汉军区共同联名向中共中央和毛泽东同志提议首先建设葛洲坝水利枢纽，该建议很快得到首肯。究其原因，主要是毛泽东同志和周恩来同志认为，葛洲坝水利枢纽作为三峡工程的反调节水库，从该工程入手可为后期全面建设三峡工程进行前期探索和试验，葛洲坝的成功建设将为三峡工程夯实基础、积累经验、鸣锣开道[15]。

但是，与 20 世纪 50 年代三峡工程决策治理过程中高层领导多次反复思考，广泛召集上百名专家听取意见并认真采纳相比，葛洲坝工程作为中国一个特定政治背景下三峡工程决策的一项前期关联决策，在决策治理的规范性、科学性与民主性等方面存在许多问题。葛洲坝工程决策时间短，仅是最高领导层对一次请示的回复，特别是，由于当时国家正常的治理体系与秩序已经被“文化大革命”严重破坏，国家原领导集体中的不少成员都被“靠边站”，而作为决策支持“智囊团”的专家们更没有可能像 50 年代那样参与重大工程决策治理活动，并能够大胆发表真知灼见，因此，关于葛洲坝工程的决策治理环境、资源与程序不可避免地存有先天缺失和风险隐患，对此工程，林一山与李锐表现出基本一致的态度，李锐认为，反调节水库不应该先行修建，而且论证不充分，技术复杂，有不少问题还没有解决；林一山也在中央正式决策之前，陈述了他的不同意见，如尚未做出设计工作、存在许多不确定风险等。但是，在当时的政治社会大形势和决策治理生态环境下，可以想见，专家们这些意见的作用必然微乎其微。

毛泽东同志于 1970 年 12 月 26 日对葛洲坝工程做出了专门批示：“赞成兴建此坝。现在文件设想是一回事，兴建过程中将要遇到一些想不到的困难问题，那又是一回事。那时，要准备修改设计。”[15] 但是，重大工程缺失深入、详尽的论证设计方案是严重违背决策治理基本原则的，也必然会给葛洲坝水利枢纽工程后来的建设实践带来许多重大问题。事实上，葛洲坝不断出现的施工风险最终导致国务院于 1972 年 11 月紧急召开由周恩来同志主持的葛洲坝工程汇报会。周恩来同志在认真听取工程设计专家的相关汇报后，经过慎重考虑，宣布暂时停建葛洲坝工程，并对葛洲坝工程决策层进行改组。1974 年 10 月，该工程继停工 1 年 10 个月后正式复工，最终在 1990 年，葛洲坝工程竣工[20]。

葛洲坝工程几经反复和曲折建设成功，一方面在工程组织、技术进步、人才培养等方面，为后来的三峡工程建设积累了经验、奠定了基础，但同时在重大工程决策治理方面也给我们许多值得深刻反思的地方。葛洲坝工程以不可抗拒的事实让我们再一次体验和认识到，重大工程决策治理的一项核心任务就是通过高水平的决策论证设计来深刻认识工程建设的客观规律，并对这一客观规律怀有敬畏感和敬重心。正如马克思所说，人类历史上任何不以自然规律为依据的人类计划，最终带给人类的只是灾难。列宁在《唯物主义和经验批判主义》中指出，自然界的必然性不是人类的或逻辑的必然性，人类不能运用人类自身的尺度去理解和认识自然本身。当然，我们可以通过设计严谨的决策治理体系降低为获得这方面体验和认识而付出的成本，也可以通过关于决策治理的文化记忆让我们牢记相关的历史教训。

回顾这个时期（主要是“文化大革命”时期）三峡工程决策治理过程，有三点非常深刻：第一，总体上，“文化大革命”造成的动乱和对当时经济发展的破坏使科学、规范的三峡工程决策治理失去了必要、基本的生态环境与资源，因此，三峡工程建设只能被“束之高阁”。第二，虽然在这段时间内也为三峡工程决策做了一些“试探性”工作，也完成了一系列与三峡工程有着紧密关联的前导性工程的决策，但由于当时关于三峡工程决策治理的正常秩序和程序已遭破坏，所以，基于单纯政治权力做出的重大工程决策方案，往往科学性不够和导致后续工程建设隐患频现。第三，进一步证明了，以多领域、多学科专家组成的重大工程决策支持体系，对保证重大工程决策治理质量是不可或缺的。

4. 三峡工程决策的后期冲刺

（1）冲刺中的首轮论证阶段（1978—1984 年）。1976 年，中国历史翻开了厚重的一页。这一年秋，“文化大革命”造成的十年动乱终于结束，国家不仅从总体上逐渐恢复了正常、规范的社会秩序，而且划时代地开始了改革开放新篇章，经济的快速发展导致用电量的急剧增长，修建三峡工程以缓解电力紧张局面成为当时的一个“首选”方案。

1979 年 5 月 23 日，党中央再次启动三峡决策工作，时任副总理王任重接见了参加三峡选坝会议的部分代表，阐明了兴建三峡工程的重要意义和党中央的决心。他强调：兴建三峡工程是毛泽东同志下的决心，不建和缓建三峡工程的看法是不对的，这个工程一定要尽可能快搞，越快越好，越早越好；修建三峡水利枢纽的首要目的是防洪，其次才是发电和航运。

1980 年 7 月 1 日，邓小平同志在陈丕显（时任湖北省委第一书记）和鲁大东（时任四川省省长）等人的陪同下，坐船以重庆为起点，顺长江向东而下，对葛洲坝工地和三峡坝区进行实地考察。在视察过程中，邓小平同志对包括三峡规划研究的流程、工程设计与规划、施工计划方案以及资金的筹集调度等三峡工程规划与决策问题进行了详细的询问，并指出后期三峡工程一定要注重借鉴应用葛洲坝工程建设过程中积累的宝贵经验[13]。

长江中下游地区在 20 世纪 80 年代发生了多次特大洪水灾难，不仅危害了当地人民的生命财产安全，而且给国家经济造成了重大损失，在此背景下，呼吁三峡工程尽快上马的声音再次响起。1980 年，关于三峡工程的论证工作正式开始。1981 年，长江流域规划办公室提出高低坝 4 个备选方案，1982 年，邓小平同志亲自多次考察三峡工程坝址并指示：“三峡水利枢纽工程拟列入近期国家计划。”同年 11 月 24 日，邓小平同志听取国家计委关于兴建三峡工程的报告，对此邓小平同志批复说，“搞低坝方案我是赞成的。如果看准了，就要下定决心，不要轻易动摇。”之后三峡工程在胡耀邦、李先念和陈云等党和国家领导人的支持下，不久便被提上了政府议事日程[16]。

1983 年初，遵照国务院的指示，并考虑到当时的国情，长江流域规划办公室编制了《三峡水利枢纽 150 米方案可行性研究报告》，尽量做到减少水库淹没，同时建设规模适当。同年 5 月，在国家计划委员会的召集下召开了《三峡水利枢纽150米方案可行性研究报告》的审查会议。姚依林在会上再次强调，“如果能亲手在长江三峡兴建水利枢纽工程，实现毛泽东同志生前‘高峡出平湖’的夙愿，将是世界瞩目的大事”[22]。尽管大部分参会人员表示赞成可行性报告提出的方案，但也有小部分代表认为为了更大的发挥防洪、发电和航运方面的效益，有效利用资源，应该提高正常蓄水位和坝高[23]。因此本次会议虽然原则上同意这一报告，但对水库蓄水位仍有不同意见。

1984年4月5日，（84）国函字第57号文件颁布：上述水位方案获得了原则性批准，并且根据水电部提交的意见，将方案修改为提高坝高到175米，正常蓄水位150米，同时决定成立三峡工程筹备领导小组，立即启动三峡工程建设施工的各项筹备工作[24]。

回顾这个时期（图2），党和国家高层迅速恢复了中断十余年的三峡工程决策治理工作，在党的十二大确定的全面开创社会主义现代化建设新局面的精神指引下，中央领导集体根据20世纪五六十年代毛泽东、周恩来等老一辈领导人关于建设三峡工程的基本战略，以国家权力为主要动能强有力地推动了三峡工程决策治理工作的重新启动，从工程战略规划到重要建设方案决策，基本上由中央领导集体直接参与，或在他们的直接领导下由中央政府部门提出具体方案。

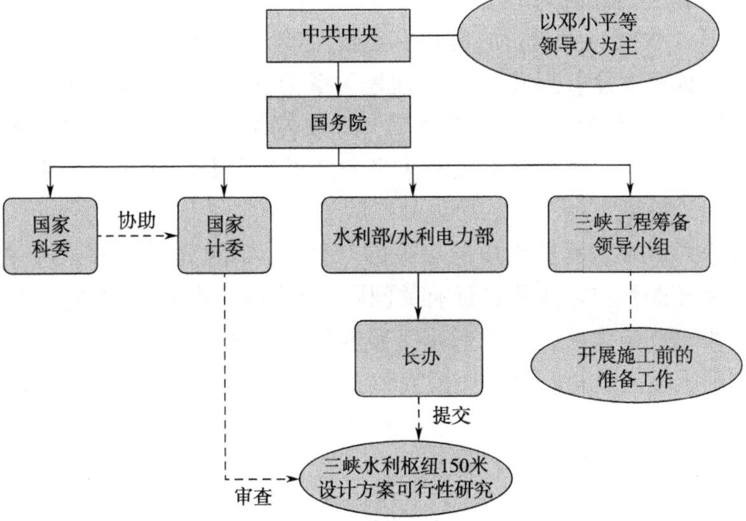

图2　首次论证阶段决策组织构成

尽管领导人多次表现出对三峡工程决策的审慎态度，但总的来说，面对这样一个空前复杂的世界级重大工程，这一时段的决策过程总的来讲比较匆忙，专家参与的广泛性与深度、重大工程决策治理程序的规范性等均不够完善和充分。

（2）冲刺中的再论证阶段（1984—1988 年）。20 世纪 80 年代，关于三峡工程决策的信息社会化程度要比 50 年代公开得多，主要表现在学术界通过各种渠道和方式介入这一工程决策问题的讨论，各种不同意见都得以充分发表。因此，（84）国函字第 57 号文件一经公布，除重庆市政府提出希望增加坝高外，立即引发了社会各界人士就防洪、投资、移民、蓄水位、生态等问题的质疑[21]。

1985 年 1 月，在听完三峡工程汇报后，邓小平专门指出："三峡工程是特大的工程项目，为我们子孙后代留下一些好的东西，要考虑长远利益。"[13] 同年 2 月，国家计委、科委受命于国务院，重新论证三峡工程水位。

1985 年 7 月，在进入库区进行详细考察后，由全国政协常委孙越崎先生率领的调查组回京后向中央提交了建议报告[16]。这份名为《三峡工程近期不能上》的建议报告，从防洪、航运、地震等方面指出了目前工程方案的弊端。

同时，著名科学家周培源等明确提出，三峡工程项目应邀请具有不同研究方向、不同意见的专家参加，更加深入地论证三峡工程。

最高领导层非常重视这些不同意见，进而转变为关于三峡工程上马决策更加审慎的思考。首先做出反应的是邓小平同志，1986 年 3 月 31 日，邓小平与时任美国"中报"董事长的傅朝枢会面，邓小平指出："中国政府所做的一切都是为了人民大众，兴建三峡工程是关系千秋万代的大事，我们一定会周密考虑，有了一个好处最大、坏处最小的方案时，才会决定开工，我们决不会草率从事的。"[20] 这实际上是邓小平向全世界公开明确地宣示我国在三峡工程决策治理问题上的严肃、严谨的态度。

在综合对三峡工程决策不同意见的基础上，同年 6 月，中共中央、国务院下达《关于长江三峡工程论证有关问题的通知》（中发〔1986〕15 号），文件指出：中国已经为三峡工程付出大量时间和工作，三十多年持续组织有关部门和科研人员对其进行勘测、研究和设计工作，相关经验和资料都很丰富，但是无论在经济上还是在技术上，三峡工程都还有一些问题需要进行更加深入的讨论研究，使方案更加严谨妥当；文件特别提出要注意吸收有不同观点的专家参加，发扬技术民主，充分开展讨论。

由此开始了两年多的三峡工程决策冲刺过程中的再论证阶段。再论证阶段在宏观程序上先由水电部主导重新论证、编制可行性报告，然后由国务院组织审查委员会审查，再呈报国务院、中央政治局审议，最后提交全国人大讨论。后来的事实表明，以下两点对三峡工程再论证实际工作影响特别重要和关键：第一，过去三峡工程决策的论证工作由国家计委与科委领导，但此次论证改由水电部独家领导，意味着三峡工程决策再论证主导权的转移。第二，专门成立非常设的国务院三峡工程审查委员会，国务院领导担任委员会主任，审查委员会办公室设在水电部，不另外增加额外的编制，其主要负责人仍然来自水电部，主要对审查委员会的日常事务进行处理。这意味着水电部对三峡工程审查委员会日常工作具有重要的影响力与主导权。

水电部门依据中共中央、国务院《关于长江三峡工程论证有关问题的通知》（中发〔1986〕15 号）的意见，正式组建三峡工程再论证领导小组，负责组织开展关于三峡工程的一系列再论证工作。该小组的组长是水电部部长，另外共有 13 位有关负责同志。

论证领导小组特别邀请了 20 多位来自国家有关部委的专家、学者作为顾问，负责指导和监督有关三峡工程的再论证工作。顾问中不乏意见相左的著名专家、学者，从而保证论证工作贯彻党中央、国务院提出的决策民主化、科学化的精神。与此同时，还组建了高水平专题论证专家组。这一次总共聘请了 412 名专家，组成 14 个专题论证组，专题论证包括：地质地震、枢纽建筑物、水文、防洪、泥沙、航运、电力系统、机电设备、移民、生态与环境、综合规划与水位、施工、投资估算、综合经济等，为配合三峡工程完成疑难问题论证的科技攻关，还构建覆盖全国的论证科研网络。除此之外，还开展了国际合作论证，充分利用全球的科研力量帮助提高三峡工程决策论证质量。

各专题论证组在各自的专业领域内独立进行论证工作，形成专题论证报告后交与会专家一一签字，如有专家持有不同意见，则可不签字而另写一份意见作为附件上报，作为后续综合决策时参考[14]。

随着论证的步步深入，的确出现了部分专家由于持有不同意见没有在论证报告上签字的情况。如中科院学部委员、国务院环委会顾问、生态与环境专家组顾问侯学煜多次提出三峡工程对生态环境的影响弊大于利。他没有在生态与环境专题论证报告上签字并单独提交书面报告。他认为：“长江流域的防洪问题是复杂的，解决的方法应采取多途径措施，单靠任何一项措施或者一项工程都不能达到预期的防洪目标。如果我们承认长江防洪应该采取多种方式，那么三峡工程在防洪中的作用，就不像论证报告中所说的那么大了”[25]。

没有在专题报告中签字的还有综合经济评价专题组专家何格高，他认为，目前还不是上三峡工程的时候。目前在建的一大批电站尚且不能按合理工期安排投资和物资，如果还要上三峡工程，就不能再多上其他水电站了。根据这种情况，不如把三峡推后几年，在加快电站建设的同时，先上一批条件成熟、见效较快、矛盾较小的大中型水电站，以解决“八五”“九五”期间的电力需求问题，这样才能真正把水电搞上去，及时满足经济发展的要求[26]。应该说，许多专家在各专题论证中非常认真地落实了邓小平同志三峡决策“一定要周密考虑”指示精神。

但是，三峡工程决策是各专题决策的综合，从重大工程决策的学理与逻辑看，再论证在各专题基础上还应该有一个相反观点的综合方案与原来的综合方案进行同等深度比对、评价和选择，而不应该是在唯一的同意建设的综合方案框架下进行分项专题再论证，就像 1966 年 4 月 6 日，毛泽东同志在林一山修建三峡工程的报告上所批示的“需要一个反面意见”。但是，再论证领导小组没有组织专家拿出“一个反面意见”来。其实，根据当时情况推断，即使拿出“一个反面意见”进行比对论证，也很难改变三峡工程上马这个几乎既成事实的决策结果，但是，无论从决策治理的规范程序还是增强决策方案的科学性来说，有这么“一个反面意见”无疑会使再论证更加深入、全面和透彻，一定会极大地提高最终决策方案的精准、细密和全面性，一定会有助于决策方案更加精雕细镂、精益求精，也一定会减少社会公众对三峡决策方案的质疑目光。

治理的关键在于执行力。虽然中发〔1986〕15 号文件强调了“要注意吸收有不同观点的专家参加，发扬技术民主，充分开展讨论”，但是，由于再论证领导小组隶属于水电部并且论证专家主要由论证领导小组选定，因此，即使在各专题再论证阶段，一些持反对意见的专家能够参与专题再论证活动并获得充分发表意见的机会，但从总体上看，再论证领导小组 12 名核心成员中 10 名来自支持快上三峡的水利电力部，1 名来自中国三峡工程开发总公司，1 名来自国务院三峡地区经济开发办公室，这样的人员背景结构很容易造成意见“一边倒”的倾向；而所聘的 412 位再论证专家中持异议者屈指可数，一些著名的持反对建设意见的专家没有获得再论证领导小组的邀请，必然难以使再论证过程充分体现“破除部门边界，推进技术民主”基本原则和“明月入怀，海纳百川”的宽广胸怀。

1988 年 11 月，三峡工程再论证领导小组第九次扩大会议召开，在会上审查并最终通过了三峡工程可行性研究报告，与他一同上报的还有 14 份专题再论证报告与 9 份持不同意见专家提交的书面报告。报告提出：建设三峡工程比不建设要好，早建设三峡工程比晚建设要好，其在财政上是合理的，在技术上是可行的。报告还提出，“一级开发、一次建成、分期蓄水、连续移民”可以作为三峡工程建设的规划方案，大坝高 185 米，正常蓄水位 175 米[27]。另外，国际论证小组提出的结论与我国再论证报告基本一致。

综上所述，再论证阶段的工作程序体现了中央领导层决策治理的审慎，再论证流程规范、决策治理的民主性与科学性比三门峡工程增强，但是，由于再论证主导权的转移以及由此衍生出来的论证人员观点几乎“清一色”的一致等，使再论证的关键阶段未能做得更加精细、质量更高、综合性更强，并且导致一些缺陷一直持续到今天甚至更为久远（图 3）。

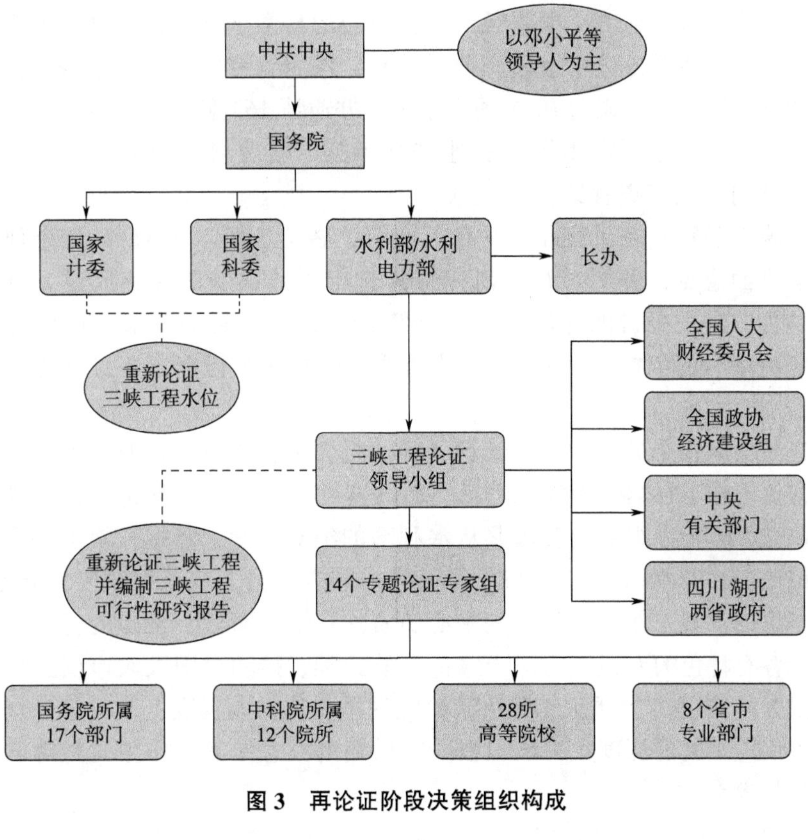

图 3 再论证阶段决策组织构成

（3）冲刺中的评审阶段（1989—1992 年）。根据三峡工程决策再论证程序，可行性报告由水电部重新论证并编写完成后，于 1989 年 9 月提交国务院；1990 年 7 月 6 日至 7 月 14 日，三峡工程论证汇报会由国务院牵头举行，而且还特别邀请了之前没有在论证报告上签字的 9 名专家，并全部参会[27]。

在论证汇报会上，何格高继续表示反对，他认为，现在对长江流域所进行的一系列电力开发和建造中，最紧急也最需要工程资金的，一共有三类工程。第一类是在 1980 年举行的长江中下游防洪座谈会上确定的项目工程；第二类工程是为了解决 2000 年前缺电问题而筹建的水、火、核电站，包括现在已经在动工的和正准备建设的；最后一类是 2000 年前的长江干流支流河道的改造工程。只有将这些最紧迫的，最需要资金的项目满足之后，此时如果资金剩下的还比较充裕，才能将长江三峡工程考虑其中[28]。

在听取了再论证报告和多方面建议之后，国务院三峡工程审查委员会正式成立[29]，审查委员会办公室设在水利部，不另外增加额外的编制，其主要负责人仍然来自水利部，主要对审查委员会的日常事务进行处理。审查委员会需要对可行性报告进行全面充分的审查，按照对专题进行预审查，再集中审查的方式进行。共成立 10 个预审小组，并邀请 163 名各领域专家参与。审查程序如下：首先预审小组对实地进行考察，随后召开预审会议，最后于 1991 年 5 月提出审查意见。

三峡工程审查委员会在 7 月举行会议，在会上听取了来自 10 个预审小组的多方面意见，并对可行性研究报告进行了认真的研究和探讨。审查委员会认为，这份报告的深度已经完全符合可行性报告的要求，可作为国家在制定决策时的依据。8 月 3 日，审查委员会再次举行会议并最终通过了这份报告[14]。

在三峡审查委员会对三峡工程可行性报告进行审查的同时，关于三峡工程的宣传工作也在紧锣密鼓地进行。1991 年 10 月 15 日三峡工程宣传办公室正式成立，宣传办组织上要求服从水利部的绝对领导，坚持三峡工程重新论证的结论。1992 年 1 月 7 日成立了长江水利委员会三峡工程宣传领导小组，领导小组的日常工作由宣传新闻中心负责。在这个阶段，全国的各大媒体都开辟了各有特色的专栏，为深入宣传三峡工程、推动全国人大审议三峡工程起了重大的作用[30]。重大工程决策治理的民主化很大程度上取决于公众参与对相关信息了解的深度，三峡工程决策后期的信息披露工作主要是对群众进行宣传与教育。

1992 年初，国务院第 95 次常务会议审议并一致同意三峡工程可行性报告。中央政治局常委会议审议了由李鹏同志代表国务院向全国人民代表大会提交的《关于提请兴建长江三峡工程的议案》后，同意将该议案提交全国人大审议。4 月 2 日，第七届全国人大代表大会第五次会议召开，会议共计 2 473 人参与投票，以 1 767 票，超过 71.4%的赞成率通过了《关于兴建长江三峡工程的决议》和三峡工程建设的立法程序（图 4）。

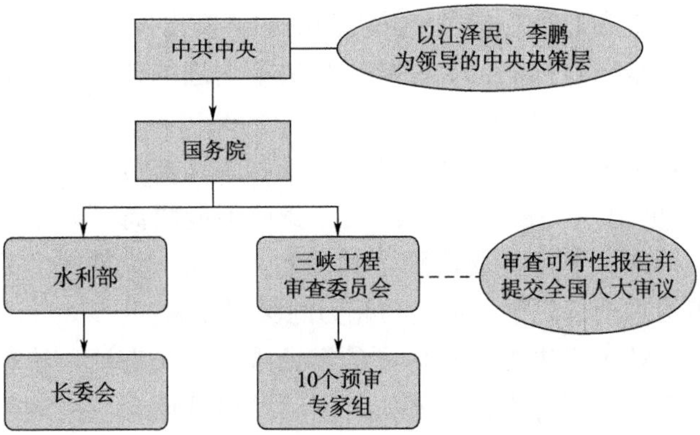

图 4　评审阶段决策组织构成

5. 三峡工程决策治理总结与反思

三峡工程是世界迄今规模最大的水电工程，也是世界重大工程决策史上典型的案例之一，在决策治理上的三个基本特点是：第一，决策时间长。从 1919 年孙中山先生最早提出建设三峡工程的设想起，到 1992 年全国人大最终通过兴建三峡工程的决议，三峡工程决策前后经历了 73 年，是中国决策历时最久的重大工程。第二，决策争议性强。三峡工程从提出设想开始就充满争议性，围绕着工程“上与不上”、“快上缓上”、坝址的确定、蓄水位的高低、综合效益分析、生态保护与移民方案选择等，一直存在着不同立场和持续不断的争议，直至三峡工程建成投入使用后的今天，关于这些问题的争议仍不绝于耳。第三，决策问题复杂程度高。三峡工程决策问题涉及众多领域，时空尺度大、问题复杂，虽然对三峡工程决策有了 30 多年的前期工作，但在决策后期还集中了全国 400 多位专家，论证了三年多，一些问题仍然留有质疑和遗憾。

今天，我们对重大工程决策治理的认知已经有了很大的进步，相应的学术体系也越来越完善，但是，要对如此宏大、复杂的三峡工程决策治理活动与过程进行回顾与反思，只能是尽研究者的有限能力、挖掘新的资料、选择若干对当今重大工程决策治理具有特别现实意义的切入点进行探索。

三峡工程决策属于大时空尺度、深度不确定类型的复杂决策，工程决策方案的品质属性、综合绩效与对绩效的评价等都需要通过决策方案在工程全生命期内的情景鲁棒性衡量，而不可能从某个被提前“压缩”的时间窗口窥其全貌，所以，本文关于三峡工程决策治理的总结与反思仅是根据重大工程决策治理基本认知和迄今为止发生并观测到的事实出发所得到的总结与思考，而随着工程生命地向前延展，对三峡工程决策治理的评价一定会随之更加全面和深刻。

这是对三峡工程决策治理回顾的历史唯物主义态度：三峡工程决策治理主要时段为 20 世纪 50—80 年代，因此，我们不能脱离该时期中国政治、社会与文化现实形态，更不能脱离那个时段的大背景、大趋势、大逻辑的时代印记，对决策治理全部思想、活动与行为的深刻影响。

这也是对三峡工程决策治理回顾的辩证唯物主义态度：治理主体关于三峡工程决策治理的全部行为都是真实、生动的治理理念与决策价值观的现实体现和反映，其中，既有他们对三峡工程决策治理的科学认知，又有他们在决策治理认知上不可避免的局限性，所有这一切，都源于三峡工程决策治理实践与中国现实之间的“血脉”关联。

由于本文对三峡工程决策治理历史的回顾中已经包含了一定的总结与反思，所以，下面主要就决策治理组织权力的配置与制衡，及专家论证作用的保障机制两个核心治理构件展开说明。

（1）决策治理组织权力的配置与制衡。新中国成立后，三峡工程决策治理组织总体上可以分为四个阶段。

首先是前期规划阶段（1949—1978 年），这一阶段决策治理组织的核心是中央领导层，在中央和国务院领导下，决策治理组织主要包括：国家计委、科委以及水利水电部等各部委及相关机构，其中 1950 年成立的长江水利委员会（1956 年更名为长江流域规划办公室）负责长江流域综合利用规划、三峡工程系统研究以及葛洲坝工程的规划设计与建设。

在首次论证决策组织（1978—1984 年）中，中央决策层以邓小平等领导人为主，由长江流域规划办公室负责编制《三峡水利枢纽 150 米方案可行性研究报告》，国家计委、科委组织审查。国务院“原则批准”可行性研究报告后成立了三峡工程筹备领导小组，负责三峡工程施工前的准备工作。

两阶段的论证工作均由中央当时的主要领导人直接负责，体现了三峡工程在国家建设与发展大局中的特别重要地位，也反映出国家以最高权力引导和推动三峡工程决策治理工作。

在再论证阶段（1984—1988 年），考虑到日益显现出来的决策复杂性和社会各界的不同意见，1986 年，中共中央、国务院发出《关于长江三峡工程论证有关问题的通知》，对决策论证工作做了系统性设计，再论证阶段由水电部负责，核心执行层为三峡工程论证领导小组，与前两个阶段相比，再论证阶段增加了大量专家，增强了决策的民主性。

最后，决策评审阶段（1989—1992 年）主要由全国人大和国务院负责最终的审批工作，全国人民代表大会为三峡工程的最高决策机构，体现了三峡工程决策评审工作的法律权威与行政权威。执行层为三峡工程审查委员会，负责对重新编制的可行性报告进行审查，报请国务院正式审批。

纵观上述四个阶段，不论哪个阶段，当时的中央主要领导人都亲自参与了工程决策治理工作，许多重要的治理意见都是他们直接设计和部署的，另外，四个阶段都由政府重要职能部门实际执行。这在重大工程决策政府式递阶委托代理关系中，是标准的“社会公众—政府—政府职能部门”递阶委托代理链，因此，本质上是一种对决策权的配置与转让方式（图 5）。

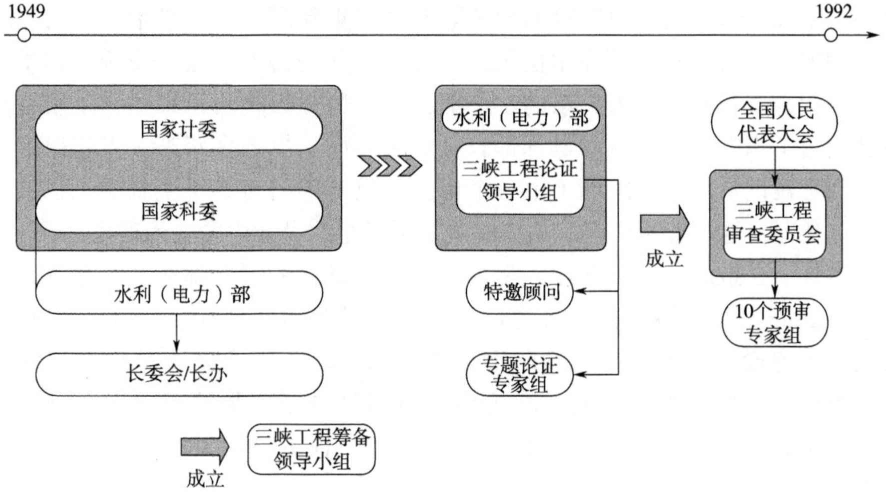

图 5　三峡工程决策治理组织沿革

具体地说，除“文革”基本停顿外，三峡工程规划都在中央领导层面上进行，因此，主要领导人的思维和风格都直接影响和决定了工程决策的走向。例如，虽然 20 世纪 50 年代中，毛泽东同志迫切希望三峡工程上马，还幽默地对人说，能不能找个人替代我当国家主席，我去修三峡大坝？但在 1958 年，全国上下“大跃进”年代，毛泽东同志听进了一个“小人物”的建议，停下了自己向三峡进军的脚步。

首次论证决策（1978—1984 年）的中央决策层以邓小平等领导人为主，领导人把推动三峡工程建设当作继承毛泽东、周恩来未竟事业，邓小平、王任重、姚依林等国家领导人先后在不同场合的讲话中都强调：三峡工程的兴建是毛泽东同志下的决心，“高峡出平湖”是毛泽东同志的夙愿，并得到陈云、李先念、胡耀邦等党和国家领导人的支持。由此可见，在这一阶段，鲜明的政治大局思维是引导三峡工程决策治理走向的一个极其重要的推动力，长江流域规划办公室在三峡工程建设问题上越来越代言了中央领导的决策意图。这在当时实际上赋予了长江流域规划办公室更高的政治地位与决策治理主导权。

再论证（1984—1988 年）阶段是三峡工程决策冲刺的关键阶段，这一阶段的核心大事是根据 1986 年中共中央、国务院发出的《关于长江三峡工程论证有关问题的通知》，对三峡工程决策方案进行规模空前的再论证工作，通过增强决策过程的民主化与法治化，以消解各方面的疑虑和提升决策方案的科学性。中央在这一过程中对政府相关职能部门重新配置了决策治理权与话语权。例如，三峡工程论证原由国家计委主持、科委协助，这一安排超越了与三峡工程有着紧密干系人关系的水电部，但《通知》把再论证领导小组降格并移交给了水电部，并由水电部部长任组长，而水电部多年来一直积极推动三峡工程建设，由此就出现了由一个专业性政府部门对其所主张的工程进行论证的局面，这不能不说是三峡工程决策治理组织设计中的法治瑕疵。

另外，在最后的审查阶段，专门成立了非常设的国务院三峡工程审查委员会，国务院领导担任委员会主任，水电部长是审查委员会成员，审查委员会办公室设在水电部。这实际上使国务院三峡工程审查委员会对三峡工程可行性报告的审查，实质上变为由水电部对自己主张的工程以及自我论证结论进行审查。这些都难说完全符合重大工程决策治理的合法性审查的规则[31]。

不仅如此，由于上级规定了由工程审查委员会与论证领导小组选择审查专家与组织论证专家开展再论证工作，并在此基础上重新提出三峡工程可行性报告。这一赋权导致后来的审查专家中有近 40% 在前期参加过三峡工程的论证工作，即他们是在审查自己的论证报告，而在参加三峡工程论证的 412 位专家中，大约 2/3 以上是由原水电部指定。水电系统里许多老专家由于持不同意见而未被邀请，其中包括 50 年代参加过长江和三峡规划的专家[14]。由此论证与审查出现实际中的“一边倒”现象，特别是不同意见专家未能充分表达意见也就不足为怪了。

（2）专家论证作用的保障机制。三峡工程立项决策治理历经时间长，不同阶段都有专家以不同身份和方式，参与三峡工程论证决策中并发表了许多重要的真知灼见，对提高工程决策品质起到了重要的作用。如第一阶段（1978 年以前）的林一山，他主张建设三峡工程的意见与李锐不同意立即建设三峡工程的意见对最高决策层，特别是毛泽东同志的影响都是比较大的。在第二阶段（1978—1984 年），“长办”专家关于“正常蓄水位 150 米，坝顶高程 165 米（审批时提高至 175 米）”的方案和李锐建议缓建的方案也促进了当时中央主要领导下决心开展再论证的审慎决断。另外，到了第三阶段（1984—1988 年），当三峡工程方案细节越来越清晰的时候，各界专家的各种意见逐渐增多，从开始的主导性的一致赞成，到出现较多的缓建与不同意建设的声音。其间，意见的多元化是空前的；不同的意见、同一种意见但不同程度、不同侧重点表述林林总总，应该说，1984—1985 年是三峡工程决策治理过程中专家参与论证最活跃的一段时间。面对这种情境，邓小平同志做出了积极回应，他说：“我们一定会周密考虑……我们决不会草率从事的。”接着，就有了中共中央、国务院《关于长江三峡工程论证有关问题的通知》（中发〔1986〕15 号），但是，正如前面所述，在《通知》的具体执行过程中，由于对论证组织、专家选择等方面缺乏权力制衡与裁量权监督，导致《通知》原本增强决策治理民主性，充分发挥专家智囊团作用的主旨与目的受到不同程度的损伤。

应该说，在 20 世纪 90 年代初期中国国情与国家治理体制下，在国家领导人强大的政治大局思维和改革开放大形势的推动下，三峡工程上马建设有其历史的必要性，也终将成为现实。但从今天的反思看，如果在决策冲刺的最后几年，能够更加从容一点、细致一点、冷静一点、宽容一点，能尽量多听、听细、听全专家们各种不同意见，并且把其中许多真知灼见，如工程发电与生态效益综合，开发水能与航运兼顾，平原湖区生态环境，下游河床演变和河口生态保护，鄱阳湖干旱，移民可持续发展，等等，尽可能研究得更深刻、更透彻、更全面，并且将这些研究成果体现在三峡工程决策方案中，肯定会使三峡工程决策工作与方案更少一些历史遗憾、更加光彩夺目。

综上所述，中国三峡工程立项、论证、决策治理的历史现实，既体现了强有力的国家权力引导与把控，又在不同时段的决策治理组织与流程中注入了专家参与及决策支持等成分。但是，由于中国当时治国理政实际情况与重大工程决策“中国之治”实际水平的局限，在三峡工程决策治理中的决策权力配置与制衡的法治性，专家发挥积极作用的科学性，公众参与的民主性以及社会舆情渠道的畅通性，等等，都有着极大的完善和提升空间，这一情况既是当时中国重大工程决策治理现代化历史阶段的真实情况，又值得我们今天研究重大工程决策“中国之治”现代化道路借鉴和思考。

（四）改革开放40年中国长大公路桥梁工程

自20世纪80年代以来，中国进入了改革开放和建设社会主义现代化国家的新时期，从兴办深圳等经济特区、沿海沿边沿江沿线和内陆中心城市对外开放为标志，极大地解放和发展了中国社会生产力，开辟了中国特色社会主义建设新道路。与此同步，中国基础设施建设成就显著，公路成网、高坝矗立、西气东输、南水北调，重大工程建设不仅成为建设社会主义现代化强国和实现中华民族伟大复兴中国梦的内在要求，而且是中国经济社会现代化发展的重要标志和强力支撑。

40年来，中国改革开放事业是一个既注重整体层面顶层设计与分阶段向前递进，又注重区域综合环境差异性与发展速度梯度化的持续过程，因此，对近40年来我国重大工程决策“中国之治”现代化道路发展历程的回顾与总结必然要充分考虑到这些特征，并通过以下三点突出中国国情和现实：第一，中国改革开放以来交通领域重大工程建设取得的伟大成就，交通工程领域的“中国桥、中国隧”已经成为展示中国形象的新品牌；第二，“中国桥、中国隧”在中国重大工程决策“中国之治”现代化道路发展历程中，具有较强的典型性、标志性与持续性；中国改革开放期间，不仅重大工程建设取得了突飞猛进的发展，而且包括工程决策治理在内的现代工程管理体系也出现了重大变革，因此，回顾这一时期重大工程决策“中国之治”不宜采用以单体工程为案例重复性介绍的样式，而选择某一同类型典型工程群，按照决策治理核心内涵与时间顺序揭示工程群的决策治理是如何整体性地与改革开放大趋势、大逻辑、大变革与时俱进和同步向前的，最能够深刻体现这一时段的时代特征和展现中国重大工程决策治理现代化的深刻内涵。

因此，我们在这里不再对单体桥梁工程开展重复框架下的研究，而是选择改革开放以来中国典型长大公路桥梁（简称长大桥梁）工程群，按照同一主题将它们以时间轴为序、贯穿成线。这样，在一帧帧单体工程决策治理画面的基础上，更能够为我们提供连贯、有方向感的连续画卷，使我们对这一重要时期，中国重大工程决策治理现代化道路的认识有更加清晰的系统性和整体感。

为保证研究成果丰富和严谨，自 2013 年起，我们组织了多个调研组分赴全国 14 个省市，对中国东中西部不同时期的 30 多座跨江、跨河、跨海、跨峡谷长大桥梁工程决策治理情况进行了现场调研，召开了座谈会、专家访谈和查阅文件档案，整理了约 66.8 万字的基础性资料，形成了中间成果《我国 21 座典型长大桥梁建设决策管理案例（资料）》（22 万字）。这些工作为我们系统回顾和梳理中国改革开放 40 年来长大公路桥梁工程群决策治理现代化历程提供了重要的实践与事实依据。

1. 长大桥梁布局决策治理

改革开放以来，中国经济的快速发展呼唤着便捷快速的交通运输大通道支撑，桥梁则是其中跨越江河湖海、峡谷沟壑的纽带。改革开放后，中国长大桥梁建设经历了三个建设高潮，分别在中国珠江三角洲、长江通航流域、长江三角洲与西部地区开展的滚动建桥的“三大战役”（如图 6），有效推动了当时的经济社会的协调发展，成为推进我国现代化强国道路的重要组成部分。

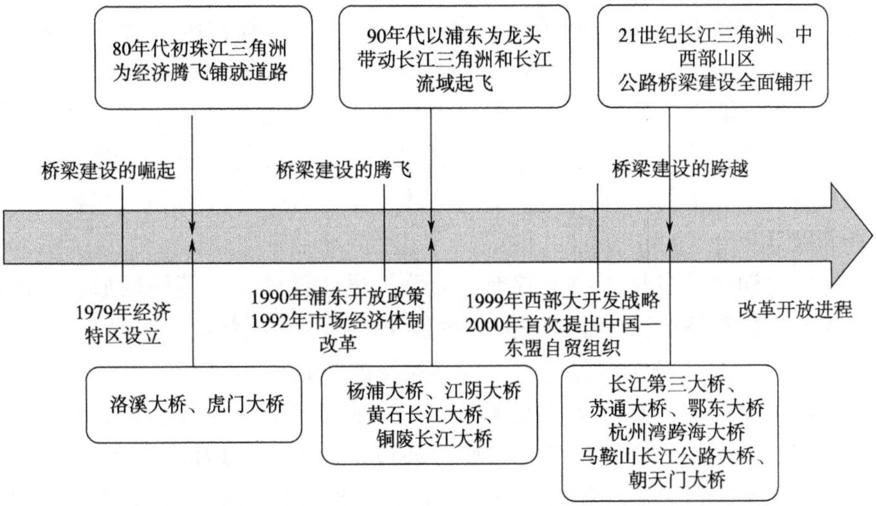

图 6　中国改革开放 30 年来长大桥梁建设发展

（1）珠江三角洲：长大桥梁建设的崛起。1979 年 7 月 15 日，中共中央、国务院决定在深圳、珠海、汕头和厦门试办特区。20 世纪 80 年代初，改革开放前沿的珠江三角洲开始了公路桥梁建设，为经济腾飞铺就了“跑道”，打响了桥梁建设的第一战役。1981 年，广东省首创了贷款修桥、收费还贷的投融资模式，打破了交通发展严重滞后的困局，缓解了桥梁建设资金短缺的瓶颈。自此，珠江三角洲架桥铺路如火如荼，其间，规划和建设了被业内称为有“中国桥梁发展史上里程碑作用”的洛溪大桥，中国第一座大跨径钢悬索桥——虎门大桥，世界第一座大跨径混凝土悬索桥——汕头海湾大桥，当时亚太地区第一座大跨径独塔双索面斜拉桥——广东南海九江桥。特别是虎门大桥，使深圳与珠海以及深圳至粤西的行车距离缩短 120km，有力推动了深圳特区的发展。

（2）长江流域：长大桥梁建设的腾飞。到了 20 世纪 90 年代，面对“改革开放，搞活经济”，“浦东开发，辐射全国”，长江三角洲“率先实现现代化”的新形势，在 1990 年交通部提出的五纵七横国道主干线规划的基础上，“以浦东开发开放为龙头，带动长江三角洲和长江流域经济起飞”的战略决策，拉开了长江流域建设跨江大桥的“第二战役”[32]。1991 年 12 月，南浦大桥建成通车，结束了浦东只能依靠轮渡往来浦西的历史。紧接着，国家实施了“全力以赴，通力合作，精心组织，万无一失”的跨江桥梁建设“大会战”。首战选择了长江中游的跨江大桥[32]。1995 年，建成湖北黄石长江公路大桥（时居同类桥梁“亚洲第一、世界第二”）、安徽铜陵大桥（时居同类桥梁“亚洲第一、世界第三”）。随后，1997 年的四川万县大桥（时居世界第一）、1999 年的江阴大桥（时居“中国第一，世界第四”）也建成通车，其中江阴长江公路大桥是 20 世纪中国桥梁工程建设史上新的里程碑。正是 20 世纪最后十年迈出的“这一步”，推动了长江上、中、下游江段公路桥梁建设的全面展开[32]。

这一时期除了在长江中下游展开公路桥梁建设外，在黄河区域、东南沿海也兴建了公路桥梁，为中国桥梁建设整体格局的形成奠定了基础。

（3）长江三角洲与西部地区：桥梁建设的跨越。2005 年 1 月，国务院批准了交通部《国家高速公路网规划》，该公路网主要连接大中城市，包括国家和区域性经济中心、交通枢纽、重要对外口岸；承担区域间、省际以及大中城市间的快速客货运输，并为应对突发性事件提供快速交通保障[33]。根据国家这一重大交通工程决策安排和区域经济一体化、西部大开发等战略的实施，改革开放活跃的长江三角洲与发展潜力巨大的西部崇山峻岭同时打响了路桥建设的第三战役。西部地区建设了贵州的坝陵河大桥、云南的腾冲龙江特大桥等，重庆建设了世界第一大跨径拱桥朝天门大桥。这一时期不仅建设了千米级超大跨径跨江桥梁，更建成了跨越海湾、海峡的长大桥梁。如东海大桥、杭州湾大桥、舟山连岛工程的金塘大桥和西堠门大桥，一座座桥型各异、跨度大、难度高的现代化桥梁应运而生，使中国开始引领世界桥梁建设的发展，并由桥梁大国向桥梁强国大步迈进。

以上生动、鲜活的长大桥梁建设历程（如图 7）清楚地表述了在中国改革开放进程中，长大桥梁战略决策是国家社会经济发展大战略的重要组成部分之一，每一座大桥都铭刻着中国社会经济发展与改革开放历程，以及桥梁所在地社会经济发展的里程碑印记，同时，从总体看，在长大桥梁立项决策过程中，又鲜明地凸显了中国改革开放以来不断完善的统筹兼顾、协调和谐的科学发展指导思想。

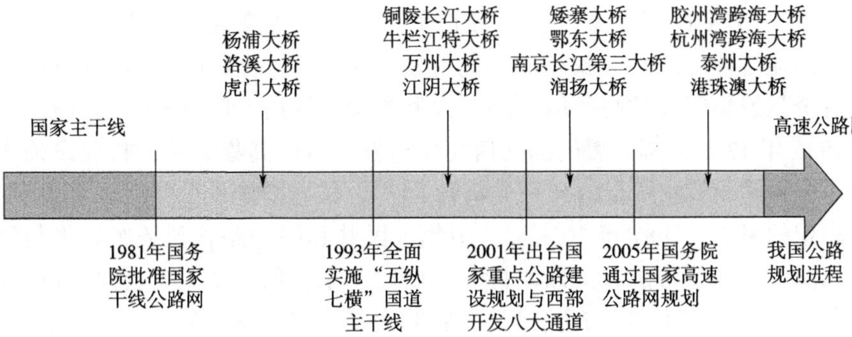

图 7　长大桥梁发展进程

2. 长大桥梁投融资决策治理

重大工程投融资是指以实施重大工程造物活动所进行的资金投放和融通活动，活动方式的选择即为投融资模式决策，投融资模式的设计与选择是重大工程决策治理的一项重要内容[34]。总体上说，改革开放以来，中国经济体制经历了由计划经济向市场经济的转型，并不断地促进了长大桥梁投融资模式决策治理的深刻变革，即逐渐从计划经济下政府财政拨款的单一模式，演变为现今的政府主导、市场运作的多元化模式，体现了在 40 年改革开放时期，中国长大桥梁投融资决策治理总体趋势与中国金融体制改革方向是相互适应和总体一致的。

（1）中国长大桥梁投融资模式的时序性演化。

第一，计划经济下以政府全额出资为主的桥梁融资模式。20 世纪 80 年代之前，中国长大桥梁融资体制是计划经济传统体制，其基本特征是以政府（包括中央政府和地方政府）直接投资为主，资金来源主要为中央政府的预算内资金。1976 年建成通车的上海松浦大桥，1977 年建成通车的五河淮河公路大桥，建桥资金全部来自政府财政资金。但是，随着国民经济快速发展，对基础设施的要求不断提高，虽然国家通过设立新的税种和提高税率等办法充实国家工程建设的“钱袋子”，但终因长大桥梁工程所需资金量巨大，无法解决越来越紧张的工程建设资金的缺口。

第二，以公路桥梁经济性为导向的投融资模式改革探索。1982 年 9 月，中国共产党第十二次全国代表大会确立了建设中国特色的社会主义的新命题。1984 年 10 月 20 日，党的十二届三中全会讨论并通过了《关于经济体制改革的决定》，阐明改革的基本任务是建立具有中国特色、充满生机和活力的社会主义经济体制[35]。在当时的形势下，一方面交通成为国民经济发展的“根本环节”和“战略重点”；另一方面建设资金不足成为交通工程建设的最大障碍，亟须通过体制改革寻找解决问题的新办法[35]。1984 年 12 月，国务院做出允许贷款或集资修建高等级公路、大型桥梁、隧道并收取车辆通行费等决定。1986 年 12 月，福建厦门国际信托公司发行厦门高集海峡大桥建设债券，开辟了公路建设筹集资金的又一个新渠道[35]，这些措施使公共工程建设资金有了稳定的来源。1987 年 10 月，《中华人民共和国公路管理条例》将集资、贷款修路、收费还贷的政策以法规形式确定下来，保证了收费公路、桥梁的合法性。1988 年《贷款修建高等级公路和大型公路桥梁、隧道收取车辆通行费规定》明确了路桥收费制度[35]。总的说，这一阶段虽然政府仍然占据投资主导地位，但公路长大桥梁等基础设施建设投融资渠道逐渐放开，不仅可以通过向银行等金融机构贷款来解决建设资金难的问题，同时，也可以收取车辆通行费使公共基础设施兼具了经营性特征，为 20 世纪 90 年代中国长大桥梁投融资模式多元化发展奠定了基础。

第三，多元化发展的桥梁投融资模式。1992 年初，邓小平的南方谈话从根本上解除了把计划经济和市场经济看作属于社会基本制度范畴的思想束缚。1992 年 10 月，举世瞩目的中共十四大明确了中国经济体制改革的目标是建立社会主义市场经济体制。这是中国经济体制改革目标的重大突破，中国改革开放的步伐由此进一步加快，同时为中国长大桥梁投资体制的深化改革指明了方向，即建立与社会主义市场经济体制相适应的投融资体制。1993 年，上海建成的杨浦大桥采用了国外资本市场融资方式，杨浦大桥总投资为人民币 13.3 亿元，其中亚洲开发银行贷款 8 500 万美元和联合融资 7 900 万美元。1996 年建成通车的黄石大桥是与“七五”计划相对应的第二批 5 400 亿日元贷款的受益者，黄石大桥建设中，中国方面获日本国海外经济协力基金（OECF）37 亿日元贷款，协议规定贷款期限为 30 年，其宽限期为 10 年，还本期为20年，宽限期内只付息不还本，利率仅为2.36%。

“十五”计划开始时，国家明确提出了“投资主体自主决策，银行独立审贷，政府宏观调控，完善中介服务”的投融资改革方向，其主要特征为：第一，将投资项目分为公益性、基础性和竞争性三类，并根据不同类型采取不同投融资模式；第二，停止“拨改贷”办法，实行项目资本金制度。

间接融资方面，除了商业银行贷款外，中国城市基础设施建设还积极利用国家开发银行政策性贷款和国外金融机构，及政府贷款推动城市基础设施建设事业的发展。交通运输部发布的《2018年全国收费公路统计公报》显示：2018年年末，全国收费公路债务余额为56 913.6亿元，其中，银行贷款余额为47 744.2亿元，其他债务余额为9 169.5亿元，为国家高速公路、省市路网和中西部地区公路建设提供资金保障。中国长大桥梁投融资体制进入一个新的阶段。

（2）中国长大桥梁投融资模式的区域化适应性。中国40年改革开放历程不仅表现出时序性的不同阶段及相应的关键时间节点，而且因为中国地域辽阔，中东西部及南北方经济发展水平与经济实力差异性较大，不同区域对于长大桥梁投融资模式必要的经济环境与支撑能力不尽相同，因此，即使总体上全国各区域处于同一个改革的时间节点上，但有关制度与政策“落地”执行的方式、程度、侧重点与支撑能力等，都因各地现实情况不同而表现出差异化与梯度性，这一国情认知极大地帮助我们确立长大桥梁投融资模式改革中的区域适应性思维。

中国东部地区经济发达、政府财政收入充裕，在投融资方面，东部地区往往以政府为主导并通过自身财政收支或者专门的工程投融资平台筹集一部分资金，剩余部分采用银行贷款等债务性融资，最终完成长大桥梁的投融资，前期产生的贷款一般由桥梁建成后的路桥收费偿还，基本可实现收支平衡，走出了一条稳健的发展道路。同时，东部省市近年来也出现了更具市场化的投融资模式创新尝试，国家也积极鼓励各省市在法制框架内大力创新实现跨越发展。福建省是典型的在政府主导下不断开拓融资模式创新的省份。自1996年福建省在国内首次尝试使用BOT模式建设完成刺桐大桥后，又陆续拓展了BT模式、PPP模式等进行长大桥梁建设，多样化的融资模式改革离不开省市共同出资的支持。通常，福建省出资占政府出资的51%，各地市出资占政府出资的49%。

中国中部地区受地理位置及市场经济发展水平的限制，社会资本能力相对不足，总体上长大桥梁投资多由政府出资，投融资方式较为单一。但是，中部地区各省市也在积极探索多元化投融资模式，例如，2010 年筹建湖北省鄂东大桥时积极尝试 BOT 模式，成为湖北省多元化投融资渠道的开端，在此模式下，亦形成了较为清晰的投融资流程，为湖北省之后的长大桥梁建设提供了宝贵的经验。目前，湖南省已建成的长大桥梁基本上均为政府出资项目，但也在尝试使用 BOT 模式，体现了中国中部地区积极探索多元化投融资模式的趋势。其他省份的投融资模式比较固定：以政府出资为主，辅以银行贷款，依托国有的投融资平台进行专业化投融资操作为主，较少涉及社会资本。例如，地处中国东南腹地的湖南省，由于省政府项目建设资金相对不足，省内大部分项目建设资金一般情况下源于四个部分：国家投资、湖南省自筹、国家开发银行贷款和亚洲开发银行贷款。目前湖南省内高速公路的融资都是由总公司负责，从项目的投资主体上看，政府投资大概占 2/3，BOT 的项目大概占 1/3，但因没有大型社会资本，推行 BOT 模式的难度很大。总体而言，中部地区经济正在崛起，未来也急需公路桥梁等基础设施的配套服务，在长大桥梁投融资上的创新发展，必将给未来桥梁建设带来更多的活力。

中国西部地区疆域辽阔，人口稀少，是中国经济欠发达地区。另外，这一地区地处国境，是国家安全的第一线，该地区公路、桥梁除了一般交通等经济社会功能外，还被赋予重要的国防安全职能。因此，西部地区长大桥梁投融资会更多地考虑到国家安全、国防建设与西部大开发等政治、国防意义，政府出资为主，甚至不同程度的中央财政补助政策也是必要的。例如，云南省桥梁投融资模式呈现较明显的政府主导特色，而贵州的公路桥梁建设正突破资金压力，进行各类投融资模式创新探索。例如，云南省高速公路建设投融资主要依靠国家补助资金（国高网的约为 18%）和省级配套补助资金。贵州省接受国家交通部提供补助金比例也较其他省份高（达到 50%），补助金之外的资金缺口由省内自筹和银行贷款弥补。这种模式主要是以贵州省高速公路集团等国有企业作为投资平台进行具体运作。然而，由于贵州省公路交通流量不足导致很多政府还贷项目不能回收资本并偿还银行负债。在这种形势下，2008 年至今，贵州省积极探索以“BOT 模式为主，多种模式并存”的公路桥梁建设发展理念，以期通过积极引入社会资本打破融资压力对贵州省公路桥梁发展的束缚。

3. 长大桥梁决策治理

改革开放 40 年是中国国家治理体系与治理能力现代化进程中的一个承前启后、浴火重生的关键时期。在 40 年中，我们破除体制机制弊端、推进体制机制创新，坚持以人民为中心，坚持依法治国，通过提升治理的系统性、适应性、协同性、科学性与民主性，为各领域治理进步提供了强大的制度保障。

40 年来，中国长大桥梁决策治理实践从不同角度和方位，为中国国家治理体系与治理能力现代化建设升华理念、提供经验和凝练理论要素发挥了积极作用。

例如，长大桥梁的促进政治稳定、国家安全、经济发展及社会进步等战略意义及公共品属性，使之决策治理体系呈现鲜明的政府式委托代理模式，这一模式的法律原则为社会公众授权与政府公权力转化为重大工程决策治权与事权，因此，这一过程必须在明确和清晰的相关法律法规制约下进行。可以认为，法治是长大桥梁决策治理的根本前提与基本方式，为决策治理提供了根本性、全局性、长期性的制度保障。

又如，虽然在 20 世纪 80 年代以后，各级政府积极鼓励各地探索贷款修路、收费还贷的新的投融资模式，人们提出了“贷款修路、收费还贷”的解决办法[36]。但是，不能认为这仅是个搞活市场的经济手段，是因为高速公路、长大桥梁等资产是依托于土地形成的，而土地的所有权属于国家，因此，高速公路、桥梁等资产所有权属于国家，是国有资产。但是，高速公路、桥梁的准公共品特征决定了政府可以通过特许权经营的方式，将其在一定时期的经营权转让和有效盘活高速公路、桥梁资产存量，搞好资产管理。

长大桥梁的“贷款修路，收费还贷”模式必然涉及一系列公权和私权的法律问题，必须在健全的法制框架下才能合法实施，方式上也不能仅以政府部门“一纸公文”甚至一次行业会议精神行事，而要有相应的国家法律法规为保障。1984 年 12 月，国务院第 54 次常务会议确定了“借款修路、收费还贷”政策；1988 年 1 月 5 日，交通部、财政部、国家物价局联合发布《贷款修建高等级公路和大型公路桥梁、隧道收取车辆通行费规定》，成为中国第一个规范公路收费还贷行为的法规性文件。长大桥梁收费从此有了法规依据并在全国范围内快速推广（如图 8）。

由图 8 清晰地看出，中国长大桥梁投融资决策治理过程中“借款修路、收费还贷”重要举措与国家相关法律法规的相依性，这充分体现了中国长大桥梁决策治理的法治理念与合法性原则在改革开放的实践中得到极大加强，与过去单纯以行政权力或者个人权威行使决策治理相比有着巨大的进步。

又如，长大桥梁决策治理实践充分体现了专家咨询与智库的支撑作用，支撑作用也向工程决策全过程两端延伸，完整覆盖长大桥梁前期工程立项规

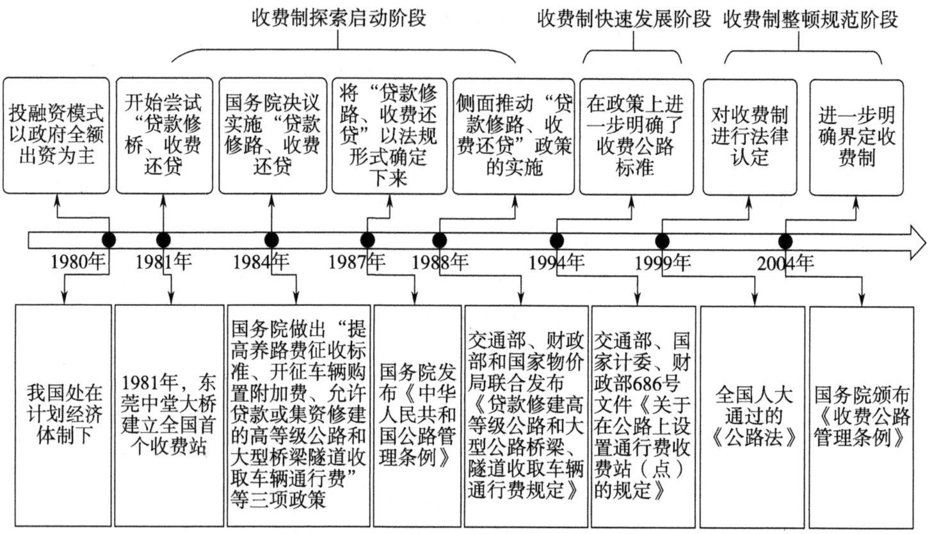

图 8　长大桥梁“贷款修路，收费还贷”进程

划决策、重要技术方案论证和工程决策绩效后评估。特别是，在这一时期，为避免专家支撑作用出现不稳定和不落实现象，中国各长大桥梁决策治理过程中普遍设立了工程技术顾问，成立了专家（技术）委员会，制定了相应的行事制度和程序，从而使决策支持这个先进、有效的决策治理模式制度化、标准化和程序化，保证了专家（技术）委员会在工程决策过程中有独立、自主的话语权。

4. 长大桥梁决策“中国之治”的总结

中国重大工程决策治理充分显示中国“全国一盘棋”的治理优势，政府作为重大工程决策治理主体在充分发挥社会主义集中力量办大事的优越性基础上，把重大工程建设摆在社会经济发展大局的宏观调控中整体谋划，注重战略统筹引领，集中优势资源整体推进各领域工程建设。正是在这个基本原则指引下，中国重大交通工程（长大桥梁）决策安排，作为改革开放时期国家决策治理体系的组成部分，必然服从、服务于中国建设现代化强国的战略布局，并且与时俱进地为国家的经济腾飞与改革开放事业发挥重要的支撑作用（见图 9）。

改革开放 40 年来，中国长大桥梁投融资体系首先是从计划经济体制开始，基本形成了具有中国特色的“国家投资、地方筹资、社会融资、利用外资”和“贷款修路、收费还贷、滚动发展”的长大桥梁投融资体制；“政府

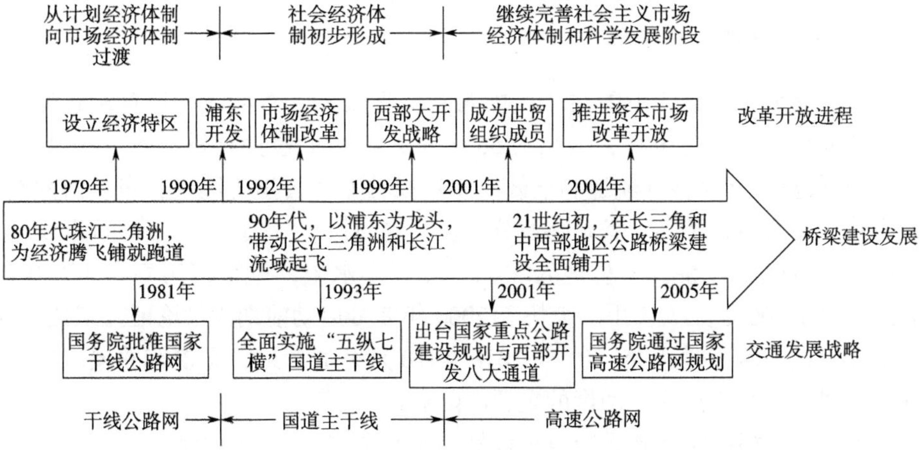

图 9　长大桥梁工程决策与中国改革开放发展战略进程关系

引导、社会参与、市场运作、产业发展”的新格局，与“主体多元化、渠道多元化、方式多元化”的三个“多元化”，催生了财政出资、民众集资、企业融资、中外合资、BOT 模式、BT 模式、市政经营权转让等投融资模式[37]，民间资本与国际资本活跃，桥梁工程建设市场化程度不断加深和成熟。

投资主体多元化导致政府职能定位发生了重大变化，随着投资权限和决策权限的不断下放，市场逐步取代财政，成为社会资源配置主体，因此重大工程投资主体多元化是一种必然的趋势。与此同时，随着中国经济进入持续增长期，对基础设施的需求猛增，仅依靠财政投资和税收无法满足。随着重大工程投融资决策治理体系改革的不断深化、政府管制的放松和价格改革的深入，外资和内资的参与进一步拓宽了重大工程融资渠道。同时，中国长大桥梁投融资模式基于区域差异性而表现出的适应性，使决策治理体系中国化更加鲜活。这是中国长大桥梁投融资决策治理能力现代化和中国化融合的一条生动的现实道路。

中国长大桥梁决策治理体系与治理能力现代化，自改革开放以来取得了有目共睹的长足进步，而这一时期又是中国政治经济社会全面改革的大变动时期，总体上，国家治理是在“摸着石头过河”中前进，试错中有着各种风险，即使方向正确，执行过程也往往缺乏经验，因此，长大桥梁决策“中国之治”的前进道路不可能始终平坦，许多挑战性新问题不断解决又不断出现，需要我们不断探索、不断创新、不断前行。

（五）港珠澳大桥工程

港珠澳大桥是当代中国在“一国两制”框架下、粤港澳三地首次合作共建的超大型跨海通道工程，全长约55公里，主体工程实行桥、岛、隧组合，长29.6公里，穿越伶仃航道和铜鼓西航道段约6.7公里为隧道，东、西两端各设置一个海中人工岛；其余路段分别设有青州桥、“海豚塔”江海桥以及九洲桥三座通航斜拉桥，大桥地处珠江口伶仃洋水域，设计使用寿命120年，总投资约1 200亿元人民币。大桥于2003年8月启动前期决策论证开工建设，筹备和建设前后历时达15年，于2018年10月开通营运，是横跨香港、广东珠海和澳门，并连接珠江两岸的重要海陆通道。

港珠澳大桥的重大建设特点可以概括为8个字：“一国两制”、超级工程。所谓“超级工程”主要指大桥工程规模宏大、规模壮阔、环境险恶、技术先进、决策复杂等，以工程前期决策为例，各大事项可以分解为几十个界面清晰、主题明确的决策子专题。除了包含与常规工程相同的决策问题，如：投融资方案的确定、规划立项决策、工程管理组织模式选取、重大施工技术方案决策、桥位及着落点选取等决策事项外，在大桥的决策、建设过程中又出现了如中华白海豚保护方案确定、口岸模式选取等特殊决策问题。因此，必然需要设计和构建相应的决策治理体系、流程和方法等才能够驾驭和解决所有决策问题。另外，“一国两制”这个全世界特有的政治体制和制度在更高层面上对港珠澳大桥决策治理体系造成了深刻影响，如何应对这一影响既无成熟理论又无现成经验。

本文作者自2008年起一直以港珠澳大桥工程管理顾问团队的身份参与包括港珠澳大桥决策等管理服务工作，至今已有十余年。其间，我们不断学习，也在实践中思考了许多问题。我们和港珠澳大桥等工程界的专家们一起完成了《中国港珠澳大桥工程决策理论与实务》《重大工程管理基础理论与中国港珠澳大桥的实践》等专著以及一批学术论文，对港珠澳大桥决策治理进行了系统分析与理论思考。本文以一个新的决策治理视角与观点聚焦于“一国两制”体制下港珠澳大桥决策“软法”治理模式的创新。

1. 港珠澳大桥决策治理的“一国两制”背景

“一国两制”，即“一个国家，两种制度”，指的是在遵循一个中国的前提下，国家主体始终坚持社会主义制度，香港、澳门保持资本主义制度长期不变。“一国两制”具有鲜明的中国特色，在全世界都是独一无二的。在这个政治制度背景下建设港珠澳大桥，意义重大、影响深远。当然，“一国两制”

在港珠澳大桥决策的一些特定场合下有其一定的优势，如能够更充分整合三地治权与资源的合力，能够根据三地不同相关法律法规，确立大桥施工建设技术标准原则与先进的生态环保治理理念等，这些都有利于港珠澳大桥的决策治理工作。

“一国两制”制度也会给港珠澳大桥决策治理带来困难和挑战，主要是三地法律制度不同，总体上，香港为英美法系，澳门是欧洲大陆法系，内地是内地大陆法系，因此，三地三法之间有着实实在在的“硬”差别。三地法律法规对待同一个问题时，往往彼此观点、规定和处理条款差异性很大，甚至出现矛盾与冲突，形成了“一国两制”环境下，港珠澳大桥工程决策治理面临的既无先例，又无经验，甚至在世界范围内也是独一无二的新挑战。

如上所述，在“一国两制”内涵中，“一国”和“两制”与“三法”前者渐次高于后者，前者统摄后者，后者受制于前者，前者是全局，后者是局部。就一般逻辑分析，往往能够在局部领域内解决问题比在全局领域内解决问题难度小、成本低、成功率高。特别是，港珠澳大桥工程决策问题多为工程方案、技术标准、质量认证、生态保护等工程技术类型问题，基本上不涉及国家主权和社会制度属性。因此，“一国两制”大背景下的港珠澳大桥的决策治理，主要是在现实中如何协调“三法”造成的“硬”冲突与跨界协调的法律途径缺位等。如果能够通过柔性的法律拓展方式，在局部范围内确定某种“共同”法律原则解决港珠澳大桥工程决策问题，无疑就找到一条解决“一国两制三法”环境下港珠澳大桥决策治理的新路径，并且保证港珠澳大桥决策治理的法治化与制度化。

进一步的现场调研表明，内地、香港、澳门三地的法律体系各有特点，澳门法律强制性规定不多，从澳门法律和以往澳门建设大型交通基础设施的经验看，部分冲突可以由政府间直接协调安排解决；香港法律规定细致严密，但根据以往经验看，诸多特殊性问题彼此之间存在解决途径，因此大桥决策、建设、运营在港澳之间一般不存在法律障碍，只需考虑国内法律框架内需要解决的问题即可。内地的法律法规（包含法律、行政法规、部门规章、地方性法规及地方政府规章等几个层级）从总体和宏观层面看，内容全面、清晰明确、规范性强，但从中观和微观层面看，立法一般以原则为纲，涉及具体问题时，往往需要依靠较低层级的规章、规定、意见、办法、领导讲话等予以补充，甚至必须突破相关法律规范才可行。

港珠澳大桥是在“一国两制”环境下，粤港澳三方合作建设重大工程的先例，新问题、新挑战层出不穷，如果频繁由国家司法机关为港珠澳大桥决策治理单独立法，势必立法过程缓慢、中间节点多、耗时长，影响工程决策的进程。因此，为在“一国两制”背景下依法实施港珠澳大桥决策治理，既要切实解决“三地三法”下的“硬”冲突和跨界协调法律途径的缺位，又要充分根据中国行政立法程序等现实情况，以创新精神寻找合法、简便、可行、有效的解决路径。这就是所谓“软法”概念与软法治理原理。

2. 软法治理概述

面对工程决策治理中的“三法”冲突，港珠澳大桥三方不断探索，并在实践中设计了一种新的“软法”治理模式。

（1）软法概述。“软法”概念最早出现于国际法中，是相对于“硬法”而言的，1994 年法国学者斯奈德（Francis Snyder）提出认可度较高的软法定义：“软法是原则上没有法律约束力但有实际效力的行为规则。”[38] 也有学者提出，“软法”是指不具有任何约束力或约束力比传统的法律即所谓硬法要弱的准法律文件[39]。森登（Linda Senden）给出了较长的定义：“以文件形式确定的、不具有法律约束力，但是可能具有某些间接法律影响的行为规则，这些规则以产生实际的效果为目标或者可能产生实际的效果。”[34]

由上可见，相比于传统意义上具有强制约束力、通过司法机关执行的硬法，软法通常不是典型意义上的“法律”，主要是因为：第一，制定主体。传统的硬法法律必须由国家立法机关制定，而软法并非由国家立法机关，而是由与制定内容相关的政府、组织、单位等经设计、达成协议、签署文件等方式使之生效。第二，保障效力。硬法通过国家司法机关的强制力保障实施，而软法则是由制定各方遵守信用、承诺并自愿履行软法条款；如果违反软法条款将受到其他各方谴责、舆论批评和纪律制裁。第三，争议解决方式。通常硬法冲突的解决方式是进行诉讼、法院裁决，但软法冲突通常采用协商、仲裁、民间调解等方式解决。

从国家层面说，软法通常表现为法律多元意义上的社会规范，同时也表现为公法中行政主体发布的非法律性的指导原则、规则、行政政策等[39]。在社会治理领域，其常见的形式包括多方主体签订的协议书或设立的章程、规范、管理办法以及发布宣言、号召、纲要等。

既然港珠澳大桥是粤港澳三方合作共建的工程，因此，在重大工程决策治理过程中三方运用软法思维和工具，通过组织间契约力而非国家强制力来处理之间的冲突和协调途径缺失，充分体现了三方的平等、公平、尊重、互利、共赢的合作精神与法治意识。

（2）软法治理概述。通过软法形式和相应工具处理事务的模式称为软法治理。软法治理的思想一开始出现于公共治理领域。在全球化和区域一体化背景下，公共治理领域出现了很多新问题，如果通过制定硬法解决问题一般流程复杂、时间长、效率低，而以平等、尊重、民主、去中心化、共生共荣为核心思想的软法治理成了公共治理的新模式。这实际上是一种在各方自愿的基础上，通过合作、谈判、协商等形成的一种柔性治理体系。目前在解决包括贸易、运输、社会治安等中国区域公共治理领域有着广泛的运用，而将其运用于“一国两制”下港珠澳大桥决策治理则具有首创性。特别是，如何打通“一国两制三法”在港珠澳大桥决策治理中形成的“堵点”既无先例可循、又无成熟理论可依，加之工程时间紧迫，存在三法“硬”冲突等情况，软法治理的新路子尤其具有重要的现实意义。实践证明，软法治理模式切实有效地解决了港珠澳大桥决策治理中的一系列跨属地、整体性、具有“三法”潜在冲突的决策问题，为推动中国重大工程决策治理体系与能力现代化创造了新鲜经验。

3. 港珠澳大桥决策软法治理体系

作为一种决策治理模式，港珠澳大桥决策软法治理体系无疑极具创新性，当然，在治理理念原则确定之后，更重要的是要设计该体系核心构件、构件关联方式与整体性功能。这是港珠澳大桥决策软法治理体系能够在实践中“落地”并能发挥其功能的基本保证。

从学理上讲，港珠澳大桥决策软法治理模式的核心属性是通过软法方式和相应工具制度化规定大桥决策治理事务的运作流程和主体行为原则，即构建一种在港珠澳大桥决策治理实践中能够稳定发挥作用的新的法治样式。

既然港珠澳大桥决策软法治理模式是“一国两制”大环境下的治理样式，所以在样式顶层设计中，首先要坚持“一国两制”法律地位至上，严格遵从、维护“一国两制”尊严和权威。

在“一国”层面上，软法并非由国家立法机关制定，但港珠澳大桥工程许多重大决策问题都超越了地方政府治权，需由中央政府决策，非完全属地和整体性决策问题也因为可能涉及国家层面的多部门、跨领域，需要中央政府以其最高权威进行引导、指导和协调。所以，“一国”大背景与中央政府在港珠澳大桥工程决策软法治理过程中的主导与统领作用永远是核心和第一位的。为此，在港珠澳大桥工程决策软法治理模式中，专门设立了中央层面的协调监管机构——“中央专责小组”[40]。“中央专责小组”在决策软法治理过程中代表中央政府行使“一国”之权利，履行“一国”之主导与监管职责，保证了中央政府直接参与港珠澳大桥的决策治理过程，并在实际操作中发挥巨大的主导作用。

在“两制”层面上，香港和澳门是中国“一国两制”背景下的两个特别行政区，“两制”背景下，香港和澳门享有高度的自治权包括行政管理权、立法权、独立的司法权和终审权等。中央专责小组基于国家整体代表性和全国大局观，不仅不会对香港、澳门“两制”意义下的自治权等产生不当干预，而且会根据软法治理思想，在更高层面上把握大局和平衡各方利益。

例如，口岸不仅是一个国家主权的象征，也是一国对外开放的门户和国际往来的窗口，因此，港珠澳大桥口岸布设决策极为重要。最初提出了“一地三检”方案，这一方案规定香港、珠海、澳门三方设立联合口岸，以进行通关查验，但各自管区相对独立。这种口岸布设模式存在“是否可以将建立在珠海境内的一地三检口岸的部分区域授予香港、澳门以行政管理权及司法管辖权”等问题，有可能导致粤港澳三方中某一方的利益受到较大损害，不符合软法治理各方平等、相互尊重的理念。最终，港珠澳大桥口岸布设模式的重大决策问题交由中央政府，经中央政府有关部门研究并和粤港澳三方共同协商，最终选定三地三检方案，即香港、澳门、珠海独立地在各自的管辖范围内建设通关查验口岸，互不关联、干扰。这一方案充分体现和维护了“两制”下的港、澳两地利益。

在现实层面上，港珠澳大桥决策软法治理模式依据“软法”治理原理，构建了恰当配置和制衡多主体治理权力的体系，“以中央政府为第一层次、三地政府为第二层次”的跨界多层次决策治理协同机制，并且根据不同决策治理阶段中不同的决策问题，相应地设计了柔性决策组织结构以适应软法治理的需求，取得了合理合法、成本低、效率高的积极效果（见图 10）。

4. 港珠澳大桥决策软法治理中的政府公权力体系

根据重大工程决策治理的政府式委托代理原理，港珠澳大桥决策软法治理体系首先要确定在决策治理中如何配置和制衡政府公权力。这里的焦点是要明确谁有权、有什么样的权、在什么时候和在什么情况下用权，以及如何制衡权力等。

（1）《三地协议》：决策软法治理的“基本法”。在“一国两制”环境下，软法治理模式成了港珠澳大桥三方共同行使权力的法律基础，从操作的可行性讲，需要全局性和整体性的解决方案。为此，2010 年 2 月 26 日，粤港澳三地政府签署了经中央批准的《港珠澳大桥建设、运营、维护和管理三地政府协议》（简称《三地协议》），《三地协议》涵盖了粤港澳三方政府职权、法

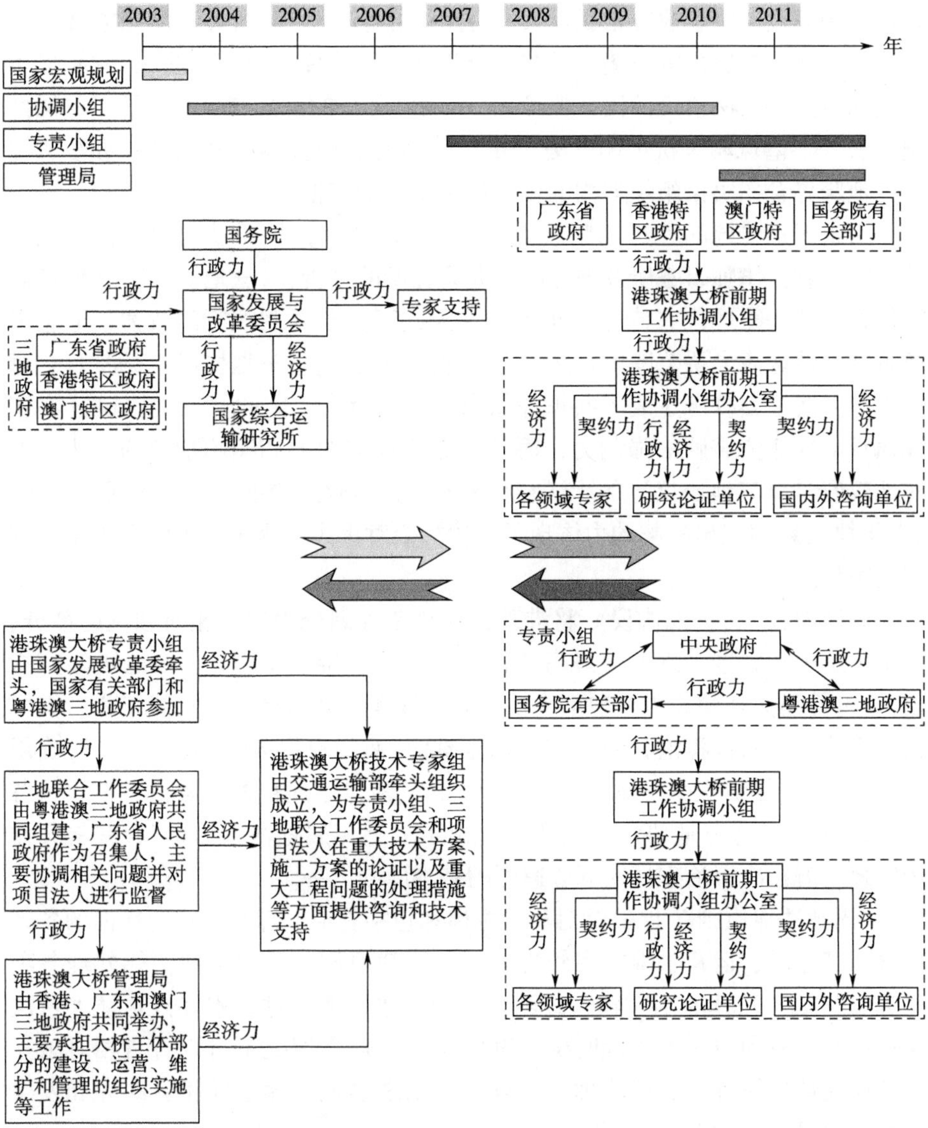

图 10　港珠澳大桥适应“软法”治理的决策组织柔性结构演变

律依据、建设目标、协调原则、投资模式、资金筹措、争端解决机制、协调组织机构等方面决策治理的内容；明确了三地政府参与港珠澳大桥决策治理及跨界协调解决等重大事项的基本原则、各方权责义务等。

《三地协议》表现为协议形式的共识性文件，但实质上就是港珠澳大桥工程决策治理及冲突解决办法的一个软法纲领性文件，是由粤港澳三方政府达成一致、共同签署的港珠澳大桥跨界合作与决策治理的“基本法”，它构成了对港珠澳大桥软法治理的法律保障。《三地协议》的意义在于明确了“一国两制三法”下港珠澳大桥主体三法“硬”冲突的协调基本原则及解决办法，并为三地跨界合作决策组织架构的设计提供了法治依据。

由于区别传统的硬法规制，《三地协议》的法律性质及法律地位比较敏感，根据君信律师事务所及国务院企业研究所的分析，《三地协议》在传统硬法体系中的法律地位有待进一步研究，因此不具备强制执行的效力，但它毋庸置疑是港珠澳大桥范围内软法治理的保障和基石。《三地协议》的签订，意味着粤港澳三方政府达成了共识并做出了相关承诺，因此《三地协议》在实际执行上并非依靠硬法强制力，而是依靠协议契约力和契约精神的作用，即三地政府对《三地协议》的承诺和自觉遵守，是软法治理精神的体现。因此，《三地协议》表现出的契约力体现了现代社会对重大工程决策主体行为重要的制约力量。

具体而言，《三地协议》将港珠澳大桥工程划分为四个相对独立的部分，即主体工程和香港、珠海、澳门各自的口岸及连接线工程。《三地协议》指出：“港珠澳大桥建设内容包括大桥主体工程和三地口岸、连接线工程，其中大桥主体工程东自粤港分界线起，西至珠海/澳门口岸人工岛止。”并明确规定：“大桥主体工程由三地政府共同建设，三地口岸连接线工程由三地政府各自组织建设。”《三地协议》还明确提出了“适用属地法律原则”，并将其作为三地政府在决策治理模式下应遵循的基本原则之一。

“属地法律原则”指“针对项目主体和包括香港、珠海、澳门在内的各区部分，其建设、运营、维护和管理的属地法律原则，按照属地法律处理各项事务”，“属地法律原则”清楚地界定了粤、港、澳三地政府在港珠澳大桥决策过程中的权利与职责，也明确了哪些时候和什么情况下可以各自相对独立地按照属地法律进行决策治理，并且不会出现多地法律之间相互纠缠和发生冲突的情况。

现实中，一般可以把港珠澳大桥决策治理遇到的问题分为两类：第一类不会导致三法“硬”冲突；第二类可能导致“硬”冲突，可根据不同类型决策问题的特征，按照“软法”原则分别提出解决办法，一般都可以化解决策治理中的三法“硬”冲突。

显然，第一类问题很容易解决，三地间按照“适用属地法律原则”对各自管辖范围负责，在各自属地内行使管辖权力，因此不存在“硬”冲突。具体来说，“适用属地法律原则”规定了主体工程和珠海、澳门、香港各自管区的建设运营模式和职责分配，其中，主体工程采用“共同投资、共同建设”的模式，并依据内地的法律体系进行决策、组织、建设与管理，建设技术标准采用“就高不就低”的原则。而对于三方各自的管区范围，以香港管区为例，港珠澳大桥以口岸填海区为分界线（此处指管理界限），香港大屿山至香港口岸区区段为香港管区。在香港管区内，香港政府负责香港口岸及连接线的规划、建设、运营各种事项，这些问题的决策治理均须符合香港地区的法律法规。例如，香港口岸与连接线建设，均按照香港方的技术规范为标准，并且香港承担全部建设责任；进入运营期后也按照香港的运营交通安全管理措施进行管理；若车辆行驶在这一段管区内发生交通事故，也按港方的事故处置方式进行。与此同时，珠海口岸及连接线构成的珠海管区与澳门口岸及连接线构成的澳门管区，分别执行内地及澳门法律法规对工程进行决策、建设和运营管理。

至于第二类可能导致“硬”冲突的决策问题，如前期规划论证决策的政府授权及司法管辖权问题，依据何种法律体系认定是否“跨境授权”以及“上下分别授权”等；公共事务决策中的出入境管理，海关、边防、治安、检查检疫等，对于此类问题的解决，按照“软法”原则，一般在粤港澳三方自愿、平等的基础上，组织共同协商以达成一致，将一部分协商一致的成果写入《三地协议》；对于三方始终存在争议的决策问题，将上报给代表中央政府行驶权利的专责小组，进行沟通、协商、决策。仍以前期决策阶段对口岸问题的决策为例，产生了管辖权移交、跨境授权、需要全国人大专门立法等硬法冲突问题。如果采取“一地三检”模式，香港、澳门口岸将设立在广东省境内，香港有权在此区域内行驶行政管理权、司法管辖权，而这超出了三地法律规定的范围，必须通过一些法律程序，将大桥主体段及海域全部授权给香港管辖，否则不符合法治基本逻辑规则；同时，三法法系冲突下，只有上报最高立法机关全国人大，才能授权给香港，这一做法具有极高的制度成本。粤港澳三地间就此问题展开了多次协商，均未达成共识，因此于 2007 年 1 月 9 日专责小组召开会议，将此事的决策层级上升至中央层面进行协商解决。

综上，对于第一类不会导致硬法冲突的决策问题，根据“软法”原则，采用“适用属地法律原则”处理相关事项；对于第二类引发硬法冲突的重大决策问题，则以“软法”治理原则为基础，在中央主导下多方协商解决。

（2）《管理局章程》：决策软法治理的基本规章。《三地协议》使港珠澳大桥决策软法治理有了“基本法”，但《三地协议》基本上是纲领性和原则性的规定，不能作为实际操作的规章和标准。为此，2010 年 5 月 24 日，港珠澳大桥三地联合工作委员会召开了第一次工作会议通过了《港珠澳大桥管理局章程》（以下简称《章程》），同年 6 月，粤港澳三地政府正式签署了《章程》。港珠澳大桥管理局作为大桥工程跨界决策、建设与管理的主管部门，《章程》不仅要充分体现《三地协议》的理念与原则，而且要有一整套细化的工作流程与规章，它实际上是执行层面上另一个软法文件。

《章程》充分考虑了如何解决“三法”中“硬”冲突、协调法律途径缺位等问题，统筹兼顾了粤港澳三方利益、境内外行政法规及行为习惯及充分适应内地规定和惯例后，明确规定了大桥管理局作为项目法人，其机构设置、决策程序、人事管理、资金管理、财务制度等，《章程》的权威性、强制力、约束力都远高于一般工程管理部门的组织规章，而且有软法效能实现三方权力制衡。例如，《章程》规定，除局长外，管理局设三位副局长，三地各占一席，虽然粤方投资额最大，但不同于股份公司按股份多少分配投票权，凡重要决策问题须三地一致同意、达成共识，一方提出异议则需重新协商，或上报三地委解决，不执行少数服从多数原则，以充分尊重港、澳权益并相互制衡权力。《章程》的制定，使得港珠澳大桥的软法治理具有最简洁与通畅的组织架构与执行方式，能够运用便捷的治理路径解决决策问题和提高治理效率。

（3）“无诉讼”：解决决策治理争端的新机制。“三法”给港珠澳大桥决策治理带来的另一个障碍是跨界协调法律途径缺位。这是一个什么样的问题呢？众所周知，现代重大工程决策主体多元化是个普遍现象，总体上多主体之间相互合作协同，遇到分歧采取不同的解决途径与方式，如协商、仲裁、上级裁定直至由法律途径解决冲突，但是，在“一国两制三法”环境下，假如三地在工程决策过程中产生分歧、矛盾直至严重冲突。这时若协商、仲裁、上级裁定均不能解决问题而需走法律途径时，会遇到现实的法律障碍，此即为跨界协调法律途径缺位。具体形成情况如下。

如果三地中任何一方因为某个冲突要诉讼另一方（或两方）时，根据基本的“适用属地法律原则”，故无论向哪个地区的法院提起诉讼，由于三地分属不同的硬法体系，都不可能得到当事双方（或三方）共同认可并接受裁决。如果仿照国际工程做法，以英法海峡隧道为例，英国和法国为两个主权国家，若英法两国就英法海峡隧道的决策论证、建设施工乃至运营通行产生冲突时，可以根据《英法海峡隧道条约》和《海峡隧道法》解决，同时英国和法国在国际上具有独立、对等的法律地位，冲突可以交予国际法庭处理。但是，内地、香港、澳门同属一个国家，不能采用和一般国际跨境工程同样的国际化解决冲突方式。这说明，在“一国两制三法”的背景下，如果一般协商、仲裁、上级裁定等解决争端方法失效后，粤港澳三方无论哪一方提起诉讼，都存在向哪个地区的法院提起诉讼的问题，而我国目前也没有针对“一国两制三法”下专门的诉讼法律规定。因此，港珠澳大桥决策治理中就出现了跨界诉讼法律途径缺位的新“堵点”。

因此，必须在法律框架内解决这一“堵点”，解决的思路也是避开“三法”的“硬”冲突，采取“软法”治理模式。这就是粤、港、澳三方政府签署的软法文件《三地协议》中明确提出的“无诉讼”原则，即在港珠澳大桥决策治理等过程中，三方之间遵循无诉讼争端解决机制。

具体地说，《三地协议》在基本原则中提出的“友好协商原则”里明确指出“无诉讼”的概念，随后，在第七章“其他事项”第二十条“争议解决”中又特别强调了这一争端解决机制：港珠澳大桥项目实施过程中产生的任何分歧或争议应通过三地委协商解决，若三地委无法达成一致意见，由各方代表分别上报各方上级政府，三地政府就分歧或争议进行友好协商；若三地政府之间一时也无法达成一致意见，任一地政府均可将争议提交港珠澳大桥专责小组决定；而三地政府之间、项目法人与任何一方政府之间不得在任何区域启动任何诉讼程序。

上述就是应对“三法”造成的跨界诉讼法律途径缺位而设计的具有独特性与创新性的无诉讼争端解决机制的内容，这一机制不仅最大限度地体现了粤港澳三方在决策治理中的友好协商原则，同时也铺设了在最大可能情况下，根据仲裁协议进行裁决以及最终由中央进行裁决的可操作解决冲突的路径。实际上，无诉讼争端解决机制以软法形式构建了在“一国两制”大环境下“以友好协商方式和中央政府裁决方式为主，3 种方式共同作用”的解决决策治理争端的新机制（见图 11），这不仅是港珠澳大桥决策软法治理模式中的重要组成部分，而且对解决今后其他可能的“一国两制”背景下的工程决策治理问题都有重要的借鉴启发意义。

5. 港珠澳大桥决策软法治理模式的总结

港珠澳大桥于 2003 年 8 月启动前期工作，2009 年 12 月开工建设，2010 年 2 月粤港澳三地政府签署了经中央批准的具有软法性质的纲领性文件《三地协议》，《三地协议》是港珠澳大桥跨界合作的决策治理的“基本法”，为三地跨界合作决策治理行事规则与组织架构的设立提供了软法根据。

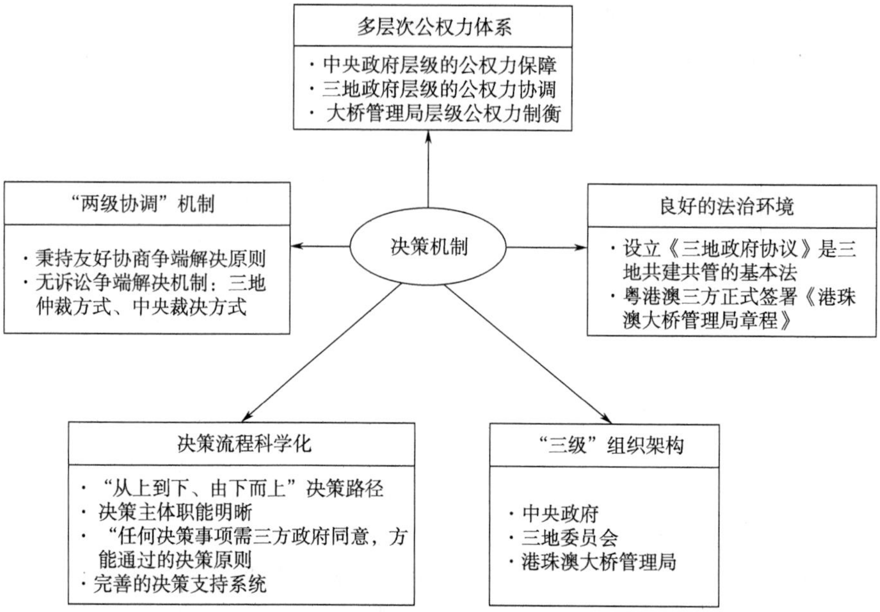

图 11　港珠澳大桥决策治理体系

从上述时间表可以看出，港珠澳大桥决策软法治理思想与模式基本上贯穿于港珠澳大桥决策治理全过程，并且统摄了全部的重大工程决策治理问题的解决。港珠澳大桥工程决策治理理念理论与实践有着丰富的创新性内容，其中特别能够体现自主性创新特点的应该是大桥工程决策软法治理思想。

"一国两制三法"下港珠澳大桥决策软法治理思想与模式是中国重大工程决策治理体系与治理能力现代化在新的历史时期的突出反映，独创性地以软法法治理念解决了"一国两制三法"特殊环境对重大工程决策治理的挑战，在规范性方面，以软法文件——《三地协议》《管理局章程》等确立了适用属地法律原则与解决"三法"冲突的方式，建立无诉讼争端解决机制等，既为粤港澳三方协同合作提供了共同的准法律平台，也设计了跨界协调无障碍途径，有效降解了"一国两制三法"下港珠澳大桥跨界合作与决策治理复杂性。

港珠澳大桥决策软法治理模式的创新和实践给我们一个极其深刻的启示：由于各种原因，重大工程决策问题、决策过程、决策方案的形成都越来越表现出明显的复杂性，为了降解和驾驭这类复杂性并顺利完成决策任务，决策治理主体需要具有更高、更全面、更稳定的综合能力，这些能力包括系统分析能力，构建高质量决策体系能力，掌握并运用先进现代决策技术能力，提高决策效率和降低决策成本能力，等等。

其中，一类重要和基本的能力是决策主体获取与整合决策资源能力。众所周知，任何决策活动都需要决策资源，决策资源的种类林林总总，例如，决策主体水平、决策需要的基本数据与信息、设计和构成决策方案的手段、分析和评估决策方案的方法等都是决策资源，越是复杂的决策问题，所需资源种类越多。在一些情况下，某些特殊类型的决策资源是非常重要、不可或缺的，如“一国两制”环境下三方主体合作决策的共同法律基础，在一般工程决策中可能不是什么问题，而它恰恰是港珠澳大桥决策的一种稀缺资源，因为“一国两制三法”会给港珠澳大桥决策带来“硬”冲突，与协调冲突路径上的法律缺位成为港珠澳大桥决策治理的独特“堵点”。这时，港珠澳大桥决策主体是否具有独辟蹊径获取或创造这类稀缺资源的能力就成为能否打通港珠澳大桥决策治理“堵点”的关键。

本案例告诉我们，港珠澳大桥决策软法治理模式提供了必要的决策治理资源来化解“三法”冲突和法律缺位等问题，获得了三方合作决策的共同基础，并以新的软法治理资源支撑决策治理活动。这不仅生动体现了港珠澳大桥工程决策治理能力现代化的水平，还揭示了一个重要原则：在重大工程决策治理过程中，决策治理主体的“上乘”能力不仅是能够用充足的、现成的决策资源解决工程复杂决策问题的能力，更重要的是在资源不足，甚至缺失的情况下，具有通过独辟蹊径创造决策资源的能力。

三、中国重大工程决策治理70年的总结与反思

从新中国建立初期的三门峡工程、前后几经起伏的三峡水利枢纽工程、40年连绵不断的长大公路桥梁工程群直至新世纪之交的港珠澳大桥工程，以上典型工程案例链全景式地为我们展现了重大工程决策“中国之治”的70年历史长卷。这是重大工程决策“中国之治”艰难崎岖的现代化道路的真实写照，其深刻的历史烙印留给我们不可忘怀的文化记忆。

（1）在这幅长卷中，我们能够清楚地感受到，作为新中国初期中国重大工程决策治理核心的老一辈党和国家领导人表现出的为国为民情怀和历史担当，始终成为他们决策重大工程的原动力。在那个时期，中国重大工程决策治理核心领导人都是卓越的政治家、思想家、军事家，具有处理各种复杂政治、经济和军事等“国家大事”的高瞻远瞩与运筹帷幄的丰富思想与经验。

正是这一现实逻辑，使当时的领导人认为，重大工程建设作为“国家大事”自然由国家党政领导层做主，自己也就有着义不容辞的历史责任；因此把传统的处理国家大事的经验与做法用于处理重大工程决策治理上，即在重大工程决策治理实践中，按照政治逻辑、军事谋略，归根到底按照彻底的革命精神和政治高于一切的原则推动重大工程决策治理工作。

（2）通过长期革命斗争建立起来的新中国拥有强大的权威和力量，政府集权是中国大国治理的基本方略，计划经济体制具有的强大社会动员能力、政府集中资源配置以及高积累机制，使中国政府能够集中力量办大事，实现国家全局性经济建设、社会发展与重大工程建设整体性推进相互支撑、相得益彰，所有这些不仅使中国建设事业，也使中国重大工程建设发展如此快速，以致国外许多人难以理解的根本原因之一。在某种意义上，这正是重大工程决策“中国之治”最具特色的国情优势、制度优势与体制优势。

（3）在长期的革命年代，党和国家领导人形成了“群众路线”和“发扬民主”等，处理同人民群众关系问题的根本方针和领导方法，自然也会在重大工程决策治理实践中发扬光大。从 1953 年起，毛泽东同志希望三峡工程尽快上马的愿望越来越强烈，并于 1956 年夏满怀豪情地写下了“高峡出平湖……当惊世界殊”的诗句，神往之情，溢于言表。但是，1958 年 1 月在毛泽东亲自主持中央南宁工作会议上，同意了年仅 41 岁的李锐“开发长江应该先支后干，分步实施，待时机成熟再考虑三峡”的大工程观点，应该说，这与毛泽东原来的夙愿相距甚远，但他不仅没有以自己绝对的政治权威和个人威望强行决断，还强调三峡工程“这不是百年大计，而是千年大计！”当然要看到，重大工程决策治理工作中的“群众路线”和“发扬民主”的内涵、方式和程序，与战争年代及大规模群众运动有很多、很大的不同，例如，重大工程决策治理中的“群众”是一批专家，“群众路线”需要决策领导人听从专家的科学专业知识，而这些科学专业知识恰是领导人不熟悉、不擅长的；“发扬民主”的结果会与决策领导人个人的强烈愿望相左，或者要领导人修正甚至推翻自己原来的想法。这些都与过去领导人在决策治理“国家大事”时的样式极不一致，更需要决策领导人具有尊重群众、尊重民主的宽广胸怀，以及坚持科学和不断自我学习的精神。特别是，重大工程决策治理过程中的“群众路线”和“发扬民主”如何与工程决策科学内涵融为一体需要特定的程序与样式，因此需要稳定、规范、有效的制度体系，即在重大工程决策治理体系中，要构建公众参与、信息公开尤其是专家群体以专业知识支持的制度保证。但是，在当时，中国重大工程决策治理体系远没有达到如此现代化水平，因此，决策治理中的“群众路线”“发扬民主”，以及尊重专家意见的程度和实效很大程度上取决于当时的社会环境和领导人的个人风格和价值偏好，特别是，如果全局性的民主环境发生了变化，缺乏相应的制度保障，重大工程决策民主治理和专家支持更难以有效、稳定与持续发挥作用。

（4）无论是对重大工程决策机遇期的把握，还是对具体的重要决策治理问题的判断，无不与当时的国情、政情、社情等有着密切的关联。在过去的70 年中，新中国实现社会主义现代化以及改革开放的道路，总体上是在“摸着石头过河”的过程中前行，同时也走过不少弯路、错路：新中国成立初期对苏联经验的过度迷信，1957 年春夏之交开始的“反右派”斗争扩大化，违背科学规律与现实情况以致造成后来严重经济困难的“大跃进”，直至“文化大革命”发生等巨大的政治经济形势变动，对新中国成立后前 30 年间的重大工程决策、治理基本环境及治理制度、程序的稳定性等以巨大的冲击。非常宝贵的是，在长期革命实践中，我们党形成了一条实事求是、一切从中国实际出发的思想路线，20 世纪 50 年代中期，特别是“一五”建设后期，在新中国经济建设的实践和经验基础上，毛泽东同志越来越认识到建设道路也同样不能照搬外国，提出了具有纠偏意义的“以苏联为鉴戒”的指示，更加强调重视自己的实践经验。这就让我们不难理解，在 1958 年“大跃进”高潮前夕，毛泽东同志果断改变了自己多年的尽快建设三峡工程的理想；另外，直到 20 世纪 60 年代，周恩来同志还主动反思三门峡工程的决策，他直截了当地对外宾讲：“当时决定三门峡工程急了点。头脑热的时候，总容易看到一面，忽略或不太重视另一面，不能辩证地看问题。原因就是认识不够。”从整体上讲，从新中国成立至今，中国重大工程决策治理取得重大进步的同时，重大工程决策“中国之治”规范、完备的治理制度与法规的缺失，必要的民主程序难有稳定的执行力与制度保障，专家的力量与声音尚不能发挥其本应有的更大作用等问题也明显存在着，有些时候和在特定的问题上甚至非常突出，而问题是否严重，对决策科学性的影响有多大，一些好的经验能否保持和稳定都与那个时段决策治理领导人思想路线与国家政治大环境有着密切的关联性。一个典型的例子是 1957 年，时任西北水利部部长的水利专家李赋都，在谈到三门峡工程决策时回忆说，在解放初期时，他并不赞成修三门峡水库的决策。但在农业合作化完成后，中国优越的制度使得大家有信心完成上游的水土保持工作，从而能够减少泥沙、根治黄河。从中我们还是能够感悟到，在 70 年中，重大工程决策“中国之治”现代化步伐的不断前行、治理内涵的不断完善是何等艰巨与不易。

（5）改革开放以来，中国社会主义建设现代化事业进入了一个新的历史时期，中国国家治理体系现代化开启了新的征程，对中国重大工程决策治理现代化提供了根本性的方向指引和强大推动力。

第一，在充分总结和反思新中国前30年经验和教训的基础上，从党的十一届三中全会到党的十八大前，我们积极推进经济体制及其他体制改革，不断完善国家治理体系，国家治理体系的活力和效率不断提升。党的十八大以来，国家治理体系和治理能力现代化水平不断提高。直接对重大工程决策治理有着特别重要指导意义的有十八届三中全会明确提出的党委领导、政府负责、民主协商、社会协同、公众参与、法治保障、科技支撑，共建共治共享的社会治理制度[41]；十八届四中全会提出的把公众参与、专家论证、风险评估、合法性审查、集体讨论决定确定为重大行政决策法定程序和十九届四中全会进一步明确提出的“推进国家治理体系与治理能力现代化”的重大战略任务[42]。

第二，改革开放以来，中国经济社会发展发生了翻天覆地的变化，取得了巨大的历史性成就。如火如荼的我国重大工程建设成为我国经济快速发展的强大推动力与国家竞争力的利器[43]，因此，关于重大工程决策治理不仅关注单体工程决策治理过程中的科学性与民主化品质，更是把重大工程建设整体性地摆在我国社会经济发展大局，放在我国实现现代化宏伟战略目标下来谋划。这从我国近40年来长大桥梁建设的四个“战役”和国家改革开放总体进程的同步性看得很清楚，因此，国家现代化建设赋予了这一时期重大工程决策“中国之治”更深刻的战略意义。另外，党的十八大以来，统筹推进“五位一体”总体布局、协调推进“四个全面”整体布局，从而进一步提升了重大工程决策“中国之治”积极践行“创新、协调、绿色、开放、共享”发展理念，深化了现代工程决策治理模式的丰富内涵[41]。

第三，近40年来，为中国重大工程决策治理服务的专家技术支持体系进一步制度化和完善。在重大工程决策治理过程中，越来越重视专家的意见，普遍成立了为决策服务的专家技术委员会。有些工程前后要召开数十场不同主题的专家论证会、咨询会，时间往往持续整个工程建设期。例如，在苏通大桥工程决策实践中，江苏省人民政府和交通部联合聘请了以两院院士和国外知名桥梁专家为主的苏通大桥技术顾问并组建了技术专家组。根据苏通大桥工程决策需要和工作制度，技术顾问和技术专家组对工程重大决策方案、关键技术难题、质量控制标准及新技术、新工艺、新材料的选择等，都开展了专门的技术咨询，发挥了很好的决策支持作用。政府主导、专家智力支持的重大工程决策治理体系基本范式，在改革开放以来我国重大工程决策治理过程中逐渐成熟、完善和制度化，并且随着专家法治原则、科学精神与公民意识的进一步增强，政府主导，专家论证、公众参与这些重大工程决策治理体系的基本构件越来越齐全，同时为推动我国国家治理体系与能力现代化做出了贡献。

（6）这一时期，中国的重大工程决策治理能力有了明显的提高，例如，随着南水北调、港珠澳大桥、长江上游梯级水电站群和川藏铁路等重大工程建设与筹划，在工程决策分析中进一步加强了基于重大工程的深度不确定、高风险、管理与工程技术高度综合化的系统分析能力，工程超长寿命期内大尺度风险与灾害的发现、预测和相应的“防灾减灾”能力，充分考虑工程与社会、经济、生态、人文相互影响和融合的工程“全景式”功能谱设计及社会责任分析能力，以及构建创造决策治理资源平台解决决策治理资源缺失的能力等。中国近年来一系列世界级超大规模单体工程建设成果，用事实向全世界宣告在这些最先进的决策治理能力方面，中国水平首屈一指。

在新中国成立70年后的今天，本文对中国重大工程决策治理70年历程以及当时的大背景、大趋势、大逻辑进行了系统性回顾与反思，是我们以文化记忆方式与几十年前先辈及当今贤俊们的一次关于中国重大工程决策治理的对话，让我们领悟到不同时期的历史印记是怎样影响和支配着当时人们的决策治理思想、活动与行为，又是在怎样的哲学思辨与精神力量推动下，构筑了重大工程决策“中国之治”的现代化道路。表明我们不仅能够从70年中国重大工程决策治理实践中提炼具有普遍意义的“中国之治”的思想精髓，更让我们充满信心地站在历史发展新方位，把中国重大工程决策治理体系与治理能力现代化事业继续推向前进。

70年过去，弹指一挥间。重大工程决策“中国之治”70年现代化道路让我们深切感受到，它犹如一条蜿蜒曲折的大河，虽有险滩礁石，但丝毫阻挡不住大河之水奔流到海之势，并以越来越强大的能量汇入人类重大工程决策治理文明的大海之中。

参考文献

[1] SHENG Z H. Fundamental theories of mega infrastructure construction management: theoretical considerations from chinese practices [M]. Cham: Springer International Publishing AG, 2018.

［2］马克思，恩格斯．马克思恩格斯文集［M］．北京：人民出版社，2009.

［3］盛昭瀚．话语体系：讲好管理学术创新的中国话［J］．管理科学学报，2019（6）.

［4］盛昭瀚，程书萍，李迁，等．重大工程决策治理的“中国之治”［J］．管理世界，2020（6）.

［5］李文凯．三门峡工程半个世纪成败得失：一项大型公共工程的决策逻辑［C］．黄河三门峡工程泥沙问题研讨会论文集，2006.

［6］包和平．对“万里黄河第一坝”的反思［J］．工程研究：跨学科视野中的工程，2006（4）.

［7］刘国光．中国十个五年计划研究报告［M］．北京：人民出版社，2006.

［8］顾永杰．三门峡工程的决策失误及前苏联专家的影响［J］．自然辩证法研究，2011（5）.

［9］张伟，沈四．三门峡工程决策失败之教训［J］．决策与信息，2009（7）.

［10］任彦芳．悲剧预言者的悲剧：怀念黄万里教授［J］．民主与科学，2010（4）.

［11］郑晓光．水电科技精英与新中国水电开发研究（1949—1976）［D］．福州：福建师范大学，2017.

［12］许水涛，黄万里．与三门峡工程的旷世悲歌［J］．炎黄春秋，2004（8）.

［13］陈红其，杨兴元，向宗均．三峡工程论证决策始末［J］．党史天地，2006（2）.

［14］熊坤静．三峡工程决策始末［J］．党史文苑，2010（10）.

［15］魏廷琤．三峡工程的提出和决策［J］．百年潮，2009（11）.

［16］荣刚．邓小平与三峡工程［J］．百年潮，2004（8）.

［17］林一山．关于长江流域若干问题的商讨［J］．中国水利，1956（6）.

［18］李锐．关于长江流域规划的几个问题［J］．水力发电，1956（9）.

［19］霞飞．毛泽东与三线建设［J］．党史纵览，2004（11）.

［20］吴光祥．中央三代领导人与“三峡工程”决策［J］．党史纵横，2009（11）.

［21］唐代望．长江三峡工程决策背景透视：上［J］．安徽决策咨询，1998（4）.

［22］陈夕．中国共产党与三峡［M］．北京：中共党史出版社，2014.

［23］薛世仪．三峡工程蓄水位方案研究经过［J］．中国科技史料，1987（3）.

［24］卢跃刚．长江三峡：半个世纪的论证［M］．北京：中国社会科学出版社，1993.

［25］侯学煜．论证三峡工程要考虑的基本观念和一些具体问题［J］．群言，1990（10）.

［26］何格高．三峡工程与其他工程的建设次序［J］．四川水利发电，1987（1）.

［27］陆佑楣．三峡工程的决策和实践［J］．中国工程科学，2003（6）.

［28］汤耀国．三峡论战风云录［J］．瞭望，2009（49）.

［29］邹家华．关于提请审议兴建长江三峡工程的议案的说明［J］．人民长江，1992（4）.

[30] 成绥台．兴建三峡工程决议通过前后 [J]. 百年潮，2010 (5).

[31] 黄健荣，徐西光．政府决策能力论析：国家重点建设工程决策之视界：以长江三峡工程决策为例 [J]. 江苏行政学院学报，2012 (1).

[32] 凤懋润．中国的跨江海桥梁建设工程：成就、创新及管理实践 [J]. 工程研究：跨学科视野中的工程，2013 (5).

[33] 陈邦贤，罗婷．“7918”绘就中国高速公路网 [J]. 中国公路，2005 (2).

[34] SENDEN L A. Soft law and its implications for institutional balance in the EC [J]. Utrecht law review，2005，1 (2)：79-99.

[35] 张俭．路漫东方：建设中国公路网的三十年 [J]. 中国公路，2008 (2).

[36] 向朝晖．对我国“贷款修路，收费还贷”公路投融资模式的探讨 [J]. 经济师，2009 (3).

[37] 梅璐，王显志．投融资模式应该怎么选？[J]. 中国公路，2019 (12).

[38] SNYDER F. Soft law and institutional practice in the european community [J]. Natural gas & oil，1994，79 (5)：2400-2410.

[39] 罗豪才，毕洪海．通过软法的治理 [J]. 法学家，2006 (1).

[40] ZHU Y，SHI Q，QIAN L. et al. Decision-making governance for the Hong Kong-Zhuhai-Macao Bridge in China [J]. Frontiers of engineering management，2018，5 (1)：30-39.

[41] 何毅亭．中国特色社会主义制度和国家治理体系形成的历程和成就 [J]. 秘书工作，2019 (11).

[42] 张文显．习近平法治思想研究（下）：习近平全面依法治国的核心观点 [J]. 法制与社会发展，2016 (4).

[43] 盛昭瀚，薛小龙，安实．构建中国特色重大工程管理理论体系与话语体系 [J]. 管理世界，2019 (4).

中国共产党领导的科技创新治理及其数字化转型

——数据驱动的新型举国体制构建完善视角

蔡跃洲

中国社会科学院

摘要：本文在辨析科技创新治理相关概念的基础上，从历史的视角梳理了中国共产党领导科技创新治理、服务经济社会发展、满足现实需要的演进历程，剖析了“十四五”时期我国科技创新面临的困难挑战，并就数字经济时代构建完善数据驱动的新型举国体制提出设想。党的十八大以来，我国探索新型举国体制，初步实现有效市场与有为政府有机结合。“十四五”时期，科技事业和创新发展有了更高目标，创新活动“乌卡特征”则使科技创新治理面临“市场政府双失灵”挑战。深化科技创新治理数字化转型是协调错综复杂交互关系、提高治理效能、实现多主体协同的有效途径。数字时代完善新型举国体制，应致力于将共产党领导的集中力量办大事的举国体制、市场资源配置机制、数字技术及数据要素三方面优势进行整合，特别要做好数据交互机制、数据汇集平台等基础性工作，为优化创新资源配置、降低信息不对称提供支撑。

关键词：中国共产党　科技创新治理　数字化转型　新型举国体制　数据驱动

一、引言

中国共产党始终高度重视科技工作，中华人民共和国成立后，在党的集中统一领导下，在科技创新方面取得了“两弹一星”“人工合成牛胰岛素”“银河巨型机”“载人航天”“北斗导航”“FAST 射电望远镜”等举世瞩目的成就，为经济社会发展提供了有力支撑。在此过程中，逐步构建起中国特色

注：本文原载《管理世界》2021 年第 8 期。

的国家创新体系，配合科技体制和国家科技创新治理体系不断完善，形成了以举国体制为代表的科技创新治理机制。

“十四五”时期，科技创新对经济社会发展的支撑性作用将越发凸显。党的十九届五中全会通过的《中共中央关于制定国民经济和社会发展第十四个五年规划和二〇三五年远景目标的建议》（以下简称“五中全会建议”）强调“坚持创新在我国现代化建设全局中的核心地位，把科技自立自强作为国家发展的战略支撑，……完善国家创新体系，加快建设科技强国。”要实现上述目标绝非易事。从自身发展看，经过改革开放40多年的加速进步，我国科技综合实力已大幅提升，由改革开放初期的全面跟跑进入跟跑、并跑、领跑“三跑并存”阶段，早期的后发优势红利基本耗尽。从国际环境看，大国博弈日趋激烈。2018年4月中兴事件后，中美贸易摩擦已逐步升级为科技战，美国政府在高科技领域不时采用产品禁售、实体清单等手段对我国进行封堵。从世界科技发展趋势来看，互联网、大数据、4G/5G移动通信、人工智能等新一代信息技术推动新一轮科技革命和产业变革加速演进，科技创新活动的系统性、复杂性和不确定性等特征不断强化。这些因素大大增加了实施科技攻关、实现科技自立自强的难度，对科技创新治理提出了更高要求。

坚持党的集中统一领导是我国科技体制和科技创新治理体系的显著优势。而数字经济时代，丰富的大数据资源和数字技术手段为创新科研攻关组织方式、优化科技创新模式提供了新的支撑。“十四五”时期，将党的集中统一领导优势、市场资源配置优势与数据资源及数字技术优势相结合，是提升科技创新治理效能的必然选择。为此，本文拟在梳理中国共产党推动科技事业发展、领导新中国科技创新治理的百年演进历程基础上，归纳党领导科技创新治理的特点和优势；结合数字经济下科技创新模式的新特点和科技创新治理的新要求，确定科技创新治理数字化转型的基本原则；围绕数据驱动的新型举国体制构建，就中国共产党集中统一领导下推进科技创新治理数字化转型提出相关构想，以期为适应数字经济时代特点和社会主义现代化国家建设要求，切实提升科技创新治理能力提供参考。

二、文献综述及研究框架

（一）国家治理、创新治理与科技体制

作为西方新公共管理和公共政策理论的重要概念，“治理”的英文原意是

指（权威主体）对事务实施控制、支配或管辖的行为①[1]。治理与行政、政府、国家等范畴有天然的联系，按照活动覆盖范围可以分为公司治理、社会治理、国家治理和全球治理，其内涵不仅指代治理行为本身。对此，不同机构和学者又有不同的理解。欧盟、世界银行等国际组织将治理看作是一项系统性活动，并关注治理实施所依托的规则制度。在欧洲，治理被用于拓展传统“行政管理”的边界，2000 年发布的欧盟委员会治理白皮书把“治理”界定为“影响权力运行方式的规则、过程和行为”，并将其视为各种制度之间相互关联所构成的整体。世界银行同样强调治理活动的整体性，将“治理”定义为“由国家/政府权力运行的规则和制度所组成的集合”[2]。有的学者围绕终极目标，将“治理”界定为由特定主体实施，旨在组织协调集体行动、遏制机会主义盛行的系统性活动[3,4]。

对于治理内涵的不同理解相互之间并不矛盾，综合起来可以分为三层含义：一是对公共事务实施治理的行为/活动；二是治理活动实施依据的规则、制度；三是由治理主体、制度、机制等构成的系统及其动态运行过程。党的十九届四中全会决议明确指出：“我国国家治理的一切工作和活动都依照中国特色社会主义制度展开，我国国家治理体系和治理能力是中国特色社会主义制度及其执行能力的集中体现。”这一判断既阐述了我国国家治理的基本特征，也从上述三个层次厘清了国家治理相关概念之间的内在逻辑。其中，“国家治理”是依托制度和规则体系开展的治国理政活动；治国理政活动实施所依托的各种制度、机制、规则等，连同活动实施的主体对象、治理的效果、各利益相关方，共同构成了“国家治理体系”[5]。而国家治理体系的有效运转和迭代优化则是“国家治理能力”的综合体现。中国的“国家治理”概念既区别于西方新公共管理的分权及自治，又不同于中国传统政治思想统治者的治国理政，是中国共产党领导人民有效治理国家[1]。党的十九届四中全会决议强调，中国国家制度和国家治理体系显著的优势之一就是“坚持党的集中统一领导”。

科技创新治理（Governance of Science, Technology and Innovation, STI Governance）在 2002 年被提出，是国家治理的重要内容之一，其核心目标是借助相关的规则、制度，厘清创新主体之间的关系，促进科技创新[6]。而科

① 综合“Merrianm-Webster's Collegiate Dictionary”（1998 年第 10 版，第 504 页）和《牛津高阶英汉双解词典》（1997 年第 4 版，第 644 页）中“govern”“governance”“government”等词条的解释而得。

技体制作为国家发展科学技术、实施科研管理和引导研发活动的综合制度体系，是“科技创新治理体系”乃至整个国家治理体系的重要组成部分[7]。科技创新治理/国家治理作为一项有机、协调、动态的整体性、系统性管理活动，保持其系统内部不同主体之间的有机协同是实现有效治理的重要前提。格曾·鲍格勒姆（John de la Mothe）主张，治理作为对复杂事务的处理和动态流量的管理，各主体间相互依存、形成网络、关联合作、共同演化等是其基本属性[8]。伯克霍尔特和阿诺德（Boekholt & Arnold）认为，（国家）治理相比传统公共行政管理具有更宽的视野和边界，科技创新治理不仅仅是实施创新政策，更关注创新体系内部不同主体之间的相互作用[6]。通过科技创新治理可以厘清不同主体扮演的角色，各种制度规则运作方式，决策实施过程，把握创新体系的整体变化动态。程郁和王协昆在总结芬兰（科技）创新治理经验时，强调治理体系内部各种协调机制及由此带来的协同效应[9]。

要在科技创新治理过程中实现协同效应，需要建立与本国或本地区现实情况相适应的科技体制。2010 年前后，各国为应对全球金融危机的冲击，都致力于改善国家创新治理以提升创新能力进而在经济发展中赢得主动；日本、韩国是后发赶超成为创新型国家的成功典范，但夏立佛（Sharif）在分析日韩科技体制和创新治理体系后认为，由政府协调各方利益，确定发展目标，分配创新资源，推动新兴技术领域成功创新的日韩模式很难被其他国家模仿复制。在日本和韩国的科技体制/创新治理体系中，日本通产省（经产省）和韩国科技部在协调各方利益、推动实施重大项目、实现以牺牲短期利益换取长期发展方面发挥了关键性作用。而这种政府主导重大事项及资源分配的科技体制得以有效运行，与日本、韩国重视科教、“集体利益高于个人利益”等创新文化有关[10]。莫理逊和杜西诺（Morisson & Doussineau）对荷兰智慧港（Brainport）、西班牙巴斯克（Basque）和哥伦比亚麦德林（Medellín）等地的区域创新治理相关制度安排进行分析后指出，并不存在适用于所有地区的创新治理架构，每个地区都应根据自身特点进行制度和政策设计[11]。

对于我国科技体制的构建演进及改革转型，国内学者开展了大量研究，强调国情对科技体制的重要影响。20 世纪 80 年代以前，在国际封锁和国内资源极度稀缺条件下，以计划手段和举国体制为特征的科技体制，将有限的科技资源向战略目标领域集中，迅速建立较为完整的组织体系，从整体上缩小了我国科学技术同世界先进水平的差距；改革开放后，围绕经济建设中心工作，科技体制改革的主要目标是充分发挥科技人员的作用，使科技成果迅速广泛应用、提高生产力[12]。李正风等在梳理新中国成立后科技政策演进历程的基础上，将中国科技体制和科技政策的演变看作是我国特殊国情与科技发展规律有机结合的探索过程，并强调经济体制转变对科技体制改革的基础性影响[13,14]。孙烈将国家发展的目标与需求、世界科技发展的前沿与趋势看作是中国科技体制演变的两大主要动力来源[15]。刘钒等则主张“滞后的科技供给无法满足创新引领发展的需求”是我国科技体制长期存在的结构性矛盾，需要通过高质量的科技供给予以破解[16]。

（二）数字时代的社会治理及科技创新治理

2010 年以来，大数据、云计算、人工智能等数字技术加速商业化应用，催生了各种新业态、新模式，大幅提升经济社会运行的网络化、复杂化程度，重塑社会关系及组织架构，对国家治理、社会治理带来巨大挑战。与此同时，数字技术广泛应用也积累了日益丰富的数据资源，并为国家治理、社会治理的模式创新和数字化转型提供了技术和要素两方面的支撑。藤泽尔曼（Tunzelmann）从更为宏大的历史演化视角，围绕工业革命以来技术变化和治理变化的基本脉络进行梳理，并考察技术与治理之间共同演化的内在机制；藤泽尔曼指出，技术层面的新生产模式，配合治理层面的新组织结构，共同构成了经济社会发展的关键驱动力量，二者之间互为因果[13]。从前述文献相关结论可以看出，尽管藤泽尔曼的研究完成于 21 世纪初数字经济时代尚未全面到来之际，但其关于技术和治理关系规律性的判断对于数字经济时代同样适用。

国内学者基于浙江、北京、广东等地建设智慧城市、数字政府的丰富实践，对国家治理、社会治理数字化转型的典型模式、运行机制及治理成效进行了梳理和提炼。当前数字化治理改变了原有政府主导的单向管理模式，借助互联网治理平台和数据驱动，众多主体都可以参与社会治理当中，社会治理体系内部的协同性显著提升，为精准及时满足群众诉求、建设回应型政府、实现整体性治理提供了有效途径。

从治理模式看，建立并依托互联网治理平台，以数据信息为驱动重构治理流程，是当前社会治理数字化转型所遵循的基本模式。条块分割的既有行政体制是制约基层社会治理、造成治理碎片化的关键因素。无论是浙江省搭建的“基层治理四平台”的统一架构，还是浙江绍兴、北京平谷等地的基层专项治理平台，其核心要义都是借助互联网平台增加政府内部横向、纵向之间的连接，为优化治理流程、再造治理结构、促进跨部门跨层级协同、构建服务型治理生态提供支撑。从运行机制看，基于互联网平台和数据资源的数字化治理，能够大幅提升社会治理生态体系内部的协同性。不同层级、不同部门之间的协同困境，必然导致政府在满足民众需求时的低回应性，而借助数字技术，可以实现跨部门、跨层级、跨系统的数据共享和无缝化、矩阵化、网络化的协同治理，及时、精准地满足社会各界多元化诉求，为建设回应型政府、打造智能化社会治理体系提供有效途径[17]。当然，互联网治理平台和数据驱动只是从技术上提高协同水平，要从根本上破解协同困境，还必须配合数字化转型对政府部门业务流程进行适应性改造，围绕责权匹配做好顶层设计，切实解决基层治理主体有权无责的矛盾[18]。从治理成效看，基于互联网平台和数据驱动的社会治理模式，为应对基层治理碎片化现象、推进整体性治理提供了有效途径。门理想和王丛虎认为，由于改革成本、周期等限制，机构改革等传统路径在处理治理碎片化问题上存在局限，而“互联网+基层治理”方式能对其进行有效弥补[19]。构建多元治理主体合作网络和协同解决问题的整体性治理平台，可以从技术上增加治理体系不同主体之间的连接，提高协同和整合水平，为寻求整体性解决方案提供便利[20]。

相比（基层）社会治理方面丰富系统的实践，科技创新治理数字化转型还更多停留在理念层面的构想上，这与科技创新治理效果不易直接衡量有关。不过，中外学者对于顺应数字时代要求、推动科技创新治理的数字化转型有一定程度的共识，并从不同角度提出了相关主张和设想。吉塞曼（Jesemann）对比美国匹兹堡、底特律和德国亚琛、波鸿等地数字化转型的成败经验后提出，为有效应对可能的冲击，传统工业地区必须充分意识到数字时代的创新潮流，并从创业企业扶持、创新人才吸引、颠覆性创新超前投资布局等方面出台相应的政策或计划安排[21]。托乌（Tou）等基于芬兰和新加坡的治理实践，将公众、雇员和工会之间的信任界定为软创新资源（soft innovation resources），并提出以软创新资源部分替代 R&D 投入，进而构建适应数字时代要求的新型开放创新（neo open innovation）机制，以应对发达经济体研发效率和投入产出效率下降的困境[22]。李飞星等着眼于我国长期以来未能彻底有效解决的“经济科技两张皮”问题，将其归因于知识碎片化和知识传递不畅导致创新价值链断裂，并提出“新型研发机构+数字化治理”的应对构想[23]。其基本思路是，在构建新型研发机构的基础上，利用区块链、大数据等数字技术，通过知识挖掘和技术识别为创新价值链上的相关主体提供知识服务，解决知识碎片化和传递不畅问题，实现跨组织管理，避免创新价值链断裂。陈凯华等则强调发挥数字时代大数据资源丰富的优势，将数字技术和数据资源充分应用于科技发展监测、技术预见、战略制定等不同场景，推动科技创新治理的数字化转型；并建议依托“国家科技管理信息系统公共服务平台”，有效整合科技信息，构建科技创新大数据仓库[24]。

（三）后续研究思路

作为国家治理的重要组成部分，科技创新治理的核心目标就是借助系统性制度安排和机制设计，在平衡各方利益诉求基础上协调行动，优化创新资源配置，实现国家科技实力和创新能力的全面提升。科技创新活动系统性复杂性高、结果不确定性大等特点，使得科技创新治理相比其他社会治理更具挑战性，需要建立与国情相适应的科技体制和治理体系。

中华人民共和国成立以来，得益于以“举国体制”为代表的中国特色社会主义科技体制和国家创新体系的构建完善，我国从近乎零起点基础上迅速形成较为完备的现代科学技术体系，实现各方力量有效协同，并取得一系列重大科技成就，成功迈入创新型国家行列。这是中国共产党人以实事求是的思想方法和工作作风，本着“为中国人民谋幸福、为中华民族谋复兴”的初心，对科技创新持续推动和有效治理的结果，更是中国共产党领导力在科技创新领域的具体体现[25]。当前，以数字技术为核心的世界新一轮科技革命和产业变革正加速演进，中美博弈已由贸易摩擦演变为科技战，我国科技创新面临前所未有的复杂外部环境和激烈国际竞争。而“十四五”时期，全面建设中国特色社会主义现代化国家，更加需要依靠科技创新提供动力源泉。多重因素叠加，对我国的科技事业和创新发展水平提出了更高要求，也对发挥中国共产党领导优势、完善中国特色社会主义科技体制、推进国家科技创新治理体系和治理能力现代化提出了更高要求。当然，数字经济时代，日益丰富的数据资源和数字技术为完善包括科技创新治理在内的国家治理提供了新的工具和支撑。

为此，本文将回顾中国共产党领导科技创新治理的历程，总结其经验、特点及优势；着眼于科技革命、大国博弈和现代化国家建设等时代背景，分析科技创新活动呈现出的特征趋势和科技创新治理面临的挑战，并从治理数字化转型角度提出应对挑战的方向路径。在此基础上，聚焦于“举国体制”，将中国共产党领导的制度优势与数据要素和数字技术有机结合，就建立完善“数据驱动的新型举国体制”提出基本构想；旨在为推进我国科技创新治理体系和治理能力现代化，切实提高国家科技实力和创新能力提供可能的实现路径。

三、党领导科技创新治理历程与经验特点

（一）党领导科技创新治理的演进历程

1. 新中国成立前的早期探索

“五四”新文化运动，以“赛先生”（science，科学）和“德先生”（democracy，民主）为基本口号，倡导科学民主，为中国共产党的成立奠定了思想基础。1921 年，中国共产党成立后，李大钊、陈独秀、瞿秋白、毛泽东等早期共产党人举“科学”旗帜，将马克思主义科学思想作为思想武器，并逐渐形成中国共产党关于科学技术问题的最初认识。第一次国内革命战争和第二次国内革命战争时期，受长期武装斗争、根据地条件简陋等客观因素所限，中国共产党领导的科技工作比较零散，基本上是服务于军事斗争的临时性活动，特别是无线电通信技术和医药卫生工作已经得到中共中央的高度重视，但缺乏系统性布局，尚未建立科技体制、实施科技政策[26]。

抗日战争时期，中国共产党人以陕甘宁边区、晋察冀边区等根据地为依托，开始了系统性领导推进科技工作的初步探索。在思想认识层面，中共中央机关报《解放日报》围绕科学技术工作先后发表过《论经济与技术工作》《奖励自由研究》《欢迎科学艺术人才》《提倡自然科学》等社论，明确了科学技术在抗战中的重要作用，指出“提倡自然科学是为着改进农业和工业的生产技术，发展与提高物质生产……是发展抗日的经济文化建设，以达到坚持长期抗战与增进人民幸福这个目的所必须的、所应有的步骤”“在边区的经济建设上，技术科学，尤其是一个决定的因素。不论是改良农牧，造林，修水利，开矿……都必须有专门的知识技能，必须受科学的指导。”[27] 在制度层面，陕甘宁边区、晋察冀边区先后制定了《关于军队中吸收和对待专门家的政策指示》《1943 年度技术干部优待办法》《优待生产技术人员暂行办法》《陕甘宁边区建设厅奖励改进工业技术》《晋察冀边区奖励科学发明暂行条例》《晋察冀边区奖励生产技术条例》，并成立了延安自然科学院、中国医科大学、陕甘宁边区自然科学研究会、中西医研究会、国防科学社等机构和科研学术团体[28]。

解放战争时期，东北、华北解放区继承了抗战时期促进科技工作的有益经验，并根据实际条件，组建了一批高等院校和科研机构，包括北方大学、华北大学、华北农业科学研究所、东北科学院、沈阳农学院等，为恢复经济

培养了大批科技人才，也为新中国成立后科技教育事业的发展奠定了较好的基础。与此同时，各解放区先后成立了较为系统的科技工作领导机关，为促进解放区科技事业的有序发展提供了组织和制度方面的保障[29]。

2. 计划经济下的举国体制

从中华人民共和国成立到改革开放前，中国共产党领导广大科技工作者组建中国科学院等科研机构，制定实施科学规划，迅速构建起相对完备的科研体系，并逐步形成了计划经济条件下以国家统一调配科研人员和科技资源为特征的举国体制。中华人民共和国成立之初，全国专门的科学研究人员不足 500 人，专门的科研机构仅有 30 多家，现代科学技术近乎空白[30]。面对如此低的起点，中国共产党对发展科技事业给予了高度重视。中国共产党邀请各方代表组成中国人民政治协商会议通过了具有临时宪法地位的《共同纲领》。《共同纲领》第四十三条规定："努力发展自然科学，以服务于工业、农业和国防建设。奖励科学的发现和发明，普及科学知识。"成为新中国成立之初，中国共产党领导推进科技事业发展的基本方针。1956 年 1 月召开的中共中央知识分子问题会议，明确提出了"向科学进军"的口号；随后，毛泽东又提出"百家争鸣、百花齐放"的"双百方针"，提倡科学上不同学派可以自由争论[31]。

在组织机构方面，1949 年 7 月开始了中国科学院的筹备工作，由周恩来总理亲自召开中华全国自然科学工作者大会筹备会；1949 年 11 月，在原中央研究院、北平研究院等基础上组建中国科学院，下设 15 个研究所并承担全国科技事业管理工作。1955 年成立中国科学院学部以加强学术领导，形成了以科学院为中心，政府各部门和高校科研机构为辅助的科技体制[32]。中国科学院与此后成立的国防科委，搭建起我国科技事业的基本组织架构，为吸引优秀科技人才归国以及在全国范围内迅速汇集宝贵科研力量奠定了组织和制度基础。1950 年和 1955 年，先后出现了两次海外科学家归国潮。新中国成立前后到 1950 年年底，全国共有 1 805 名侨居海外的科学家回国，成为各方面的学术带头人和科研领路人；1949 年 8 月至 1955 年 11 月，多达 1 536 名在西方留学的高级知识分子陆续回国到中国科学院工作，其中 1 000 多人从美国回来[33]。在国防科委领导下，20 世纪 60 年代初已经形成了由 38 家单位约 8 万人组成的国防科研体系和队伍[34]。

在政策措施方面，从 1955 年 10 月开始，中共中央、国务院依托中国科学院学部，集中全国 600 多位科学家编制《1956—1967 年科学技术发展远景规划》（以下简称"十二年规划"），在 13 个领域确定了 57 项重要任务，其中的12个重点任务包括原子能和平利用、原子弹、喷气技术、导弹等[35]。“十二年规划”于1957年正式实施后，到1962年提前5年实现规划主要目标。此后的《1963—1972年科学技术发展规划》（以下简称“十年规划”）延续了“十二年规划”的基本模式，虽然被“文化大革命”打断没有完全实施，但前后两个规划的执行仍取得了“两弹一星”等标志性成就，为当时的国防建设和经济建设奠定了坚实的科技基础[36]。

自“十二年规划”成功实施后，我国逐步形成了以“规划”为统领，集中力量、突出重点的科技发展模式①。1949—1978年，从中国科学院和国防科委等机构的组建，到“十二年规划”“十年规划”的实施，最终形成了计划经济时代我国科技治理的举国体制。核心是，运用行政力量自上而下迅速构建科技体系，部署国家重点项目，为国防和国民经济建设提供有力支撑。

3. 市场化转型下的科技体制改革

1977年7月，邓小平复出后亲自抓科教工作，当年8月主持召开科学和教育工作座谈会，1978年3月召开全国科学大会，在科技战线率先“拨乱反正”。1978年12月，党的十一届三中全会确立“以经济建设为中心”，我国科技事业的重心从国防建设转移到经济建设，更好地服务社会主义经济建设也成为科技体制改革的主要方向。1981年4月着手起草，1982年12月正式批准的《1986—2000年科学技术发展规划》（以下简称“十五年规划”）明确提出“科学技术必须面向经济建设，经济建设必须依靠科学技术（简称‘面向、依靠’）”的基本方针。1985年3月召开全国科技工作会议，中共中央发布《关于科学技术体制改革的决定》，强调应当按照“面向、依靠”的战略方针，对科学技术体制进行改革。随后，我国的科技体制从研究机构的组织结构、经费拨付、人员管理等方面开展了系统性改革，以适应科技成果服务经济建设的要求。1991年3月组织制定，1991年12月审议通过的《1991—2000年科学技术发展十年规划和“八五”计划纲要》（以下简称“八五计划纲要”）将科技发展定位为经济增长的重要支撑，明确“科学技术是第一生产力”；在“面向、依靠”方针基础上进一步提出“发展高科技，实现产业化”的战略部署。

1992年年初，邓小平南方谈话后，党的十四大正式提出“建立社会主义

---

① 从粉碎“四人帮”到党的十一届三中全会召开的两年过渡期中，于1978年10月出台了《科技人员实施1978—1985年全国科学技术发展规划纲要》（简称“八年规划”），作为“十二年规划”和“十年规划”的延续。

市场经济体制”的改革目标。运用市场机制更好地发挥科技对经济社会发展的支撑作用，成为科技体制改革的主要方向。1995 年 5 月全国科学技术大会上，中共中央、国务院发布的《关于加速科学技术进步的决定》以及 1994 年着手编制的《全国科技发展“九五”计划和到 2010 年远景目标纲要》（以下简称“九五计划纲要”），均明确提出实施科教兴国战略。与此同时，1993 年以后，我国先后通过了《科学技术进步法》《专利法》《技术合同法》《农业技术推广法》，从法律层面完善了科技创新治理体系。1999 年 8 月，党中央、国务院召开全国技术创新大会，发布《关于加强技术创新发展高科技实现产业化的决定》，确立企业的技术开发主体地位。随后，通过 10 个国家局和各部委等所属大部分科研机构企业化改制，中国科学院知识创新工程实施，教育部高水平研究型大学建设等一系列改革，初步形成了以研究型大学和中科院为基础研究主体，企业为技术开发主体，产学研相结合的国家创新体系[37]。

进入 21 世纪后，党的十六大提出了全面建设小康社会的构想，加入 WTO 后面临的激烈国际竞争，对科技创新提出了新的要求。当时，科技体制改革虽然取得显著成效，但科技与经济“两张皮”的问题依然存在，大多数企业尚未成为技术创新主体，基础研究和自主创新能力不足的短板也开始暴露。2003 年 6 月启动编制，2006 年 2 月正式发布的《国家中长期科学和技术发展规划纲要（2006—2020 年）》（以下简称“中长期规划纲要”），确定了“自主创新、重点跨越、支撑发展、引领未来”的科技发展方针，把提高自主创新能力摆在全部科技工作的突出位置，并继续着眼于企业、科研院所等微观创新主体，围绕优化科技管理体制，完善国家创新体系，推进科技体制改革。

4. 党的十八大后创新驱动战略下的科技体制改革

2012 年，我国劳动年龄人口首次出现下降，经济增速跌破 8%，要素和投资规模驱动的发展模式难以为继。与此同时，世界主要经济体为抢占新一轮科技革命和产业变革的先机，纷纷出台相关规划政策，中国发展面临激烈的国际竞争，迫切需要加快转变经济发展方式。2012 年 11 月，党的十八大正式提出实施创新驱动发展战略。

在 2014 年 6 月两院院士大会上，习近平指出：“实施创新驱动发展战略，最根本的是要增强自主创新能力，最紧迫的是要破除体制机制障碍，最大限度解放和激发科技作为第一生产力所蕴藏的巨大潜能。”2015 年 9 月，中共中央办公厅、国务院办公厅印发的《深化科技体制改革实施方案》，从建立技术创新市场导向机制，构建更加高效的科研体系，改革人才培养、评价和激励机制，健全促进科技成果转化的机制，建立健全科技和金融结合机制，构建统筹协调的创新治理机制，推动形成深度融合的开放创新局面，营造激励创新的良好生态，推动区域创新改革等10个方面提出了143条改革举措。

在2016年5月“科技三会”上，习近平又强调：“要在我国发展新的历史起点上，把科技创新摆在更加重要的位置，吹响建设世界科技强国的号角。”中共中央、国务院同月发布《国家创新驱动发展战略纲要》（以下简称“创新驱动纲要”）提出“三步走”战略目标，即到2020年进入创新型国家行列，到2030年跻身创新型国家前列，到2050年建成世界科技创新强国。创新驱动纲要还强调“坚持科技体制改革和经济社会领域改革同步发力”，从产业技术体系、区域创新布局、军民融合创新、创新主体培育、重大科技项目和工程方面进行了全面系统部署。

2017年10月，党的十九大报告将创新定位为“引领发展的第一动力，是建设现代化经济体系的战略支撑”，并明确提出“加快建设创新型国家”“深化科技体制改革，建立以企业为主体、市场为导向、产学研深度融合的技术创新体系”。2019年10月，党的十九届四中全会通过的《中共中央关于坚持和完善中国特色社会主义制度、推进国家治理体系和治理能力现代化若干重大问题的决定》，就完善科技创新体制机制做了专门阐述，指出“强化国家战略科技力量，健全国家实验室体系，构建社会主义市场经济条件下关键核心技术攻关新型举国体制”。2020年10月，党的十九届五中全会通过的《中共中央关于制定国民经济和社会发展第十四个五年规划和二〇三五年远景目标的建议》，就完善科技创新体制有专门说明，提出“深入推进科技体制改革，完善国家科技治理体系，优化国家科技规划体系……改进科研项目组织管理方式，实行‘揭榜挂帅’等制度……”这些为“十四五”时期深化科技体制改革，推进科技创新治理体系和治理能力现代化指明了方向。

（二）党领导科技创新治理的经验特点

1. 实事求是制定科技发展战略规划

中国共产党在确定不同时期的科技发展战略时，充分发挥了实事求是的工作路线和优良传统。每一次都能够根据党和国家重大的需求和任务，确定科技发展战略方针，并制定相应规划。德国学者韩博天将制定发展规划和“集中力量”看作是中国政治体制相对西方国家周期性政府更迭无法实施长期性政策的一项最大优势[38]。

抗日战争时期，基于当时对敌斗争和促进边区生产的现实需要，中国共产党将边区发展科学技术的中心任务定位为服务经济建设和革命战争，在农业、工业、医药等方面开展科学研究并取得一批成果。

中华人民共和国成立之初，为尽快改变落后挨打的状况，党中央确定了全面赶超战略，将重工业和国防建设作为科技发展的重点，旨在迅速构建相对完备的科学技术体系、增强国力、消除来自西方阵营包括“核讹诈”在内的战争威胁。为更好实现科技赶超，党中央、国务院先后制定发布了“十二年规划”“十年规划”两个科技规划，围绕国家发展的现实需要，确定了改革开放前不同时期科技发展的重点任务。

改革开放后，随着全党全国工作重心转向经济建设，“面向、依靠”成为我国科技发展新的方针和战略目标。配合科技发展战略的调整，党中央、国务院先后批准了“十五年规划”和“八五计划纲要”。1992 年，社会主义市场经济体制正式确立后，我国科技发展战略也进一步做出调整，强调市场机制作用和企业的创新主体地位。另外，针对日益激烈的国际竞争环境，建设国家创新体系、提高自主创新能力成为新的战略重点，并在“中长期规划纲要”中予以明确。

2008 年全球金融危机爆发后，世界新一轮科技革命和产业变革加速演进，我国经济由高速增长向高质量发展阶段转变，多重因素相互叠加，科技创新在经济发展和国际竞争中的关键性、决定性作用越发凸显。顺应上述趋势，党的十八大报告明确提出实施“创新驱动发展战略”，并于 2016 年出台《国家创新驱动发展战略纲要》。2015 年 10 月，习近平在党的十八届五中全会上首次提出“五大发展理念”，创新位列首位。党的十九大报告强调“必须坚定不移贯彻创新、协调、绿色、开放、共享”的发展理念；党的十九届五中全会通过的“建议”，进一步提出“坚持创新在我国现代化建设全局中的核心地位，把科技自立自强作为国家发展的战略支撑”，将科技创新摆在了前所未有的重要位置。

2. 围绕战略目标构建完善科技体制

科技发展战略确定后，中国共产党能够围绕战略目标的实现构建完善的科技体制，使得科技创新活动能够在一个系统的框架下高效有序开展。

抗战时期，限于当时的资源和物质条件，中国共产党对发展科技缺乏有力的手段，因此相关的措施及体制建构都比较零散。不过，党中央及边区政府在极端艰苦条件下仍然抓住了人才、待遇、机构等开展科技活动的关键要素，出台“大量吸收知识分子的决定”“优待生产技术人员暂行办法”等政策，组建延安自然科学院等研究机构和学术团体，组织起有限但有显著成效的科技活动。既有力支持了抗日战争和后来的解放战争，也为新中国成立后全面构建科技体制、推进科技工作积累了经验。

中华人民共和国成立后，在党的集中统一领导下，以中国科学院的组建和国防科研体系的建立为基础，我国有限的科技人才、科研资源被配置到国防和经济建设的重点领域，在执行“十二年规划”“十年规划”过程中逐步形成了计划经济时代集中力量办大事的举国科技体制。

改革开放以后，伴随着科技发展战略重心从国防建设向经济建设转移，科技体制也朝着发挥市场机制作用、提高科技人员激励、增加科技对经济支撑等方向不断改革完善。从20世纪80年代专利制度的建立，到90年代末部属研究院所的企业化改制，再到新世纪企业创新主体地位的逐步确立，科技体制改革基本都是围绕解决“科技经济两张皮”问题，发挥科技对经济发展支撑作用展开的。当然，在科技体制改革过程中，我国集中力量办大事的制度优势和传统始终得以保留，并通过在实施环节引入和设定市场机制而得到不断优化。党的十九届四中全会首次提出“构建社会主义市场经济条件下关键核心技术攻关新型举国体制”，党的十九届五中全会进一步指出“健全社会主义市场经济条件下新型举国体制”，都可以看作是上述思路在新发展阶段的延续。

3. 初心支撑的高效动员能力和执行力

以举国体制为代表的科技体制要能够较好地实现不同时期的科技战略目标，离不开我国科技创新体系高效的资源动员能力和执行力。而动员能力和执行力的优势，得益于中国共产党自上而下严密、有力的组织体系，更源于中国共产党人“为中国人民谋幸福，为中华民族谋复兴”的初心。

（1）自上而下多层级严密完善的组织体系为有效动员创新资源提供了组织保障。从红军时期支部建在连队上开始，中国共产党形成了从基层党支部到各级党委的多层级组织体系。层级之间明确的隶属关系和密切交互，使得党对科技事业的领导能够贯穿于科技研发和技术创新的各个层级、各个环节。战略目标通过科技规划层层分解后，责任可以落实到各级党组织。各级党组织则在各层级能力范围之内动员相应的资源要素，以完成分解目标。这是我国举国体制有效运行的微观基础。

（2）共产党人初心能够最大限度地克服层级过多带来的委托—代理风险，避免目标过度偏离。我国现有的五级行政体制，上下级之间具有隶属关系。从经济学角度看，是典型的“委托—代理”关系，下一级机构是上级机构的代理人，上级为委托人。根据经济学中的委托—代理理论，代理人与委托人在目标诉求上通常会存在一定差异，代理人会借助其具备的信息优势做出有利于其自身利益而可能损害委托人利益的行动，从而出现道德风险问题，即委托—代理风险[39]。五级行政体系意味着五层委托—代理关系，如果没有纠偏机制，必然会出现基层执行结果同中央战略目标的严重背离。从我国现实情况看，背离情况固然存在，但中央的战略意图和目标总体能够得到较好贯彻执行。其根本原因在于，各级行政机构都在同级党委（党组）的领导下开展工作。各级党组织在决策过程中虽然难免有地方本位主义倾向，但中国共产党人"为人民、为民族"的初心和大方向是一致的，加上下级服从上级的严密组织纪律，能最大限度地克服上述委托—代理风险。与此同时，我党多年来形成的"从群众中来，到群众中去"、在广泛征求意见基础上的党内民主集中等决策机制，有助于高效率地实现自上而下的一致行动。

(3) 共产党人的初心能有效提高科技创新各环节的执行力。研究开发、科研管理、市场转化，科技创新的每个环节都要依靠不同岗位的人员具体执行，因此，创新体系的整体执行力直接决定着科技战略目标能否顺利实现。中国共产党 9 000 多万党员，分布于各个环节。党员自身的觉悟和自上而下定期的教育活动，能够让党员"为中国人民谋幸福，为中华民族谋复兴"的初心更好地内化于行，增强从事本职工作的责任感和使命感，从而提高其主观能动性和执行力。

另外，"先试点、后推广"的政策制定方式、中央与地方之间的互动模式等政策执行层面的务实做法，是造就我国科技创新领域高效动员能力和执行力的重要因素。

四、"十四五"科技创新形势及治理"双失灵"挑战

（一）新型举国体制探索及其成效

举国体制作为党领导科技创新治理的重要手段，是我国集中力量办大事制度优势在科技创新领域的具体体现。党的十八大提出创新驱动发展战略后，中共中央、国务院先后发布《关于深化体制机制改革加快实施创新驱动发展战略的若干意见》《国家创新驱动发展战略纲要》等文件，对深化科技体制改革进行了系统性部署。此轮科技体制改革以健全市场导向机制，强化企业技术创新主体地位为重点，同时也强调政府和市场合理分工，统筹配置创新资

源，完善国家创新体系。一方面，在科技成果转化、科技人才薪酬结构、创新企业融资、研发经费申请使用等影响科技创新的重要环节，实施一系列市场化、普惠制的改革措施，增加企业和个人的创新激励，包括修订《促进科技成果转化法》，允许科研人员依法依规兼职兼薪，推动知识产权质押贷款，下放财政科研项目预算调剂权限，等等；另一方面，从中央层面加大对科技创新活动的统筹布局，围绕关键核心技术领域统一规划，组织实施重大科技专项，并大力整合各类中央财政科技计划，解决创新资源“碎片化”问题。

伴随着此轮科技体制改革的推进，以有效市场与有为政府相结合为主要特征的新型举国体制，成为新时代改善科技创新治理的有力工具。其中，国家科技重大专项可以看作是运用新型举国体制加快科技创新的典范，具体体现在三个方面：第一，在布局方向上，强调经济社会发展的重大需求和重大瓶颈问题，定位重大战略产品、关键共性技术和重大工程，旨在提升产业竞争力和综合国力，充分体现了国家意志；第二，重大专项的承担主体以企业为主，直接面向市场、面向应用，并以产业化为最终目标；第三，重大专项组织实施过程中，政府、高校、科研院所和企业均有深度参与，在政府引导推动下实现产学研的直接协同合作。

从实践成效看，新型举国体制的探索，有力支撑了诸多国家级科研计划顺利实施，并取得了一系列重大成就。一是关键核心技术实现多项重大突破，如载人航天领域成功建成“天和”核心舱并实现航天员入住，移动通信领域实现“2G 跟随、3G 突破、4G 同步、5G 引领”，在诸多“卡脖子”领域实现了“从无到有”的本质性转变。二是加快推动前沿高技术的产业化，在攻克并掌握关键技术的同时，形成相应的产品、技术专利和标准，既扭转了“重技术攻关、轻产业转化”的观念，更在国外厂商寡头垄断下实现市场突围，培育出一批具有国际竞争力的高科技企业，并在部分领域初步形成了上下游配套衔接的产业创新生态。三是吸引、集聚和培养了一大批专业技术人才，配合重大专项等国家级项目实施的各类人才计划，吸引了很多海外归国的高科技人才，成建制回归的创业团队、研发团队；迅速提升国内研发水平的同时，也培养出一批本土研发骨干，为我国高技术产业的长期可持续发展提供了有力支撑。

此外，在新型举国体制探索过程中，借助国家科技重大专项等计划，经济社会重大需求和国家意志得以充分体现，政府和市场的作用定位越发明晰，中国特色国家创新体系不断完善。其中，政府部门在整个体系中发挥着引导和推动作用，综合运用财税、金融、行政等政策工具，调动高校、科研院所、企业、科技人才围绕计划目标，分工配合；高校、科研院所凭借知识积淀和科研实力，围绕国家需求开展相关研究；企业借助政府支持，按照市场规则实施技术开发，推进产业化；科技中介、金融机构等，在政府引导和市场机制双重作用下，提供相应的中介和融资服务。

（二）“十四五”科技创新面临的新形势

“十四五”时期，开启全面建设社会主义现代化国家新征程，同世界新一轮科技革命和产业变革深入发展、国际力量对比深刻调整等因素相互叠加，我国科技事业和创新发展面临的形势发生了重大变化。

1. 新发展阶段下科技创新重要性更加凸显

党的十九大报告指出：“我国经济已由高速增长阶段转向高质量发展阶段”，但并不意味着我国经济已经实现了全面高质量发展，而是指改革开放后支撑中国经济近40年高速增长的要素和投资规模驱动模式难以为继，必须转向以创新为主要驱动的高质量发展。这是由国内要素禀赋结构和国际竞争环境等因素共同决定的。

从国内资源禀赋看，2012年年末，中国大陆15~59岁劳动年龄人口首次出现下降，比2011年年末减少345万人，下降0.6%，意味着支撑要素和投资规模驱动模式的丰裕劳动力供给状况开始出现逆转。而资源能源、环境污染、碳排放等方面的约束也要求尽快实现发展方式的转变。以原油为例，2009年，我国原油对外依存度超过50%，到2019年超过70%。在碳排放方面，我国人均GDP到2019年刚超过一万美元，尚未达到高收入国家门槛，要在2030年实现碳达峰，2060年实现碳中和，必须从根本上转变发展方式。

从国际竞争环境看，2008年全球金融危机后，美国、欧盟、日本、英国、韩国等主要经济体纷纷推出各种科技发展战略或产业发展计划，以期在全球产业价值链中占据主导地位，保持其在国际竞争中的优势，大国之间的竞争日益激烈。2018年4月，中兴事件发生后，中美贸易摩擦正式演变为科技战，面对美方不时出台的“芯片禁售”“实体清单”等打压措施，我们迫切需要加快科技创新步伐，实现科技自立自强，彻底解决关键核心技术“卡脖子”问题。

2. “三跑并存”下研发攻关的难度显著增加

近代以来，中国错过了第一次和第二次工业革命，在科技方面落后于西方发达国家。从新中国成立之初到改革开放，中央在经济发展和科技攻关上采取的都是赶超战略，着力缩小与欧美发达国家之间的差距。对于后发者来说，科学技术的发展方向、实现路径大致是明确的，因此，在追赶过程中基本上可以避免重大技术路线选择的失误，通过集中攻关或多或少能取得一定的突破。如果再辅之以发达国家技术转移所产生的溢出效应，还有望在较高的起点进行消化吸收再创新，进而实现“后发优势”。从某种意义上讲，我国集中力量办大事的举国体制优势能够在科技领域得以充分体现，与追赶者能够选择正确路线并享受技术外溢有直接关联。

2012 年以后，我国的科技发展水平相比改革开放初期有了显著的提升，与欧美发达国家的差距大幅缩小，在全球科技竞争中的位势也由以往的完全跟跑转变为跟跑、并跑、领跑“三跑并存”。以往完全跟跑状态下由巨大技术落差带来的后发优势红利已经基本消耗殆尽，很多领域的技术研发开始进入无人区，没有太多先例可以借鉴，甚至技术方向都不甚明了，研发失败的风险大幅增加。在并跑和领跑领域开展科技创新，企业和科研院所需要直面研发阶段的“死亡之谷”。即使成功跨越“死亡之谷”，仍然要面对技术和产品推广应用的“达尔文之海”，接受市场的考验。

另外，自新中国成立以来，发达国家先后通过“巴黎统筹委员会”“瓦森纳协定”，在高技术产品方面对我国实施禁运禁售，对我国借鉴吸收国外技术设置了较大障碍。随着我国整体科技创新实力的增强，美国及其他西方国家开始将我国当作最重要的竞争对手，相关的技术封锁措施变得更为严格。这对我们很多仍处于跟跑状态领域的技术进步带来了新的挑战，迫使我们必须更好地调动国内创新要素，加快自主创新步伐。

3. 新科技革命下科技创新的趋势特点

随着新一轮科技革命和产业变革的深入发展，世界科技呈现两大演进趋势。一方面，物联网、大数据、人工智能、量子计算等新一代信息技术形成的新主导技术体系，加速推动人、机、物的智能化融合；另一方面，基础科学研究正在向宏观拓展、微观深入、极端方向加速，前沿技术创新出现多点群发势头，跨学科交叉融合正催生新的科学理论和思想，宇宙演化、生命起源、意识机理等重大问题有望取得突破[39]。

上述两大趋势深刻影响着人类的生产、生活和思维方式，并使得研发创新模式发生革命性变化，具体体现在三个方面：一是创新活动加速数字化转型，开放性、协同性不断提高，新一代信息技术大规模应用，使得人与人、人与物、物与物之间呈现高连通和多链接状态，催生以用户参与、开源社区等为代表的开放协同创新模式；二是科技研发特别是前沿领域重大科技攻关呈现投入驱动特征，由于涉及越来越多的学科，科技攻关的难度大幅提升，对于大科学装置的依赖性越来越强，相应的创新资源投入大幅增加；三是科技创新活动的“乌卡（VUCA）特征”① 日益显现，众多创新主体、各类创新资源、关联学科交叉共同构成了日益复杂的创新生态系统，从科学探索到研究开发，再到商业推广，衍生出大量易变因素，增加了创新结果的不确定[40]。

（三）科技创新治理潜在的“双失灵”风险

改革开放以来，围绕解决“科技经济两张皮”问题，历届中央领导集体持续推动科技体制改革。原有计划经济条件下依靠行政手段，自上而下部署重大科研任务、配置要素资源的科技体制已发生彻底转变。市场机制的引入，有效解决了科技创新活动各环节不同主体的激励问题，使得科学研究、技术开发与商业应用之间的关联更为密切，科技创新成为经济发展新的动力源泉。与此同时，原有举国体制下集中力量办大事的制度优势也通过科技规划、政府引导等方式得以保留。

构建和完善新型举国体制的核心目标是实现有效市场和有为政府的优势互补，促进国家创新体系中各主体之间在实施科技创新活动中的有机协同。国家创新体系的有效运转和内部各主体的有机协同，除了合理的制度安排外，还需要以充分的信息交互为前提。各主体的数据信息收集分析能力以及主体间顺畅的信息交互机制，既是改善科技创新治理的基础性条件，也是制度安排的重要内容。然而，从创新体系的实际运行情况看，尚未形成较为系统的跨主体信息交互分享机制及数据处理平台。政府部门作为诸多重大科技创新活动的主导者，在制定科技攻关规划、部署重点研究方向、推动多主体协同配合方面，更多还是基于行政层面的制度安排实现的，如联席会议机制等，而自下而上的数据信息汇集渠道尚未畅通。虽然不同层级、不同部门也建立起各自的数据信息采集渠道和分析平台，但跨部门、跨层级的数据交换并不顺畅，“数据孤岛”现象依然很突出。在推进产业化过程中，企业、高校和科研院所之间的协同，虽然离不开市场激励和政府推动，但校企之间的对接缺乏系统性制度安排，校企间能够快速实现信息交换、相互协作，是由一些偶然因素促成的，例如，很多校企协同典范都源于企业负责人早年在协作高校

---

① 即易变性（volatility）、不确定性（uncertainty）、复杂性（complexity）和模糊性（ambiguity）的首字母。

的求学或任职经历。

“十四五”时期，现代化国家建设对加快科技创新的内在需求，“三跑并存”阶段进入无人区后研发难度的提升，科技创新活动“乌卡特征”的强化，对于我国的科技创新治理提出了更高要求，而中美博弈由贸易摩擦演变为科技战对我国科技创新的负面冲击更是不容忽略。面对上述挑战，新型举国体制既有的运行机制能否继续发挥有效市场与有为政府各自优势、促进各主体有机协同，切实加快自主创新步伐，解决关键核心技术“卡脖子”问题，存在更多变数，甚至面临“市场政府双失灵”的风险。

第一，关键核心技术是企业和国家竞争力的集中体现，属于典型的市场失灵领域，难以通过市场交换的途径获得并真正掌握。2018 年 5 月 28 日，习近平在两院院士大会上指出：“实践反复告诉我们，关键核心技术是要不来、买不来、讨不来的。”中兴事件以来，美国政府对华为等中国企业实施的打压行为，便是习近平上述判断最好的例证。实施关键核心技术领域的科技攻关，彻底解决“卡脖子”问题，必须丢掉“市场换技术”等不切实际的幻想。

第二，前沿领域技术创新日益强化“乌卡特征”，仅依靠企业主体和市场力量，很难实现技术突破和产业化应用。关键核心技术领域的创新突破是涉及前沿科学探索、研发攻关、产业化的系统工程，具有链条超长、系统复杂等特征，创新主体间高效协同的难度大幅上升，对数据信息的汇集、交互、处理等提出更高要求。而市场机制本身并不能解决主体之间的信息交互问题，多环节复杂系统中的信息不对称甚至扭曲在所难免，进而导致市场失灵，影响主体之间的协同配合。与此同时，前沿领域的技术创新通常具有显著的先发优势特征，后进入企业在技术、资金、市场需求等方面处于劣势，仅靠市场机制很容易被淘汰。此外，关键核心技术具有准公共产品的性质，除了早年美国 AT&T 公司分拆之前所支持的贝尔实验室等少数案例外，多数企业没有意愿也没有实力、财力承担此类研究和攻关任务。

第三，日益强化的“乌卡特征”在增加企业创新难度的同时，可能导致政府部门常规政策引导工具的失灵，进而形成“市场政府双失灵”的局面。一方面，“乌卡特征”带来的高风险让很多企业采取更为保守的经营策略，降低科技研发投入，降低全社会创新供给。政府部门要增加企业主体的激励，必须提高研发补贴、税收优惠、金融信贷等政策扶持力度，这对其资源动员能力提出了更高的要求和挑战。另一方面，政府有效开展科技治理、引导创新活动等相关决策，需要建立在充分信息基础之上。面对研发创新链条长、涉及主体多、数据信息分散、创新系统复杂等现实问题，如果没有较为完善的数据信息汇集传递机制和平台，政府部门出台的相关决策很可能背离现实发展情况，科技规划、财税支持、窗口指导等政策措施将难以对其他主体形成有效激励，进而影响创新生态系统的有机协同和创新要素资源的优化配置。

五、创新治理数字化转型与数据驱动的新型举国体制

在新发展阶段，大国博弈、全球经济治理变革、新技术革命深入发展等外部环境与我国自身发展转型升级相互叠加，对科技创新治理提出了更高要求。有效应对可能出现的“市场政府双失灵”将成为未来深化科技体制改革，提高科技治理水平的重要目标。从中国共产党百年科技创新治理经验看，党领导的集中力量办大事的举国体制是我国在近乎零起点基础上建成创新型国家的重要制度保障。从改革开放以来科技体制改革经验看，发挥企业创新主体地位和市场机制作用，是解决“经济科技两张皮”的基本方向。从其他领域近年来的治理实践看，顺应数字经济时代要求，深入推进科技创新治理数字化转型，更加充分地发挥数据要素和数字技术的基础性支撑作用，无疑是提升治理水平和治理效能的必由之路。为此，应着眼于将党领导的举国体制优势、市场机制与数字化转型的技术优势进行有机结合，构建数据驱动的新型举国体制，推动科技创新治理体系和治理能力现代化，为顺应世界科技发展趋势、实现科技自立自强提供制度性保障。

（一）科技创新及创新治理的数字化状况

2010 年以来，3G/4G/5G 通信、大数据、云计算、人工智能等新一代信息技术的广泛应用，在形成各种数字经济新模式新业态的同时，也带动包括科技创新活动在内的各类经济社会活动及其实施主体的数字化转型。尽管包括企业、政府部门在内的创新主体及治理主体的数字化建设水平都有较大提升，但跨主体间的数据信息交换仍存在系统性的机制障碍，科技创新治理的数字化模式尚未真正形成。

企业作为开展经济活动和科技创新的重要主体，为应对市场竞争通常有着推进数字化转型的强烈意愿。然而，相关资料显示我国企业整体的数字化水平并不高，而且由于信息化基础、生产特点、财力状况等原因，不同类型企业数字化建设水平存在较为明显的差异。根据中国社会科学院数量经济与技术经济研究所课题组 2020 年疫情期间的问卷调查，大型企业数字化建设程度平均在 50%以上，明显高于中小微企业 35%左右的平均水平；分环节来看，

企业在运营管理、售后服务和销售环节的数字化水平明显高于研发和生产环节[41]。

作为国家治理和科技创新治理的实施主体，政府数字化转型可以追溯到世纪之交的信息化和电子政务；党的十九届四中全会提出“推进数字政府建设”后，各级政府部门围绕实现跨层级、跨地域、跨部门协同管理，加快推进数字化建设。不过，从数字政府建设效果看，数字政府运行的基础设施建设得以加强，相关技术工具也越发丰富，但是数据分类管理、数据共享开放等与数字化治理相匹配的制度或机制还有待完善。在科技创新治理方面，科技部、工信部、国家知识产权局等部门主导建设了特定的数据信息系统或平台，如科技部的“国家科技管理信息系统公共服务平台”、工信部的“国家创新创业公共服务平台”“重点行业产业链供需对接平台”，国家知识产权局的“专利检索及分析系统”“国家重点产业专利信息服务平台”。此外，国家发改委还会同国家统计局对战略性新兴产业进行了专门的统计分类核算。然而，各部门数据信息系统、平台的运行相对独立，尚未形成系统性的跨部门信息共享规则和交换机制，支撑科技规划和创新政策制定所需的综合性数据信息，很多时候还需要在线下跨部门沟通基础上汇总提炼，“数据孤岛”现象仍然存在。

事实上，科技创新治理中的数据信息交换共享障碍，还存在于政府部门与其他创新主体之间。除了企业之外，高校、科研院所、金融机构、科技中介等科技创新活动相关的其他主体很多具备较高的数字化建设水平，积累了大量科技研发数据信息，但多限于内部使用，致使一些关键技术、关键人才等创新要素信息无法通过制度化渠道传递给政府部门及其他主体。例如，国有企业很多时候被赋予保守僵化、缺乏创新的形象。而截至 2021 年 6 月，全国具有授权专利企业数量为 92. 34 万家，其中国有企业数量为 0. 69 万家，占比仅为 0. 75%，但国有企业专利授权量在所有企业专利授权量的比重则高达 34. 94%；这在一定程度上说明，国有企业相比其他企业在创新资源和创新能力方面更有优势①。而基于现有的数据信息交换机制或平台，集聚于国有企业内部的创新资源很难被传递至包括广大中小企业在内的其他创新主体，从而降低了相关技术和人才的利用率。

---

① 相关数据由中汽知识产权投资运营中心整理提供。

（二）数字时代完善新型举国体制的定位方向

尽快解决关键核心技术“卡脖子”问题，实现科技自立自强成为我国科技创新领域的当务之急。为此，党的十九届五中全会决议特别指出要“健全社会主义市场经济条件下新型举国体制，打好关键核心技术攻坚战，提高创新链整体效能”。数字经济时代，健全完善新型举国体制的主要目标应定位于，将共产党领导的集中力量办大事举国体制优势、市场机制的资源配置优势、数字技术和数据要素优势三者进行有机结合，应对关键核心技术攻关可能面临的“市场政府双失灵”挑战；特别要充分发挥数据要素的支撑作用，深化科技创新治理数字化转型，优化创新资源配置，降低创新体系中不同主体间的信息不对称，着力解决科技创新活动“乌卡特征”日益强化带来的协同困境，为解决关键核心技术领域“卡脖子”问题提供制度保障。

第一，完善新型举国体制应坚持发挥中国共产党领导下集中力量办大事的制度优势。一方面，坚持党的领导及政府主导，可以使党和国家的战略意图得到有效贯彻，根据经济社会发展的现实需求迅速调整战略目标、确定重点任务，加快关键核心领域技术攻关步伐；另一方面，关键核心技术领域的自立自强都聚焦事关国家发展全局的战略性高技术领域，不仅研发成果具有部分公共产品属性，更需要在实施过程中给予资金、人才、仪器设备等创新资源上的持续大量投入，仅靠企业自发行为会导致整体创新供给不足。在党的统一领导下，由各级政府部门主导推动有利于集中创新资源、凝聚科技力量进行攻关，克服上述“市场失灵”。

第二，完善新型举国体制要继续发挥好市场机制的作用，通过政府力量和市场力量的协同，提高关键核心技术攻坚的效能。计划经济体制下的举国体制虽然展现出强大的资源动员能力，但却以资源配置扭曲、效率低下为代价，长期看缺乏激励、不可持续。在军工领域，很多情况下只要集中进行科技攻关，取得突破即可，不存在应用和市场的问题；新中国成立之初，国防军事科技是重中之重，彼时的举国体制是符合国家战略需求的最优选择。进入新发展阶段，以“高端芯片”为代表的关键核心技术多具有广阔的民用市场空间，研发成功只是完成了第一步“死亡之谷”的跨越，能否成功实现产业化还需要渡过市场竞争的“达尔文之海”。在社会主义市场经济条件下，如果仍然依靠计划手段的要素资源配给，必然影响创新效率，也难以对经济增长产生持续的支撑作用。

第三，数字时代的新型举国体制，必须充分发挥数字技术和数据要素对科技创新治理的基础性支撑作用。在国家创新体系中，企业、高校、科研院所、政府部门等主体现有的数字化建设水平，使得科技创新活动中的技术攻关、产品研发、市场应用等环节，均留下充分的“数据足迹”。通过收集、存储、积累，各类“数据足迹”得以形成丰富的数据要素资源。这些数据要素资源包含了大量有效信息，是改善科技创新治理的基础性资源。与此同时，新一代信息技术对科技创新治理的渗透改造，有利于实地开展数据抓取、整合等相关工作；运用机器学习、人工智能等数据处理技术，能够挖掘提炼各方数据背后的有效信息，从技术层面为实现数据驱动的科技创新治理提供了有力支撑。当然，要充分利用数据资源和数字技术优势，切实支撑科技治理范式的数字化转型，更好地实现有效市场与有为政府的协同配合，还需要围绕现有的跨主体、跨部门信息交互障碍，做好相关基础性工作。一是重构产学研各主体的沟通协调机制，减少跨主体、跨机构数据信息交互活动的壁垒和障碍；二是建立并完善跨主体、跨平台的数据信息交互规则，作为促进数据有序流动、确保信息安全的基准；三是构建并完善科技创新数据汇集处理及信息交互平台，作为实现数据驱动的基础设施。

（三）数据驱动的新型举国体制完善路径

“十四五”时期，健全新型举国体制，顺应经济社会全面数字化转型的时代趋势，着眼于服务重大关键核心技术领域的研发攻关，按照前述定位和方向，围绕充分发挥数据要素资源和数字技术优势夯实相关基础性工作，构建完善数据驱动的新型举国体制。

第一，建立完善数据驱动的核心技术攻关规划机制。一是完善政产学研金多方主体共同参与的线下“科技创新事务多方协调机制”，整合“国家重大科技专项”“战略性新兴产业发展部际联席会议”等重大关键领域的跨部门协调机制，并将其拓展至省级和地市级层面，建立三级联动机制；二是依托线下协调机制，建立线上跨部门、跨层级数据交换共享机制，并推动日常事务协调模式由线下向线上转换；三是构建科技创新数据信息交互平台，设置“关键核心技术研发”专门板块，对企业、行业协会、科技工作者、社会公众等开放接口，汇集关键核心技术需求信息和专属创新要素（人才、设备、资源等）供给信息；四是基于数据挖掘完善关键核心技术攻关规划机制，成立或委托专门机构围绕技术需求和创新要素供给进行数据信息的挖掘分析，组织专家和各界人士结合数据分析材料，定期筛选出最具迫切性的关键核心技术并确定攻关目标，配合五年规划确定中长期任务、制订年度攻关计划、统筹项目区域布局，并根据数据信息的更新和技术攻关推进情况动态调整。

第二，试点数据驱动的重点项目攻关“揭榜挂帅”制度。在关键核心技术攻关规划基础上，选取若干攻关项目开展“揭榜挂帅”试点。为提高攻关成功概率，要充分发挥数据信息在“揭榜挂帅”组织过程中的支撑作用。一是在数据信息平台设置“揭榜挂帅”入口，为各界人士参与核心技术攻关提供机会；二是在关键核心技术专属创新要素供给信息汇集分析基础上，面向具有一定技术基础和人才储备的企业、高校、科研院所及科研团队进行攻关招标邀约；三是组织专家对揭榜应标企业、高校、科研院所、科研团队进行招标答辩评审，确定揭榜主体并赋予其充分的研发决策授权、创新资源和物质激励。

第三，构建数据驱动的政府主导与市场调节有机结合的新型创新资源配置机制。在“科技创新信息交互平台”中设置科技研发需求和创新资源供需信息发布功能，由科技行政主管部门通过政府购买服务的方式，委托专业的数据信息分析机构对各方发布的数据进行汇总整理。以此为基础，就各方供给需求进行关联匹配并实时推送潜在的匹配信息。配合重大核心技术攻关和应用推广，将项目攻关单位的资源需求信息和高校、科研院所、创新企业、技术中介、金融机构等创新资源潜在供给方的资源供给信息进行双向推送，引导供需双方以市场化方式实现创新资源的有效匹配。

第四，培育专业化的数据集成分析中介服务机构，提升关键核心技术攻关的数据支撑能力。在关键核心技术攻关中，政府部门的主要职能是制定规划、分解任务、配置资源、协调行动，但挖掘分析支撑决策所需有效信息却并非所长。要充分发挥数字技术和数据资源的支撑作用，有必要推动科技创新数据信息分析的专业化。科技行政主管部门可以通过政府购买服务的方式，将数据信息挖掘工作外包给专业的科技中介服务机构，在提高信息提炼效率的同时，促进科技服务中介机构提升专业化水平。

六、总结性评论与建议

前述各部分在科技创新治理、科技体制等相关概念辨析基础上，从历史的视角梳理了中国共产党领导并开展科技创新治理工作、服务经济社会发展现实需要的演进历程，对新发展阶段特别是“十四五”时期我国科技创新面临的困难挑战进行剖析，并就数字经济时代构建完善数据驱动的新型举国体制提出了较为系统的设想。基于前述分析，有以下结论及建议。

第一，中国共产党充分发挥了实事求是的工作路线和优良传统，能够准确地确定不同时期的科技发展战略，并围绕战略目标的实现构建完善的科技体制，能够根据当时党和国家面临的重大迫切的任务和需求，确定科技发展战略方针，并制定相应规划，着手科技体制改革，提高科技创新治理能力，使科技创新活动能够在一个系统性的框架下高效有序开展。

第二，得益于党领导下的科研体系、创新体系高效的资源动员能力和执行力，以举国体制为代表的科技体制能够较好地实现不同时期的科技战略目标。而动员能力和执行力的优势，得益于中国共产党自上而下、严密而有力的组织体系，源于中国共产党人“为中国人民谋幸福，为中华民族谋复兴”的初心。

第三，党的十八大以来，我国新型举国体制探索成效显著，初步实现有效市场与有为政府有机结合；“十四五”时期，科技创新的重要性更加凸显，研发攻关的难度明显增加，研发创新模式也发生重大变化，对科技事业和创新发展提出了更高要求，也使科技创新治理面临“市场政府双失灵”的挑战。必须继续发挥党集中统一领导的制度优势和市场机制的资源配置优势，深入推进科技创新治理数字化转型，实现多主体的协同，应对“乌卡特征”强化后可能出现的“双失灵”。

第四，数字时代新型举国体制作为我国科技创新治理体系的重要组成部分，数据信息交换共享障碍是当前科技创新治理数字化转型面临的最突出问题。数字时代完善新型举国体制、推进科技创新治理数字化转型，应致力于将共产党领导的集中力量办大事的举国体制、市场资源配置机制、数字技术及数据要素三方面优势进行整合，特别要做好数据交互机制、数据汇集平台等基础性工作，充分发挥数据要素的支撑作用，优化创新资源配置，降低信息不对称。

第五，“十四五”时期，有必要顺应数字化转型的趋势，着眼于关键核心技术攻关，围绕充分发挥数据要素资源和数字技术优势夯实相关基础性工作，从关键核心技术攻关规划、重点项目攻关“揭榜挂帅”、创新资源配置等方面，构建完善数据驱动的新型举国体制。培育专业化的数据集成分析中介服务机构，推动科技创新数据信息分析的专业化，提升关键核心技术攻关的数据支撑能力。

参考文献：

[1] 王浦劬. 国家治理、政府治理和社会治理的含义及其相互关系 [J]. 国家行政学院学报，2014 (3).

[2] KAUFMANN D，KRAAY A，et al. The worldwide governance indicators：methodology and analytical issues [R]. World Bank Policy Research Working Paper，No. 5430. 2010.

[3] TUNZELMANN N V. Historical coevolution of governance and technology in the industrial revolutions [J]. Structural change & economic dynamics，2003 (14)：365-384.

[4] 吴瑶，肖静华，谢康. 数据驱动的技术契约适应性创新 [J]. 北京交通大学学报(社会科学版)，2020 (4).

[5] 俞可平. 推进国家治理体系和治理能力现代化 [J]. 前线，2014 (1).

[6] BOEKHOLT P，ARNOLD E. The governance of research and innovation：an international comparative study [R]. Synthesis Report，Technopolis Group Ltd. 2002.

[7] 桑玉成，邓峰. 论科技体制在国家治理体系中的地位与作用 [J]. 上海行政学院学报，2020 (9).

[8] JOHN DE LA MOTHE. Knowledge politics and governance [M]. in John de la Mothe，eds：Science technology and governance. London and New York：Continuum 2001.

[9] 程郁，王协昆. 创新系统的治理与协调机制：芬兰的经验与启示 [J]. 研究与发展管理，2010 (6).

[10] SHARIF M N. Technological innovation governance for winning the future [J]. Technological forecasting and social change，2012，79 (3)：595-604.

[11] MORISSON A，DOUSSINEAU M. Regional innovation governance and place-based policies：design，implementation and implications [J]. Regional studies regional science，2019，6 (1)：101-116.

[12] 方新. 中国科技体制改革的回顾与前瞻 [J]. 科研管理，1999 (3).

[13] 李正风. 中国科技政策60年的回顾与反思 [J]. 民主与科学，2009 (5).

[14] 李正风，武晨箫. 中国科技创新体系制度基础的变革：历程、特征与挑战 [J]. 科学学研究，2019 (10).

[15] 孙烈. 中国科技体制的演变 [J]. 中国科学院院刊，2019 (9).

[16] 刘钒，彭虎，易晓波，等. 新时代科技体制的结构性矛盾：逻辑、表征与改革路径 [J]. 中国科技论坛，2019 (6).

[17] 孟天广，赵娟. 大数据驱动的智能化社会治理：理论建构与治理体系 [J]. 电子政务，2018 (8).

[18] 胡重明. "政府即平台"是可能的吗?：一个协同治理数字化实践的案例研究 [J]. 治理研究，2020 (3).

[19] 门理想，王丛虎．“互联网+基层治理”：基层整体性治理的数字化实现路径[J]. 电子政务，2019 (4).

[20] 戴显红，侯强．新中国 70 年科技发展战略的政策跃迁 [J]. 邓小平研究，2019 (4).

[21] JESEMANN I. Support of startup innovation towards development of new industries [J]. Procedia CIRP，2020 (88)：3-8.

[22] TOU Y，WATANABE C，et al. Harnessing soft innovation resources leads to neo open innovation [OL/OE] . Technology in Society，Vol. 58，101114. https：//doi. org/10. 1016/j. techsoc. 2019-01-07.

[23] 李飞星，刘贻新，张光宇．科技经济困局成因及破解的数字化治理机制研究[J]. 科技管理研究，2019 (24).

[24] 陈凯华，冯泽，孙茜．创新大数据、创新治理效能和数字化转型 [J]. 研究与发展管理，2020 (6).

[25] 蔡跃洲．中国共产党对国家科技创新的领导作用 [J]. 世界社会主义研究，2019 (9).

[26] 侯强．中国共产党科技政策制定与实施效果分析：以抗战时期陕甘宁边区为中心 [J]. 武汉科技大学学报 (社会科学版)，2014 (2).

[27] 武衡．抗日战争时期解放区科学技术发展史资料：第 1 辑 [M]. 北京：中国学术出版社，1983.

[28] 刘宝东．抗日战争时期的科技政策与社会发展 [J]. 西安电子科技大学学报 (社会科学版)，2003 (3).

[29] 邱若宏．中国共产党科技思想与实践研究：从建党时期到新中国成立 [M]. 北京：人民出版社，2012.

[30] 宋健．现代科学技术基础知识 [M]. 北京：科学出版社，1994.

[31] 李运祥．建国以来党的科技政策的沿革及伟大实践 [J]. 科技进步与对策，2003 (7).

[32] 樊洪业．中国科学院人的历史担当 [J]. 科学文化评论，2014 (6).

[33] 王伟宜．新中国 50 年科技政策的发展 [J]. 科学管理研究，2000 (6).

[34] 姬文波．20 世纪五六十年代中国国防科技工业领导管理体制的形成和发展 [J]. 当代中国史研究，2018 (2).

[35] 胡维佳．中国历次科技规划研究综述 [J]. 自然科学史研究，2003 (S1).

[36] 彭富国．中国科技政策发展阶段研究 [J]. 湖南社会科学，2006 (6).

[37] 张景安．中国科技体制改革 40 年 [J]. 中国软科学，2018 (10).

[38] 韩博天．红天鹅：中国独特的治理和制度创新 [M]. 北京：中信出版集团，2018.

[39] AKERLOF G A. The Market for ‘Lemons’：quality uncertainty and the market mecha-

nism [J]. Quarterly journal of economics, 1970, 84 (3): 488-500.

[40] 丁明磊，王革．中国的全球科创中心建设：战略与路径 [J]. 学术前沿，2020 (3) 下.

[41] 万钢．科技创新要率先实现高水平开放合作 [J]. 智慧中国，2020 (1).

举国体制与重大突破

——以特殊机构执行和完成重大任务的历史经验及启示

路　风　何鹏宇

北京大学

摘要：本文回顾被公认为举国体制范例的“两弹一艇一星”项目，证明使其成功的关键因素是中央专委，其得到最高领导层的授权并对项目的执行及其结果负责。在考察了美国在第二次世界大战期间成立的战时生产局、曼哈顿工程区和国防先进研究计划署基础上，以中美两国的历史经验证明举国体制是一种任务体制，无关计划体制或市场经济体制，其特征是以特殊机构执行和完成重大任务。本文为理解“新型举国体制”的本质提供了一个基础，而“新型”将由新的实践所定义。

关键词：举国体制　重大任务　中央专委　特殊机构　重大突破

一、导言

中国崛起的趋势与外部遏制压力之间的矛盾加剧，标志着中国的发展进入一个挑战最大、任务最艰巨的阶段，但同时也是一个实现民族伟大复兴最有希望的阶段。在这种情况下，领导中国“取得重大突破，实现重大发展”，成为中国共产党在这个历史阶段的关键使命。因此，中国的政治领导层提出了实施“新型举国体制”的设想。这个“语境”展示了一个清晰的逻辑：“完成重大任务”是目标，采取“新型举国体制”是手段。但是，这个概念迄今尚未被讨论清楚，也引起一些误解和争议。许多人简单地将其说成是“集中力量办大事”；对其持负面态度者怀疑这是重回计划体制；还有许多政策解读文章把计划体制等同于“旧的举国体制”，然后集中揣测“新型”的含义，但回避解释“举国体制”到底是什么。实际上，不管是旧的（如历史上曾经有过的），还是新的（未来打算实行的），澄清“举国体制”的内涵是

注：本文原载《管理世界》2021年第7期。

理解“新型举国体制”的关键。因此，本文的首要目的是讨论“举国体制”的含义，并以回顾中国和美国采取类似体制的历史经验作为证据。

本文的立场是，举国体制是一种任务体制，无关社会主义制度或资本主义制度，无关计划体制或市场经济体制，只是与完成重大任务的需要有关。在中华人民共和国的历史上，以“举国体制”完成重大任务的典型例子莫过于“两弹一艇一星”①，但为什么中国能够在比今天困难得多的条件下取得重大突破，尚未在理论上得到充分的解释。通常提到的原因包括领导人的意志、科技人员的献身精神等，但如果回到具体的历史过程中会发现：那些因素只是必要条件，而成功开发“两弹一艇一星”的充分条件，是存在一个专门领导重大任务的特殊机构——中央专委。中央专委独立于现有的体制，得到党中央的授权并由最高决策层直接领导，在完成重大任务过程中有权调动任何部门，并对任务的结果负责。

历史证明，中央专委不是计划体制的产物，而是为了克服计划体制在完成重大任务方面的弊端而设立的。从技术上讲，诸如“两弹一艇一星”的重大任务内容是大型复杂系统，其特点是包含众多的亚系统与技术（如核潜艇包含艇体系统、核动力系统和导弹武器系统等），而这些亚系统与技术的开发和供应分属不同的部门。从管理上讲，计划体制是按照不同的工业实行部门分工的，而每个部门都有自己的决策偏好和利害关系。于是，执行重大项目或工程经常遇到的主要问题就是部门分割导致事实上的决策“分散”，使完成这些项目所必需的系统集成受阻。中央专委的成立就是为了克服这种弊端：在技术上，专委成为系统集成的领导者；在组织上，专委成为跨部门的决策和协调机构；在政治上，专委成为党中央在领导重大任务方面的责任主体。因此，中央专委是中国在计划经济时代实行举国体制的体现。这个事实特别

① 原子弹、导弹、核潜艇、人造卫星是新中国在极端困难的条件下开发出来的战略武器和尖端技术，对中国的大国地位以及捍卫国家安全具有重大意义。现在流行的“两弹一星”提法是在改革开放后出现的，但在此之前的官方内部提法是“两弹一艇”（均受中央专委的管辖）。关于提法改变的原因有待深入考察，但无论真相如何，这个变化是非常不当的，因为它抹杀了中国核潜艇工程的同等重要性以及核动力研发队伍的伟大贡献。1958 年，中国潜艇核动力研发团队在北京组建，1965 年，主要力量搬迁到四川夹江 909 基地，即中国核潜艇陆上模式堆的建造基地，后来成为今天总部位于成都的中国核动力研究设计院（隶属中国核工业集团）。这支队伍曾经披荆斩棘，历尽艰苦卓绝。中国自主核电技术的主要来源——“华龙一号”的技术出自他们之手[1]。但这支队伍的历史功绩却没有得到充分的肯定，他们的代表人物也被排除在“两弹一星元勋”的行列之外。2021 年 5 月下旬，中共中央宣传部追授核潜艇工程负责人彭士禄“时代楷模”称号，表明国家开始重新评价潜艇核动力研发团队的贡献。为还原历史真相，本文采用“两弹一艇一星”的概念。

有助于从理论上澄清把举国体制等同于计划体制的错误。

为完成重大任务而设立特殊机构的“举国体制”，不仅出现在计划经济时期的中国，也出现在“信奉”市场经济体制的美国，而且多次扭转了美国的“命运”。美国在加入第二次世界大战时，为了把以民用生产为主的美国工业迅速转向以军工为主的生产，通过紧急立法设立了一个“史无前例”、只对总统负责的特殊机构——战时生产局，以胡萝卜加大棒的方式完成了美国工业的战争动员。为了造出原子弹，美国设立了直接向总统领导的“最高政策小组”负责的曼哈顿工程区，并由陆军工程兵团按照工程原则负责执行。1957年，苏联发射世界上第一颗人造地球卫星后，面对落后于冷战对手的“危机”，美国成立国防先进研究计划署（DARPA），再次采取以任务为导向的研发模式重夺技术优势。

中国和美国的历史经验都证明，举国体制是一种任务体制，所以不能将这个概念泛化为一般性的社会运行体制。重大任务是对国家具有重大战略意义的任务，而无论是计划体制还是市场体制，都不会自发地识别、提出并完成重大任务。重大任务的提出和执行只能通过政治过程，取决于政治领导层的远见、战略意志和实现国家远大目标的决心。要完成重大任务就必须超越现有的运行体制（无论是计划体制还是市场体制）的局限性，需要设立由国家最高决策层直接领导并对任务结果直接负责的特殊机构。无论是否存在公开的动员或任何有意识的其他安排，以特殊机构领导完成重大任务的方式就是举国体制。今天，无论从任务的特点还是从完成任务的方式讲，中国需要完成的重大任务比以往更加复杂。但无论客观条件发生了怎样的变化，“取得重大突破，实现重大发展”的历史任务要求中国必须坚持在政治层次上决定经济发展方向的原则，重新启用以举国体制完成重大任务的机制。至于“新型举国体制”的确切内涵和外延将由实践定义。

二、中央专委的活动历程

“两弹一艇一星”在中华人民共和国的历史上具有重大意义，领导这些项目获得成功的决定性力量是中共中央专门委员会（以下简称中央专委）。值得注意的是，这个机构不仅获得党中央的授权，而且直接执行项目并对结果负责。权力级别如此之高的机构直接抓项目，在中华人民共和国的历史上是唯一的。

1955年年初，中国决策层决定发展核工业，方针是首先用于军事目的。根据中国与苏联在1956年8月、1957年10月、1958年9月签订的三个协定，苏联援助中国建设一批核工业项目和技术实验室，并将向中国提供原子弹的教学模型和图纸资料[2]。但随着两国之间产生“分裂”，1960 年 6 月，苏联宣布暂停向中国运送原子弹模型和相关技术资料，同时撤走所有的专家。当突然的“断供”使中国的核工业建设陷入困境后，国防工业的领导人开始感到需要对开发“国防尖端武器”（特指“两弹一艇”）进行集中统筹协调。1961 年 1 月，聂荣臻在《关于一九六一、一九六二年科学技术工作安排的汇报提纲》中提出：“要发奋图强，集中力量，把各方面的力量统统组织起来，通力合作来完成国家任务……国家科委、国防科委、科学院、教育部和其他有关部门，从中央到地方都要扭在一起，共同商量，统一安排。”①

同时，党中央正式决定对面临困难的国民经济进行调整，于是引发了要不要继续研究原子弹的争论。分歧在 1961 年夏天的国防工业委员会工作会议上达到高潮，“上马”还是“下马”的争论形成尖锐的意见对立[3]。在暂无定论的情况下，1961 年 11 月，中共中央下发《关于成立国防工业办公室的决定》，建立直接对中央负责的国防工业办公室（简称国防工办），由罗瑞卿任主任，以确保原子弹工程不会陷入停滞。国防工办“作为国务院的一个口（国防工业口），在党内向中央书记处和军委负责”，权限范围为管理国防工业系统内的“二机部、三机部和国防科委所属范围的工作”②。

为了判断中国是否能够继续研制原子弹，党中央、中央军委派副总参谋长张爱萍牵头调查原子能工业在苏联“断供”后的状况。张爱萍是开国上将，调研方式同样“杀伐果决”，每到一个单位只问四个问题：第一，你们原定的计划是什么？第二，你们现在所做的事情，按计划还差多少？第三，完成原定进度的困难是什么？要讲得具体。第四，如果我给你解决了困难，你多长时间能完成？③ 1961 年 11 月 14 日，张爱萍向中央提交了《原子能工业建设的基本情况和急待解决的几个问题》的报告，认为原子弹的科研工作有了很大进展，当前的困难更多属于工程性的问题，而工程性的问题是可以通过组织协作解决的；虽然原子弹工程看起来盘子很大，但实际上很多东西都蕴涵在国民经济的各个部门之中。因此，报告的结论是：由中央和国务院出面，统一协调，

① 中共中央批转聂荣臻关于一九六一、一九六二年科学技术工作安排的报告及汇报提纲 [EB/OL]. http://www.ce.cn/xwzx/gnsz/szyw/200705/30/t20070530_11545440.shtml，2007-05-30.

② 中共中央关于成立国防工业办公室的决定 [EB/OL]. http://www.ce.cn/xwzx/gnsz/szyw/200706/12/t20070612_11710759.shtml，2007-06-12.

③ 中国原子弹爆炸成功（原话引自张爱萍之子张翔在节目中的访谈） [EB/OL]. http://phtv.ifeng.com/a/20170213/44542438_0.shtml，2017-02-13.

进行一次全国性的大协作、大会战，在 1964 年进行核爆是完全可能的[4]。

1962 年，中印边界和台湾方向迅速加剧的安全威胁促使中央决策层下定决心研制原子弹。当年 6 月，毛泽东在听取东南沿海形势的汇报时明确表态，“对尖端武器的研究试制工作，仍应抓紧进行，不能放松或下马”[5]。但是，对全国各个经济部门进行集中动员的工作已经明显超过了国防工办的权限范围。同年 10 月 19 日，刘少奇主持中共中央政治局会议听取汇报时指出：“导弹和原子弹都需要中央有个专门的机构来抓，做组织工作、协作工作，下命令的工作。这两弹要搞个小的机构，不这样抓，这里一拖，那里一拖，时间过去了。”[6] 于是，建立中央领导的全国性机构主抓“两弹”被提上中央决策层的政治议程。10 月 30 日，罗瑞卿向中共中央和毛泽东上报《关于建议成立中央专门委员会的报告》，建议“在中央直接领导下，成立一个专门委员会，加强对原子能工业的领导，随时检查、督促计划执行情况，并在必需的人力、物力上进行具体调度，及时解决在研究、设计和生产建设中所遇到的问题”[7]。11 月 3 日，毛泽东在报告上批示：“很好，照办。要大力协同做好这件工作。”一锤定音（见图 1）。

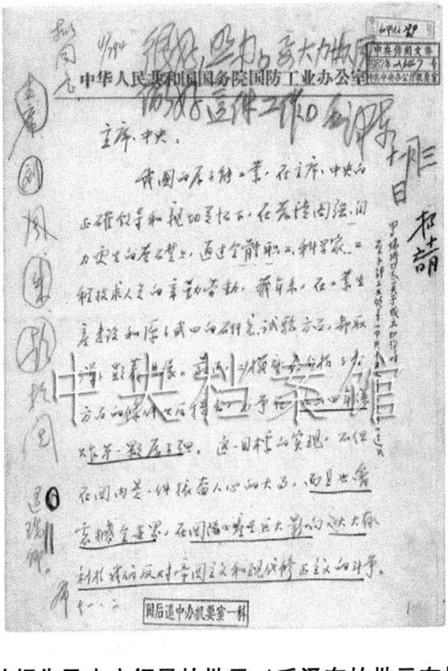
中华人民共和国国务院国防工业办公室
阅后退中办机要室一科

图 1　罗瑞卿的报告及中央领导的批示（毛泽东的批示在报告的右上方）

图片来源：人民网，2013 年 11 月 05 日。

1962年11月17日，周恩来主持召开中央专委第一次会议，宣布中共中央直接领导的中央专门委员会正式成立，主任为周恩来，成员有贺龙、李富春、李先念、薄一波、陆定一、聂荣臻、罗瑞卿七位副总理和赵尔陆、张爱萍、王鹤寿、刘杰、孙志远、段君毅、高扬七位部长级干部①[8]。12月14日，中共中央正式向中央军委及全国范围的党的系统发出《关于成立十五人专门委员会的决定》（以下简称《决定》），明确了中央专委的地位和职责。《决定》指出："为了进一步加强对原子能工业的领导，更有力地促进原子能工业的发展，力争在较短时期内取得更大成果，遵照主席'要大力协同做好这件工作'的指示，中央决定：在中央直接领导下，成立一个十五人专门委员会""委员会是一个行政权力机构，主要任务是：组织有关方面大力协调，密切配合；督促检查原子能工业发展规划的制定和执行情况；根据需要在人力、物力、财力等方面及时进行调动。委员会的决定，由有关方面坚决保证，贯彻执行。"[9] 在中央专委第二次会议上，周恩来对专委委员们说了一段话，"你们都是从高级岗位上调来的首长，现在要动手动脚，是首长也是'脚长'，权力最小也最大。你们个人没有任何权，但问题一经专委决定，你们检查执行，权力又最大"[10]。

根据《决定》和周恩来的讲话，我们可以简要归纳出中央专委的组织性质：中央专委实际上是党中央在"两弹"上的"全权代表"，独立于现有部门体制之外，根据任务的需要而设立，一方面得到党中央的直接授权和直接领导，有做出战略决策的权力，决定原子弹和其他管辖的任务"干不干"和"怎么干"的问题；另一方面，也是更为重要的，专委承担对项目成败负责的重任。如果任务不成功，必须向党中央承担全部责任。因此，专委的组织性质决定了它必须以任务成败为一切工作的检验标准，以组织和协调各方面力量为核心职责，在全国范围动员一切力量完成国家需要的重大任务。

中央专委成立后，围绕原子弹研制的各项重大问题召开过多次专委会（见表1）。在专委的协调下，26个部委，20个省、市、自治区，900多家工厂、科研机构、大专院校参加了攻关会战[3]。原先在二机部和国防工业系统

---

① 专委成员当时的职务是：贺龙任副总理兼国防工委主任，李富春任副总理兼国家计委主任，李先念任副总理兼财政部部长，薄一波任副总理兼国家经委主任，陆定一任副总理兼中共中央宣传部部长，聂荣臻任副总理兼国家科委主任、国防科委主任，罗瑞卿任副总理兼军委秘书长、总参谋长、国防工办主任，赵尔陆任国防工办常务副主任、国防工委副主任兼国家经委副主任，张爱萍任军委副总参谋长兼国防科委副主任，王鹤寿任冶金工业部部长，刘杰任核工业部部长，孙志远任航空工业部部长，段君毅任机械工业部部长，高扬任化学工业部部长。中央专委办公室主任由罗瑞卿兼任。

内无法解决的事情，中央专委直接联系相关部门和地方解决。例如，分离高浓度铀必须用到一种气体分离膜（甲种分离膜），科研攻关遇到很多困难①；聂荣臻知道情况后，调集中国科学院上海冶金研究所、沈阳金属研究所、原子能研究所和冶金部的有关单位进行集中攻关，下“死命令”要求上海市领导必须完成任务，最终在1964年研制出符合技术要求的元件。后来钱学森回忆说：“那时中央专委的决定，要哪一个单位办一件什么事，那是没有二话的。那决定也很简单：中央专委哪次哪次会议，决定要你单位办什么什么，限什么时间完成……也不说为什么，这就是命令！中央专委的同志拿去，把领导找来，命令一宣读，那就得照办啊！好多协作都是这样办的，有时候铁路运输要车辆，一道命令，车就发出来了。”[11]

表1　中央专委关于中国第一颗原子弹试爆的会议

会次	时间	主要会议内容
第一次	1962年11月17日	正式成立在中共中央直接领导下的中央专委会
第二次	1962年11月29日	讨论专门委员会办公室工作条例和二机部请示解决的几个问题，决定加强二机部的科技力量以及党和行政的领导力量
第三次	1962年12月4日	听取刘杰关于原子弹研制“两年计划”的汇报和朱光亚对原子弹理论设计的介绍，原则同意“两年计划”
第四次	1963年3月19日	讨论有关设备制造、原子靶场、建立政治部和增设卫生防护等问题
第五次	1963年3月21日	听取刘西尧关于有关工作组对二机部工作检查情况的汇报
第六次	1963年7月26、27日	听取刘西尧、刘杰汇报工作
第七次	1963年12月5日	听取刘杰、赵尔陆汇报工作；决定第一颗原子弹以地面试验放在第一位，继续完成空投试验准备，地下试验作为科研设计项目着手安排
第八次	1964年4月11日	要求原子弹爆炸试验工作按9月10日前做好一切准备
第九次	1964年9月16、17日	讨论首次核试验的准备工作、预演总结、试验时间及有关问题

资料来源：根据《周恩来年谱（1949—1976）》（中卷），第512-513、516、517、541、568、599、633、667页相关资料整理而成。

① 祖国利益高于一切：自力更生研制原子弹核心部件“甲种分离膜”[EB/OL]. http://kxrsbn.casad.cas.cn/2017n/kxrsbn_wzl/wzl_gjknzky/201710/t20171017_4555494.html，2017-10-17.

1964年，中国第一颗原子弹试爆成功后，中央专委的体制延续下来。1965年2月3—4日，周恩来主持召开了中央专委会第十次会议，提出增加七机部、四机部、五机部等部门的有关人员[12]。3月2日，中共中央发出关于扩大十五人专门委员会的决定，将导弹纳入了中央专委的工作范围，相应增加余秋里、王诤、邱创成、方强、王秉璋、袁宝华、吕东（替换王鹤寿）参加中央专委，并正式改称“中共中央专门委员会”（以下简称不变）[9]。自此，围绕原子弹（氢弹）、核潜艇、导弹、人造卫星和核电站的一系列尖端科技工程项目的研制、试验的许多重大决策，都是由中央专委或是经由请示党中央做出的（见表2、表3）。

表2　中央专委1965—1969年的正式会议

时间	主要会议内容
1965年2月3、4日	审议并原则同意了二机部《关于加速发展核武器问题的报告》；要求通过1965年至1967年的核试验，完成原子弹武器化工作；提出扩大由十五人组成的中央专委会，增加七机部、四机部、五机部等部门的有关人员
1965年3月20日	提出核试验“一次试验全面收效”要求；研究二机部、六机部的报告，批准核潜艇工程重新上马，并要求二机部负责在1970年建成陆上模拟堆（详见“中国第一艘核潜艇诞生记”，国防部网2014年3月7日）
1965年5月4、5日	对第二次核试验（核航弹空投试验）提出要求
1965年8月9、10日	同意二机部《关于突破氢弹技术问题的工作安排》，要求有关部门给予积极支持
1965年12月29日至31日	原则批准二机部《关于核武器科研、生产两年（1966至1967年）规划》
1966年3月11日	研究进行含有热核材料的原子弹试验等问题
1966年9月25日	要求不组织红卫兵，要有“最大限度的民主”和“最高限度的集中”
1966年10月8日、20日	听取张震寰关于“两弹”结合飞行试验的准备情况的试验日期的汇报，要求武装保卫，不能出乱子
1966年12月11日	提出研制人造卫星的要求
1967年5月9日	检查氢弹空爆试验的准备工作
1967年6月12日	听取关于氢弹试验全部准备工作的汇报，决定试验场区外的安全工作由周恩来、李富春、罗舜初直接领导

续表

时间	主要会议内容
1967 年 12 月 10 日	研究即将进行的核试验问题，要求按战时要求执行，负责人绝对负责
1968 年 12 月 11、13 日	听取钱学森关于“东风三号”中程导弹的试验报告
1969 年 8 月 12 日	要求一线核燃料工厂不能搬迁，要加紧生产；同时抢建三线工厂

资料来源：《中外学者再论周恩来》，第 452-455 页；《周恩来年谱（1949—1976）》（中卷），第 728 页；《周恩来年谱（1949—1976）》（下卷），第 75、80、151、161、205、314 页。

表 3　1970 年后中央专委召开的会议

时间	主要会议内容
1970 年 4 月 2 日	听取“东方红一号”卫星和“长征一号”火箭发射准备工作的汇报
1970 年 4 月 14 日	听取从发射场回京的钱学森等人汇报，批准“东方红一号”卫星和“长征一号”火箭进入发射工作位置
1970 年 7 月 15、16 日	听取核潜艇核动力陆上模式堆运行试验准备工作情况的汇报，着重审查了模式堆启动运行安全问题
1970 年 11 月 7 日	听取有关“七二八”工程的情况汇报，提出要搞核电站，方针是安全、适用、经济、自力更生
1970 年 12 月 15 日	听取有关“七二八”工程的情况汇报，重申建设核电站的方针
1971 年 3 月 2 日	听取关于发射科学实验人造地球卫星（实践一号）准备情况汇报
1971 年 6 月 25 日	听取有关中国第一艘攻击型核潜艇第一次启动的全艇联合试验的汇报
1971 年 9 月 8、9 日	原则批准了核反应堆“七二八”工程方案，要求试验工厂实事求是
1971 年 11 月 12 日	听取关于进行一次地面核试验各项准备工作的情况汇报
1972 年 3 月 17 日	建议由钱学森、朱光亚二人牵头组织，认真总结第一次核爆炸以来的经验
1972 年 8 月 6 日	听取国防科委和“风暴一号”火箭参试单位汇报，要求继续加紧抓尖端工业
1973 年 8 月 14、15 日	研究“长空一号”卫星的发射问题
1974 年 3 月 31 日	听取“七二八”核电站工程技术情况汇报
1974 年 4 月 12 日	审查二机部核材料生产工厂的建设调整方案，讨论清华大学的试验性核电站工程，要求采取措施进行整顿，发展尖端事业

资料来源：《中外学者再论周恩来》，第 456-459 页；《周恩来年谱（1949—1976）》（下卷），第 359、361-362、379、408、419-420、440、465、479-480、495、516、612 页。

周恩来逝世后，中央专委逐渐停止了活动。1979 年的专委会是在公开报道中找到的最后一次中央专委活动情况的记载。20 世纪 80 年代末，中国曾经出现过另一个意义上的“专委”，即中央为了加快武器装备发展，在 1989 年 10 月成立的“国务院、中央军委专门委员会”，由总理李鹏担任主任[13]。但是，这一机构仅限于国防工业系统，甚至在 1993 年“降格”为议事协调机构和临时机构①，实际职能则由国防科工委承担。因此，在“两弹一艇一星”的时代之后，新中国历史上再也没有出现过一个和中央专委一样，由党中央直接指挥，在全国范围统筹协调，以实现重大任务为目标的权力机构。

三、中央专委领导重大任务的具体过程

为理解为什么中央专委能够对重大任务的结果起到决定性的作用，本文再分析中央专委领导中国核潜艇工程的案例。从这个案例可以看出，计划体制下的各工业行政部门被“集合”在一个“重大工程”的协调框架之中，因为部门的决策偏好和利益倾向而无法自发地形成跨部门的协调，致使核潜艇工程的进展受到阻碍。只是在中央专委全面接管核潜艇工程之后，该工程才得以顺利进展。

（一）为什么“集中的”计划体制不能“自动地”完成重大任务

核潜艇工程几乎与原子弹工程同时期上马。中国第一座核反应堆（即苏联援助的重水试验堆，代号 101 堆）刚一运转，聂荣臻元帅就于 1958 年 6 月 18 日召集研制导弹原子潜艇的座谈会；27 日，聂荣臻向中央提出中国自行设计和试制导弹原子潜艇的报告。两天之内，报告得到毛泽东的批准。此后，赫鲁晓夫拒绝向中国提供核潜艇的技术援助，反而使毛泽东下决心“核潜艇，一万年也要搞出来”②。因此，中国的核潜艇工程从一开始就走上了独立自主、自力更生的发展道路。

上马之初，核潜艇工程是一个典型计划体制下的项目，采取了领导小组

---

① 《关于国务院议事协调机构和临时机构设置的通知》（国发〔1993〕27 号）［EB/OL］. http：//www. gov. cn/zhengce/content/2016-04/12/content_5063306. htm，2016-04-12.

② 中国第一艘核潜艇诞生记［EB/OL］. 2021-06-22，http：//dangshi. people. com. cn/n/2014/0305/c85037-24534591. html，2014-03-05.

协调、各部门分工负责的方式推进。领导小组由海军副司令罗舜初任组长，包括主要协作部门的负责人①；分工则由海军负责全艇布局的总体设计，第一机械工业部（以下简称“一机部”）分工负责船体、主辅机、电机、仪表以及工艺设计的设计和制造，第二机械工业部（后改称核工业部，以下简称“二机部”）负责核动力反应堆的研制，国防部五院负责导弹的研发。回顾历史可以看到一个重要的事实，中国在决定上马核潜艇工程时，虽然在潜艇艇身制造和核反应堆方面有了点基础，但技术积累还远远不够②。核潜艇是一个技术上极端复杂的系统，主要由艇身系统、核动力系统和作战系统（鱼雷或导弹）等组成，而这些“子系统”本身足够复杂。使问题更严重的是，分工负责开发这些“子系统”的各工业部门基本上没有掌握各自负责的“子系统”技术，所以各工业部门都只能先推进各自负责的技术系统，然后再考虑核潜艇的总装（系统集成）工作。

但是，核潜艇工程从开始进入设计阶段就陷入“摇摆”状态，问题出在组织体制上：领导小组不是一个权力机构，而是一个协商机构，牵头的海军领导人对于各工业部的负责人没有领导关系。因此，领导小组实际上缺乏对核潜艇工程进行全盘计划的权限，项目的进展深受各协作部门内部决策的影响。潜艇核动力研制团队的遭遇充分反映出这个问题。核动力反应堆是核潜艇的“心脏”，但是从 1958 年至 1962 年年底，核动力研究团队的组织关系一直处于频繁调整的混乱状态，原因在于二机部对核潜艇工程的“摇摆”态度，同时又没有任何一个组织机构能够干预或扭转二机部的内部决策。

核潜艇工程上马后，二机部在北京原子能研究所秘密组建了一支研究核

---

① 成员包括国防科委副主任安东少将、国家计委副主任范慕寒、一机部副部长张连奎（副组长），二机部副部长刘杰[14]。

② 决策层当时认为中国开始具备上马核潜艇的初步技术基础，所以聂荣臻提交的报告原文是：“我国的原子反应堆已经开始运转，这就提出了原子能的和平利用和原子动力利用于国防的问题……拟首先自行设计和试制能够发射导弹的原子潜艇。”（见聂力：《山高水长》，第 319 页）但是，中国第一座核反应堆的主要用途是进行科学试验和制造同位素，用铀做燃料，用重水做慢化剂和导热剂，所以叫实验性重水型反应堆，而不是可用于核潜艇、能够控制反应过程释放能量的动力堆。在潜艇制造能力方面，尽管中国第一艘自建的常规潜艇在 1956 年成功下水，并于 1957 年 10 月交付海军，但其技术来源于苏联援助的两艘落后型号的潜艇，本身还没有自主设计常规潜艇的能力；新中国自主设计的第一艘常规试验潜艇在 1958 年启动研制，直至 1971 年正式下水。回顾历史，我们只能感慨前辈们的决心。

动力反应堆的团队，其做法类似于今天常说的“孵化”①。1959 年 2 月，原子能所十二室正式成立核动力研究设计组，并在当年年底发展到 200 人的团队。经请示部领导同意，研究设计组从 1959 年年底开始，按照核潜艇的实际要求进行了设计一座动力堆的“设计练兵”，并于 1960 年 6 月底完成了《潜艇核动力方案设计（草案）》。27 年后，官方的《当代中国的核工业》（第 302 页）对此评价说：“该方案设计当时是作为草案上报的，但在后来的实践中没有什么重大的反复，这证明它在总体上是可行的。这就为以后的研制工作打下了良好的基础。”[12] 之所以称为“练兵”，是因为当时并不具备能够满足设计动力堆所要求的试验条件②。但是，随着核动力堆研发的进展，体制问题也暴露出来③，于是该团队的负责人向二机部领导提出设立独立核动力研发机构的想法。二机部领导并没有接受建议，而是“借助”这个机会于 1960 年 12 月做出两个决定：一是将大多数技术骨干（60 多人）调离原子能所，合并到二机部设计院；二是在原子能所保留少数研制人员，后来成立一个新的独立设计组（47-1 室）。

在中央调整经济的方针下，核潜艇工程于 1962 年 7 月下马④。但同时，中央决策层要求保留动力堆的研究设计机构，继续工作并保留少数必要的研究项目[15]。但是，二机部在此之前就酝酿解散潜艇核动力的研发团队，以便将其全部集中到生产堆工程。1962 年 5 月，为了保住这支队伍，团队负责人绕开行政上级直接向海军政委苏振华反映情况。几天后，二机部接到国防科

① 由于本文的重点是分析决策和体制，所以为行文简洁而略去研发团队领导人的名字，但我们应该记住这几个历史上的名字：孟戈非，以原子能研究所副所长的职务担任中国核潜艇动力装置研发团队的第一任党政领导人；赵仁恺，中国潜艇核动力工程的第一任总工程师，与副总工程师李乐福一起领导研发团队完成了中国第一个《潜艇核动力方案设计（草案）》；彭士禄，核潜艇陆上模式堆工程的技术总负责人和现场指挥（更多的信息见路风：《新火》，第二章）。

② 生产堆和动力堆都是核反应堆，但是在基础原理和用途上完全不同。生产堆要生产的是装载原子弹的核装料（铀-235 或钚-239），它们在自然界中并不存在，而需要在生产堆中用中子辐射天然存在的铀和钚同位素而获得，因此生产堆基本不会发生大规模的链式反应，没有大量的能量释放。但是动力堆要利用链式反应释放的能量作为动力，需要控制能量释放的强度，并且保证操作的安全性。因此，动力堆在设计、装置和操作上与生产堆有根本差异，并且技术要求更高。

③ 因为动力堆的工程设计和原子能所的理论研究是两种不同性质的组织活动。核潜艇工程设计需要解决反应堆的专用材料、仪器仪表、专用设备、工程模拟实验、计算任务等问题，已经超过了原子能所从事的理论研究和基础科学的范畴。此外，核潜艇是个绝密项目，但原子能所是一个公开单位，随着核动力堆涉及的工程问题不断增加，泄密的风险也在增加（孟戈非：《未被揭开的谜底》，第 39 页）。

④ 下马的工程是陆上模式堆的建设。开发核潜艇动力堆必须先在陆地上建成实际的反应堆，得到验证之后才能安装在潜水艇上。

委正式通知，将潜艇核动力设计人员和建制划归国防部第七研究院，实际上是军方把核动力研发团队收编到国防科委保存起来①。由此，核动力研发队伍分散到二机部（47-1室）和七院两个不同的部门，并且在各自的部门都处于边缘状态。

这段历史表明，核潜艇动力堆的研究设计工作一直受到部门体制的不利影响，甚至连研发团队的隶属关系都难以稳定。在计划体制下，无论联合开发的项目多么复杂（如核潜艇工程），各部门很难自发地“付出”超过本部门利害关系范围的努力，甚至对分内的任务都有可能“三心二意”；部门分工不会自动产生协同合作（系统集成），也没有哪个部门愿意承担整个项目的责任。例如核潜艇工程，无论是领导小组还是作为用户的海军，都没有权限和能力制止核动力研发组织的混乱状态；海军不能要求二机部保留核动力研发团队，只能走国防科委的途径“收留”二机部想打散的队伍。因此，核动力堆研发出现的混乱源于部门体制在决策上的分散——这是计划体制无法自动解决的问题。

（二）中央专委如何领导重大任务

“扭转”核潜艇工程命运的关键是中央专委的成立。中央专委接手工程后做的第一件事就是保全研究队伍，将分散于各部门的核潜艇研制力量重新集中起来，并要求继续开展总体方案的设计工作。1963年8月，中央专委决定将二机部的50多名潜艇核动力技术骨干与七院已有的核动力队伍合并，正式成立舰船动力研究所[16]。研究所由七院和二机部双重领导，以七院为主，建制在七院，番号为国防部七院15所（简称715所）；任务是开展潜艇核动力装置总体方案的论证，进行核动力装置的方案设计。至此，中央专委结束了核潜艇工程的混乱状态，核动力研发队伍被重新“攒”在一起，成为一个有明确任务和编制的研发机构。

715所正式成立后，潜艇核动力的工程设计进度开始提速。1964年5月10日，七院召开09-1反应堆动力装置主方案和主参数的论证会。10月，主方案确定，开始了对核动力装置的初步设计和技术设计（即系统设计和详细设计）。1964年下半年，国防科技体制发生了“部院合并”的变化，潜艇核动力研发团队担心在七院并入六机部（船舶工业部）之后会被彻底边缘化，因而做工作把隶属关系又转回到二机部，并更名为北京15所。这是组织隶属

① 这个决定得到聂荣臻的同意，后来得到周恩来的批准。

关系的第三次变化，但这次调整再也没有带来技术队伍的“分裂”或被生产堆设计“吃掉”的结果，因为这次二机部上面有一个中央专委在盯着，只能坚决执行专委的决议。

1964 年 10 月，中国试爆成功第一颗原子弹。在经济全面好转的情况下，核潜艇工程再次提上议事日程。毛泽东正式表态，重申国防尖端技术“要有、要快、要超”[17]。1965 年 3 月，中央专委召开会议做出决定，批准核潜艇工程（09 工程）重新上马，指派二机部负责在 1965 年下半年提出核动力堆的具体规划并报中央专委；工程的具体运行事宜由聂荣臻直接领导，并成立一个新的核潜艇工程联合办公室，由时任六机部副部长的刘华清负责，直接向聂荣臻报告。1965 年 8 月 25 日，中央专委会议决定，同意二机部党组关于核潜艇陆上模式堆建在四川省夹江县境内，1970 年建成陆上模式堆的计划。二机部随即决定于 1966 年年底在夹江县境内先建一个比较完善配套的反应堆工程研究综合基地，代号 909。

在解决了“干不干”的问题后，中央专委接着解决“怎么干”的问题。核潜艇重新上马后，首要事项是论证潜艇的总体方案。中央专委不是放任科学家和工程师们“自由探索”，而是明确要一艘什么样的核潜艇，然后根据目标选择技术。1965 年 8 月，中央专委在会议上明确了关于研制核潜艇的三项原则：一是认真执行大力协同的方针；二是立足于国内，从现实出发，分两步走，先研制反潜鱼雷核潜艇，再搞导弹核潜艇；三是第一艘核潜艇既是试验艇，又要在主要战术技术性能上力求配套，可以作为战斗艇交付使用①。这表明了中央专委对核潜艇工程提出的目标是要造出一艘真正的、能用的核潜艇。尽管负责牵头的聂荣臻元帅没有技术背景，但他能够从战略的角度判断问题。他在把握方向和目标的前提下，让科学家和工程师对特定的技术问题进行充分讨论，提出各自的意见，最后再由他拍板选定一个最有可能实现核潜艇总体目标的技术方案。一旦确定，各方面必须统一开展行动。

许多具体的决策细节充分展现了中央专委的决策原则——选择技术的标准不是先进或落后，而是以达到目标为根本依据。例如：

关于艇身构型方案的讨论，在技术人员中形成了“常规艇型加核动力”与“水滴线型加核动力”两种完全不同的方案。“常规”论认为，国家的技术和工业基础薄弱，应当先仿照较为成熟的苏联潜艇的构型，按照“普通线

① 详见中国第一艘核潜艇诞生记［EB/OL］. 2021 - 06 - 22，http：//dangshi. people. com. cn/n/2014/0305/c85037-24534591. html，2014-03-05.

型核动力→常规水滴型→核动力水滴型”的路线渐进发展；而“水滴”论认为，核潜艇和常规潜艇是性质不同的两种潜艇，不应该在常规潜艇的结构上加装核动力，“水滴”型并不是技术上的冒进，而是已经有调查研究和一定的实验基础，在技术上能避免不必要的弯路，做出一个成熟的核潜艇型号。聂荣臻专门召集有关负责人开会，并在充分询问情况和商量探讨后做出结论：“总体不要用常规潜艇的艇型，要重新设计，不然搞得两不像……应该是‘好马配好鞍’，搞‘核动力水滴线型’！”①

关于建立陆上模式堆的讨论，反对者认为，反应堆可以先上艇后再试验，能节省大笔支出和缩短试验周期。支持陆上堆的观点则认为，在没有搞过艇上模式堆的情况下，直接上艇风险过大，在艇上调整反应堆也极为不便，建造陆上堆的目的就是保证核潜艇能够直接建造成功。最终，聂荣臻认为核动力潜艇应该一次建造成功并且能安全运行，因而必须建立陆上模式堆进行充分实验[18]。

敲定技术方案后，中央专委开始采取措施推动核潜艇工程的具体执行。第一，设立明确的工作任务和完成期限，将各部分研制任务在全国范围内的科研机构、院校及企业进行了分配与协作。其中，二机部负责核动力装置的设计与建造，必须在 1970 年建成陆上模式堆；七院负责鱼雷核潜艇的总体研究设计。第二，进行跨系统、跨部门的统筹协调，当各有关部门的基建施工力量不足时，中央专委指令有关军区派部队帮助施工，满足核潜艇研制所需的经费和物资器材②；同时启动对导弹核潜艇研制工作的部署，指令七机部四院开始导弹总体设计的准备工作[19]。

1966 年开始的“文化大革命”对核潜艇工程造成冲击。陆上模式堆是一个集全国 26 个省、市 1 200 多个工厂、研究所和院校所生产和研制的 29 000 多台件设备、仪器、仪表、管道、阀门于一身的复杂装置，但“文化大革命”爆发后，许多工厂和研究所停产，各级领导干部和技术专家被批斗，协调 09 工程的系统面临瘫痪威胁。为了防止工程遭到破坏，由聂荣臻建议并经毛泽东批准，国防科委于 1967 年 3 月将涉及国防的各科研院所进行军事接管。当这些调整仍然无法阻止政治运动对核潜艇工程的冲击时，身陷政治漩涡的聂

① 聂荣臻的决定在多年之后得到了“敌人”的肯定。1982 年，美国“核潜艇之父”里科弗（Rickover）参观中国第一艘核潜艇，看到水滴艇型，赞叹“这完全可以与同时代先进国家的核潜艇媲美”（聂力：《山高水长》，第 322 页）。

② 详见“中国第一艘核潜艇诞生记”[EB/OL].2021-06-22，http://dangshi.people.com.cn/n/2014/0305/c85037-24534591.html，2014-03-05.

荣臻决定在北京召开核潜艇工程的协调会议，还特别要求注明，凡是接到通知的厂长、书记，不论是否正在接受批评和审查，任何人都不准以任何理由阻挡。但协调会依然无法从根本上扭转态势，参会的厂长、书记一回到各自单位，就再次受到冲击。面对全国各地的告急情况，聂荣臻冒着极大的政治风险，在 1967 年 8 月 30 日签发了一份史无前例的、以中央军委名义发出的“特别公函”，明确指示“核潜艇工程是毛主席亲自批准的尖端国防工程。任何单位、任何人，均不得以任何借口和理由冲击车间，更不能以任何借口停产停工”[3]。这份文件具有极高的效力，使全国各有关单位纷纷恢复了生产科研秩序。事情过去 40 多年后还有老人记得，当时就是因为这份“特别公函”，所以 909 基地的一个电报，就能把正在运往其他地方用户的设备中途调到夹江。

中央专委的领导使核潜艇工程能够在艰难局势下继续前进。1968 年，因牵扯“二月逆流”的聂荣臻被彻底边缘化，此后的工作由周恩来直接出面组织。1970 年 7 月 15 日，周恩来主持召开中央专委会议，听取现场领导关于陆上模式堆的汇报，批准启堆试验，并决定派清华大学、二机部二院专家和有关部门领导赶赴现场，跟班工作。陆上模式堆于 7 月 16 日开始试车，于 8 月 30 日达到满功率，验证了中国第一座核潜艇动力堆的成功①。1970 年 12 月 26 日，艇上安装核动力装置工作完成，中国第一艘核潜艇下水。经过试航和调整。1974 年 8 月 1 日，中国第一艘核潜艇入列，被命名为“长征一号”。此后，以“长征一号”为基础，1978 年，中国第一艘弹道导弹核潜艇动工，1981 年 4 月下水，1988 年 9 月成功发射潜射弹道导弹，标志着中华人民共和国成为世界上第五个拥有海基核威慑力量的国家。核潜艇工程的成功证明了中央专委在完成关系国家命运的重大任务上的关键作用。

四、美国采取特殊体制的历史经验

虽然中共中央设立中央专委是为了克服部门体制不利于推进重大项目的弊端，但仍然不足以证明这种机构不是计划体制国家的特有产物，除非实行

① 陆上模式堆启堆后遇到一系列没有预料到的问题，曾经停堆抢修。在这个过程中，罗舜初中将从北京打电话告诉现场说，周总理曾经 10 多个小时守候在电话机前询问反应堆抢修情况，并指示下阶段试验“要加强现场检查，越是试验阶段，必须全力以赴，丝毫不苟，才能符合要求，取得全部数据”［《周恩来年谱（1949—1976）》（下卷），第 379 页］。

市场经济体制的国家也有由国家最高决策层授权完成重大任务的特殊机构。历史的事实是，美国虽然是一个资本主义市场体制国家，但在每一次遇到危机时，都会设立这样的机构完成具有战略意义的重大任务。美国从加入第二次世界大战以来设立过三个特殊机构：战时生产局、曼哈顿工程区和国防先进研究计划署（DARPA）。

（一）战时生产局领导合成橡胶的生产

美国的强大工业生产能力是同盟国在第二次世界大战中战胜法西斯轴心国的主要原因之一。仅在参战后的第二年（1942 年），美国的飞机产量就高达 4.7 万架，是日本的 6 倍。但直到宣布参战的那一刻，美国的工业动员能力还是一块巨大的“短板”①。在轴心国的威胁急速扩大的 1940 年，美国成立了咨询性质的“紧急状态办公室”、“国防咨询委员会”和职权分散的“生产管理办公室”等机构，想尽办法加强军备生产[20]；但当年的飞机产量不过 2 000 多架，还不到日本飞机年产量（超过 5 000 架）的一半。

在决定战争胜负的时刻，美国通过紧急立法设立了一个“史无前例”的经济动员机构——战时生产局（War Production Board），全权负责协调全国的经济生产活动，包括制订全国的工业生产计划、调配战略物资和协调各大型私人企业的生产活动[21]。尽管战时生产局的领导人曾是企业家，但是，他们对企业直接采取了“胡萝卜加大棒”的行政手段，一方面给予私人企业大量的国防订单，以经济利润激励企业转产战争物资；另一方面制定战略物资分配和金融贷款的优先顺序，给予积极配合政府生产计划的企业以高优先级，对不配合战时生产计划的企业不给予相应支持。通过这种方式，战时生产局把市场中分散决策的私人企业迅速动员到统一规划的战争生产计划上，使大型工业企业的技术和生产能力充分投入到军事装备和物资的生产研发上，在极短的时间内扭转了美国战争生产能力低效的局面。战时生产局于 1945 年 10 月被撤销，但这个机构是美国打赢这场战争的一个关键。

战时生产局的功绩之一是解决了橡胶的“断供”危机。日本在偷袭珍珠港后迅速夺取天然橡胶的主要产地——南太平洋地区，切断了美国 97%的橡胶进口来源[22]。天然橡胶是重要战略物资，美国当时极度依赖进口，橡胶断

---

① 这是一个老问题，例如，美国在 1917 年 4 月加入第一次世界大战时，政府向国内企业订购了 5 万门火炮，但直至 1918 年 11 月停战，只有 143 门火炮被及时生产出来并拉上战场。

供意味着美国的工业生产将在一年之内全面瘫痪①。毫不夸张地说，当时美国被“断供”橡胶比中国今天被“断供”芯片更加严重且致命。在难以找到天然橡胶替代来源的情况下，生产合成橡胶是唯一的出路。美国企业在技术上有开发合成橡胶的基础，掌握着两种制造合成橡胶关键原料的工艺：一种是从石油中提取，标准石油公司通过战前与德国法本公司的协议而持有这一工艺的专利；另一种潜在路径是从谷物或土豆转化的酒精中提取[23]。然而，美国的政府机构和企业却在合成橡胶的生产上陷入了长时间的扯皮和推诿状态②，在橡胶断供后的大半年时间内毫无进展。

战时生产局的介入最终扭转了困局，在接管橡胶资源调配权限后，把生产合成橡胶列为“第一计划”，并于 1942 年 9 月设立“橡胶主任”的职位，统一负责动员和协调有关企业开展合成橡胶的研究。战时生产局给生产商下达的任务就两条：第一，生产出可用的合成橡胶；第二，按最快的速度生产出来，产量要足够满足工业生产的需求，谁能生产出来就给谁订单，不然一分钱都没有[23]。有趣的是，战时生产局原以为生产合成橡胶原料的“主力”是标准石油公司，但出乎意料的是，标准石油没有生产合成橡胶原料的积极性，因为战争期间对石油的需求太广泛，特别是航空汽油的需求过于庞大，所以它只是不紧不慢地生产合成橡胶原料；反倒是因为受制于战时管制条例，卖不出酒精的酒精加工企业更有动力生产合成橡胶原料。到 1944 年年底，酒精加工企业提供的原料产能已经增长 180%，但是石油企业只有 90%[22]。到战争结束时，美国的合成橡胶产能已经从 1940 年的 4 500 吨提升到超过 100 万吨，保证了美国的工业体系能够全力生产所需的战争物资，并且由此在战后产生了一个全新的合成橡胶工业。

---

① 橡胶是制造飞机、军舰、坦克、汽车、各种军械和器械所必需的材料。第二次世界大战中为美国及其盟军屡建奇功的谢尔曼坦克，每辆需要大概半吨橡胶；每架重型轰炸机大概需要一吨橡胶；每艘战舰需要两万多个橡胶零部件，重量共 70 余吨。此外，第二次世界大战爆发的时候，美国有 3 000 万辆乘用车、公共汽车和卡车，它们都需要轮胎；每个工厂、每个家庭、每个办公室、每个军事设施里的每一寸电线都需要橡胶的包裹。没有足够的橡胶，根本就无法应战，更谈不上取得战争胜利了[24]。

② 例如，美国政府成立的橡胶储备公司负责橡胶储运的商业运作，在战前承担收储天然橡胶的职责，但是没有任何与橡胶有关的生产设施，也不愿意负责承担发展合成橡胶的责任，却一直被委任制订合成橡胶的生产计划；战时生产局掌握着调配战略物资的权力，却又因为无法掌握合成橡胶生产计划而不愿介入。在没有机构明确出来负责的情况下，掌握合成橡胶专利的标准石油公司自己没有动力投资生产合成橡胶，反而要向生产合成橡胶的轮胎企业收取巨额专利费[22]。

（二）曼哈顿计划是工程，不是科学

美国在第二次世界大战期间开发原子弹的“曼哈顿计划”经常被视为“大科学”的典范。但是，当美国最初把对核武器的研究交给科学家自由探索的时候，甚至没有明确的原子弹研制任务①。直到美国参战之后，决策者才意识到不能再沿用毫无应用目标的实验室研究方式，而是必须交由军方专门领导原子弹的研制和生产。1942 年，由美国总统直接领导的“最高政策小组”（美国战时的最高决策机构）决定指派陆军工程兵团负责原子弹的生产工作，并直接对最高政策小组报告和负责，而且明确了研制原子弹的任务目标：第一，要造出能用于实战的原子弹；第二，赶在任何敌国之前造出来[25]。

然而，主要由科学家组成的国防咨询委员会评估认为，生产原子弹是一个简单的工程问题②，只需要不到 1 亿美元的经费。甚至有实验室的科学家提出，只要派给他们 50~100 个初级工程师和绘图员，就能很快建起可以正常运转的钚工厂。因此，决策层最初只派了一个校级军官格罗夫斯牵头执行③。但是，等到格罗夫斯接手后才发现，所谓的成熟技术还处于实验室阶段，根本没有办法用于满足研制原子弹需要的批量生产。例如，能够用于实战的一颗原子弹所需的核材料是以公斤计的，但当时在实验室使用回旋加速器生产原子弹所用的钚元素，一个月只能生产 2 毫克，且耗费巨大；其他方法包括实验室采用的同位素分离技术，无论是气体扩散分离，还是物理离心分离，都无法直接拿来进行大规模生产，甚至没有任何企业、机构设计或建造过可以大规模生产核材料的反应堆和分离装置。最关键的是，核裂变的原理（链式反应）只是在理论上成立，但是从来没有被实际验证过，甚至原子弹的爆炸原理在理论上都是空白。

---

① 现在普遍的观点认为，美国研究原子弹的开端是 1939 年 10 月物理学家爱因斯坦致信时任美国总统罗斯福，敦促美国政府关注以铀为原料的原子武器。但实际上，这封重要的信件并没有明确指出美国要制造原子弹，而是提醒德国在从事相应的研究，美国政府必须在相关方面予以关注。罗斯福也没有在收到此信后立刻上马核武器的研制工作。尽管美国决策层在 1939 年 10 月决定建立专门的“铀委员会”推动原子能的发展，但研究的主要方向是核物理科学和基础性材料技术（例如，铀或钚同位素的制备方法）。

② 格罗夫斯接到的指示是：“现在基本的研究和发展工作均已完成，你只要把粗略的设计最后定案，建造一些工厂，并且组织一支操作人员的队伍，你的任务就会完成，战争也就会结束。”

③ 后来考虑到科学家会对一个校级军官来指挥他们感到很不服气，军衔不够大压不住，就赶紧给格罗夫斯升了将军。后来格罗夫斯发现军阶真的很管用，“经常使我感到奇怪的是，军衔的特权在学术界中竟然比在军界中重要得多”。

因此，尽管有科学家的充分参与和支持，但原子弹工程实际上并不能建立在想象中的科学自由探索的基础上，而是必须从头干起，必须动员各个政府部门、大型工业企业和科学家的力量一起干。但是，这些工作的权限已经远超陆军工程兵团的职责范围。例如，没有任何人事先知道建反应堆的生产流程和工厂，格里夫斯只能找在电气和化学工程领域最有经验和能力的斯通—韦伯斯特工程公司和杜邦公司来承包建造；铀矿石原料要从刚果进口，所以格里夫斯又找到了国务院请求协调铀矿石的进出口；稀缺战略物资在战时受到管制，因此要与战时生产局协商优先供应关键材料。在这种情况下，1942 年 6 月，美国总统批准了核武器计划报告，同意设立“曼哈顿”工程区（Engineering Division）执行原子弹计划，明确给予压倒其他任何计划的最高权限。直到这时，著名的“曼哈顿计划”才正式成形。

格罗夫斯在发现科学家们不靠谱后，决定采取明确的工程原则推进项目——不管技术上是先进还是落后，只选择能够满足产量和时间要求的工艺和装备。原子弹爆炸要用的铀-235 需要从同位素铀-238 中分离出来，气体分离法是最可能支持大批量生产的工艺。但是，有人提出气体分离法只有采用纯镍部件才能抵抗加工过程中气体的腐蚀作用。如果按照这个要求执行，全世界一整年的镍金属产量都不够用。这时克莱斯勒汽车公司的工程师提出，汽车工厂在生产过程中也需要用镍来抗腐蚀，但在装备上镀一层镍就可以，其效果与纯镍部件没有区别——这就是以结果为导向的工程思维解决问题的办法。

最终，举全美国之力实施的曼哈顿计划用时超过 3 年，耗资数十亿美元（约等于现在的 300 亿美元）。事前科学家们认为可以“轻而易举”建造的钚工厂，到实际完工时已经耗时超过 1 年，动用超过 4 万人进行工程建设。虽然科学原理预计到了制造原子弹的可能性，但如果听任科学家的自由探索，美国能不能搞出原子弹都尚未可知。与之相反，随着曼哈顿工程的展开，许多在自由探索中悬而未决的科学研究才取得了突破。例如，为了验证核裂变是不是真实可行以及计算需要多少核材料用量，只是在军方的要求下，美国芝加哥大学冶金实验室才组装了人类历史上第一个核反应堆进行试验，科学家们也才第一次证实了大规模可控链式反应的存在。甚至计算机时代的出现都与曼哈顿工程有着密切联系，为了进行大量工程计算，军方动员科学家设计新的计算机，奠定了计算机的基础架构和基础运算方式的“二进制”。

(三) 创造技术领先的先进研究计划署

第二次世界大战促使美国联邦政府采取了许多前所未有的做法，除了上述两个例子，另一个就是对科学技术的直接支持。在战争迫近的1940年，麻省理工学院（MIT）的工程师和科学家范内瓦·布什（Vannevar Bush）成为罗斯福总统的科学顾问，帮助建立了最高领导层与科学界可以直接联系的国防研究委员会（NDRC），并与同事们在麻省理工学院设立了研究雷达的辐射实验室（the Radiation Laboratory）。为完成紧迫的任务，该实验室创造出“有联系的科学和技术挑战模式”，即技术突破从基础科学阶段就与技术开发、样机和生产等后续阶段密切相连，并成为其他实验室（如开发核武器的洛斯阿拉莫斯实验室）的模型[26]。布什在战争期间又创立了美国科学研究局（Office of Scientific Research and Development），动员科学家为战争服务。该局在战争期间直接与大学和企业签订合同，其中最大的资助和合同接受者是MIT，共得到超过1.16亿美元的75份合同[27]。

在战争结束前，范内瓦·布什应罗斯福总统的要求，组织一批科学家起草战后美国的科学政策。1945年7月，他向杜鲁门总统提交了著名的报告：《科学：无尽的前沿》[28]。这份报告在总结科学研究对战争的作用后，提出的核心建议是国家应该大力支持科学家的研究，但不应该控制约束科学家自由探索的权力。也许是预见到政府在战后对科学的投资会被大幅削减，也许是不希望科学与军方永久结盟，布什报告从“有联系的科学”立场后退，提出了一个线性理论：只要大力支持科学研究，就可以自动产生技术和工业的优势。但是，布什报告关于科学家自治并主导战后科学研究的主张没有被杜鲁门总统接受，报告建议的美国自然科学基金会（NSF）被拖到1950年才成立，而且由它协调美国科学研究的建议则被完全忽略。但在布什报告产生的巨大影响下，联邦政府在科学事业方面采取了高度分散和集中资助基础研究的体制。

1957年10月，苏联发射了世界第一颗人造地球卫星“斯普尼克1号”。这件事对美国社会产生巨大冲击，引起落后于冷战对手的恐慌。“斯普尼克危机”使美国最高决策层意识到，要加速技术突破并重新领先，就不能依靠分散的、自由探索的体制。因此，艾森豪威尔总统发起成立先进研究计划署（后来又在前面加上“国防”，即 Defense Advanced Research Projects Agency，以下简称DARPA），随后又成立了专门负责太空任务的国家航空航天局（NASA）。美国政府对这两个机构的拨款没有走常规渠道，而是通过“例外拨款”

(other transaction) 的方式，使得它们的活动和预算不需要按法律要求对外公开并设立机构的章程，从而赋予它们在选择和执行项目方面具有自主权。美国决策层对 DARPA 授予的任务非常明确——建立在尖端技术领域对苏联的领先。DARPA 完成任务的方针同样简洁明了：防止再出现意外的最好办法是自己创造意外，即研发在人们视野之外的“蓝天”技术。

DARPA 不仅全面继承了“有联系的科学和技术挑战模式”，而且在制度上有更多的创造。它的最初任务是监督太空研发活动，以避免各军种的竞争(这种竞争被认为是美国太空技术落后的原因)。1960 年，DARPA 有关太空的项目全部移交给国家航空航天局，然后集中于弹道导弹防御、核试验探测、推进剂和材料的研发[29]。由于肯尼迪政府在古巴导弹危机中出现严重的指挥和控制问题（特别是在获取及时数据和与现场指挥官互动方面)，所以 DARPA 的研发重点从 20 世纪 60 年代初转向信息技术，也是从这时形成了其关键的组织模式和管理风格。DARPA 迎接挑战的方式是利用大学和企业的信息技术研究力量，在全国范围内网罗最好的科技人员，以合同为手段建立一个研发支持网络。这种做法为计算机（个人电脑）和互联网的技术突破奠定了基础。DARPA 也与国防部的研究机构建立合作而非竞争的关系，自己的机构保持在最小的限度，利用军方现有的研发机构执行自己的任务；军方利用 DARPA 的投资参与解决共同的问题，而 DARPA 则为军方提供了灵活的、跨机构、跨学科的研发榜样。美国军方在 20 世纪 80 年代后期创造的“新军事革命”就建立在 DARPA 支持的许多信息技术突破之上，而最初用于军事的信息技术创新又促进了美国经济在 90 年代的创新浪潮[30]。

在几十年的时间里，DARPA 一直保持着较小的机构，通常只有约 100 名从学术界和工业界“借”来的科学家和工程师担任项目经理，以及大约 120 名财务、人力资源、法务和保安方面的支持性人员。DARPA 不做研究，也没有实验室，而是授权项目经理提出特定的研究项目，建立以任务结果为导向的“临时项目小组”，项目执行则由大学、各种企业、实验室的科技人员承担。每个项目和项目经理的任期只持续 3~5 年。DARPA 立项没有评审委员会，因为对突破性的技术项目不会存在共识；项目经理只需要说服两个人就可以为项目获得资助——他们所属办公室的主任和 DARPA 的主任。但这些项目不是开放研究或自由探索，而是明确阐述需要的产品和任务目标。项目经理对项目直接负责，管理具体的技术细节，制定项目的具体方向和所有相关的重大决策。考核方式简单明确，以在项目期限内是否达到设定的任务目标为标准。DARPA 每年召开两次项目经理汇报会，审查项目进展和预定目标的完成进度。在项目年限内，不管采用什么技术和方法，只要拿出来的产品或技术能达到预期的目标，则项目继续；如果没做出成果，或者证实目前做出来的可能性很小，则项目终止，但也不会追究研究者的责任。用通俗的话说，就是一种“揭榜挂帅”的机制，对项目负责人、企业和科学家都有强烈的刺激作用。项目经理必须充分组织调动力量才能延续项目，科技人员在项目经理的驱动下开展有目标的研究，通过与不同领域和行业研发人员的合作找到完成项目目标的特定方法，而不是各自在自己的领域中闭门造车。

DARPA 的领导人认为，整个国民经济都要拥抱创新来使国防部门强大。因此，DARPA 把研究活动建立在整个国民经济活动中，吸引企业和研究机构参与投资能够军民两用的技术研究项目。DARPA 为前期研究提供经费和项目运营支持，使企业界以尽量小的前期投入探索有市场应用前景的新产品和新技术，但最终要由企业生产能够符合 DARPA 的技术要求，同时又能投入市场为企业带来利润的产品。通过这种方式，DARPA 充分利用企业的财务能力和技术能力，避免直接耗费巨额财力投入高风险的基础研发。如果产品失败了，DARPA 损失的是少量的前期投入，但依然能够积累前期获得的技术；如果产品成功了，DARPA 就完成了预定的任务，既为企业提供了经济利益，更为军方提供了能够直接在市场上大批量购买的产品，产品还能在市场竞争中进行技术迭代与升级。用 DARPA 的话说，“让一项技术能够被国防部使用的最佳方法，是先让它成为一个经济意义上的产业，这样就能够以现成的商业产品或服务形式直接提供给国防部”[31]。同时，尽管企业承担了从技术到产品的大部分研发费用，但研发出来的产品能够从市场获得经济收益，所以企业自身也没有损失，而且会有更强的动力继续参与 DARPA 的研究项目。最终，DARPA 的研究能够对整个国民经济体系的循环产生正向的经济效益，即使项目不成功，相关技术成果也“外溢”到更广泛的商业用途，使得美国的前沿技术研究处于高投入但可持续的状态。

通过这种运作方式，DARPA 作为一个强有力的机构领导美国的前沿技术开发，能够把作为公共产品的科学知识充分应用起来，使美国成为第二次世界大战后许多突破性技术创新的策源地。虽然 DARPA 每年的预算列支只有 30 亿美元左右，但每年都在运营 200 个左右的前沿技术项目，做到了“花小钱办大事”。DARPA 为美国创造了巨大的技术优势，从军事上的隐形战机、弹道导弹防御系统、数字化指挥系统、高能激光、全球定位系统（GPS）等，到从军事技术成果外溢民用的互联网、机器人和计算机软硬件及芯片制造等，都是 DARPA 的直接成果或源于它所开创的研发项目。

DARPA 是美国以国家力量促进创新的主要标志。因此，布洛克（Block）把这种模式称为“发展型网络国家”（the developmental network state）[30]，马祖卡托（Mazzucato）称之为“企业家式的国家”（the US entrepreneurial state）[32]，魏斯（Weiss）则称之为“民族安全的国家”（the national security state）。这些称呼的不同反映了学者对于美国特点的各自理解，但同时都直指这种模式的国家性质。那么，美国为什么不依靠“万能的”市场机制，而由国家设立的 DARPA 领导创新？曾任 DARPA 领导人的杜甘（Dugan）和加布里埃尔（Gabriel）回答了这个问题。他们将 DARPA 的工作性质解释为“巴斯德象限”的研究任务——具有应用导向的基础研究（见表 4）。

表 4　研究活动的四种类型

		是否有实际应用导向	
		否	是
是否需要理解基础原理	是	纯粹的科学研究 （波尔象限）	应用导向的基础研究 （巴斯德象限） DARPA 的任务领域
	否	没有意义的研究	纯粹的应用研究 （爱迪生象限）

资料来源：翻译自 Dugan and Gabriel，2013，p. 78。

杜甘和加布里埃尔说，私营企业在巴斯德象限进行研发的情况是罕见的。大多数企业的研发还是遵循线性的逻辑：探索性的基础研究→将发现转化为某种实际用途的应用研究→开发应用新技术和能够大规模制造产品的商业化。一般来说，企业认为基础研究的风险较大，所以会要求研发部门遵循公司业务单位的要求，但“公司的业务单位几乎不可能选择那些会挑战甚至威胁现有产品和服务的研究项目”，所以“大多数公司的研究预算都投入到对保持公司在现有行业中的竞争力至关重要的创新”[33]。于是，研发部门和业务单位往往相互妥协，结果是双方都做出最糟糕的工作，即落在“没有意义的研究”象限。一句话，市场机制不会自发地产生突破性创新。因此，设立 DARPA 的意义就是克服市场机制的“弊端”，以国家的力量动员“市场”的资源和科技力量，使其有意识、有组织地在巴斯德象限进行创新，从而产生带来技术优势的重大突破。

五、历史经验对于未来重大任务和特殊机构的教益

从中美两国的历史经验看，以设立特殊机构完成对于国家具有重大战略意义的任务（本文称为重大任务），是一个虽不多见但却反复出现的现象。因此，这种行动属于国家治理活动的一个特殊类别，一般出现于国家遇到重大挑战时。以这种方式执行重大任务，必然具有在全国范围内动员、利用和协调各种资源和能力完成任务的属性。因此，重大任务、特殊机构、举国体制和重大发展并不是口号用语，它们之间存在着必然的因果关系。

（一）重大任务是在政治层次上定义和提出的任务

诉诸举国体制的目的是执行和完成重大任务，那么，重大任务从何而来？从历史经验看，重大任务起源于一个国家遇到的“危机”或挑战。这些“危机”可以来自技术、经济、社会或生态等方面，但只有当它们形成对国家安全的挑战时，才会出现提出重大任务的需要。中国在极端困难条件下开发“两弹一艇一星”，美国在第二次世界大战之初的战争经济动员、曼哈顿计划以及在冷战时期保持技术优势，都是在技术或经济问题成为影响国家安全的关键时的重大任务。这些经验事实揭示了重大任务的政治性质：解决问题的“客观需要”并不自动产生重大任务（最多是必要条件），因为重大任务是在政治层次上被定义的。因此，无论是计划体制还是市场体制，都不会自发地识别和提出重大任务。例如，就中国今天面临的形势而言，在被美国“卡脖子”的关键领域（如集成电路）实现突破性发展，以及根据中国的需要开发新的大型复杂系统等都是客观需要，但它们算不算重大任务以及以什么样的方式实施，是需要由政治领导层决定的。

重大任务代表了政治领导层对于“危机”或挑战的回应，所以识别和提出重大任务是一项领导职能。因此，对重大任务的定义无法排除意识形态、政治传统等因素的影响，无法排除“误判”的可能性[①]。此外，由于定义和提出重大任务是国家行动，所以需要达到政治领导层的共识，因此而受到领导体制和政治过程的影响。我们从新中国的历史中看到，一些重大项目起源

① 例如，美国在应对苏联率先发射人造卫星的“斯普尼克危机”时，采取的战略是以加强创新来保持自己对于对手的技术领先；但现在应对中国崛起的“威胁”时，战略重点却是不择手段地阻碍对手的发展。两种不同的战略思维会影响对于重大任务目标的定义，其效果将会不同。

于个别领导人的特别关注——如聂荣臻对于核潜艇的强烈关注和建议，但他的建议仍然需要经过一个政治过程，才能使个人的认知转化为领导层的共识。但无论如何，聂荣臻关于开发核潜艇的建议能够在两天之内得到批准的事实，与其说是反映了核潜艇的重要性，毋宁说是反映了当时中国政治领导层的特征。需要指出，并非任何一个国家都能够采取完成重大任务的方式应对危机或挑战，只有那些有作为的国家或有作为的政治领导层才愿意并能够这样做①。历史经验对于今天的教训是，如果一个国家的领导层只满足于抽象的一般性号召，不去定义和提出国家面临的重大任务，那么这个国家就不会因为完成重大任务而实现重大发展。

重大任务的概念必然突破流行的政府—市场二分法框架。这个受主流经济学影响的框架以存在一个完美的市场机制为前提，然后以“市场失败”或“市场失灵”作为政府介入资源配置过程的合理依据。重大任务的概念完全超出了二分法框架的有效范围，甚至“粉碎”了它在分析政府作用上的合理性。无论是计划还是市场，作为配置资源的机制存在一个共同的局限：只能配置已有或已知的资源。但是，为应对重大危机或挑战而执行的重大任务，在任何情况下都不可能通过配置已有的资源来实现，否则提出这种任务就没有意义。因此，重大任务的目的必然是从现有的资源条件出发，创造出原来不存在的资源和能力以解决遇到的问题，即重大任务的功能就是实现突破和重大创新。完成重大任务的举国体制是不同于计划体制或市场体制的任务体制，因为重大任务的目的不是配置已有的资源，而是创造原来没有的资源和能力。

（二）设立执行重大任务的特殊机构是以举国体制动员全社会的力量

当国家的政治领导层提出重大任务时，需要设立特殊机构。这种机构的本质特征是得到国家最高决策层的授权，同时直接负责实施和完成以项目为形式的任务，并对任务的结果负责。为什么要设立特殊机构？简单的回答是完成重大任务超出了现行运行体制的能力范围。第一，重大任务是超越了现有各组织边界的大型复杂系统，由于开发大型复杂系统的必要条件是具有一

---

① 魏斯（Weiss）提出一个困惑，为什么从20世纪50年代以来的重要先进工业都起源于美国？这种变革性的创新能力从何而来？她认为，原因是美国政治领导层出于安全（霸权）的考虑，能够以国家力量的直接介入弥补市场机制的缺陷。从本文的视角看，美国的创新能力在某种意义上来自国家能够在关键时刻提出重大任务并通过设立特殊机构完成重大任务的能力。因此，“有作为的国家”指的是该国政治领导层在国家遇到重大危机时，能够以提出和完成重大任务应对挑战，而不是坐等市场机制发挥作用。

个系统集成者[34]，所以专门成立一个执行系统集成职能的机构成为必要；第二，重大任务旨在创造出一个国家原没有的“手段”（无论是技术的、工程的，还是组织的），于是需要一个执行机构能够在超越现行组织分工的更大范围内动员和协调各方面的资源；第三，重大任务影响国家命运，其成败最终由政治领导层承担责任。因此，执行重大任务的责任链条必须直接和单一，不能被现行运行体制的组织分工所模糊。总之，特殊机构的职能是以完成重大任务为目标，执行系统集成、在全国范围内动员和协调资源并对任务的执行成败负责。

对特殊机构的理解可以帮助我们澄清“举国体制”概念的限制条件：仅需要“集中力量办大事”或各方面的动员、配合（这是令人想到计划体制的理由）等说法并不足以定义举国体制，因为这些说法没有解释“举国的”力量是为什么以及怎么被集中、动员和配合起来的。实际上，市场机制也可以执行大范围协调的功能。例如，中国在发生新冠病毒疫情后能够迅速大量生产口罩，反映了中国工业体系的力量，因为生产口罩涉及石油化工提供的熔喷布、无纺布以及机械和电子工业提供的各种设备。但是，中国工业体系能够迅速转产口罩的事实不能说是举国体制的结果。本文揭示的逻辑是，无论是否存在公开的动员或任何有意识的其他安排，以特殊机构执行和完成重大任务的方式就是举国体制。在这个意义上，“举国体制”同样反映了美国同类行动的属性，尽管是一个中国的概念。回答一个有意思的问题可以证明这个命题：为什么今天在中国一提“举国体制”，人们就会想到“两弹一艇一星”（但想不起其他例子），尽管这些重大任务曾经高度保密，不为“举国”所知？答案很深刻——因为中央专委是领导和执行“两弹一艇一星”的特殊机构，而且是中华人民共和国历史上唯一的特殊机构。实际上，即使开发“两弹一艇一星”需要依靠举国的工业和科技支持，事实本身也无关举国体制，因为这些项目可以通过计划体制执行（如中央专委成立之前的状况）。但是，一旦把它们当作必须由中央专委负责完成的重大任务，开发“两弹一艇一星”就成为举国体制的壮举。虽然存在的时间不过十几年，但中央专委却成为党中央领导完成重大任务的范例。

（三）以举国体制完成重大任务是“取得重大突破，实现重大发展”的发动机

重大任务的特点是以做出有用的产品或系统为目标，项目的成败是可以评判的，而且评判标准很简单：按照项目目标做出来了就是成功，做不出来

就是失败（尽管科学和技术上的失败往往也可以留下有价值的知识和经验）。中国和美国的历史经验都证明，以举国体制完成的重大任务会带来重大技术突破，而且也会从整体上带动科学、技术和经济的重大发展。在今天中国迫切需要在重要技术领域实现突破之时，理解这个机制尤其重要。例如，目前一个流行的政策提议是把加强基础研究作为中国科技发展的方针，其理由有二：第一，中国之所以在某些领域被“卡脖子”是因为基础工作做得不够；第二，“基础研究是整个科学体系的源头，是所有技术问题的总机关”①。但是，中国目前被“卡脖子”的真正原因是曾经实行以技术引进代替自主研发的政策。中国今天的“短板”大多不是没有做过的技术，而是在依赖引进的过程中半途而废（如集成电路和大飞机）。把基础研究当作科技体系的总源头和总机关的说法掩盖了科技发展的一个基本规律：科学研究与技术发展之间以及科技发展与社会需要之间是互动关系。技术知识包括大量来自解决问题和试验、改进过程的技能和能力，不能还原为科学知识。因此，技术进步与基础研究的关系是互动的[35]——前者为后者提供问题方向、需求、手段和验证，而后者为前者提供原理性知识和扩展的可能性。一旦在技术上放弃自主研发，基础研究就变成跟随式。今天，中国许多所谓的基础研究实际上是在做验证外国人思路的工作，可以发论文，但自己很少产生新概念、新理论，也很少支持工业的技术进步。

虽然重大任务需要的基础研究和技术开发是任务导向的，但其目标是做出世界上以前没有的东西。因此，重大任务就是以举国之力推动的重大创造，需要已有的知识和经验基础，但同时也需要超越现有的知识边界，所以也是全面带动基础研究和技术开发的动力。如果当年中国不是把科技发展的重点放在“两弹一艇一星”的突破上，而是放在核物理学或空间科学等基础研究上，那么既不可能获得这些战略武器，也不利于那些基础学科的发展。基础研究之所以永远不能被定义为重大任务，就是因为知识基础并不能自动变成有用的产品或系统——在两者之间需要大量的技术和工程活动，以及把这些活动动员起来的战略和组织。实际上，技术和科学可以解决的问题是无穷多的，但现实中的技术研发和科学研究总是集中于某些方向而忽略其他方向，而对研发方向的选择是技术瓶颈、经济和社会性因素决定的[36]。如果基础研究脱离了中国技术发展和经济发展的“语境”，那么再

① 科技部、财政部、教育部等．新形势下加强基础研究若干重点举措［EB/OL］. http://finance. china. com. cn/news/20200512/5271423. shtml，2020-05-12.

投多少钱也会感到研究不足，只是因为这些研究大多无用。因此，在中国的发展遇到重大挑战之际，侈谈“自由探索”或“开放创新”，是回避矛盾的搪塞。

作为总结，我们最后指出：“以做出有用产品或系统为目标”的重大任务代表的是克服危机和战胜挑战的战略意图，而不是关于产品或系统的开发本身。例如，新中国领导人在新中国建立不到10年时就决心开发“两弹一艇”，不是因为中国已经掌握了多少能够开发它们的资源、能力（甚至连到底需要什么技术的知识都不清楚），而是因为他们决心让新中国独立自主地发展下去；美国成立旨在“创造技术意外”的DARPA，不是因为已经知道哪些是“意外”的技术，而是要创造对于冷战对手的技术优势（然后DARPA才会去思考：能不能让飞机不被对方的雷达发现？不同制式的计算机能不能被连接起来互相通信?）。因此，重大任务是从获得胜利的要求——“取得重大突破，实现重大发展”来定义和提出的，而不是从现有资源、能力的状况来决定的[37]。这样的应用导向是战略性的、进取性的和创造性的，所以重大任务、特殊机构和举国体制代表了一种以创造新的手段为目标来动员现有资源、能力的方式。无论一个国家在某一时点具备了什么样的科技和工业资源，如果这些资源不被动员起来去实现某种超过现有资源利用水平的目标，就只能积累资源而已，只能随着市场的边际价格变动而缓慢变化，但绝不会自动带来重大突破。重大任务之所以能够带来重大发展，就是因为它以举国体制支撑的更高抱负和更高目标，动员国民经济体系已经积累的资源、能力，从而创造出不这样做就不会取得的重大突破。

六、结论

中国和美国的历史经验都证明，举国体制是一种任务体制，既可以与计划体制兼容，也可以与市场体制兼容，具有自己的独特性质和作用。今天，中国政治领导层在新的社会条件下提出采取“新型举国体制”的设想，目的在于完成“取得重大突破，实现重大发展”的历史任务。虽然这个概念的确切含义尚未定义，但实际上也无须急于定义，因为它的内涵和外延都将由新的实践定义——既然“举国体制”是任务体制，那么“新型”的含义将由中国在新的历史时期所完成的重大任务及其采用的方式来定义。本文基于历史经验，至少可以指出中国在目前阶段有必要采取新型举国体制的两个原因。

第一，中国经济发展的方向必须在政治层次上决定，而不能由市场决定。

原因很简单，市场本身从来就没有方向，因为作为市场信号的价格边际性变动远不足以反映国民经济长期变化的结构性问题，何况任何信号也只有通过经济主体的决策才有用。实际上，中国在政治上定义的经济发展目标已经明确，就是实现“民族伟大复兴”和“全面建成社会主义现代化强国”。在外部力量企图阻碍中国实现这些目标的压力越来越大的条件下，政治领导层的远见、抱负和领导力对于中国的经济发展是关键性的。

第二，实现重大发展必须在利用市场机制的同时采用其他的机制。市场机制是重要的，可以通过竞争优胜劣汰、引导短期资源配置以及鼓励自发的创造性等。但是，市场机制不能自动带来重大突破，不能自动实现经济发展所要求的结构性重大变化。因此，中国仍然需要采用以举国体制完成重大任务的机制。就一般性原则讲，新型举国体制应该是由国家牵头采取某种合作行动的“体制”，使政府、企业以及其他社会主体能够为实现某种具有总体价值的目标而采取有协调的合作行动，其根本特点是把一国之内社会分工不同、性质不同的行动主体动员起来，以完成任何一类行动主体都不可能单独完成的任务。在参与这个过程时，每个经济行动者（无论是政府还是企业，也无论是国有企业还是民营企业）都保持着独立于其他行动者的经济利益，而且这种利益得到正式制度的保护。因此，市场机制也是新型举国体制的一个组成部分。

如果今天的中国再次需要完成重大任务，就再次需要设立特殊机构。但是，今天重大任务的特性会发生变化，对特殊机构的要求也会相应发生变化。一个重大变化是特殊机构必须更多地直接面对“市场”，并以更开放的方式（如“揭榜挂帅”）动员全社会的力量。美国设立特殊机构的历史经验更丰富，所以也存在值得中国学习的地方。如 DARPA 虽然是国家设立的特殊机构，但它的主要工作人员却来自“市场”，而不是职业官员。这种组织方式不但看不出在政府与市场之间存在“鸿沟”，反而可以看出政府与市场之间的“融合”。如果未来中国再次设立特殊机构，也应该在组织形式上做出创新，但永恒不变的是政治领导层定义和提出重大任务的远见，以及执行任务的意志和对结果的高度责任感。

正如本文考察的中美两国历史经验所证明的，对国家发展挑战最大、最艰巨的阶段，也是最有可能产生重大创新的阶段——技术如此，组织如此，制度也如此。因此，在党中央领导下采取新型举国体制的历史任务就是在中国崛起的关键阶段，创造性地“取得重大突破，实现重大发展”。

参考文献：

［1］路风．新火［M］．北京：中国人民大学出版社，2020.

［2］《当代中国》丛书编辑部．当代中国的核工业［M］．北京：中国社会科学出版社，1987.

［3］聂力．山高水长：回忆父亲聂荣臻［M］．上海：上海文艺出版社，2006.

［4］张爱萍．张爱萍军事文选［M］．北京：长征出版社，1994.

［5］毛泽东．毛泽东军事文集：第六卷［M］．北京：中央文献出版社，1993.

［6］中共中央文献研究室．刘少奇年谱 1898—1969：下卷［M］．北京：中央文献出版社，1996.

［7］罗瑞卿．罗瑞卿军事文选［M］．北京：当代中国出版社，2006.

［8］中共中央文献研究室．周恩来年谱 1949—1976：中卷［M］．北京：中央文献出版社，1997.

［9］宋炳寰．中央十五人专门委员会成立的经过及后来的调整和扩大［J］．钱学森研究，2018（1）.

［10］奚启新．钱学森传［M］．北京：人民出版社，2011.

［11］何立波．中央专委与两弹一星［J］．党史文苑（纪实版），2012（11）.

［12］中共中央文献研究室．周恩来年谱 1949—1976：下卷［M］．北京：中央文献出版社，1997.

［13］怀国模．在新的中央专委领导下实现跨越发展：我的军工生涯：九［J］．中国军转民，2014（11）.

［14］孟戈非．未被揭开的谜底：中国核反应堆事业的曲折道路［M］．北京：社会科学文献出版社，2002.

［15］周均伦．聂荣臻年谱［M］．北京：人民出版社，1999.

［16］杨新英．彭士禄传［M］．北京：中国青年出版社，2016.

［17］刘华清．刘华清回忆录［M］．北京：解放军出版社，2004.

［18］彭子强．奇鲸神龙：中国核潜艇研制纪实［M］．北京：中共中央党校出版社，2005.

［19］董学斌，贾俊明．倚天：共和国导弹核武器发展纪实［M］．北京：西苑出版社，2009.

［20］MORGAN T D. The industrial mobilization of World War II：America goes to war［J］. Army History，1994（30）：31-35.

［21］LEVINE D. Administrative control techniques of the war production board［J］. Public administration review，1944，4（2）：89-96.

［22］TUTTLE W M. the birth of an industry：the synthetic rubber ‘Mess’ in World war I

[J]. Technology and culture, 1981, 22 (1): 35-67.

[23] Wendt P. The control of rubber in World War II [J]. Southern Economic Journal, 1947, 13 (3): 203-227.

[24] 王绍光. 没有退路就是胜利之路: 上: 芯片危机与橡胶危机 [J]. 经济导刊, 2020 (9).

[25] 莱斯利·格罗夫斯. 现在可以说了: 美国制造首批原子弹的故事 [M]. 钟毅, 何伟, 译. 北京: 原子能出版社, 1991.

[26] BONVILLIAN W B. Power play: the DARPA model and U. S. energy policy [J]. The American interest, 2006 (2): 39-49.

[27] MOWERY D C, ROSENBERG N. Paths of innovation: technological change in 20th-Century america [M]. New York: Cambridge University Press, 1998.

[28] BARFIELD C. Science for the twenty-first century: the bush report revisited [M]. The AEI Press, 1997: 1-23.

[29] FUCHS E R H. Cloning DARPA successfully [J]. Issues in science and technology, 2009, 26 (1): 65-70.

[30] BLOCK F. Swimming against the current: the rise of a hidden developmental state in the united states [J]. Politics & society, 2008, 36 (2): 169-206.

[31] WEISS L. America Inc.? Innovation and enterprise in the national security state [M]. Cornell University Press, 2014.

[32] MAZZUCATO M. The entrepreneurial state: debunking public vs. private sector myths [M]. Anthem Press, 2013.

[33] DUGAN R E, GABRIEL K J. Special forces' innovation: how dARPA attacks problems [J]. Harvard business review, 2013 (10): 76-84.

[34] PRENCIPE A, DAVIES A, HOBDAY M. The business of systems integration [M]. Oxford University Press, 2003.

[35] ROSENBERG N, NELSON R R. American universities and technical advance in Industry [J]. Research Policy, 1994, 23 (3): 323-348.

[36] ROSENBERG N. The direction of technological change: inducement mechanisms and focusing devices [M]. in NATHAN ROSENBERG, Perspectives on Technology. Cambridge University Press, 1976: 108-125.

[37] HOBDAY M, DAVIES A, PRENCIPE A. Systems integration: a core capability of the modern corporation [J]. Industrial and corporate change, 2005, 14 (6): 1109-1143.

我国企业发展政策的历史逻辑与未来取向

张文魁

国务院发展研究中心

摘要： 新中国建立后很长时期实行路线性区分与战略性倾斜的企业发展政策，这是由历史逻辑决定的。改革开放以来，搞活国有企业一度是企业发展政策的主题，但随着时间的推移，促进非国有企业发展政策的重要性日益凸显。从时代趋势看，我国企业发展政策的未来取向将是如何维护企业之间，主要是不同所有制企业之间，以及内外资企业之间的公平竞争。不过，要真正实现公平竞争并不容易，未来还面临四大政策难点，“竞争中性”也不能根本解决这些问题。赋予反垄断、反不公平竞争有关规定以可诉性，加强法庭建设，提高接诉和审理能力，非常有助于新的企业发展政策的实施。

关键词： 企业发展　所有制　公平竞争

新中国建立以来，我国经济增长所取得的巨大成就，学术界已经有了许多分析和解释，但从企业群体的发展和从企业发展政策的角度认识成就的文献较少。直观看，一国经济增长有良好表现，一定是该国有一个“争气”的企业群体，使得产业体系得以建立并日具竞争力，使得国内生产总值不断增加。毫无疑问，经济增长的微观基础是企业，而缺乏对微观基础的分析，就难以对经济成就有到位的认识。本文将说明，我国即使在计划经济时期和受到“左倾”思维影响的一些时段，政策上也大体重视企业群体的建设，不过那时的企业一般叫作厂、矿、店、社等，当然也不是市场经济意义的真正企业；而改革开放以来，企业发展政策的巨大转折，促进了百业兴旺和经济起飞。未来，我国要顺利实现第二个百年奋斗目标，主要着眼点应该放在企业发展政策的深入调整上，而不是放在宏观政策频繁操作和产业政策制定实施上。

注：本文原载《管理世界》2021年第12期。

一、企业发展政策重于宏观政策和产业政策

企业发展政策，是指对企业群体的整体发展有重要影响的政策，包括企业设立与消亡、资本与股份、责权利配置方面的政策，以及准入、税费、融资、雇佣方面的政策，还有企业与政府之间的关系、企业之间的关系等方面的政策。尽管由于企业发展政策常以登记注册、财税金融、人力资源、社会保障、产业组织、科技创新等政策的面目出现，许多人并不能感受到独立的、系统化的企业发展政策的存在，但这并不影响企业发展政策在经济政策体系中的地位。当然，这里所谓的企业，并不仅限于公司制企业、其他经营性法人组织、合伙制企业等，也可以包括我国的个体工商户。这种定义，符合学者的研究范畴和社会大众对企业的理解。

遗憾的是，在经济政策领域，货币、财政等宏观层面的政策是关注的焦点，产业政策被当成中观层面政策也很受青睐，而微观层面的企业发展政策往往被视为微不足道，较少得到讨论。或者，企业发展政策被产业政策及其他政策所包罗、所掩盖，从而其独立性和基础性地位被忽视。

从经济增长的原理和经济发展的历史看，企业发展政策重于宏观政策和产业政策。工业革命以来，虽然是科技革命导致的创新浪潮促进了现代经济增长，但毫无疑问，大量涌现的企业才是创新主体和增长主体，而宏观政策和产业政策不过是对这些主体进行调节和引导的杠杆。事实上，有不少国家，宏观和中观杠杆摆在那里，但由于缺乏庞大的、活跃的企业主体群，杠杆成了摆设，经济增长自然乏力。美国经济学家罗德里克、日本经济学家大野健一等人论述了在企业部门羸弱的情况下，宏观政策和产业政策将会沦为“空调”政策。他们认为，即使货币政策和财政政策得当、产业政策和贸易政策就位，但如果没有通过有力措施促进大量企业的形成和发展，所期望的经济增长仍然不会出现[1,2]。欧盟的一份智库研究报告更是强调，国家竞争力从根本上说取决于这个国家是否有一个强劲的企业部门，而宏观政策、产业政策等只是起到辅助作用[3]。在实际中，很容易看到，一个地方的企业数量多、实力强、经营活跃，其经济就会繁荣，民众的就业机会和经营机会就多，政府也更容易增加财政收入并因此而改善基础设施和公共服务。因此，对于抱有繁荣当地经济的愿望的政府而言，如何促使当地有数量更多、实力更强、经营更活跃的企业群体，以及促使企业群体更多地发展生产并创造价值是一项基础性政策。

在当今时代，企业发展政策比宏观政策和产业政策更具重要性。由于新一轮科技革命正在快速推进，创新正在成为最重要的增长引擎，企业的创新能力、企业家的创新精神越来越成为经济增长的决定性因素，企业群体的行为越来越具有主动性。由于经济全球化趋势总体上仍然难以逆转，不仅企业之间的国内竞争，而且全球竞争都需要更清晰、更一致的规则来引导，二十国集团（G20）、经济合作与发展组织（OECD）、世界贸易组织（WTO）等国际组织，以及全面与进步跨太平洋伙伴关系协定（CPTTT）等国际协定，必定会更多介入企业发展政策的讨论和制定。完全可以说，企业发展政策应该也必将回到聚光灯下。

二、新中国建立后长时期的路线性区分与战略性倾斜政策

分析新中国建立后一段时期里的企业发展政策，无疑具有挑战性，也可能具有争议性。虽然存在思想认识局限，但那时的政府对如何提高厂矿、店铺的生产经营积极性，对如何兴办更多的厂矿、店铺，是高度重视的。这未必谈得上是系统化的企业发展政策，更多的是出于一种常识和直觉。即便是新中国建立后不久就推行的对农业、手工业和资本主义工商业进行社会主义改造的政策，本意当然是促使各生产经营单位焕发积极性，而不是相反。中央文献研究室的文献显示，1953 年，毛泽东在讨论《关于利用、限制和改造资本主义工商业的若干问题》报告时说，社会主义、半社会主义经济的劳动生产率大大提高，这一点已经清清楚楚地给人民看到了；为什么社会主义经济比较好？就是劳动生产率比较高，技术提高得快，生产发展得快，又快又好[4]。当然，在实际当中，“又快又好”是不是泾渭分明是另外一回事。基于这样的判断，毛泽东明确指出，对企业的政策就是“有所不同，一视同仁”。首先是有所不同，公有制企业是社会主义的，是经济中的领导者，私营企业是资本主义的，是经济中的被领导者，对它们的政策就应该有所不同；其次是一视同仁，就是在劳动生产率提高、经济核算、工资待遇、劳动条件等方面，对公私企业的要求是一样的。

自然而然的，国家确立了路线性区分的企业发展政策。即公有制经济单位，包括国有经济单位和集体经济单位，应该大力发展；私有制经济单位，主要是私营企业，即使可以在一定时期内存在，也对它们施行了很多限制性政策，例如，在原材料供应、销售渠道和销售价格等方面进行限制。而外资企业，当时几乎不存在。此后实行社会主义改造，则通过分红、定息等赎买

政策，将私有制企业改造为公私合营企业和公有制企业。资料显示，1956 年初，全国原有资本主义工业企业 8.8 万户，到年底，99%实现了所有制改造，其中极少数转为地方国营企业，大部分组成了 3.3 万户公私合营企业，此后又对公私合营企业进行了改革、改组和调整公私关系①。同时，国家兴办了大量的公有制企业。不但中央和各级地方政府兴办了很多国营企业，更值得一提的是，国家也鼓励基层区政府和街道、公社、大队积极兴办工厂，从而涌现了大量的农具厂、纺织厂、服装厂、陶瓷厂、食品厂等集体所有制企业。例如，山西省沁县长治区于 1958 年发起了一个声势浩大的全党全民办工业运动，截至当年 5 月，该区兴建、扩建并已投产的各种小型工厂有 4 739 个，其中小肥料厂 1 094 个，小型农具修造厂 525 个，榨油、酿酒等副食品加工厂 435 个[5]。在“大跃进”时期，各种各样的“大办”搞成了不切实际的运动，出现了大量的过火和虚假、荒唐的现象，许多“大办”出来的企业，特别是社队企业，后来因经营无方、管理不善而停产关闭。

与此同时，国家对一些重要行业和重点企业，实行战略性倾斜政策，即对它们的发展，在资金提供、能源和原材料供给、交通运输保障、建设项目审批等方面，大开绿灯，优先办理。在 20 世纪五六十年代，国家将重工业视为战略性行业，所以将有限的国家资金，重点向重工业领域进行倾斜，大力扶持一些重工业行业的发展，重工业国有企业自然集各种支持政策于一身。1953 年，国家开始实施第一个五年计划，具体任务是，建立社会主义工业化的初步基础，进行以重工业为主的工业建设。文献显示，当时苏联和东欧国家援建的 156 个重点工业项目，主要是能源、金属、化工、机器设备、汽车、拖拉机等重工业项目；在工业基本建设投资中，制造生产资料的投资占比 88.8%，制造生活资料的投资占比为 11.2%[6]。显然，重工业获得了战略性倾斜政策的对待。这种战略性倾斜政策并没有随着“一五计划”的结束而终止，而是持续了很长时间，特别是在 1958 年前后，国家还把钢铁工业作为重中之重进行扶持，当时有“钢铁元帅升帐”的说法，就是希望我国钢铁等重要产品的产量，在十几年甚至几年之内超过英国、追赶美国，所以一时兴起了全民“大炼钢铁”的热潮。当然，全民炼钢是特定时代的产物，造成了巨大的浪费、损失和后遗症。除了钢铁、能源，其他重工业，包括机械、造船等行业，以及军工行业，都曾经是战略性倾斜政策的受惠者。这些行业的企

① 中央工商行政管理局、中国科学院经济研究所编：《中国资本主义工商业的社会主义改造》，1962 年。

业自然近水楼台先得月。

新中国建立后很长一段时间里，我国的大型企业绝大多数是重工业企业，而且以中央兴办和管理的国有企业为主；而轻工业企业，大多数是中小型企业，以地方兴办和管理的国有企业为多，一些还是集体企业。那些大型重工业企业，也是工资高、福利待遇好的企业，而中小型轻工业企业，工资福利差一些。所以，当时很多人愿意到重工业企业工作。当然，轻工业企业的职工待遇，即使比不上重工业企业，但也比农民好得多，所以农民如果能到轻工业企业当工人，哪怕是到街道集体企业当工人，也是“鲤鱼跳龙门”的天大好事。因此，产业倾斜也是待遇倾斜、福利倾斜，当时讲“三大差别”，即城乡差别、工农差别、脑体差别，实际上并不完整，因为轻重工业之间也存在巨大差别。过度的倾斜性政策一度造成严重的行业比例失调，轻工行业，特别是与老百姓日常生活密切相关的轻工行业，被战略性倾斜政策所挤压，一些轻工产品的市场供给出现了严重短缺。

即使到了改革开放时期，尽管国有企业和非国有企业的路线性区分逐步弱化，但政策支持和资源获得的差别性待遇仍然存在。更重要的是，战略性倾斜政策，借助于国家规划和产业政策的新形式，仍然得到维持，并在客观上对国有企业起到支持性作用。自 20 世纪 80 年代以来，因为指令性计划不断弱化，企业的自主经营和自主竞争机制不断强化，导致五六十年代通过资金笼子等方式实现的倾斜政策越来越难以为继，国家便转而通过指导性计划和五年规划，以及对投资项目审批和对金融资源、重要物资的掌握实行倾斜性支持。此后，又通过产业政策实行倾斜性支持。1985 年，党的全国代表会议通过的《中共中央关于制定国民经济和社会发展第七个五年计划的建议》，首次把产业政策推上了台面，该建议指出：“要把汽车制造业作为重要的支柱产业，争取有一个较大的发展。”1989 年，国务院颁布的《关于当前产业政策要点的决定》，是我国第一部系统性的产业政策，列出了需要重点支持和需要严格限制的产业乃至产品，并提出要通过计划、财政、税收、信贷、外贸和外汇等手段实施产业政策。

在所有获得产业政策的倾斜性支持的行业中，汽车行业很具代表性。如果说 1985 年的第七个五年计划仅把汽车行业作为一个整体进行倾斜性扶持的话，那么到了 1994 年，国务院颁布的《九十年代国家产业政策纲要》就开始有选择地扶持汽车行业中的某些重点企业，这是典型的“挑选赢家”的政策。该政策纲要明确提出：“汽车工业要尽快形成少厂点、大批量的生产体制和国际竞争力。”同年，国家有关部门发布实施了《汽车工业产业政策》，更加明确地提出，要支持 2~3 家汽车生产企业迅速成长为具有相当实力的大型企业，6~7 家汽车生产企业成为国内的骨干企业。这个文件还列出了倾斜性支持的具体政策，例如，固定资产投资方向调节税为零税率，优先安排股票和债券的发行与上市，银行在贷款上给予积极支持，在利用外资计划中优先安排利用境外资金等。根据汽车产业政策有关文件的精神，政府部门选择了“三大三小”汽车企业进行重点扶持，“三大”是国有企业，“三小”是国有企业兴办的外资项目。此时的产业政策显然对民营企业缺乏眷顾。即使到了 21 世纪，汽车行业还在实行倾斜性支持的产业政策。2004 年，国务院又颁布了新世纪的《汽车产业发展政策》，虽然强调要坚持发挥市场配置资源的基础性作用与政府宏观调控相结合的原则，但也继续提出，要提高产业集中度，避免散、乱、低和重复建设，通过市场竞争形成几家具有国际竞争力的大型汽车企业集团。

类似的倾斜性支持政策，也存在于一些被政府认为具有战略重要性的行业当中。钢铁行业即使在改革开放之后，仍然受到国家的高度重视。除了在 20 世纪 80、90 年代制定的有关计划和规划外，2005 年，国家还专门颁布了《钢铁产业发展政策》，把钢铁产业定位为国民经济的重要基础产业和国家实现工业化的支撑产业，提出要提高产业集中度，企业数量要实现较大幅度减少。这份产业政策的具体措施是，对重点项目给予税收、贴息、科研经费等政策支持，鼓励有条件的大型企业集团进行跨地区的联合重组等。不难看出，这样的产业政策有利于在位的国有大型企业，不利于新挤入的民营企业。

汽车产业和钢铁产业只是缩影。其他重要的重工业行业，在改革开放后很长时期里，也享受了倾斜政策的支持。例如，在全球金融危机后，2010 年我国制定了十大产业调整与振兴规划。十大产业分别为钢铁、汽车、船舶、石化、纺织、轻工、有色金属、装备制造、电子信息以及物流业，其中绝大部分是重工业行业。纺织、轻工、物流虽然也列入其中，但受到重视的力度远不如重工业行业和电子信息行业。文献显示，1978—2009 年，我国政府部门颁发的政策法规共有 1 300 多个，平均每年 40 多个，大多数都涉及产业政策和倾斜性支持措施，其中关于汽车工业的重要政策法规有 20 多个[7]。

在战略性倾斜政策的支持下，汽车、钢铁、船舶、石化、装备制造、电子信息等行业的企业，特别是国有大型企业、重点企业，容易在项目核准、土地征用、贷款获取等方面获得政府支持，并能享受到税收优惠。也就是说，不同行业的企业，甚至同一行业内不同规模、不同所有制的企业，受到了不同的政策待遇，企业之间难言平等竞争、优胜劣汰。

对战略性倾斜政策的是非功过，存在很大争议。特别是以产业政策等方式实施战略性倾斜政策，并不是我国的独创。我国的产业政策以及相关举措，有很大部分是学习借鉴日本、韩国等国家的结果。随着时间的推移，越来越多的人认识到，市场机制在产业发展和经济增长方面发挥了更好的作用，而倾斜性政策，即使以产业政策的面目出现，也往往事与愿违，而且会引起一些严重的副作用和后遗症。学者的研究表明，20 世纪 70 年代之后，更多人支持“横向的”，或者称为“功能性的”产业政策，这类政策的主要特点是最大限度地发挥市场机制的作用，政府应该通过向社会提供信息等方式诱导产业发展，而不是选择一些重点企业进行差别化扶持[8]。

三、改革开放以来搞活国有企业和发展非国有企业的政策

在 20 世纪 70 年代末，改革开放刚启动的时候，国有经济在我国经济中所占比重在 80%左右，其余约 20%为集体经济，非公有制经济几乎可以忽略不计。因此，那个时期的国民经济是否可以搞活，主要取决于国有企业是否可以搞活。很自然，搞活国有企业是当时企业发展政策的主旋律。

搞活国有企业的政策最开始是放权让利，即政府部分地将决定企业生产品种、产量、价格等权利放给企业，允许企业在完成政府计划的前提下根据市场需求扩大生产和确定价格，相应增加的利润主要留在企业用于资本再投入和给职工发奖金。1979 年的《关于扩大国营工业企业经营管理自主权的若干规定》，1981 年的《关于实行工业生产经济责任制若干问题的意见》，1984 年的《关于进一步扩大国营工业企业自主权的暂行规定》，1986 年的《关于深化企业改革增强企业活力的若干规定》，1988 年的《全民所有制工业企业承包经营责任制暂行条例》，构成了放权让利的政策脉络。1992 年，国务院颁布了《全民所有制工业企业转换经营机制条例》，规定国有企业拥有 14 项自主权，标志着放权让利政策走上顶峰。

由于放权让利政策存在副作用，并且难以从根本上解决国有企业活力不足的问题，所以到 20 世纪 80 年代后半期，国有企业的股份制改革试点逐步扩大。1992 年党的十四大之后，特别是 1993 年党的十四届三中全会之后，国有企业股份制改革政策可以说是当时最重要的企业发展政策。那个时期推行现代企业制度试点，核心内容就是实行股份制，以及由此引申出来的国有资产代表机构的建立、董事会制度的确立等政策。

20 世纪八九十年代，尤其是 90 年代，我国的企业发展政策也发生了一些

微妙但又十分重要的变化，即在实施搞活国有企业政策的同时，也开始考虑如何发展非国有企业。一方面，许多国有企业，特别是中小国有企业，并没有被政策搞活；另一方面，日渐崛起的乡镇集体企业，不断发展壮大，展现了较强活力，并对国有企业形成一定的挤压之势，而且外资企业在国民经济中的比重有较大幅度提高。更令人关注的是，私营企业也在基层土壤中萌芽并顽强生存，一些私营企业为了回避社会争议和政策扼制而戴上了集体企业的“红帽子”，甚至有不少乡镇集体企业本来就是私营企业。由于那时国有经济总体上比较困难，而非国有企业自发兴起、自主发展，在客观上又促进了生产、就业，活跃了市场、民生，所以国家开始调整企业发展政策，一方面注重推行国有经济布局和结构调整，推进国有企业的股份制改革；另一方面又注重允许、鼓励私营企业等非国有企业发展。

1997 年，党的十五大是政策转变的里程碑。党的十五大提出，要从战略上调整国有经济布局，采取包括股份合作制和出售在内的多种形式加快放开国有小企业的步伐。党的十五大还提出，公有制为主体、多种所有制经济共同发展，是我国社会主义初级阶段的一项基本经济制度；对个体、私营等非公有制经济要继续鼓励、引导，使之健康发展。在世纪之交的约 10 年时间里，我国出台的企业发展政策的大部分内容，都围绕两个方面。

国有经济布局与结构调整、国有企业股份制改革的有关政策，在 21 世纪初的几年里，非常密集地出台，也非常迅速地推行。在轻纺工业领域，许多国有企业，特别是中小国有企业，进行了改制、重组，或者进行了破产、关闭。即使在重化工业领域，也有不少国有企业，包括大中型国有企业，推行了混合所有制改造和上市、重组等方面的改革。经过这样的改革和调整，不但国有企业户数大幅度减少，国有企业机制显著市场化，而且几乎所有行业的国有资本与非国有资本比重发生巨大变化，非国有资本大踏步进入了许多从前难以进入的行业。到 21 世纪第一个 10 年结束时，钢铁、有色金属、汽车、造船、石化、重要装备等行业都有了一些规模较大的民营企业，尽管它们还不能平等地与国有企业进行竞争。显然，国有经济改革与重组政策的推行，与重要行业对非国有资本开放政策的推行是联系在一起的。

随着大量中小国有企业改革的完成，以及随着客观形势的变化，国有企业改革逐渐不再成为政策重点。相反，国有经济出现了重新扩张的现象。根据一些研究，2008 年前后似乎是一个转折性时段。首先，国企数量由降转升，国有企业的户数改变了自 1990 年以来一直减少的趋势，从 2008 年开始持续增加，到 2017 年恢复到了 2000 年前的数量；其次，国有企业的资产总额增速突然加快[9]。之所以出现这种情况，主要是因为经过十几年的“抓大放小”改革，大量困难国有企业已经重组、关闭、转制，国有资产质量和盈利水平有了明显提高，国有部门在卸下包袱后有了重新扩张的愿望和能力，而且国有企业改革过程中是否存在严重的资产流失也受到了广泛关注和争论。同时，宏观经济步入周期性上升通道，给各种所有制企业都提供了大发展、大扩张的历史性机遇。在这种情形下，既然国有企业改革不再是企业发展政策的重点，而发展十分迅速、所涉行业日益宽泛的民营企业，在推动经济增长、促进产业发展、提供就业机会、增加财税收入方面都发挥着越来越重要的作用，因此，要不要以及如何促进民营企业发展壮大，就成为企业发展政策的重头戏。

2005 年，国家出台的《关于鼓励支持和引导个体私营等非公有制经济发展的若干意见》（老 36 条），是促进民营企业发展的标志性政策。2010 年，国家又出台了《关于鼓励和引导民间投资健康发展的若干意见》（新 36 条）。两个“36 条”政策的具体内容包括：放宽市场准入，例如允许非公有资本进入垄断行业和公用事业、基础设施、社会事业、金融、军工等领域；鼓励非公有制经济参与国有企业重组；加大对非公有制企业的财税、信贷、上市融资的支持，提高对非公有制企业的贷款比重；清理和修改不利于民间投资的法规政策，切实保护民间投资者的合法权益；培育和维护平等竞争的投资环境，简化政府审批，提高行政服务效率等。许多地方政府也制定了不少促进民企发展的政策。

促进民营企业发展壮大的诸多政策，包括四个方面的内容。第一，放松政府管制，放宽行业准入，绝大多数行业都允许民营资本进入，并且要努力打破隐形的“玻璃门”，反复无常的“旋转门”；第二，在进一步完善市场机制、深化政府职能改革的基础上，促进民营企业在资源、要素的获得方面，在政府监管方面，享有与国有企业一样的待遇；第三，保护民营企业及其经营者的产权和各项合法权利；第四，针对量大面广的中小民营企业，给予一些扶持。

到 21 世纪第二个十年，我国民营企业在经济增长、就业、税收、出口乃至科技创新方面的贡献，渐次超越了国有企业。文献显示，1978 年，全国没有一家私营企业，个体工商户也只有 15 万家；而到了 2016 年，全国私营控股法人达到 1 254 万家，国有控股法人只有 31 万家，个体工商户则超过 6 000 万家[10]。此时，尽管国有企业仍然被定位为“国民经济的主导”，但在某些方面民营企业发挥着更大的作用。

在这一时期，国家也逐渐调整了外资企业发展政策。改革开放伊始，我国开始允许境外资本在境内设立企业进行经营，总的政策思路是“税收优惠，行业限制”，即普遍给予税收优惠政策，但可以进入的行业有许多限制，国家比较鼓励外资进入可以出口创汇的行业。此外，在进出口、外汇使用以及基础设施配套等方面享有一些“超国民待遇”。21 世纪以来，随着我国加入 WTO，内外资企业在税收方面的政策实现并轨，内资企业自主权提高也导致外资企业在其他方面的“超国民待遇”逐步消失，但对外资开放行业却越来越多，国家通过发布《外商投资产业指导目录》规范和引导外资流向。尽管由于“十三五”时期我国利用外资的增速显著下滑，国家在“十四五”期间连续颁发了《关于扩大对外开放积极利用外资若干措施的通知》等四个稳外资文件，但总的看，政策还是朝着“国民待遇”的方向前进。2017 年，党的十九大还提出“全面实行准入前国民待遇加负面清单管理制度，大幅度放宽市场准入”。值得注意的是，随着国际形势的变化，我国对发展和安全进行统筹考虑的意识空前强化，2021 年，国家开始施行《外商投资安全审查办法》，此外我国的反垄断执法也越来越严厉，所以未来对外资企业的安全审查、反垄断调查应该会增多。

四、保障企业在绝大多数行业的公平竞争是未来的政策取向

即使政府日益将企业发展政策的重点放在非国有企业身上，但相关政策在实际当中的推行，仍然遭遇到严重障碍。虽然被认可为国民经济的“重要组成部分”，但并不意味着非公有制企业可以获得与国有企业完全一样的平等待遇。一方面，国有企业与政府之间存在天生的纽带，政企关系如何理顺，怎样才算理顺，一直是一个令人困惑的难题；另一方面，公有制经济带有正宗的社会主义性质，在基本经济制度中居于“主体”地位。因此在现实当中，如果国有企业在市场准入、权益保护、要素获得、监管对待等方面比非国有企业获得更优越的待遇，并不奇怪。在国家安全得到日益重视的情况下，政府更加信任和依靠国有企业，并对外资投资进行一些审查，也是自然的结果。

但是，我国在战略上已决定要建立更加完善的社会主义市场经济体制，并实行更高水平的对外开放。总体而言，除了极少数特殊情况外，不管是什么样的所有制，企业之间原则上应实行平等竞争、优胜劣汰，而不是对各种所有制进行不同的定位并分别制定不同的政策，这才是完善的市场经济体制和高水平的对外开放的题中应有之义。

学术研究成果显示，在一个市场化不断推进、全球化不断深入的环境中，公平的市场竞争——不是各式各样的差别化扶持政策——更加有利于促进创新，更加能够促进高质量和可持续的经济增长。阿吉翁等经济学家利用我国工业企业数据进行的研究表明，市场竞争是促进我国企业部门发展壮大的关键性因素，即使政府要实行一些支持性政策，也应该面向竞争程度更高的部门，而且政策的重点应该是引导企业之间进行更多的竞争和更多的创新，这样才能促进资源向生产率更高的企业集中，从而提高经济增速和全球竞争力[11]。勃兰特（Brandt）等针对中国的研究也表明，不应有的限制竞争的政策会导致明显的竞争扭曲，从而产生资源错配，特别是资源在国有企业和非国有企业之间的错配，从而抑制了生产率上升，拉低了经济增速；如果能够消除这些竞争扭曲，中国经济增长可以有更好的表现[12]。国务院发展研究中心与世界银行的联合研究报告，阐述了增长阶段变化所导致的政策挑战，认为中国经济必将从追赶式增长转向内生式增长，而在新的增长阶段，不仅潜在经济增速会逐步下滑，而且增长的驱动因素会发生重大变化，过去所积累的产品市场和要素市场的重大扭曲，将成为经济增长的重大阻碍因素，因此企业部门的改革尤其重要，改革的核心应该是扩大非国有企业和国有企业之间的竞争，改善竞争环境的公平性[13]。一些国际机构，如经济合作与发展组织更是从企业发展政策的全球趋势角度，阐述了不同所有制企业进行平等竞争的重要性，揭示了“竞争中性”（competitive neutrality）原则将成为全球流行的一种时代潮流[14]。

我国大量的事实也表明，国有企业优先占用了很多资源和机会。在金融资源、土地资源、创新资源获取方面，在应对经营困难和经济波动风险方面，国有企业的确比非国有企业享有很大的政策优势。此外，民营企业在获得法律保护和监管待遇方面，也明显不如国有企业。也有一种声音认为，真正受到不平等待遇的，实际上是国有企业，而不是非国有企业。如国有企业的税负比民营企业更重，所承担的社会责任比民营企业更多。这种声音也有一定理由，但总的来说，国有企业导致的竞争扭曲仍然是我国经济发展中的主要问题。幸运的是，政府对解决这个主要问题的重视程度越来越高。而且随着我国内资企业的不断发展壮大，国内绝大部分产业都不太需要借助国家的产业政策和贸易政策进行保护，不惧怕外资企业的进入与正面竞争，所以政府对开放外资也持越来越积极的态度。因此，21 世纪以来，特别是 21 世纪第二个十年以来，我国企业发展政策的主题，从以前基于所有制量身定制各类企业发展政策，悄然转变为不太注重严格根据所有制制定政策，而把重点放在构建企业之间，尤其是不同所有制企业之间能够平等竞争的市场环境上，同时致力于放松和改善管制，优化营商环境，激发各类市场主体的活力和创造力。

2002 年，党的十六大报告比较具体地指出，要“放宽国内民间资本的市场准入领域，在投融资、税收、土地使用和对外贸易等方面采取措施，实现公平竞争”。“创造各类市场主体平等使用生产要素的环境”。2003 年，党的十六届三中全会通过的《中共中央关于完善社会主义市场经济体制若干问题的决定》强调：“非公有制企业在投融资、税收、土地使用和对外贸易等方面，与其他企业享受同等待遇。”“保障所有市场主体的平等法律地位和发展权利。”2007 年，党的十七大提纲挈领地指出，要“形成各种所有制经济平等竞争、相互促进新格局”。在这些大政方针的指引下，企业之间，包括各类所有制企业之间开展公平竞争，也开始嵌入法治进程中。2007 年，经过近 20 年的漫长立法历程，我国颁布了《反垄断法》，该法明确指出，要预防和制止垄断行为，以保护市场公平竞争，提高经济运行效率，维护消费者利益和社会公共利益，促进社会主义市场经济健康发展。这部法律还明确规定，国家设立反垄断委员会，该委员会的职责之一就是研究拟订有关竞争的政策。这是我国首次将“竞争政策”纳入法律视野。

进入 21 世纪第二个十年，构建各类所有制企业公平竞争的发展环境，成为企业发展政策的最强音。2012 年，党的十八大指出：“保证各种所有制经济依法平等使用生产要素、公平参与市场竞争、同等受到法律保护。”2013 年，党的十八届三中全会通过的《中共中央关于全面深化改革若干重大问题的决定》，首次完整地提出了“国家保护各种所有制经济产权和合法利益，保证各种所有制经济依法平等使用生产要素、公开公平公正参与市场竞争、同等受到法律保护”的政策愿景。这是一个比较完整的“三公一平一同”政策方针论述，不但涉及产权保护和公平竞争，也涉及生产要素的平等使用。2019 年，党的十九届四中全会将十八届三中全会“各种所有制经济”“平等使用生产要素”更改为“各种所有制主体”“平等使用资源要素”。2020 年，党中央和国务院颁发了《关于新时代加快完善社会主义市场经济体制的意见》，继续沿用“三公一平一同”的论述。从此，“三公一平一同”的企业发展政策基调已经完全定型。

构建各类所有制企业公平竞争的发展环境，特别是让生生不息、源源不断的民间企业家精神和民间资本以及其他民间要素，在这个环境中组合成创新力和生产力，成为这一时期我国企业发展政策的主旋律。在 21 世纪第二个十年，国家围绕放松和改善管制、优化营商环境、培育和壮大市场主体，出台了一系列政策，并取得了巨大效果。从2013年开始，国家颁发《注册资本登记制度改革方案》并修改《公司法》，开始实行商事制度改革；出台《关于促进市场公平竞争维护市场正常秩序的若干意见》，简化和取消涉企生产经营的审批，强化事中事后合理监管，大力推进“放管服”改革；出台《关于大力推进大众创业万众创新若干政策措施的意见》，持续推进“双创”；颁布《优化营商环境条例》，推进市场化、法治化、国际化营商环境建设，打造公平竞争的营商环境“高地”。在一系列政策的加持下，到2020年年底，我国有1.4亿户市场主体，其中企业达到4 000万户，绝大多数是民营中小微企业；高新技术企业和科技型中小企业近40万户，其中民营企业占多数；个体户也有近1亿户。而在2012年，我国市场主体的数量还不到6 000万户。我国企业数量的爆发性增长，绝大多数企业的规模和实力的明显增强，由此带来的许多产业的全球竞争力的提升，在路线性区分和战略性倾斜政策下是难以想象的。

可以预计，保障企业之间，主要是各种所有制企业之间，在绝大多数行业实行公平竞争，使得公平竞争环境有利于激发企业家精神和创新活力、有利于促进市场主体的不断涌现与壮大，在未来将是我国企业发展政策的基本取向。之所以说是绝大多数行业而不是说所有行业，因为还有极少数行业不可能实行各种所有制企业之间的完全公平竞争。这是可以理解也可以接受的。

实行公平竞争的企业发展政策，意味着竞争政策在整个经济政策体系中的地位空前提升。事实上，2015年，党中央、国务院颁发《关于推进价格机制改革的若干意见》，首次提出了“逐步确立竞争政策的基础性地位”。2019年，党的十九届四中全会又强调：“强化竞争政策基础地位，落实公平竞争审查制度，加强和改善反垄断和反不正当竞争执法。”很显然，国家已经明确，企业之间，特别是各类所有制企业之间，公平竞争关系是基础性关系，所有的政策和措施都应该维护和强化这种基础性关系，而不应该破坏和扭曲这种关系。

至此，我国企业发展政策的历史逻辑是清晰的，未来取向是明确的。在新中国建立后较长时期里，我国实行了路线性区分和战略性倾斜的企业发展政策，政策基调一直延续到改革开放之后。之所以实行这样的政策，国家认为，这种政策有利于快速实现工业化，有利于促进经济发展，有利于避免两极分化和国家变质，而不是相反。即使受到路线性区分的束缚和战略性倾斜的制约，国家也鼓励地方政府、基层组织“大办”国有和集体企业，以增加企业群体的数量。由此反映了国家对企业发展政策的重视，而不是轻视和忽视，尽管“大办”运动被证明是不可行的。路线性区分的束缚和战略性倾斜的政策带来的长期结果，并不令人满意。见证了改革开放以来非国有企业的不凡表现，通过一次又一次的思想解放和理论反思，也顺应了国际经贸规则的演变趋势，国家逐步实行了调整性和包容性的企业发展政策，是在调整国有经济布局和结构、推进国有企业改革的同时，容纳了民营企业、外资企业的生长和壮大，从而带来了当初未曾料想的积极效果。与此同时，以及政府理性监管意识的形成与优化，随着政府监管能力的提升与改进，国家不再过于依赖国家所有权，而是可以通过实施合理监管，保障经济和社会方面的公平性、安全性以及其他战略性目标的实现。顺理成章，国家选择了公平竞争取向的企业发展政策，决定要确立竞争政策的基础地位。无疑，这意味着我国企业发展政策的根本性转折。

根本性转折是发生于向完善市场经济体制迈进的过程中，是发展于我国产业体系的完整性和全球竞争力已实现全面提升、创新日益成为经济增长新引擎的背景下，是建立在对企业发展政策历史逻辑的深刻反思和未来趋势的正确把握上。路线性区分与战略性倾斜，在效仿苏联模式的计划经济时代，充满了诱惑力，不但因为传统的政治经济学认为，计划体制加公有制企业，可以更好地利用资源、避免浪费，可以更好地顺应经济规律，实现国家发展战略，可以更好地消灭剥削和消除两极分化，调动人民生产积极性和满足他们的需要；而且传统的发展经济学也认为，作为后发国家，要尽快实现工业化和现代化，要对发达资本主义国家进行追赶和超越，必须要借助国家的规划和政策，借鉴和拷贝先行工业化国家的产业结构演变规律，优先发展一些战略性的重点行业，主要是重化工业，特别是装备工业，并防止外资挤垮国内弱小的工业，控制国家的国计民生领域，同时应该实行强制性积累的政策而不是消费挤压投资的政策。即使到了实行改革开放、向市场经济体制转轨的时期，从日本等国传进来的产业政策理论框架与实践经验，也引导着政策制定者以新的术语、新的形式、新的手段，继续实行某些战略性倾斜政策，以保护国内幼稚产业，确立支柱产业，发展新兴产业，并达到技术进步、生产率提升方面的目标。而改革开放前后的鲜明对比，以及改革开放以来数十年的试错经验，自然引发了各级政策制定者的反思。学术界大量的理论研究和实证分析，包括一些前沿性理论的引入和传播，也促进了这种反思。随着时间的推移，经济增长越来越依赖创新驱动，下一步的产业结构不再是可以拷贝先行国家经验的已知事实，使得战略性倾斜的产业政策失去了着力点。

因此，对我国企业发展政策的历史逻辑进行更深刻、更细致的审视，是历史的必然。加快完善社会主义市场经济体制，也与高水平的、制度型的对外开放有机联系在一起。尽管全球化进程在近年来遭遇了一些反复，但是我国清醒地认识到，全球化仍然是不可阻挡的大趋势，只不过全球化会更多地涉及规则、规范、标准等制度层面的内容，其中一个至关重要的规则就是企业之间如何实现公平竞争。公平竞争不但符合国内体制改革、阶段转变的内在要求，也符合全球规则调整、机制变革的总体趋势。公平竞争取向的企业发展政策，是一种面向未来的企业发展政策。

在面向未来的企业发展政策的指引下，可以预计，我国将会有更多的维护和强化公平竞争关系的政策出台。例如，细化公平竞争审查政策，建立公平竞争抽查、考核、公示制度；修订《反垄断法》《反不正当竞争法》等法律，完善垄断、不正当竞争的认定标准，提高可实施性；制定反不当补贴、反隐性补贴等政策，并使之具有可操作性；推出深化要素市场化改革的具体政策，使各种所有制企业可以从市场上获得要素；推行更多的监管改革政策，使各种所有制企业都处于同等的监管环境之中。

五、未来企业发展政策的难点和法治解决方案

应该清醒地认识到，企业之间公平竞争的真正实现并不容易，即使在完全由同类所有制企业构成的市场环境中亦是如此，更何况在不同所有制企业之间。严格地说，市场中并不存在完全公平的竞争，甚至对公平的界定也不容易达成共识，所以国际上才有如何界定不公平补贴的谈判。我国之所以需要推动企业发展政策实现根本性转折，是因为我们必须纠正和防止不同所有制企业之间的系统性不公平竞争。20 世纪 90 年代初，我国开始形成了不同所有制企业之间平等竞争的意识，例如，1993 年，党的十四届三中全会通过的《中共中央关于建立社会主义市场经济体制若干问题的决定》明确提出，“国家要为各种所有制经济平等参与市场经济创造条件，对各类企业一视同仁”；2002 年，党的十六大报告指出，要“形成各种所有制经济平等竞争、相互促进新格局”。但过了二三十年，公平竞争仍然道阻且长。西方国家也不同程度地面临同样问题。即使在那些市场机制比较成熟、法治体系比较完善的国家，也很难对国有企业与非国有企业之间的非公平竞争进行确认和纠正。学者们比较熟知的“竞争中性”，从发源国澳大利亚，传到了 OECD 等国际组织，并被纳入全面与进步跨太平洋伙伴关系协定（CPTPP）等高标准经贸协定，但

如何确认国有企业承担各类功能的成本和合理商业回报，如何确保债务中性和补贴中性，在实际中很少能够落地。即使抛开所有制，对巨型企业的排斥竞争行为如何认定，对中小企业的弱势地位如何看待，公平竞争政策到底应该保护具体的竞争者还是应该保护竞争机制，不但存在技术上的困窘，也存在思维上的分歧。

在我国，假定技术性的公平竞争政策完全可以落地实现，也不能解决如何实现国有企业的激励结构合理化、经营者选择机制和监督机制合理化、决策权力配置合理化等根本问题。这意味着，国有企业的政企关系、公司治理几乎难有圆满的解决方案。到头来，如果既要保证国有资本广泛地分布于许多竞争性行业，并在一些行业保持控制力，又要真正实现国有企业与非国有企业之间的公平竞争，就会有逻辑上的不自洽。因此，国有企业特殊的政企关系和公司治理，与公平竞争取向的企业发展政策之间，的确存在不容忽视的张力。这就意味着，公平竞争取向的企业发展政策，不可能与国有经济改革政策割裂开来。而后者必将是一个曲折而漫长的过程。

综合看，未来我国仍然会推行公平竞争取向的企业发展政策，但将面临四个难点。

第一，国有经济布局应该如何继续调整和优化，国有企业应该如何深化改革。这是从 20 世纪 90 年代以来一直在思考和推进的议题。21 世纪以来，对这个议题又有一些新的论述。2013 年，党的十八届三中全会通过的《中共中央关于全面深化改革若干重大问题的决定》提出："国有资本投资运营要服务于国家战略目标，更多投向关系国家安全、国民经济命脉的重要行业和关键领域，重点提供公共服务、发展重要前瞻性战略性产业、保护生态环境、支持科技进步、保障国家安全。"2020 年颁布的《中共中央、国务院关于新时代加快完善社会主义市场经济体制的意见》强调："推动国有资本更多投向关系国计民生的重要领域和关系国家经济命脉、科技、国防、安全等领域，服务国家战略目标，增强国有经济竞争力、创新力、控制力、影响力、抗风险能力，做强做优做大国有资本，有效防止国有资产流失。对处于充分竞争领域的国有经济，通过资本化、证券化等方式优化国有资本配置，提高国有资本收益。"这些重要文件还强调，国有企业要完善中国特色现代企业制度，要积极稳妥推进混合所有制改革。但是在实际中，所谓关系国家安全和国民经济命脉及国计民生，所谓重要前瞻性战略性产业等，到底应该如何认识、如何界定，并不是一件容易的事情；而国有企业的混合所有制改革怎样才算既积极又稳妥，也不容易把握。

第二，对外资企业的负面清单应该缩减到什么程度，对外资的安全审查如何把握分寸。近年来，我国负面清单连续缩减，制造业、农业、金融业及能源、基础设施等领域对外资的开放程度有很大提高，并颁布实施了《外商投资安全审查办法》，将外资安全审查纳入法治轨道。的确，对外资进行适当限制是国际普遍现象和通行做法，即使我国绝大部分产业都具有较强的全球竞争力，都不太需要借助国家对外资的限制进入和限制竞争政策保护内资企业，也不可能对外资开放所有行业，并让其与内资企业进行平等竞争。问题在于，对国家安全的概念并不容易准确掌握，特别是，涉及产业链、供应链、创新链的安全性、稳定性、完整性的领域和环节到底应该如何认定，更不是一件容易的事情。因此，如何既保障国家安全，保证国内资本特别是国有资本对一些领域的主导和控制，又避免走向关门主义，避免妨害更高水平开放型经济新体制的建设，避免阻碍规则、规制、管理、标准等制度型开放的推进，将是一个不小的挑战。

第三，反垄断和反不正当竞争如何具体执法。我国的《反垄断法》和《反不正当竞争法》已经颁布实施多年，近年来还制定了互联网等领域的相关条例和规定。有关文件也强调，要完善竞争政策框架，建立健全竞争政策实施机制，强化公平竞争审查的刚性约束。不过在理论上，产业组织学说对垄断、对不正当竞争的认定存在不少争议；在实践中，相关市场、不当行为的分析也不易开展，从而给执法带来较大困扰，要么因执法太软而不能阻止垄断和不正当竞争，要么因执法太硬而伤害企业的进取和创新。此外，对于我国很受关注的行政性垄断，主要是政府部门对国有企业的显性和隐性保护，到底应该如何判定和处理，一直是一个困难的问题。

第四，政府产业政策和招商引资优惠政策如何避免与公平竞争政策相冲突。我国有多层级政府，几乎每层地方政府都有一些产业政策和招商引资政策，涉及税费优惠、土地供给和价格优惠、财政和金融支持、国资注入、政府采购、贸易关税等方面。这些政策对少数企业，特别是大型国有企业，进行倾斜性支持，因而引发是否背离公平竞争原则的质疑。2014 年，国务院颁发的《关于清理规范税收等优惠政策的通知》指出，应通过清理规范优惠政策，反对地方保护和不正当竞争；2015 年，国务院颁发的《关于税收等优惠政策相关事项的通知》提出，各地区、各部门已经出台的优惠政策，可继续执行或有条件地继续执行。从一些重要的国际经贸规则来看，产业政策和招商引资优惠政策的确可能触发不当补贴、不公平竞争等方面的争执。但是，我国政府又担负着发展产业、发展经济的重大责任，设置一些支持和优惠政策体现了一种积极进取的精神。而且，从全球范围看，其他国家，包括美国，或多或少也有一些类似的政策举措，可以说，企业之间绝对公平的竞争只是一种理想状态。因此，如何既正确发挥政府作用，合理保护地方的发展积极性，又防止这些政策严重伤害公平竞争导向的企业发展政策，且满足一些国际协定在补贴、公平竞争规则方面的要求，也是一个难点问题。

尽管存在难点，在绝大多数行业，仍然应该继续推行公平竞争导向的企业发展政策。这就需要寻找可以有效推进这项战略性政策的可能方案。许多学者都寄希望于“竞争中性”。但是应该清醒地认识到，一方面，“竞争中性”本身并不触及国有企业的机制问题，所以不可能理顺政企关系，当然就不可能真正解决政府对国有企业的不中立问题。另一方面，“竞争中性”的八项标准太过复杂，不太可能成为一套可以大范围、普遍性实施的具体政策。事实上，“竞争中性”没能在哪个国家转化为可以得到具体实施的条例。当然，也不是说“竞争中性”毫无用处。我国可以通过中欧投资协定（CAI）等高标准经贸协定，以开放促改革、促公平竞争，因为这些协定包含了一些“竞争中性”精神。

一个更加现实的解决方案，是大力推行反垄断、反不公平竞争的法治体系建设，持续不懈地厉行法治。要赋予反垄断、反不公平竞争有关规定以可诉性。要加强这个领域的法庭建设，充实审判力量，提高接诉和审理能力。特别要重视反行政性垄断，反行政性不公平竞争。也许，随着民营市场主体数量的继续迅速扩张，随着一些企业不断发展壮大并逐步成为许多行业的头部和腰部企业，在法治的引导下，10 年或 20 年之后，公平竞争取向的企业发展政策将呈现一个较好局面。

参考文献：

［1］丹尼·罗德里克．相同的经济学，不同的经济政策［M］．北京：中信出版社，2009.

［2］大野健一．学会工业化［M］．北京：中信出版社，2015.

［3］ALTOMONTE C，OTTAVIANO G. The triggers of competitiveness［EB/OL］. www. bruegel. org，2011.

［4］中央文献研究室．毛泽东年谱：第 2 卷［M］．北京：中央文献出版社，2013.

［5］崔玉华，张天才．长治区大办地方工业的几点经验［J］．山西政报，1958（17）.

［6］孙健．中华人民共和国经济史［M］．北京：中国人民大学出版社，1992.

［7］陈士华. 汽车工业［M］.//国家统计局. 新中国 60 年. 北京：中国统计出版社，2009.

［8］吴敬琏. 产业政策的研讨需要深化［M］.//吴敬琏. 比较：第 87 辑. 北京：中信出版社，2016.

［9］张春霖. 国企对 GDP 和就业的贡献有多大［J］. 中国改革，2019（5）.

［10］陈永杰（大成企业研究院）. 民营经济改变中国［M］. 北京：社会科学文献出版社，2018.

［11］菲利普·阿吉翁，蔡靖，等. 产业政策和竞争［M］.//吴敬琏. 比较：第 82 辑. 北京：中信出版社，2016.

［12］BRANDT L，ZHU X D. Accounting for China's growth［C］. IZA Discussion Paper 4764，Institute for the Study of Labour，2012.

［13］国务院发展研究中心，世界银行. 中国 2030：建设现代、和谐、有创造力的社会［M］. 北京：中国财政经济出版社，2013.

［14］OECD. Competitive Neutrality：Maintaining a Level Playing Field between Public and Private Business［EB/OL］. http：//dx. doi. org/10. 1787/9789264178953-en，2012.

改革开放以来国有企业混合所有制改革的历程、成效与展望

何　瑛　杨　琳

北京邮电大学

摘要：改革开放以来，国有企业混合所有制改革作为我国经济体制改革的重要组成部分，沿袭“探索酝酿—成长跨越—调整完善—深化加速”的演进脉络，经历“形式”混合、“资本”混合、“产权”混合阶段后进入“机制”混合阶段，整体取得了积极进步与显著成效，但囿于体制约束、机制障碍、结构欠佳、模式传统、文化差异与环境制约等现实问题，仍存在诸多深层次矛盾与不足。“十四五”时期我国开启全面建设社会主义现代化国家新征程，将在宏观经济、中观产业和微观企业三个层面转入高质量发展阶段，并通过环境驱动、宏观引领、产业优化、企业发展、外生冲击赋能国有企业混合所有制改革。立足高质量发展新阶段，国有企业混合所有制改革应在总结成就和发现问题的基础上重塑目标体系，提出“十四五”时期推进和深化国有企业混合所有制改革的发展路径。

关键词：“十四五”时期　混合所有制改革　高质量发展　分类分层改革　竞争中性

混合所有制改革是我国经济体制改革的重要举措，亦是国有企业与国有资本改革的关键抓手，对发挥国有经济战略支撑作用进而实现国家经济高质量发展具有重要作用，对全面建设社会主义现代化强国亦有不可忽视的战略意义。《中华人民共和国国民经济和社会发展第十四个五年规划和二〇三五年远景目标纲要》中，特别强调要深化国有企业混合所有制改革，对混合所有制企业探索实行有别于国有独资、全资公司的治理机制和监管制度。在此背景下，回溯国有企业混合所有制改革发展历程，梳理国有企业混合所有制改革取得的重大成就和尚存在的主要问题，在阐明国企混改与国家经济高质量发展逻辑关联的基础上，提炼国有企业混合所有制改革目标体系，并有针对

注：本文原载《管理世界》2021 年第 7 期。

性地提出“十四五”时期推进和深化国有企业混合所有制改革的路径和举措，不仅有利于在政策层面辅助完善整体设计，亦有利于在实践层面协助进行精准谋划。

一、国有企业混合所有制改革的理论解释与演进历程

混合所有制是财产权分属不同性质所有者的经济形式，是一种主体多元化的财产制度。在我国特定的经济环境中，混合所有制具有宏微观两个层面的含义：宏观层面的混合所有制是指我国经济体中所有制成分的非单一性，即在以公有制经济为主体的前提下形成公有制经济与私有制经济并存的基本格局；微观层面的混合所有制是指企业投资主体所有权性质的非单一性，即产权结构呈现国有资本、民营资本、外资资本相互交融的态势。作为我国社会主义基本经济制度的重要实现形式，混合所有制改革是国有企业改革的重要组成部分，是公有制多种实现形式的积极探索，更是国有经济与市场经济交融模式的重大突破。事实上，所有权的本质是一种利益载体，所有制则是所有权运行的制度安排，公有权与私有权的对立就是双方利益的对立，公有权与私有权的联合就是双方利益的统一，混合所有制改革在国有企业中形成了一种更具兼容性的所有权运行制度安排，一方面借助非公有制活力促使市场机制在国有企业中发挥积极作用；另一方面在打开国企改革突破口的同时，推动了优化非公有制经济发展环境的增量改革，对于充分发挥多元经济成分比较优势进而合理配置社会资源具有重要意义。

混合所有制改革与我国经济体制变迁有深厚的历史渊源，随着改革开放以来我国经济体制由“计划经济为主，市场调节为辅”向“社会主义市场经济”快速转轨，国有企业经历了调动管理者积极性为核心的“放权让利”阶段，建立现代公司制度为核心的“建机转制”阶段，优化国资监管机制为核心的“监管改革”阶段，深化国资国企改革为核心的“全面改革”阶段的改革历程后被不断激活[1]。与此同时，民营企业从作为公有制经济的补充形式出现到成为社会主义市场经济的重要组成部分，亦经历了从无到有、从小到大、从弱到强的历史跨越，一路沿着依托改革开放的“诞生期”，依托制度变迁的“成长期”，依托全球化发展的“壮大期”、依托全方位改革的“跨越期”的发展历程，日益成为支撑国民经济发展的中坚力量[2]。混合所有制改革和体制变迁、国企改革、民企发展在基本逻辑上存在相互交织的内在关联，其根源在于经济体制变迁一定程度上塑造了混合所有制改革的外部制度环境，

而国有企业和民营企业则是参与混合所有制改革的关键主体，因此，国有企业混合所有制改革演进历程在时间轴上，亦与经济体制变迁、国有企业改革与民营企业发展的步调具有高度一致的吻合性，整体可划分为“形式”混合、“资本”混合、“产权”混合与“机制”混合 4 个阶段（如图 1 所示）。

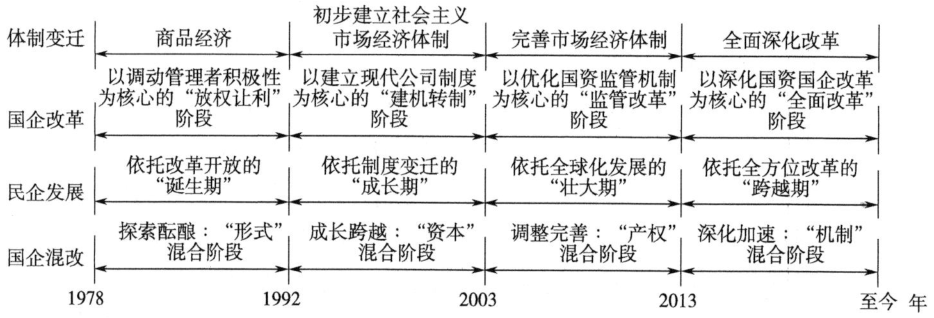

图 1　国有企业混合所有制改革的演进历程

（一）“国企放权让利、民企诞生”与“形式”混合阶段（1978—1992 年）

党的十一届三中全会拉开了改革开放的序幕，我国经济体制由完全排斥市场调节的“计划经济”发展进入计划与市场内在统一的“商品经济”，作为彼时代表我国绝大部分生产力的国有企业，一方面对中华人民共和国成立初期建设起独立完整的工业体系和国民经济体系发挥了不可替代的作用[3]；另一方面亦存在“政企不分，社企不分”，以致缺乏积极性、创造性与主动性的劣势，党和国家立足该现状对国有企业开启了以调动管理者积极性为核心的“放权让利”改革，侧重于推动所有权与经营权相分离，扩大国有企业自主经营权，使其成为独立利益主体，以此调动企业与职工的积极性。随着高度集中的传统计划经济体制逐步打开缺口，国家在经济建设领域逐渐解放思想并开始承认私有经济的合法性，允许其作为社会主义公有制经济的有益补充存在和发展，民营企业也开始在逐步放宽的管制环境中破土诞生，致使我国所有制结构呈现“公有制为主体、多种经济成分并存”的格局，计划经济体制下所有制单一和相互分割的封闭式结构矛盾有所缓解。随着生产要素开始在不同所有制之间碰撞流转，公有制经济和非公有制经济利益交叉逐渐频繁，不同产权制度自身的比较优势在这个过程中开始逐步凸显，实践中表现为国有企业和集体企业开始与民营企业和外资企业进行合资经营且合作日益频繁，混合所有制雏形基本显现，但由于初期的混合所有制改革在理论上存在“社会主义范畴”与“资本主义范畴”的意识形态争论，不同所有制深度融合受阻，整体上仍然属于“形式”混合阶段。

（二）“国企建机转制、民企成长”与“资本”混合阶段（1992—2003 年）

党的十四大报告明确提出，我国经济体制改革的目标是建立社会主义市场经济体制，理论界与实务界对社会主义的认识得以从计划经济的思想桎梏中彻底解脱出来，社会主义基本制度与市场经济相结合成为经济改革的基本目标，这一时期国有企业改革进入以建立现代公司制度为核心的“建机转制”阶段，侧重于建立与我国社会主义市场经济体制相适应的市场竞争环境，对国有企业进行“抓大放小”的战略性改组，强调建立“产权清晰、权责明确、政企分开、管理科学”的现代企业制度，真正使国有企业成为自主经营、自负盈亏、自我发展、自我约束的市场竞争主体。民营企业发展的政策环境在经济体制变迁影响下也愈发宽松，民营企业对增加就业岗位，满足市场需求，促进国民经济发展的作用再次得到政府肯定，加之国有经济布局战略调整，国有企业产权改革和互联网经济发展为民营企业提供了巨大增长空间，民营经济发展也进入快速成长期。在国企大刀阔斧改革与民企快速成长的同时，党的十四届三中全会首次提出了“财产混合所有”的概念，市场经济条件下以股份制为特征的混合所有制经济发展成为必然趋势。混合所有制改革自此进入快速成长跨越的“黄金十年”，然而在混合所有制改革中多元资本的协同优势尚未充分体现，国企和民企协同机制较弱，混合所有制改革政策效果重点表现为股权结构实现多元化，整体属于“资本”混合阶段。

（三）“国企监管改革、民企壮大”与“产权”混合阶段（2003—2013 年）

党的十六届三中全会对建立完善的市场经济体制进行了全面部署，指出要更大程度发挥市场在资源配置中的基础性作用，2004 年，宪法明确了“公有制为主体、多种所有制经济共同发展”为社会主义基本经济制度，“鼓励、支持和引导非公有制经济发展”的政策导向进一步巩固了民营企业在我国经济体系中的地位，加入 WTO 标志着我国积极融入全球化进程，更推动民营企业在国际竞争中壮大了自身实力，民营企业实现大发展并促使我国加冕“世界工厂”。而国有企业改革重点则随着国有资产监督管理委员会的成立转向监管改革，一方面全面优化国资监管体制，着重建立专责的国有资产监督管理机构和相关制度体系，改善“五龙治水”模式下看似“多头管理”实则“无人负责”的出资人职能混乱局面；另一方面战略调整国企改革思路，解决前期改革中出现的国有经济损失问题。在“防止国有资产流失，促进国有资产保值增值”的原则指导下，混合所有制改革进入成长跨越之后的调整完善期，“一混了之”和“全面退出”的改革势头被遏制，在混改中避免国有资产流失成为关键。然而，尽管实践中存在各种问题，在“产权”混合阶段混合所有制企业的数量和质量仍在不断提升，且经过持续调整完善后，混合所有制改革也不再简单停留于“资本”混合实现股权结构多元化上，而是更注重混合所有的产权结构能否发挥提高企业效率的积极作用，整体属于“产权”混合阶段。

（四）“国企全面改革、民企跨越”与“机制”混合阶段（2013 年—）

党的十八届三中全会确立了全面深化改革的总体精神，经济体制改革进入攻坚期，国有企业亦进入“全面深化改革”的纵深推进期，中央出台了一系列关于国资国企改革的“1+N”政策文件，加速推进“以管资本为主”的国资监管转型和“积极发展混合所有制经济”，促使国有企业转化经营机制均是国企改革“四梁八柱”体系中的主攻方向。民营企业发展也在经济体制全面改革的背景下进入“跨越期”，一方面“外部地缘经济环境变动”和“国内经济发展新常态”使民营企业面临严峻的生存压力，供给侧改革要求民营经济从中低端向高端迈进；另一方面党的十八届三中全会指出公有制经济和非公有制经济都是社会主义市场经济的重要组成部分，“竞争中性”频繁出现在党与国家的政策文件中，民营经济能否在良好的营商环境中发展受到国家史无前例的重视，更鼓励民企积极融入国家战略，在供给侧改革中着力提高发展质量，在混合所有制改革中积极与国有资本结合，以“混”消除产权差异，以“合”提高竞争优势。随着混合所有制作为“社会主义基本经济制度重要实现形式”的战略地位得以确立，“6+1”试点、“双百行动”“两类公司”“三年行动”等针对性改革方案，标志着混合所有制改革进入深化加速的新周期，开始注重引入高匹配度、高协调性、高认同感的战略投资者参与治理，旨在通过产权混合推动多维机制建设，理顺党组会、股东会、董事会及经理层权责关系并积极完善法人治理机制，落实劳动、人事、分配制度改革并深度转化市场化经营机制，实施薪酬激励与股权激励相结合的差异化员工激励分配机制，推行“市场化选聘、市场化退出”和“薪酬能增能减、职务能上能下”的选人用人机制，旨在基于多维机制建设真正实现多元产权协同效应，标志着混合所有制改革重心从“混”资本、“混”产权转为“改”机制，整体属于“机制”混合阶段。

二、国有企业混合所有制改革的发展现状与显著成效

改革开放以来，国有企业混合所有制改革沿袭“形式”混合、“资本”混合、“产权”混合和“机制”混合的演进脉络，整体取得了积极进步与长足发展，资本市场日益成为混合所有制改革的重要助力。随着改革措施由顶层设计到保障措施不断深化，混合所有制改革在体制融合与机制建设中亦取得重大突破，在改革试点中有效实现了促进国有企业效率提升和国有经济结构优化的政策目标并进入实质落地期，总体呈现“提效率”“扩范围”“深融合”发展态势。

（一）国企混改在混改规模、领域、方式、速度等方面取得显著成效

党的十八届三中全会以来，国资委按照党中央与国务院决策部署，积极稳妥推动国有企业混合所有制改革，整体上取得了积极进展和显著成效，在混改规模、领域、方式、速度等方面均表现出良好发展态势。首先，混改规模不断扩大，2013 年至今，中央企业累计实施混改 4 000 多项，吸收社会资本超过 1.5 万亿元；混改企业在中央企业法人单位中占比超过 70%，相比 2012 年提高近 20 个百分点，地方国有企业混合所有制户数占比高达 54%，共计引入社会资本超 7 000 亿元；2012—2020 年，中央企业通过混合所有制改革引入社会资本形成的少数股东权益由 3.1 万亿元增至 9.4 万亿元，社会资本在央企产权结构的占比由 27%提升到 38%，国有资本与社会资本在产权层面已实现较大范围混合。其次，混改领域积极拓宽，党和政府不仅积极推进建筑、房地产、制造、批发零售等充分竞争领域超过七成国有企业完成了混合所有制改革，也在电力、民航、电信、军工等重点领域有序试点深化，形成了一批可复制推广的典型案例。再次，混改方式持续活化，一方面，中国国有企业混合所有制改革基金于 2020 年成立，首期募集资金共计 707 亿元，总规模高达 2 000 亿元，旨在以市场化手段促进国有企业结构调整和转型升级，协助推进国有企业混合所有制改革进程；另一方面，中央企业积极探索“引进来”与“走出去”相结合的混改方式，灵活推进“双向混改”与“二次混改”，在价值链适当环节与民营企业通力合作协同发展，总计投资入股 6 000 余家非公企业，投资总额超过 4 000 亿元，国有资本与社会资本借混改契机优势互补，在各行业形成了一大批“专精特新”的隐性龙头企业。最后，

混改速度明显加快，2020 年作为国企改革“三年行动”的启动之年，全年实施央企混合所有制改革超 900 项，共计引入社会资本超 2 000 亿元，在混改推进和改制整合方面都体现出明显的“加速度”，为“十四五”时期持续深入推进国企混改奠定了良好的基础①。

（二）上市公司已成为国有企业混合所有制改革的重要载体

上市公司已成为国有企业混合所有制改革的主要载体，“十三五”期间，国有企业通过股票市场、产权市场等手段引入战略投资者的金额占比超过 90%，“十三五”末期，上市央企资产总额和利润总额分别占央企整体的 68% 和 86%，资本市场已成为推进国有企业混合所有制改革的前沿阵地②。事实上，国有企业改制上市与混合所有制改革在理论基础与历史渊源上具有相辅相成的一致性，一方面，改制上市能促使国企建立完整的资本链条而有利于借助资本市场引入战略投资者；另一方面，相比于仅通过上市实现股份制改造，混合所有制改革能借助民资背景战略投资者，更深层次解决国有企业固有的“所有者缺位”与“内部人控制”问题，因而上市一直以来都是国企混改的先行步骤与重要途径。除此之外，以上市为载体实施国有企业混合所有制改革在经济性、透明性、风险性和安全性方面也具有相当的优势，能够在降低国有资产流失风险的同时有效保护多方产权，诸多地方政府在工作报告中明确提出要支持培育国企上市。近年来，在注册制改革推进，国企混改全面提速，国有资产证券化要求提高，以及国企自身资金需求等因素交互作用下，国有企业相继奔赴 A 股上市，2018 年和 2019 年分别有 20 家和 27 家国有企业首发上市，2020 年有 30 家国企 IPO 并募集资金 757. 58 亿元③。科创板相比沪深交易所主板、中小板、创业板居于首位，这是由于科创板在发行、上市、信息披露、交易、退市等环节的创新性规定，为国企上市提供了便利，在激励工具、激励对象和激励额度等方面的灵活条款，有利于国有企业采用多样激励手段促进治理机制的完善与可持续价值创造，从而更好地实现混改政策效果（见图 2）。国企上市混改整体秉持服务国家科技强国战略的逻辑主线，发挥国有企业对国民经济的牵引力作用，主要聚焦于关键

---

① 数据来源于国资委新闻发言人彭华岗在国新办关于 2020 年中央企业经济运行情况举行发布会时的讲话。

② 数据来源于中国国务院国有资产监督管理委员会副主任翁杰明在 2020 年 10 月 12 日举行的国务院政策例行吹风会上的讲话。

③ 数据来源于 Wind 数据库，根据 Wind 数据库原始数据加工整理。

技术领域，旨在促进科技引领实业，落实供给侧结构性改革目标，在产业链、供应链重要环节打造龙头企业，以便提升国有经济整体功能和效率（见图3）。

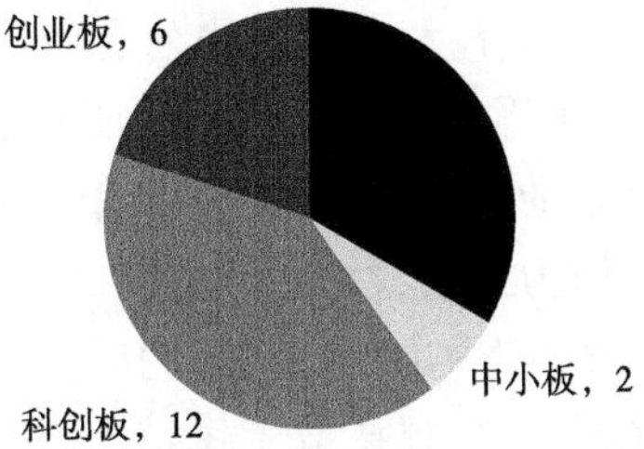

图2　2020年国有企业首发上市板块分布

数据来源：根据Wind数据库原始数据加工整理。

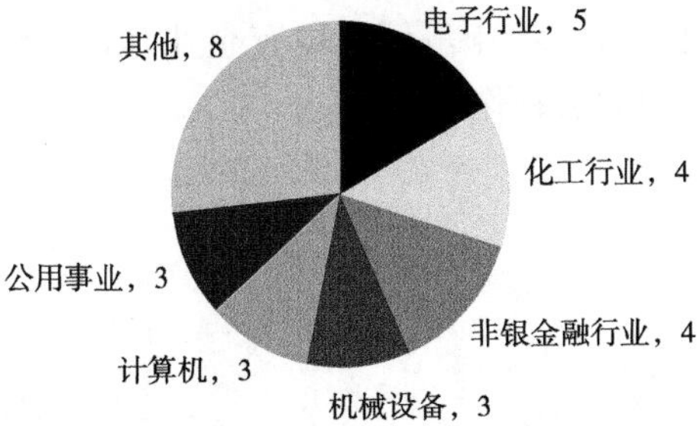

图3　2020年国有企业首发上市行业分布

数据来源：根据Wind数据库原始数据加工整理。

"十四五"期间，国企混改将向更深层次、更广领域加速拓展，多层次资本市场将发挥积极作用并成为混合所有制改革的重要平台，一方面借助价格发现机制合理确定股权转让价格，以便高效引入优质民间资本，推进国有企业混合所有制改革进程；另一方面在资本优化配置中与混改国企良性互动，通过"以混促改"实现国有资本做大做优做强的终极目标。

（三）破解国有经济与市场经济相结合的难题　实现"国民共进"

混合所有制随着国有企业改革与经济体制转轨出现，在探索国有企业与市场经济相结合的形式和路径中得到成长，已成为破解"国有经济与市场经济相结合"的有效手段。我国从社会主义现代化建设实践经验中汲取智慧，依托马克思主义政治经济学并借鉴西方经济学，创建适合我国发展需求的中国特色社会主义政治经济学[4,5]，将“公有制为主体，多种所有制经济共同发展”作为社会主义基本经济制度，通过发展混合所有制使国有经济与市场经济完美相容。一方面以民营经济与生俱来的市场化基因提高国有企业效率；另一方面在社会主义生产关系下大力发展非公有制经济，破解了国有经济与市场经济相结合的世界性难题。事实上，混合所有制亦是实现“国民共进”的重要手段，目前，国有企业与民营企业均在我国经济发展中起到重要支柱作用。一方面，民营经济作为推动我国经济发展的主要力量（见图 4、图 5），贡献了 50%以上税收，60%以上 GDP，70%以上创新成果，80%以上就业岗位和 90%以上企业数量，混合所有制拓宽了民营经济的投资渠道和发展空间，有利于破除民营企业在市场竞争中面临的各种隐性壁垒，以便在激发国有经济活力的同时发挥对民营经济的扶持作用①；另一方面，国有企业不仅能通过混合所有制转换经营机制并提高自身效率，更能扩大国有资本在我国经济体系中的映射力，利用民营经济竞争倒逼国有企业盘活存量拓展增量，切实发挥国有资本在重要领域的引领作用。

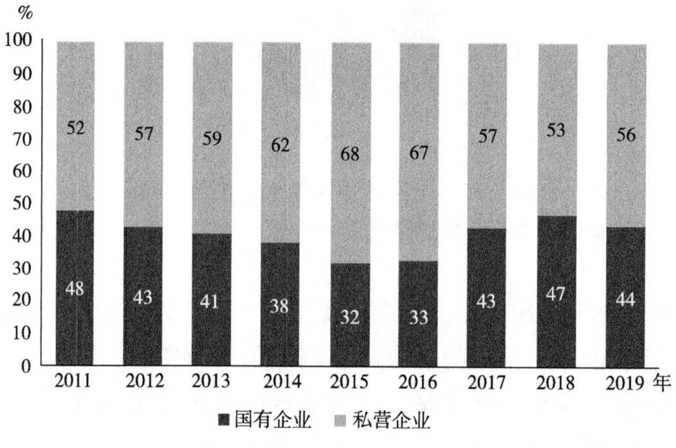

图 4 国有私营工业企业营业收入（%）

数据来源：《中国统计年鉴（2020）》加工整理。

---

① 数据来源于中共中央政治局委员、国务院副总理刘鹤在 2021 中国国际数字经济博览会开幕式上的讲话。

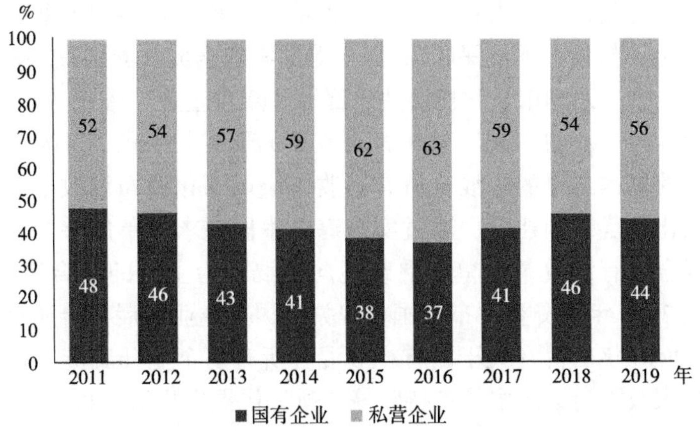

图 5　国有私营工业企业利润总额（%）

数据来源：《中国统计年鉴（2020）》加工整理。

（四）国企混改已从“混”资本、“混”产权进入“改”机制阶段

“十三五”期间，我国国有企业改革全面发力，在机制建设方面取得了一系列重大进展。首先，绝大部分国有企业从全民所有制转化为受《公司法》约束的现代企业，在制度上厘清了国有企业与各级政府的职责边界，国有企业作为独立市场主体的地位在根本上得以确立，有力解决了“政企不分”“社企合一”“企业办社会”等历史遗留问题，为全面深化混改奠定了基础。其次，在公司制改革的基础上，市场化经营机制建设也迈出新步伐，2020 年作为国企改革“三年行动”启动之年，共有 22 家中央企业上市公司实施股权激励，激励范围涵盖近 1.8 万名关键核心人才，中央企业集团亦积极“瘦身健体、增质提效”，总部部门数平均压缩超过 17%，人员编制平均减少 20%，且不仅是在中央企业集团层面，除少数需要处置的“僵尸企业”外，中央企业子公司层面和地方国有企业也基本完成了公司制改革，企业活力和效率都得到了明显增强①。就“双百行动”试点情况而言，400 余户“双百企业”聚焦市场化机制建设，如中车株洲所积极引入外部董事，优化董事会结构并全面落实董事会职权；电信天翼在混改后积极对标互联网头部企业，减少董事会审批事项并保障经理层职权；中国电研秉持创业心态开展员工持股混合所有

① 数据来源于国资委秘书长、新闻发言人彭华岗在国新办 2021 年 1 月 19 日举办的关于 2020 年中央企业经济运行情况发布会上的讲话。

制改革并以此避免人才流失；北方华创将董事长和职业经理人薪酬水平与业绩对标且“上不封顶、下不保底”；国电龙源实施全员市场化薪酬并对重点对象精准激励。这一系列市场化机制建设都为“双百企业”催生了新发展动能。事实上，资本与产权的“混”从来都是改革的形式与手段，“改”才是混合所有制改革的根本与目的，混合所有制改革应以深化公司制改革为基础，重点推动市场化经营机制建设，通过实施综合手段追求改革的乘数效应，推动国有企业混合所有制改革从单一混改走向以混改为主线的综合改革新阶段。现实中，从 2015 年国资委发布《国务院关于国有企业发展混合所有制经济的意见》，到 2016 年出台《关于国有控股混合所有制企业开展员工持股试点的意见》等专项政策为混改中员工持股等专项工作提出指引，再到 2018 年颁布《中央企业混合所有制改革操作指引》对“混资本”和“改机制”的相关要点做出规范，都标志着混合所有制改革已从“混”资本、“混”产权进入“改”机制阶段，在改革中更注重引入高度契合的战略投资者，以便在国有企业与民营企业机制融合的基础上“引资”“引智”“引制”，最终在治理机制、运营机制、投资机制与管理机制建设中取得实质性进展，真正激发国有企业带动经济发展的活力。

（五）混合所有制改革促进了国有企业效率提升和结构优化

国有企业混合所有制改革的基本目标是解决国企效率不高的问题，一方面用明晰产权和引入“到位”的所有者缓解股东与管理层之间的委托代理问题；另一方面用市场化机制降低国有企业承担的偏离经济利益的社会性职能，以便从“经理人观”与“政治观”出发，通过完善监督激励机制和剥离政策性负担，使国有企业成为高效市场主体。随着国有企业混合所有制改革从“形式”混合、“资本”混合、“产权”混合进入“机制”混合阶段，党和政府在改革试点中更关注实施效果，侧重以“混改”促“综改”切实提高企业绩效（见图 6）。作为我国第一家在集团层面实施混合所有制改革且卓有成效的大型央企，中国联通主要引入与自身具有战略协同效应的百度、阿里巴巴、腾讯、京东四大互联网行业巨头完善顶层设计，一方面通过吸纳民间资本引入市场化决策机制，以此带动基础通信业务和电信增值服务应势发展；另一方面在混改中通过员工持股计划向中层管理人员、核心管理人才和专业人才授予限制性股票，以便从根源动力上实现激励相容进而充分调动“积极资本”人力资本的资源能动性[6]，混改后中国联通经营效果大幅改善，在 5G 布局、业务拓展、投融资和跨界融合方面实现战略突破，整体业绩于 2017 年后触底反弹呈现积极的“V”型走势（见图7）。

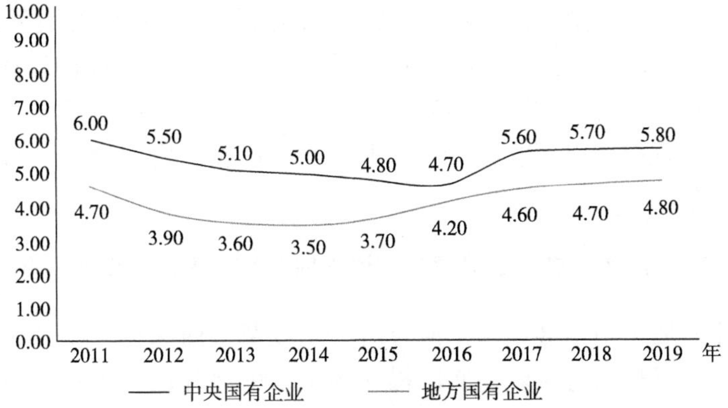

图6　2011—2019年国有企业净资产收益率走势（%）

数据来源：根据Wind数据库原始数据加工整理。

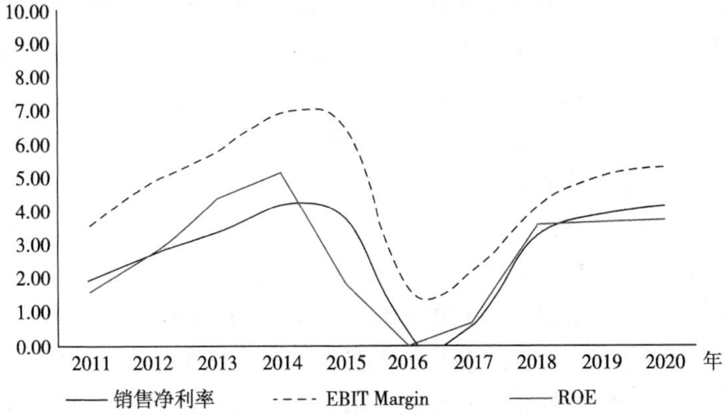

图7　2011—2020年中国联通经营业绩走势（%）

数据来源：根据Wind数据库原始数据加工整理。

国有企业混合所有制改革的另一目标是优化国有经济结构，在混改过程中实现产业结构调整和优化升级，根据企业功能定位按照“宜独则独、宜控则控、宜参则参”的原则与社会资本结合，促使国有资本向重要行业和关键领域集中。不同于中国联通需契合电信行业条例规定与垄断行业监管需求而必须使国有资本处于控股地位，作为处于完全竞争行业的家用电器龙头企业，格力电器从2005年开始推进混合所有制“渐进式”改革，先后通过实施股权激励、引入战略投资者等方式吸收多元产权资本，国有资本逐步完成从独资控股，到绝对控股，再到相对控股，最后到非控股的转变，产权结构转变具有标志性意义，不仅避免了格力电器高管团队与大股东格力集团的控制权“父子之争”降低企业运营效率，更引入了价值观念、投资风格、资源禀赋与格力电器发展阶段高度契合的高瓴资本活化经营管理，国有资本在保持制衡力的基础上套现引资以便支撑其他产业发展，已在一定程度上成为竞争性国企混改新样板。

（六）国企混改呈现“提效率”“扩范围”“深融合”发展态势

党的十八届三中全会以来，混合所有制改革全面深化，经过 6 年框架搭建，已经由路线规划为主转为实际操作为主，由部分试点为主转为全面行动为主，由单项改革为主转为综合改革为主，进入实质落地阶段。在混改试点情况方面，前两批混合所有制改革试点共涉及 19 家中央企业，聚焦于电力、石油、天然气、铁路、民航、电信、军工七个重要领域；第三批混合所有制改革试点包括中央国企和地方国企共计 31 家，改革范围在控制层级方面有所扩大，呈现出明显的“重心下移”；第四批混合所有制改革试点共 160 家，包括中央企业 107 家，资产规模约 1.7 万亿元，地方企业 53 家，资产规模约 0.8 万亿元，其中资产规模超过 10 亿元的企业共有 99 家，占第四批试点企业总量的 61.8%，且不再局限于电力、石油、天然气、铁路、民航、电信、军工领域，亦包括传统制造业领域和互联网、新能源、新材料等新兴行业中具有示范意义的国有企业，以及已经实现资本混合需通过“二次混改”完善治理的国有企业，在改革层级与改革领域方面均全面铺开积极落地①。

“十四五”期间，国有企业混合所有制改革总体上将呈现“提效率”“扩范围”“深融合”发展态势。提效率：国有企业混合所有制改革将更注重通过引入社会资本建立多元化法人治理机构，以市场化机制重塑国有企业治理机制、运营机制、投资机制与管理机制，以便“完善治理、强化激励、突出主业、提高效率”，提高国有资本供给水平与运作效能；“扩范围”：国有企业混合所有制改革将在自然垄断行业的非垄断环节逐步放大对社会资本的开放力度，推动改革层级由二三级子公司和项目层面向集团公司和核心主业趋近，并在监管中逐步放大国有企业自主经营决策实质性授权；“深融合”：国有企

---

① 数据来源于国家发改委新闻发言人孟玮在国家发展改革委 2019 年 5 月 17 日举办的新闻发布会上的讲话。

业混合所有制改革更注重不同资本之间的深度融合，在价值链深度合作中发挥多元产权资本比较优势，实现共进共赢，以便真正凸显混合所有制改革的政策效果。

三、国有企业混合所有制改革的现实约束与主要问题

国有企业混合所有制改革经过40余年经验累积和发展深化，在社会主义市场经济体制下，破解了国有经济与市场经济相结合的难题，在各项试点和全面推广中对于完善机制建设，提高国企效率，优化国资布局取得了进步，在规模、领域、方式、速度等改革重点领域取得了显著成效。但囿于体制约束、机制障碍、结构欠佳、模式传统、文化差异与环境制约等现实问题，仍存在诸多深层次矛盾与不足，亟须“十四五”期间针对混合所有制改革中存在的主要问题精准施策加以化解。

（一）监管体制的系统性、针对性和有效性不足

体制约束主要指现行国资监管体制在系统性、针对性和有效性上的不足，一定程度上制约了混合所有制改革政策的实施效果。国有资产监督管理体制是关于国有资产管理机构设置、职责权限、调控方式的基本制度体系，直接划定了各级政府、国有资产管理机构、经营单位和员工在国有资产管理中的权责利关系，间接调节了政府和市场在国资国企资源配置中的作用关系，更决定了混合所有制改革能否以“混”促“改”真正体现其政策效果，但混合所有制企业现行监管体制仍存在一定程度的“错位、越位、缺位”问题，突出表现为监管体制的系统性、针对性和有效性不足。

第一，“系统性”不足。政府既是国有控股企业和国有参股企业出资人，又是各种形态国有资本的监管者，还是宏观经济调控者和市场秩序维护者，行政角色与经济角色重合，使政府与混合所有制企业的关系存在行政逻辑与经济逻辑混同。国有资产监督管理委员会的成立，虽解决了“五龙治水”模式下监管权分散行使引发的混乱局面，却没能解决其“一身两任”的职能交叠，国资委作为唯一归口管理部门仍会不自觉地被政府赋予公共管理职能，但其作为出资人以行政化手段对国有独资和国有控股企业在经营事项上的无差别监管，会在一定程度上抑制混改企业效率提升。

第二，“针对性”不足。国资委一方面应结合混改中的具体问题精准施策，界定对国有独资企业与混合所有制企业各细分领域的监管职责范围，坚

持“管底线而非上线，管规则而非结果”；另一方面应结合混改企业功能定位进行有针对性的监管，在明晰各细分产业领域企业发展关键节点和监管需求的前提下，依托“两类”公司细化监管制度，以此提高混合所有制企业监管体系的“针对性”。

第三，“有效性”不足。混合所有制是公有制经济的重要实现形式，特别是在“双向混合”政策导向下，混合所有制企业在我国经济体系中占比将越来越高，但在现行监管体系中，国资委对国有控股企业和国有独资企业的监管逻辑基本相似，国有参股企业则游离于国资监管体系之外而处于“中空”地带，本质上是对中小股东利益的忽视[7]。事实上，无论是控股国有资本还是参股国有资本，都同样属于国有资本，无论是国资中小股东还是社会资本中小股东，其利益都应该得到同样的保护，未来应当针对混合所有制企业建立区别于国有独资企业的有效监管模式，对国有资本进行平等的“管资本”监管，进一步提高监管体制的系统性、针对性和有效性。

（二）治理机制仍需完善，经营机制偏行政化，保障机制尚不到位

机制障碍主要指混改企业在机制建设中存在治理机制仍需完善，高管任免、资源配置与经营决策偏行政化，以及保障机制尚不到位，导致“国有企业不愿混，民营企业不敢混”等障碍。

第一，治理机制仍需完善。混合所有制改革虽以“混”促“改”，使国有企业在治理改革中取得了较大进步，但仍需进一步明晰混改国企治理结构权责界限，促使党委、董事会、监事会与经理层有效运作发挥应有治理作用，同时积极保障社会资本在混改国企管理决策中取得足够“话语权”[8]，提高混改企业董事会、监事会、管理层专业能力与业务发展、决策方式的匹配度，最终使混改国企治理机制建设真正实现“国资委适度履行出资人治理职责”“党的领导有效融入公司治理”“董事会、监事会、管理层科学设置正常运转”。

第二，经营机制偏行政化主要表现在高管任免、资源配置与经营决策方面。混改国企领导仍依据国企层级被赋予相应行政级别，“商而优则仕”和“仕而优则商”使国有企业在一定程度上成为政府官员晋升的“中转站”与退休的“归宿点”，同行业国有企业高管还时常出现“对调”，以及职务“能上不能下”、薪酬“能增不能减”、员工“能进不能出”等现象，无不表明混改国企在人事制度上仍具有明显的“行政化”色彩[9]；鉴于政府行政干预对资源配置的重要影响，国有企业在要素获取、市场准入、政府补贴、政府采

购等方面具有民营企业无法比拟的优势，且这种资源偏向在短期内不会因社会资本的加入而被修正[10]；就经营决策“行政化”而言，国资委依照行政逻辑将国有控股企业与国有独资企业同等对待，在资产划拨、投资定价等方面干预过多，甚至混合所有制改革本身也多通过行政手段“拉郎配”而非自主的市场化行为。

第三，保障机制尚不到位。保障机制不到位主要通过混改参与主体的重重顾虑显现，国有企业担心决策操作失误造成国有资产流失需承担责任而“不愿混”[11]，民营企业担心面对强势的国有资本无法保障自身产权利益而“不敢混”，要求“十四五”期间进一步完善机制建设保证混改稳步推进。

（三）纵向结构混位失衡，横向结构界限不清

结构欠佳主要指国有企业混合所有制改革在纵向企业层级和横向行业分布上存在结构问题，纵向表现为企业层级结构混位失衡，在横向表现为行业分布结构界限不清。一方面，鉴于集团总部具有“利益调整难度大”和“改革复杂程度高”的特征，国有企业混合所有制改革主要集中于二三级子公司层面和项目层面，就四批 210 家混合所有制改革企业试点名单而言，虽也隐约呈现出向核心主业和集团公司“扩围”的趋势，但整体进度推行缓慢，仍存在比较突出的“混下不混上”纵向结构失衡问题[12]。然而，在国有独资集团公司绝对控股的情形下，仅使子公司实现所有制混合容易衍生改革不彻底的问题，混改子公司产权独立化面临挑战，随着中国联通、东航集团等央企集团层面混合所有制探索取得良好成效，“十四五”期间应在建立成熟国资监管体系确保国有资产安全的基础上，谋划国企集团混合所有制改革，将集团层面混合所有制改革作为新重点，积极试点提炼经验，推进集团总部向混合所有制模式转变。另一方面，党中央与国务院在 2015 年颁布的《中共中央、国务院关于深化国有企业改革的指导意见》提出了“分类改革”的指导思想，将国有企业按照功能定位和提供产品的差异分为公益类、商业一类、商业二类，其中公益类企业主要提供公共产品和服务，强调“特殊企业”性质；商业一类企业主要提供市场化产品服务，强调“一般企业”性质；商业二类企业则兼具公共性功能和市场性功能而同时强调“特殊企业”和“一般企业”性质[13]，以便在区分不同类别企业功能定位差异的基础上，遵循“宜独则独、宜控则控、宜参则参”原则进行混合所有制改革。然而，由于国有企业普遍业务链条较长，公益类业务与商业类业务在同一企业内部相互交织难以归类，短期内亦无法通过整合重组使企业归于纯粹的某一类别，多数国有企

业将在较长时间内保持多属性业务并行，致使现实中国有企业难以根据既定标准找到合理坐标，分类混改执行难度较大，最终导致混合所有制改革呈现出“行业分布界限不清”的横向结构问题。

（四）混改方式途径需要多元化创新

混合所有制改革模式是企业在实现所有制混合过程中采用的方法途径，包括：改制上市、引入战略投资者、员工持股、合资新设、并购重组、基金投资等，各自具有鲜明的优劣特质与适用情境，是决定改革能否取得预期效果的重要保障之一。改制上市是国有企业混合所有制改革的重要模式，上市公司当前已成为国有企业混合所有制改革的重要载体，其依托于资本市场定价功能，既方便快捷又能有效避免国有资产流失，但通常需在上市后通过“二次混改”引入战略投资者进一步完善治理，以便以“混”促“改”真正实现混合所有制改革“改机制”的终极目的。引入战略投资者是最能积极完善公司治理机制的改革模式，非国有资本能依托自身优质资源在股权治理、高层治理、网络治理等维度发挥治理作用，最终在业务、技术、管理等方面实现协同效应[14]。员工持股最有利于充分调动人力资本积极性，能够通过长效激励构建“公司—员工”利益共同体，以便从根源上实现激励相容进而彻底解决委托代理问题[15]，建立最适合技术要素密集的高新技术企业。合资新设是最能保护双方产权的改革模式，既能避免存量国有资本价值低估造成国有资产流失，又能以新生企业灵活的机制打消社会资本关于“话语权”的顾虑，但其贡献主要在于拓展国有资本增量而未能盘活存量。并购重组是体现国有企业“引进来”与“走出去”相结合推行“双向混改”的创新改革模式，既能以国有资本资源优势扶持民营企业发展和引领产业结构优化，也能以有限的国有资本撬动更多优质社会资本，使混合所有制改革服务于“做强做优做大国有资本”的国家战略。2020 年以来，基金投资是发展混合所有制经济的创新改革模式，旨在以市场化手段助推国有企业混合所有制改革进程，以便更好地引导资本投向进而促进国有经济战略调整。国有企业需在实践中结合企业具体情况合理选择混合所有制改革模式，并从资本引进类别、资本引进方式、资本引进目的、资本引进情境等维度，积极探索适用于更多新场景的改革模式，以便在活化模式的基础上提高混改政策的实施效果。

（五）多元企业文化嵌入导致潜在冲突

文化是企业在长期发展过程中培育形成的重要无形资产，是一个组织内所有成员共有的精神成果和价值标杆，文化认同能使员工实现自我激励内化而发挥人力资本创造价值的主观能动性，文化冲突则会导致企业内部交易成本增加而造成多方摩擦和效率损失[16]。混合所有制改革是多元产权资本相互交融的过程，更是多元企业文化碰撞融合的过程，现阶段混合所有制企业在制度建设中对跨文化融合的重视略显不足，然而跨文化管理是企业管理的高级阶段，若不对多元产权资本嵌入产生的文化差异加以尊重，对衍生的文化冲突加以重视，推动多元文化在混合所有制企业中实现协调、融合和升华，就会使企业内部潜伏矛盾而无法实现多元股东协同效应[17]。现实中，不同企业在经营管理中会形成不同的文化特质，如国家文化与社会文化中与工作相关联的“个人主义与集体主义”“权力距离”“不确定性规避”“刚性主义与柔性主义”四个维度会导致外资资本与国有资本、民营资本结合时存在文化差异，企业文化中“诚实守信”“创新进取”“儒家思想”“重商主义”等维度的价值导向，亦会使不同企业产生文化差异，最终在多元产权资本混合过程中引发潜在冲突而亟须进行跨文化管理。“十四五”期间，混合所有制改革要注重整合各方资本文化优势，着力形成系统兼容的企业文化，塑造人与自然、人与人、人与社会高度和谐的价值导向，以统一价值观框定行为准则，化“文化差异”为“文化合力”，最终提高混合所有制企业向心力与凝聚力。

（六）混改多维外部环境亟待优化

国有企业混合所有制改革处于一定外部环境中并受其制约，又与环境相互影响而促进环境演化，主要涉及制度环境、市场环境、发展环境与法制环境。

第一，制度环境。混合所有制改革既是对国有企业的改造，也是对民营经济的扶持，但产权性质差异衍生的差别化待遇本身就是制度环境负外部性的表现[18]。改革开放以来的经济制度变迁虽然极大程度上改变了我国的制度环境，在宏观上为混合所有制发展奠定了基础，现实中却仍然存在针对产权性质的制度偏向，需以混合所有制改革为抓手进一步消除“产权歧视”，优化制度环境。

第二，市场环境。混合所有制改革是促使国有经济与市场经济相结合的重要手段，能一定程度上修正政府在资源配置中对国有企业的偏向，引导各种生产要素在不同所有制资本之间自由流动、高效配置，并借助逐步完善的多层资本市场打造资本流动、资产重组、有序竞争、扩张发展的高度市场化平台[19]，促进混合所有制经济在宏微观层面蓬勃发展。

第三，发展环境。混合所有制改革有利于优化民营资本发展环境，尽管改革开放以来，民营企业发展环境随经济制度演化发生了多次阶段性跃迁，但现实中仍在资源获取方面存在先天劣势[20]，混合所有制改革有助于拓展民营资本发展空间，消除产权性质差异衍生的发展障碍，进一步优化民营资本发展环境，最终借助平等优质的民间资本提高国有企业混合所有制改革效率。

第四，法制环境。混合所有制发展的改革意愿、产权保护、国有资产流失等现实问题亟须通过加速法制化建设破局，一方面提高政策文件协调性，细化资产评估、国资监管、产权保护、治理机制等专项配套规则，加快对混合所有制企业优惠政策的跟进调整，以便打消国有资本改革顾虑；另一方面完善社会资本退出机制，降低多元产权资本混合过程中在情报、谈判、磨合等环节的交易成本，在规则设计上保障民间资本自由进退，以便提高民间资本参与混改的意愿。

四、“十四五”时期国有企业混合所有制改革与国家经济高质量发展的逻辑关系

“十四五”时期我国开启全面建设社会主义现代化国家新征程，经济发展已由高速增长阶段转向高质量发展阶段。改革开放以来，我国为应对“短缺经济”下的“数量缺口”推动经济高速发展，旨在通过要素资源投入和生产能力扩张实现快速赶超，40 余年高速发展使我国在产业供给、消费需求和科研能力等方面聚集了雄厚物质基础，“有没有”的矛盾得到基本缓解。然而，随着传统行业产能陆续达到需求峰值、资源供求和生态环境释放较大压力，以及生产要素禀赋发生结构性变动，高速增长的经济发展模式已经难以为继，高质量发展成为解决经济发展中“不平衡、不协调、不可持续”主要矛盾，进而满足人民美好生活需求的必然选择。国家经济高质量发展是贯穿“宏观经济高质量发展”“中观产业高质量发展”“微观企业高质量发展”三个层面的完整发展体系，但归根结底需要通过企业高质量发展予以实现，国有企业作为社会主义制度的重要物质基础，需充分发挥促进国家经济高质量发展的“排头兵”作用，与国家经济高质量发展体系的内外部关联因素积极联动，在长期事件和突发事件“外生驱动”与宏观、中观、微观因素“内在需求”共同作用下践行混合所有制改革，以便借助混合所有制改革整合多元产权资本优势，在微观层面提升国有企业资源配置效率，在中观层面加快国有经济布局优化和结构调整，并以此适应及引领技术变革与产业升级，在宏

观层面促进国有经济和民营经济协同共生，最终沿袭“微观—中观—宏观”的脉络支撑国家经济高质量发展（见图8）。

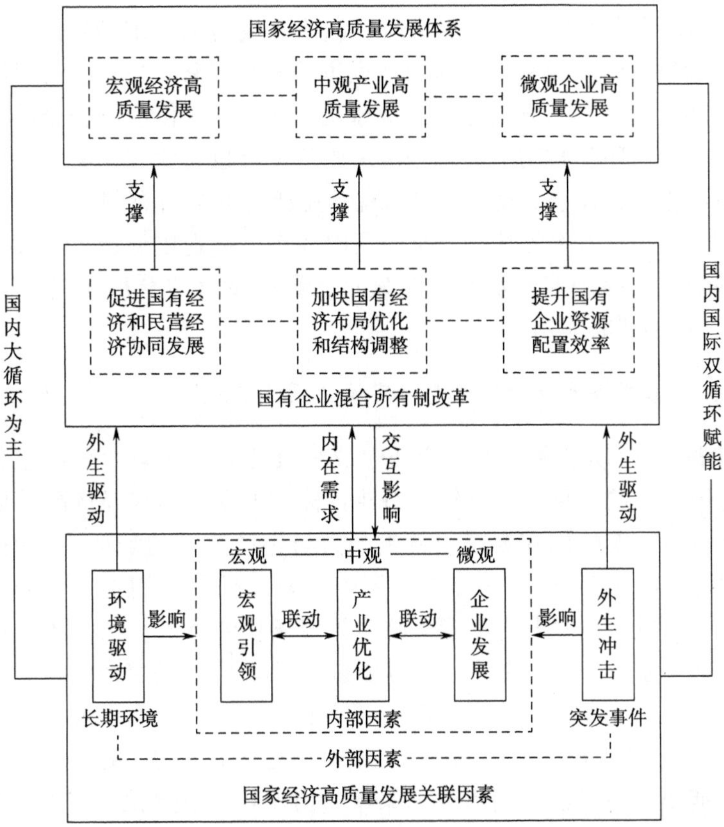

图8 “十四五”时期国有企业混合所有制改革与国家经济高质量发展的逻辑关系

（一）全球治理格局变动与国际经济环境持续低迷影响国企混改进程

“十四五”时期是统筹“世界百年未有之大变局”和“中华民族伟大复兴战略全局”，构建“国内大循环为主，国内国际双循环赋能”新发展格局的战略机遇期。改革开放初期，我国囿于要素禀赋失衡的现状，必须依赖大口径“外循环”拓展“内循环”边界，通过引入资本、技术、原材料等短缺要素消化过剩劳动力，提高国内富裕要素回报率与全要素生产率。时至今日，我国经济体量逐步扩大并逐渐与美国、欧盟呈“三足鼎立”之势，经济实力、科技实力和综合国力跃升，导致美国对我国遏制不断升级，全球治理格局多极化重构更对“外循环”作用造成了重大冲击[21]。然而，“外循环”虽在新发展格局中不占主导地位，我国仍需坚定不移地参与“外循环”并以此融入全球产业链，以便进一步集成全球资源，提高产业地位，增强全球竞争力，由此就要求国有企业积极推行混合所有制改革成为独立市场主体，消除国有企业在“竞争中性”规制下参与国际竞争的不利因素。当前，我国经济发展以“内循环”为主，一方面是在逆全球化趋势下维护供应链安全的需要；另一方面在“内循环”拉动下实现经济高质量发展也是我国提高国际话语权应对治理格局变动的有效手段，要求国有企业通过混合所有制改革发挥“压舱石”作用，在提高效率的基础上拉动国内经济环境走出低迷，在自身高质量发展的基础上支撑国家经济高质量发展，最终发挥混合所有制企业在畅通“双循环”中的战略作用。

（二）国家经济高质量发展要求实现“国民共进”

“十四五”时期是我国由“全面建成小康社会”转向“全面建设社会主义现代化国家”的“两个一百年”奋斗目标交汇期，国家经济高质量发展是百年发展目标转换的内在要求。就生产力与生产关系的辩证统一关系而言，改革开放之前的探索证明单一的公有制生产关系不适应我国生产力发展需求，而改革开放之后的成就也绝不能仅归因为市场化的奇迹，国有部门和非国有部门平衡共生才是“中国奇迹”得以创造的根源[22]，国家经济高质量发展不是“国进民退”也不是“国退民进”，“零和博弈”的片面思考不符合共同发展的价值理念，“国民共进”是国家经济高质量发展的内在需求，只有“国民共进”才能焕发各经济部门活力，保障“内循环”和畅通“外循环”，进而促使国家经济实现高质量发展。“国民共进”的宏观经济发展需求衍生了混合所有制改革的内在需求，奠定了混合所有制改革的整体基调，而混合所有制改革是实现“国民共进”的主要途径。首先，“国民共进”的关键不在于各经济成分相对比例结构，而在于能否实现有效合作，混合所有制有助于在宏微观层面实现各经济成分的资源互补和共生共赢[23]；其次，“国民共进”与制度环境能否保障不同经济成分公平竞争息息相关，而混合所有制改革有利于协助打造公平的制度环境[24]；再次，混合所有制改革能够配合实施国家重大区域战略，特别是《深化东北地区国有企业混合所有制改革实施方案》的推出，为“东北振兴”提供了有效抓手，有助于提升东北地区国有企业发展质量并带动民营经济健康发展，在“国民共进”的基础上服务国家区域战略；最后，混合所有制有助于结合各产权资本优势，打造经济价值与社会价值并重的优质企业，事实上，社会需要与社会问题中往往蕴涵着可以创造经济价值的机会，在满足社会需求的同时有助于实现社会价值与经济价值的统一。

（三）技术变革与产业升级要求国企发挥支柱作用

技术进步是驱动经济发展的源动力，历史上每次技术创新的集中爆发和推广都推动了人类文明演进的历程，人工智能、大数据、云计算、区块链等颠覆性技术，对社会基础设施的重塑引发了新一轮科技革命，第四次工业革命相比前三次工业革命更关注“质量”提升，在实质上推动着我国经济发展范式逐步趋向高质量和高级化[25]。当前，我国创新能力不能匹配创新需求，关键核心技术受制于人的现状没有得到根本改变，致使我国在美国逐步升级的技术封锁中处于相对被动地位。与此同时，鉴于我国在前三次工业革命中均处于“外围地带”，新一轮技术变革与产业升级，为我国弯道超车实现“领跑”创造了机遇，有助于我国凭借多年科技创新能力聚集跻身为创新型国家。国家经济高质量发展也要求以技术变革更新社会基础设施，推动我国制造业、服务业高端化步伐加快，通过产业升级提高价值链中高端供给比例，并促使优质企业在价值链中“向上迁移”，以此满足人民对幸福生活的向往和追求[26]。技术变革与产业升级要求国企通过混合所有制改革发挥支柱作用，混合所有制改革一方面能够借助国有资本投资运营公司，引导国有资本向高新技术产业与战略性行业集中[27]，着重聚焦核心技术“卡脖子”领域提高原始创新能力，同时以信息技术积极改造传统行业并推动其转型升级，促进国有企业加快数字化转型并激发其创新活力，多策并举提高国有经济对核心技术领域的引导力；另一方面能够通过多元产权资本优势互补，提高混合所有制企业创新水平和创新效率，在提高微观企业创新能力的基础上支撑国家经济高质量发展需求，促使科技创新在“双循环”畅通中发挥关键作用。

（四）国企效率提升和国资布局优化急需增强“五力”

企业既是宏观经济运行的微观基础，也是中观产业发展的现实主体，“宏观—中观—微观”的层级关联决定了国家经济高质量发展，最终需要通过企业高质量发展予以实现，特别是应当发挥国有企业作为国民经济重要支柱对国家经济高质量发展的积极作用，并在国有资本优化布局中最大程度撬动民营资本对国家经济高质量发展的支撑作用。国有企业发展困境是混合所有制推行的原始动力，国有企业混合所有制改革有利于国企效率提升和国资布局优化。

首先，混合所有制改革能够借助多元产权资本，消除国企行为路径依赖，在社会资本积极制衡的基础上，促使国有企业更新发展理念、重组发展资源，建立健全现代企业制度和法人治理结构，避免国有企业在混合所有制改革后，陷入无法转换发展范式和经营机制的困局，以便通过多元产权资本优势互补提高国有企业整体“竞争力”，通过市场化机制激发企业家创新精神，提高国有企业“创新力”，最终确保“十四五”期间我国在全球化竞争中核心技术不“受制于人”，助推我国在“百年未有之大变局”中取得话语权与主动权[28]。

其次，“分类混改”是“十四五”期间深化混合所有制改革的政策导向，“宜独则独、宜控则控、宜参则参”的国有资本与社会资本结合原则，有利于推动国有资本在不同行业合理配置，借助“两类公司”良性运作提高国有企业在关键领域的“控制力”和“影响力”，同时针对各类混改企业实现分类监管，以便发挥国有资本对国家经济高质量发展的引导作用。

最后，混合所有制改革能够在调整生产关系的基础上，保障国有企业参与全球竞争的合规性，一方面以市场化机制“优胜劣汰”在整体上提高企业质量；另一方面促使我国优质企业积极融入全球产业体系，参与“外循环”，助力“内循环”，最终在畅通“双循环”的基础上，实现全球化资源配置进而提高国企“抗风险能力”。

（五）新冠疫情持续影响增加国企混改不确定性

新冠疫情是促进世界经济发展格局变动的冲击性力量，一方面造成了经济大幅衰退和社会活动停滞；另一方面也暴露以往经济发展的短板并加以修正，通过“创造性破坏”促使世界经济高质量发展。事实上，不确定性中往往同时酝酿着危险与机会，人类社会多次经济跨越式增长都发生在重大社会危机之后，新冠疫情亦能在对抗突发事件持续性影响的过程中，倒逼世界经济实现高质量发展[29]。疫情测试彰显了我国“集中力量办大事”的制度优势，复工复产与经济恢复的现实成效更让世界惊叹于中国速度，作为执政兴国的经济基础，国有企业应通过混合所有制改革活化体制机制，一方面借助国有资本与社会资本优势互补提高国有企业承担经济责任和社会责任的能力，以便对抗新冠疫情给“内循环”带来的负面影响；另一方面使混合所有制企业在国有资本引导下践行“人类命运共同体”价值理念，以便借本轮全球健康危机，积极开拓海外市场赋能“外循环”。同时，新冠疫情也将对世界经济发展造成重大影响甚至导致严重经济衰退，全球经济增速下滑，供给端断链停摆，需求端恢复缓慢，加之疫情冲击下甚嚣尘上的“民族主义”和“保护主义”思潮加速逆全球化趋势，都对混合所有制改革诸多环节衍生难以预计的不确定性影响，因此要求国有企业在应对改革出现的具体情境时，积极探索大胆施策，着力保证混合所有制改革进程稳步持续推进。

五、“十四五”时期推进和深化国有企业混合所有制改革的目标体系与发展路径

混合所有制改革目标体系与国家经济高质量发展体系，在宏观、中观与微观层面均相互联动，且混合所有制改革目标体系的战略设计是由宏观向微观层层深入，混合所有制改革目标体系的实现路径则是由微观向宏观支持延伸。

首先，在微观层面的基本机制保障层面，混合所有制改革能够顺利践行是谈论其政策效果的前置步骤，这就要求激发各方资本参与改革的积极性；在股东层面，混合所有制改革能否达到应有政策效果的关键在于多元产权股东优势互补，虽然各混改参与方并非传统经济学假设中完全利己的“经济人”，但能否保障各方利益实现互利共生仍是保障混合所有制改革持续深化的关键；在企业层面，混合所有制改革能促进国有企业资源配置效率提升，有利于消除国有企业“效率劣势”，支撑微观企业高质量发展。

其次，中观层面而言的混合所有制改革能引导国有经济布局优化和结构调整，有利于推动国有资本在不同行业优化配置，支撑中观产业高质量发展。

再次，宏观层面。混合所有制改革能推动国有经济和民营经济协同高质量发展，有利于国有经济与民营经济生态共建，支撑宏观经济高质量发展。

整体而言，在基本保障机制提供基础支撑的前提下，沿袭“股东个体—微观企业—中观产业—宏观经济”，即主体由微观层面向宏观层面拓展的脉络，“十四五”时期混合所有制改革形成了“各类资本积极参与改革—多元产权股东利益共生—国有企业资源配置效率提升—国有经济布局优化和结构调整—国有经济和民营经济协同高质量发展”的目标体系（见图9）。

（一）建立混改容错纠错机制

建立混改容错纠错机制，健全适合多元化产权的利益保护机制，激发各方资本参与改革的积极性。混合所有制改革是“十四五”期间国有企业全面深化改革的重要抓手和关键部分，保证混改进程稳步持续推进的关键在于调

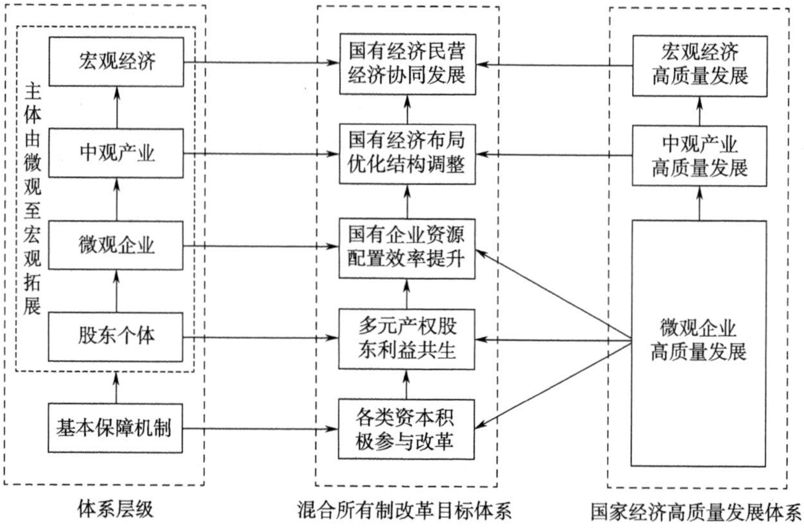

图 9　“十四五”时期国有企业混合所有制改革目标体系

动各混改参与主体积极性，切实解决现实中存在的“国有企业不愿混，民营企业不敢混”问题。“国有企业不愿混”的关键在于担心操作失误，造成国有资产流失等问题需承担责任，对此应当积极建立混改容错纠错机制，一方面，大力支持国有资产评估机构、产权交易市场、审计等第三方服务组织有序发展，促使服务标准、服务程序与服务方式进一步规范化，以便科学界定国有资产流失性质，正确识别改革探索中出现的正常问题和主观故意侵吞转移国有资产的人为问题，对因经验不足出现的决策操作失误应足够宽容，对暗箱操作谋取私利的行为绝不姑息，在准确把握政策界限的基础上，容许“先行先试”出现错误，为国企领导者积极参与混合所有制改革“松绑”；另一方面，针对改革探索中出现的新问题建立敏捷纠错机制，以“容错”激励改革，以“纠错”消化试错成本，同时做好混合所有制改革相关统计数据监测工作，设立统一口径加大信息披露力度，以便及时发现改革中存在的问题为后续实践提炼经验。“民营企业不敢混”的关键在于担心无法保障自身产权利益，对此应当健全适合多元化产权的利益保护机制，秉持“公有制经济财产权不可侵犯，非公有制经济财产权同样不可侵犯”的原则，为各类产权资本平等参与混合所有制改革提供法律基础，一方面，从制度层面进一步强化对国家、集体、私人产权的平等保护，清理或修改影响社会资本投资积极性的法律法规，确保各类产权资本在混合所有制改革中流转顺畅，同时强化协商意识保证社会资本“进出无忧”；另一方面，在竞争性领域混合所有制企业中可逐步探索特殊股制度，即将部分国有股转化为优先股，以便削弱国有资本管理权提高民间资本话语权，同时保障国有资本收益性与安全性，而在重要领域或重大决策中可设置国有资本“金股”以防国有资产流失。

（二）注重各混改参与方价值链地位战略协同

注重各混改参与方价值链地位战略协同，强化多层面深度融合发展，实现多元产权股东利益共生。混合所有制改革的本质在于引入多元产权股东，完善公司治理机制，以市场化机制聚合发展资源更新经营理念，同时契合“管资本”为主的国资监管顶层设计，以便促进国有企业与国有经济高质量发展，一方面借助产权资本禀赋差异形成资源获取上的互补之势；另一方面借助多元产权股东相互制衡防范单一产权引发的委托代理问题，最终通过“资源效应”和“制衡效应”改善国企被广为诟病的“低效性”，只有实现多元产权股东利益共生，才能调动其参与混合所有制改革的积极性。“十四五”期间，国有企业推行混合所有制改革前要考量各方资本结合后的发展空间，依据行业特征、企业价值链地位与业务发展状况，尽量引入高匹配度、高协调性、高认同感的战略投资者而非单纯财务投资者。一方面着重关注资源匹配度和业务协同性，即各混改参与方所拥有的资源禀赋能否匹配互补为企业创造更大价值，以及各混改参与方业务能否协调关联促进企业价值链延伸；另一方面着重关注价值认同感，即社会资本是否具有较强参与意愿，产权资本结合后是否具有共同发展目标，以及各混改参与方是否具有“共生共赢”的价值理念。正如高瓴资本的线上运营经验能支持格力电器向“新零售”转型，百度、阿里巴巴、腾讯、京东在互联网主业上的优势能与中国联通实现“跨界融合”，而复星医药基于扩张需求的强烈混改意愿，是促使国药集团混合所有制改革成功推行并取得显著成效的关键动力，只有引入高匹配度、高协调性、高认同感的社会资本才能保障后续混改效果实现。混合所有制改革后要主动强化多元产权资本多层面深度融合，资本形式上的混合只是改革手段，不能自发产生“1+1>2”的协同效应，只有在管理技术、经营运作、文化融合、利益分配等方面优势互补融合发展，才能在实现多元产权股东利益共生的基础上保障混合所有制改革政策效果。管理技术要积极保障各产权资本参与经营管理的“话语权”，吸收社会资本的创新经营理念和先进管理经验，积极接受其对重大决策和日常经营的专业性建议；经营运作既要依托社会资本灵活的市场机制和高效的运营效率提高混合所有制企业经营绩效，也要依托国有资本强大的风险管控能力和规范的运作流程强化风险意识；文化融合要化解多元产权股东文化嵌入引发的隐性冲突，融合多元产权股东文化优势，培育优质企业文化，提高整体向心力；利益分配要兼顾各混改参与方核心利益诉求，有效保障各方产权利益实现，让社会资本在混合所有制改革中通过分红获取适当财务收益，最终通过多层面深度融合发展实现多元产权股东"共生共赢"。

（三）完善监管体制和治理　提升资源配置效率

完善"管资本"为主的国有资本监管体制，健全多层次公司治理机制，提升国有企业资源配置效率。国有企业资源配置效率提升是混合所有制改革的基本目标，"十四五"期间，混合所有制改革应从监管体制和治理机制两方面持续发力，在宏观层面要完善"管资本"为主的国有资本监管体制，聚焦"管好资本布局，规范资本运作，提高资本回报，维护资本安全"的总体目标，借助国有资本投资运营公司构建国资委与国有企业之间的"一臂之距"，以便清晰区分国资委统一监管职能和出资人职能，利用两种机构、履行两种职能，实现国资监管体系"两身两任"，并对不同行业领域与发展阶段的企业实现更为灵活的分类监管，最终通过"国资委—国有资本投资运营公司—国家参与出资的实体企业"三层架构搭建"管资本"为主的国资监管体系。

第一层是国务院和地方国资委，负责规划国家与地区国有资本战略布局，任命国有资本投资运营公司董事、确保其服务于国家战略。

第二层是国有资本投资运营公司，不仅应"自上而下"保障各级国资委整体设计在企业层面贯彻落实，更应"自下而上"反馈企业战略调整与改革需求并反向推动体制机制创新。

第三层是国家参与出资的实体企业，包括国有独资企业与国家控股和参股的混合所有制企业，应在接受相关机构必要监管的基础上以市场化机制自主经营。在微观层面要健全多层次公司治理机制，重视混合所有制企业章程在公司治理中的基础性作用，将党组织、股东、董事会与经理层的权责关系在章程制度上加以规范。首先，混合所有制企业仍要坚持党的政治领导，推动党建工作与企业生产经营相融合，在尊重社会资本与现代企业制度的同时，发挥党"把方向、管大局、保落实"的作用，结合企业类别科学拟定重大事项清单提交党委前置研究，还应发挥党在精神文化层面的指引作用。其次，国有企业混合所有制改革除特殊领域外需突破"股比限制"，确保各类产权资本实现有效制衡，由市场决定控股股东性质，着重引入持股超过5%的积极股东参与治理，保障各类资本同股同权，控制权分配公平公正。再次，混合所有制企业需着力优化董事会结构，鼓励战略投资者依据持股比例委派董事，积极引入具备专业技能的独立董事，充分落实董事会职权，建立董事会向经理层授权的管理制度，同时完善董事追责免责机制，以此督促董事高效履职。最后，混合所有制企业亟须健全市场化经营机制，优先落实劳动、人事、分配制度改革，积极推行经理人任期制和契约化管理，强调市场化选聘、契约化管理、差异化薪酬、市场化退出，实施有效监督激励机制，推动薪酬分配向突出贡献人才和一线岗位倾斜以确保奖惩分明，对企业家和核心员工灵活展开中长期激励，构建资本所有者与核心劳动者利益共同体，以便在长期利益趋同的基础上内化激励培育企业家精神，如云南白药通过混合所有制改革建立起市场化的决策机制与更加现代化的治理机制，经营活动的政府行政审批程序减少，云南省国资委和新华在各治理维度实现了有效制衡，薪酬激励力度亦得到合理提升，改革的成功实施使云南白药财务绩效与市场绩效大幅优化，最终实现了国有企业资源配置效率的提升。

（四）结合企业功能定位，推进“分类分层”混改

紧密结合企业功能定位推进“分类分层”混改，依托“两类公司”优化资本投向，提高投资效率，加快国有经济布局优化和结构调整。

混合所有制改革不仅有助于国有企业资源配置效率提升，更有助于实现国有经济整体功能，通过战略性规划，加快国有经济布局优化和结构调整，要求“十四五”期间混合所有制改革秉持“分类分层”原则，在紧密结合企业功能定位的基础上坚持国有资本“有进有退”。

横向行业“分类”。国有企业兼具经济属性与社会属性，政府进行属性界定时应与企业充分沟通，在宏观分类的基础上结合具体业务进行微观分类，分别考量与平衡不同性质的业务活动，积极推动多元业务国有企业“聚焦主业、主辅分离”，可先从业务复杂度较低的二级以下法人单位着手，并以动态长远的眼光认知类别边界变化。国有资本在以竞争性业务为主的国有企业应适当收缩，依据“优胜劣汰”原则保留竞争力较强的国有企业由国资控股，对不良资产和不具竞争力的非主营业务坚决退出，在产业内部发挥整合与引导作用，政府不应给予特殊扶持；国有资本在关系国家安全、国民经济命脉的重要行业领域应加大投入力度，确保其在维护国家安全与应对重大挑战方面发挥基础作用，同时放宽行业准入限制引导社会资本进入，以便借助竞争机制提高行业整体运行效率；国有资本在公益类行业要保持控股，分类核算

分类考核并给予符合国际惯例的补贴，同时可适当在业务或项目层面与社会资本开展合作；国有资本还应在产业链供应链的关键环节和中高端领域加大与民营企业和科研院所合作力度，以便发挥龙头作用形成有效互动的新型产业生态体系。如中国建材作为国企混改典型样板，遵循“宜独则独、宜控则控、宜参则参”的改革要求，在股权设计中采用“正三七”和“倒三七”结合的多元化股权分配模式，既保障了集团在战略决策中的控制权，又实现了各方资本共生共赢。

纵向企业“分层”。“分层”机制应与“分类”机制相结合，在以竞争性业务为主的国有企业应自上而下积极推行混合所有制改革，在条件成熟的前提下加大集团层面混改力度；在重要行业和关键领域的集团公司可改组为国有资本投资运营公司，积极推进下属企业混合所有制改革；公益类企业可根据业务特点推进业务层面与项目层面混合所有制改革。

与此同时，在最终控制人层级属性方面，地方国企与中央企业在混合所有制改革中存在显著差异。

首先，地方国企是实现区域战略的关键抓手，地方国企混合所有制改革应契合地方总体规划与功能定位，有利于推动区域经济高质量发展，而中央企业现阶段则承担了“培育具有全球竞争力的世界一流企业”的特殊使命，需借助混合所有制改革提升发展质量进而加快建成世界一流企业。

其次，地方国企规模较小的特征使其相比中央企业更具“船小好调头”的灵活性，可以通过积极的容错纠错为央企改革探路与累积经验，例如，在“分层”改革中，利益关联小、改革难度低的地方国企可先行尝试集团层面混合所有制改革，湖南、青岛、四川等地方出台的混合所有制改革操作指引中，亦对集团层面混合所有制改革决策程序做出了明确规范。

再次，地方国企资本效益整体上略逊于中央企业，改革的动力与迫切性更强，推进改革的动机更复杂，既可能基于国企高质量发展需要，又可能出于落实中央政策指标，亦可能希望借此契机减轻业绩压力，需进行积极引导以实现混改的政策效果。

最后，地方国企省级差异较大，各地制度环境不同，国有资本存量不同，优势产业不同，各层级政府管控意愿也不同，推进国有企业混合所有制改革既要结合各区域特色“因地施策”，又要结合行业主业特征“因业施策”，更要注重企业个体差异“因企施策”。除此之外，结合“管资本”为主的国资监管架构调整，混合所有制改革一方面可依托国有资本投资公司优化国有资本投向，聚焦具有战略意义的关键领域，合理布局产业链、供应链关键节点，借助兼并重组或战略整合优化各行业市场结构，同时发掘优质非公有制企业提供资金等要素支持；另一方面可依托国有资本运营公司提高国有资本效率，促使价值链上下游企业相互赋能，通过混合所有制改革抓重点补短板，以多元产权资本优势互补夯实产业基础能力。这意味着“十四五”期间“分类分层”深化混合所有制改革的工作重心要放在国有资本投资、运营公司出资企业与商业类子企业上，一方面强调“管资本”为主的国资监管体制以便借市场化机制激发国有经济活力；另一方面突出国有企业经济功能并助力国有经济布局优化和结构调整。

（五）依据竞争中性原则深化“双向”混改

优化营商环境，依据竞争中性原则深化“双向”混改，促进国有经济和民营经济协同高质量发展。

混合所有制改革有利于在宏微观层面促进国有经济和民营经济协同高质量发展，宏观层面表现为国有经济和民营经济共建混合所有制经济生态系统实现协同高质量发展，依据竞争中性原则优化不同所有制企业营商环境，一方面优化民营企业发展营商环境，促进各类生产要素依据市场化机制自由流动，消除民营企业在资金融通、市场准入、政府补贴方面的隐性壁垒，切实解决民营企业“融资难、融资贵”问题，通过混合所有制改革放宽社会资本准入领域，允许民间资本平等参与具有一定盈利的公益类项目，真正在“竞争中性”规制下实现不同所有制资本权利平等、机会平等、规则平等；另一方面推动国有企业公平参与市场竞争，营造公平、公正、公开的市场环境，通过引入社会资本淡化政治属性，“倒逼”国有资产监管系统实现以“管资本”为主，在监管层面针对不同所有制资本实现“监管中性”，避免在错综复杂的国际竞争中受竞争中性规则约束，与民营经济共同支撑我国经济高质量发展。事实上，正如多样化物种之间互动交换是自然界生态系统循环运转的关键，不同所有制经济成分在经济生态系统中也具有相互依存的“共生”关系，任何一种经济成分高质量发展都与经济生态系统健康可持续休戚相关，即便仅就国有企业混合所有制改革而言，也只有高质量社会资本才能匹配国家战略，为国有经济发展赋能。微观层面表现为国有资本与民营资本在混合所有制企业内部优势互补实现协同高质量发展，通过所有制混合消除产权差异衍生的不同竞争环境赋予国有企业的资源优势与效率劣势，依据竞争中性原则深化“双向”混改，促使国有企业混合所有制改革“引进来”与“走出去”并重，在“国有企业引入非国有资本”混改过程中以市场化机制盘活存量，在“国有资本参股非公有制企业”混改过程中，积极布局拓展增量，在各类产权资本平等互利的基础上促进国有资本盘活存量拓展增量，同时避免整个经济系统范围内的重复建设，正如国药集团在引进来和走出去的“双向”混改中，以国有企业为平台聚合民营企业，引领医药行业实现“合纵连横”，在提高自身竞争实力的同时带动了医药产业整合升级，更能以此为契机塑造“竞争中性”的市场秩序，使国有资本与民营资本在“竞争中性”环境中竞争合作互利共生，最终促进国有经济和民营经济在“十四五”时期协同高质量发展。

参考文献：

［1］项安波．重启新一轮实质性、有力度的国企改革：纪念国企改革 40 年［J］．管理世界，2018（10）．

［2］李枫，高闯．新中国 70 年政策推动下的民营经济演化发展研究［J］．经济与管理研究，2019（12）．

［3］胡鞍钢．“国进民退”现象的证伪［J］．国家行政学院学报，2012（1）．

［4］洪银兴．进入新时代的中国特色社会主义政治经济学［J］．管理世界，2020（9）．

［5］金碚．论中国特色社会主义经济学的范式承诺［J］．管理世界，2020（9）．

［6］张继德，刘素含．从中国联通混合所有制改革看战略投资者的选择［J］．会计研究，2018（7）．

［7］沈昊，杨梅英．混改条件下股权结构与国资监管方式的选择：基于多案例角度研究［J］．管理评论，2020（3）．

［8］黄速建．中国国有企业混合所有制改革研究［J］．经济管理，2014（7）．

［9］戚聿东，张任之．新时代国有企业改革如何再出发?：基于整体设计与路径协调的视角［J］．管理世界，2019（3）．

［10］杨兴全，尹兴强．国企混改如何影响公司现金持有？［J］．管理世界，2018（11）．

［11］綦好东，郭骏超，朱炜．国有企业混合所有制改革：动力、阻力与实现路径［J］．管理世界，2017（10）．

［12］黄速建，肖红军，王欣．竞争中性视域下的国有企业改革［J］．中国工业经济，2019（6）．

［13］中国社会科学院工业经济研究所课题组．论新时期全面深化国有经济改革重大任务［J］．中国工业经济，2014（9）．

［14］李维安，郝臣，崔光耀，等．公司治理研究 40 年：脉络与展望［J］．外国经济

与管理，2019（12）.

［15］何瑛，杨琳，张宇扬．新经济时代跨学科交叉融合与财务管理理论创新［J］．会计研究，2020（3）.

［16］温素彬，李慧，焦然．企业文化、利益相关者认知与财务绩效：多元资本共生的分析视角［J］．中国软科学，2018（4）.

［17］马连福，王丽丽，张琦．混合所有制的优序选择：市场的逻辑［J］．中国工业经济，2015（7）.

［18］姚梅洁，宋增基，张宗益．制度负外部性与市场主体的应对：来自中国民营企业的经验证据［J］．管理世界，2019（11）.

［19］马建堂．新时代全面深化经济体制改革的纲领性文件［J］．管理世界，2020（7）.

［20］徐业坤，钱先航，李维安．政治不确定性、政治关联与民营企业投资：来自市委书记更替的证据［J］．管理世界，2013（5）.

［21］江小涓，孟丽君．内循环为主、外循环赋能与更高水平双循环：国际经验与中国实践［J］．管理世界，2021（1）.

［22］綦好东，彭睿，苏琪琪，等．中国国有企业制度发展变革的历史逻辑与基本经验［J］．南开管理评论，2021（1）.

［23］中国社会科学院工业经济研究所课题组．我国多种所有制企业共同发展的时代内涵与“十四五”政策措施［J］．经济管理，2020（6）.

［24］洪银兴，桂林．公平竞争背景下国有资本做强做优做大路径：马克思资本和市场理论的应用［J］．中国工业经济，2021（1）.

［25］戚聿东，李颖．新经济与规制改革［J］．中国工业经济，2018（3）.

［26］王一鸣．百年大变局、高质量发展与构建新发展格局［J］．管理世界，2020（12）.

［27］张宁，才国伟．国有资本投资运营公司双向治理路径研究：基于沪深两地治理实践的探索性扎根理论分析［J］．管理世界，2021（1）.

［28］逄锦聚．在世界百年未有之大变局中坚持和发展中国特色社会主义经济发展道路［J］．经济研究，2020（8）.

［29］陈昌盛，许伟，兰宗敏，等．“十四五”时期我国发展内外部环境研究［J］．管理世界，2020（10）.